U0153956

思想的・睿智的・獨見的

經典名著文庫

學術評議

丘為君　吳惠林　宋鎮照　林玉体　邱燮友
洪漢鼎　孫效智　秦夢群　高明士　高宣揚
張光宇　張炳陽　陳秀蓉　陳思賢　陳清秀
陳鼓應　曾永義　黃光國　黃光雄　黃昆輝
黃政傑　楊維哲　葉海煙　葉國良　廖達琪
劉滄龍　黎建球　盧美貴　薛化元　謝宗林
簡成熙　顏厥安（以姓氏筆畫排序）

策劃　楊榮川

五南圖書出版公司 印行

經典名著文庫

學術評議者簡介（依姓氏筆畫排序）

- 丘為君　美國俄亥俄州立大學歷史研究所博士
- 吳惠林　美國芝加哥大學經濟系訪問研究、臺灣大學經濟系博士
- 宋鎮照　美國佛羅里達大學社會學博士
- 林玉体　美國愛荷華大學哲學博士
- 邱燮友　國立臺灣師範大學國文研究所文學碩士
- 洪漢鼎　德國杜塞爾多夫大學榮譽博士
- 孫效智　德國慕尼黑哲學院哲學博士
- 秦夢群　美國麥迪遜威斯康辛大學博士
- 高明士　日本東京大學歷史學博士
- 高宣揚　巴黎第一大學哲學系博士
- 張光宇　美國加州大學柏克萊校區語言學博士
- 張炳陽　國立臺灣大學哲學研究所博士
- 陳秀蓉　國立臺灣大學理學院心理學研究所臨床心理學組博士
- 陳思賢　美國約翰霍普金斯大學政治學博士
- 陳清秀　美國喬治城大學訪問研究、臺灣大學法學博士
- 陳鼓應　國立臺灣大學哲學研究所
- 曾永義　國家文學博士、中央研究院院士
- 黃光國　美國夏威夷大學社會心理學博士
- 黃光雄　國家教育學博士
- 黃昆輝　美國北科羅拉多州立大學博士
- 黃政傑　美國麥迪遜威斯康辛大學博士
- 楊維哲　美國普林斯頓大學數學博士
- 葉海煙　私立輔仁大學哲學研究所博士
- 葉國良　國立臺灣大學中文所博士
- 廖達琪　美國密西根大學政治學博士
- 劉滄龍　德國柏林洪堡大學哲學博士
- 黎建球　私立輔仁大學哲學研究所博士
- 盧美貴　國立臺灣師範大學教育學博士
- 薛化元　國立臺灣大學歷史學系博士
- 謝宗林　美國聖路易華盛頓大學經濟研究所博士候選人
- 簡成熙　國立高雄師範大學教育研究所博士
- 顏厥安　德國慕尼黑大學法學博士

經典名著文庫208

歐洲科學的危機與超越論的現象學

Die Krisis Der Europäischen Wißenschaften Und Die Transzendentale Phänomenologie

---

埃德蒙德・胡塞爾（Edmund Gustav Albrecht Husserl） 著
王炳文 譯、導讀

經典永恆・名著常在

五十週年的獻禮・「經典名著文庫」出版緣起

總策劃 楊榮川

閱讀好書就像與過去幾世紀的諸多傑出人物交談一樣——笛卡兒

五南，五十年了。半個世紀，人生旅程的一大半，我們走過來了。不敢說有多大成就，至少沒有凋零。

五南忝為學術出版的一員，在大專教材、學術專著、知識讀本出版已逾壹萬參仟種之後，面對著當今圖書界媚俗的追逐、淺碟化的內容以及碎片化的資訊圖景當中，我們思索著：邁向百年的未來歷程裡，我們能為知識界、文化學術界做些什麼？在速食文化的生態下，有什麼值得讓人雋永品味的？

歷代經典．當今名著，經過時間的洗禮，千錘百鍊，流傳至今，光芒耀人；不僅使我們能領悟前人的智慧，同時也增深加廣我們思考的深度與視野。十九世紀唯意志論開創者叔本華，在其〈論閱讀和書籍〉文中指出：「對任何時代所謂的暢銷書要持謹慎的態度。」他覺得讀書應該精挑細選，把時間用來閱讀那些「古今中外的偉大人物的著作」，閱讀那些「站在人類之巔的著作及享受不朽聲譽的人們的作品」。閱讀就要「讀原著」，是他的體悟。他甚至認爲，閱讀經典原著，勝過於親炙教誨。他說：

> 「一個人的著作是這個人的思想菁華。所以，儘管一個人具有偉大的思想能力，但閱讀這個人的著作總會比與這個人的交往獲得更多的內容。就最重要的方面而言，閱讀這些著作的確可以取代，甚至遠遠超過與這個人的近身交往。」

爲什麼?原因正在於這些著作正是他思想的完整呈現，是他所有的思考、研究和學習的結果；而與這個人的交往卻是片斷的、支離的、隨機的。何況，想與之交談，如今時空，只能徒呼負負，空留神往而已。

三十歲就當芝加哥大學校長、四十六歲榮任名譽校長的赫欽斯（Robert M. Hutchins, 1899-1977），是力倡人文教育的大師。「教育要教眞理」，是其名言，強調「經典就是人文教育最佳的方式」。他認爲：

「西方學術思想傳遞下來的永恆學識，即那些不因時代變遷而有所減損其價值的古代經典及現代名著，乃是眞正的文化菁華所在。」

這些經典在一定程度上代表西方文明發展的軌跡，故而他爲大學擬訂了從柏拉圖的《理想國》，以至愛因斯坦的《相對論》，構成著名的「大學百本經典名著課程」。成爲大學通識教育課程的典範。

歷代經典．當今名著，超越了時空，價值永恆。五南跟業界一樣，過去已偶有引進，但都未系統化的完整舖陳。我們決心投入巨資，有計劃的系統梳選，成立「經典名著文庫」，希望收入古今中外思想性的、充滿睿智與獨見的經典、名著，包括：

- 歷經千百年的時間洗禮，依然耀明的著作。遠溯二千三百年前，亞里斯多德的《尼各馬科倫理學》、柏拉圖的《理想國》，還有奧古斯丁的《懺悔錄》。
- 聲震寰宇、澤流遐裔的著作。西方哲學不用說，東方哲學中，我國的孔孟、老莊哲學，古印度毗耶娑（Vyāsa）的《薄伽梵歌》、日本鈴木大拙的《禪與心理分析》，都不缺漏。
- 成就一家之言，獨領風騷之名著。諸如伽森狄（Pierre Gassendi）與笛卡兒論戰的《對笛卡兒沉思錄的詰難》、達爾文（Darwin）的《物種起源》、米塞斯（Mises）的《人的行爲》，以至當今印度獲得諾貝爾經濟學獎阿馬蒂亞·森（Amartya Sen）的《貧困與饑荒》，及法國當代的哲學家及漢學家朱利安（François Jullien）的《功效論》。

梳選的書目已超過七百種，初期計劃首爲三百種。先從思想性的經典開始，漸次及於專業性的論著。「江山代有才人出，各領風騷數百年」，這是一項理想性的、永續性的巨大出版工程。不在意讀者的眾寡，只考慮它的學術價值，力求完整展現先哲思想的軌跡。雖然不符合商業經營模式的考量，但只要能爲知識界開啓一片智慧之窗，營造一座百花綻放的世界文明公園，任君遨遊、取菁吸蜜、嘉惠學子，於願足矣！

最後，要感謝學界的支持與熱心參與。擔任「學術評議」的專家，義務的提供建言；各書「導讀」的撰寫者，不計代價地導引讀者進入堂奧；而著譯者日以繼夜，伏案疾書，更是辛苦，感謝你們。也期待熱心文化傳承的智者參與耕耘，共同經營這座「世界文明公園」。如能得到廣大讀者的共鳴與滋潤，那麼經典永恆，名著常在。就不是夢想了！

二〇一七年八月一日　於

五南圖書出版公司

導讀

前中國社會科學院哲學研究所譯審　王炳文

《歐洲科學的危機與超越論的現象學》的這個中譯本，譯自《胡塞爾全集》德文版第六卷。該書一九五四年出版，一九七六年重印，內容沒有任何改變。這個中譯本是《全集》第六卷的全譯本，唯一省略的是編者爲正文第三部分和增補部分所加的「校勘附注」，但保留了「附注」中關於所增補文章和附錄的寫作年代和寫作情況的說明，附於有關文章和附錄的首頁注腳中。

這部著作是胡塞爾晚年（一九三四年直至一九三七年夏季重病時）集中精力從事寫作的最後一部著作，是他最後一次系統闡明超越論現象學並賦予它以最後形態的嘗試，因此確實可以看成是他集大成之作，按照舒茨的說法，是他「畢生研究的總結性最高成就」。從《芬克爲〈危機〉繼續部分寫的提綱》（附錄二十九）可以看出，本書包括五大部分，這裡發表的第三部分並未寫完，尚有若干補充，以下還有第四、五兩個部分。胡塞爾把這部著作喻爲一部宏大的音樂作品，其中的前兩部分（第一—一〇四頁）*只被他看成是「序曲」，接下

* 這裡提到的頁碼是德文原版頁碼，中譯本（本書）以邊碼標出。

來的部分才是「主要部分」——「歌劇本身」。由此可見，如果這部著作得以完成，將是一部巨著。

刊於〈編者導言〉對著者的思路和本書的結構做了很好的說明。在這篇導讀中，譯者只想做一點解題的工作，就胡塞爾在本書標題中提到的「超越論的現象學」、「歐洲科學的危機」以及他在爲本書寫的序言（附錄十三）中談到的他通往超越論的現象學的「目的論的－歷史的道路」，做一點簡略的介紹，以便初次接觸這部著作的讀者，比較容易掌握其思想內容。

首先談談胡塞爾「超越論的現象學」，即「現象學的超越論的哲學」。

根據胡塞爾的說法，在他的現象學的超越論哲學之前，近代哲學史中已經產生了超越論哲學。這種哲學的產生是基於這樣一種認識，即自我，以及我的思維生活，乃是一切可能的思維成就的、一切有關客觀性的意義和正當性的詢問的原始基礎。因此必須進行一種純粹指向主觀的研究，以便弄清楚知性的成就是如何以純粹內在性完成的，爲什麼它們具有客觀的有效性。胡塞爾說，超越論哲學是一種「哥白尼式的轉向」，它從原則上排斥樸素的客觀的科學奠立的方式，試圖以純粹主觀的方式奠立起科學，將「自然的生活態度」轉變爲「非自然的生活態度」。超越論的哲學是作爲自然主義的客觀主義哲學，即唯物論哲學的對立面而產生的，並試圖克服這種客觀主義哲學。

胡塞爾認爲，超越論哲學最初以萌芽形態出現在笛卡兒的《沉思錄》中。笛卡兒試圖從必眞的（直接自明的）自我出發，以絕對觀念論的方式論證哲學。巴克萊和休謨復活了笛卡兒的根本問題，並將它澈底化。康德哲學與前科學的和科學的客觀主義相反，將存在著的世界理解爲意義和有效性的構成物，回溯到構成一切客觀意義的進行認識的主觀性，其精神也符合於超越論哲學的一般意義。但是所有這些哲學家都沒有達到「哥白尼式轉向」的眞正意義，沒有按照嚴格科學的精神將哲學建立起來。他們沒有深入研究構造一切存在物的絕對主觀性，也沒有深入研究把握這種主觀性的方法。儘管如此，他們還是爲胡塞爾的最澈底的超越論哲學——現象學的超越論哲學——做了準備。胡塞爾說，他的現象學，是直接地從笛卡兒，從英國經驗主義，特別是從休謨批判地規定的。他的「超越論的東西」這個最一般的概念，是透過探討整個近代哲學的統一的歷史性得到的。這個概念實際上指明了近代哲學的任務和動力。近代稱爲知性和理性的問題，在更確切的意義上稱爲理性批判的問題，實際上就是超越論的問題。因此胡塞爾認爲，整個近代哲學發展的方向，是指向超越論哲學的最後形式現象學的超越論哲學的。他的現象學的超越論哲學，是唯一能從最終認識根源上論證的超越論哲學，並因此是唯一可能的超越論哲學。

那麼應該如何理解胡塞爾的現象學的超越論哲學呢？胡塞爾說，他本人是在最寬泛的意義上使用「超越論的」一詞的，用它來指認識者反思自身及其認識生活，將一切認識活動追溯到其最後源泉，即「我自己」的一種動機。他的超越論的現象學創立了一種新的科學，它所涉及的是一種新的、唯有它才獨有的經驗領域，即超越論的主觀性領域。這種超越論的主觀性並不是思辨構造的產物，它由於自身的超越論的體驗、能力、成就，而是直接經驗的絕對獨立的領域。在此以前，沒有一種哲學眞正發現這個主觀性的領域，並將這個領域當成研究的主題，即使康德哲學也沒有做到，儘管它確實想追溯客觀上可經驗和可認識的世界之可能性的主觀條件。

胡塞爾說，他的超越論的現象學是按照「眞正科學的」方法建立起來的。它是以回溯到最後根據，並從最後根據出發，自下而上建立起來的，每一個步驟都是自明的，因此它是建立在最終洞察之上的哲學，在其中沒有任何未被詢問的問題、沒有任何未被理解的不言而喻的東西。

胡塞爾所謂的最後根據，就是主觀性。在超越論的現象學中，理論的興趣僅僅指向主觀的東西，這裡不存在任何客觀的東西。超越論哲學按照精神的意向性把握精神的根本性質，並由此出發建立一種前後一貫的精神分析方法。在這種考察中，研究者從純粹作爲其全部有效性的執行者的自我，變成它的純粹理論上的旁觀者。由此而建立起一種始終一貫地自身一致，並與作爲精神成就的世界一致的絕對獨立的精神科學。主觀東西被證明是一個能夠從理論上首尾一貫地進行研究的自身封閉的領域。人，意向地內在地連接著的人共同體，以及他們在其中生活的世界，都作爲意向對象包含在這個領域中。正是在這個領域中，世界，科學的世界和日常直觀的世界，被認識，並獲得存在的有效性。因此超越論哲學是一種對於世界的精神考察。

與所有建立在世界基礎之上的客觀科學相反，超越論的現象學是關於世界的預先給予性之普遍給予方式的科學，因此是關於使這種普遍給予方式成爲每一種客觀性之基礎的科學。在這裡成爲主題的，是顯現的過程本身，是顯現方式的變化，而不是在其中所顯現的東西。以其在生活本身中給予方式的特殊性而當下在這裡存在的有效的東西，變成了「純粹主觀的顯現」，對於「存在者本身而言」，它被稱爲「現象」。而「存在者本身」，則是透過當目光指向這種「顯現」的變化時所進行的校正抽取出來的。這種主觀顯現方式的變化不斷地進行，不斷地透過綜合而結合到意識的流動之中，由此而產生出關於「直接的」存在這種統一的意識。這種研究意味著創立一門有關最後根據的科學，一切客觀的奠立，都從這些最後根據吸取其眞正力量。在這種對於主觀的「顯現」或「現象」的研究中，超越論現象學所關心的，並不是單純事實的經驗，它將這種事實的經驗僅僅看成是完全可以改變的純粹可能性。它以直觀本質的方式指向原初直觀的一般東西，它所要探求的，是超越論的主觀性經過所有的自由改變仍保持不變的本質結構，並將這種本質結構作爲超越論的主觀性的「先驗的東西」而凸顯。因此，超越論的現象學並不是關於事實的科學，而是一種本質科學、一種「先驗的」科學。

超越論的現象學透過對進行哲學思考的自我進行最深刻的最普遍的自身理解，發現絕對的主觀間共同性、發現絕對的超越論的主觀性在不斷進行，「世界構成」的超越論生活中必然的具體的存在方式，發現「存在著的世界」。世界是在意識的主觀性中被認識的。在這裡，自在的第一性的東西是主觀性。正是主觀性預先給定這個世界，然後將它合理化、客觀化。世界的存在意義是主觀的構成物。由於超越論的主觀，作爲客觀的「顯現」的科學上眞的世界，才得以構成。因此，超越論的現象學是澈底主觀的哲學。它不同於客觀科學的本質特徵就是，它沒有預先準備好的不言而喻的東西作基礎，而是從原則上排除類似意義上的基礎。它暫時是從毫無基礎的地方開始。但是它隨即獲得了憑本身力量為自己創造基礎的可能性；它是透過在獨創性的自身反思中，掌握已變成現象的整個領域的樸素世界的方法，為自己創造基礎的。因此，胡塞爾說，沒有任何一個以前的哲學可以想到的有意義的問題、沒有任何一個可以想到的一般存在問題，是超越論的現象學在其前進道路上不能解決的。

胡塞爾提出了兩條通往現象學的超越論哲學的道路。一條是從生活世界回溯到現象學的超越論哲學的道路，另一條是從心理學出發進入現象學的超越論哲學的道路。這個論述被胡塞爾視為是他這部著作的主要部分，占去本書大部分篇幅。我們下面略作介紹。

胡塞爾說，數學的自然科學作為成就是人類精神的勝利，但就其方法和理論的合理性而言，則完全是相對的。自然科學將生活世界當作是「不言而喻的」前提，從中引出結論，構想出愈來愈新的間接眞理，卻從來不問，它在什麼意義上是「不言而喻的」。因此客觀科學就其合理性而言，變成了不可理解的。我們必須從它的自身運行中脫離出來，在它之上占有一個位置。這個位置一方面可以通觀自然科學的理論與結果，另一方面可以通觀科學家們的活動—生活，他們設定的目標，目標的達成和所達到的自明性。生活世界這個主題就是服務於客觀科學的完滿論證的。

生活世界對於在其中生活的人具有恆常的存在意義，它是思想勞動的永恆基礎，是始終準備好的不言而喻的源泉，實踐的人們和科學都可以毫無困難地利用它。生活世界的普遍性包含著科學上眞的世界。科學的自然和精神的世界是生活世界的這個和那個方面。生活世界的存在有效性是科學思想的以及最高層次上的哲學思想的持久前提。有關生活世界的科學，是一種普遍的科學，它包括對於一切存在和眞理都有意義的問題，包括一切可能的認識問題，不僅包括生活中的認識問題，而且包括一切科學的問題，因此包括一切理性問題。

胡塞爾將生活世界規定爲主觀現象的領域。它是傳統上被非常輕蔑地看待的意見（δόξα）的世界。不過在科學生活以外它並沒有受到這樣的貶低。因爲它標誌一個由充分的表現構成的領域。這些表現賦予處於其任何目的中的人（也包括處於「客觀的」科學理論目的中的人）的全部興趣活動以可能性和意義。生活世界與「客觀的」世界，「眞正的」世界對比所顯示的差別在於，「客觀的」、「眞正的」世界，是理論的—邏輯的構成物，就其固有的自身存在而言，是原則上不能知覺、不能經驗的，而生活世界中主觀的東西，整個說來，正是以其可被現實地經驗爲特徵。因此生活世界是可直觀東西的領域，是原初自明的領域。客觀的理論藉以奠立的客觀的—邏輯的自明性，在生活世界中有其源泉。一切可以想到的證明，都回溯到生活世界的自明性，一切思想構成物，只有回溯到這種自明性才具有眞正的眞理。生活世界作爲最終奠立一切客觀證明和理論上—邏輯上的存在有效性的東西，是作爲自明性的源泉，證明的源泉發揮作用的。

使生活世界成爲主題有兩種根本不同的方式。第一種方式，是樸素的自然的態度，是直接地指向當時給定的對象，因此是進入到世界的地平線中的生活方式。第二種方式是超越論的態度。這種態度首先要求對客觀的科學進行懸擱，排除一切客觀的—科學的意見和認識，包括我們作爲客觀的科學家，或哪怕是作爲渴求知識的人，所具有的全部客觀的理論興趣的目的和活動，將科學的世界還原爲前科學地對我們有效的世界。它將注意力集中於對生活世界和生活世界中的對象在主觀上給予的方式進行反思。但是這裡所說的對象，並不是指對象本身，而是指在給予方式的「如何」之中的對象。在這裡感興趣的是，世界是如何在所有相對有效性、所有主觀顯現、所有意見變化中，爲我們而成立的，我們有關現實地存在的對象之普遍存在的地平線這種恆常的意識，是如何形成的。

爲了能將生活世界的預告給予性變成研究的主題，還需要對自然態度進行澈底改變，對自然態度進行超越論的懸擱。這種懸擱要求對自然存在著的預先給定的世界的存在有效性，對世界中事物的現實性，採取克制態度，不允許我們去接觸任何自然的世界生活和它的世間興趣。懸擱提供我們一種超出於它們之上的立場。

當我們就顯現方式的「如何」來考察事物時，每一個眞正原初作爲知覺的事物體驗到的東西，就變成了客觀存在著的東西的單純「現象」、「顯現」。所謂「這個」事物本身，實際上是這樣一種東西，即沒有一個人能像眞實看到的那樣占有它，因爲確切地說，它總是在運動中，並且總是對每一個人都是自己的和他人的經驗和被經驗到的東西的敞開的無限的多樣性在意識上的統一。一切存在著的東西，不論具有什麼意義、不論屬於什麼範圍，都是主觀的相互關聯的系統的標誌。我們體驗到的世界，都是處於不停地運動之中的世界，即在自己的意識生活中和與人類同伴的往來中預先給予的世界。

生活世界具有空間時間性，具有存在的有效性和普遍的開放的地平線，它處於有效性的經常的運動之中。但是不管生活世界如何改變，都遵循它的本質上合法則的類型學。因此生活世界也能有由自明性而來的存在論。生活世界儘管有其全部的相對性，仍有其普遍的結構和本質形式。這種普遍的結構和本質形式並不是相對的，我們可以從其普遍性方面注意到它，可以以每一個人都能理解的方式將它確定下來，這就是生活世界中先驗的東西。生活世界的先驗性，是一切科學的先驗性，包括數學的先驗性，得以產生的前提和基礎。囿於傳統客觀主義的人，完全不能理解生活世界的先驗性，甚至毫無顧忌地用客觀的—邏輯的先驗性取代它。因此首先必須將它從客觀的—邏輯的先驗性劃分開，將生活世界的先驗性按照其特徵和多樣性變成科學研究的主題。然後研究客觀的—邏輯的先驗性如何在生活世界的先驗性的基礎上，以及以什麼新的意義構成方式，作爲一種間接的理論成就產生出來。在對生活世界的研究中，目光僅僅指向生活世界的先驗的本質形式，指向給予方式的多樣性的，以及它們的相互關聯的本質形式，指向功能的主觀和主觀的共同體的以及它們的自我的本質形式。生活世界的最形式的最一般的結構，一方面是事物與世界，另一方面是對事物與世界的意識。胡塞爾說，當他一八九八年寫作《邏輯研究》過程中第一次想到經驗對象與給予方式的普遍關聯的先驗性時，他被深深地震動了，從那以後他畢生的事業都受到系統闡明這種相互關聯的先驗性的支配。他認爲，將人的主觀性包括到這種相互關聯的問題中，一定會引起這整個問題的意義的根本改變，並最終導致向絕對的超越論的主觀性的現象學還原。

在由懸擱所達到的集中注意於相互關聯的這種純粹態度中，世界，客觀的東西本身，變成了主觀的東西，變成了「超越論的現象」。這種主觀的東西，包括自我極和所有自我極的總體，以及顯現的多樣性，或對象極和所有對象極的總體。世界變成了主觀性的「極的系統」。爲了向作爲一切構成的最終產生作用的中心的絕對自我還原，需要對最初實行的懸擱進行有意識的改變，需要第二次實行懸擱。這就是自我從它的具體的世界現象出發，系統地進行回溯，與此同時，在其具體性中，在其所有基本層次中、所有極其複雜的奠立有效性的活動的系統中，認識自己本身，認識這個超越論的自我－主觀。這個自我－主觀，在懸擱開始時，就確定無疑地存在了，但卻是作為「沉默的」具體物被給予的。必須從世界－現象出發，透過系統回溯的意向分析，將它揭示出來，表達出來。這裡揭示出的超越論的主觀並不是人。人也由於懸擱變成了現象。在懸擱中，每一個自我純粹只是作為它的活動、習慣和能力的自我極，作為指向世界的自我極來考察的。每一個自我，都是具有其全部成就和成就獲得物的自我，其中包括被視為存在著和如此這般存在著的世界。自我具有絕對的唯一性，並處於一切構成的中心地位。在這種系統的現象學操作中，人們才第一次獲得世界與在人類中客觀化了的超越論的主觀性之間的相互關聯。由此世界存在這種「不言而喻性」也就得到了理解。現象學將這種世界存在的「不言而喻性」視為一切謎之中最大的謎，並且把解開這個謎視為是自己的唯一主題。

一旦達到了自我，人們就處於自明性領域，要向它背後追問便是毫無意義的。一切自然的自明性，一切客觀科學的自明性（形式邏輯和數學的自明性也不例外），都屬於「不言而喻的東西」的領域，這些不言而喻的東西，實際上都有其不可理解的背景。每一種自明性都是一個問題的題目，只有現象學的自明性不是。因為它透過反思澄清了自身，並證明自身是最後的自明性。

另一條通往現象學超越論哲學的道路，是從心理學出發到純粹的心理學。胡塞爾說，純粹心理學就其本身來說，是超越論的心理學。它與作爲關於超越論的主觀性的科學的超越論哲學是同一的。

爲了掃清通往純粹心理學的道路，胡塞爾對近代心理學中的自然主義或說物理學主義進行了嚴厲批判。胡塞爾將近代心理學的產生追溯到笛卡兒的實體二元論，認爲隨著笛卡兒宣布自然與精神的分離，近代心理學就作爲一種迫切的需要出現了。但是心理學從一開始就受到物理學的自然觀和自然科學的方法的消極影響。心靈被賦予一種與自然相似的存在方式，它是與物理的自然相同意義上的實在東西，是物體—身體的實在附屬物。在洛克的感覺論中，心靈能力、心理素質，甚至變成了物理力的類似物。因此心靈應在與物體相同意義上按照「因果法則」，借助與物理學相同的理論進行研究。心理學變成有關心理—物理事實的科學，變成有關存在者的科學。由於它的客觀主義，心理學完全沒有達到心靈固有的本質、完全沒有按其固有本質將心靈變成研究的主題，因此也沒有眞正踏上心理學的土地。胡塞爾批評道，作爲物理學類似物的心理學，是一種荒謬的東西，有關心靈的科學根本不可能在方法上求助於自然科學。

對心理學這種任務提法的懷疑，引起了對心理學進行改造，正確規定心理學固有任務與方法的哲學動機。而首尾一貫地實行這項任務，就自然而必然地導致現象學的超越論哲學。

胡塞爾說，心靈固有的本質，並不是已經存在於那裡，而只不過是我們並未注意到的東西，或是某種只要我們去看，就能毫不費力地得到的東西。爲了達到心靈固有的本質，人們必須首先克服將意識看成實在物體的附屬物的樸素觀點，必須如其直接呈現在眼前那樣對待意識生活，從現實地自身給予的直觀自明性中認識它。胡塞爾說，我眞正作爲心靈本身體驗到的，只是我的對於我的身體進行支配的「我存在」，每一個其他人也只體驗到他自己的進行支配的「我存在」；只是從我自己的本原地體驗到的支配——作爲對於活的身體的唯一本原的體驗——出發，我才能夠將他人的身體理解爲在其中有另一個「我」被具體化並進行支配的活的身體。自我—主觀是非本然地內在於身體這種形式之中的；它本身，因此心靈一般，純粹就其固有本質來考察，完全沒有這種形式。我借助物體身體在空間的位置能夠與每一個其他人相區別；但是作爲本身存在的東西，我在自身中事先已具有自己的唯一性，對於我來說，空間與時間並不是個體化的原則。從純粹固有本質來看，心靈東西並沒有任何自然的東西。作爲心靈生活而顯示的東西，排除最初是從物體的實在性獲得其意義的任何實在性的理解。

爲了達到心靈固有本質，心理學家必須實行一系列的懸擱與還原，克制自己不參與到共同的有效性之中，透過懸擱將人主題化，將心靈——這心靈就是我、行動著的我——變成研究的主題。這種懸擱最初的進攻點，就是自然態度中突然出現的實在的意向性，即人的所作所爲當中的行爲方式。但是僅有這一步，心理學還不能成爲眞正的「描述的心理學」，尚未達到「純粹心靈」獨立的自身封閉的領域。爲達到「純粹的心靈」，必須實行一種普遍的懸擱。心理學家必須「一下子」完全停止實行對作爲主題的個人（所有的個人）的或明或暗實行的有效性的任何參與。這種懸擱涉及到所有心靈東西，因此也涉及到心理學家自己的心靈東西，這包括他作爲心理學家克制自己不同時參與他自己以自然的日常的方式實行的針對客觀世界實在東西的那種有效性。心理學家在他自身之中設立一個對他自身以及其他人的「冷漠的旁觀者」，並且是就他從事心理學研究的全部「職業時間」而這樣設立的。對於這個「冷漠的旁觀者」來說，所有的東西都失去了有效性，這些有效性本身，連同一切有效行爲，以及有效行爲者本身，都變成了現象，整個世界都變成了現象。現在留下來的只是一種唯一的心靈關聯，全部心靈內在地統一的總體關聯。只有按照這種態度，心理學家才能有本質上統一的絕對自身封閉的主觀的「內在的」世界，才能有意向生活的整體作爲他的工作的地平線。

透過懸擱所展現出來的心理學的唯一的研究對象，就是自我─主觀，以及在這種自我─主觀本身中所經驗到的內在固有的本質東西、意向性、意向活動和意向對象。自我─主觀的生命就是意向性。在自然的生活中，主觀被經驗爲自己處於對世間的實在對象的意向的實在的關聯中，經過懸擱，它變成了特殊意義上的「現象」，按照它固有本質的純粹性被主題化。自我的生活按其固有本質，是意向的生活，是在意向生活的意向中，受這種意向生活中顯現的有效的意向對象刺激，意向生活以各種不同方式指向意向對象，與它打交道。所有這樣地與之打交道的對象本身，都屬於純粹的內在性。

屬於心靈本質的還有移情作用，即對他人的知覺，關於他人也擁有世界，並且擁有同一個世界的經驗的意識，並且是以自己的統覺統覺著同一個世界的其他人的經驗的意識。這是一種與他人的相互關聯、相互理解，以及以此爲基礎的與他人的往來，與他人一起進入到共同體中，並且通常也知道與他人處於這種關係中的意識。由移情作用產生的普遍聯繫是一種本質的結構。每一個自我—主觀都有它的移情作用的地平線，它的別的主觀的地平線。這種地平線能夠透過與一連串他者直接和間接的往來而開拓，從而形成一個主觀上被定向的世界。每一個主觀都以移情作用而意向地包含著每一個他我。對於處於其固有本質之中的所有心靈來說，絕不存在彼此外在性這樣的分離。在自然態度中彼此外在的東西，在懸擱中變成了純粹的意向性的彼此內在的東西，與此同時，世界就變成了大家共有的現象的「世界」，作爲現實的和可能的主觀的「世界」。

在描述心理學（它想要表達心靈固有本質的東西）的理念的純粹展開中，必然會實現現象學—心理學的懸擱與還原向超越論的懸擱與還原的轉變。

胡塞爾說，超越論的澈底的完全的還原，導致這位將自己變得完全孤獨的心理學家的絕對唯一的自我。他作爲絕對唯一的自我，不再是作爲人的自身有效性，並且不再被視爲在世界中的實在存在者；相反，他是他透過澈底還原得到的具有其全部意向關聯的普遍而純粹的意向性的純粹主觀。這個絕對唯一的自我，是必眞的自我，它存在於它的所有意向性之中，而這些意向性必眞地包含於自我本身之中，並能夠展現出來。純粹心理學的主要任務之一，就是透過對世界有效性的不斷還原的方法，闡明主觀的純粹功能。在轉變爲超越論態度以後，心理學作爲超越論的純粹研究，所涉及的是所有主觀以及它們的超越論生活的相互融合與滲透。這必然是以圍繞我而定向的形態進行的。我獲得了原初生活的本質結構，獲得了每一個他我的本質結構，於是就會出現由移情作用產生的普遍關聯，即超越論的主觀共同體的本質結構問題。這種主觀共同體在本身中具有作爲意向上有效的相關物的世界，並且在文化世界中以愈來愈新的形式，並且在愈來愈新的階段上，不斷地創造這種相關物的世界。

心理學由於實行這種涉及一切有關世界的意識的懸擱而失去了客觀世界的基礎。因此，純粹心理學就其本質來說與作爲超越論主觀性的科學的超越論哲學是同一的。純粹心理學不是也不可能是別的東西，而只能是以前按照哲學目的作爲絕對被奠立的哲學所尋求的，並且只有作爲現象學的超越論哲學才能實現的東西。事實上，心理學家不得不下決心發展一種純粹心理學，與自然科學要求發展一種純粹數學的情形是很相似的。超越論哲學對於心理學，如同數學對於自然科學一樣，也發揮著一種先驗科學的作用。心理學在其全部的心理學認識中，都必須求助於這種先驗科學的先驗結構。純粹心理學作爲眞正純粹的對自身的認識，其中也包括作爲對於人們的自我或心靈的眞正存在與生活的認識的對於人的認識，同時還包括對於世界的認識，對於世界的眞正存在的認識。這是一切實證科學原則上絕不能達到的。如果我們按照純粹意識的心理學純粹地專心研究這種心理生活，在這當中有關他人，有關存在著的世間東西的全部表象和有效性表現，就顯露出來了。心理存在領域同樣包含著世界的表象及其無窮的變樣，也包含著世界本身這個普遍的理念，以及每一個別的可能的世界的個別的理念。因此純粹心理學作爲有關心靈的純粹存在論，儘管它是實在世界的單純片斷，卻包含著世界的存在論，正如另一方面，世界的存在論在自身中包含著心靈的存在論一樣。

胡塞爾說，一切實證科學都將世界當作持久的前提，一切實證東西的假說，都是建立在世界這個「假說」之上的。但是世界是什麼，卻是一個問題。只有從超越論的心理學或超越論的哲學出發才能理解這個「假說」是什麼。只當人們透過全面澈底的超越論懸擱掌握了主觀領域的整體——人，意向地－內在地連接著的人的共同體，以及他們在其中生活的世界，所有這些東西作爲意向對象都包含於這個整體中，人們才有可能觀察和系統研究主觀的構成功能和世界的給予方式，由此才能發現，每一個世間的給予，都是在地平線中的給予，在地平線中包含著更廣闊的地平線，最後，每一個世間給予的東西，本身都帶有世界的地平線，而且只是因此才被意識爲世界的，才形成人們的世界意識。

按照胡塞爾的說法，人們一旦從現象學上獲得對於意識的對象性和意識關聯的理解，就實現了對超越論東西的突破。當人們達到了超越論的整體的主觀性領域而再返回到自然的態度時（這時就不再是樸素的態度了），就會發現一切世間的東西都有其超越論領域的相關者，關於後者的每一個新發現，都是對於世界中的人的新規定。在描述的或現象學的心理學與純粹的或超越論的心理學之間有一種普遍的平行關係，一方面的每一種本質學的以及經驗的斷定，必然有對立一方的相似的斷定與之對應。因而同一理論內容，如果在自然態度中被當成心理學的內容，當成實證的，與預先給定的世界有關的科學的內容，那麼在超越論的態度中，就變成哲學的內容。

胡塞爾超越論的現象學的澈底的觀念論，不僅遭到現象學派外部哲學家的批評，甚至也遭到現象學派內部一些哲學家的批評。面對這些批評，胡塞爾明確表示，他在超越論現象學的觀念論方面絕不後退。他試圖以區分超越論現象學的觀念論和「心理學的觀念論」的方法擺脫這種批評。按照他的說法，人們對他的「誤解」，是由於混淆了心理學的主觀性和超越論的主觀性。心理學觀念論只知道心理學的主觀性，將世界說成是心理學主觀性的相關項，因此是荒謬的。超越論的觀念論並不否認世界的現實存在，它唯一的任務和成就，是闡明藉以將其看成現實存在的世界的意義。他認爲實在論和心理學的觀念論都是荒謬的，它們之間的鬥爭，是在自然基礎之上的鬥爭，因此是毫無結果的非哲學的鬥爭。他的哲學既反對任何形式的實在論，也反對實在論與之對立並加以駁斥的那種觀念論。胡塞爾的這種辯護並不能令人信服。當然，對於胡塞爾這樣的自覺堅持澈底觀念論的哲學家，簡單指責他的哲學是觀念論，是建立在主觀性之上的，並不能駁倒他。因爲他認爲這正是他的哲學的「科學性」的根據所在。要眞正駁倒他的哲學，還需要費一番深入研究的功夫。

以上是對於胡塞爾的「現象學的超越論哲學」的簡略說明。現在讓我們轉向另一個問題，即本書標題中提到的「歐洲科學的危機」的問題。胡塞爾在《哲學》雜誌上開始發表本書第一、二部分時，曾在「序言」中寫到，他的這部著作是試圖透過對科學和哲學的危機狀況的根源進行目的論的—歷史的考察，論證哲學向超越論現象學轉向的不可避免的必然性。以下我們將分別就「危機」問題和「目的論的—歷史的考察」的問題略做介紹。

首先我們來談談胡塞爾說的「科學危機」的問題。大家知道，本世紀初，特別是二、三十年代，「危機」、「政治危機」、「經濟危機」、「精神危機」，其中也包括「科學危機」、「哲學危機」等等，是歐洲人廣泛談論的話題。胡塞爾說的「科學危機」實際上是一個很廣泛的題目，不僅包括自然科學、哲學，甚至包括人的精神的整個領域，正是因此他才談到「精神文明的普遍毀滅」、「歐洲人性的危機」甚至談到「歐洲人的危機」、「歐洲的危機」（胡塞爾補充說，當他談到「歐洲」時，他是指「精神的歐洲」）。因此這裡講的「科學的危機」實際上涉及到整個精神領域，胡塞爾稱它是「歐洲人根本生活危機的表現」。

那麼這種危機有哪些表現呢？胡塞爾說，歐洲的近代在長達數百年之久的時間裡，曾以其理論和實踐的成就而十分自豪，但在十九世紀末卻最終陷入日益增長的不滿之中，其處境必須被視爲困境，而且所有的科學都處於這種困境之中。科學從其起源和從未放棄過的意圖來看，是要透過闡明最後的意義源泉獲得有關現實地被理解的，並且是在其最終意義上被理解的知識。但是現在科學的眞正的科學性，即它們爲自己提出任務以及爲實現這些任務而制定方法論的整個方式，都成爲不可靠的了。與所有一般科學一樣，自然科學是精神的成就，即共同工作的自然科學家的成就。作爲這樣的東西，它們與所有精神事件一樣，應該以精神科學的方式加以說明。然而精神科學由於受自然主義的蒙蔽，甚至完全沒有提出普遍的純粹的精神科學的問題，完全沒有詢問純粹精神的本質理論，然而只有這樣的理論，才能從原理上和法則上探究精神領域絕對普遍的東西，並由此出發獲得絕對最終意義上的對科學的說明。科學發生了本質變化，使科學的理念受到實證主義的限制，科學喪失了對於生活的意義，避開了對眞正人性具有決定意義的問題。科學對於從文藝復興以來新形成的歐洲人失去了指導作用。這種情況也適合於哲學。哲學面臨被懷疑論、非理性主義、神祕主義壓倒的危險。隨同希臘哲學的產生而向歐洲人顯示的，在近代創立之初一再高舉的目標，即成爲由哲學造就的人，並且只想成爲這樣的人的目標，喪失了，因而哲學作爲人類生而固有的普遍理性顯露的歷史運動的意義，也喪失了。新的人類未能堅持下去，正是由於失去了對普遍哲學理想的和新方法的有效性的信賴。哲學本身成了問題，首先是以形上學的可能性的形式成了問題，這涉及到全部理性問題的潛在意義與可能性。關於形上學的可能性問題，當然也包括事實科學的可能性問題。因爲事實科學正是在與哲學的不可分割的統一中才有其相關的意義，即關於作爲純粹存在者領域的眞理的意義。

胡塞爾在探究歐洲「危機」狀況的起源時，對希臘哲學和數學，對起源於伽利略的近代科學，以及從笛卡兒到康德對它們的解釋，進行了討論。他認爲，歐洲的世界是從理性的理念中，即從哲學的精神中，產生出來的。在歐洲的精神形態中，有一種內在固有的哲學理念，或內在固有的目的論。這種目的論，從普遍的人類本身的觀點出發，將自身標明爲一種新的人類時代的出現和發展的開端。這種新的人類，只想生活於並且只能生活於從理性的理念出發，從無限的任務出發，自由構造自己的存在、自由構造自己的歷史的生活與活動之中。這種精神上的目標是一種無限的理念，它支配著歐洲的整個精神生活，並將人類的實踐引向更高更新的發展階段。

但是作爲永恆之極而被覺察到的理想，絕不是清晰而確定的，它是按照多義的一般性而被預先推定的。因此在這裡面臨著陷入片面性和過早滿足的危險，而這又引起以後的矛盾。此外這裡還有將一般目的特殊化的必然性，然而也是特殊化的危險。

胡塞爾說，啟蒙運動以來整個近代哲學所特有的樸素性，就是一種片面性。這種樸素性的最一般的稱謂，叫做客觀主義，它採取了自然主義，即將精神自然化的各種形態。這種樸素的客觀主義一直支配著近代哲學，儘管從休謨和康德開始，人們一直在努力克服這種客觀主義。胡塞爾說，歐洲危機的最深刻的根源，就是誤入歧途的理性主義。合理性本來能夠以一種成熟的方式指導人們的發展，然而作爲啟蒙時期的理性主義的合理性的發展，它是一種誤入歧途，儘管這種誤入歧途畢竟是可以理解的。但是，胡塞爾說，危機只是理性主義表面上的失敗，這種表面上的失敗並不是由於理性主義的本質本身，而僅僅是由於將它膚淺化，由於它陷入「自然主義」和「客觀主義」。胡塞爾相信，歐洲精神文明的普遍毀滅，將促使人們去創立現實的眞正的精神，並促使人們去理解個人的存在、個人的活動、個人的成就，以及個人的共同體，並由此出發明智地重新塑造一種新的人類。歐洲最終將透過克服自然主義的理性主義而從哲學精神中再生，而唯一能克服自然主義的理性主義的哲學，正是胡塞爾的現象學的超越論哲學。

從唯物史觀來看，胡塞爾從精神危機說明社會危機，並認爲自己的超越論現象學能夠克服這種危機，是一種根本的本末倒置。胡塞爾談到他這部著作的研究方法時說他採用的是「目的論的－歷史的」道路。他是透過這條道路通往超越論現象學的理念和方法的，他是從歐洲歷史的目的論的背景上闡明「歐洲生存的危機」的。胡塞爾的這種「歷史的－目的論的」道路，實際上包含著他的獨特的歷史哲學、包含著他對於歷史、哲學史和哲學的一些獨特的觀點，對於理解胡塞爾的哲學具有重要意義，因此我們也應該作一點介紹。

胡塞爾將歷史說成是原初的意義形成和意義沉澱的共存與交織的生動運動。整個歷史都貫穿著目的論的理性，每一種文化構成物都有其歷史的目的意義。歷史本身具有由任務的統一性而來的精神的統一性。後輩人的計畫和工作中，有前輩人的計畫和工作延續著，後輩人的思想意圖和精神構成物，按照其意義和繼續有效性，是來自最早的祖先的意圖和原初的精神構成物。人的有目的的生活是一種在合目的性方面愈來愈豐富的、不斷提高的上升發展過程。

這種歷史的目的論也貫穿於哲學史中。哲學史有一種統一的目的論的結構。「哲學」這種意向，雖然是歷史上個別哲學家的意向，但同時又是貫穿於各個時代的唯一的意向。不同的哲學家都具有這同一的意向，他們只是透過重新採納而重複這同一的意向。曾有其開端的一般哲學，在所有歷史變化中，仍是哲學。最初的計畫乃是一種試圖以各種不同的可能找到的形態充實自己的意向。因此在哲學史中顯示出一種區分：作爲特定時代的歷史事實的哲學，和作爲理念、作爲無限任務的理念的哲學。暫時的哲學指向處於無限東西之中的並且實際上是不可能達到的極，指向一種不能達到但仍必須作爲前提的眞理。因此可以將哲學的歷史應用於揭示哲學，揭示「哲學本身」；可以將哲學史看成一種從歷史學習哲學的超時間的運動。但是歷史上哲學家所追求的東西，他們意向深處隱蔽的統一性，只是在最終的建成中才能顯露出來。只是在最終的建成中，才能展示出一切哲學和所有哲學家的統一方向。從最終的建成中，可以獲得一種我們能藉以理解過去的思想家的照明之光，而他們自己從來沒有這樣理解過自己。這種批判的總體審視，使我們可以在所有哲學的表面上的對立與並存背後，指出一種有意義的最終的和諧。

胡塞爾認爲，哲學的歷史本身就屬於哲學家的周圍世界。哲學家的周圍世界是由向後一直延伸到哲學的原始建立的世代哲學家及其思想構成的。哲學家的地平線所特有的樣式，就是所有世代哲學家，他們的著作、他們的思想。每一個哲學家都有他的包括所有哲學家的歷史的地平線。哲學家在哲學的共存中形成他的思想，並對新的哲學家產生影響。活著的與死去的東西，處於一種絕不能中斷的共存中——哲學思想的共存中。

胡塞爾說，我們作爲哲學家，按照「哲學」這個詞所指明的目標，按照概念、問題和方法，是過去的繼承人。爲了達到對自身的理解，爲了理解哲學透過我們會成爲什麼，必須進行深入的歷史的和批判的反思，返回去追問過去總是作爲哲學被尋求的東西，理解哲學歷史發展的目的論，同時使我們明確意識到，我們自己是這種目的論的承擔者，我們透過我們個人的意圖，參與實現這種目的論。

胡塞爾將歐洲人的目的論的開端，它的精神的誕生，上溯到古希臘。在古希臘國家中，產生了人們對周圍世界的新態度，產生一種完全新式的精神構成物，一種系統而完整的文化形態，希臘人稱它爲「哲學」。按照原初的意義正確翻譯，它所指的是一種普遍的學問，關於宇宙的學問，關於由一切存在著的東西構成的無所不包的統一體的學問。因此哲學是作爲宇宙學開始的。這種對於無所不包的大全的興趣，很快就開始按照存在的一般形式和領域特殊化了。因此哲學，這個唯一的學問，也就分支爲許多特殊的科學了。胡塞爾說，在這種意義上的哲學——因此其中包括所有的科學——的產生中，存在著歐洲精神的「原現象」。在隨後的哲學發展中，希臘哲學在主觀的注視方向上，將與此相關聯的對於早已熟悉的人發現，稱爲世界的主觀，作爲這樣的主觀，透過自己的理性，與存在著的宇宙，並與自己本身發生關聯。

希臘哲學所抱的目的，是透過普遍的科學理性，按照各種形式的眞正的規範，提高人類，將人類轉變成全新的人類，能夠依據絕對理性的洞察而絕對對自身負責的人類。因此哲學不是別的，是理性主義，是徹頭徹尾的理性主義。哲學的歷史如果從內部來看，就是世代哲學家爲「覺醒」的理性達到自身的理解而進行的鬥爭。哲學是理性的實現，它總是處於通往更高的合理性的過程中，而眞正的完全的合理性，乃是處於無限理性之中的理念。哲學和科學，是揭示人類本身與生俱來的普遍理性的歷史運動。因此哲學具有倫理功能，即賦予人以人性，賦予人類以人性的功能。胡塞爾說，普遍的哲學是起功能作用的頭腦，眞正健康的歐洲精神生活依賴於這個頭腦正常發揮功能，具有更高人性或理性的人類，需要一種眞正的哲學。眞正的哲學爲自己的眞正意義，並以此爲眞正的人性而鬥爭。因此，在哲學家個人的內在使命中，同時就包含有對人類眞正存在的責任，而人類的眞正存在，只能是作爲指向終極目的的存在而存在，而且如果它確實能實現，也只有透過哲學，透過眞正的哲學家，才能實現。因此，胡塞爾說，哲學家是人類的公僕。

從歷史的統一的目的論出發，胡塞爾認爲，哲學本身的建設，必須從方法的建設開始，這種方法不是重又導致其他各種哲學中的「一種」哲學，而是導致唯一的哲學。

胡塞爾的目的論的—歷史的哲學考察，正是基於他上述的基本的歷史觀、哲學史觀和哲學觀。他的歷史考察是要理解哲學，特別是近代哲學的歷史發展的目的論，要釐清近代哲學的起源、釐清數學和自然科學的起源，它們的原初意義賦予的開端，並揭示以後時代對原初意義的改變和掩蓋。譬如他認爲，精密自然科學，由於其全部的意義改變和錯誤的自身理解，對於近代實證科學，同樣也對於近代哲學，甚至對於近代歐洲人的一般精神的生成與存在，都具有決定性的影響。在對伽利略、笛卡兒、休謨和康德的考察中，他指出，整個近代哲學，按照作爲普遍的最終奠立的科學這種原初的意義，至少從休謨和康德以來，是兩種哲學理念之間的鬥爭，即建立在預先給定的世界之上的客觀主義哲學理念，和建立在絕對超越論的主觀性之上的哲學理念之間的鬥爭。胡塞爾認爲，通觀整個哲學史，必須對一切時代的哲學提出指責的最終的理由就是，它們沒有能夠克服自然主義的客觀主義。這種客觀主義從一開始就是一種十分自然的引誘。只有各種形式的觀念論試圖將主觀性作爲主觀性來把握，並試圖恰當評價下面這個事實，即世界從來只是作爲具有其特殊經驗內容的主觀相對有效的世界而呈現給主觀和主觀共同體的。但是觀念論在完成其理論方面總是過分匆忙，沒有能夠擺脫隱蔽的客觀主義前提；或者它們作爲思辨的觀念論忽略了以分析的態度具體詢問使現實的現象世界有效的主觀性的任務。胡塞爾說，按照正確理解，這項任務不外就是實行現象學還原和實行超越論的現象學。胡塞爾要向人們指明，按照全部哲學史的統一的目的論結構，哲學任務提法的最初的自然的樸素的形態，最終一定會被一種「哥白尼式的轉向」的澈底精神所超越，會經受一種必然的意義改變。在這過程中，這種澈底精神表明是對原初樸素性的克服；但這種樸素性絕不因此是錯誤的，在這裡寧可說舊的任務被提高到普遍性的階段。正是在這種意義上，胡塞爾將自己的現象學的超越論哲學看成是哲學史的合目的發展的必然歸結，所有過去的哲學，都是內在地指向這種新哲學的意義的。正是在他的現象學的超越論哲學中，恢復了笛卡兒提出的作爲哲學根本問題的必眞性要求，實現了對進行哲學思考的自我（作爲應該達到自己本身的絕對理性的承擔者）的最深刻最普遍的自身理解，發現了在人類整體中客觀化了的主觀間共同體，發現了絕對的主觀性——超越論的主觀性，將哲學從認識的自明性根源上奠立起來。正是在這種哲學中，人才最終將自己理解爲對他固有的人的存在負責的人，將自己理解爲有責任過一種必眞生活的，根據理性生活和鬥爭的存在。正是在這種哲學中，不僅克服了自然主義的客觀主義，而且克服了以往觀念論中隱蔽的客觀主義。因此胡塞爾可以將自己的哲學看成是唯一科學的哲學，它不再是所有哲學中的「一種」哲學，而是「唯一的哲學」，是哲學理念的眞正實現。這就是胡塞爾的「目的論的－歷史的」考察所要得出的結論。

對於胡塞爾的這種歷史目的論，有各式各樣不同的意見。有的哲學家指出它明顯受到黑格爾哲學的影響，因爲黑格爾也將自己的哲學看成是克服了歷史上哲學的抽象性與片面性而達到精神的絕對頂峰的哲學。有的哲學家指出，胡塞爾的這種歷史目的論與他早期的「本質哲學」不相容，還有的哲學家指出，它與「我思」哲學、與「無先入之見」的要求、與「對哲學進行懸擱」的要求，也是不相容的。有的哲學家甚至對他的歷史目的論究竟是不是現象學提出了疑問。這些批評意見是很值得重視的。

＊　＊　＊

最後，在本書的翻譯中，有幾個胡塞爾的用語與常見譯法不同，需要做些說明。

apriorisch一詞，中文通常有「先驗的」和「先天的」兩種譯法，在譯爲「先天的」時，並沒有生物學或遺傳學上「與生俱來的」這種意思，胡塞爾用這個詞所指的乃是本質領域中絕對普遍的和必然的東西。考慮到在中文中「先天的」這種譯法可能被誤解爲生物學或遺傳學的「先天的」，本書中不採用這種譯法，而譯爲「先驗的」。相應地，Apriori 譯爲「先驗性」，不譯爲「先天性」。

transzendental 一詞，常見的中文譯法有「先驗的」、「超驗的」兩種。我以前也曾採用過這樣的譯法，並沒有感到有什麼不妥。但是當在本書中遇到 transzendental 與 Erfahrung 組成的片語 transzendentale Erfahrung 而將它譯爲「先驗的經驗」或「超驗的經驗」時，就感到有些不知所云，好像是遇到了像「圓的方」、「木的鐵」這樣的矛盾概念。Erfahrung 這個詞譯爲「經驗」是沒有問題的，問題是 transzendental 究竟是什麼意思。同是來源於動詞 transzendleren（超越）的詞，Transzendenz 通常譯爲「超越」或「超越性」，transzendent 譯爲「超越的」，爲什麼 transzendental 就要譯爲「先驗的」或「超驗的」呢？這個詞的譯法必須從理解胡塞爾哲學思想來考慮。從我們前面對胡塞爾思想的介紹就可以看出，胡塞爾用這個詞是要指一種超出自然的存在的、超出自然的世界的、超出生活和科學的自然的實證性的研究態度，因此我們將它譯爲「超越論的」。按照胡塞爾的說法，這種研究態度並沒有超出經驗，而是一種「新式的經驗方式」，是進入一種「新的，唯有它才獨有的經驗領域」。「超越論的」態度，並不是與「經驗的」態度進行對比，而是與「樸素的」、「日常的」、「自然的」、「世間的」態度進行對比。這是兩個不同的領域。在兩個領域中都存在「先驗的」與「經驗的」之間的劃分。正是因此，胡塞爾才能在「超越論的領域」中談到transzendentale Erfahrung（超越論的經驗），transzendentale Apriori（超越論的先驗性），談到transzendentalphilosophle（超越論哲學）是apriorische Wissenschaft（先驗的科學），談到dleapriorischen Beslnnungendestranszendentalenlch（對超越論的自我的先驗思考）等等。而在「自然的」、「世間的」態度中，才能談到objektlve Apriori（客觀的先驗性），objektlve-apriorische Wissenschaft（客觀的先驗的科學），blologische Apriori（生物學的先驗性），Apriori der Geschlchte（歷史的先驗性）等等。我們可以看到，將transzendental譯爲「先驗的」或「超驗的」，不僅不能確切表達這個詞的意思，而且還會使「超越論的」領域與「自然的」、「世間的」領域的劃分變得模糊不清，混淆「超越論的」態度與「自然的」態度，從而不能正確理解胡塞爾哲學的超越論現象學的眞正意義。在胡塞爾的這一著作的日譯本中，transzendental一詞也譯爲「超越論的」。日譯本譯者就此注道：「這個詞今天即使就康德哲學而言，譯爲，先驗的，也會產生疑義。在現象學文獻中，特別是在胡塞爾的場合，『超越論的』這種譯法，幾乎已成定譯。」（日譯本第四二五頁）

Idee這個詞，在本書中譯爲「理念」，而沒有採用一般的譯法：「觀念」，主要是爲了強調胡塞爾這個概念的柏拉圖哲學來源。胡塞爾說：「柏拉圖的理念論透過對於『理念』與『接近』的完全是有意識的發現，開闢了邏輯推理、邏輯科學、合理科學的道路。理念被理解爲原型，所有個別東西，都或多或少分享它，與它接近，或多或少完滿實現它。屬於理念的純粹理念眞理，被視爲一切經驗眞理的標準。」胡塞爾將自己的理念視爲是一切可以想像到的變化中不變的內容，是可以以絕對的同一性加以規定的必眞的一般內容，是人類各個時代都可以理解的，因此是可以傳承的，並可以以同一的主觀間共同的意義重新產生出來的精神構成物，是處於無限之中的規範形態。他將由理念對象構成的無限的總體，視爲是對每一個人都可以從方法上一義規定的眞正意義上的「客觀世界」。胡塞爾的這個概念，顯然與柏拉圖的概念有繼承關係。當然，柏拉圖的 Idee 也有人譯成「觀念」。但是考慮到這種譯法容易被誤解爲日常生活中的「看法」、「思想」、「思維結果」等等，故本書採用了「理念」這一譯法。

Subjekt 這個詞在本書中除少數情況譯成「主體」外，一般譯爲「主觀」。這是考慮到在胡塞爾的現象學中所講的 Subjekt，是純粹意識，是透過澈底還原得到的具有其全部意向關聯的普遍的和純粹的意向性，是指向世界的「自我極」。它排除任何從物體實在性獲得其意義的實在性理解，排除任何實體性理解。正是爲了避免實體性理解，將它譯成「主觀」，而不譯成「主體」。與這個詞相關聯的 subjektiv、Subjektivität 相應地譯爲「主觀的」、「主觀性」。

intersubjektiv 一詞通常譯爲「主體間的」，在翻譯過程中有時覺得這種譯法不能充分表達這個詞本來的意思。這個詞本來的意思是「若干人的意識共有的」（dem Bewusstsein mehrerer Personen gemeinsam）。這裡講的是人的「意識」，而不是「人」本身，故將 subjektiv 譯爲「主體的」不如譯爲「主觀的」確切。其次，在德文中，inter- 這個構詞成分，在複合詞中不僅表示「在……之間」、「在……中間」，而且表示「……間共同的」，如 interalliiert，既可譯爲「盟國間的」，也可譯爲「盟國間共同的」；interfraktionell，既可譯為「各黨派間的」，也可譯為「各黨派間共同的」。考慮到以上情況，在本書中，intersubjektiv 這個詞，凡是「主觀間的」這種譯法能保持上下文完整理解的，仍保留此譯法，凡不能保持上下文完整理解的，則視情況譯為「主觀間共同的」，或「主觀間共有的」。與這個詞相對應的名詞 Intersubjektivität 則譯為「主觀間共同性」。

Pcychologismus 這個詞一般譯為「心理主義」。除非將「心理」理解為「心理學」，否則這種譯法是不確切的。從構詞法看，這個詞是由 Pcycholog + ismus 構成的，因此應譯為「心理學主義」。這個詞本來的意思是：將心理學誇大為一切科學學科的基礎（überwertender Pcychologie als Grundlage aller wissenschaftlichen Disziplinen）。胡塞爾說，Pcychologismus 想要以心理學方式建立有關眞理本身的規範，試圖將心理學運用於超越論的目的。這裡所說的都是作為一門科學的「心理學」，而不是「心理」。上海譯文出版社出版的《德漢詞典》對這個詞的解釋是「心理學至上論」，也符合這個意思。

同樣在本書中 Physikalismus 也不採用通常的譯法，「物理主義」，而譯為「物理學主義」。胡塞爾說，Physikalismus 是由於對物理學的眞正意義的誤解而產生的物理學在哲學上的誤用，它將心理東西自然化，認為一切自然科學歸根究柢都是物理學，生物學以及一切具體的自然科學，隨著研究的進步，愈來愈融合為物理學，進一步發展了的物理學，最終能使所有具體的存在都得到物理學的合理說明。可見 Physikalismus 是一種將「物理學」（而不是「物理」）誇大為一切科學的基礎的觀點，因此譯為「物理學主義」。

Ontologie 一詞中文一般譯爲「本體論」，也有譯爲「存在論」的。本書中取「存在論」的譯法。因爲它的意思是「關於存在，關於存在者的學說」（Lehre vom Seln und Selenden）。

以上對胡塞爾的哲學思想的一些粗淺說明，和對譯名的一些不成熟看法，是個人在翻譯本書過程中的一點體會，難免有不妥之處，望讀者不吝賜教。

一九九六年十月於北京

關於本書的構成

本書分成兩個部分。第一部分是正文：《歐洲科學的危機和超越論的現象學》；第二部分是增補。從第一節到第二十七節的正文，是根據胡塞爾發表於《哲學》雜誌（貝爾格勒，一九三六年）的文章。這篇文章以之爲基礎的原稿，被胡塞爾當作草稿紙，有一部分在KIII組手稿中被重新找到。與第二十八至第七十一相對應的文稿，以打字稿的形式存放於魯汶胡塞爾檔案館（目錄號：MIII 5III 1和2）。這是一個速記稿的副本，是由芬克複製的。該速記稿原本在檔案館中沒有發現。也許是胡塞爾在有了副本之後將它銷毀或贈送給別人，或是當作草稿紙用了。胡塞爾曾仔細通讀過這個打字稿，並且插入許多解釋，加了許多旁注和附注。如同在以前版本中的情形一樣，這些親筆增補的東西在校勘附錄中總是被標明出來。打字稿中還有一些芬克加的評注，在附錄中也總是被標明出來。

第七十二節的本文來自手稿KIII 6（第二三〇—二三六頁）。對於這一部分胡塞爾明確寫道：「最後未打字的部分」（即《危機》一書的最後未打字的部分）。第七十三節的本文是由編者加到《危機》的結尾處的，原書稿在第七十一節，或更確切地說，在第七十二節處中斷了。這段文字取自手稿KIII 6（第一五〇—一五六頁）。編者不僅從這段文字的概述的性質找到了做這種補充的理由（在這段文字中，再一次清楚顯示出胡塞爾的根本意圖），而且還在由芬克根據他與胡塞爾的多年合作而擬定的「《危機》繼續部分的寫作提綱」（參看附錄二十九）中找到了這種補充的理由。按照這個計畫，在這一著作現有三章之後，還應該有兩章。第四章的題目應該是：「將全部科學都收回到超越論哲學的統一之中的思想」，第五章的題目應該是：「哲學的永恆任務：人類的自身辯明。」與第五章的問題提法相對應的恰好是由 KIII 6（第一五〇—一五六頁）取來的這段文字。

〈增補〉部分的出版準備工作，比正文的出版準備工作還困難，特別是更加費時。爲了將獨立的論文與那些對正文中討論的問題加以解釋、擴展或澈底修改的文字清楚區分，本書的這一部分劃分成「壹、文章」和「貳、附錄」兩個部分。

爲了同時提供對於問題之產生的了解，選了三篇文章。第一篇文章形成於一九二六—一九二八年時期，它存放於魯汶胡塞爾檔案館，目錄號是 MIII 3 XII（是蘭德格雷貝的打字稿副本，有胡塞爾的速記旁注），標題是：「關於實在的科學與理念化。對自然的數學化」。第二篇文章寫於一九二八—一九三〇年時期，是存放於手稿 KIII 2 組中第七十四—八十五頁的速記稿的標有希臘字母 A 的各頁。第三篇文章是一九三五年春的維也納演講稿。打字稿存放於胡塞爾檔案館 MIII 5 IIa 目錄中，速記原稿存放於 KIII 1（第一—二十五頁）目錄中。打字稿與原稿相比，有某些擴展。

爲了能夠選出最重要的附錄，必須對來自 KIII 組的三十二份手稿中的大部分速記稿加以改寫。正如曾提到過的，這一組稿件包括胡塞爾一九三四—一九三七年的手稿，這後一批手稿儘管在這個序列中，但從一九三五年起的部分未曾被採用過，因爲胡塞爾仍還在對這些稿件進行加工，因爲有一部分只是在後來才形成的。在校勘附錄中，在每一篇附錄的開頭都說明，它是出自哪個時期、它是從哪份手稿中採用的。KIII組的全部手稿的發表，由於以下原因是不可能的，即因爲它所涉及的是研究手稿，有許多重複、交叉，偶爾還重複採用正文部分，由於太多這些東西，幾乎使人們看不清原來的思想進程。

對於校勘注釋，我還必須指出，它是從正文的第三部分開始的，因爲正文的第一部分和第二部分是原封未動地從《哲學》雜誌上採用的（改正了一些印刷錯誤）。

關於原稿頁碼的說明

上面欄位是本書的頁碼*，下面欄位是本書所依據的原稿的頁碼。如果涉及到的是速記的原稿，如在大多數附錄中那樣，則手稿頁的正面頁用 a 標出，反面頁用 b 標出。

第 1-104 頁	《哲學》雜誌第 1 卷第 77-176 頁
第 105-193 頁	MIII5III 1，第 3a-122 頁
第 194-260 頁	MIII5III 2，第 123-176 頁
第 261-269 頁	KIII 6，第 230-236 頁
第 269-276 頁	KIII 6，第 150-156 頁
第 279-293 頁	MIII 3XII，第 1-30 頁
第 294-313 頁	KIII 2，第 75-86 頁
第 314-348 頁	MIII 5IIa，第 1-34 頁
第 349-356 頁	KIII 13，第 5-9 頁

* 此頁碼係德文原版頁碼，中譯本（本書）以邊碼標出。

第 357-364 頁	KIII 22，第 5-13 頁，第 16-19 頁
第 365-386 頁	KIII 23，第 1-33 頁
第 387-391 頁	KIII 2，第 4b-7 頁
第 392-401 頁	KIII 26，第 10-13 頁
第 402-411 頁	KIII 26，第 10-16 頁
第 412-414 頁	KIII 26，第 4a-b 頁
第 415-417 頁	KIII 28，第 66-68 頁
第 418-419 頁	KIII 21，第 6a-b 頁
第 420-431 頁	KIII 19，第 1-19 頁
第 432-433 頁	KIII 26，第 22 頁
第 434 頁	KIII 28，第 7 頁
第 435-445 頁	KIII 16，第 51-65 頁
第 446 450 頁	KIII 26，第 2-3 頁
第 451-455 頁	KIII 1，第 202-209 頁
第 456-458 頁	KIII 21，第 18b-20a 頁
第 459-462 頁	KIII 1，第 174-177 頁
第 463-465 頁	散頁
第 466-467 頁	KIII 1，第 178 頁

第 468 472 頁　KIII 6，第 96-99 頁
第 473-475 頁　芬克的附言
第 476-479 頁　KIII 2，第 31-34 頁
第 480 484 頁　KIIII 8，第 20-21 頁
第 485-490 頁　KIII 4，第 44-47 頁
第 491-501 頁　KIII 4，第 59-67 頁
第 502-503 頁　KIII 9，第 56-59 頁
第 504-507 頁　KIII 9，第 40-42 頁
第 508 513 頁　KIII 9，第 90-95 頁
第 514-516 頁　芬克爲《危機》繼續部分寫的提綱（MIII 5 III2 的附錄）

目次

增補

編者導言

《歐洲科學的危機與超越論的現象學》是胡塞爾最後一部重要著作。基本的手稿寫於一九三五—一九三六年。[1] 胡塞爾從一九三四年到一九三七年在《危機》一書的範圍內進行寫作。產生這部著作的外部原因，是維也納文化協會邀請胡塞爾演講。胡塞爾應邀於一九三五年五月七日在維也納進行演講，應普遍的要求，五月十日又再演講一次。維也納演講的題目是：《歐洲人危機中的哲學》。演講的本文在這裡是第一次發表（參看〈增補〉第三一四頁*以下）。胡塞爾在一九三五年七月十日寫給茵加登的信中談到了他的維也納演講：「在維也納眞令人驚訝。因爲應該來這裡演講的決定做得太晚了，而且是在布拉格的演講拖延以後決定的，另外還由於其他的干擾，我來到這裡其實並沒有帶著現成的稿子。我克服了過度的疲勞，於五月七日演講，並獲得了出乎意料的成功。我根據最主要的東西自由發揮。題目是《哲學與歐洲人的危機》。前半部分是從目的論的歷史角度（從哲學上）闡明歐

1 原稿保存於魯汶胡塞爾檔案館，編目號爲 MIII 5 III 1 和 MIII 5 III 2。有關手稿的其他說明，可從校勘附錄中查到。

* 正文中提到的頁碼是德文版的頁碼，本書用邊碼標出，下同。——譯者注

洲人的（或『歐洲文化的』）哲學理念。

第二部分：闡明從十九世紀末開始的危機的原因，哲學或者它的分支，近代的專門科學失敗的原因，它的使命（它的目的論的功能）——即給作爲理念應在歐洲歷史地生成的更高的人的類型以規範指導——失敗的原因。第一部分本身是一個完整的演講，用了整整一週上課的時數。因此我想就此結束，並爲主題壓縮得過緊而表示歉意。但是聽眾一定要我講下去，因此在休息之後我繼續講，我發現聽眾對於第二部分也有非常強烈的興趣。兩天以後，[2]我不得不重複一次這個演講（而且又是座無虛席）——雖然是再重複一次，卻用了兩個半小時」。

當年十一月，胡塞爾應「布拉格人類知性研究哲學小組」的邀請，在布拉格的德語大學和捷克語大學分別舉行了兩次演講，[3]後來他將這些演講擴展爲原來的《危機》這一著作。

胡塞爾在由利貝爾特於貝爾格勒出版的《哲學》（*PhilosoPhia*）雜誌第一卷（一九三六）上發表了《危機》這部著作的開始的部分（即第一、第二兩部分）。[4]

---

2 事實上胡塞爾重作這次演講是在五月十日。

3 第一次演講是十一月十四日舉行的。

4 胡塞爾在《哲學》雜誌上發表的《危機》的本文，加了下面的序言：

「以眼前的這篇文章開始，並將以在《哲學》雜誌上發表的一系列其他文章完成的這部著作，是要進行一種嘗試，即透過對科學與哲學的危機狀況的根源進行目的論的歷史思考，論證哲學進行超越論的現象學轉向的一九三七年一月七日，胡塞爾收到校完最後一校的清樣。第三部分，而且實際上是這部書的中心部分（即III A和B），本來也應發表，然而由於胡塞爾打算重新修改，將稿子壓下了。直到疾病發作（一九三七年八月）——這場病奪去了他的生命——他孜孜不倦地從事《危機》的寫作。按照保留下來的手稿，這項工作可以逐月地追尋。正文仍然是未完成的。在這幾年裡，胡塞爾與他當時的助手芬克有著密切的關係，他與芬克詳細討論過這部著作，芬克還將正文的速記手稿謄清。本書繼續寫作的提綱是由芬克寫成的，這個提綱作爲附錄二十九載於本卷中。正文的速記手稿未能保存下來，也許是在芬克謄清以後，胡塞爾將它銷毀了。甚至正文第一、二部分的打字稿也是殘缺不全的，因爲這兩部分在《哲學》雜誌上發表以後，胡塞爾就將打字稿當草稿紙用了。

這些寫於晚年的，全都這樣那樣地與《危機》的問題聯繫著的手稿，在胡塞爾逝世後，由H. L. 萬·布雷達歸入到KIII類中。這種編排並沒有思想上的連貫性，而只是爲了在檔案中清楚標明所發現的從一九三四年到一九三七年的速記手稿，這些手稿在芬克與蘭德格雷

不可避免的必然性。因此這部著作成了超越論現象學的一個獨立的導論。

我應『布拉格人類知性研究哲學小組』的友好邀請，於一九三五年十一月中旬，在布拉格的德語大學和捷克語大學的會客室舉行了系列演講，構成這個系列演講的基本內容的思想，經過加工修改，形成了這部著作。」

《危機》的第一、第二部分，由熱勒爾（Edmond Gerrer）譯成法文發表於《哲學研究》（*Les Etudes PhilosoPhiques*）（新刊）IV，（一九四九）。

貝一九三五年進行整理時並沒有包括進來。

在這裡首先涉及到所謂的研究手稿。在以前的版本中[5]已經指出，胡塞爾的手稿可以分成三組：胡塞爾本人已經指明要發表的手稿；胡塞爾當時並沒有想直接發表，而歸入第三類的手稿，如演講手稿；最後是工作手稿和研究手稿，那是胡塞爾爲了澄清某個問題爲自己而寫的，因爲我們知道，胡塞爾經常總是將自己的思考用文字記載下來。

基於一些很容易想到的理由，魯汶胡塞爾檔案館的領導人決定著手發表第一組手稿。原來曾計畫，接下來發表演講的手稿，最後發表研究手稿。發表研究手稿面臨著一些特別的任務。胡塞爾的思想進程有時是跳躍式的。胡塞爾提出一個問題，然而在準備闡述這個問題時，他卻被一個潛在的，而現在成了注意中心的問題吸引住了；以後他又給出一個很長的概述，其目的只是要在現在將以前思考過的東西保留下來。如果他在一個問題上停留下來，那麼經常的情況就是，他總是對這個問題一再地重新思考、重複，對寫好的東西修改、批判，或乾脆將它擱置。

沒有人會否認這種手稿對胡塞爾的研究者有用，然而問題是，它們是否直接就適用於提供一種對現象學的了解；常常是極其錯綜複雜的道路，各式各樣問題的相互交錯，離開預告過的主要道路，在常常是荊棘叢生的歧路上反覆地思考，這一切是否會使人眼花繚亂，以致使胡塞爾的研究者失去了本來的方向呢？現在當然有一種可能，即透過編排和選擇從研究手

5 參看第一卷，萬·布雷達的序言

稿形成一種新的手稿。但是這種解決辦法被胡塞爾檔案館的領導人拒絕了。經常與胡塞爾接觸的胡塞爾生前的合作者能允許自己做的事情，甚至是應胡塞爾的要求而能做的事情，我們今天卻是不可以做的。如果研究手稿被發表，就只能按照原來的形式發表。不過有一種可能性，即從研究手稿中進行選擇，圍繞確定的主題將它們分組。當前情況就是這麼做的。研究手稿是聯繫胡塞爾確定發表的正文一起發表的。正文勾畫出在相應時期胡塞爾的問題得以保持的那些方面，而研究手稿則補充和豐富了這種論述，另一方面，也使他必須克服的那些困難清楚地顯露出來。不過在這裡應該明確地說，研究手稿的編排是由編輯者進行的，胡塞爾本人並不曾想直接發表這些研究手稿。

因爲當前題目中涉及的研究手稿總數非常可觀，這裡所發表的必須限於一組確定的手稿，即KIII組手稿。即使是這一組手稿，也必須進行選擇（這一組包括三十二份手稿，其中一些篇幅超過二百多頁）。但願在以後的版本中這一組手稿的其餘部分有可能發表。

毋庸諱言，這種選擇仍然是一種冒險的事情，絕不是不容批判的。爲了避免在這種選擇中過多地表現出編輯者的興趣，明確規定必須根據正文本身加以選擇的原則，並且對於以附錄形式發表的研究手稿的每一本文，都指出可參照與之有關的正文的某個或某些章節。但是不能將這種參照僅僅理解爲，彷彿這個附錄只能說明這一確定的章節，而應該說這種參照只發揮一種提示作用。愈深入研究胡塞爾的問題，就愈能清楚看出問題的繁雜，對於有關章節的這種參照也就愈失去效用。還應該提到，這裡選出的手稿中，有一些不僅與《危機》一書的本文有聯繫，而且還一般地與胡塞爾哲學研究的發展有聯繫。

這一卷分成兩個部分：正文和增補。在增補部分又將獨立的文章和附錄分開。文章應對危機問題的形成提供說明，不過在這裡發表這些文章時也必須有所節制，以免打亂正文與增補之間的平衡。第一篇文章產生於一九二六—一九二八年這段時間。它所探討的是在《危機》中甚至被賦予了特殊重要性的理念化問題。

第二篇文章大約產生於一九三〇年，也許寫於一九二八年至一九三〇年之間，是用來區分自然科學的態度和精神科學的態度的，而精神科學的態度恰好是《危機》第二部分的重點。第三篇文章是維也納演講（一九三五年）。

一些補充說明應該允許納入到本書的內容中。這是首次發表的胡塞爾藉以明確表明對歷史的態度的，特別是將哲學的歷史性當作主題來討論的著作；即使是維也納演講就已經以對歷史的某種見解爲基礎了。在這裡，歷史被理解爲超越於自然的態度（作爲自然的—實踐的態度），自然的態度是借助直接給予的東西進行的說明，哲學的理論（θεωρια）——按照胡塞爾的看法，哲學理論是一種對於原初感興趣的生活的懸擱——的發展，實際上變成了對於存在者整體的把握。另外，與這種整體性要求一起，還首次產生了無限東西的理念，這種理念對於西方人是十分重要的。這種轉變——在胡塞爾看來，它同時又是對於神話東西的克服——首先使歐洲科學的形成成爲可能，這種科學後來愈來愈受到重視，並對它與哲學的關係產生了錯誤認識。

在這裡不應企圖去批判胡塞爾有關歷史或希臘文化的本質的觀點，也許更重要的是理解，爲什麼胡塞爾必須以這種明確的方式去看待希臘文化，爲什麼歷史的本質會對他如同在

《危機》一書中或者在當時的研究手稿中明確表達出來的東西那樣顯露出來。對於胡塞爾來說，處於問題中心的是：爲什麼在近代科學取得輝煌進步的同時卻產生了科學的危機，而這種危機同時又是歐洲人的危機呢？因此他特地深入探究了近代科學在伽利略那裡的形成。在本書第二部分的初稿中，論述伽利略只用了一節篇幅，而在對原稿進行修改時，論述伽利略的部分擴充了，占了第二部分的一半（參看第九節）。在伽利略之後，胡塞爾詳細討論了笛卡兒，因爲他發現在笛卡兒那裡有兩種方向——即物理學主義的客觀主義和超越論的主觀主義——結合在一起，這兩種方向在它們後來的爭論中對哲學造成了嚴重後果。這一著作的第二部分甚至加了這樣一個標題，即：「澄清近代物理學主義的客觀主義和超越論的主觀主義之間對立的起源。」（在附錄中胡塞爾的重複闡明，對於解釋笛卡兒也是重要的。）在這裡不想詳細研究胡塞爾關於歐洲近代哲學的全部敘述（胡塞爾特別注意英國哲學）——我們始終考慮到胡塞爾關於近代科學受挫折的原因的提示，因爲這裡所要做的，只是概述胡塞爾的問題範圍。在這種考察中，經常指導著胡塞爾的隱蔽的先見的就是，隨同希臘哲學一起向歐洲人顯現的目標，即「想要成爲由哲學理性造就的人，並且只能成爲這樣的人」的目標，喪失了，因此哲學作爲「人類本身生而固有的普遍理性顯露的歷史運動」的意義也喪失了。透過他指出要取代哲學的科學，如何因爲看不到並且肯定看不到哲學的眞正的意義的基礎，因爲哲學關於說明存在者的整體要求失效了，而必然會失敗，透過指出這些，而使上述的目標再度成爲可以看見的，這就是胡塞爾眞正根本關心的事情。

在胡塞爾思想的這個時期，一再使他思考的，是生活世界的存在論問題，所謂生活世界，即在一切科學之前總是已經能夠達到的世界，以至科學本身只有從生活世界的變化（在理念化的意義上）才能理解。在「生活世界」與「自在的眞的世界」（科學的世界）之間的對立中，重心必然會從對作爲所謂眞的世界的所有存在者的科學把握向生活世界轉移。但這並不是爲了簡單地停留在指出「生活世界」的結構上，而是因爲只有在生活世界的實現中，超越論的自我的發揮功能的成就才能被認識。這種成就本來應該由心理學揭示出來，並變成可以理解的。但是心理學沒有能力做到這一點，因爲它過於被按照自然科學模式理解了，因此它完全不能眞正領悟主觀的本質。

胡塞爾確信，這種正是在客觀主義和主觀主義的分裂中才獲得其表現的本質上的缺點，只有借助超越論的現象學揭示出原初的目標才能克服，而這個目標則是透過揭示出超越論的自我而變成可以看得見的。根據他的看法，近代形上學的發展，只有作爲向現象學的發展才是可以理解的。因此《危機》這部著作——它因此應指出歐洲的眞正生活危機的原因——同時應被認爲是超越論現象學的導論。從對這整個問題的討論中，現象學應該眞正證明是基礎的哲學，即是實現普遍認識的要求的學問——是普遍的科學。

這部著作的導引的功能在第三部分A和B的標題中明確地表達出來了：「從生活世界出發通往超越論現象學的道路」和「從心理學出發通往超越論現象學的道路」。這並不意味著，這條道路能直截了當地從生活世界或心理學出發描述出來，而是說，現象學首先使生活世界所表明的東西，心理學本來應該是的東西，成爲可以理解的。然後才有一條從這樣理解的生活世界和心理學出發通往現象學的自然的道路。因此，爲了按原來的樣子把握生活世界和心理學，然後由它們出發能看到這個基礎（即現象學）本身，我們必須站在現象學的基礎上。隨著對生活世界的眞正理解，同時也就揭示出科學始終已經站立於其上卻沒有看到的基礎。因此，現象學使科學對自身理解成爲可能；隨著對於心理學的眞正理解——這種理解就在於揭示出超越論的主觀性，現象學提供了重新理解主觀與存在者的關係，和消除帶來嚴重後果的客觀主義與主觀主義之間的斷裂的可能性。按照胡塞爾的意圖，所有這些最後一定會導致對人的理性的信仰——這種信仰在希臘人那裡第一次顯示出來，在文藝復興時期支配了人類——重新確立，由此，對作爲理性自身實現場所的哲學的信仰，也會重新確立。因爲按照這種看法，哲學在歷史上就是人的理性向自身的復歸，在哲學中，人類實現了對自身的辨明。由此也產生出一種哲學的倫理學功能：指導人類成爲它必須成爲的東西。

《危機》這部著作並沒有完成。在芬克的提綱中提到的第四部分，即「將全部科學都收回到超越論哲學的統一之中的思想」並沒有論述過。但是找到了一些筆記，在其中，胡塞爾正是與歷史相關聯概述了哲學的本質。這些筆記之一——它同時提供一種全面的概觀——被置於本書的結尾（第七十三節），另外一些稿件則作爲附錄提供出來。即使《危機》一書是以一些使胡塞爾作爲偉大的理性主義者的繼承人出現的論述結束的，這也不應誘使人們以一種片面的觀點去理解他。這裡需要做的，寧可說正是領會和理解他的思想的潛藏的多樣性——他的思想常常甚至與他自己的表達相反，以使他所關心的事情能取得成果。或許正是發表他的研究手稿——如在這裡首次嘗試的——能對此有所幫助。

由於北萊茵—威斯特法倫州文化部和科隆大學的慷慨支持，科隆大學胡塞爾檔案館於一九五一年秋得以建立。這個檔案館是在與魯汶胡塞爾檔案館達成協議的基礎上建立的。這樣，德國的研究者就可以使用胡塞爾的遺著了。在科隆胡塞爾檔案館，存有迄今全部胡塞爾速記手稿改寫本的副本，未改寫的速記稿目錄，以及研究胡塞爾所必需的卡片索引資料。正在與魯汶胡塞爾檔案館合作出版胡塞爾著作全集。此外，在胡塞爾檔案館的範圍內，定期舉行演講，以及與德國和外國哲學家的討論。胡塞爾檔案館的館長是K. H. 福爾克曼—施魯克教授。

在這裡應該向所有爲科隆胡塞爾檔案館的建立和維持而盡過力並仍持續在盡力的人士表達衷心的感謝。特別應該感謝文化部長托伊奇夫人，以及當時的科隆大學校長克羅爾教授，當時哲學系主任科赫教授，以及行政主管施奈德。

正如在第四卷導言中已經提到的，聯合國教科文組織於巴黎召開的第四次會議（一九四九年）的全體大會決定，授權總幹事促進哲學和精神科學領域的國際合作。在一九五一年十一月的會議上，聯合國教科文組織執行委員會應國際哲學—人文科學聯合會的請求，批准再一次給予魯汶胡塞爾檔案館財政資助，供準備出版胡塞爾手稿之用。

感謝歐根·芬克教授惠允在《危機》一書中發表他的兩個附錄。對於瑪利·畢麥爾—魏策爾和魯道夫·鮑姆在出版工作中的有力幫助，在此表示最誠摯的感謝。

瓦爾特·畢邁爾

一九五三年十二月於科隆

第二版附言

沒過多少年就需要出版埃德蒙德·胡塞爾的這部最後著作的新版，這是令人高興的。這一版是未經改動出版的，只是修正了一些印刷錯誤，對人名索引進行了一些補充。請允許我借此機會對馬提奴斯·尼基霍夫出版社的協作表示感謝。

歐洲科學的危機與超越論的現象學

第一部分　作爲歐洲人根本生活危機表現的科學危機

一、鑒於科學的不斷成功，眞的存在著科學危機嗎？

我必須估計到，在這個致力於科學的場所，「歐洲科學的危機與心理學」這個演講題目[1]就已經會引起反對意見了。我們眞的能夠談論我們的科學的危機嗎？現在經常聽到的這種說法是不是一種誇張之詞呢？然而科學危機所指的無非是科學的眞正科學性，即它爲自己提出任務以及爲實現這些任務而制定方法論的整個方式，成爲不可能的了。這種情況也適合於哲學。哲學在我們今天正面臨被懷疑論、非理性主義和神祕主義壓倒的危險。只要心理學還提出哲學的要求，而不只是想成爲一門實證科學，它也會處於同樣的情況。但是我們如何能夠明確地，十分嚴肅地談論一般科學的危機，因此也談論實證科學，其中包括純數學和精密自然科學的危機呢？對於數學和精密自然科學，我們一直稱讚它們是嚴格的、最富有成果的科學學科的典範。確實，它們在系統理論構造的以及方法論的整個風格方面表明是可以改變的。只是在最近，它們才打破這個方面在經典物理學名義下出現的、構成威脅的僵化狀態。說它們構成威脅，是因爲它們被認爲是在幾個世紀裡經受住考驗的風格的盡善盡美的完成。但是反對經典物理學理想的勝利鬥爭，同樣還有圍繞數學的眞正適當結構形式而仍在繼續進行的爭論，難道就意味著此前的物理學和數學尚不是科學的嗎？或者意味著，它們既

1 這是布拉格系列演講的原題目。

然帶有某些不明確和曖昧之處，在它們的研究領域中就確實沒有取得自明的洞察嗎？這些洞察，即使對於我們這些消除了這種障眼物的人，難道不也是令人信服的洞察嗎？當我們使自己置身於古典主義者的立場上時，對於由這種態度如何取得全部永遠有效的偉大發現，以及有充分理由令前代人驚嘆的大量技術發明，我們不是由此洞察而完全了解了嗎？物理學不論是由牛頓，或普朗克，或愛因斯坦，或未來的任何其他人代表，它過去始終是而且將來仍然是精密的科學。儘管那些認爲總體理論結構的絕對最終形態是永遠期待不到、永遠不應去追求的人是有道理的，它仍然是精密的科學。

但是很顯然，我們習慣上歸入實證科學的另外一大批科學，即具體的精神科學，情況也相似，不管它們如何援引自然科學精密性的典範（它們對這種援引是說法不一的）。這種援引是可疑的，順帶一提，這種可疑性甚至已經涉及到生物物理學的（「具體的」自然科學的）學科與具有數學精密性的自然科學所有學科的關係。所有這些學科科學上的嚴格性，它們的理論成就以及它們持久的、令人信服的、成功的自明性，都不成問題。只是對於心理學我們也許會感到不那麼有把握，不論它怎樣要求成爲有關具體精神科學的抽象的，發揮最終解釋作用的基礎科學。但是如果我們將這種在方法和成就中的明顯差距，視爲按事物本性較緩慢發展造成的差距，我們通常差不多也可以承認心理學也是精密科學。無論如何，這一類科學的「科學性」與哲學的「非科學性」的鮮明對比是顯而易見的。因此我們預先承認，那些確信他們的方法的科學家對這個演講的題目發出最初的內心的抗議是有正當理由的。

3

二、實證主義將科學的理念還原為純粹事實的科學。科學的「危機」表現為科學喪失其對生活的意義。

但是，也許我們從另外一種研究方向出發，即從人們對我們的文化危機的普遍悲嘆出發，從在這個方面歸咎於科學的作用出發，產生出一些動機，這就是對一些科學的科學性進行**嚴肅的非常必要的批判**，而為此並不需要放棄它們最初的在方法成就的正當性方面無可指摘的科學性的意義。

事實上，我們正是要著手進行上面提到的這種對整個考察方向的改變。在這樣做時我們很快就會覺察到，那種不只在今天，而且好幾個世紀以來就困擾著心理學的疑問——一種它所特有的「危機」，對於現代科學中，甚至數學科學中，令人困惑的無法解決的不清晰性的出現，以及與此相關聯，對於以前時代所不知道的那種世界之謎的出現，具有重要意義。所有這些謎恰恰都歸結為**主觀性**之謎，因此與**心理學的論題和方法**之謎有不可分割的聯繫。這只是對這個演講的計畫的更深刻的意義預先作的初步說明。

我們從上個世紀末出現的對科學的總評價的轉變開始。這種評價的轉變所涉及的不是科學的科學性，而是科學。科學一般對於人的生存過去意味著以及現在可能意味著的東西。在十九世紀後半葉，現代人的整個世界觀唯一受實證科學的支配，並且唯一被科學所造成的「繁榮」所迷惑，這種唯一性意味著人們以冷漠的態度避開了對真正的人性具有決定意義的問題。單純注重事實的科學，造就單純注重事實的人。公眾評價態度的改變在戰後曾是不可避免的，而且正如我們知道的，這種轉變在年輕一代終於發展成一種敵對情緒。我們聽到人們說，在我們生存的危急時刻，這種科學什麼也沒有告訴我們。它從原則上排除的正是對於在我們這個不幸時代聽由命運攸關的根本變革所支配的人們來說十分緊迫的問題：即關於這整個的人的生存有意義與無意義的問題。這些對所有的人都具有普遍性和必然性的問題難道不也要求進行總體上的思考並以理性的洞察給予回答嗎？這些問題終究是關係到人，而人是自由決定其對人的環境和非人的環境的行為的，是自由決定其理智地塑造自己和它的環境的所有可能性的。這種科學關於理性與非理性，關於我們作為這種自由主體的人，應該說些什麼呢？單純關於物體的科學顯然什麼也不能說，它甚至不考慮一切主觀的東西。另一方面，就精神科學來說（精神科學確實在所有特殊的和一般的科學中，在人的精神的存在中，因此在人的歷史性的地平線中考察人），人們說，它嚴格的科學性要求研究者要小心地將一切評價的態度、一切有關作為主題的人性的，以及人的文化構成物的理性與非理性的問題全都排除。科學的客觀的真理僅在於確定，世界，不論是物質的世界還是精神的世界，實際上是什麼。但是如果科學只允許以這種方式將客觀上可確定的東西視為真的，如果歷史所能教導我們的無非是，精神世界的一切形成物，人們所依賴的一切生活條件、理想、規範，就如同流逝的波浪一樣，形成又消失，理性總是變成胡鬧，善行總是變成災禍，過去如此，將來也如此，如果是這樣，這個世界以及在其中的人的生存真的能有意義嗎？我們能夠對此平心靜氣嗎？我們能夠生活於那樣一個世界中嗎？在那裡，歷史的事件只不過是由虛幻的繁榮和痛苦的失望構成的無窮盡的鏈條？

三、借助文藝復興時期哲學理念的新構想，歐洲人的自律性得以奠立。

科學並不總是在上述那種客觀性的意義上理解它對嚴格論證的眞理的要求，那種客觀性在方法上支配我們的實證科學，其影響遠遠超出實證科學，爲哲學的和世界觀的實證主義提供支援，並得到廣泛傳播。特殊的人性問題在過去並不總是被排除於科學領域之外，並不總是不考慮人性問題對所有科學，甚至那些不以人爲研究對象的科學（如自然科學）的內在聯繫。只要情況還不是那樣，科學就能要求對於從文藝復興以來完全是新形成的歐洲人有一種意義，而且如我們所知道的，對這種新的形成具有主導的意義。爲什麼科學會失去這種主導的作用？爲什麼會發生本質上的變化，使科學的理念受到實證主義的限制？從其**更深層動機**上理解它，對於這個系列演講的目的來說是非常重要的。

眾所周知，在文藝復興時期，歐洲的人性在自身中完成了一種革命性的轉變。它反對它的迄今爲止的存在方式，即中世紀的存在方式，否定其價值，它要自由地重新塑造自己。它將古希臘羅馬人當成最值得羨慕的典範。它要在自己身上模仿這種存在方式。

它把什麼東西當成是古代人的本質的東西呢？在經過一段猶豫之後，它認爲這不外就是「依據於哲學的」存在方式：自由地賦予自己本身，自己的全部生活以它的來自純粹理性，來自哲學的準則。理論哲學是首位的東西。應該開始進行一種冷靜的，擺脫神話和一般傳統束縛的對世界的考察，這是一種絕對沒有先入之見的有關世界和人的普遍的認識，它最終從世界本身中認識它所固有的理性與目的論，和它的最高原則：上帝。哲學作爲理論不僅解放研究者，而且解放任何受過哲學教育的人。實踐上的自律性遵循著理論上的自律性。在指導文藝復興的理想中，古代人是按照自由理性理智地形成的人。對於復活了的「柏拉圖主義」來說，這就意味著，不僅需要從倫理方面重新塑造自己，而且還需要從自由的理性，從普遍哲學的洞察出發，重新塑造人的整個環境，人的政治的和社會的存在。

按照這種最初只是被個別人和一些小圈子所承認的古代典範，又應該發展一種理論哲學，這種哲學不應該盲目地接受傳統，而應該從自己的獨立研究和批判中重新產生出來。

在這裡應該強調這樣一點，即從古代流傳下來的哲學理念，並不是我們現今所熟悉的那些教科書上的概念，這樣的概念只涉及一部分學科；從古代流傳下來的哲學理念雖然從接受以後就立即發生了一些並非不重要的變化，但是在近代的最初幾個世紀裡仍在形式上保留了包羅萬象的學問，關於存在者全體的學問這樣一種意義。複數意義上的學問，每一種能夠建立和已經建立的學問，都只是唯一哲學的非獨立分支。透過從笛卡兒已開始的對普遍性意義的大膽地甚至是過度地提高，這種新的哲學所追求的，正是要將一切一般有意義的問題，以嚴格科學的方式包含到理論體系的統一之中、包含到必然明白的方法論中，和無窮的但是合理安排的研究進程之中。因此，世世代代無限增長的、由理論聯結著的、唯一的終極眞理體系，應該回答一切可能想到的問題——事實問題和理性問題，暫時問題和永恆問題。

6

因此，歷史地來看，當代的實證主義科學概念是一種殘留的概念。它將所有那些人們歸之於或嚴或寬的形上學概念的問題，其中包括所有那些被含糊地稱爲是「最高的和終極的問題」統統丟棄了。嚴格說來，這些問題以及所有那些完全被排除的問題，在以下這點有其不可分割的統一性，即它們或是明確地或是在它們的意義中暗含地包含著理性——處於其全部特殊形態中的理性的問題。顯然，理性是有關認識（眞實的、眞正的認識，理智的認識）的所有學科的主題，是有關眞實的和眞正的價值（作爲理性的價值的眞正價值）評價的所有學科的主題，是有關倫理行爲（眞正善的行爲，即從實踐理性出發的行爲）的所有學科的主題，在這裡，理性是「絕對地」、「永恆地」、「超時間地」、「無條件地」有效的理念和理想的名稱。如果人成了「形上學的」問題，特別是成了哲學的問題，那麼它就是作爲理性的存在被考察的，如果考察人的歷史，那麼所涉及的就是歷史中的「意義」，歷史中的理性。上帝的問題顯然包含「絕對的」理性的問題，它是世間一切理性的，即世界的「意義」的目的論源泉。當然，不朽的問題如同自由的問題一樣，也是理性的問題。所有這些「形上學的」問題，廣義地理解，通常稱爲特殊的哲學問題，都超出了作爲由純粹事實構成的大全的世界。它們正是作爲含有理性這種理念的意圖的問題而超出事實的世界的。所有這些問題都占有比事實問題更高的地位，後者即使在問題的次序上也處於它們之下。實證主義可以說是砍下了哲學的頭顱。早在古代的哲學理念——這種理念在一切存在的不可分割的統一中有其統一性中，就同時包含一種存在的有意義的層次，因此包含存在問題的有意義的層次。是故，形上學，有關最高和終極問題的學問，就獲得了各種學問的王后的尊嚴。只有形上學的精神才賦予一切認識，一切其他學問提供的認識以終極的意義。文藝復興時期重新復活了的哲學也接受了這一點，它甚至相信，發現了真正普遍的方法，運用這種方法，一定能夠建立起一種系統的、在形上學中達到鼎盛的哲學，而這種哲學是一種**永恆的哲學**（philosophia perennis）。

據此我們就理解了那種賦予一切科學研究，甚至賦予低層次上的純粹事實的科學研究以生命的轉向，這種轉向在十八世紀（這個世紀自稱是哲學的世紀）使愈來愈廣泛的人們的心裡充滿了對哲學的熱忱，以及對作爲它的分支的部門科學的熱忱。因此，那種對學識的熱烈渴望、那種對教育事業以及人的整個社會的和政治的存在方式進行哲學改造的奮發精神，使這個屢遭誹謗的啟蒙時代變得十分令人們敬慕。我們在席勒作詩和貝多芬作曲的宏偉讚歌「歡樂頌」中可以找到這種精神的不朽證據。今天我們只能以一種痛苦的感情來回味這支讚歌。十八世紀的狀況與我們今天的狀況形成強烈的對比，再也沒有比這種對比更強烈的了。

四、新的科學在起初成功之後的失敗以及這種失敗的未被闡明的原因。

如果說受這種崇高精神鼓舞並受惠於這種精神的新的人性未能堅持下去，這只能是由於以下原因，即它失去了對它的普遍哲學的理想和新方法的有效性的熱情信賴。實際上也確實如此。原來這些方法只能在實證科學中產生肯定的效果。而在形上學中，即在那種特殊意義

8

上的哲學問題中，則不同，雖然在這裡也並不是沒有那種充滿希望的，看上去很可能成功的開端。這種普遍的哲學——在其中這些問題很不明顯地與事實的科學有聯繫——採取系統哲學的形式。這些系統哲學給人很深刻的印象，但可惜並不是統一的，而是彼此分離的。如果說在十八世紀人們還相信能夠達到一種統一，相信能夠達到一種任何批判都不能動搖的一代接一代在理論上擴展的知識大廈，如同在實證科學中那種公認的得到普遍稱讚的情況那樣，那麼這種信念並沒有能長久保持下去。對於從近代一開始就指導著科學運動的哲學的理想和方法的理想的信念動搖了；這絕不僅是由於表面上的原因，即形上學不斷失敗與實證科學的理論和實踐的成就銳勢不減地愈來愈巨大的增長之間荒謬得令人驚恐的鮮明對比。這種情況既影響局外人，也影響在實證科學專門領域中愈來愈變成非哲學的專家的科學家。即使在充滿哲學精神因此主要對最高的形上學問題感興趣的研究者那裡，也出現一種愈來愈緊迫的失敗感，而且在他們那裡是出於一些最深刻然而卻完全**沒有闡明**的原因，即對於一直被視爲理所當然的、發揮支配作用的哲學理想提出愈來愈強烈的抗議。爲了清楚理解這數世紀之久的失敗的眞正原因，從休謨和康德開始直到我們今天，人們進行了長期的熱情的奮鬥。當然只有少數有才能的出類拔萃的人物爲此而奮鬥，而其餘大多數人很快就找到了他們的套語公式，並以此安慰自己和他們的讀者。

五、普遍的哲學之理想及其內在解體的過程。

整個思想的一種非同尋常的轉變乃是必然的結果。哲學本身成了問題，首先當然是以形上學的可能性的形式成了問題，按照以前所述，這裡所涉及的是全部理性問題的潛在的意義與可能性。至於實證科學，它們暫時還是無懈可擊的。不過關於一種可能的形上學的問題，當然也包括事實科學的可能性的問題，因爲這些事實科學正是在哲學的不可分割的統一中有其相關的意義，即它的作爲關於純粹存在者領域眞理的意義。在認識的理性規定什麼是存在者的場合，理性與存在者能夠分開嗎？這個問題足以事先清楚表明，整個歷史過程具有一種非常值得注意的、只有透過對隱蔽的最內在的推動因素的解釋才能被看見的形態：就是說，歷史過程不是平穩發展的形態，不是永久的精神上的獲得物持續發展的形態，或是要由偶然歷史情況來說明的精神上的各種形態——概念、理論、體系的變化的形態。一種有關普遍哲學及其方法的確定的理想造成一種開端，這種開端可以說是哲學新時代以及整個它的一系列發展的最初的確立。但是這種理想實際上並沒有能夠產生效果，它經受了一種內在的解體。它不是試圖繼續發展和重新加強，而是引起一種革命的重新塑造，而且或多或少是澈底的重新塑造。這樣一來，關於普遍哲學和它的眞正方法的眞正理想的問題，現在實際上就變成一切歷史的和哲學的運動的最內在的推動力。但是這就意味著，一切近代科學，在那種它作爲哲學的分支被奠立的意義上，並從那以後在自身中繼續保持著的意義上，最終陷入一種特殊的愈來愈令人困惑不解的危機。這種危機並沒有損害專門科學的理論成果和實踐成果，然而卻澈底動搖了它們的整個眞理的意義。這裡所涉及的並不是作爲歐洲文明中的其他各種文化形式當中的一種文化形式的特殊的文化形式——「科學」或「哲學」的事情，因爲按照以上所述，新哲學的最初的奠立就是近代歐洲人性的奠立，而且是作爲這樣的人性，它與此前中世紀的和古代的人性相反，希望透過它的新哲學，並且只透過這種新哲學，得到澈底更新。因此，哲學的危機就意味著作爲哲學的多方面性的所有環節的一切近代科學的危機，這是一種最初是潛伏的，但後來就愈來愈顯露出來的歐洲人性本身在其文化生活的整個意義方面，在其整個「實存」方面的危機。

對形上學可能性的懷疑，關於作爲新人指導者的普遍哲學的信仰的崩潰，恰好表明對「理性」的信仰的崩潰。這種理性是在古代人與意見（Doxa）對立的知識（Episteme）的意義上理解的。理性是最終賦予一切被認爲的存在物，一切事物、價值、目的以意義的東西，即賦予一切事物、價值、目的與從有哲學以來眞理——眞理本身這個詞，以及相關聯地，存在者——眞正的存在者（ὄντως ὄν）這個詞所標誌的東西以規範性關聯的東西。與此同時，對於世界由以獲得其意義的「絕對的」理性的信念，對於歷史的意義的信念，對於人性的意義的信念，即對於人爲他個人的生存和一般的人的生存獲得合理意義的能力的信念，都崩潰了。

如果人失去了這些信念，那不外就是說，他失去了「對於自己本身」的信念，對於他所固有的眞正存在的信念。這種眞正的存在並不總是他已經具有的，並不是已經以「我在」這種自明性所具有的，只有透過爲自己的眞理而鬥爭的形式，爲使自己成爲眞實的而鬥爭的形式，他才能具有眞正的存在。眞正的存在到處都是一種理想的目標，一種認識的任務，與在意見中那種純粹是被信以爲眞的，被認爲無疑地「不言而喻的」存在是相對立的。從根本上說，每一個人都知道這種與他眞實的眞正的人性有關的區別，正如每一個人即使在日常生活中也對作爲目標、作爲任務的眞理並不陌生一樣，儘管在這裡只是處於個別化和相對性之中的眞理。但是哲學超出了這種前形態，古代的哲學在它最初奠立的時候，就透過理解關於涉及存在者全體的普遍的認識的充滿熱情的理念，並將它確立爲自己的任務，而超出了這種前形態。但是正是在嘗試實行這項任務的時候，這項任務的樸素的自明性卻變得愈來愈不可理解了，而這一點早在古代所有體系的相互對立中就已經可以感覺到了。從內部來看，哲學的歷史愈來愈呈現出爲生存而鬥爭的性格，這是直接在實現自己的任務中得到充分發展的哲學——樸素地相信理性的哲學——對否定它或以經驗主義方式貶低它的懷疑論的鬥爭。懷疑論一再堅持事實上經歷的世界、實際經驗的世界的權利，似乎在這個世界中找不到任何理性及其理念的東西。理性本身及其要把握的「存在者」愈來愈變得令人難以理解，或者換句話說，理性——作爲由本身賦予存在著的世界以意義的理性，以及從另一方面來看，世界——作爲透過理性而存在著的世界，愈來愈變得令人難以理解；到最後，這個在意識中顯露出來的有關理性與一般存在者之間最深刻的本質聯繫的世界問題，這個一切謎中之謎，一定會變成眞正的主題。

在這裡我們的興趣只涉及近代哲學。但是這個哲學上的近代並不只是剛剛描述的偉大歷史現象的一個片斷；即爲理解自己而鬥爭的人類（因爲在這種表達中就包含了全部的現象）的一個片斷。寧可說，它作爲具有新的普遍任務，同時還具有復興古代哲學的意義的哲學的新奠立，同時既是一種重複，又是一種普遍的意義的改變。在這點上它自認爲有能力開創一個新的時代，認爲它的哲學理念和眞正方法是完全可信的；而且確信，由於新的開端的澈底精神，就克服了迄今爲止的一切樸素性，因此也克服了一切懷疑論。但是由於受到未曾注意到的自身樸素性的牽累，哲學的命運就是，必須在由新的鬥爭所推動的緩慢的自身顯露的過程中，首先探求哲學的最終的理念，哲學的眞正的主題，哲學的眞正的方法，首先揭示出眞正的世界之謎，並將它們引到解決的軌道上。

在這種發展中成長的我們現代人，正處於在懷疑論的洪流中沉沒，因而放棄我們自己的眞理的巨大危險之中。當我們在這種困境中進行思考時，我們的目光就轉回到形成我們現代人性的歷史之中。我們只有透過闡明從它起源時就內在地具有的統一的意義（而這種統一的意義同時具有重新確定的作爲原動力推動各種哲學嘗試的任務），才能獲得對自身的了解，並借此獲得內在的支持。

六、爲了人的意義而鬥爭的近代哲學史。

如果我們考慮到哲學理念的發展對全人類（本身不從事哲學研究的人類）的影響，我們就不得不說以下的話。

對從笛卡兒起直到今天的近代哲學統一發展（儘管其中有種種矛盾）的內在的理解，首先使我們有可能理解這個現代本身。我們時代的眞正的唯一有意義的鬥爭，是在已經崩潰的人性與尚有根基並爲保持這種根基，或爲尋求新的根基而奮鬥的人性之間的鬥爭。歐洲人性的眞正的思想鬥爭是作爲所有哲學的鬥爭而進行的，即在懷疑論的哲學——或寧可說是非哲學，它只保持了哲學的詞句，但並不實行哲學的任務——與尚有生命力的，名副其實的哲學之間的鬥爭。但是後一種哲學的生命力在於，它們爲自己的眞實的意義而奮鬥，並以此爲眞正的人性的意義而奮鬥。使潛在的理性達到對它自己的可能性的自身理解，由此使形上學的可能性作爲眞正的可能性成爲可以理解的，這是將形上學或普遍哲學引向實現的勤奮的道路的唯一方法，只有透過實行以上任務才能決定，這個自希臘哲學誕生開始，歐洲人就固有的目標，即想成爲由哲學理性而造就的人，而且只能作爲這樣的人而存在——從潛在理性向明顯理性的無窮運動，並且透過以它的這種人類的眞理和純眞性而自我規範的無窮努力而造就成這樣的人——的這種目標，是否只不過是一種純粹的歷史上—事實上的妄想、是否只不過是在許多其他文明和歷史性中的一種偶然文明的偶然獲得物；或者相反，是否人類本身本質上包含著的隱得來希（Entelechie）最初沒有在希臘人那裡顯露出來。人性一般本質上就是在生殖方面和社會方面聯繫著的文明中的人的存在。人是理性的動物（animal rationale），只有當它的整個人性是理性的人性時它才是這樣的東西，就是說，只有當它是潛在地指向理性，或明顯地指向那種達到自己本身的，對自己本身成爲明顯的，並且現在以本質的必然性有意識地指導人的生成的隱得來希時，它才是這樣的東西。因此哲學和科學應該是揭示人類本身「與生俱來的」普遍理性的歷史運動。

只要迄今尚未完結的這場運動表明是以眞正的正確的方式發揮純粹作用的隱得來希，或者，只要理性本身事實上按它本身固有的形式對自己充滿自覺地清楚地顯示出來，也就是說，以一種普遍哲學的形式顯示出來（這種哲學在前後一貫的必眞的洞察中發展，以一種必眞的方式自己規範自己），只要情況是這樣，哲學和科學就眞的是揭示人類本身「與生俱來的」普遍理性的歷史運動。只有這樣才能確定，是否歐洲人自身中有一種絕對的理念，而不是像「中國」或「印度」那樣是一種純粹經驗的人類學上的類型；另外，只有這樣才能確定，是否將所有其他的文明歐洲化的壯舉本身表明一種絕對的意義的統治，這種絕對的意義屬於世界的意義，而不屬於歷史上無意義的胡鬧。

現在我們可以肯定，十八世紀的理性主義，以及它想要獲得歐洲人所要求的根基的方式，是一種樸素性。但是由於這種樸素的，如果前後一貫地仔細思考，甚至是荒謬的理性主義，就應該拋棄理性主義的眞正意義嗎？對那種樸素性，那種荒謬性進行嚴肅闡明的情況又如何呢？受到稱讚的對我們提出不合理要求的非理性主義的合理性又如何呢？如果我們被要求傾聽它，難道它不是肯定要我們相信它是在進行理性的思考和理性的論證嗎？難道它的非合理性最終不又是一種心胸狹窄的壞的合理性，比舊的理性主義的合理性更糟糕的合理性嗎？難道它不是一種「懶惰的理性」的合理性嗎？這種懶惰的理性逃避爲澄清最終的材料，澄清由這些東西最後眞正合理地預先規定的目標和道路而進行的鬥爭。

關於這個問題我們就說這麼多。爲了使人們感到闡明這種危機的最深刻原因所具有的無比重要性，我們前進得太快了。近代哲學和科學很早就已陷入這種危機了，這種危機的強大氣勢一直延續到我們今天。

七、本書的研究計畫。

但是我們剛剛進行的這些思考，對我們當代的哲學家，對我們自己，意味著什麼，一定意味著什麼呢？難道我們在這裡只是想聽學院式的演講嗎？我們只能簡單地再回到我們的哲學問題上被打斷了的職業工作上，因此繼續去重新構築我們自己的哲學嗎？當我們確實看到，我們自己的哲學如同所有過去的和現在的哲學家同行的哲學一樣，在總是有興有衰的所有哲學的系譜中只有短暫的生存時，我們還能認眞從事這項工作嗎？

我們自己的困境正在這裡。所有我們這些人，並非哲學的寫作匠，而是由偉大過去時代的哲學家培養起來的人，我們爲眞理而生存，而且只是以這種方式存在於我們自己的眞理之中，並且只願意以這種方式存在。但是作爲現代的哲學家，我們陷入痛苦的實存的矛盾之中。我們不能放棄對作爲任務的哲學的可能性所抱的信念，即對於普遍認識的可能性的信念。我們知道，我們作爲嚴肅的哲學家承擔著這項任務。然而我們如何才能堅持這種信念呢？這種信念只有在與一個我們大家共有的唯一目的，即與哲學本身的關聯中才有意義。

我們已經從最一般的方面意識到這一點了，即人所進行的哲學研究和它在人的整個生存中的結果，絕不是只有單純私人的或以任何其他方式限定的文化目的的意義。因此，在我們的哲學研究中，我們是人類的公僕——我們如何能無視這一點呢？在我們個人的內在使命中，對於我們自己作爲哲學家的眞正的存在來說完全是個人的責任，同時本身就包含有對於人類的眞正存在的責任。而人類的眞正存在只是作爲指向終極目的的存在而存在，而且如果它確實能實現，也只有透過哲學——透過我們，如果我們眞正是哲學家——才能實現。在這裡，在這種實存的「如果」中有逃遁的餘地嗎？如果沒有，我們爲了能夠相信（我們相信）應該怎麼辦呢？我們再也不能眞正地繼續進行迄今一直進行著的那種哲學研究了，那種哲學研究讓我們指望的是各種哲學而不是哲學本身。

我們最初的歷史反思不僅使我們明白作爲嚴峻的事實的當前情勢及其困境，它還使我們想起，我們作爲哲學家，按照「哲學」這個詞所標明的目標，按照概念、問題和方法，是過去的繼承人。顯然，爲了在做出任何決定之前達到一種澈底的自身理解，必須進行深入的歷史的和批判的反思（在這裡舍此沒有有效的方法）而這只有透過返回過去追問那種最初並且總是作爲哲學被尋求的東西，被歷史上所有彼此相互交流的哲學家和哲學繼續尋求的東西，才能做到；但這必須透過對在目標的設定和方法中表明的那種最終的根源的眞實性的東西進行批判考察才能做到，那種最終的根源的眞實性一旦被發現出來就一定會必眞地征服意志。

應該如何實際地實行這種批判考察，決定我們作爲哲學家的實存的存在的必眞性最終眞正應該是什麼，暫時還不清楚。以下我想設法走我自己已經走過的道路，這條道路的可能性和可靠性，我在數十年間已經檢驗過了。因此從現在開始，我們將用高度懷疑的但又絕不是事先否定一切的精神態度武裝起來，共同前進。我們將嘗試透過詢問、揭示、檢驗它們的內在意義和隱蔽的目的論，衝破在哲學史上變得膚淺的「歷史事實」的外殼。在這條道路上，一些完全重新轉變目光的指向新的方向的可能性，開始很少被注意到，但逐漸地愈來愈明顯地顯露出來。在這裡會產生出一些從未被詢問過的問題，出現一些從未涉足過的研究領域，從未被澈底理解和把握的相互關係。最後它們迫使人們根本改變哲學過去在一切歷史形態中都「不言而喻地」有效的全部意義。一種具有新的任務及其普遍必眞基礎的新哲學的實踐上的可能性也將透過行動得到證實。但是事實也將表明，所有過去的哲學，都是內在地指向這種新的哲學意義的，儘管它們本身沒有意識到。在這方面，特別是近代心理學的悲慘的失敗將變成可以理解的，並將被闡明；它的處於矛盾之中的歷史存在也變得可以理解了：就是說，它（在它的歷史上積累起來的意義上）必然會提出成爲哲學的基礎學科的要求，然而由此產生一些顯然悖理的結果，即所謂「心理學主義」（Psychologismus）的結果。

我並不想教授，而只是想引導，只是想指出和描述我所看到的東西。我並不要求別的，只是要求允許我能像每一個以其全部的眞誠經歷了哲學式生存的命運的人一樣，首先對我自己，因此也對別人誠實地講述。

第二部分 澄清近代物理學主義的客觀主義和超越論的主觀主義之間對立的起源

八、科學的普遍性的新理念在數學的改造中有其起源。

現在首要的問題是了解，在近代之初接受古代人的理念時，普遍哲學的理念和任務所發生的根本變化。從笛卡兒開始，新的理念就支配著各種哲學運動的整個發展，並且成了所有這些運動相互間對立的內在動因。

這種改造首先是從古代遺產的這樣一些重要專門科學的改造開始的：歐幾里得幾何學，以及通常的希臘數學，然後是希臘的自然科學。在我們看來，這些都是現代發展了的科學的所有片斷、所有開端。但是在這裡我們不可忽視在意義方面的巨大改變。首先是提供給數學（作爲幾何學和作爲數和量的形式的—抽象的理論）的普遍的任務，這種任務具有一種全新的，古代人不知道的樣式。古代人就已經在柏拉圖理念學說的指導下將經驗的數、量，經驗的空間、圖形，即點、線、面、體，都理念化了；並借此將幾何學的命題和證明改造爲理念的—幾何學的命題和證明。此外，與歐幾里得幾何學一起，產生一種非常深刻印象的理念，這就是一種具有廣大的雄心勃勃的理想目標的、系統統一的演繹理論。這種理論以「公理的」基本概念和基本定理爲基礎，按照必眞的推論而展開，這是一個由純粹合理性構成的整體，是一個可以洞察其無條件眞理的整體，而這個整體是由全然無條件的可直接和間接洞察的所有眞理構成的。但是歐幾里得幾何學以及一般古代數學只知道有限的任務，只知道一種有限的封閉的先驗性。亞里斯多德三段論的先驗性雖然高於其他一切先驗性，但也是一種有限的封閉的先驗性。古代人就只達到這種高度；他們從來也沒有把握住無限任務的可能性，這種無限任務的可能性在我們看來當然是與幾何空間的概念聯繫著的，並且是與作爲歸屬於它的科學的幾何學概念聯繫著的。在我們看來，歸屬於理念空間的有一種普遍的系統地統一的先驗性，一種無限的，儘管自身包含有無限性卻仍是統一的，系統的理論，這種理論由公理的概念和命題出發，可以以演繹的一義性構成任何可以想像到的能在空間畫出的圖形。凡是在幾何空間中理念地「存在」的東西，預先就在它們的全部規定中一義地決定了。我們的邏輯上必眞的思想，按照概念、命題、推論、證明逐步前進到無限，它只是「發現」預先已存在的東西，本身已經眞正存在的東西。

關於一種合理的無限的存在整體以及一種系統地把握這種整體的合理的科學的這種理念的構想，是**一種前所未聞的新事物**。**無限的世界**，在這裡是**由理念的東西構成的世界**，被構想爲這樣一種世界，它的對象不能夠單個地、不完整地，好像是偶然地被我們所認識，而是要透過一種合理的、系統的、統一的方法才能達到。這種方法在其無窮的進展中，最終能夠完全**把握每一個**對象的全部自在存在。

但是不僅理念的空間方面是如此。關於一種類似的，但是更爲一般的（作爲由形式化的抽象而產生的）理念，即**形式的**數學的理念的構想，古代人也遠未達到。只是在近代的初期，才開始眞正去發現和征服數學的無限的地平線。於是形成了代數的、連續統數學的、解析幾何學的早期階段。由於這一代新的人類所特有的勇敢和創新精神，由此出發立即就預先推定一種有關在這種新的意義上合理的無所不包的科學的偉大理想，或更確切地說，這樣一種理念，即由一般存在者構成的無限的全體本身就是一個合理的無所不包的統一體，它可以相應地由一種普遍的科學完整無遺地把握。在這種理念完全成熟以前很久，它就已經作爲一種不明確的或半明確的預感支配著以後的發展了。不管怎麼說，它並沒有停留在這種新的數學上。它的理性主義隨即延伸到自然科學上，並爲它創造了一種數學自然科學的全新理念，在很長一個時期這種自然科學被正當地稱爲伽利略式的自然科學。當這種數學的自然科學走上順利實現的軌道時，一般哲學（作爲有關宇宙，有關存在者全體的學問）的理念就改變了。

九、伽利略將自然數學化。[1]

對於柏拉圖主義來說，實在的東西或多或少充分地分享有理念的東西。這就爲古代的幾何學提供了初步應用於現實的可能性。但是由於伽利略將自然數學化，自然本身就在這種新的數學的指導下理念化了；用現代的說法，自然本身變成了一種數學的流形。

這種將自然數學化的意義是什麼呢？我們如何追述引起這種數學化的思路呢？

在進行科學研究以前，這個世界就在日常的感性經驗中主觀地－相對地被給予了。我們每一個人都有自己的顯現，對每一個人來說，這種顯現都被視爲現實存在的東西。我們的存

1 參看附錄一。

在有效性之間的這種差異，在往來中我們早就彼此覺察到了。但是我們並不因此認爲存在有許多個世界。我們必然相信這個世界，它的所有事物是同一的，只是以不同的方式呈現給我們。那麼我們除去關於自身客觀地存在著的事物的空洞的必然的理念之外就再也沒有其他什麼東西了嗎？在顯現本身中沒有我們必須歸之於眞正自然的內容嗎？屬於這種眞正自然的就有純粹幾何學，以及一般而言有關純粹時空形式的數學，就在其中可理念地構成的純粹形態，以絕對普遍有效的自明性所教導我們的一切東西，在這裡我只是描述引起伽利略思想的那種「不言而喻的東西」，並未對它採取某種立場。

在伽利略的這種「不言而喻的東西」中包含什麼內容，爲了引起他新的意義上的數學的自然認識的理念，另外還需要什麼其他的他認爲不言而喻的東西，這是需要仔細說明的。我們要注意，這位自然哲學家和物理學的「開拓者」，還不是今天完全意義上的物理學家；他的思想還不是像我們現代的數學家和數學物理學家的思想那樣在遠離直觀的符號領域中活動；我們不可將透過他以及他以後的歷史發展而變成對我們今天「不言而喻的東西」加到他身上。

（一）純幾何學[2]

首先讓我們考察「純幾何學」，即關於空間時間的一般形態的純數學；它作為古老的傳統呈現於伽利略面前，處於生動地向前發展的過程中，因此一般說來，就如同它對於我們自己也在那裡存在著一樣，一方面作為關於「純粹理念東西」的科學，另一方面被經常實際應用於感性經驗的世界。在日常生活中，我們對於先驗理論與經驗之間的轉變都很熟悉，以致我們通常都傾向於不區分幾何學所談論的空間和空間形態與經驗現實中的空間和空間形態，彷彿它們是同一個東西。但是如果幾何學應被理解為精密物理學的意義的基礎，在這方面和其他任何地方我們就必須十分精確。因此為了說明伽利略思想的形成，我們不僅必須重新構成能清楚說明伽利略動機的東西，而且弄清楚在他的數學理想中潛在地包含的東西也是很有教益的；儘管由於他的興趣方向，這些東西是他難以看到的。這些東西作為隱蔽的意義前提當然一定會一起進入他的物理學之中。

在直觀的周圍世界中，我們透過將視線抽象地指向純粹時間空間形態，就體驗到「物體」，這不是幾何學上的理念的物體，而正是我們實際體驗到的這個物體，它具有實際體驗到的內容。不論我們在想像中多麼隨意地改變這些物體，我們如此得到的自由的，在某種意

2 參看附錄二和三。

義上是「理念的」可能性，絕不是幾何學上的理念的可能性，絕不是能在理念空間中畫出的「純粹的」幾何學圖形——「純粹的」立體、「純粹的」線、「純粹的」面、「純粹的」圖形，以及在「純粹的」圖形中發生的運動和變形。因此幾何學的空間絕不表示想像的空間，或一般而言，不管怎樣可能想像的（能夠想像到的）世界一般的空間。想像只能將一些感性的形態再改造爲另一些感性的形態。這樣的形態不論是在現實中的還是在想像中的，只能按照不同的等級程度去想像：或是較直的，或是不太直的；或是較平的，或是不太平的；或是較圓的，或是不太圓的，等等。

確實，直觀的周圍世界，一般而言，並且就其全部特性而言，都處在單純類型東西的變動中。它們與自身的同一性，它們的自身等同，它們在時間延續中的同一性，都只不過是大致如此，正如它們與其他東西相似的情形一樣。這也涉及到一切變化，以及**它們**的可能的同一性和可能的變化。因此相應的東西對於有關經驗直觀的物體以及它們的關係的抽象把握的所有形態也是適合的。這種等級程度可以說成是完美性的或大或小的等級程度。實際上在這裡也如同在別處一樣，存在有特殊的實際的興趣在這裡恰好完全被滿足這種意義上的絕對的完美性。但是，當興趣發生變化時，對於一種興趣是完全地準確地滿足的東西，對於另一種興趣就不再是完全地準確地滿足了，當然在這裡對使事物完美的通常的技術能力，例如使直線更直，使平面更平的能力，假定了一種能力上的界限。但是技術是隨著人類的進步而進步的，改進技術的興趣也在增長，完美性的理想總是不斷向前推進。由此我們總是已經有一個由總能不斷向前推進的**可以想像**的改善構成的開放的地平線。

23

不必由此出發更深入地研究本質關聯（從來也沒有系統地進行過這樣的研究，而且這也絕不是件容易的事），我們就已經能夠理解，從這種使事物完善化的實踐中，在向可以想像得到的完善化的地平線「不斷地」自由推進中，到處都預先確定出一種極限形態，一系列個別的完善化都將它作爲一個不變的永遠也達不到的極向它逼近。如果我們的興趣就在於這些理念的形態，一貫地致力於對它作規定，並由已規定形態構成新形態，我們就是「幾何學家」。對於包括時間維度的其他領域，情形也是一樣：我們是研究這些「純粹」形態的數學家，這些形態的普遍形式是一起被理念化了的空間時間形式。我們現在所有的不是實際的實踐——不論是實際行動的實踐，還是對與現實的和實際可能的經驗物體有關的經驗可能性進行思考的實踐，而是「純粹思想」的理念實踐，這種純粹思想只能保持在純粹極限形態的領域中。透過歷史上早已形成的，並且能在主觀間的共同體中實際運用的理念化的和構成的方法，這些極限的形態就變成習慣地運用的獲得物，借助這些獲得物，人們可以不斷地獲得新東西，即作爲研究領域的一個無限的然而卻自身封閉的理念對象的世界。如同一切由人的勞動成就產生的文化成果一樣，這種純粹極限形態仍然是客觀上可認識的和可支配的，儘管並不一定要總是明確地重新提到它們的意義構成。它們是根據感性上的具體表現，例如透過語言和文字，而被直接地從統覺上把握，並被操作處理的。感性的「模型」也以同樣方式發揮作用，在這些模型中特別包括在工作中經常被使用的畫在紙上的圖形，爲「明閱讀學習印在課本中的圖形，以及諸如此類的東西。與其他文化物件（如鉗子、鑽頭等）直接就在它們特殊的文化特性中被理解被「看出」，而不必每次都對賦予這種特性以它們固有意義的那種東西重複進行直觀相似，對於這種極限形態的理解也是如此。這種可以說是在具體表現中沉積的意義，以這種早已理解了的獲得物的形態，在數學家按一定方法進行的實踐中產生作用。而這樣一來，這些意義就使理念對象構成的幾何學世界中的精神操作成爲可能了（對於我們來說，在這裡幾何學代表整個空間—時間的數學）。

但是在這種數學的實踐中，我們達到了在經驗的實踐中達不到的東西，即「精確性」；因爲對於理念形態來說，產生這樣一種可能性，即以絕對的同一性規定它，將它當作絕對同一的、可以在方法上一義規定的所有性質的基體來認識。但是這不僅是個別地按照一種普遍相似的方法進行的（那種方法在任意選定的感性直觀的形態上操作，可以到處實行理念化，並且可以按照客觀的一義的規定性原初地創造與它們對應的純粹理念的東西）。在這方面某些圖形是很優越的，如直線、三角形、圓。但情況很可能是這樣——而這正是曾經創造了幾何學的那種發現，即借助於那些預先被視爲可普遍運用的基本形態，以及按照一般能借助這些基本形態進行的操作，並不僅僅是一再地構成另外一些形態，即由產生這些形態的方法主觀間一義地規定的形態。因爲終於呈現出這樣一種可能性，即以先驗的無所不包的系統的方法，以構造的形式一義地產生一切一般可能的理念形態。

以一些基本形態作爲基本規定手段，由此出發對一些理念形態，最後是對全部理念形態進行操作規定的幾何學方法，可以追溯到在前科學的直觀的周圍世界中已經使用的測定的和一般測量的規定的方法，這種方法起初是很粗糙地使用的，然後是作爲一種技術使用的。這種測量活動的目的在這個周圍世界的本質形式中有其明顯的來源。在周圍世界中的可感性地體檢的和可感性直觀地想像的形態，與在普遍性的任何水準上可想像的類型連續地相互轉換。在這種連續性中，這些感性形態與普遍類型充實作爲它們的形式的（感性直觀的）空間時間性。在這種開放的無限性中的每一種形態，即使它們在現實中是作爲事實被直觀地給予的，也仍然沒有「客觀性」；因此它不是對於每一個人——對於每一個事實上沒有同時看到它的其他人——都能主觀間共同地規定並按照它的規定在主觀間傳達的。而測量技術卻顯然可以提供客觀性，並爲客觀性在主觀間傳達的目的服務。這種技術涉及許多方面，實際測量只是其中最後的部分。即一方面，必須爲河流、山川、建築物等等的通常肯定沒有明確規定的概念和名稱的立體形態創造出概念；首先要爲它們的「形狀」（借助於圖形的相似）創造出概念，然後爲它們的量和量的關係創造出概念；另外還要爲它們的位置規定創造出概念。其方法是透過測量相對於已知的、被設定爲固定不變的位置和方向的距離和角度。測量技術在實用中揭示出一種可能性，即將某些經驗上的基本形態（它們具體地固定在實際上一般可供使用的，在經驗的意義上固定不變的物體上）選作測量單位，並且借助存在於它們和另外一些物體形態之間的（或更確切地說，能被揭示的）關係，各種主觀間共同地並且在實用上一義地規定這另外一些形態，首先是在較狹隘的範圍內（譬如在土地測量技術中）實行，然後推廣到新的形態的領域。因此就可以理解，作爲自覺地追求「哲學的」認識，即規定世界之「眞正的」客觀的存在的認識之努力的結果，這種經驗的測量技術以及它的經驗的實踐的客觀化功能，透過將實踐的興趣轉變爲純理論的興趣，就被理念化了，並且轉變成純粹幾何學的思維方法。因此測量技術就成了最終是普遍的幾何學和它的純粹極限形態的「世界」的開路先鋒。

（二）伽利略物理學的基本思想：作爲數學上的全域的自然

因此伽利略當時所知道的、不僅廣泛應用於地球而且也廣泛應用於天文學的、比較發達的幾何學，對於他來說已經是傳統上給予了的，並成爲他將經驗的東西與數學上的極限理念聯繫起來的思想的指南。當然，對於他來說，在這期間，本身已經由幾何學一起規定了的、抱有不斷提高測量精確性並借此客觀地規定形態本身的意圖的測量技術，也已經作爲傳統存在了。如果說，技術實踐方面非常狹隘的經驗上的任務設定，原來曾推動了純粹幾何學的任務設定，那麼從那以後很長時間，幾何學已經反過來作爲「應用的」幾何學變成了技術手段，變成了構想和實行以下任務的指導：即透過向幾何學的理想，即極限形態不斷地提高與「接近」系統地構造用於客觀規定各種形態的測量方法學。

因此這就是伽利略所面臨的情況。當然，他沒有感到需要深入研究理念化的成就最初是以什麼方式發生的（即它是如何在前幾何學的感性世界的基礎上和它的實用技術的基礎上發生的），沒有感到需要專心致志地研究數學的必真的自明性的起源問題，這也是完全可以理解的。在這位幾何學家的態度中沒有這樣一種需要。因爲人們畢竟已經研究了幾何學，人們「理解了」幾何學的概念和命題，熟悉了那些作爲處理被確切規定的結構的，恰當運用紙上圖形（「模型」）的方式的操作方法。至於幾何學的自明性——這種自明性是「如何」起源的——會成爲問題，這件事情有一天對於作爲關於存在者的普遍認識（哲學）的分支的幾何學可能變得非常重要，甚至具有根本的重要性，則是伽利略完全不曾想到的。觀察方向的轉變如何必然成爲緊迫的，認識的「起源」如何必然成爲首要的問題，這在我們從伽利略出發的歷史考察進程中立即就會成爲對我們非常重要的問題。

現在我們來考察一下幾何學——它是以能使每一種通常的幾何學研究得以進行的那種先驗自明的樸素性被接受下來的——是如何決定伽利略的思想，並將他的思想引導到物理學的理念的，這種物理學的理念透過他的畢生工作現在第一次產生出來。因此從這樣一種實踐上可以理解的方式出發，即幾何學從一開始就在感性周圍世界這種古老的傳統領域有助於達到一種一義的規定，伽利略認爲：不論在哪裡構造成這樣一種方法學，我們在那裡就因此也克服了主觀把握上的相對性，而這種相對性對於經驗直觀的世界畢竟是本質的。因爲依據這種方法我們獲得了一種同一的非相對的眞理，凡是能夠理解和運用這種方法的人都能相信這個眞理。就是說，在這裡我們認出了眞正存在者本身，儘管只是按以下方式認出的，即從經驗上給予的東西出發不斷地上升，愈來愈接近於幾何學的理想形態，而幾何學的理想形態發揮著進行引導的極標的作用。

然而這整個的純數學只能與在純粹抽象之中的物體或形體世界發生關係，即它只能與空間時間中的抽象形態發生關係，而且是將它們作爲純粹「理想的」極限形態與之發生關係的。但是現實的與可能的經驗形態只是作爲「質料」的「形式」，作爲感性充實的「形式」具體地給予我們，首先是在經驗的感性的直觀中給予我們；因此是與那種在所謂「特殊的」

感性性質，[3]如顏色、聲音、氣味等等中，按照固有的等級程度呈現的東西一起被給予的。屬於被感性地直觀的物體的具體性的，屬於它們在現實的和可能的經驗中的存在的具體性的，還有它們受它們本身固有的變化的限制。物體的空間時間位置上的變化，在形式特徵和內容充實特徵上的變化，並不是偶然的和任意的，而是以感性類型的方式在經驗上相互依賴的。物體事件的這種彼此關聯本身是日常進行體驗的直觀中的要素。這些要素被體驗為是賦予同時地和相繼地一起存在著的物體以緊密聯繫的東西，或被體驗為是將自己的存

3 從洛克時代以來，心理學傳統中流傳下來一種壞的遺產，這就是人們經常用「感性材料」、「感覺材料」來偷換在日常直觀世界中實際體驗到的物體的感性性質——顏色、觸覺性質、氣味、溫度、重量等等，這些東西正是作為物體的屬性在物體本身上感覺到的。對於感性材料和感覺材料也同樣不加區分地稱作感性性質，至少一般來說完全不與感性性質相區分。凡是人們感覺到差別的地方（人們不是去仔細描述這種差別的特點，而這是非常必要的），這種完全錯誤的觀點就發揮作用，即認為「感覺材料」就是直接的給予性。關於這一點我們以後還要談到。在這種情況下，與物體本身上的感性性質相對應的東西經常就立即被數學—物理學的東西所取代，而我們所要研究的正是數學物理學東西的意義的來源。當我們忠實地表達實際經驗時，不論在哪裡，我們所談論的始終是透過這些屬性實際感覺到的物體的性質、屬性。當我們稱它們為形態的充實時，我們也將這些形態當作物體本身的「性質」甚至是感性的性質。只不過這些形態作為被多個感覺器官共同感覺到的性質（αἰσθητά κοινά）與僅被特定感覺器官感覺到的性質（αἰσθητὰ ἴδια）不同，它們與僅僅感覺它們的感覺器官沒有關係。

28

在與存在方式相互聯結的東西。我們在經驗中確實經常（但並不總是）遇到這種由其所有聯繫環節構成的實在的—因果的聯結。然而只要情況不是這樣，只要有某種引人注目的新事物出現，我們立即就會問爲什麼，並且到空間、時間的狀況中去尋找原因。直觀的周圍世界中的事物（在這樣說的時候總被認爲是像它們在日常生活中在那裡直觀地向我們呈現的那樣，並且被我們看成是現實的），可以說有它們自己的「習慣」，即在類型上相似的狀況下有相似的表現。如果我們來看看作爲整體的無時無刻都在流變之中的直觀世界（它正是以這種方式直接存在於我們眼前），它作爲整體也具有自己的習慣，即按照習慣像以前一樣繼續下去。因此我們經驗上直觀到的周圍世界具有一種經驗上的整體樣式。不論我們如何認爲這個世界在想像中被改變了，或想像這個世界在我們所不知道的未來中的過程（就如同按照其可能性「它恰好可能是的那樣」），我們必然是按照我們現在已經擁有這個世界的樣式，迄今爲止擁有這個世界的樣式想像它。我們在反思中和在對這些可能性的自由改變中，可以清楚地意識到這些樣式。因此我們可以將這個直觀世界在整個經驗的流中保持的那種普遍的不變的樣式變成研究課題。正是以這種方式我們看到，一般而言事物和它們的事件並不是任意出現和消失的，而是「先驗地」被這些樣式，即被直觀世界的不變形式制約的；換句話說，我們看到透過一種普遍的因果規則，這個世界中所有一起存在的東西都具有一種普遍的直接或間接的緊密聯繫，由於這種緊密聯繫，世界不僅是一個全體，而且是一個包羅萬象的統一體，是一個整體（儘管是無限的整體）。不論關於特殊因果聯繫性現實體驗到的有多麼少，不論從以前的經驗中關於特殊的因果聯繫知道得多麼少，以及對未來的經驗預示得多麼少，上述情況都是先驗地自明的。

直觀周圍世界的這種普遍因果性的樣式，使在這個周圍世界中做出關於現在、過去和將來的未知事件的假設、歸納和預見成爲可能。儘管如此，在前科學的認識生活中，我們仍停留在一種大概的東西和類型的東西之中。如果我們在這種模糊的總體意識的情況下，只有關於世界的這樣一種意識，在其中世界是作爲地平線伴隨暫時的興趣和認識主題的各種變化一起被意識到的，那麼「哲學」即關於世界的科學認識，如何可能呢？誠然正如剛剛指出的，我們也可以將這個世界整體當作主題來反思，並把握它的因果關係的樣式。但是我們在這種情況下所得到的只不過是這樣一種關於空洞的一般性的自明性：即在任何地點任何時間的任何可能體驗到的事件都是被因果地決定了的。然而關於那種當時被規定了的世界的因果性，作爲當時被規定了的因果聯繫性之網（它使在一切時間中的一切實際發生的事件變成具體的）的情況又如何呢？「從哲學上」嚴格科學地認識這個世界，這只有在以下情況下才有意義和可能性，即只當能發明出一種方法，這種方法能從當時在直接經驗中只是相對查明的東西的貧乏的儲備出發，系統地，在某種程度上是預先地構造這個世界和它的因果性的無限系列，並能令人信服地證明這種構造，儘管它具有無限性。這怎麼可以想像呢？

但是在這裡數學爲我們提供了借鑒。在時空形態方面它已經以兩種方式開闢了道路。首先，透過將物體世界在其時空形態方面理念化，它創造出理念的客觀性。它由生活世界的未被規定的一般形式，即空間和時間，以及可以想像爲在其中的經驗直觀的多種多樣形態，首先造成真正意義上的客觀的世界，即由理念對象構成的無限總體，這種理念對象對於每一個人都是可以從方法上非常一般地一義規定的。因此它第一次表明，由與主觀相關聯的，只有在一般的模糊的表象中才能被想像的對象構成的無限性，可以由一種先驗的包羅萬象的方法**客觀地**規定，並且**實際上可以認爲是本身已經規定了的**；更確切地說，可以認爲是本身按照其全部對象，按照其全部性質和關係被規定、被預先**決定了**的。我說它是可以被想像的，正是因爲它**根據材料**，透過它的不僅是假設的，而且是眞正被建立起來的，具有必眞的生產性的方法，可以按照它的客觀的眞正的自在存在構造。

其次，數學由於與測量技術相關聯，並且現在指導著測量技術——因此就從理念對象的世界重又下降到經驗直觀的世界，就表明，人們可以普遍地**就直觀現實世界的物體**，並且是在唯有作爲形態數學的數學才感興趣的方面（一切事物都必然地分享這個方面），獲得一種**全新的客觀的實在的認識**，即一種以**不斷接近的**方式與它自己的理念對象相關聯的認識，經驗直觀世界的一切事物都按照世界的樣式而具有立體性，都是「有廣延的東西」（res extensae），都是在種種變化的配置中被體驗到的。這種配置總被認爲是一個整體，具有它們的總體配置，在其中個別的物體有它相對的位置等等。由於有了純粹數學和實用測量技術，人們就可能爲物體世界的所有這一類有廣延的東西創造出一種**全新的歸納預見**，就是說，人們能夠從當下被給予的被測量的有形體的事件出發，以無可辯駁的必然性「**計算**」未知的永遠也不能直接測量的有形體的事件。這樣一來，**與世界疏遠了的理念的幾何學就變成了「應用的」幾何學**，並且從某個方面來看，就變成了認識實在的一般方法。

但是，這種應在世界的抽象地被限定的方面應用的客觀化方式，不是已經引起了以下這樣一些想法和可設想的問題嗎：類似的東西對於具體的世界肯定不可能嗎？如果由於文藝復興時代返回到古代哲學，人們甚至已經像伽利略那樣確信一種哲學的可能性，即一種提供有關世界的客觀科學的認識的可能性，並且如果已經表明，被應用於自然的純粹數學，在形態領域裡完滿地實現了這種認識的要求，在這種情況下，對於伽利略來說，不是肯定也能預先確定有關可由同樣的方法在所有其他方面以構造的方式規定的自然的理念嗎？

但是以上情況不是只當測量的方法透過不斷逼近的方式和對結構進行規定的方式，延伸到直觀世界所有實在的屬性和實在的因果聯繫上，延伸到所有能在特殊經驗中體驗到的東西上，才有可能嗎？但是如何能使這種一般的預想得到滿足呢？它如何才能變成認識具體自然的可行的方法呢？

這裡的困難就在於，正是這些具體填充物體世界的空間時間形態要素的質料充實——「特殊的」感性性質——在它所特有的等級程度方面是不能像形態本身那樣直接探討的。儘管如此，這些性質，以及所有構成感性直觀世界具體性的東西，也必須被認爲是「客觀的」世界的表現。或更確切地說，它們必須被認爲是有效的。因爲（這也就是引起新物理學理念的那種思想方式）在主觀理解的各種變化之中，始終貫穿著一種將我們大家都連結起來的關於這同一個世界的，即關於自在存在著的實在性的確信；經驗直觀中的一切要素都表達有關這個世界的某種東西。只要那些要素——這些要素如同在關於時空形式及其可能特殊形態的純粹數學中的感性性質一樣被抽去而本身不能直接數學化——仍可以間接地數學化，這個世界就是我們的客觀認識可以達到的。

（三）關於「充實」的數學化可能性問題

現在的問題是，**間接的數學化**是什麼意思？

首先我們來考察一下原則上不可能在物體的特殊感性性質方面進行**直接的數學化**（或實行一種與不斷逼近的構造相類似的做法）的**深刻原因**。

這些性質也是按等級程度呈現的，並且對於這些性質，對於所有的等級程度也可以某種方式測量——如對於冷與熱、粗糙與光滑、明亮與黑暗等的「量」的「估量」。但是在這裡沒有精密的測量、沒有精密度和計量方法的提高。今天，當我們談到測量、談到計量單位、計量方法，或僅僅談到量值時，我們意指的通常總是已經與理念東西有關聯的「精確的東西」；不管對於我們來說這種在這裡非常重要的將內容充實抽象地孤立起來有多麼困難，也就是說，不管透過一種普遍的抽象（這種抽象是與那種產生一般形態世界的抽象相反的），僅只從被稱爲「特殊感性性質」的那些屬性「方面」，在某種程度上可以說是嘗試性地考察這個物體的世界有多麼困難。

是什麼東西構成「精確性」呢？顯然正是我們上邊揭示的東西，即能不斷提高準確性的經驗測量。但這是在預先已經透過理念化和構造而客觀化了的理念東西之世界的指導下的，或更確切地說，是在某些與各自的計量標度相對應的特殊理想構成物之世界的指導下的經驗測量。現在我們可以用一句話說明這種對照。我們沒有兩種而只有一種關於世界的普遍形式；沒有兩種幾何學，只有一種幾何學，就是說，只有一種關於形態的幾何學，而沒有第二種幾何學，即關於內容充實的幾何學。經驗直觀世界的物體，按照一種先驗地屬於這個世界的世界結構，是這樣的，即每一個物體——抽象地說——都具有它們各自的廣延，但是所有這些廣延都是世界的這唯一的整體的無限的廣延之所有形態。因此它作爲世界、作爲一切物體的普遍組合，具有包羅一切形式的總體形式，而這種總體形式可以按照已經分析過的方式理念化，並可以透過構成加以把握。

當然，每個物體都有它們特殊的感性性質，這也是世界結構的組成部分。但是純粹以這種感性性質爲基礎的性質組合並不是空間時間形態的類似物，不能歸類爲空間時間形態所固有的世界形式。這些性質的極限形態不可能在與空間時間形態場合相似的意義上理念化，對它們的測量（「估量」）不可能與已經客觀化爲理念東西的可構成的世界的相應的理念東西有關聯。因此在這裡「不斷逼近」這一概念也沒有與在可數學化的形態領域中的「不斷逼近」概念相類似的意義，即客觀化成就的意義。

至於對本身沒有可數學化的世界形式的那些世界方面的「間接的」數學化，只有在下面這種意義上才是可能的，即可在直觀物體上體驗到的特殊感性性質（「內容充實」）和本質上屬於它的形態，以一種完全特殊的方式按一定規則緊密聯繫著。如果我們問，什麼東西是被具有其普遍因果性的普遍的世界形式先驗地預先規定的，也就是說，如果我們詢問直觀世界在其不斷變化中所遵循的一般的不變的存在樣式，那麼，一方面被預先規定的是作爲包含

34

著所有物體的形態的空間時間形式，以及先驗地（在理念化之前）屬於空間時間形式的東西；其次被預先規定的是，在實在的物體中，總是事實的形態要求事實的內容充實，事實的內容充實要求事實的形態；因此被預先規定的還有，存在著這樣一種普遍的因果性，它只能將具體東西的抽象地可分的而不是具體地可分的要素結合起來。此外，從整體上來看，存在著一種普遍的具體的因果性，透過它必然地預先推出，直觀世界只有作爲在無限開放的地平線中的世界才能是直觀的，因此，特殊因果性的無窮的多樣性本身不能被給予，而只能像地平線那樣被預先推定。因此我們至少是先驗地確信，物體世界的整個形態方面不僅一般地要求一個貫穿到一切形態的內容充實方面，而且要求，每一種變化，不管它涉及的是形態要素還是內容充實的要素，都是按照某種因果性——不論是直接的因果性還是間接的因果性，但正是引起這種變化的因果性——發生的。正如我們所說，這就是不確定的一般的先驗的預先推定所能達到的範圍。

但這並不意味著，內容充實的所有性質在其變與不變的總體推移方面是這樣地遵循因果規則發生的，以致這世界的整個抽象方面都一律依賴於在世界的形態方面因果性地發生的東西。換句話說，不可能先驗地洞察到，直觀物體之特殊性質的每一種可能體驗到的變化，每一種在現實的和可能的體驗中可能想像到的變化，都因果性地依賴於在形態這種抽象世界層次中的事件，不可能先驗地洞察到，每一種這樣的變化可以說在形態領域都有其對應物，以致在總體內容充實中的任何總體變化，都在形態領域有其因果性的對應物。

如果像上面這樣描述，這種想法很可能顯得十分荒唐。然而我們現在來看看早已熟悉的幾千年以來就（在廣泛的範圍內，雖然並不是充分地）進行的空時間形式的理念化，以及它的全部形態和與這些形態有關的變化和變化形態的理念化。正如我們所知道的，在這裡包含著測量技術的理念化，這種測量技術不僅僅是作爲測量的技術，而且是作爲進行經驗上因果性構成的技術（在這裡也如同在任何技術中一樣，顯然也有演繹推論的幫助）。在純粹理念東西和構成方面的這種理論態度和主題化，導致純粹幾何學（在這裡包含一般純粹形態數學）；後來——在一種我們清楚理解了的倒轉中——產生了（如我們記得的）應用幾何學；它是由理念東西和借助理念東西在理念上實行的構成指導的實用測量技術，因此是在有關的被限定的領域內將具體因果的物體世界客觀化。只要我們再記起所有這一切，剛剛提到的初看起來簡直使人感到古怪的想法就不再令人感到驚訝了，而直接對我們呈現出——由於我們以前在學校所受的科學教育——一種**不言而喻**的性質。在前科學生活中，我們在事物本身上作爲顏色、聲音、熱和重量而體驗到的東西，因果性地體驗爲使周圍物體變熱的物體的熱輻射等等，它們在「物理學上」當然顯示爲：聲波的振動、熱波的振動，因此是純粹形態世界的事件。是故，這種普遍的標誌今天被認爲是毫無疑問的當然的事情。但是如果我們回顧一下**伽利略**，回顧一下這位歸根到底首次使物理學成爲可能的那種構想的創造者，那麼由於他的成果而首次變得不言而喻的東西，對於他可能也許不是不言而喻的。對於他來說，只有純粹數學，以及早已通用的運用數學的方法才是不言而喻的。

如果我們僅僅專注於伽利略的思想動機，考察它是如何事實上奠定物理學新理念的，我們就必須弄清楚在當時情況下在他的根本思想中存在的**令人感到驚訝之**點，並且我們必須尋思，他是如何能夠達到下面這種思想的：即每一種透過特殊感性性質表明自己爲實在的東西，在形態領域——當然總是被認爲已經理念化了的事件中肯定有其**數學的**指數，由此**間接地**數學化的可能性也必然在充分的意義上產生出來，也就是說必須能夠借此（雖然是間接地，並且是以特殊的歸納方法）由所與構成，並且因此客觀地規定內容充實方面的**全部**事件。整個無限的自然，作爲**受因果性支配的具體的**宇宙——這是這個令人驚訝的構想所固有的——變成了一種**特殊的應用數學**。

但是首先讓我們回答這樣一個問題，在預先給定的並且已經以古老的有限的方法數學化了的世界中，是什麼東西曾能夠引起伽利略的基本思想的。

（四）伽利略有關自然的構想之動機

在這裡在前科學的總體經驗中呈現出一些（當然是非常罕見的）形式多樣而互不關聯的經驗的場合，它們似乎導致可以將某些感性性質間接地量化的可能性，因此導致某種透過量值和計量單位來標記它們的可能性。對於音高與振動著的弦的長度的函數依賴關係的觀察，就已經使古代畢達哥拉斯學派激動不已了。當然還有許多其他類似的因果聯繫也是當時眾所周知的。其實，在我們所熟悉的周圍世界的一切具體的直觀的過程中，都有能夠很容易辨認出的內容充實方面發生的過程，對於形態領域中發生的過程的依賴關係。但是一般都想不到要對這種因果依賴性的緊密聯繫採取分析態度。由於它們模糊的無規定性，它們不可能引起人們的任何興趣。但是在它們具有規定性性格的地方，情況就不同了，這種性格使它們適合於進行規定的歸納法；並且這種情況又將我們帶回到對內容充實進行測量。並不是所有在形態方面相伴隨的明顯變化都是可由古代已經形成的測量方法測量的。而且，從這種經驗到達下面這種普遍的理念和假說還要走很長一段路，即一切特殊性質方面的事件作爲指標，都指示確切相關的形態組合和形態過程。對於文藝復興時代的人來說，這段路並不遠，他們到處都喜歡大膽地引出一些一般性的結論，並且相應地在他們之間這些言過其實的假說立刻就找到了易受影響的公眾。數學（以及在它指導下的技術）作爲眞正客觀認識領域，對於伽利略甚至在他以前，就是促使「近代的」人關心對世界進行哲學認識和合理實踐的中心問題。關於幾何學、形態數學，在其理念性和先驗性中包含的所有東西，一定有一些測量方法。如果我們探究這些個別經驗，並且實際地測量所有在它們當中根據假設是屬於應用幾何學的東西，因此如果我們形成相應的測量方法，那麼整個具體的世界肯定會表明是可數學化的客觀的世界。如果我們這樣做了，特殊質的事件的方面，就肯定也可以**間接地同時數學化**。

伽利略認爲對純粹數學加以普遍應用是當然的事情，在解釋伽利略的這個思想時應該注意以下一點。在每次應用於直觀上給予的自然時，純數學必須放棄其將直觀的內容充實抽去的做法，而將各種形態（空間形態、持續、運動、變形）的被理念化了的東西原封不動地保留下來。但是這樣一來，在某個方面就**同時**完成了對從屬的感性的內容充實的**理念化**。由感性現象的理念化而奠定基礎的，超出一切現實直觀能力的外延和內涵的**無限性**——**無限地**可分割和可劃分，因此還有一切屬於數學連續統的東西——對於被當然地共同奠定的內容充實的各種性質來說也意味著無限性的基礎。因此整個具體物體的世界就不僅具有形態的無限性，而且還具有內容充實的無限性。但是應該再次注意以下一點，即由此並未提供出對伽利略的物理學構想具有重要意義的那種「間接數學化的可能性」。

就我們到現在爲止所達到的而言，我們暫時只是獲得一種一般的思想，更確切地說，一種一般的假說，即在直觀世界中存在著一種普遍的歸納性，一種在日常經驗中顯示出來但卻隱藏在它的無限性之中的歸納性。

當然，伽利略並沒有將這種歸納性理解爲假說。對於他來說，物理學幾乎當下就如同迄今爲止的純數學和應用數學一樣確實可靠。物理學也立即爲他預先規定出實現的方法上的程序（這是這樣一種實現，它的成功在我們看來必然具有證明假說的意義——而這假說絕不是關於具體世界中難以達到的事實結構的不言而喻的假說）。因此對於他來說，重要的首先是獲得一些能夠進一步發展的，能夠不斷完善的方法，以便超出迄今實際發展了的方法，實際發展在純數學的理念東西中作爲理念的可能性而預示出來的一切測量方法，例如能夠測量速度、加速度的方法。但是，形態的純數學本身需要在構成性的量化方面有更豐富的發展——這在後來導致解析幾何學。現在的任務是，借助這種輔助工具，系統地把握這個假說所假定的經驗世界的普遍因果性，或者我們也可以說，經驗世界所特有的普遍的可歸納性。應該注意的是，與這種包含在伽利略假說之中的新式的、具體的，因此是兩個方面的世界理念化一起，也提供了普遍的精密的因果性的不言而喻性，這種普遍的因果性當然不能首先從對個別因果性的證明出發用歸納法得來，而是發生在對特殊因果性進行任何歸納之前，並指導這些歸納——這同樣也適用於具體——一般的直觀因果性，這種因果性構成與周圍的生活世界中可經驗的特殊的個別的因果性對立的具體直觀的世界形式。

這些普遍的**理念化了**的因果性，在其理念化了的無限性中包攝著全部事實的形態與事實的內容充實。如果在形態領域內實行的測量能導致眞正客觀的規定，很顯然，在內容充實方面的事件也可以有步驟地達到眞正客觀化的規定。必須按這種方法研究每一種充分具體的事物和事件，或更確切地說，研究事實的內容充實和形態發生因果關係的方式。這種將數學應用於被現實地給予的形態的內容充實，由於這種具體化，就已經造成因果性前提，而只有這種前提才能導致確定性。這裡實際上應該如何進行，如何能夠有步驟地處理這種完全應該在直觀世界內完成的工作；在這個由假說的理念化將一些尚不知道的無限性帶入進來的世界中，實際上能夠把握的物體的所與如何從在形態與內容充實**兩個**方面在因果性關係問題上受到應有的重視，如何能夠從這些所與中按照測量方法逐漸地揭示出隱藏的無限性；在這裡有關被理念化的物體的質的內容充實的愈來愈完善的指標，在形態領域裡如何以愈來愈接近的方式產生出來；這些理念化了的物體的質的充實本身，作爲具體的東西，如何能成爲可以按照所有它們理念上可能的事件用不斷接近的方式規定；所有這些就是**進行發現的物理學**的問題。換句話說，這是與熱情的**研究實踐**有關的問題，絕不是在它之前對原則上可能的東西進行系統思考的問題，對進行數學上客觀化的本質前提進行系統思考的問題，這種客觀化實際上應該能夠在普遍的具體的因果關係之網中規定具體的實在的東西。

發現，這是直覺與方法的結合。當然人們一定會思考，這種結合是不是嚴格意義上的哲學、科學，它能否是有助於我們對世界和我們自身的理解這種最後意義上的，唯一意義上的有關世界的認識，作爲發現者，伽利略的目的直接地就是實現他的理念，構造對一般經驗中最切近的所與進行測量的方法；現實經驗已經表明（當然是借未澈底闡明的方法論），他的假說性預想在每種情況下所要求的是什麼。他實際上發現了可以在數學上用「公式」表達出來的因果聯繫。

在對直觀經驗材料進行實際測量的活動中，所獲得的當然只是經驗的不精確的量和表達它的數值。但是測量技術本身同時也是不斷提高測量的「精確度」的技術。測量技術並不僅是作爲用於完成某件事情的完成了的方法的技術，而同時是一種透過創造愈來愈新的技術手段（如儀器）而不斷地改善其方法的方法。但是由於使純粹數學與世界（作爲其應用領域）相關聯，這個「不斷地」就獲得了「無窮地」這種數學上的意義，這樣一來，每一個測量就獲得一種向一個雖然不能達到但卻是理念上同一的極，即向一個確定的數學上的理念東西，或更確切地說，向屬於數學上理念東西的一個確定的數的構成物，不斷接近的意義。

這整個方法從一開始就具有一種普遍的意義，雖然人們不得不與個別的事實的東西打交道。例如，從一開始人們心目中想到的並不是這個物體的自由下落，寧可說，這種個別的事實的東西是預先就包含於直觀自然的具體的總體類型中的事例，即直觀自然的經驗上所熟悉的不變項之中的事例；這一點當然也在伽利略的理念化的—數學化的態度中得到反映。對世界的間接的數學化（它現在是作爲對直觀世界有步驟地客觀化而進行的）產生了一般的數字公式。這些數字公式一旦被發現，就可根據其應用的方式用來對歸屬於它的個別事例實行事實上的客觀化。顯然，這些公式以數的「函數的」依賴關係的形式表達一般的因果關係，「自然法則」，實在的依賴關係的法則。因此，這些公式的眞正意義並不在於純粹的數與數的關聯（就好像它們是純粹算術意義上的公式那樣）；而是在於伽利略的（如已經指出的）具有其高度複雜意義內容的普遍物理學的理念，作爲一種提供給科學人類的任務，所預先規定的東西，以及實現這種任務的過程——這個過程就是使特殊的方法以及透過這些方法創造的數學公式和「理論」臻於完善的過程——在成功的物理學中所產生的東西。

（五）自然科學基本假說證明的特點

按照我們以上的評述——這種評述當然超出了闡明伽利略的動機以及由此動機所產生的物理學的理念和任務這個單純的問題，伽利略的理念是一種假說，而且具有一種非常值得注意的性質；現實的自然科學在數百年中其證明是一種具有同樣值得注意的性質的證明。說它值得注意，是因爲儘管有證明，這假說依然是而且永遠是假說；這種證明（這種證明對於這個假設來說是唯一可能的）是一個無窮的證明過程。處於無窮的假說之中，處於無窮的證明之中，這就是自然科學特有的本質，這就是自然科學的先驗的存在方式。在這裡，證明並不僅是像在所有實際生活中那樣證明可能犯錯誤，偶爾需要修正錯誤。在這裡，在自然科學發展的每個階段上，都存在著被認爲已經排除了其中「錯誤」的完全正確的方法論和理論。可以稱爲精確自然科學家的典範的牛頓曾說過：「我不杜撰假說」（hypotheses non fingo），這裡也包含這樣一種意思，即他沒有犯計算上的錯誤、沒有在方法上犯錯誤。正如在所有個別東西中，在所有表達「精確性」、理念性的概念、命題、方法中一樣，在精密科學的總的理念中——而且正如在純粹數學的理念中一樣，在物理學的總的理念中也存在著作爲特有的歸納性的恆常形式的「無窮地」（in infinitum），這種歸納性的恆常形式首先是由幾何學帶入歷史世界之中的。在正確的理論和被概括爲「一個時代當時的自然科學」名下的各種理論的無限進步中，我們看到一種假說的進步，這些假說在一切方面都是假說和證明。在這種進步當中有一種不斷的完善；整個自然科學從總體上看，是在愈來愈接近它自身、接近它的「究極的」眞正存在，提供出關於什麼是「眞正的自然」的愈來愈正確的「表象」。但是眞正的自然之處於無限中絕不像一條純粹的直線那樣，它即使作爲無限遠的「極」也是各種理論的無限性，而且只是作爲證明才是可以想像的；因此與一種不斷接近的無限歷史進步有關。這很可能是哲學思想所研究的問題；但是它揭示一些在這裡還不能表達出來、還不屬於我們現在首先必須研究的東西之範圍的問題。我們所關切的是充分闡明以其伽利略物理學的形式最初規定了近代哲學的物理學的理念和任務，如同它在伽利略的動機中呈現的那樣充分闡明它，充分闡明那種由傳統上認爲不言而喻的東西而注入到伽利略的動機之中，因此仍是未被闡明的意義前提的東西，或者後來誤以爲不言而喻的、卻改變了本來意義而增補上去的東西。

在這方面沒有必要更具體地研究伽利略物理學出現的及其方法形成的早期階段。

（六）自然科學「公式」的意義問題

但是這裡還有一點對於我們的闡明來說具有重要意義。藉以使某些超出前科學生活世界中直接經驗直觀的和可能經驗知識的範圍的有系統有條理的確定的預見，按照自然科學方法的總體意義直接成爲可能的那種決定性成就，就是建立數學理念東西之間的實際的相互聯繫，這些數學理念的東西預先按假說的方式以不確定的一般性被建立爲前提，但是只有按其確定性才能指明出來。如果人們仍然能按其原初意義生動地意識到這種關聯，那麼只要將視線的主題方向轉向這種原初的意義，就足以把握由函數座標的量（或簡單說，由公式）所標明的直觀的上升序列（現在被認爲是不斷接近），或更確切地說，能夠按照這種標記，生動地想起這種直觀的上升序列。關於在這種函數式中所表達的相互關係本身也是一樣，因此人們可以據此制定一種能進行預料的實踐生活世界的經驗規則。換句話說，人們一旦有了這些公式，就借此預先已經具有了一種關於在具體現實生活的直觀世界中——在其中數學的東西只是一種特殊的實踐——能以經驗的確實性預料的東西的實踐上符合期望的預見。因此，數學化以及它所獲得的公式是對於生活有決定意義的成就。

從這種思考出發我們就了解到，隨著這種方法最初的構想和制定，自然科學家的強烈的興趣立即就集中到上面提到的總的成就的這種決定性的基礎方面，也就是集中到公式上，並且在「自然科學方法」、「眞正的認識自然的方法」的名稱下，集中到獲取這些公式的，並以對任何人都是邏輯上無可置疑的方式論證這些公式的那些技術方法上。我們還理解到，人們被引誘，以爲透過這些公式以及它們的公式的意義就能把握自然本身的眞正存在。

鑒於隨著方法在技術方面的完善與熟練運用必不可免地出現的意義的膚淺化，這種「**公式的意義**」現在需要更詳細闡明。測量得到有測定值的數，並且在有關量值函數依賴關係的一般命題中，得到的不是特定的數，而是一般的數，而且這些數是以表達函數依賴關係法則的一般命題表達出來的。在這裡應該考慮到在近代從**韋塔**（Vieta）開始（因此早在伽利略以前），就廣爲流傳的**代數的符號標記和思想方法**的巨大影響，這些影響在某些方面是有益的，在另外一些方面是有害的。首先這意味著以古老的原始的形式流傳下來的算術思維的可能性大大擴展了。算術思維現在變成了一種有關一般數、數的關係，數的法則的開放的、系統的，完全脫離開一切直觀實在的先驗的思想。這種思想立即得到全面的擴展，被應用於幾何學，應用於空間時間形態的整個純數學，而這後者爲了方法的目的被完全按代數的方式形式化了。因此產生了「**幾何學的算術化**」，整個純形態領域（理想的直線、圓、三角形、運動、位置關係等）的算術化。這些形態被認爲可以以理想的精確性來測量；只不過這理想的測量單位本身具有空間時間的量值的意義。

這種幾何學的算術化好像是自然而然地以某種方式導致將**幾何學的意義抽空**。像在幾何學思想中在通常稱謂的「純粹直觀」下，原來的實際的空間時間的理念東西所實際顯示的那樣，可以說變成了純粹數的形態、變成了代數構成物。在代數演算中，人們使幾何學的意義自然而然地向後退去，甚至將它完全取消。人們在進行演算，只是在最後才想起來，數字是表示量值的。當然，人們並不是如同在通常的數字計算中那樣「機械地」計算，人們進行思考、進行虛構，人們也許會做出重要發現，不過這些發現具有一種未經注意地改變了的「符號的」意義。後來，由此而發展成一種充分意識到的方法上的改變，一種方法上的轉變，譬如，從幾何學轉變成被看作是獨立科學的純粹的解析學，並且將在這裡得到的結果應用於幾何學上。對此我們還必須馬上做更進一步的探討。

這種在理論實踐中直覺地，非反思地完成的方法的轉變過程，在伽利略時代已經開始了，並且在一種不停的前進運動中導致「算術化」的最高階段，同時也提高了「算術化」：導致一種完全普遍的「形式化」。這正是透過將代數的數和量的理論改進和擴展爲一種普遍的，因此是純粹形式的「解析學」、「流形論」、「數理邏輯」而進行的，這些用語，有時應在狹義上理解，有時應在廣義上理解，因爲很可惜，關於統一的數學領域實際上是什麼，以及按照在數學研究中實際上可以理解的是什麼，至今還沒有一種一義的特徵說明。萊布尼茲當然是遠遠走在他那個時代的前頭，首先洞察到最高的代數思想的普遍的自身完整的理念，即如他所稱的「普遍數學」（mathesis universalis）的理念，並且認識到它是未來的任務。然而只是在現代這種理念才剛剛接近於一種系統的發展。按照它的充分的完全的意義來說，它只不過是一種全面展開的（或更確切地說，在其固有本質的整體性中無限地展開的）形式邏輯，是關於某種一般東西的可在純粹思想中，而且可在空的形式的一般性中構成的意義形態的科學。據此它是一種有關能夠按照這種構成的無矛盾性之形式的基本法則，系統地，自身無矛盾地建立起來的「流形」的科學，最終，它是有關可以如此想像的一般「流形」的宇宙的科學。因此「流形」是本身可共存的一般對象的全體，這些全體只有在空洞的形式的一般性中才能被認爲「確定的」，並且被認爲是由「某物一般」的確定樣式限定的。在這些全體之中，那些所謂「被限定的」流形被標記出來，它們的定義透過一種「完全的公理系統」，借助完全演繹的規定，爲包含於它們當中的形式的基礎對象提供一種特殊的整體性。人們可以說，關於「世界一般」的形式邏輯理念就是借助於這種特殊的整體性構成的。這種「流形理論」在被標記出來的意義上就是有關被限定的流形的普遍科學。[4]

（七）數學的自然科學由於技術化而被抽空意義

本身已經是形式的，但又是受限制的代數算術的這種極度擴展，以其先驗性，立即就在一切「具體現象的」純粹數學中，即在關於「純粹直觀」的數學中，有其應用，並借此被應用於數學化了的自然；但是它也被應用於自己本身，應用於以前的代數算術，並且透過擴展再應用於它自己的形式的流形；因此，它被以這種方式返回來與自身關聯。如同算術一樣，代數算術在技術上發展它的方法論的過程中，自然而然地被捲入到一種變化中，透過這種變化它完全變成了技術，就是說，變成了一種按照技術的規則透過計算技術獲取結果的純

4 關於被限定的流形這一概念的更詳細的論述，請參閱《純粹現象學和現象學哲學的理念》，一九一三年，第一三五頁以下。關於普遍數學（mathesis universalis）這一概念，請參閱《邏輯研究》第I卷，一九〇〇年增訂二版，一九一三年。特別請參閱《形式邏輯與超越論邏輯》，哈勒，尼邁耶出版社，一九三〇年。

粹技巧；這種結果的眞正眞理意義，只有在實際運用於這些主題本身的、達到對事情本身的洞察的思想中才能獲得。現在只有那些對於技術本身是不可缺少的思想方式和自明性在發揮作用。人們運用字母、連接符號和關係符號（＋、×、＝等等），按照它們進行組合的**遊戲規則**進行運算，其實，從本質上說，這與紙牌遊戲沒有什麼不同。在這裡，眞正賦予這個技術操作程序意義、賦予這種合乎規則的結果眞理性（甚至是形式的**普遍數學**所特有的「形式的眞理性」）的**原初**思維被排除了；因此，以這種方式，原初的思維也在形式的流形理論本身中被排除了；正如在以前的代數的數和量的理論中，後來在技術上獲得的東西的不訴諸眞正科學意義的所有其他應用中，其中也包括在對幾何學的應用中，對空間時間形態的純數學的應用中，被排除了一樣。

從有關現象的數學到它的形式的邏輯化的進展，以及擴展了的形式邏輯作爲純粹的解析學和流形理論而獨立，這本身是一種完全**合理**的過程，甚至是必然的過程；那種有時完全沉醉於純粹技術思想之中的技術化過程也是必然的。但是所有這一切能夠成爲、而且必然成爲被**充分自覺地**理解和運用的方法。而這只有在以下情況下才是可能的，即注意避免在這裡產生危險的**意義改變**。而這是透過經常能現實地把握住**這種方法的原初的意義賦予**，由於這種原初的意義賦予，這種方法才具有了提供有關世界的認識的意義。不僅如此，這種方法還必須擺脫一切**未經考察的傳統**，這些傳統還是在最初構想這種新理念和方法的時候就將一些不明確的成分注入到它們的意義之中了。

當然，正如我們所闡明的，從事發現的自然科學家的主要興趣在**公式上**，在已經獲得的和能夠獲得的公式上。物理學在對周圍世界預先給定的直觀的自然的實際數學化中走得愈遠，它已擁有的數學—自然科學命題愈多，同時，適合於它的工具，「普遍數學」，愈是發展，它向量化了的自然的新的事實進行可能的演繹推論的範圍，因此需要相應地驗證的範圍就愈廣。這種驗證工作本身是實驗物理學家的責任，正如從直觀的周圍世界和在其中實行的實驗和測量提高到理念的極的全部工作是實驗物理學家的責任一樣。與此相反，數學物理學家置身於算術化了的空間—時間領域，或同時置身於形式化了的普遍數學之中，將提供給他的數學—物理學公式，像特殊的純粹的形式數學的構成物一樣來處理。當然，如同在事實自然的函數法則中出現的常項一樣，在其中出現的常項保持不變。數學的物理學家們考慮到所有「已經證明的或作爲假設起作用的自然法則」，根據他們能支配的這種普遍數學的整個形式法則系統，引出一些實驗者必須接受其結果的邏輯結論。但是他們也爲新的假說形成一些當時可供利用的邏輯可能性，當然，這些新假說必須是與當時認爲有效的假說的總體協調一致的。因此，他們關心提供唯有在現在才允許的假說形式，作爲對今後透過觀察和實驗能在經驗上發現的因果性規則，借助屬於它們的理念極，即借助精確性法則，進行解釋的假說的可能性。但是，實驗物理學家在他們的研究中總是想到理念極，想到數值，想到一般的公式。因此這些東西在一切自然科學的研究中都處於興趣的中心。舊的和新的物理學的一切發現，都是在可以說是與自然對應的公式世界中的發現。

這個公式世界的公式意義存在於理念東西之中，而透過極其艱苦的勞動在這些理念東西方面所達到的全部成就，則只具有單純是爲達到目的之途徑的性質。這裡應該考慮到以上說明過的對於形式的數學的思維勞動技術化所產生的影響：它的進行經驗的、進行發現的思維，也許是以最高的創造性形成構成性理論的思維，轉變成以改變了的概念，以符號的概念進行的思維。與此同時，純粹幾何學的思維也被抽空了，在它運用於實在的自然時，同樣還有自然科學的思維，也被挖空了。此外技術化採用自然科學通常所特有的一切方法。不僅是這些方法後來被「變成機械的」了。一切方法本質上還有一種傾向，即隨著技術化而變得膚淺化。因此，自然科學經受一種多方面的意義改變和意義被掩蓋的過程。在實驗物理學與數學物理學之間這整個的協調配合，以及在這裡實際上不斷被完成的大量的思維活動，都是在**改變了的意義地平線**中發生的。雖然人們還可以意識到在技術（τέχνη）與科學之間的差別，但是人們早就不再對應透過技術方法爲自然獲得的眞正意義進行反思了。這種反思再也不能哪怕是追溯到伽利略的創造性沉思預先規定的對自然數學化的理念的立場，追溯到伽利略及其後繼者借這種對自然數學化的理念所想要達到的東西，以及賦予他們所進行的工作以意義的東西。

（八）作爲自然科學之被忘卻的意義基礎的生活世界

但是現在我們必須指出早在**伽利略**那裡就已發生的一種最重要的事情，即以用數學方式奠定的理念東西的世界暗中代替唯一現實的世界，現實地由感性給予的世界，總是被體驗到的和可以體驗到的世界——我們的日常生活世界。這種暗中替代隨即傳給了後繼者，以後各

49

個世紀的物理學家。

在純粹幾何學方面伽利略本人也是繼承者。所繼承的幾何學，所繼承的進行「直觀」設想、證明、直觀構造的方式，已不再是原初的幾何學，甚至就是在這種「直觀性」中，它已被抽空了意義。就其性質而言，即使是古代幾何學也已經是技術了，已經遠離眞正直接的直觀的源泉和原初直觀思想的源泉了，而所謂幾何學的直觀，即對理念東西進行操作的直觀，首先是從那些源泉中汲取它們的意義的。實用的土地測量技術發生在理念性幾何學之前，它關於理念的東西毫無所知。但是這種前幾何學的成就是幾何學的意義的基礎，是理念化這一偉大創造的基礎；這種創造同時也包含對幾何學這一理念世界的創造，或更確切地說，包含對透過那些能形成「數學存在」的構成而對理念東西進行客觀化規定的方法論的創造。伽利略的一個產生嚴重後果的疏忽就是，他沒有追溯原初的意義賦予的成就，這種成就，作爲在全部理論和實踐生活——直接直觀的世界，在這裡特別是在經驗上直觀的物體世界中——的眞正基礎上的理念化而發揮作用，產生幾何學的理念構成物。他沒有仔細思考這種情況：關於這個世界及其所有形態的自由想像變換爲何只產生可能的經驗直觀形態，而不產生精確的形態；最初眞正的幾何學的理念化需要的是什麼動機和什麼新成就。對於所繼承的幾何學方法來說，這些成就不再是生動地實現的成就了，更不用說將它們作爲內在地完成精確性的意義的方法透過反思提高到理論意識中了。這樣看起來，就很可能像是幾何學以它固有的直接自明的先驗的「直觀」以及借助於這種直觀而進行的思維，創造出一種獨立的絕對的眞理，它作爲這樣的東西理所當然就是立即可用的。正如前面我們在解釋伽利略的思想的同時進行思考時大體上指出的，這種理所當然是一種假象，並且即使幾何學的應用的意義，也有其複雜的意義來源。關於這種情況伽利略以及隨後的一段時間是不知道的。因此，從伽利略開始，立即就用理念化了的自然暗中代替前科學的直觀的自然。

因此所有那些從技術的工作回溯到它的眞正意義的偶然的（或者甚至是「哲學的」）思考，總是停留在被理念化了的自然上，並沒有將這種思考澈底進行下去，追溯到最後目的，從前科學的生活及其周圍世界中產生出來的新的自然科學和與它不可分割的幾何學，從一開始就應該是爲這個最後目的服務的，這個目的必然存在於這種前科學的生活之中，並且必然與它的生活世界相關聯。生活於這個世界中的人，其中包括自然科學家，只能向這個世界提出他們的一切實踐的和理論的問題，在理論上只能在它的開放的無限的未知事物的地平線中與它相關聯。一切有關法則的認識，只能是有關對現實的和可能的經驗現象的過程之可合法則地把握的預見的認識，這些預見是透過系統地深入到未知的地平線中的觀察和實驗使經驗得到擴展而預示給研究者的，並且是用歸納的方法證明的。按照科學方法的歸納當然是從日常的歸納中發展出來的，但是這種情況並未改變作爲一切有意義歸納的地平線的預先給定的世界之任何本質的意義。我們把這個世界視爲是一切已知的和未知的實在東西的世界。空間和時間形式以及能歸入它的全部物體形態，都屬於它這個現實體驗到的直觀的世界；我們自己按照我們的有身體的個人的存在方式，生存於這個世界之中。但是我們在這裡並沒有發現任何幾何學的理念的東西，沒有發現幾何學的空間、數學的時間以及它們的任何形態。

這是一個儘管平常卻很重要的評論意見。但是這種平常的東西正是被精密科學拋棄了，而且是從古代幾何學開始就被拋棄了。而這正是由於那種按照一定方法進行理念化的成就，替代了作爲在所有理念化中被當作前提的現實而直接給予——在一種按其性質是不可超越的證明中被給予的東西。不管我們不用技術還是用技術做什麼，這個眞正直觀的，眞正體驗到的和可能體驗到的世界——我們的整個生活實際上就在其中進行，仍然保持原樣，它的固有的本質結構、它固有的具體因果樣式，都不改變。因此它也不因我們發明出一種特別的技術，幾何學的技術，和我們現在稱爲物理學的伽利略式的技術而改變。那麼我們透過這種技術實際上完成了什麼呢？這正是一種擴展到無限東西的**預見**。全部的生活都是依據於預見的，我們可以說，全部生活都是依據於歸納的。對每一個樸素經驗的存在的確信，就已經以最原始的方式進行歸納了。「被看的」東西總是比我們關於那個東西「實際上眞正」看到的要多。看、知覺，就本質而言，具有某物本身，同時又先有某物本身，先意指某物本身。一切實踐及其計畫都包含有歸納，只不過日常的歸納認識（預見），即使是明確地表達出來並且「被證明」，與後一種歸納比起來也是「不夠技術的」，這後一種歸納是高度技術化的、「按一定方法進行的」歸納，它在伽利略式物理學方法中可以無限地提高其工作效力。

在幾何學和自然科學的數學化當中，我們測量這個處於可能經驗之開放的無限性中的生活世界（在我們具體的世界生活中，總是作爲現實的東西給予我們的世界），以便爲它製作一件非常合適的**理念**外衣，即所謂客觀科學眞理的外衣。也就是說，我們以一種（如我們所希望的）在每一細節上都實際可行的，並且永遠被證明可靠的方法，首先爲生活世界的具體直觀形態之現實的和可能的感性的內容充實構造某種數量歸納，而正是借此我們獲得了對具體的，尚未現實地給予的或不再現實地給予的，而且是生活世界中直觀的世界事件之預見的可能性；這種預見無限地超出了日常預見的成就。

「數學和數學的自然科學」這種理念的外衣，或不這樣說，而說成符號的外衣，符號－數學理論的外衣，包含所有那些在科學家和受過教育的人看來是作爲「客觀的現實的和眞正的」自然而代表生活世界，裝飾生活世界的東西。理念的外衣使我們將只不過是方法的東西視爲是眞正的存在，而這方法在這裡是爲了透過處於無限前進過程中的「科學上的」預見，修正在生活世界中現實體驗到的東西和可能體驗到的東西內部原初唯一可能的粗糙的預見的。也就是說，這種理念的裝飾使方法、公式、理論的眞正意義成爲無法理解的，而且在方法是樸素地形成的情況下從未被理解過。

因此從來也沒有人意識到這樣一個根本的問題，即這樣一種樸素性是如何實際上作爲生動的歷史事實成爲可能，並且現在繼續成爲可能的；一種實際上以系統解決無窮的科學任務爲目標並在這方面不斷地導致肯定結果的方法總是能夠產生出來，而且在數個世紀之久總是能夠發揮有益的作用，然而並沒有任何一個人眞正理解這種成就的本來的意義和內在的必然性，這種情況是怎麼發生的？因此，過去缺少現在仍然缺少一種眞正的自明性，借助於它，認識者和實行者不僅能夠向自己說明他所做成的新東西是什麼，以及他使用什麼做成，而且也能夠說明一切由沉積，或更確切地說，由變成傳統而被掩蓋了的意義－內涵，因此也說明他的構成物、概念、命題、理論的恆久的前提。科學和它的方法不是恰似一種完成顯然非常有用的事情的，並且在這方面非常可靠的機器嗎？每一個人都能學會正確操作它，而絲毫也不必了解如此完成的成就的內在可能性和必然性。但是幾何學和科學能夠像機器一樣根據一種相似意義上的透徹的——科學的——理解被預先設計出來嗎？這豈不是就導致一種「無窮回溯」嗎？

最後，這不是一個與在通常意義上的直覺問題處於同一序列的問題嗎？這不是那種有關只當它顯示出來才能將自己作爲理性來認識的被隱蔽的理性的問題嗎？

伽利略這位物理學的發現者，或者說得更確切些，物理學的自然的發現者——或者爲了公正對待他的先驅者，我們稱他爲集大成的發現者——同時既是發現的天才又是掩蓋的天才。他發現了數學的自然，方法的理念，他爲無數物理學上的發現者和發現開闢了道路。與直觀世界的普遍的因果性（作爲直觀世界的不變的形式）相對比，他發現了從那時開始不加考慮地稱爲因果性法則的東西，「眞正的」（理念化了的和數學化了的）世界之「先驗的形式」，「精確的法則性的法則」——按照這種法則，「自然」（被理念化了的自然）的每一件事情都必然服從於精密的法則。所有這一切都既是發現也是掩蓋，我們直到今天還把它們當作樸素的眞理來接受。新的原子物理學對於「古典的因果法則」進行的所謂哲學上毀滅性的批評，從原則上說並未改變任何東西。因爲在我看來，儘管有所有這些新的東西，從原則上說本質的東西依然如故：就其本身而言是數學的自然，在公式中給出的自然，只有透過公式才能解釋的自然。

我當然是十分眞誠地將伽利略的名字列在近代最偉大的發現者之首，而且以後也將是這樣。同樣，我當然也是十分眞誠地讚嘆古典物理學和古典物理學以後的偉大的發現者，以及他們的絕不僅是**純粹機械的**，實際上是**非常令人驚訝的思想成就**。這種思想成就絕不因前面將它們說明成**技術**，或者由於以下這樣一種**原則性批評**，而被貶低，這種批評指出，這種理論所具有的本來的、原始的眞正的意義，是物理學家們，即使是偉大的和最偉大的物理學家們，也仍然**看不見的**，而且是一定看不見的。這裡所涉及的不是形上學地穿鑿附會地加到它上面的，或冥思苦想出來的那種意義，而是具有**最令人信服的**自明性的，它的**本來的**、它的唯一眞實的意義。那種意義與方法的意義是相反的，後者在用**公式**進行操作時，或在公式的**實際**應用中，即在**技術**中，有其**特**有的可理解性。

我們迄今所說的在多麼大程度上仍然是片面的，哪些導致新維度的問題地平線還未適當處理——這些問題地平線只有透過對這個生活世界和作爲它的主體的人的思考才能揭示出來，這只有當我們在按其最內在的動力對歷史發展所進行的闡明中前進得非常之遠時，才能被指明。

（九）由於數學化的意義不明確所引起的後果嚴重的誤解

與**伽利**略對自然進行數學化的重新解釋一起，也牢固建立起一些甚至是超出了自然的、錯誤的結論。這些結論從這種新的解釋來看很容易理解，以致能夠支配後來的、直至今日的世界研究的整個發展。我所指的是伽利略關於**特殊感性性質是純粹主觀性的**這種著名學說，這個學說以後不久就被霍布斯前後一貫地理解爲關於感性直觀的自然與世界一般這全部具體現象都是主觀性的這樣一種學說。這些現象只存在於主觀之中；它們只是作爲在眞正自然中發生的過程之因果性結果而存在於主觀之中；而這些過程只是依據數學的性質而存在。如果我們生活的直觀世界僅僅是主觀的，那麼有關前科學的和科學以外的生活的全部眞理（這眞理與事實存在有關）就失去了價值。僅當這些眞理（即使是錯誤地）模糊地表明存在於這個可能經驗的世界背後的，對這個世界而言是超越的自在時，它們才不是沒有意義的。

與此相關聯我們還要了解有關新意義形成的另外一個後果，即由這種新的意義形成中作爲「不言而喻的東西」產生的物理學家自己的解釋，這種解釋直到不久前還是居於支配地位。以下就是這種解釋。

自然在其「眞正的自在存在」中是數學的。空間時間的純數學以必眞的自明性使人們從這種「自在」中認出法則層次，將它們當作絕對普遍有效的法則——即直接地認識有關先驗構成的公理式的。基本法則，透過無限的中介認識其餘的法則。關於自然的空間時間形式，我們具有自己的（如後來所稱的）「與生俱來的」能力：把眞正的自在存在確切地作爲具有數學理念性格的存在（在一切實際經驗之前）來認識的能力。因此，空間時間形式本身無疑是我們內在地與生俱來的。

更具體的普遍自然法則性則是另一種情況，雖然它也是徹頭徹尾數學的。這種自然法則可以「後驗地」從事實的經驗材料中用歸納方法得到。關於空間時間形態的先驗的數學與歸納的——儘管也使用數學——自然科學嚴格區別開來，對立起來，被認爲是完全可以理解的。或者也可以說，純數學的原因和結果的關係與實在的原因與結果的關係是明顯不同的，因此與自然的原因和結果的關係是明顯不同的。

但是，關於自然的數學與歸根到底是屬於它的*空間時間形式的數學*之間的關係，在後一種「*與生俱來的*」數學與前一種*非與生俱來的*數學之間的關係的曖昧性，逐漸產生一種令人不快的感覺。人們說，與我們歸之於造物主上帝的絕對知識相比，純粹數學的認識只有一個缺點，即雖然它始終是絕對自明的認識，但是爲了使在時空形式中「存在著的」形態實現爲認識，就是說爲了使它們實現爲明晰的數學，需要一種系統的過程。與此相反，關於在自然中具體地存在著的東西，我們沒有任何先驗的自明性；整個超出空間時間形式之外的自然數學，我們必須從經驗事實中歸納出來。但自然本身不是完全是數學的嗎？它不是也必須被認爲是統一的數學的系統，因此必須實際上可用統一的自然數學描述的嗎？正是那種自然數學是自然科學始終尋求的東西，被作爲按形式而言是「公理的」法則系統所包含的東西而尋求的東西，它的公理系統始終只是假說，實際上永遠也達不到。爲什麼實際上不能達到呢？爲什麼我們沒有指望將自然所固有的公理系統作爲眞正必眞自明的公理系統發現出來呢？是因爲我事實上缺少這種天賦的能力嗎？

在物理學及其方法的膚淺化了的，或多或少已經技術化了的意義形態之中，「十分清楚地」存在著上面提到的差別：即「純粹的」（先驗的）數學與「應用的」數學之間的差別，「數學的存在」（在純粹數學意義上）和以數學方式上形態化了的實在東西的存在（因此在那裡數學上的形態是一種具有現實性格的成分）之間的差別。然而即使像萊布尼茲那樣卓越的天才，也長期地爲這樣一個問題絞盡腦汁：在其眞正意義上把握這兩種存在——即一般而言的作爲純粹幾何學形式的空間時間形式的存在，以及具有其事實的實在的形式的普遍數學自然的存在——並且理解這兩者彼此間的眞正關係。

關於這些不明確之處對於康德的先驗綜合判斷問題，以及對於他在純粹數學的綜合判斷與自然科學的綜合判斷之間的劃分發揮什麼作用，我們必須在以後詳細研究。

後來隨著純粹形式數學的產生和在方法上的不斷應用，這種不明確性就更爲嚴重了，並且發生了變化。「空間」被與純粹形式地規定的「歐幾里得流形」混淆在一起了；眞正的公理（按照這個詞的自古流行的意義理解），作爲以純粹幾何學思想的或算術的純粹邏輯的思想的自明性所把握的絕對有效性的理念的規範，被與非本眞的公理——這個詞在一般流形理論中並不表示判斷（「命題」），而是表示作爲有關能形式地無內在矛盾地構成的「流形」之定義的組成部分——混淆在一起了。

（十一）數學自然科學的起源問題的基本意義*

如同所有以前指出的不明確之處一樣，這些不明確之處也是原初的生動的意義形成作用

* 編按：本書內容原爲胡塞爾發表於《哲學》雜誌（*Philosophia*）的文章，原版序號編排即跳號。

改變的結果，或者更確切地說，是從中以各自特有的意義而生成方法的那種原初的、生動的對任務的意識改變的結果。這樣，在完成任務中產生出來的方法，作爲方法，是被流傳下來的技術，但是它的眞正意義並不會毫無困難地與它一起流傳下來。正是因此，理論的任務和成就，以及像自然科學（和關於世界一般的科學）的任務和成就——它們只有借助方法的無限性才能掌握其題材的無限性，而方法的無限性也只能借助於一種抽空了意義的技術的思想和活動才能把握，只有在以下情況下才能是眞正的在原初意義上有意義的，或更確切地說，是繼續有意義的，即只當科學家在自身中發展了一種能力，能追溯他的全部意義構成物的和方法的原初意義，即追溯歷史上原初創立的意義，特別是追溯所有在原初創立時未經細察而接受的意義遺產的，以及所有後來接受的意義遺產的意義時。

但是，數學家、自然科學家，充其量是一位在方法方面最有創造性的技術家——他將他所專心尋求的發現歸功於這方法，他通常絕不進行上面提到的那種思考。在他實際研究和發現的領域內，他完全不知道，所有這些思考所要釐清的東西，畢竟是需要釐清的，而這是爲了哲學和科學的最高的決定性的關心，即對於眞正認識世界本身，認識自然本身的關心。這種關心在科學最初創立時曾產生過決定性作用。這種關心被傳統地給予的，並且變成了技術的科學喪失了。任何一種引導他們進行這種思考的嘗試，只要是來自數學家、自然科學家圈子以外的，都被當作「形上學」加以拒斥。那種將其一生奉獻給這些科學的專門家想必會清楚地知道，他在其工作中企圖做的是什麼？正在做的是什麼？這在他看來是顯而易見的。由於某些歷史動機——這些動機尚需闡明——在這些研究者那裡引起的哲學上的需要（「哲學—數學」的、「哲學—自然科學」的需要），以一種符合於他們的方式由他們自己滿足，不過是以這樣的方式滿足的，即需要探究的整個維度完全沒有看到，因此也完全沒有加以考察。

（十二）我們的解釋在方法上的特徵

最後我們還要就我們在這一節的錯綜複雜的考察中所遵循的服務於我們總目的的方法說幾句話。爲了達到一種在我們的哲學狀況下非常必需的自身理解，我們所從事的歷史思考需要釐清**近代精神的**起源，與此同時——由於對數學和數學的自然科學的意義沒有足夠高的評價——需要釐清這些科學的起源。這就是說，釐清導致其自然理念的構想的，以及由此導致在自然科學本身的現實發展中實現這種構想的運動的原初動機和思想運動。所談到的這種理念，可以說在**伽利略**那裡就首次作爲完善的理念出現了；因此我就將所有這些考察與他的名字聯繫起來（因此在某些方面將問題理想化和簡單化了），雖然更詳盡的歷史分析本來應該考慮到那些他在自己思想中歸功於「先驅者們」的東西（順帶一提，我以後也將以與此相似的方式進行考察，這是有正當理由的）。關於他所遇到的狀況，以及這種狀況如何必然會推動他，而且是按照他的著名格言推動他，我們立即就可以確定一些東西，因此可以了解對自然科學的整個意義賦予的開端。但就是在這裡，我們已經遇到意義的改變和以後時代和最近時代對意義的掩蓋了。因爲我們這些從事這種思考的人本身被這種意義改變和掩蓋所吸引（而且可以假定，我的讀者也是如此），由於我們受它們的束縛，在開始時對於這種意義的改變一無所知：我們大家都以爲，我們清楚地知道數學和自然科學「是」什麼，它們在做什麼。今天究竟還有誰沒有從學校學到這些知識呢？但是對於新的自然科學和它的新的方法的樣式的原初意義的初步闡明，就已經使人們感覺到有關後來意義改變的某些東西了。很顯然，這種意義改變也已經影響到對動機的分析了，至少是使得這種分析變得困難了。

因此我們就處於一種循環之中，對開端的了解只有從以現今的形態給定的科學出發，從對它的發展的回溯中，才能獲得。但是如果不了解開端，這種發展作爲意義的發展就無從了解。因此我們別無選擇，只能沿「之」字形道路前進和回溯。在這種交替變化中，對開端的理解與對發展的理解相互促進。對於一個方面的相對闡明，也就對另一個方面有所澄清，而這後者反過來又對前者有所闡明。因此在這種歷史的考察和歷史的批判中——它們必須從伽利略開始（並且緊接下來就是從笛卡兒開始），按照時間順序進行——我們必須經常做一些歷史的跳躍，這樣做並不離題，而是出於必需；如我們已經說過的，如果我們承擔起自身反思的任務——這個任務是從伴有其「科學的崩潰」的我們時代的「崩潰」的狀況本身中產生出來的，那麼這些歷史的跳躍就是必需的。但是，這種任務首先涉及的是對新科學，特別是精密自然科學原初意義的反思，因爲如我們以後還要考察的，精密自然科學由於其全部意義改變和錯誤的自身解釋，從一開始並且以後繼續對於近代實證科學，同樣也對於近代哲學——甚至對於近代歐洲人一般精神——的生成與存在曾具有而且現在仍然具有決定性的意義。

以下所說的也與方法有關：完全沒有使用自然科學說話方式的這種情況，很容易使一些讀者，特別是自然科學的讀者感到惱怒，在他們看來，這幾乎就像一個膚淺的涉獵者所爲。我是有意識地避免這種說話方式的。在一種到處都試圖使「原初的直覺」發揮作用的思想方式中，也就是在使前學科的和科學以外的生活世界——它本身包括一切實際生活，也包括科學的思想生活，並且作爲技術性的意義構成的源泉滋養著它——到處發揮作用的思想方式中，最大的困難之一，我認爲就是必須選擇生活的樸素的說話方式，並如同證明的自明性所要求的那樣適當地使用它。

但是，透過一種擺脫生活樸素性的反思正確地返回到生活的樸素性，這是克服存在於傳統的客觀主義哲學之「科學性」中的哲學的樸素性之唯一可能的道路。這一點將會逐漸清楚起來，並最終變得完全清楚。這也將爲通往前面反覆提到的新的維度打開大門。

這裡必須附帶說一點。真正說來，我們所有的說明只有在與場合的相對關係中才能有助於理解。在附加的批判中表達我們態度的懷疑（我們作爲現代人，現在進行反思的人，是不得不提出這些懷疑的），在以下方面有其方法上的功能，即它準備思想和方法，這些思想和方法將在我們心中作爲反思的結果逐漸形成起來，並應服務於我們的解放。一切從「實存的」根據出發的反思當然是批判的。但是我們將不會忽視在以後對我們反思過程的和我們特殊形式的批判的根本意義進行反思的認識。

十、二元論在自然科學之占支配地位的典範作用中的起源。「幾何學式的」（more geometrico）世界的合理性。

還必須強調這種對自然的新思考的一個基本成分。伽利略在其從幾何學出發，從感性上呈現的並且可以數學化的東西出發，對世界的考察中，抽去了在人格的生活中作爲人格的主體；抽去了一切在任何意義上都是精神的東西，抽去了一切在人的實踐中附到事物上的文化特性。透過這種抽象產生出純粹物體的東西；但是這種純粹物體的東西被當作具體的現實性來接受。它們的總體作爲一個世界成爲研究的主題。我們也許可以說，只是由於伽利略，作爲實際上自身封閉的物體世界的自然的理念才得以出現。這種情況與數學化——它很快就被認爲是理所當然的一起，作爲結果產生了自身封閉的自然的因果性的理念，每一個事件都是按照這種因果性被預先一義地決定的。顯然，由此也爲不久就在笛卡兒那裡出現的二元論做了準備。

總而言之，我們現在必須了解，對作爲一個被隔絕的、實際上和理論上都是自身封閉的物體世界的「自然」的這種新理念的理解，很快就引起了關於世界一般的理念的完全改變。世界可以說是分裂成爲兩個世界：自然和心靈的世界。但是其中的心靈的世界，由於它與自然關聯的方式，當然並沒有達到獨立世界的地位。古代人也有關於物體的個別研究與理論，但是沒有一種作爲普遍自然科學的主題的封閉的物體世界。他們也有關於人的和動物的心靈的研究，但是他們不可能有近代意義上的心理學，這是這樣一種心理學，它只是由於它面對著一種普遍的自然和自然科學，才能夠努力追求一種相應的普遍性，即在一種屬於它的、同樣是自身封閉的領域中的普遍性。

世界的分裂和世界的意義變化是**自然科學方法**的，或者換一種說法，自然科學合理性的**典範**作用之可以理解的結果，這種典範作用在近代的開端上實際上完全是不可避免的。關於自然的物體之無限整體在空間時間中的共存，被假定爲一種就其本身來看是數學上合理的共存，這樣一種假定，就包含在被理解爲一種理念和任務的對自然的數學化中。只不過自然科學作爲歸納的科學，只能以歸納方式把握本身是數學的關係。無論如何，自然科學作爲由歸納方法得出數學的東西的、由純粹數學指導的科學，本身已經具有最高度的合理性了。難道它不應該成爲一切眞正認識的典範嗎？如果對於這些眞正的認識來說，在超出自然之外的場合也能夠實現眞正的科學，難道這種科學不應該遵循自然科學的典範嗎？或者更確切地說，如果在另外一些知識領域，我們或許還「天生地具有」在公理和演繹中的必眞的自明性的能力，我們就不應該遵循純粹數學的典範嗎？不足爲奇，我們在**笛卡兒**那裡就已經發現了普遍數學的理念。當然，直接從**伽利略**開始所取得的理論的和實踐的重大成果也在這方面有其影響。因此，世界與哲學就相互關聯地獲得一種全新的面貌。世界本身必須是一種合理的——在從數學或數學化了的自然中接受來的新的合理性的、意義上的合理的世界，與此相對應，哲學，有關世界的普遍科學，必須作爲「**具有幾何學樣式的**」統一的合理理論被建立起來。

十一、二元論是理性問題不可理解的原因，是科學專門化的前提，是自然主義心理學的基礎。

當然，如果自然科學上合理的自然是自在地存在著的物體的世界這一點——在給定的歷史條件下——被認爲是當然的，自在的世界就一定是一種在以前不知道的意義上的奇特的**被分裂的**世界，即被分裂爲自在的自然和與它不同的存在種類：以心理的方式存在的東西。首先這必然會引起令人憂慮的困難，而且這種困難即使在考慮到由宗教而來的，而且絕對沒有被放棄的上帝的理念時就已經產生了。上帝作爲合理性的原則不是必不可少的嗎？合理的存在，即使最初是作爲自然，爲了一般能夠想像，不是就已經要預先假定合理的理論和提供這種理論的主觀性嗎？因此，自然以及一般自在世界，不是以作爲絕對存在著的理性的上帝爲前提嗎？在這種情況下，作爲純粹自爲地存在著的主觀性的心理的存在，不就在自在的存在中具有優先地位了嗎？不論是神性的還是人的，心理的存在畢竟是主觀性。

一般而言，在理性問題變得明顯的地方，分離出心理的東西，引起了愈來愈大的困難。當然，只是在後來，這種困難才變成迫切需要解決的，以致在有關人類知性的重要研究中，在「理性的批判」中，成了哲學的中心論題。但是理性主義動機的力量仍未削弱，人們到處都滿懷信心地全面實行一種理性主義的哲學。在獲取確實有價值的認識方面，並不是完全沒有成果，這些認識即使「尚不」符合理想，仍可以被解釋成初級階段。現在每一種特殊科學的建立，當然都要受與它相對應的合理理論之理念的，或更確切地說，本身是合理的領域之理念的指導。因此哲學專門化爲專門科學，就具有一種更爲深刻的、僅僅與近代態度有關的意義。古代研究者進行的專門化不可能產生我們這種意義上的專門科學。伽利略的自然科學並不是透過專門化產生的。另一方面，只是後來的新的科學，才將由這種新的自然科學引起的合理哲學的理念專門化，並由這種理念而獲得了前進和征服新領域的動力，這新領域是在宇宙的合理的整體性內部的合理地一致的特殊領域。

當然，起初當笛卡兒宣布了合理的哲學之理念並宣布自然與精神的分離之時，作爲迫切需要東西的一種新的心理學就立即出現了，它在笛卡兒的同時代人霍布斯那裡就已經出現了。正如我們已經指出的，這種新的心理學是一種具有以前時代完全不知道的樣式的心理學，它被具體構想爲一種符合理性主義精神的心理—物理的人類學。

我們不可被一般的經驗主義與理性主義的對立引入歧途。霍布斯的自然主義想成爲物理學主義，並且像所有的物理學主義一樣，正是以物理學的合理性爲典範的。[5]這對於近代其餘的科學，如生物學的科學等，也是適合的。二元論的分裂，物理學主義

5 當我在這裡偶爾使用「物理學主義（Physikalismus）」這個詞時，僅僅是在我的研究過程本身中可以理解的一般意義上使用的，也就是說，用來指由於對近代物理學眞正意義的誤解而產生的哲學上的錯誤。因此這個詞在這裡並不是專門指「物理學主義」運動（「維也納學派」、「邏輯經驗主義」）。

的自然概念的結果，在這些學科之中引起的發展採取了被分裂的所有學科的形式。那些起初片面地純粹集中於物體東西的科學，即生物物理的科學，雖然不得不首先以描述的方式把握具體存在，直觀地對它們分析和分類，但是對自然的物理學主義觀點使以下情況成了當然的，即進一步發展了的物理學，最終將使所有這些具體的存在得到物理學上合理的「說明」。因此，生物物理學的—描述的各種科學的繁榮，特別是由於它們偶爾使用了物理學的知識，就被認爲是經常按物理學加以解釋的自然科學方法的成功。

另一方面，至於心靈的東西，即在排除掉屬於封閉的自然領域的動物的身體，首先是人的身體之後所餘留下來的東西，在這裡，物理學的自然觀和自然科學方法的典範作用，從霍布斯開始就已經以一種可以理解的方式產生了影響，即心靈被賦予一種原則上與自然相似的存在方式，賦予心理學與生理物理學相似的理論上的進步：即從描述上升到最終的理論上的「說明」。儘管有笛卡兒關於由根本不同的屬性所劃分的身體的「實體」和心靈的「實體」的學說，仍然是如此。這種**將心理東西自然化**的做法，經由**洛克**被傳給整個近代，一直到今天。洛克關於**白紙**（white paper）、**白板**（tabula rasa）的比喻說法是很典型的。在白紙上，心靈的材料按某種規則出現和消失，就如同在自然界中的物的過程一樣。這種按物理學主義定向的新式的自然主義，在洛克那裡還沒有得到前後一貫的發展，或更確切地說，還沒最終被認爲是實證主義的感覺論。但是它很快就產生了影響，並且其影響的方式對整個哲學的歷史發展是命運攸關的。但是，無論如何，這種新的自然主義的心理學從一開始就不是一種空洞的許諾；相反，它是在一些重要著作中以給人深刻印象的方式出現的，並且要求爲一種普遍科學提出持久的根據。

由同樣的精神所產生的一切新的科學，看起來都取得了成功，即使是最高層的形上學看上去也是如此。凡是不能眞正貫徹物理學主義的理性主義的地方，恰如在形上學中那樣，人們就用改變經院哲學的概念的辦法，借助一些含糊的減弱了的論點來應付。即使是新的理性主義的主導意義，多半也沒有被精確地構想出來，雖然它確實是這一運動的動力。對於這種主導意義的精確的說明，直到萊布尼茲和克里斯蒂安．沃爾夫，仍然是哲學思想勞動的一個部分。這種新自然主義的理性主義是如何相信能「按照幾何學的條理」創立一種系統的哲學——一種形上學，一種關於最高的和最後的問題的科學，關於理性的問題的，同時還有關於事實的問題的科學，我們在斯賓諾莎的《倫理學》中能找到非常典型的例子。

不過我們必須按照其歷史意義正確理解斯賓諾莎。如果我們按照斯賓諾莎的「幾何學式的」證明方法的表面上顯而易見的東西去解釋斯賓諾莎，那將是十足的誤解。開始時他從作爲一個笛卡兒主義者出發，當然首先是完全充滿了這樣一種信念的，即不僅自然，而且整個一般存在，都肯定是一個統一的合理的系統。這在事先就是不言而喻的。在這個總系統中必然包含自然的數學系統，但是後者作爲系統的一部分不可能是獨立的。因此，人們不能將物理學委之於物理學家，彷彿它眞的是一個完整的系統那樣；另一方面，也不能將爲二元論的心理學部分發展一種它所特有的合理的系統的任務交託給心理學方面的專家們。上帝，絕對實體，也必然作爲理論主題屬於這個合理的整體系統的統一體。斯賓諾莎面臨這樣一種任務，即發現這個有關存在者的被假定的合理的完整的系統——首先是發現它的可統一地

66

想像的所有條件，然後透過實際的構成，系統地實現這種系統。因此只有透過這種行動，一種合理的存在總體之實際可想像性才能得到證明。在這之前，儘管有按照這種態度存在於自然科學典範中的自明性，它只是一種假設，對這種假設進行思考的可能性，甚至對於主張根本不同的兩個「實體」以及在它們之上的一個絕對的最本然的實體的二元論來說，也是完全不清楚的。當然，對於斯賓諾莎來說，這裡所涉及的只是有系統的一般的東西，他的《倫理學》是**最早的普遍的存在論**。他認為透過這種存在論，現實的自然科學，以及作為其類似物的，以相似的方式建立起來的心理學，就能獲得它們真正的作為系統的意義，沒有這種作為系統的意義，這兩者就仍然是不可理解的。

十二、近代物理學主義的理性主義之總體特徵。[6]

哲學在其古代起源時就想成為「科學」，成為有關存在者的宇宙的普遍認識，不是模糊的相對的日常認識——δόξα——，而是合理的認識 ἐπιστήμη。但是古代哲學尚沒有達到合理性的真正理念，以及與此相關聯的普遍科學的真正理念，近代奠基者們就是這樣確信的。這種新的理想只有按照新形成的數學和自然科學的典範才是可能的。這種新理想的令人鼓舞的實現速度證明了它的可能性。作為這種新理念的普遍科學如果不是——被認為是理想

6　參看附錄四。

地完成了的——**全知**，還能是什麼呢？這對於哲學家來說實際上也是一個雖然無限遙遠但的確是可以實現的目標，不是就個別人和特定的研究者團體而言可以實現的目標，而是在世世代代的人們以及他們的系統研究的無窮進步中可以實現的目標。世界本身是一個合理的系統的統一體——人們認爲這是無可置疑地認識到了的，在其中每一個別細節都必然是被合理地規定的。它的系統的形式（它的普遍的本質結構）是可以獲得的，對於我們來說，甚至是預先準備好了的，已知的，只要它至少是一種純粹數學的形式。現在需要的只是從其細節方面規定它，可惜的是這只有用歸納的方法才有可能。這就是達到全知的——當然是無限漫長的道路。因此，人們是生活在一種幸運的確信之中，即確信一條由近及遠、由或多或少已知的東西到未知的東西的循序漸進的道路作爲擴展認識的可靠方法，透過這種方法，存在者的宇宙實際上一定會按照其整體的「自在」在無限前進的過程中全部地被認識。但是在這裡總是包含另一個前進過程，即在生活的周圍世界中感性直觀地給予的東西向數學的理想接近的過程，而這是透過完善那種始終只是近似地將經驗材料「包攝到」歸屬於它的理想概念之中的程序進行的。這包括爲此必須發展的方法論，使測量精確化，提高測量工具的效能等等。

隨著對於宇宙的認識能力的向前發展和愈來愈完善，人也獲得了對於他的實踐的周圍世界的愈來愈完善的支配，這個周圍世界能在無限的進步中擴展。在這裡也包括對屬於眞實的周圍世界的人類的支配，因此也包括對自己本身和別人的支配。這是支配他的命運的愈來愈強大的力量，因此也就是一種愈來愈完滿的——一般人可以合理想像的「幸福」。因爲關於價值與財富人也能認識到本身爲眞的東西。所有這些都存在於這種理性主義的地平線之中，作爲它的對於它來說是理所當然的結果。因此人實際上是與上帝酷似的。正如數學談論無限遠的點、直線等等一樣，在一種類似的意義上人們在這裡可以用比喻的說法說：上帝是「**無限遙遠的人**」。正是與世界和哲學數學化相關聯，哲學家將自己本身並同時將上帝以某種方式按照數學理念化了。

毫無疑問，這種關於認識的普遍性和合理性的新的理想，意味著在它的出生地，數學和物理學中，有巨大的進步。當然，按照我們以前的分析，前提是它被導致一種正確的自身理解，並且避免一切意義的改變。在世界歷史上還有比發現無限的眞理總體更值得在哲學上驚嘆的事情嗎？這個眞理總體能在無限的過程中或是純粹地（作爲純粹數學）或是近似地（作爲歸納的自然科學）實現。在世界歷史上作爲工作成就實際上生成並且繼續發展的東西，不是近乎一種奇蹟嗎？純粹理論－技術的成就，即使它由於意義的改變而被視爲是科學本身，也是一種奇蹟。至於要問，這些科學的典範作用能影響**多麼**遠，在那種情況下哲學的沉思——新的世界概念和新的世界科學的概念被歸功於它——一般而言是否夠用，那就是另一回事了。

即使在自然方面，情況也很少是這樣。這表現在（雖然只是在最近才表現出來）以下的事實上，即關於一切自然科學歸根到底都是物理學——生物學的以及一切具體的自然科學，隨著研究的進步，必然愈來愈融化爲物理學這樣一種不言而喻性，被動搖了，而且動搖得很厲害，以至於這些科學感到必須進行有計畫的改革。當然，上述情況並不是在對那些最初引起近代自然科學、又由於變成方法而被抽空了的思想進行原則**修正**的基礎上發生的。

十三、心理學中物理學主義的自然主義之一些最初的困難：有所成就的主觀性之不可理解。

然而在很早以前，對於將世界數學化，或更確切地說，對於不明確地模仿數學化而進行的合理化的做法——對按幾何學條理建立哲學——的懷疑，就在新的自然主義心理學中發揮作用了。甚至哲學家、數學家、自然科學家等等的合理認識活動和認識也屬於自然主義心理學的領域。在這些認識活動和認識中，這些新的理論成了它們的精神產物，並且作爲這樣的東西，它們在自身中包孕著世界終極眞理的意義。這就造成了這樣一些困難，即在巴克萊和休謨那裡已經產生一種似非而是的懷疑，它雖然被認爲荒謬，但卻不能正確理解；它首先正是指向合理性的典範，指向數學和物理學的，並且試圖貶低它們的基本概念，甚至貶低它們的領域（數學的空間，物質的自然）的意義，稱它們爲心理學上的虛構。這種懷疑在休謨那裡是很澈底的，直至根除了哲學的整個理想，以及這些新科學的所有的科學性。極其重要的是，這不僅涉及到近代哲學的理想，而且涉及到過去的全部哲學，涉及到關於一種作爲普遍的客觀的科學的哲學這整個任務的提出。這是一種自相矛盾的境況！至少有一大批新科學取得了卓越成就，而且這種成就每天都在增加著。從事這些科學研究的人，或細心理解這些科學的人，都體驗到一種自明性，這種自明性是這些人以及其他任何人都不會看不到的。然而這整個的成就，甚至這種自明性本身，按照某種新的觀察角度並從心理學觀點來看——這些有成就的活動正是在心理學領域中發生的——變得完全不能理解了。而且還不只如此。所涉及的不僅是這些新的科學和它們的被合理理解的世界，而且還有日常的世界意識和世界生活，前科學的日常意義上的世界，即這樣一個世界，未受科學影響的人的行爲和活動，最終還有科學家的行爲與活動（而且不僅是當他返回到日常實踐時），就是在其不言而喻的存在的有效性中完成的。

從前的最澈底的懷疑，爲了否定知識（ἐπιστήμη）以及借助它在哲學上建立的自在的世界，並沒有將攻擊的矛頭指向這個世界，而只是提出世界的相對性作爲理由。它的不可知論就在於此。

於是現在一些具有以前從未預料到的樣式的世界之謎出現了，它們並且引起了一種全新的哲學思考，「認識論的」哲學思考，「理性論的」哲學思考，不久它們又引起了具有全新的目標設定和方法的各種體系的哲學。這種一切變革當中的最偉大的變革，被稱爲從科學的客觀主義——不僅是近代的客觀主義，而且還有**以前數千年所有哲學中的客觀主義**——**向超越論的主觀主義的轉變**。

十四、對客觀主義和超越論的特徵之預先說明，作爲近代思想史意義的這兩種理念的鬥爭。

客觀主義的特徵就是，它在由經驗不言而喻地預先給定的世界基礎上活動並且追問這個世界的「客觀眞理」追問對這個世界，對每一個有理性的存在者，都無條件地有效的東西，追問這個世界本身是什麼。普遍地進行這項工作是認識，理性，或更確切地說，哲學的任務。由此人們就達到了最終的存在者，追問在它後邊的東西就不再有任何合理的意義了。

與此相反，超越論說：預先給定的生活世界的存在意義是主觀的構成物，是正在經歷著的生活的，前科學的生活的成就。世界的意義和世界的存在的有效性，就是在這種生活中建立起來的。而且，總是那個特定的世界對於當時的經歷者現實有效。至於「客觀上眞的」世界，科學的世界，它是更高層次上的構成物，是建立在前科學的經驗和思想活動之上的，更確切地說是建立在經驗與思想活動的有效性的成就之上的。只有澈底追溯這種主觀性，而且是追溯以一切前科學的和科學的方式最終實現一切世界的有效性及其內容的主觀性，並且追溯理性成就是什麼，是怎樣的，只有這樣，才能使客觀眞理成爲可以理解的，才能達到世界的最終的存在意義。因此自在的第一性的東西並不是處於其毫無疑問的不言而喻性之中的世界的存在，而且不應僅僅問什麼東西客觀地屬於世界；相反，自在的第一性的東西是主觀性；而且是作爲樸素地預先給定這個世界存在，然後將它合理化，或者也可以說，將它客觀化的主觀性。

然而在這裡預示著一種悖理的情況，因爲首先顯而易見的就是，這種主觀性是人，因此是心理學上的主觀性。發育成熟的超越論抗議這種心理學的觀念論，並且在它否定作爲哲學的客觀科學的同時，要求引進一種完全新式的科學性，即超越論的科學性。關於這種超越論樣式的主觀主義過去的哲學甚至毫無所知。在過去的哲學中缺少相應地改變態度的有效動機，雖然這樣的改變從古代的懷疑論看來，而且恰恰是從它的人類學的相對主義出發，已經可以想像到了。

自從「認識論」和超越論哲學的認眞嘗試出現以來，整個的哲學史是客觀主義哲學和超越論哲學之間的嚴重對立的歷史。即是一方面堅定不移地試圖維持客觀主義，並以新的形式發展客觀主義，和另一方面超越論試圖克服超越論的主觀性理念和它要求的方法本身所帶有的困難的歷史。闡明哲學發展的這種內在分裂的根源，分析哲學理念的這種最根本轉變的最終動機，是十分重要的。只有透過這種闡明與分析，我們才能認識將整個近代哲學史的發展統一起來的那種最深刻的含義：即認識使幾代哲學家聯結起來的他們的意志的統一並在這種意志的統一中認識一切個別主體的和學派的努力方向。正如我們試圖在這裡指出的，這種方向是指向超越論哲學的最後形式——即現象學的，在其中作爲被揚棄了的環節，包含著心理學的最後形式，這種形式將澈底根除近代心理學的自然主義意義。

十五、對我們歷史考察方法的反思。

我們所必須實行的，並且已經規定了我們的預備性提示之風格的這種考察方式，不是通常意義上的那種歷史考察。我們所需要的是理解哲學的，特別是近代哲學的歷史發展中的目的論，同時使我們明確意識到我們自己是這種目的論的承擔者，我們透過個人的意圖參與實現這種目的論。我們試圖認出並理解支配著一切歷史上的目標設定，和這些目標設定的相互對立而又彼此配合的種種變化的統一性。並且在持續的批判當中——這種批判將總體的歷史聯繫始終只視爲是個人的聯繫——我們試圖最終辨認出我們可以承認是唯一的我們個人所有的歷史任務。這種辨認並不是從外部，從事實方面進行的，彷佛是我們自己在其中發展的那種時間的流變是一種純粹外在的因果性前後相繼。寧可說，這種辨認是從內部進行的。我們——這個我們不僅擁有精神遺產，而且完全是並且僅僅是歷史精神的形成物——只是以這種方式具有眞正是我們所獨有的任務。我們不是透過批判任何一個現代的或古代流傳下來的體系，科學的或前科學的「世界觀」（最後甚至是中國的「世界觀」）獲得這種任務的，而只是從批判地理解歷史——我們的歷史——的整體統一中獲得這種任務的。因爲我們的歷史具有精神的統一性乃是由於任務的統一性和任務的推動力。這種任務要在歷史事件中——在彼此間相互進行探討的以及跨時間地共同協作的哲學家的思想中——透過從不明確到令人滿意地明確的所有階段，艱難前進，直到最後達到完全的洞察。在這種情況下，任務就不僅僅是作爲事實上必然的東西存在於那裡，而是作爲被指派給我們這些當今哲學家們的任務存在於那裡。我們像我們現在這樣存在，正是作爲近代哲學人性的執行者，是作爲貫穿於這種人性中的意志方向的繼承人和共同承擔者。我們是由於一種原初的創建而成爲這樣的，這種原初的創建，既是對於古希臘的原初創建的仿造，同時又是對它的修改。一般歐洲精神的目的論的開端，它的眞正誕生，就發生在古希臘的這種原初創建中。

這種透過回溯這些目標的原初創立（這些目標只要是以沉積的形式在以後的世代鏈條中繼續存留下來，又總是能被喚醒，並能以新的活力受到批判，就將後來的世代聯結起

72

來），澄清歷史的方式；這種對繼續存留下來的目標如何又總是帶有透過新嘗試而取得的成果，並且總是由於不滿足而不得不闡明它們，改善它們，或多或少地澈底改進它們的進行回溯的方式，我們說這不是別的，而正是哲學家對於他眞正要爭取達到的東西，對於來自他精神上前輩的意圖，並且作爲他精神上前輩的意圖的他心中的意圖的眞正反思。這意味著這種沉積的概念系統——它作爲不言而喻的東西是他個人的和非歷史的工作的基礎——應該再一次按照其被隱蔽的歷史意義成爲有生命的。這意味著，在他的自我反思中，同時應該繼續進行前人的自我反思，這樣一來，不僅應該再一次喚醒將世世代代的思想家連接起來的鏈條，他們的思想的社會聯繫，他們的思想的共同性，將它們生動地展現在我們面前，並且根據這種被回憶起來的整體統一實行一種負責的批評。這是一種獨特的批評，它的基礎存在於這些歷史上的個人目標設定，相對實現，和交互的批評中，而不是在當代哲學家個人的不言而喻的東西中。如果哲學家想成爲一個獨立的思想家，一個想要擺脫一切先入之見的自主的哲學家，他就必須認識到，所有他認爲不言而喻的東西都是先入之見，所有的先入之見都是由傳統的沉積物中產生的曖昧不明的東西，而絕不僅是在其眞理方面尚待決定的判斷，這種情況甚至對於被稱爲「哲學」的偉大任務和理念，也是適合的。所有被認爲是哲學上的判斷，都被回溯到這種任務，這種理念。

因此以正在談論的方式所進行的回溯歷史的思考，實際上是對於作爲人、作爲歷史的存在而存在著的我們眞正追求的東西所進行的自身理解，所進行的最深刻的反思。反思是有助於作判定的，在這裡它當然同時意味著繼續實行我們最切身的任務，這是由那種歷史的自身反思而現在被理解，被闡明的任務，是在當代被共同賦予我們的任務。

但是從本質上說，每一個原初的創立都包含有被指定給歷史過程的最終的創立。當這種任務達到完全的明晰，並由此而獲得一種必眞的方法——這種方法在達到目標的每一步驟上，都是通往具有絕對成功性質，即具有必眞性質的新的步驟的永久性的道路時，這種最終的創立就完成了。由此哲學作爲無限的任務就達到了它的必眞的開端，達到了它的必眞地繼續延伸的地平線。（當然，如果將在這裡所指出的這種必眞東西的最重要的意義與從傳統數學得來的通常的意義混淆起來，將是根本錯誤的。）

但是我們必須提防一種誤解，即歷史上的每一個哲學家都實行他的自身反思，都與他那個時代的和過去的哲學家進行討論，他就所有這些問題表達自己的看法，在這種探討中確定自己的立場，這樣就產生了對於他自己的研究的自身理解，好像甚至他已發表的理論也是由於意識到那是他所追求的東西而在他心中生成的。

但是，不管我們透過歷史的研究多麼詳盡地了解到這種「自身解釋」（即使是關於哲學家的整個鏈條的「自身解釋」），我們由此關於在唯一構成歷史統一性的所有這些哲學家意向深處的隱蔽的統一性中最終所要「追求」的是什麼，仍然一無所知。只有在最終的建成中，才顯示出這個東西，只有從最終的建成中才能展現出一切哲學和所有哲學家統一的方向。從這種最終的建成中可以獲得一種我們藉以理解過去思想家的照明的光，而他們自己從來沒有能這樣理解過自己。

這就使我們明白了，這種「目的論的歷史考察」的特殊眞理，絕不能用引證從前哲學家的有文獻資料根據的「本人證詞」決定性地駁倒；因爲這種歷史考察的眞理性只有從批判的總體審視的自明性中才能被證明，這種批判的總體的審視使我們可以在由有文獻資料爲根據的哲學論斷和它們表面上的對立與並存這些「歷史事實」背後，揭示出一種有意義的最終的和諧。

十六、笛卡兒既是客觀主義的理性主義之近代理念的創立者，也是突破這種理念的超越論動機的創立者。[7]

我們現在就來切實闡明近代哲學運動的統一意義。在這種闡明當中，被指派給近代心理學發展上的特殊作用很快就會顯示出來。爲此目的，我們必須回溯到**最早創立**整個近代哲學的**天才**，**笛卡兒**。在此前**伽利略**最早創立了新的自然科學之後不久，正是笛卡兒構想出了普遍哲學的新理念，並且立即著手系統地運用它。這種普遍哲學的新理念具有數學的理性主義的，或更確切地說，物理學主義的理性主義的意義——即一種作爲「普遍數學」的哲學。它立即就引起巨大的效果。

但是（按照我們剛才的說明）這並不意味著，笛卡兒預先就已系統地完整地構想出了這個理念，更不意味著他的同時代人和後繼者在科學上經常受這種理念指導，以明確的形式將

7　參看附錄五和六。

這種理念記在心中。要達到那種程度，就必須已經有純粹數學在新的普遍理念指導下的較高的系統發展，而這種較高的系統發展最初是在萊布尼茲那裡（作爲「普遍數學」）以比較成熟的形式出現的，而且現在，也仍然在更爲成熟的形式上，作爲確定的流形的數學，被活躍地研究著。正如引起重大發展的種種一般歷史理念一樣，新數學、新自然科學、新哲學的理念，也以極其多種多樣的意向活動的樣態存在於那些承擔它們發展的個人意識之中：有時它們像本能那樣努力往前衝，而無須這些個人有能力說明它們走向哪裡；有時它們作爲或多或少清楚說明的結果、作爲好歹把握住的目標，在這種情況下也許透過再度的考察形成愈來愈精確的目標。另一方面，當我們採用在其他領域已經是精確的理念時，我們也就會有一些將這些理念變得膚淺、變得模糊的樣態。這些理念現在呈現出另外一些形式的模糊性——我們已經學會理解這一類的東西了：這是一些被抽空了意義的理念，它們變得晦澀了，變成了一些純粹的語詞概念；也許由於試圖對它們進行說明，又被綴上了一些錯誤的解釋等等。儘管如此，它們仍然是這種發展中的推動力。因此我們在這裡感興趣的這些理念，也對所有那些未受過數學思維訓練的人產生影響。當我們談論這種哲學的新理念——這種新理念首先是由笛卡兒採用和比較牢固地把握的——對於整個近代，對於一切科學與文化的影響力時，要特別注意這一點。

但是**笛卡兒**不僅僅是由於創立了這種理念而成了近代的開創者。同樣非常值得注意的是以下這一點。即笛卡兒在他的《沉思錄》中——而且正是爲了要給新的理性主義，此外當然還要給二元論提供一種根本的基礎——創立了一些思想，這些思想由於它們自身的歷史上的影響（好像是遵循一種隱蔽的歷史的目的論），注定要透過揭示其隱蔽的悖理之處而摧毀這種理性主義。這些思想本來應該將這種理性主義作爲永恆眞理（aeterna veritas）建立起來，然而正是這些思想本身具有一種深藏的意義，這種意義一旦顯露出來，就會將這種理性主義澈底根除。

十七、笛卡兒的回歸到「我思」（ego cogito），對於笛卡兒的懸擱之意義的說明。

現在讓我們從一種能使其總的結構呈現出來的觀點來考察笛卡兒前兩個沉思的進程，即達到**我思**，達到對每個**被思之物**（cogitata）進行**思想**（cogitationes）的**自我**（ego）的過程。因此我們這裡的題目好像是經常向初學哲學的人提出的考題。然而事實上，在這兩個最初的沉思中有一種深奧的東西，它是很難窮盡的，甚至笛卡兒也沒有能窮盡它，以至於他一度已經到手的那種偉大發現重又滑脫了。在我看來，即使在今天，每一個獨立思考的人也仍然必須，也許在今天越發必須，更加深入地研究這些最初的沉思，而不因其過於粗淺的外觀、不因其預先宣布的將這種新思想應用於似是而非的，根本錯誤的對神的證明，或因其有其他許多晦澀曖昧之處而退縮，也不應因自己對它所進行的駁斥而輕易滿足。我現在花很大篇幅嘗試進行細心的解釋是有正當理由的。這種解釋不是重複笛卡兒所說過的東西，而是將眞正包含在他思想中的東西揭示出來；然後區分出哪些是他自己意識到了的東西，哪些（由於是某種不言而喻的東西，當然是十分自然的不言而喻的東西）是他沒有意識到的，或者強加到他思想上的東西。那些不僅僅是經院哲學傳統的殘餘，也不僅僅是他那個時代的偶然的先入之見，而是**幾千年來被認爲不言而喻的東西**，只有透過弄明白笛卡兒思想中的獨創的東西，並進行澈底思考，才能克服。

按照笛卡兒的說法，哲學認識是**絕對有根據的**認識；它必須建立在直接的、必眞的認識的基礎上，後一種認識以其自明性排除一切可能的懷疑。間接認識的每一步都必須能夠達到正是這樣的自明性。對於他自己迄今爲止的信念（不論是他自己獲得的還是採納別人的）的概觀使他看到，到處都呈現出懷疑和懷疑的可能性。在這種情況下，對於他和每一個眞正想成爲哲學家的人來說，必不可免地應從一種**澈底的懷疑的懸擱**開始，即對自己迄今所有的一切信念的整體加以懷疑，預先禁止對它們使用任何判斷，禁止對於它們的有效或無效採取任何立場。每一個哲學家在他的生涯中必須這樣做一次，如果他沒有這樣做，儘管他現在已經有了「他自己的哲學」，他也還必須這樣做一次。就是說，在懸擱面前，「他自己的哲學」應該像其他的先入之見一樣對待。這種「笛卡兒式的懸擱」，實際上是來自一種迄今聞所未聞的澈底主義。因爲這種懸擱不僅明確地涉及所有以前的「科學」的有效性——即使要求必眞的自明性的數學也不例外，而且甚至涉及科學以前的和科學以外的**生活世界**的有效性，也就是說涉及那個總是以無可置疑的不言而喻性預先給定的感覺經驗的世界，以及所有由它提供營養的思想生活的世界，非科學的最終也有科學的思想生活的世界。我們可以說，一切客觀認識的最底層次，迄今爲止一切科學的認識基礎，一切有關「這個」世界的科學的認識基礎，現在第一次以「認識批判」的方式受到了懷疑。就是說，通常意義上的經驗，「感性的」經驗，以及相關地世界本身，受到了懷疑。這個世界是作爲在這種經驗中，並且由於這種經驗，而對我們具有意義和爲我們而存在的世界；就如同它經常以一種毫無疑問的確實性直接存在於眼前而對我們有效一樣。它有這樣那樣的個別實在東西的內容，只有在細節上才偶爾被貶低爲可疑東西，或被貶低爲無意義的假象。但是由這點出發，一切建立在經驗之上的意義的和有效性的成就也一起變成可疑的了。事實上如我們已經說過的，就是在這裡包含著「認識批判」的歷史開端，而且是作爲對於客觀認識的澈底批判的歷史開端。

我們必須再回憶一下。從普羅達哥拉斯和高爾吉亞開始的古代懷疑論，對認識，也即關於自在存在者的科學認識產生懷疑，並且否認有這種認識。但是它並沒有超出這種不可知論，並沒有超出否定「哲學」的所有合理基礎，這種「哲學」在假定它所認爲的眞理本身的同時，也假定一個合理的自在，並且相信能達到這種合理的自在。按照懷疑論的觀點，「這個」世界是不可能合理地認識的，人的認識不可能超出主觀—相對的顯現。從這裡出發（例如從高爾吉亞的歧義命題「無存在」出發），雖然有可能將這種澈底主義繼續向前推進，但實際上從來也沒有達到這一點。在實踐—倫理（政治）方面採取否定態度的懷疑論，即使在所有以後時代，都缺少笛卡兒那種獨創的動機：走過不能再提高的近乎懷疑的懸擱的地獄向前推進，達到絕對合理的哲學的天堂之門，並且系統地建立起這樣的哲學。

但是這種懸擱應該如何做到這一點呢？如果它確實一下子使一切有關世界的認識及其全部形態，包括有關世界的直接經驗形態，都不產生作用，因此也就不能把握世界的存在，那麼，直接的必然的自明性的原始基礎，如何能夠正是透過這種懸擱顯示出來呢？回答是：如果我對世界的存在或不存在停止採取任何立場，如果我摒棄任何與這個世界相關的存在的有效性，那麼在這種懸擱中並沒有禁止我承認**一切**存在的有效性。我，這個實行懸擱的我，並不包括在懸擱對象的範圍內，相反，如果我眞正澈底地普遍地實行懸擱——原則上是被排除在這個範圍之外的。我作爲懸擱的實行者是必不可少的。正是在這裡我找到了我要尋找的必眞的基礎，它絕對地排除了任何可能的懷疑。不管我將這種懷疑推進到多麼遠，甚至我試圖設想所有的東西都是可疑的，或者甚至事實上是不存在的，但有一點是絕對自明的，即我作爲懷疑者，作爲否定一切者，畢竟是存在的。普遍的懷疑不懷疑自身。因此，在進行普遍的懸擱時，我還支配有「我存在」這樣一種絕對必眞的自明性。但是在這種自明性中，也包含有極其多種多樣的東西。**我在進行思維**（sum cogitans）這個自明的陳述，更具體地說就是：**我將被思維的東西作爲被思維的東西來思維**（ego cogito-cogitata qua cogitata）。這包括一切思維活動（cogitationes），所有個別的思維活動，以及它們向一個思維活動之普遍統一的流動的綜合，在它們當中，世界以及每一次由我在思想中所賦予它的東西，作爲被思維的東西（cogitatum），對於我過去和現在都具有存在的有效性。只不過我現在**作爲**進行哲學思考的人，不再能按自然的方式直接地實行，並當作知識利用這種有效性了。在我對它們全體進行懸擱的情況下，我再也不能經受到它們了。因此，我的經驗的、思想的、評價的等等全部活動的生活，仍然保留給我，並且繼續進行，只不過在這活動—生活中，作爲「這個」世界，作爲對於我存在著和有效的世界呈現在我腦海中的東西，卻變成了單純的

「現象」，並且就所有屬於這個世界的規定而言也是如此。在這種懸擱中，所有這些規定以及世界本身，都變成了我的觀念（ideae），它們正是作爲我的思維的思維對象而是我的思維活動之不可分割的組成部分。因此在這裡我具有在「自我」（ego）這個名稱下同時包含的絕對必眞的存在領域，絕不僅僅只有一個公理式的命題：「我思」（ego cogito）或「我在思維」（sum cogitans）。

但是還應該補充一點，而且是特別值得注意的一點。透過懸擱我就推進到了那樣一個存在領域，這個領域原則上先於一切我可以想像的存在者以及它們的存在範圍，是它們的絕對必眞的前提。或者用一種在笛卡兒看來具有同樣含義的說法：我，這個實行懸擱的我，是唯一絕對無疑的，它原則上排除了任何懷疑的可能性。除此以外作爲必眞東西而出現的，例如數學公理，的確是有懷疑的可能性的，因此也可以設想它們是虛假的；只當達到一種間接的絕對必眞的論證（這種論證將這些東西還原爲唯一的絕對的原初的自明性，如果哲學是可能的，一切科學認識都必須還原爲這種自明性），這些虛假的可能性才能被排除，而對必眞性的要求才表明是合理的。

十八、笛卡兒對自己的誤解：對由懸擱所獲得的純粹自我之心理學主義的歪曲。[8]

在這裡我們必須談談在我們迄今的解釋中有意不談的一些方面。由此笛卡兒思想中的隱蔽的兩義性也就揭示出來了。事實證明有兩種可能的方式來理解這種思想，發展這種思想，提出科學上的任務，而笛卡兒則認爲，只有其中的一種方式是預先就不言而喻的。因此他的闡述的意義事實上（作爲他自己的意義）是一義性的；但是可惜這種一義性是產生自以下這種情況，即他實際上並未將他的思想的獨創的澈底主義貫徹到底；他實際上並沒有將他的全部先入之見，沒有全面地將這個世界，加以懸擱（「放到括弧裡」）；他被他的目標所吸引，而恰恰沒有抽取出他在實行懸擱的自我中所獲得的最重要的東西，以便純粹在這個自我上展開哲學的驚訝（θαυμάζειν）。與這種哲學的驚訝展開不久就曾能產生的東西相比，笛卡兒在新思想中實際上所揭示的每一種東西——儘管它非常具有獨創性和深遠影響——在某種意義上都是膚淺的，另外還由於他自己的解釋而失去了價值。就是說，在對這個在懸擱中才揭示出來的自我感到驚訝時，雖然他問自己，這是一種什麼樣的自我，這自我是不是人，即日常生活中可以感性直觀的人，但是他卻排除掉身體——身體也如同一般感性世界

81

8 參看附錄七和八。

一樣受到懸擱，這樣一來，對於笛卡兒來說，自我就被規定爲心靈，或是精神，或是理智（mens sive animus sive intellectus）。

但是在這裡我們會有幾個問題。難道懸擱不是與預先給予我（這個進行哲學思考的人）的全部東西有關，因此不是與整個世界包括所有的人有關（而與人有關並不僅僅是與人的單純身體有關）嗎？因此不是與作爲整體的人（我在以自然方式對世界的把握中總是把我自己看成整體的人）的我有關嗎？在這裡，笛卡兒不是預先已經被伽利略對於普遍的和絕對純粹的物體世界的確信，以及關於純粹感性上可體驗的東西，和作爲數學東西的純粹思想事物之間的劃分所支配了嗎？笛卡兒不是已經把以下一點認爲是不言而喻的嗎？即感性是指向自在存在著的東西的，只不過它可能欺騙我們，但肯定有一條用來確定這種欺騙，並以數學的合理性認出自在存在著的東西的合理的途徑？但是所有這些不是透過懸擱一下子都放到括弧裡了嗎？而且甚至連作爲可能性的東西也都放到括弧裡了嗎？很顯然，笛卡兒儘管有他所要求的無前提這樣的澈底主義，但預先就有了一個目標，爲了達到這個目標，向這個「自我」突破就應該成爲達到目標的手段。他沒有看到由於他確信這種目標與手段的可能性，他就已經拋棄了這種澈底主義。僅僅是決心要懸擱，決心要澈底放棄對世界上一切預先給定的東西，預先的有效性下判斷，還是不夠的；懸擱必須認眞實行，並一直堅持下去。自我並不是世界的殘留物，而是絕對必眞的規定，這種規定只有透過懸擱、只有透過將全部的世界有效性放到括弧裡，才成爲可能的；並且是作爲唯一的規定而成爲可能的。但是心靈是事先抽去純粹物體後的剩餘物，根據這種抽象，至少從表面上看，它是這種物體的補充物。但是（我們不可忽視），這種抽象並不是在懸擱中發生的，而是在自然科學家或心理學家在預先給定的，不言而喻地存在著的世界的自然基礎上進行觀察的方式中發生的。我們以後還要談到這種抽象以及它們的不言而喻性外觀。在這裡只要說明這樣一點就足夠了，即在《沉思錄》的這些奠基性考察中——即在那些引入懸擱和它的自我的考察中——由於將這個自我與純粹心靈視爲同一的，而使首尾一貫性遭到破壞。沉思的完整的獲得物，即對於這個自我的偉大發現，由於一種荒謬的偷換而失去了價值：因爲純粹心靈在懸擱中完全沒有意義，除非它作爲被放到「括號」裡的「心靈」，也就是說作爲純粹的「現象」，在這點上與身體是一樣的。我們不能忽視關於「現象」的這一新概念，它是首先隨同笛卡兒的懸擱一起產生出來的。

我們看到，遵從和運用像澈底的和普遍的懸擱這樣一種空前的態度轉變是多麼困難。「樸素的見識」，來自樸素的世界的有效性的某些東西，很快就會在什麼地方突然冒出來，從而歪曲了在懸擱中才可能和必需的新型思想。幾乎所有我同時代的哲學家對於我的「笛卡兒主義」，更確切地說，對於「現象學的還原」——對此我已經用這種對於笛卡兒的懸擱的論述做了準備——的樸素的反對意見，也是由此而來的。這樣一種幾乎是無法根除的樸素性，還造成了以下情況，即在數百年之間，幾乎沒有一個人，對從自我和它的思想生活出發推論到「外界」的可能性之「不言而喻性」提出異議，而且實際上沒有向自己提出這樣的問題：對於這樣一種自我學的存在領域來說，「外界」究竟是否有意義。這種情況當然就使這個自我變成悖理的東西，變成一切謎之中最大的謎。但是也許有許多東西，而對於哲學來說也許甚至是全部東西，都取決於這個謎。也許正是笛卡兒本人在發現這個自我時所感受到的那種震驚，對我們這些平凡的人具有重要意義，它表明，這裡預示著某種眞正重要的東西，最重要的東西，它透過種種錯誤和迷失，總有一天會作爲一切眞哲學的「阿基米德點」而顯露出來。

這種回歸到自我的新動機，一旦在歷史上出現，就立即在下面這樣一件事情上顯示出它的內在力量，即儘管有種種對於它的歪曲和掩蓋，但它開創了哲學的一個新時代，並在這一新時代中樹立了一種新的目標。

十九、笛卡兒對客觀主義的急迫關注是他誤解自己的原因。

在笛卡兒那裡，這些「沉思」是在用自己的心靈的「我」（Ich）代替自我（ego），以心理學的內在性代替自我學的內在性，以心理上的「內在的知覺」或「自身知覺」的自明性代替自我學的自身知覺這樣一種引起嚴重後果的形式中，產生效果的，並且在歷史上，直到今天還有影響。笛卡兒本人實際上相信，透過推論到超越自己心靈東西的途徑，就可以證明最終實體（以第一步推論到上帝的超越性爲中介）的二元論。同樣他還認爲，他是在解決對於他的悖理的態度具有重要意義的問題——這個問題後來又以改變了的形式在康德那裡再現，這就是：我的理性中產生的理性構成物（我自己的清晰而明確的知覺〔clarae et distinctae perceptiones〕——數學的和數學自然科學的構成物——如何能夠要求具有客觀上「眞的」有效性，形上學的超越的有效性。近代稱爲知性或理性的理論——在更確切的意義上稱爲理性批判，超越論的問題——在笛卡兒的沉思中有其意義的根源。在古代，人們不知道這一類的東西，因爲那時還不知道笛卡兒的懸擱和他的自我。因此，實際上從笛卡兒開始了一種全新的哲學研究，這種哲學研究在主觀的東西中尋找其最後根據。但是笛卡兒堅持純粹的客觀主義——儘管這種客觀主義有其主觀的根據，只有按照以下方式才有可能，即最初是在懸擱中自爲存在的，並且作爲奠定客觀科學的（或一般地說，奠定哲學的）絕對的認識基礎而起作用的心靈（mens），同時似乎又被與其他東西一起奠定爲客觀科學的，即心理學的正當的研究題目。笛卡兒沒有釐清自我——他的由於懸擱而喪失了世間性的我，在這個我的功能性思想中，世界具有其對於思維所能具有的全部存在意義——不可能在世界中作爲研究主題而出現，因爲一切世間性的東西，因此也包括我們自己的心靈存在，即一般意義上的我，正是從這種功能中吸取它們的意義的。至於以下這種考慮，他當然就更達不到了，即自我，像它在懸擱中作爲自爲存在而被揭示出來的那樣，還完全不是能在自身之外有另一個或者許多個同伴我的「一個」我。笛卡兒也沒有看到，像我與你，內在與外在等所有這樣的區分，只有在絕對的自我中才能「構成」。因此就可以理解，爲什麼笛卡兒在其匆匆忙忙地將客觀主義和精密科學作爲滿足形上學的絕對的認識的學問來論證時，沒有爲自己提出系統地研究純粹的自我——始終一貫地停留在懸擱之中的純粹的自我——的任務，即詢問在活動方面、在能力方面它所固有的東西，以及在這些方面作爲意向成就而完成的東西。因爲他沒有在這裡停下來進行研究，所以他就沒有能看到這樣一個重大的難題：從作爲在自我中的「現象」的世界出發，系統地回溯世界是在自我的哪些能夠實際指明的內在成就中，獲得其存在的意義的。很顯然，在笛卡兒看來，關於作爲心靈（mens）的自我的分析論，是未來客觀心理學的任務。

二十、笛卡兒那裡的「意向性」。[9]

因此，笛卡兒的最初幾個奠定基礎的「沉思」實際上是心理學的一部分，但是其中仍然有一個因素被作爲最重要的（雖然是仍然完全沒有展開的）因素明確地強調出來，即意向性，它構成自我學的生命之本質。意向性，換一種說法，就是「思維活動」，例如在進行體驗、思想、感覺時、意識到某物等等；因爲每一個思維活動都有它的所思對象。每一種思維活動，從最廣義上說，都是一種以爲，因此對於每一個思維活動，都有某種確信的樣式屬於它——絕對的確信、猜測、認爲可能、懷疑等等。與此相關聯，存在有證明與否證，或更確切地說，眞與假之間的區分。我們已經看到，以「意向性」爲標題的這個問題本身，不可分割地包含著知性或理性的問題。當然笛卡兒實際上根本沒有提出和討論意向性這個題目。另一方面，笛卡兒所謂的從自我出發完滿地奠定的新的普遍哲學，也應該說成是一種「認識論」，即一種關於自我如何在它的理性的意向性中（透過理性活動）完成客觀的認識的理論。當然，在笛卡兒那裡這就意味著：以形上學的方式超越自我的認識。

9　參看附錄九。

二十一、笛卡兒是理性主義和經驗主義兩條發展路線的起點。[10]

如果我們現在追尋從笛卡兒開始的發展路線，那麼其中的一條路線，即「理性主義的路線」，是經過馬勒伯朗士、斯賓諾莎、萊布尼茲和沃爾夫學派，直到康德這個轉捩點。在這條路線中，新的理性主義精神（笛卡兒在理性主義中培養起來的那種精神）繼續生氣勃勃地發揮著作用，並且發展成爲一些宏大的思想體系。因此，在這裡是這樣一種信念占支配地位，即按照「具有幾何學樣式」（mos geometricus）的方法，就能夠實現有關世界（它被視爲是超越的「自在」）的絕對奠立的普遍的認識。英國經驗主義正是反對這種信念、反對新科學的這樣一種能夠延伸到「超越的東西」的效力，最後甚至反對這種超越的東西本身，雖然它同樣也受到笛卡兒的強大影響。但這是與古代懷疑論反對當時所有合理的哲學體系性質相似的反應。這種新的懷疑論的經驗主義從霍布斯就已經開始了。但是最使我們感興趣的，是由於經驗主義在心理學和認識論中的巨大影響而產生的洛克對於知性的批判，以及它隨後在巴克萊和休謨那裡的繼續發展。這一條發展路線是特別重要的，因爲它是以下這個歷史進程中的重要部分，在這個歷史進程中，笛卡兒的被從心理學上歪曲了的超越論（如果我們現在可以這樣稱呼他的轉向自我的獨創性思想的話）力圖透過展示它的結論，最終意識到

10 參看附錄十。

它的根據不足，並且由此出發，達到一種更能意識到自己眞正意義的更純眞的超越論。在這裡首要的，並且從歷史上說最重要的事情，就是使（具有感覺論的—自然主義的特徵的）經驗主義的心理學，作爲一種令人難以忍受的悖理的東西自我暴露出來。

二十二、洛克的自然主義的—認識論的心理學。

正如我們所知道的，由於分離出純粹自然科學而作爲相關的東西所要求的新的心理學，正是在經驗主義的發展中，得到最初的具體實現。因此這種新心理學是對現在已與身體分離的心靈領域的內在的心理學研究和生理學的以及心理物理學的說明。另一方面，這種心理學服務於與笛卡兒的認識論比起來是全新的，並且是非常精緻地形成的認識論。在洛克的巨著中，這從一開始就是眞正的目的。這個目的表現爲一種新的嘗試，即完成那正是笛卡兒的《沉思錄》所想要完成的事情：從認識論上論證客觀科學的客觀性。這種目的的懷疑論態度，從一開始就在對下面這樣一些問題的詢問中表現出來了，如人的認識的範圍，有效距離，和可靠性程度。洛克對於笛卡兒的懸擱以及向自我還原的深刻意義毫無察覺。他簡單地將自我當作心靈接受過來，這個心靈正是以自身體驗的自明性認識自己內在的狀態、活動和能力。只有內在的自身體驗所表明的東西，只有我們自己的「觀念」，是直接地自明地呈現的。所有外部世界的東西都是推論出來的。

因此，首要的事情是純粹基於內在體驗的內在的心理學分析，但是在這裡完全是樸素地使用了其他人的經驗，以及關於自身體驗是屬於我的體驗，屬於眾人中的一個人的體驗的理解，因此是運用了向他人推論的客觀有效性。不管這整個研究總的來說是如何作爲客觀的心理學研究進行的，甚至還求助於生理學的東西，然而整個這種客觀性卻是靠不住的。

笛卡兒的本來的問題，即自我學上的（被當作內在心理學解釋的）有效性的超越的問題，在這裡包括一切有關外部世界的推論方式，即關於那些本身是在被包封著的心靈中的「思維活動」，如何能夠爲心靈之外的存在提供根據的問題，在洛克那裡消除了，或者變成了實在的有效性的體驗以及有關屬於這些體驗的能力如何在心理學上發生的問題。感覺材料當排除其產生過程的任意性時，就是由外界而來的影響，就表達外部世界的物體，這對於洛克是不成問題的，而且是不言而喻的事情。

以下這種情況對於後來的心理學和認識論產生了極其嚴重的後果，即洛克沒有採用笛卡兒最早引入的將思維當作對於所思對象的思維的解說，也就是說，沒有採用意向性，他沒有認識到意向性是研究的主題（甚至是基礎研究的最本眞的主題）。他沒有看到這整個的區別。心靈本身如同物體一樣是一種自身封閉的實在；心靈被以樸素的自然主義的方式理解爲好像是一個孤立的空間，按照他著名的比喻，就如同一塊書寫板，在那上面心靈的材料出現又消失。這種材料感覺論和有關外感覺和內感覺的學說，支配心理學和認識論達數世紀之久，甚至一直到今天；儘管有通常的反對「心理原子論」的鬥爭，它的根本意義並沒有改變。當然，即使在洛克那裡，也有「關於」事物的知覺，感覺，表象，或相信「某事」、意願「某事」等等說法，而且完全不可避免這種說法。但是他對於下面這個事實卻置之不顧，即在知覺中，在意識體驗本身中，就存在有在其中被意識到的東西本身，知覺就本身而言，就是對某物的知覺，例如對「這棵樹」的知覺。

在這種情況下，心靈生活（它徹頭徹尾是意識生活），我的意向生活（它具有被它所意識的對象），應該如何透過對這些對象的認識、評價等等，與這些對象打交道呢？如果不考慮意向性，如何才能對心靈生活進行認眞研究呢？在這種情況下，如何才能研究一般理性問題呢？這些問題一般而言能作爲心理學的問題研究嗎？最後，在這些心理學－認識論的問題背後，難道沒有笛卡兒觸及到但卻沒有把握住的那個笛卡兒式的懸擱的「自我」問題嗎？也許這並非是一些不重要的問題，它們爲獨立思考的讀者預先指出了方向。無論如何，它們預示了在本書以後的各部分中將成爲嚴肅問題的那些東西，或者說，預示了能作爲通往一種眞正「無先入之見地」進行研究的哲學之途徑的東西，這種哲學在問題的提出上，在方法上，在系統完成的研究工作上，都是從最根本的根據出發的。

下面這種情況也是很有興味的，即洛克在合理的科學理想方面的懷疑論，和他對這些新科學（它們應該保有它們的權利）的效力所及範圍的限制，導致一種新型的不可知論。這種不可知論，儘管又一次假定了物自體，並沒有像在古代懷疑論那裡那樣，根本否定科學的可能性。在洛克看來，我們人所具有的科學唯一依靠的是我們的表象和概念構成物，借助於這些東西，我們雖然可以推論到超越的東西，但從原則上說，我們卻不可能獲得有關自在之物本身的眞正的表象，即充分表達自在之物固有本質的表象。我們只能有關於我們自己心靈東西的充分的表象和認識。

二十三、巴克萊。——大衛·休謨的作爲虛構主義認識論的心理學：哲學與科學的「破產」。[11]

洛克的樸素性和前後矛盾，導致對他的經驗論的迅速改進，將它向一種悖理的觀念論推進，最後以澈底的荒謬而告終。基礎仍然是感覺論和一種表面上的不言而喻性，即一切認識的唯一的無可懷疑的基礎，是自身體驗和它的內在材料的領域。由此出發，**巴克萊**將在自然的體驗中顯現出來的物體的事物，還原爲它們藉以顯現出來的感覺材料本身的複合。不可能有那樣一種推論，透過它從這樣一些感覺材料不再是推論出相同的材料，而是推論出另外一些東西。它只能是一種歸納的推論，即從觀念的聯結產生的推論。自在存在的材料，即**洛克**所說的「我不知道是什麼的東西」（je ne sais quoi），乃是哲學上的虛構。另外一點也是重要的，即巴克萊在這裡將合理的自然科學的這種構成概念的方式，消解爲感覺論的認識批判。

休謨在這個方向上一直走到終點。一切有關客觀性的範疇——在科學生活中藉以思考心靈之外的客觀世界的科學的客觀性範疇，在日常生活中藉以思考心靈之外的客觀的世界的前科學的客觀性範疇，都是虛構。首先，數學概念：數、量、閉聯集、幾何圖形等等是虛

11 參看附錄十一和十二。

構的。**我們**會說，它們是對於直觀上給予的東西的方法上必然的理念化。而按照休謨的看法，它們都是虛構。並且更進一步，整個被認爲具有必然眞理的數學也同樣是虛構。這些虛構的根源，能夠從心理學上（即根據內在感覺論），即根據觀念之間聯結和關係的內在法則性，十分清楚地說明。而且即使是有關前科學世界的範疇，樸素地直觀的世界的範疇，有關物體的範疇（即被認爲存在於進行直接體驗的直觀中的持存物體的同一性），同樣還有被認爲體驗到的人格的同一性，也無非都是虛構。比方我們說，「那棵」樹在那裡，並且將它與它的變動著的顯現方式區分開來。但是從內在的和心靈的方面說，在那裡除去這些「顯現的方式」就沒有任何東西。存在著的是材料的複合，而且始終是不同的材料複合，當然都透過聯結彼此有規則地「結合起來」，有關體驗到的同一東西的錯覺也由此得到了說明。對於人格來說也是一樣：同一的「我」並不是一個材料，而是不停地變動著的一束材料。這種同一性是心理學上的虛構。屬於這一類虛構的還有因果性，即必然的繼起。內在的體驗只是表明 post hoc（一事隨另一事而發生）。propter hoc（一事由另一事而引起），即繼起的必然性，則是一種虛構和偷換。這樣在休謨的《人性論》中，世界一般，自然，由自身同一的物體構成的宇宙，由自身同一的人格構成的世界，因此還有按照其客觀眞理認識以上這些東西的客觀科學，都變成了虛構。我們必須前後一致地說，理性、認識，還有對眞價值的認識、對包括倫理理想在內的各種純粹理想的認識，所有這些都是虛構。

因此這實際上是**客觀認識的破產**。歸根到底，休謨以**唯我論**告終。因爲從一些材料到另一些材料的推論，如何能夠超出內在領域呢？當然，休謨沒有提出這個問題，至少是沒有談到，在這種情況下這個理性——休謨的理性——怎麼樣了，這個理性曾經將這種理論當作眞理確立起來，它進行了這種心靈的分析，證明了這種聯結的法則。這些以聯結的方式規整的規則，究竟是怎樣「結合」的呢？即使我們知道了這些規則，這種知識本身不又是書寫板上的材料嗎？

正如所有的懷疑論，所有的非理性主義一樣，休謨式的懷疑論也自己否定自己。休謨的天才愈是令人驚訝，沒有相應的偉大的哲學氣質與它相結合這一點就越加令人感到遺憾。這表現在，儘管休謨（在《人性論》第一卷最後一章）對於他這位前後一貫的理論哲學家所陷入的極大困境畢竟還是進行了生動的描述，但是在他的整個論述中有意悄悄地掩蓋他的悖理的結論，並且將它們解釋成無害的。休謨不是與這種悖理之處進行鬥爭、不是揭穿這種感覺論和一般心理學主義據以建立的所謂的不言而喻的東西，以便達到一種前後一致的自身理解和一種眞正的認識論；而是仍然停留在給人印象非常深刻的、慵懶的學院式的懷疑論角色中。由於這種態度，休謨成了現在仍然有影響的貧乏的實證主義之父。這種實證主義躲避哲學上的深淵，將它們草率地掩蓋起來，以實證科學的成功及其心理學主義的解釋自慰。

二十四、休謨懷疑論的悖理之處隱藏的眞正哲學動機是動搖客觀主義。

讓我們停留片刻來考察下面這個問題。爲什麼休謨的《人性論》（與它相比《人類理解研究》卻大爲遜色）是一件非常重要的歷史事件？在這裡發生了什麼事情呢？笛卡兒的無前提的澈底主義，爲了將眞正的科學認識回溯到有效性的最後源泉，並由這些最後源泉出發將它們絕對地建立起來，要求將考察指向主觀，要求回歸到處於其內在性之中的進行認識的「我」。不管人們多麼不願承認笛卡兒認識論的思想進程，卻再也無法避開這種要求的必然性了。但是笛卡兒的這種步驟能夠改善嗎？在受到懷疑論進攻之後，他要絕對地奠立新哲學的理性主義目標還能達到嗎？數學和自然科學接連不斷的大量發現，預先就有利於對此做肯定回答。因此那些透過研究或學習而參與到這些科學之中的人，預先就已經確信，它們的眞理、它們的方法，本身就具有最終效力和典範的特徵。現在經驗主義的懷疑論揭露出，在笛卡兒的基本研究中已經以未展開的形式存在的那些東西，即有關世界的全部認識，前科學的認識和科學的認識，是一個巨大的謎。當人們透過將必眞的自我解釋爲心靈，將原初的自明性理解爲「內知覺」的自明性而回溯到必眞的自我時，是很容易照笛卡兒的方法行事的。在這種情況下，還有什麼比洛克借助於white paper（白紙）示例說明被分離出來的心靈的，以及在其中內在地發生的事件的，即心靈之內生成的實在性，並因此將這實在性自然化的方式，更明白易懂呢？但是在這種情況下，能夠避免巴克萊和休謨的「觀念論」，並且最終避免具有其全部悖理之處的懷疑論嗎？這是一種多麼自相矛盾的情況呀！沒有任何東西能夠削弱迅速發展的、其本身成就不容否定的、精密科學的固有的力量，和對於精密科學眞理的信念。然而只要人們考慮到它們是進行認識的主觀所產生的意識成就，它們的自明性和明晰性就變成不可理解的悖理的東西了。在笛卡兒那裡，內在的感受性產生世界的圖像，這並不引起反感；但是在**巴克萊**那裡，這種感受性產生物體世界本身；在**休謨**那裡，這整個心靈及其「印象」與「觀念」，以及屬於它的力量（被認爲與物理力類似）和它的聯想定律（作爲引力定律的類似物），產生出整個世界，**世界本身**，而絕不只是圖像，當然，這種產物僅僅是一種虛構，一種內在的規整的，並且實際上非常模糊的表象。這對於合理科學的世界以及模糊的經驗（experientia vaga）的世界同樣都是適用的。

儘管有這種由於這些前提的特點而產生的悖理之處，但是在這裡就不可能感覺到一種隱藏的必然的眞理嗎？在這裡不是顯示出一種判斷世界的客觀性及其整個的存在意義，以及相關聯地判斷客觀科學的存在意義的**全新方式**嗎？這種全新的方式並不反對客觀科學本身的正當性，而是反對它們的哲學的和形上學的要求：即要成爲絕對眞理的要求。現在人們終於有可能並且一定會認識到這樣一個事實——這個事實在這些科學中是一直被完全置之不理的，即意識生活是具有**成就的**生活，是成就著存在意義（正確地或錯誤地）的生活；意識生活固然是作爲感性直觀的生活，但更是作爲科學的生活。笛卡兒並沒有深入思考這樣一個事實，即正如感性的世界、日常生活的世界，是感性的**思維活動**的**思維對象**一樣，科學的世界是**科學的思維活動的思維對象**。而且他也沒有注意到他所陷入的循環論證：當他證明上帝的存在時，就已經預先假定了進行超越自我的推論之**可能**性，然而這種可能性本來只有透過這種證明才能建立起來。下面這種想法他是絕不會有的，即整個世界本身可能是從以多種多樣方式流動著的思維活動的普遍綜合中產生出來的思維對象；在更高的層次上，以此爲基礎建立起來的科學的**思維活動**之理性的成就，對於科學世界可能是決定性的。但是這樣一種思想現在不是由巴克萊和休謨提出來了嗎？在這樣一種前提下，即這種經驗主義的悖理之處僅僅在於某種被信以爲眞的不言而喻性，由於這種被信以爲眞的不言而喻性，內在的理性預先就被排除了。從我們的批判描述的觀點來看，由於巴克萊和休謨將笛卡兒的根本問題復活，並加以澈底化，就使「**獨斷的**」客觀主義極大地動搖了：不僅動搖了激勵著當代人的**數學化的客觀主義**（這種客觀主義實際上將一種數學的－合理的自在歸之於世界本身，我們在我們的或多或少完善的理論中對這個自在加以摹寫，並且在某種程度上可以說是愈來愈完善地摹寫），而且動搖了在數千年間一直起支配作用的**一般客觀主義**。

二十五、理性主義中的「超越論的」動機：康德的超越論哲學構想。

眾所周知，**休謨**由於他在康德思想發展中引起的轉變，也在歷史中占有一種特殊的地位。**康德**本人在一句經常被人引用的話中曾說過，是休謨將他從他的獨斷論沉睡中喚醒，並給他在思辨哲學的領域的研究指出一種不同的方向。那麼因此康德的使命就是感受我上面說過的那種客觀主義的動搖，並且在他的超越論哲學中去解決休謨曾加以迴避的那種任務嗎？回答必然是**否定的**。這是一種新式的超越論的主觀主義，它由康德開始，並且在德國觀念論所有體系中變成一些新的形態。康德不屬於從**笛卡兒**開始經過洛克持續地產生影響的那條發展路線，他不是休謨的後繼者。他對於休謨的懷疑論的解釋，以及他對這種懷疑論的反應方式，都是由他本人的沃爾夫學派的出身決定的。由休謨的推動而引起的「思想方式革命」並不是針對經驗主義的，而是針對笛卡兒以後的理性主義思想方式的，這種思想方式的偉大的完成者是萊布尼茲，而由沃爾夫賦予它以系統的教科書式的表達，並賦予它最有效的最有說服力的形式。

最一般地理解，康德所要根除的「獨斷論」首先指的是什麼呢？儘管笛卡兒的《沉思錄》對於笛卡兒以後的哲學仍然繼續產生巨大影響，但是推動這些沉思的充滿激情的澈底主義，卻沒有傳給笛卡兒的後繼者。人們毫不躊躇地輕易就承認笛卡兒在追溯一切認識的最後來源時才想要建立的，然而卻發現是很難建立的東西——即客觀科學的，或者總的來說，作爲一種客觀的普遍科學的哲學的，絕對的形上學的正當性。或者這樣說也是一樣，即輕易承認進行認識的自我由於在它的「心靈」（mens）中發生的自明性，可以將它的理性的構成物視爲是具有超越自我的意義的自然的正當性。關於作爲自然的封閉的物體世界的新概念，與這個新概念相關聯的自然科學；與此相對應的，有關封閉的心靈的概念，以及與它相關聯的新的心理學的任務（這種任務是以數學爲典範，按照理性的方法完成的），所有這些都獲得了承認。理性的哲學在每一個方向都在制定之中，人們所關注的是各種發現，各種理論，理論推理的嚴密性，與此相應，方法中的一般問題，以及對方法的改善。因此在這裡，經常談到認識，而且是從科學的普遍性的觀點談論的。但是對認識的這種反思並不是超越論的反思，而是一種對認識實踐的反思，因此它與那種在任何其他實踐興趣領域中工作的人所進行的反思相似，這種反思是以技術論的普遍命題表現的。因此這裡涉及的是我們習慣上稱爲邏輯學的東西，雖然是在傳統的非常狹隘的界限內的邏輯學。因此，我們可以完全正確地（在一種擴展了的意義上）說，這裡所涉及的，是以獲得一種理性哲學爲目的的，**作爲**最普遍的**規範學和技術論的邏輯學**。

因此主題有兩個方向。**一方面**是指向「邏輯法則」的系統總體，指向所有眞理的理論整體，這些眞理能夠作爲一切應當能夠成爲客觀上眞的判斷的規範起作用，屬於這個方向上的，除去舊的形式邏輯以外還有算術，整個純粹分析的數學，即萊布尼茲的「普遍數學」，以及一般而言，一切純粹先驗的東西。

另一方面，主題的方向是指向對於努力追求客觀眞理的判斷者的一般考察：考察判斷者應該如何規範地運用那些規則，以使判斷藉以證明爲客觀上眞的判斷的那種自明性能夠顯示出來，同樣也考察在這個方面失敗的方式和失敗的誘因等等。

因此很顯然，在從矛盾律開始的一切廣義的「邏輯的」法則中，當然都包含有**形上學的眞理**。系統制定的有關法則的理論，本身就具有**一般存在**論的意義。這裡，在科學上所發生的事情是，僅僅運用進行認識的心靈生來固有的概念的純粹理性的活動。這些概念、這些邏輯法則，這些純粹理性的一般合法則性，都具有形上學的－客觀的眞理。這一點是「**不言而喻的**」。人們在想起笛卡兒時，偶爾也提出上帝爲保證，卻很少操心這樣的事情，即只有理性的形上學，才能證明上帝的存在。

與純粹先驗思維能力，純粹理性的能力相對的是感性的能力，是內在和外在經驗的能力。由於來自「外界」的外部經驗而受到刺激的主觀，雖然透過這種經驗而確信起刺激作用

95

的客觀，但是爲了能認識這些客觀的眞理，它需要純粹的理性，即理性在其中顯示出來的規範系統，作爲有關客觀世界一切眞正認識的「邏輯學」。這就是理性主義的觀點。

至於談到已經感受到來自經驗主義心理學影響的康德，休謨已經使他清楚看到這樣一個事實，即在純粹的理性眞理和形上學的客觀性之間仍然存在著一個不可理解的鴻溝，這就是，怎麼會正是這些理性的眞理實際上承擔關於事物的認識。即使是可作爲典範的數學自然科學的合理性就已經變成一個謎了，數學自然科學將它的事實上完全毋庸置疑的合理性，因此還有它的方法，歸功於純粹邏輯—數學理性的發揮規範作用的先驗性，這種理性的發揮規範作用的先驗性在數學自然科學的所有學科中，顯示一種毋庸置疑的純粹的合理性——所有這些都是肯定的。只要自然科學需要外部經驗，需要感性，它當然就不是純粹合理的；但是所有在其中是合理的東西，它都歸功於純粹理性及其規範作用；只有透過純粹理性及其規範作用才能有合理化了的經驗。另一方面，至於感性，人們一般認爲，它們產生純粹感性的感覺材料，正是作爲由外界刺激產生的結果。然而人們卻這樣行事，好像前科學的人的經驗世界——尚未被數學邏輯化的世界——是由純粹感性預先給定的世界。

休謨曾經指出，我們樸素地將因果性加給這個世界，以爲我們能在直觀中把握必然的結果。休謨指出的這種情況，對於所有那些使日常周圍世界中的物體成爲具有自身同一的性質、關係等等的自身同一的事物的東西，也是適合的（休謨在康德尚不知道的《人性論》中，事實上已經詳細地說明這一點了）。材料和材料複合出現又消失，被認爲是純粹感性地體驗到的事物，並不是透過這些變化仍然持存的感性的東西。因此感覺論者宣布它是虛構的東西。

我們還要說，感覺論者用純粹感覺材料取代將事物（日常的事物）呈現給我們的知覺。換句話說，他沒有看到，與純粹感覺材料有關的純粹感性並不能說明經驗對象。就是說，感覺論者沒有看到，這種經驗對象依存於一種隱蔽的精神成就，他也沒有提出這可能是一種什麼樣的精神成就的問題。這種精神成就肯定預先就是這樣一種東西，它能夠借助邏輯、數學、數學的自然科學，使前科學的經驗對象以客觀的有效性，也就是以每一個人都能承認的，並對每一個人都有約束力的必然性，成爲可以認識的。

但是康德對自己說，事物無疑是顯現出來的，但這只是由於以下這種情況，即這些感覺材料已經暗中以某種方式由先驗的形式概括在一起了，透過改變被邏輯化了，這並不求助於作爲邏輯和數學而顯示出來的理性，也沒有這種理性發揮規範功能。如果這種準邏輯的東西是一種心理學上偶然的東西，那麼當我們認爲它不存在時，數學，一般的自然的邏輯，有可能憑藉純粹感覺材料認識客觀嗎？

如果我們理解得正確，這就是康德內在的主導思想，事實上現在康德是著手以一種回溯的方法指明：如果通常的經驗眞的是有關自然對象的經驗，對這些對象的存在與不存在，以這種或那種方式存在方面的認識是具有客觀眞理的，就是說，它們是可以科學地認識的，那麼直觀顯現的世界就肯定已經是「純粹直觀」和「純粹理性」的能力的構成物，而這種能力就是在數學和邏輯學中以一種被闡明的思想表現出來的同一種能力。

換句話說，理性有兩種方式發揮功能和表現自己。一種方式是它在自由的和純粹的數學化中，在純粹數學科學的操作中，系統地自身展示，自身表露。在這裡這種方式是以仍屬於感性的「純粹直觀」的形式為前提的。這兩種能力的客觀結果就是作為理論的純粹數學。另一種方式是隱蔽地持續地發揮功能的理性的方式，不斷地將感性材料合理化，並且總是已經將感性材料合理化了的理性的方式。它的客觀結果是感性直觀的對象世界——這個對象世界是一切自然科學思想的經驗前提，即借助顯在的數學理性有意識地規範周圍世界經驗的思想的經驗前提。正如直觀的物體世界一樣，自然科學的（與此同時科學上可以認識的二元論的）一般世界，也是我們的知性的主觀構成物，只不過這些感性材料的質料是來自由「自在之物」產生的超越的刺激。自在之物原則上是（客觀的—科學的）認識所不能達到的。因為按照這種理論，人的科學，作為由「感性」和「理性」（或如康德在這裡說的，「知性」）這兩種主觀能力的相互配合而制約的成就，不能說明感性材料事實上的多樣性的起源，「原因」。客觀認識的可能性和現實性的終極前提是不能客觀地認識的。

如果說，自然科學曾經冒充是哲學的，即有關存在者的終極科學的分支，並且憑藉它的合理性，相信能夠超越認識能力的主觀性而認識自在的存在者，那麼現在對於康德來說，客觀科學作為存留於主觀性之內的成就，從他的哲學理論分離出去了。這種哲學理論作為關於必然在主觀性之內完成的成就的理論，因此作為有關客觀認識的可能性與有效範圍的理論，揭露出所謂有關自在自然的合理哲學的樸素性。

這種批判如何對於康德來說仍然是一種舊的意義上的有關存在者總體的，因此也能達到不可能合理認識的自在存在的哲學的開端，他是如何在「實踐理性批判」和「判斷力批判」這些標題下，不僅限制哲學的要求，而且還相信能夠開闢通往「科學上」不可能認識的自在存在的道路，這乃是眾所周知的。我們在這裡不必探討這些問題。我們現在感興趣的——用形式的一般性的說法是，康德在反對休謨的材料實證主義——他對休謨就是這樣理解的，制定了一種系統地建立起來的，在一種新的形式上仍然是科學的博大的哲學。在這種哲學中，笛卡兒的向意識主觀性的轉向，以超越論的主觀主義的形式發揮作用。

不管康德哲學的眞理性如何（對此我們這裡不予評價），我們不可忽略的是，康德所理解的休謨並不是眞正的休謨。

康德談到「休謨的問題」。那麼引起休謨本人關心的眞正問題是什麼呢？只要我們將休謨的懷疑論理論，將他的整個主張，還原爲他的問題，將這個問題擴展到在這個理論中並未得到充分表達的那些結論，儘管很難相信，像休謨那樣精神氣質的天才，會看不到這些未明確引出的，未從理論上進行探討的結論，我們就會發現休謨眞正關心的問題。只要我們這樣做了，我們就會發現它不外就是這樣一個普遍的問題：

如何能夠使我們生活於其中的這種對世界的確信——不僅是對日常世界的確信，而且還有建立在這種日常世界之上的對科學的理論構造的確信——的樸素的不言而喻性成爲可以理解的呢？

如果我們一旦從休謨的觀點（在自然方面已經是從巴克萊的觀點）出發普遍地認爲，「世界」是一種在主觀性中，並且從我們這個此時正在進行哲學思考的人的觀點說，是一種在我的主觀性中產生的有效性，並且這個世界具有其總是以之對我們有效的全部內容，那麼「客觀世界」，客觀上眞的存在，還有科學的客觀眞理，就意義和有效性來說，究竟是什麼呢？

有關「客觀性」談論的樸素性——這種樸素性完全不考慮經驗這種客觀性，認識這種客觀性實際具體成就這種客觀性的主觀性，以及研究自然的、研究一般世界的科學家的樸素性，這種科學家看不到他作爲客觀眞理而獲得的一切眞理，以及作爲他的公式的基礎的客觀世界本身（不論是日常經驗的世界，還是更高層次上的概念認識的世界），都是他在自身中生成的他自己的活動的構成物，所有這些樸素性，只要生活變成注意中心，當然就再也不可能存在了。那些嚴肅地深入探討《人性論》，並在揭露了休謨的自然主義前提後意識到他的動機之力量的人，不是肯定會得到這樣一種從樸素性中的解放嗎？

但是如何能夠理解這種將世界本身主觀化的最澈底的主觀主義呢？這是最深刻的並且是最終意義上的世界之謎。這是有關其存在是由主觀成就產生的存在的世界之謎，它是具有這樣一種自明性的世界之謎，即另外一種世界是完全不可想像的。休謨的問題正是這個謎，而不是其他別的東西。

但是我們很容易看到，有許多按照休謨的看法，包含在這個世界之謎中的前提在康德那裡是「不言而喻地」有效的，而康德從來沒有進入到這個世界之謎中。因爲他的問題恰好是完全建立在從笛卡兒經由萊布尼茲延伸到沃爾夫的理性主義基礎之上的。

我們試圖以這種方式透過最初指導並決定康德思想的合理自然科學的問題，使康德對於他的歷史環境的立場這個很難解釋的問題成爲可以理解的。我們現在特別感興趣的——暫時按照形式的普遍性來說——就是，在反對休謨的材料實證主義（它在其虛構主義中將作爲科學的哲學拋棄了）中，現在從笛卡兒以來第一次出現了一種宏大的系統地建立起來的科學哲學，這種哲學必須被稱爲超越論的主觀主義。

二十六、對於指導我們的「超越論的東西」這一概念的預備性討論。

在這裡我想立即說明以下一點，即「超越論的哲學」一詞從康德以來經常使用，而且甚至作爲其概念是遵循康德哲學類型的普遍哲學的通用名稱。我本人是在最寬泛意義上使用「超越論的」這個詞的，用它來指我前面詳細討論過的一種原初的動機。這是透過笛卡兒賦予一切近代哲學以意義的動機，並且可以說，是試圖在所有近代哲學中復甦的，試圖獲得一種眞正的純粹的任務形式並得到系統發展的動機。這是追溯到一切認識形成的最後源泉的動機，是認識者反思自身及其認識生活的動機，在認識生活中，一切對認識者有效的科學上的構成都是合目的地發生的，被作爲已獲得的東西保存下來，並且現在和將來都可以自由使用。這種動機如果澈底發揮作用，就是一種純粹由這種源泉提供根據的，因此是被最終奠立的普遍哲學的動機。這種源泉的名稱就是我自己。這個「我自己」具有我的全部現實的和可能的認識生活，最終還有我的一般具體的生活，整個超越論的問題都是圍繞著這個我的我——「自我」——對那個起初不言而喻地爲它設定的東西——我的心靈——的關係；此外又是圍繞這個我和我的意識生活對世界——我所意識到的，我在我自己的認識構成物中認識到它的眞正存在的世界——的關係。

當然，「超越論的東西」這個最一般的概念並不是能用文獻資料證明的概念；它不能由對個別體系的內在解釋和對它們加以比較而獲得。寧可說，它是一個透過深入探討整個近代哲學的統一的歷史性而得到的概念：即關於近代哲學的任務的概念，這種任務只能這樣證明，它作爲發展的動力存在於近代哲學中，並且奮力從模糊的潛力變成推動近代哲學的現實的力量。

以上只是一種初步的說明，在我們迄今的歷史分析中已經爲它做了一些準備；只是在以下的論述中我們才來證明，我們這種目的論的考察以及它的方法論功能，在最終建立一種符合其最本來意義的超越論哲學方面的正當性。對於澈底超越論的主觀主義的這種初步的說明，自然會引起驚訝和懷疑。如果這種懷疑不意味著預先決心拒絕每一種判斷，而是意味著不受約束地克制做出每一種判斷，我將會非常歡迎這種懷疑。

二十七、從我們關於「超越論的東西」的指導概念之觀點來看的康德及其後繼者的哲學。採取批判立場的任務。

如果我們再返回到康德，那麼他的體系確實也可以在以上定義的一般意義上稱爲是「超越論哲學的」體系，儘管它還遠沒有完成爲哲學，爲一切科學的總體眞正澈底地奠定基礎的工作。康德從來也沒有深入到笛卡兒基本研究的精奧之處，他也從沒有被他自己的問題所推動，到笛卡兒基本研究的精奧之處尋求最後的根據與判定。如果在以下的論述中，我如我所希望的，能成功地使人們認識到，超越論哲學愈澈底，它就愈純正，就愈能更好地完成它作爲哲學的使命，最後使人們認識到，只當哲學家終於清楚地理解他自己是作爲最初源泉而發揮作用的主觀性，一般而言，超越論的哲學才能達到它的眞正的實在的存在、達到它的眞正的實在的開端。那麼另一方面，我們就必須承認，康德的哲學正是走在通往那裡的道路上；它是符合於我們所定義的超越論哲學的形式的一般意義的。它是這樣一種哲學，這種哲學與前科學的以及科學的客觀主義相反，回溯到作爲一切客觀的意義構成和存在有效性的原初所在地的進行認識的主觀性，並試圖將存在著的世界理解爲意義的和有效性的構成物，並試圖以這種方式將一種全新的科學態度和一種全新的哲學引上軌道。事實上，如果我們不考慮像休謨的否定主義的—懷疑論的哲學，那麼康德的體系就是以崇高的科學嚴肅態度進行的眞正普遍的超越論哲學的第一個嘗試。這種哲學想要成爲一種具有只是現在才發現的、唯一眞正意義上的嚴格科學態度的嚴格科學。

我們可以預先說，與此類似的話也適用於康德的超越論在德國觀念論的一些偉大體系中的重要發展和改造。這些體系共同具有這樣一些基本信念，即客觀的科學，特別是精密的科學，不管它們怎樣由於它們理論上和實踐上的明顯成就，而認爲自己是擁有唯一眞正科學方法的場所，和將自己看成終極眞理的寶庫，嚴格說來畢竟還不是科學，還不是由最終的論證而來的認識，也就是說，不是來自最終的理論上自我辯明的認識——因此，也不是關於作爲終極眞理而存在的東西的認識。這只有超越論的主觀的方法和作爲體系而被實行的超越論的哲學才能做到。與已經在康德那裡的情形一樣，這種見解並不是說，**實證—科學方法的自明性**是錯覺，它們的成就只不過是虛假的成就而是說這種自明性本身是一個**問題**；這種見解是說，客觀的—科學的方法是建立在一種從未被詢問過的，深深地隱蔽著的**主觀**根據之上的，對於這種主觀根據的哲學闡明，將第一次揭示出實證科學成就的眞正意義，與此相關聯，也揭示出客觀世界的眞正的存在意義，而且正是作爲超越論的—主觀的存在意義揭示出來的。

現在，爲了能夠理解康德以及由他開始的超越論的觀念論的所有體系，在近代哲學的目的論的意義統一中所占的地位，並借此在我們自己對自己的理解方面繼續前進，我們必須批判地闡明康德風格的科學態度，並借此澄清康德的哲學研究中缺乏澈底精神的缺點，這個缺點已被我們克服。我們有充分理由對康德進行詳細研討，因爲他是近代歷史中重要的轉捩點。針對康德所進行的批評，將能反照過去，澄清全部以前的哲學史。也就是從全部以前的哲學要努力實現的**科學性的一般意義**方面——作爲曾一般存在於和可能存在於它們的精神地平線之中的唯一的意義——澄清全部以前的哲學史。正是透過這種方式，一種更深刻的而且是**最重要的**（比我們以前能夠定義的更重要的有關「客觀主義」的**概念**將顯露出來。因此，客觀主義與超越論對立的眞正根本意義也將顯露出來。

然而此外，對於**康德的轉折**的思想形成之更具體的批判分析，以及將康德的轉折與**笛卡兒的轉折**加以對比，以某種方式將我們自己的與之相通的思考發動起來了。這種方式逐漸地並且是自動地將我們置於**最終的轉折**和最終的決定面前。我們自己將被帶入到一種內在的轉變之中，在這種轉變中，我們將會眞正發現，並**直接體驗到**早就被感覺到，但卻總是被隱蔽了的「超越論的東西」的維度。按其無限性展現的經驗基礎，很快就變成**按一定方法進行研究的哲學**沃土；而且是以這樣一種自明性變成的，即從這個基礎出發，過去一切可以想像到的哲學的問題和科學的問題，都能提出來並加以判定。

第三部分

對於超越論問題的澄清以及與此相關聯的心理學的功能

壹、透過從預先給定的生活世界出發進行回溯而達到現象學的超越論哲學之道路[1]

二十八、康德的未言明的「前提」不言而喻地有效的生活的周圍世界。[2]

康德確信，他的哲學由於證明了占統治地位的理性主義的根據不足，而推翻了這種理性主義。康德有理由指責理性主義拋棄了那些本來應該是它的基本問題的問題，也就是說，康德有理由指責理性主義從來也沒有在科學認識之前和科學認識之中深入地研究過我們的世界意識的主觀結構。因此從來也沒有問過，這個直接地向我們人，向我們這些科學家呈現的世界，如何成為可先驗地認識的。因此，精密的自然科學如何成為可能的——對於精密的自然科學來說，純粹的數學，以及其他的純粹的先驗性，是一切客觀的對每一個有理性的人（每一個按照邏輯思考的人）都絕對有效的認識手段。

1 請參看附錄十三。

2 請參看附錄十四和十五。

但是就他這方面來說，康德並沒有認識到，他在他的哲學研究中是立足於一些未經考察的前提之上的，而且他理論中的一些確定無疑的重要發現，只是處於隱蔽的形態中，也就是說，它們並不是作爲完成了的成果存在於他的理論中。同樣，他的理論本身也不是完成了的成果，不具有最終科學性的形態。他所提供的東西要求一種新的研究，首先是一種批判的分析。一種重要發現——一種純粹是預備性的發現——的一個例子，就是按其本性來說具有雙重功能的知性，一方面是在明確的自身反思中將自己展開爲規範的法則的知性；另一方面，是潛在地發揮作用的知性，也就是作爲對總是已經形成的，並且繼續生動地生成著的意義形態這個「直觀的周圍世界」進行構成的知性而起作用的知性。這種發現，以康德理論的方式，即作爲他的純粹回溯方法的結果，是絕不能眞正得到論證的，哪怕只是充分地理解也不可能。在《純粹理性批判》第一版的「超越論的演繹」中，康德開始進行一種追溯最初來源的直接的論證，只不過立即又中斷了，沒有達到應從這種所謂心理學的方面展開的那些奠定基礎的眞正的問題。

在我們開始考察時首先要指出，康德對理性批判的問題提法有一個由共同決定著他的問題之意義的所有前提構成的未經考察的基礎。康德賦予其眞理和方法以現實的有效性的所有科學成了問題，因此，科學與之相關聯的存在領域本身也成了問題。它們成了問題是由於同時考慮對進行認識的主觀性的某些提問，這些提問只有借助有關能以超越論的方式形成的主觀性的理論，有關感性與知性等等的超越論的成就的理論，在最高層次上是有關「超越論的統覺」之自我的功能的理論，才能獲得其答案。數學自然科學的以及作爲它們的邏輯方法的純粹數學（在我們的擴展了的意義上）的變成難解之謎的成就，借助這些理論應當成爲可以理解的，但是這些理論也導致對於作爲可能經驗的和可能認識的世界的自然之眞正的存在意義的革命性重新解釋，與此相關聯，也導致對有關的所有科學之本來的眞理意義的重新解釋。

當然，由於康德的問題提法，我們大家（包括我這個現在進行哲學思考的人）有意識地生活於其中的這個日常生活的周圍世界，預先就被假定爲存在著的；同樣，作爲這個世界中的文化事態的所有科學，以及它們的科學家和理論，也預先被假定爲存在著的。從生活世界的意義上說，我們是這個世界所有對象中間的對象。也就是說，在一切科學上的確認之前，不論是生理學上的、心理學上的、社會學上等等的確認之前，我們就是直接的經驗上的確實性，在這裡那裡存在著的對象。另一方面，對於這個世界來說，我們又是主觀。即作爲經驗它、思考它、評價它、有目的地與它發生關係的自我—主觀。對於自我—主觀來說，這個周圍世界只具有我們的經驗、我們的思考、我們的評價等等各自賦予它的存在意義，而且是以我們這些有效性的主觀在這裡實際完成的有效性的形式（存在的確實性的、可能性的，或者假象的形式）具有存在意義的。或者更確切地說，是以作爲習慣的獲得物從很早以來我們就具有的，並且作爲我們可以隨意再次實現的如此這般內容的有效性，在我們內心中所包含的那種有效性的形式而具有存在意義的。當然，所有這些都經歷了多種多樣的變化，而「這個」世界作爲統一地存在著的、只不過在內容方面進行了修改的世界，仍保持著自身。

顯然，被知覺對象的內容變化，作爲在它身上被知覺到的變化或運動，以一種自明性與顯現方式的變化（例如，遠近配置的變化、近的和遠的顯現的變化）區分開，在顯現方式的變化中，這樣的對象呈現爲自身現前的。我們是在我們的觀點的改變中看出這一點的。如果我們的目光直接地指向對象以及它所特有的東西，我們的目光就透過這些顯現而達到在其連續的統一中連續顯現的東西——即處於具有「自身現前」樣式的存在的有效性之中的對象。如果從反思的觀點來看，我們所有的就不是一，而是多；現在，顯現的過程本身而不是在其中所顯現的東西成了主題。知覺是直觀的原初樣式；它以最原初的狀態呈現出來，也就是說，以自身現前的樣式呈現出來。此外我們還有其他的直觀樣式，它們本身在意識上具有這種「本身在這裡」自身現前的各種變形的特性。它們是再現、是現前化的變形；它們使我們意識到時間的樣式，例如，不是現在本身在這裡的東西，而是過去本身在這裡的東西，或將來的東西，即將來本身在這裡的東西。進行再現的直觀「重現」——以某種它固有的變形——對象藉以在知覺上呈現的一切顯現的多樣性。例如進行重新回憶的直觀，當它以在回憶中改變了的形式，重複按遠近法所進行的規整和其他顯現方式時，就將對象顯示爲曾經本身在這裡的東西。現在它被意識到是過去進行的遠近法規整，是在我的以前的存在有效性中進行的過去的某物在主觀上「呈現」的過程。

我們現在可以在這裡來闡明感性世界，感性直觀的世界，感性上顯現的世界這些說法的非常有限的正當性。在具有自然興趣的生活（純粹保持在生活世界中的生活）之一切證明中，向「感性地」經驗著的直觀回歸起著突出的作用。因爲在生活世界中，作爲具體事物而呈現的一切東西，顯然都具有物體性，即使它並不是一種單純的物體，例如一個動物或一種文化客體，因此，即使它具有心理的或其他任何精神的特徵。如果我們現在僅僅注意事物的物體的方面，那麼它顯然就只是在看、觸、聽等等活動中在知覺上的呈現。因此就是在視覺、觸覺、聽覺等等方面的呈現。在這裡當然地而且是不可避免地，會有我們的在知覺領域中絕不會不在的身體參與進來，而且是借助它的相應的「感覺器官」（眼、手、耳等等）參與進來的。它們在這裡是持續地有意識地起作用的，而且它們在視、聽等活動中與屬於它們的自我的運動性，即所謂運動感覺，一起發揮功能。一切運動感覺，每一個「我活動」、「我做」，都相互結合成一個普遍的統一，在這裡，運動感覺上保持靜止乃是這種「我做」的一種樣式。很顯然，總是在知覺中顯現的物體之各方面的呈現與運動感覺並不是彼此並列的過程，寧可說兩者是按下邊的方式共同發揮作用，即各方面作爲物體的各方面具有存在的意義和有效性，只是由於這樣一個事實，即這些各方面作爲運動感覺的各方面，即運動感覺的總體狀況的所有方面，在每一次透過發動這個或那個特殊運動感覺而引起的總體運動感覺的活躍的變化中，被連續地要求，並且相應地滿足這些要求。

因此，感性，即我使身體，或身體器官能動地發揮的功能，從本質上就屬於一切物體的經驗。物體的經驗並不是作爲單純物體顯現的過程在意識中進行的，就彷彿物體的顯現本身僅透過自身以及它們的融合，就是物體的顯現那樣。相反，它在意識中成爲物體的顯現，只是由於與作爲運動感覺而起作用的身體性相結合，或者說，與在這裡以一種固有的活動性和習慣性起作用的自我相結合。身體永遠以完全是唯一的方式，完全是直接地處於知覺領域之中，處於一種完全是唯一的存在意義中，即正是處於用「器官」（在這裡是在它的原初的意義上使用的）這個詞表示的存在意義之中的，因爲在這裡我作爲有感受和有行動的我，以一種獨一無二的方式完全直接地存在著，在其中我完全直接地透過運動感覺進行支配——我被分解爲一些特殊的器官，在其中我以與它們相對應的運動感覺進行支配，或可能支配。這種運動感覺的支配（它在這裡顯示爲在對於物體的一切知覺中發揮功能的活動，即可以有意識地自由處理的人們熟悉的整個運動感覺的系統）在當時的運動感覺狀態中實現，總是與物體的顯現狀態，即知覺領域的狀態結合在一起的。屬於物體的所有運動感覺以一種特有的方式與該物體在其中能作爲這同一個物體而被知覺的顯現的多樣性相對應，爲使這些顯現能最終成爲這個物體的顯現，將這個物體在自身中作爲這個在其所有性質中呈現出來的物體，在將這些運動感覺發動起來時，必然有相應地被同時要求的顯現發生。

這樣，純粹根據知覺，就將物體與身體從本質上區別開；因爲身體作爲唯一現實地在知覺上給予的身體，是我的身體。在其中我的身體仍然獲得其他物體中的一個物體的有效性存在的那種意識，是如何成立的，另一方面，我的知覺領域中的某些物體，如何被認爲是身體，「他人的」自我—主觀的身體，這些就是現在不可避免的問題。

在這種反思中，我們將自己限於對事物的知覺意識，限於自己對於它們的知覺，限於我們的知覺領域。但是在這裡唯有我的身體，而絕不是他人的身體——在其身體性中——能被知覺，他人的身體只是作爲物體被知覺。在我的知覺領域中，我發現我作爲自我，借助我的器官，並且一般而言，借助在我的自我活動和能力中屬於作爲自我的我的一切東西進行支配。雖然當生活世界中的對象顯示它們自己固有的存在時，必然是作爲物體性顯示出來的，但這並不意味著，它們僅僅是將自己顯示爲物體的；同樣，我們雖然總是透過身體與一切爲我們而存在的對象發生關聯，但我們並不僅僅是透過身體與它們發生關聯。因此，如果是知覺領域中的對象，我們就也同時以知覺的方式存在於這個領域中，透過改變，同樣也存在於每一個直觀的領域，此外甚至存在於每一個非直觀的領域，因爲我們當然有能力爲我們自己「表象」每一種非直觀地浮現在我們眼前的東西（只不過有時我們在這裡暫時地受到妨礙）。顯然，「透過身體」發生關聯並不意味著僅僅「作爲物體」發生關聯；相反這種說法所指的是上述那些運動感覺的東西，是指以這種特有的方式作爲自我發揮的功能，首先是透過看、聽等等發揮的功能；當然，屬於它的還有自我的其他樣式（例如，舉、提、推等等）。

但是，身體的自我性當然並不是唯一的自我性，而且它的每一種方式都不能與每一種其他方式分開；它們透過全部的變化構成一種統一體。因此我們是透過身體，但並不僅僅是透過身體，具體地作爲完滿的自我—主觀，就是說，任何時候都是作爲完滿的「我這個人」存在於知覺領域中等等，而且不管我們多麼寬泛地理解，也是存在於意識領域中。因此不管怎樣，我們將世界意識爲存在著的對象的普遍的地平線，意識爲統一的宇宙，我們，每一個「我這個人」以及我們大家，作爲共同生活於這個世界上的人，正是屬於這個世界；這個世界正是由於這種「共同生活」而是我們的世界，是在意識上爲我們存在的有效的世界。我們作爲生活於對世界的清醒意識之中的人，在被動地具有的世界之上，經常是能動的，我們從那裡，即從在意識中預先給定的對象，受到刺激；根據我們的興趣，我們轉向這個或那個對象；我們以各種不同的方式能動地與它們打交道；它們在我們的活動中成了「主題的」對象。例如我們可以舉出透過觀察來說明知覺上顯現的東西的性質；或者是我們的概括的、關聯的、能動地辨認和區分的活動；或者還有我們的能動的評價，我們對計畫的擬定，我們採取行動實現所計畫的途徑與目標。

我們作爲活動的主觀（自我—主觀）被指向處於原初被指的東西的；二次被指的東西的，此外或許還有附帶被指的東西的樣式中的主題對象。在這種與對象打交道當中，活動本身並不是主題。但是我們能夠在事後對我們自己和我們當時的活動進行反思，它們現在在一種新的生動的功能活動（這種新的功能活動現在並不是主題）中成了主題和對象。

因此，這種對於世界的意識是處於經常的運動中；世界總是透過某種對象的內容在各種不同方式的變動中（直觀地、非直觀地、確定地、不確定地）被意識到的，但是也是在刺激與活動的變動之中被意識到的，即以這樣的方式，即總是存在著刺激作用的總體領域，在其中產生刺激的對象有時是主題的，有時不是主題的；但是在這當中我們自己（我們總是不可避免地屬於刺激的領域）總是作爲活動—主觀發揮功能，只是偶爾作爲對我們自己進行研究時的對象，而成爲主題的、對象的。

顯然，上述情況不僅適合於我，這個總是個別的我，而且處於共同生活中的我們具有以這種共同的方式預先給定的世界，作爲對我們有效存在的世界，我們還共同地屬於這個世界，屬於這個我們大家的世界，作爲在這種存在意義上預先給定的世界。當在清醒的生活中不斷地發揮功能時，我們也是共同地發揮功能，以多種多樣的方式共同地觀察預先一起給定

111

的對象，共同地思考，共同地評價、計畫和行動。因此在這裡也有這樣一種主題的變換，總是以某種方式發揮功能的我們—主觀性成了主題和對象，在這裡，我們主觀性藉以發揮功能的活動也成了主題，雖然總是有一種未成爲主題的殘餘，它可以說是處於匿名之中，即作爲對這個主題範圍起作用的反思。[3]

如果我們特別觀察作爲科學家的我們自己——我們在這裡實際上就是作爲科學家出現的，那麼與我們作爲科學家的特殊存在方式相對應的，就是我們以科學的思想方式，即就有關自然或精神世界提出問題並從理論上回答問題的方式，現實地發揮的功能。而這種自然和精神世界，首先不外就是生活世界的這個或那個方面，即預先經驗到的，或是以其他任何方式前科學地或科學地意識到的，並且是已經有效的生活世界的這個或那個方面。在這裡共同發揮功能的還有其他科學家，他們和我們透過理論聯結起來，獲得並具有一些相同的眞理，或者透過將所實行的活動聯合起來，與我們共同進行批判的討論，以達到一種批判的一

3 當然，所有的活動，因此還有這種反思的活動，都產生出它們的一般獲得物。在觀察中我們獲得了一般的認識，熟悉了具有其我們以前不知道的性質的、對於我們存在著的對象——同樣透過對自我的觀察也獲得對自我的認識。在對我們自己的評價中，以及針對我們自己和別人的計畫和行爲中，我們同樣也獲得了對自己的評價，以及針對我們自己的目的作爲我們習慣地保持的有效性。但是所有一般的知識，所有一般的價值的有效性和目的，作爲透過我們的活動被獲得的，同時被保持的、作爲自我—主觀的、作爲人格的我們自己的特性，是可以在反思的態度中作爲形成我們固有存在的東西而被發現的。

致。另一方面，我們對於別人和別人對於我們可能是單純的對象，我們不是共同地處於現實發生的共同理論關心的統一之中，而是能夠透過觀察而彼此了解。我們注意到作爲客觀事實的他人的思想活動、經驗活動，也許還有其他的活動，但是對這些活動並「不感興趣」，並沒有參與實行這些活動，沒有批判地贊成它們或反對它們。

當然，所有這些都是最明顯不過的事情。我們必須談論諸如此類的東西，而且是如此煩冗地談論嗎？在生活中當然不必。但是作爲哲學家也不需要嗎？這裡沒有呈現出某種存在的有效性的領域嗎？而且是一種始終準備好的、可應用的，但卻從未被詢問過的存在有效性的無限領域嗎？而這種存在的有效性不就是科學思想以及最高層次上的哲學思想的持久前提嗎？然而這裡似乎不會涉及也不可能涉及能將這些存在的有效性應用到它們的客觀眞理之中的問題。

世界存在著，總是預先就存在著，一種觀點（不論是經驗的觀點還是其他的觀點）的任何修正，是以已經存在著的世界爲前提的，也就是說，是以在當時毋庸置疑地存在著的有效東西的地平線——在其中有某種熟悉的東西和無疑是確定的東西；那種可能被貶低爲無意義的東西是與此相矛盾的——爲前提的，這個事實的不言而喻性先於一切科學思想和一切哲學的提問。客觀的科學也只有在這種由前科學的生活而來的永遠是預先存在的世界的基礎上才能提出問題。如同一切實踐一樣，客觀的科學以這個世界的存在爲前提，但是客觀的科學向自己提出這樣一個目標，即將存在範圍和確實性方面都不完善的前科學的知識轉變爲完善的知識。這種轉變是按照一種當然是處於無限之中的相關東西的理念，即關於本身是牢固而確定地存在著的世界的理念，和關於述謂式地解釋這個世界的，所有理想的科學的眞理（「眞理自身」）的理念。以系統的程序，用一種能持續不斷前進的方法，達到這個目標，這就是任務所在。

對於生活於其周圍世界中的人來說，存在有多種多樣的實踐方式，在其中有一種特殊的歷史上較晚的實踐，即理論實踐。理論實踐有其固有的專業的方法。它是一種理論的技巧，是發現和獲得具有某種前科學的生活所不熟悉的新的理念的意義的眞理的技巧，而這種理念的意義就是某種「最終的有效性」、普遍的有效性。

這樣，我們又一次對「不言而喻的東西」做了一些附帶說明，但是這一次是爲了闡明，在所有這些多種多樣的預先有效性方面，也即哲學家的「前提條件」方面，出現了在一種新的、很快就成爲最令人迷惑不解的維度上的存在問題。這同樣也是關於存在著的，經常是直觀上預先給定的世界的問題；但不是那種被稱爲客觀科學的專業實踐和技術的問題，不是論證和擴展有關這個周圍世界的客觀科學眞理領域的技術問題，而是這樣的問題，即那種對象，前科學上眞的對象，然後是科學上眞的對象，對一切主觀東西——這種主觀東西到處都在預先存在的不言而喻性中產生作用——處於什麼關係中。

二十九、生活世界可以被闡明爲仍然是「匿名的」主觀現象之領域。[4]

114

只要我們在隨同康德一起進行哲學思考時，不是從他開始的地方並沿著他的道路前進，而是回過頭來追問這些不言而喻的東西（康德的思想與任何人的思想一樣，都是將這種不言而喻的東西當作毫無疑問地準備好了的不言而喻的東西來運用的），只要我們意識到這些不言而喻的東西是「前提條件」，並認爲它們是值得給以特殊的普遍的和理論的關心的，一個新的維度的無限多愈來愈新的現象，就會向我們展示出來，不斷地使我們感到驚訝。只不過這些現象是透過對那些不言而喻的東西之意義的內涵和有效性的內涵進行堅持不懈的探究才顯露出來的；說無限多的現象，是因爲在連續不斷的探究中顯示出，每一個在這種意義上的闡明中所達到的現象本身，首先是在生活世界中作爲不言而喻的東西的存在而給定的現象本身，已經包含有意義的內涵和有效性的內涵，對它們的解釋重又導致新的現象等等。這些現象完全是純粹主觀的現象，但絕不是感覺材料的心理物理過程這種意義上的單純事實，相反它們是精神過程，作爲這樣一種過程，它們以本質的必然性行使構造意義的形態的功能。但它們總是用精神的「材料」構造意義形態的，而這些精神材料本身又總是一再地以本質必然

4 參看附錄十六。

性表明是精神形態，是被構造的；正如一切新形成的形態都能變成材料，即能爲形態的形成而起作用一樣。

沒有一種客觀的科學，沒有一種的確想成爲有關主觀東西的心理學，沒有一種哲學，曾經將這種主觀東西的領域當成主題，並因而眞正發現這個主觀領域。即使康德哲學也沒有做到這一點，儘管它確實想追溯客觀上可經驗的和可認識的世界可能性的主觀條件。這是一個完全自身封閉的主觀東西之領域，以它自己的方式存在，在一切經驗中、一切思想中、一切生活中發揮功能，因此到處都是不可代替地存在著，然而卻從來沒有被考慮，從來沒有被把握和理解。

如果哲學讓這個領域保持它的「匿名狀態」，它能夠實現它作爲普遍的，進行最終奠立的科學之原初建立的意義嗎？哲學能做到這一點嗎？任何一種想成爲哲學一個分支的科學，因此也就是那種不能容許在自身中有沒有任何人知道、沒有任何人從科學上考察過、沒有任何人透過認識把握住的前提，即存在者的根本領域的科學，能做到這點嗎？我曾稱這種一般科學爲哲學的分支，然而在那裡有一種非常流行的確信，即認爲客觀的科學、實證的科學，是獨立的，由於它們的被認爲是得到充分論證的，因此可作爲典範的方法，而是自滿自足的。但是貫穿於整個哲學史的一切體系的嘗試之中的目的論的統一意義，最終不是能夠顯露出這樣一種洞察嗎？即一般科學只有作爲普遍的哲學才有可能，而且這種普遍的哲學在一切科學之中確實是一種獨特的科學，它只有作爲一切知識的整體才有可能。而這不就意味著，它們全都是建立於一種唯一的基礎之上嗎？建立於一種首先應從科學上加以考察的基礎之上嗎？而且，我們補充一句，這種基礎除非正是那個匿名的主觀性還能是別的東西嗎？但是只有在以下情況下，人們才有可能並且現在才能夠洞察到這一點，即只當人們最終地並且十分嚴肅地詢問被一切思想，及其貫穿於一切目的和成就之中的一切生活活動，當作前提的那種不言而喻的東西，只當人們堅持不懈地詢問它們的存在的意義和有效性的意義，領會到這種貫穿於一切精神成就之中的意義關聯和有效性的關聯之牢不可破的統一時。這首先涉及到我們人在這個世界上從個別人格的立場上作爲文化成就所實現的一切精神成就。在所有這些成就之前總是已經有一種普遍的成就先行發生，一切人類的實踐、一切前科學的和科學的生活都已經將它作爲前提，它們將這種普遍成就的精神獲得物當作永久的基礎，而所有它們自己的獲得物都能夠匯入到這個基礎之中。我們將學會了解，這個在給予方式的不斷變化中永遠爲我們存在著的世界，是一種普遍的精神獲得物，它在作爲這樣的東西生成的同時，作爲精神形態的統一，作爲義意構成物——作爲普遍的最終發揮功能的主觀性的構成物——繼續發展。這裡本質上屬於這種構成世界的成就的，就有主觀性將自己本身客觀化爲人的主觀性，客觀化爲世界中的組成部分。對於世界的一切客觀的考察都是在「外部」進行的考察，而且只能把握「外在性的東西」、「客觀性的東西」。對於世界的澈底的考察，是對於自己本身在外部「表現出來的」主觀性的系統的純粹內在的考察。這正如在一個活的有機體的統一中一樣，對於這個有機體我們當然可以從外部觀察和分析，但是只當我們追溯到它的隱蔽的根源，並且按照其全部成就，系統地考察這個在其中並且從其中向上發展的，由內部形成的生活時，才能理解它。但是這種說明僅僅是一種比喻嗎？難道我們人的存在，以及屬於它的意識生活，連同它的最深刻的世界問題，最終不就是有關生動的內在存在和外在表現的一切問題都得到解決的場所嗎？

三十、缺少直觀顯示方法是康德的虛構的體系之原因。

人們抱怨康德哲學晦澀難懂，抱怨他的回溯方法的自明性、他的超越論的主觀的「能力」、「功能」、「形式化」的不可理解，抱怨很難理解，超越論的主觀性究竟是什麼，它的功能、它的成就是如何完成的，一切客觀科學是如何由此而成爲可以理解的。事實上康德陷入一種他特有的虛構的說法，它的字面意義雖然是指主觀的東西，但指的是一種主觀東西的方式，這種方式從原則上說是我們不能直觀地爲我們引起的，不論是透過事實的實例，還是透過眞正的類比。如果我們試圖借助於這些詞所指的可直觀上兌現的意義這樣做，那麼我們就處於人的個人的、心靈的、心理的領域。但是在這種情況下，我們會想起康德的內感覺的學說，按照這種學說，一切能以內部經驗的自明性顯示的東西，都已經由一種超越論的功能，即時間化的功能形成了。但是如果我們不能爲「內知覺」提供一種不同於心理學意義的意義，如果它不是最終提供經驗基礎（就如同笛卡兒的「我思」那樣的基礎）的眞正必眞的意義，並且提供上述經驗基礎的經驗不是康德的科學的經驗，也不是具有在科學意義上（比如物理學意義上）的客觀存在的確實性的經驗，而是一種作爲普遍基礎的眞正必眞的確實性的經驗，這種普遍基礎最終能夠表明是一切科學客觀性的絕對必眞的和最終的基礎，並且能使科學的客觀性成爲可以理解的，如果是這樣，我們如何能夠達到有關超越論的主觀的東西——由於它，作爲客觀的「顯現」的科學上眞的世界才得以構成——的概念的清晰理解呢？一切最終的認識概念的源泉一定就在這裡，一切客觀世界藉以成爲可在科學上理解的本質的普遍的洞察之源泉，絕對自足的哲學可藉以達到系統的發展的本質的普遍的洞察之源泉，一定就在這裡。

也許一種更深刻的分析會揭示出，雖然康德反對經驗主義，但是在他有關心靈的解釋和心理學任務範圍的解釋上仍然依賴於這種經驗主義。對於他來說，心靈是自然化了的心靈，被認爲是處於自然的時間中，處於空間—時間中的心理—物理的人的構成要素。在這裡超越論的主觀當然不可能是心靈的東西。但是難道眞正必眞的內知覺（還原爲這種眞正必眞的東西的自我知覺）能夠與那種自然化了的心靈的自我知覺，與「書寫板」及其材料的自明性，甚至是作爲按本性歸屬於「書寫板」的各種力量的「書寫板」的各種能力的自明性視爲是同一個東西嗎？因爲他是按照這種經驗主義的，心理學的意義理解這種內知覺的，並且因爲他由於受到休謨懷疑論的警告，把任何求助於心理學都視爲對於眞正知性問題的悖理的顚倒，並加以迴避，他陷入了他自己的虛構的概念構成活動之中了。他不許他的讀者將他的回溯方法的結果改變爲直觀的概念、不許從原初的純粹自明的直觀出發，經過眞正自明的逐個步驟而前行，一步一步地構造理論的任何嘗試。因此他的超越論概念有一種完全是固有的不明確性，就是說，這種不明確性由於一些根本的原因，絕不能轉變成明確的、絕不能轉變成一種能達到直接的自明性的意義構成。

如果康德不是作爲他那個時代的人物，完全受他那個時代的自然主義心理學（作爲對自然科學的模仿和自然科學的類似物）的束縛，而是眞正把握住了先驗認識的問題，以及先驗認識對於合理的客觀的認識的方法論功能的問題，那麼全部概念的和問題提法的明確性方面的情況就會完全不同。爲此需要一種與康德的回溯方法根本不同的回溯方法（康德的回溯方法是建立在那些不加懷疑地被認爲是不言而喻的東西之上的），不是以虛構地構成的方式進行推論的方法，而完全是直觀地闡明的方法，從它的開端上以及在它所闡明的一切東西上都是直觀的方法。儘管在這裡直觀性的概念與康德的概念相比肯定經歷了很大的擴展，儘管在這裡從一種新的態度出發的直觀完全失去了通常的意義，即只具有原本自身呈現的一般的意義，而且恰好只是在這種新的存在領域內具有這種意義的。

現在必須十分系統地回溯追問那些不言而喻的東西，這些不言而喻的東西不僅對於康德，而且對於所有的哲學家，對於所有的科學家，都是構成他們的認識成就之緘默的，隱藏在它們更深刻的中介功能之中的基礎。另外接下來還需要系統地闡明在這個基礎中生動地發揮支配作用的，並在其中沉積了的意向性。換句話說，需要一種對於精神存在按照其絕對的最終的特徵的眞正的分析，對於在精神之中並由精神而生成的東西進行眞正的分析，即「意向的分析」。這種分析不允許占支配地位的心理學，用對於被構想爲自然的東西的心靈進行的實在的分析來代替，這種實在的分析與精神的本質是不相容的。[5]

---

5 但是一開始情況並不是這樣。對於將日常世界當作人的意識的世界來考慮的康德來說，接下來的事情就是透

三十一、康德，以及當時心理學的不充分性。不能洞察超越論的主觀性與心靈的區別。

爲了明確理解這裡具體所指的東西，爲了以這種方式闡明這整個歷史時代所特有的晦暗狀況，我們要進行一種考察。這種考察顯然屬於這個歷史過程的很晚的意義充實。

所有認識之謎的預先給定的出發點，是近代哲學按照它所特有的理性主義科學理想（這種理想系統地向它的所有專門科學延伸）發展的出發點。這種有時顯然獲得成功，有時是充滿希望地被嘗試的合理的所有專門科學發展的活力，突然受到了阻礙。在進一步發展這些科學當中的一種科學，即心理學的過程中，出現了一些謎，它們使整個的哲學成了問題。

當然，洛克的心理學——有像牛頓那樣的人的自然科學在它之前爲榜樣——在顯現的純粹主觀方面（這個方面從伽利略以來一直受到蔑視），以及一般而言，在一切來自主觀方面的對合理性的損害方面，即在概念的不明確性方面，在判斷思維的模糊性方面，在知性與理性的各種形態的能力方面，發現一種非常有趣的主題。這當然涉及完成人的心靈成就的能 119

過心理學，但是這樣一種心理學，它使對世界之意識的主觀體驗眞正如它在體驗中所呈現的那樣表達出來。如果笛卡兒關於「被思之物本身」處於萌芽狀態的提示不是被占統治地位的洛克哲學所忽視，而是被導致作爲意向心理學產生出來，這本來是可能的。

力，而正是這些心靈成就應該創造出眞正的科學，並借此創造出眞正的實踐理性生活。因此，純粹合理的認識的、邏輯的和數學的認識之本質與客觀有效性問題，自然科學和形上學認識的特性，都屬於這個範圍。如果這樣一般地來看，這難道不是眞正被要求的東西嗎？洛克將科學視爲是心靈的成就（儘管他也將他的目光過多地對準在個別心靈中發生的東西），並且到處都提出起源的問題，無疑是正確的和適當的，因爲成就確實只有從它們的有所成就的活動才能理解。當然，在洛克那裡這是很膚淺地進行、是不講究方法地雜亂無章地進行的，甚至是以自然主義的方式進行的，這種自然主義恰好導致休謨的虛構主義。

因此康德當然不得不加考慮地採用洛克的心理學。但是因此而放棄洛克式的——心理學和認識論的——問題提法中一般的東西就是正確的嗎？每一個由休謨引起的問題不是都必須首先而且是完全正確地被理解爲心理學的問題嗎？如果合理的科學成了問題、如果純粹先驗的科學要具有絕對客觀性的要求，因此要成爲關於事實的合理科學的可能的和必然的方法的這種要求成了問題，那麼首先就必須考慮到（如我們上面強調的）：一般的科學是人的成就，是自身存在於世界之中，存在於一般經驗的世界之中的人們的成就，這個成就是其他各種實踐成就當中的一種成就，它指向某種被稱爲理論東西的精神構成物。正如所有的實踐一樣，這種成就也在行爲者本人意識到的它所固有的意義上，與預先給定的經驗世界發生關聯，並且同時被編入到這個經驗世界的序列之中。因此人們會說，精神成就得以實現的難以理解性只有透過心理學的揭示才能澄清，因此它們是保持在預先給定的世界之中的。相反，如果康德在他的問題提法中以及在他的回溯方法中，雖說也當然地利用這種預先給定的世界，但與此同時又構造一種超越論的主觀性，借助它的隱蔽的超越論的功能，經驗世界按一種牢不可破的必然性而形成，那麼他就會陷入一種困境，即人的心靈（它本身屬於世界，因此與世界一起被假定爲前提）的一種特殊的特性，應該完成並且已經完成了形成這整個世界的形成活動的成就。但是只要我們將這種超越論的主觀性與心靈區分開，我們就會陷入一種無法理解的虛構之中。

三十二、康德超越論哲學中一種隱蔽眞理的可能性：一個「新的維度」的問題。「表層生活」與「深層生活」之間的對立。

如果說康德的理論畢竟還包含某種眞理，某種能夠提供眞正洞察的眞理——實際情況也正是這樣，那也只能是由於這樣一種情況，即上面提到的客觀有效認識的不可理解性能藉以獲得其解釋的這種超越論的功能，屬於一個生動的精神性維度，這個精神性維度由於一些十分自然的障礙，數千年來對於人類，甚至對於科學家們，仍然不得不是隱蔽的，然而這個維度透過一種與它相適合的闡明方法，是可以作爲具有經驗的和理論的自明性的領域在科學上達到的。這個維度數千年來一直是隱蔽的，即使它一度被人們感覺到，也從來沒有喚起人們經常的和始終不渝的理論興趣，這種情況能夠透過指出在參與到這個維度之中，和專注於構成自然正常的人的世界生活的全部興趣之意義間，存在一種獨特的對立關係而得到說明（而且實際上也會由此得到說明）。

因為在這裡一定會涉及的是在一切經驗和思想中，甚至在人的世界生活的一切活動中，做出其成就的精神功能（這是這樣一種功能，透過它，經驗世界作為存在著的事物、價值、實際的計畫、工作等等的恆常的地平線，對我們一般總是具有意義和有效性），因此，就可以清楚理解，一切客觀的科學，恰好是缺少有關這種最根本東西的知識：即缺少關於那種一般能使客觀知識的理論構成物獲得意義和有效性，由此才能使它獲得由最終根據而來的知識之尊嚴的東西的知識。

這個有關客觀科學問題的可能闡明的圖式，使我們想起亥姆霍茲的著名的有關平面生物的比喻，這些生物關於它們的平面世界僅僅是其投影的那種深維度毫無所知。人們——科學家和其他人——在他們的自然的世界生活中，透過經驗、認識、實際的計畫、行動，作為外部世界的對象領域、作為與他們有關的目的，作為手段、作為行為過程、作為最後結果能意識到的所有東西，另一方面，還有在自身反思中，作為在這裡發揮功能的精神生活而能被意識到的所有東西——所有這些都停留在這個「平面」上，這個平面（即使覺察不到）仍然只不過是一個無限豐富的深維度上的平面。但是這個比喻是普遍有效的，不論是涉及通常意義上的單純實踐生活，還是涉及理論生活，涉及科學上的經驗、思維、計畫、行為，或是科學上的經驗材料、觀念、思想目標、前提，作為結果的真理。

當然，這種說明圖式還留下一些亟待解決的問題。為什麼實證科學的發展能夠這麼長久地以極大成功的形式純粹在「表層」上出現？為什麼在要求對按一定方法取得的成就達到完全的洞察方面，這些不利之處，甚至是令人費解之處，出現得這麼晚，對於它們即使是邏輯技巧十分準確地構成也不能有任何改善？爲什麼在「直觀主義地」深化方面的新嘗試——它事實上已經涉及到較高的維度——以及由此出發進行闡明的一切努力，都未能導致一致的眞正令人信服的科學成果呢？這裡的問題並不是將目光轉向那只不過迄今被忽略了，但卻是理論經驗和經驗知識可以直接達到的領域。一切可以這樣地經驗到的東西，都是可能的實證認識的對象和領域，它們處於「表面」，處於現實的和可能的經驗（在這個詞的本來的意義上的經驗）的世界中。我們很快就會了解，這種眞正接近深層次領域的按一定方法進行的努力遇到什麼樣的——基於事物的本質的——特殊困難，這種接近深層次領域，首先是達到按其所固有的經驗方式對深層次領域的純粹自身把握的可能性；因此我們也就清楚了，在「顯在的」表層的生活與「潛在的」深層的生活之間的對立是多麼大。當然，歷史上先入之見的力量在這裡也起一種持久的作用，特別是那些從近代實證科學產生以來支配著我們大家的那些先入之見的力量。這些先入之見（它們已經深入到兒童的心靈中）的本質特徵，正在於它們是隱蔽在它們的現實地產生的效果當中。摒除先入之見這樣一種抽象的一般的意願，對先入之見本身不會有任何改變。

然而這些困難與由這種新的維度的本質，以及它們與早已熟悉的生活領域的關係的本質中產生的困難比起來是微不足道的。從模糊地顯露的需求到目的明確的計畫，從模糊地提出的問題到最初的研究課題——眞正著手進行研究的科學只是從這裡才開始——之間的路程比任何地方都長。研究者在任何地方都沒有如此經常地遇到從暗處顯露出來的，以早已熟悉的早就在起作用的概念形式形成的作爲悖論的二律背反，作爲邏輯上悖理的東西的邏輯幽靈。因此滑入到邏輯上的詰難與爭辯，極力誇耀自己的科學性的引誘在任何地方都沒有這樣大，然而眞正的研究基礎，即現象本身，卻永遠從視線中消失了。

如果我們現在將與康德的聯繫拋在一邊，嘗試將那些願意深入理解的人引向我實際走過的道路當中的一條道路，所有這些就將會得到證實。這條道路作爲實際上走過的道路，因此也顯示爲隨時都可以再一次走的道路；這條道路甚至在每一步驟上都可以使下面這種自明性作爲必眞的自明性繼續有效，並得到驗證：即在可一再確證的經驗和認識中的可隨意反覆進行的自明性，和可隨意繼續下去的自明性。

三十三、作爲客觀科學一般問題當中局部問題的「生活世界」問題。[6]

在簡短回顧我們以前闡述過的東西的同時，讓我們回想一下已經強調過的一件事實，即科學是人類精神的成就，它在歷史上而且對於每一個學習者來說，都是以從直觀的周圍生活世界（這個世界是作爲對所有人都共同存在的東西被預先給定的）出發爲前提；另外，這種精神成就在其運用和繼續進行中，也持續地以這個周圍世界在其每次對科學家呈現中的特殊

6 參看附錄十七。

性為前提。例如，對於物理學家來說，這個周圍世界就是他在其中看到的他的測量工具、聽到的節拍聲、觀測到的量值等等的世界，此外這個周圍世界是他知道他自己連同他的全部活動和他的全部理論思維都包括於其中的周圍世界。

當科學提出問題和回答問題時，這些問題從一開始就是而且以後必然也是以這個預先給定的世界（科學的實踐以及所有其他生活的實踐都保持在其中）為基礎，依據於這個世界的存在。在這個世界中，認識作為前科學的認識已經起一種經常性的作用，它有自己的目的，這些目的是它能夠按照它所想到的意義，並且通常總是為了使實踐生活總體上成為可能，而充分達到的。但是在希臘產生的新的人類（哲學的人類、科學的人類）認為自己有責任改造有關自然存在的「認識」與「真理」這些目的理念，並賦予這種新形式的「客觀真理」理念以更為崇高的地位，即將它看成是一切認識的規範。與此相關聯，最終產生一種在其無限性中包括一切可能認識的普遍科學的理念，即近代的獨特的指導理念。如果我們想到了這些情況，那麼對於科學的客觀有效性和全部任務的明確闡明，顯然就要求首先追溯到這種預先給定的世界。它作為「這個」世界，作為我們大家共同的世界，當然是預先給予我們大家的，而我們作為個人則是存在於我們周圍的人構成的地平線中，因此是存在於與其他人的各種實際聯繫之中的。因此正如我們詳細闡明過的，這個世界是經常有效的基礎，是一種始終準備好了的不言而喻性的源泉，我們不論是作為實踐的人還是作為科學家都可以毫無困難地利用它。

124

如果現在這種預先給定的世界變成一種獨特的主題（當然是就能在科學上加以說明的論斷而言的主題），那麼這就需要特別謹慎的預先的考察。要釐清下面這個問題並不容易，即在「生活世界」這個標題下應該提出什麼樣獨特的科學的因此是普遍的任務，這裡在多大程度上會產生某種哲學上有深遠意義的問題。即使是對於生活世界固有的存在意義（它有時被理解得較窄，有時被理解得較寬）取得初步一致意見也是很困難的。

我們在這裡藉以達到作爲科學研究主題的生活世界的方式，使這個主題呈現爲在一般客觀科學的整個主題中的一種輔助的和局部的主題。客觀科學普遍地，也就是說在它們全部特殊形態（專門的實證科學）中，就其客觀成就的可能性而言，變成了不可理解的。如果客觀科學在這樣一個方面成了問題，那麼我們就必須從它自身的運行中脫離出來，並在它之上占有一個位置，這個位置一方面能夠在述謂的思想與陳述的系統關聯中，普遍地通觀它們的理論與結果，另一方面也能夠通觀由正在從事研究，並且是共同地進行研究的科學家們所實行的活動—生活，他們設定的目標，這些目標各自的達成，和所達到的自明性。在這裡同樣也可以考慮科學家們以各種普遍的方式一再進行的，向生活世界以及它的可供支配的直觀所予的追溯，對此我們立即可以增加上科學家們所進行的，在每種情況下與生活世界直接相適合的陳述，這種陳述是純粹描述地以同樣前科學的、在實際日常生活中的偶然陳述所特有的判斷方式完成的。因此生活世界的問題，或更確切地說，生活世界對科學家發揮功能並且一定會發揮功能的方式，只是在上面提到的客觀科學這個整體中的局部的主題（也即服務於對客觀科學的完滿論證的主題）。

但是很顯然，在一般地詢問生活世界對於自明地建立客觀科學所發揮的功能之前，詢問這個生活世界對於其中生活著的人，所具有的特殊的和恆常的存在意義是有充分理由的。人並不總是具有科學興趣，即使是科學家也並不總是埋頭於科學研究，另外，正如歷史教導我們的，在這個世界上並不是過去一直就存在著一種習慣地生活於早已引起的科學興趣之中的人類。因此，生活世界對於人類而言，在科學之前已經一直存在了，正如同它後來在科學的時代仍繼續其存在方式一樣。因此人們可以提出生活世界本身的存在方式問題；人們完全可以站到這個直接直觀的世界的基礎之上，排除一切客觀的－科學的意見和認識，以便全面地考慮，在生活世界所特有的存在方式方面，會產生什麼樣的「科學的」，因此可普遍有效地判定的任務。難道這不會產生一個重大的研究主題嗎？透過暫時呈現爲科學理論的特殊主題的東西，最終不是已經展示出那個「第三維度」，因此預先就負有使命要吞食掉客觀科學這全部主題（以及在這個「平面」上的所有其他主題）嗎？這乍看肯定會顯得是奇怪和難以置信的。將會出現許多佯謬，然而它們將會被消除。在這裡最迫切的必須優先考慮的問題，就是正確理解生活世界的本質以及與生活世界相適合的「科學」探討的方法問題（但是「客觀的」科學探討不在考慮之內）。

三十四、對有關生活世界的科學之問題的說明。[7]

（一）客觀的科學與一般的科學的區別

生活世界本身不是我們最熟悉的東西嗎？不是在所有人類生活中總是已經被認爲是不言而喻的東西嗎？不是總是已經按照其類型學透過經驗爲我們所熟悉了嗎？它的全部尚不熟悉的地平線，不就是只不過尚未完全熟悉的東西的地平線嗎？也就是預先按照它們最一般的類型學而熟悉的嗎？當然，對於前科學的生活來說，這種熟悉，以及它的方法足以將不熟悉轉變爲熟悉，足以根據經驗（在自身中得到證明，並因此排除假象的經驗）和歸納法獲得偶然的認識。這種認識對於日常實踐來說，是足夠用的。如果現在能夠並且應該完成另外的東西，應該完成一種「科學的」認識，那麼在這種情況下，除去客觀科學本身所考慮的，所做的事情，還能考慮什麼呢？難道科學的認識本身不是「客觀的」認識嗎？不是指向對每一個人都絕對普遍有效的認識基礎的認識嗎？然而，看似悖理的是，我們堅持我們的主張，並且要求人們在這裡不要由於我們大家在其中受到教養的數千年的傳統，而讓流傳下來的客觀科學的概念去取代一般科學的概念。

7 參看附錄十八。

127

「生活世界」這個標題使雖然是本質上相互關聯但卻各不相同的科學任務的提出成爲可能，並且也許要求提出這樣的科學任務；以下情況也許是眞正的完整的科學性的一部分，即只能將這些任務的提出全部合在一起來討論，但是按照它們奠立時的本質順序來討論，而不能比如說單獨地討論這一部分，即客觀的－邏輯的部分（在生活世界內部的這種特殊的成就），而對於其他部分卻完全不給予科學上的考慮。因此在這裡從來就不從科學上詢問，生活世界是以何種方式作爲基礎經常地發揮作用，它的多種多樣的前邏輯的有效性是以何種方式爲邏輯的，理論的眞理提供根據。也許這種科學性，這種生活世界本身所要求的並且是按其普遍性所要求的科學性，是一種獨特的科學性、一種恰好不是客觀的－邏輯的科學性，但是作爲最終奠立的科學性，按照其價值，並不是較低的科學性，而是較高的科學性。但是這種完全不同種類的科學性——一直到今天它總是被這種客觀的科學性所偷換——如何能夠實現呢？客觀眞理的理念，按照其整個意義來說，是透過與前科學的和科學以外的生活的眞理理念的對比而預先規定的。這後一種眞理理念在上面提到的意義上的「純粹」經驗中，在其知覺、記憶等等的全部樣式中，有其最終的最深刻的證明的源泉。但是對於這種說法實際上必須像前科學的生活本身對它理解的那樣來理解，因此人們不可將來自當時客觀科學的任何心理物理學的、心理學的解釋加入其中。特別是不可以爲了立即先做重要的事情，而直接地求助於被認爲是直接給予的「感覺材料」，彷彿它們就是直接表明生活世界的純粹直觀給予性的特徵的東西。眞正第一位的東西是對前科學的世界生活的「單純主觀的－相對的」直觀。的確，在我們看來，這個「單純」作爲古老的遺產具有主觀意見的輕蔑的色彩。當然，在前科學生活本身中這種直觀絲毫沒有這種東西；因爲它是充分證明的領域，因此，是被充分證明的述謂性認識的領域，確切地說，是如同決定它們的意義的實際生活意圖所要求的那樣的可靠的眞理的領域。由遵循近代客觀性理想的科學家探討一切「單純主觀的—相對的東西」時所具有的那種輕蔑，對於這種主觀相對的東西本身的存在方式並未引起任何改變，正如它絲毫沒有改變下面這個事實一樣，即不論科學家在哪裡求助於它，而且是不可避免地必須求助於它，它對於科學家本身來說，肯定是足夠的了。

（二）爲了各種客觀科學而使用主觀的—相對的經驗，以及有關這些經驗的科學

當各種科學利用生活世界中的對於它們各自目的來說總是必需的東西時，各種科學是建立在生活世界的不言而喻性之上的。但是以這種方式利用生活世界，並不意味著它們本身從科學上認識到了生活世界固有的存在方式。例如愛因斯坦對邁克生的實驗，以及其他科學家對該實驗的檢驗（借助複製邁克生實驗的儀器，以及在標度方面和確定的是否符合方面有關的一切東西）的利用。毫無疑問，在這裡發揮作用的一切東西——人、儀器、研究所的房間等等，本身都可以再成爲通常意義上客觀提問的主題，即實證科學的主題。但是愛因斯坦不可能利用有關邁克生先生這一客觀存在的理論上的，心理學的—心理物理學的構成物，而只能利用那個對於他以及前科學世界中的任何人，作爲直接的經驗對象的可以接近的人。這個人在共同的生活世界中以這種活力並以這些行動與成果存在，始終已經是愛因斯坦的一切

與邁克生實驗有關的客觀科學之提問、計畫、成就的前提。愛因斯坦和每一個研究者，作爲人，當然也都知道，他們生活於其中的世界是一個唯一的、共同的經驗世界，即使在他們進行研究時也是如此。另一方面，正是這個世界以及在其中發生的一切東西（根據需要而被用於科學的和其他的目的），對於每一個以「客觀眞理」爲主題目標的自然科學家來說，都 129
具有「單純主觀的－相對的」這種印跡。正如我們所說的，與這種「主觀的－相對的東西」的對比，決定了「客觀的」任務設定的意義。這種「主觀的－相對的東西」是應該「克服」的；人們能夠並且應該將一種假設的自在存在，即邏輯的－數學的「眞理自身」的基礎歸之於它，人們可以透過對愈來愈新、愈來愈完善的假說的設定接近這種「眞理自身」，並且能夠透過經驗的驗證而證明它。這是一個方面。但是另一方面，當自然科學家以這種方式對客觀的東西感興趣，並且專心於他的活動時，這種主觀－相對的東西仍然對他起作用，但絕不是作爲無關緊要地進行的過程，而是作爲最終奠立一切客觀證明的理論上－邏輯上的存在有效性的東西，因此是作爲自明性的源泉，證明的源泉而發揮作用的。那些被看到的標度、刻度線等等，是作爲實際存在著的東西，而不是作爲幻覺被使用的；因此在生活世界中現實存在著的東西作爲有效的東西是一種前提。

（三）主觀的－相對的東西是心理學的對象嗎？

有關這種主觀東西的存在方式問題，或者說，關於應就其總體存在進行探討的科學的問題，自然科學家通常都用將它歸入心理學的辦法來應付，但是在這個涉及生活世界中的存在者的地方，也一定不要再將客觀科學意義上的存在者偷偷輸入進來。因爲自古以來，至少是從有關世界認識的近代客觀主義確立以來，被稱爲心理學的東西不言而喻地就具有一種關於主觀東西的「客觀的」科學的意義，不論我們舉出在歷史上嘗試過的哪一種心理學。在以下的考察中，我們應該將使客觀心理學成爲可能的問題作爲詳細研討的對象。但是預先必須將客觀性與生活世界的主觀性之間的對比明確地理解爲決定客觀的科學性的根本意義的對比，並且防止對它進行曲解的巨大誘惑。

（四）作爲原則上可直觀東西之全域的生活世界；作爲原則上非直觀的「邏輯的」基礎結構的「客觀上眞的」世界

不管關於精神世界（因此不僅僅是關於自然）的客觀科學的理念的實行或可實行性的情況怎樣，客觀性的這種理念都支配著近代實證科學的整個領域，並且一般而言，支配著「科學」這個詞的意義的語言用法。就這個概念是從伽利略的自然科學取來的這一點而言，這裡已經預先包含有自然主義，以至於科學上「眞的」世界，客觀的世界，總被預先認爲就是在被擴展了的語義上的自然。生活世界這種主觀的東西與「客觀的」世界、「眞的」世界之間的對比所顯示出來的差別就在於，後者是一種理論的—邏輯的構成物，是原則上不能知覺的東西的，就其固有的自身存在而言原則上不能經驗的東西的構成物；而生活世界中的主觀的東西，整個說來，正是以其現實地可被經驗到爲特徵的。8

生活世界是原初的自明性的領域。這種被自明地給予的東西，根據情況，或是在知覺中作爲在直接現前中的「它自身」被經驗到的東西，或是在回憶中作爲它自身而被想起的東西。每一種其他的直觀方式也都是將它自身現前化。每一種屬於這個領域的間接的認識，廣泛地說，每一種歸納方式，都具有由對可直觀東西而來的歸納這種意義，就是說，具有也許作爲事物自身而可能知覺的東西，或作爲已被知覺的東西而可能回憶的東西等等的意義。一切可以想像到的證明都回溯到這些自明性的樣式，因爲（各種樣式的）「事物自身」作爲主觀的實際上可經驗的東西和可證明的東西，就存在於這些直觀本身之中，而不是思想的構成物；而另一方面，這種構成物，只要它畢竟要求眞理，就只有透過回溯到這種自明性，才能具有眞正的眞理。

當然，使這種自明性的原初權力發揮作用，並且使它在奠定認識方面得到比客觀的──邏

8　這種對於生活上的存在的證明，僅僅在經驗範圍內就能產生一種充分的確信。即使當它是歸納的時候，這種歸納的預先推定也是一種可經驗性的預先推定，可經驗性是發揮最終判定作用的東西。一些歸納可以透過另一些歸納相互證明。因此在其對於可經驗性的預先推定中，而且因爲每一個直接的知覺本身已經包含歸納的因素（有關客體的尚未被經驗到的方面的預先推定），一切都被包含在廣義的「經驗」或「歸納」這個概念之中。

輯的自明性更高的地位，這本身就是科學地闡明生活世界時的一種最重要任務。對以下情況，我們必須充分地釐清楚，也就是獲得最終的自明性，即客觀的理論（例如數學的理論、自然科學的理論）按照內容和形式藉以奠定的一切客觀的—邏輯的成就的自明性，是如何在這種最終成就著的生活中——在其中生活世界的自明的給予性總是具有已經獲得，並且重新獲得其前科學的存在意義——有其隱蔽根據的源泉。在這裡，研究的路徑從客觀的—邏輯的自明性（像進行研究和論證的數學家等等所實行的數學「洞察」的自明性，自然科學、實證科學「洞察」的自明性）出發，回溯到生活世界總是藉以預先給定的原初的自明性。

不管人們眼下對於這裡簡單說出的東西覺得多麼奇怪，甚至覺得可疑，但是在自明性的不同程度之間對比差別的一般特徵，是顯而易見的。自然科學家的經驗主義議論常常（即使不是多半）聽起來好像是說，自然科學是建立在有關客觀自然的經驗之上的科學。但是這種說法並不是在下面這種意義上是正確的，即這些科學是經驗科學，它們原則上是遵循經驗的，它們全都是從經驗出發的，所有它們的歸納最終必須由經驗證明；相反，這種說法只有在另外一種意義上才是正確的，按照這種意義，經驗是純粹在這種生活世界中發生的自明性，並且作爲這樣的東西，是科學的客觀論斷的自明性的源泉，而科學本身卻絕不是關於客觀東西的經驗。這種客觀的東西作爲它本身恰恰是絕不能被經驗到的。順帶一提，凡是在自然科學家們與自己的混亂的經驗主義議論相反，將客觀的東西甚至解釋爲一種形上學的超越的東西的地方，他們都是這樣看待它的。說客觀的東西可被經驗，與說無限遠的幾何學形體可被經驗沒有不同，更一般地說，與說一切無限的「理念」可被經驗，例如，與說數列的無限性可被經驗沒有不同。當然，「使」理念以數學的或自然科學的「模型」的方式「直觀化」，絕不是直觀客觀東西本身，而是生活世界的直觀，這種直觀可以用來使對有關的客觀的理想事物的構想變得容易。在這裡通常有構想的多種多樣中介物參與產生作用，這種構想並不是到處都像根據桌子的直棱等等生活世界中的自明性，構想幾何學上的直線那樣直接地發生，也不能按照自己的方式成爲自明的。

正如我們所看到的，爲了能在這裡一般地獲得一些關於問題的明確提法的前提，也就是說，爲了首先使我們擺脫那些透過客觀的—科學的思想方法對學院的統治而將我們大家引入歧途的經常發生的偷換，是需要很多麻煩的手續的。

（五）作爲主觀的構成物的客觀的科學——作爲一種特殊的實踐之構成物，即理論的—邏輯的實踐之構成物，本身屬於生活世界的完滿的具體物[9]

如果要使這種對比明確，我們現在就必須正確對待被對比的兩個方面的本質聯繫：客觀理論在其邏輯意義上（如果普遍地理解，科學是述謂性理論的整體，是由「在邏輯上」被認爲是「命題本身」、「眞理本身」的陳述，並且在這種意義上是合乎邏輯地相聯結的陳述構

9 參看附錄十九。

成的體系的整體）是置根於並奠基於生活世界之中，置根於並奠基於從屬於生活世界的原初的自明性之中的。由於客觀的科學置根於生活世界之中，它就與我們總是生活於其中，甚至是作為科學家生活於其中，因此也以科學家共同體的方式生活於其中的世界，就是說，與普遍的生活世界——有意義關聯。但是與此同時，客觀的科學作為前科學的人（作為個別的人以及在科學活動中聯合起來的人）的成就，本身是屬於生活世界的。當然，所有科學的理論，即邏輯的構成物，並不像石頭、房屋、樹木那樣是生活世界中的東西。它們是由最終的邏輯要素構成的邏輯的整體和邏輯的部分。用鮑爾察諾的話來說，它們是「表象本身」、「命題本身」、推理和論證「本身」，是理念的意義的單位，它們的邏輯的理念性決定它們的目的，即眞理「本身」。

但是這種理念性如同任何理念性一樣對以下情況並無絲毫改變，即它們是與人的現實性和潛在性有本質關聯的人的構成物，因此仍然屬於生活世界的這種具體的統一，因此這種具體統一的具體性要遠遠超過事物的具體性。並且與此相關聯，正是這種情況也適合於科學活動，即經驗著的科學活動，「依據」經驗構成邏輯構成物的科學活動。在這些科學活動中，這些構成物以原初的形態和原初的變化樣式，在個別科學家那裡，以及在科學家的共同體中呈現出來：即作為被共同探討的命題、證明等等的原初狀態呈現出來。

我們進入一種令人難堪的境況。如果我們是以一切必要的細心加以比較的，我們就會看到兩種不同的東西：生活世界和客觀的—科學的世界。不過這兩者仍處於聯繫之中。關於客觀的—科學的世界的知識是「奠立」在生活世界的自明性之上的。生活世界對於從事科學研究的人來說，或對於研究集體來說，是作爲「基礎」而預先給定的。而當他們在此基礎之上進行建築時，被建立的東西是某種新的不同的東西。如果我們不再沉浸於我們的科學思考之中，我們就會認識到，我們這些科學家畢竟是人，並且作爲人是生活世界中的組成部分，而生活世界對於我們來說，是始終存在著的，總是預先給定的。因此，全部的科學就隨同我們一起進入到這——純粹「主觀的—相對的」——生活世界之中。那麼客觀世界本身會怎樣呢？關於自在存在的假設怎麼樣了呢？這種自在存在的假設首先涉及到生活世界中的「事物」，存在於生活世界的「空間時間」中的「客體」，「實在的」物體，實在的動物、植物，還有人；所有這些概念，現在都不是從客觀科學的觀點來理解，而是如同它們在前科學的生活中那樣來理解。

這些假設——它們儘管有科學理論的理念性，但對於科學的主體（作爲人的科學家），仍然具有現實的有效性——難道不是構成人在其生活世界中的生活的許多實踐假設和計畫當中的一種嗎？而生活世界對於人來說，無時無刻都被意識到是可供支配的和預先給定的。另外，如果我們只是按照其整體的充分的具體性來理解生活世界，難道全部的目的，不論它們是在科學以外的意義上以任何其他方式是「實踐的」，還是在「理論的」這個名目下是實踐的，不都當然地同屬於生活世界的統一嗎？

但是另一方面也表明，客觀科學的命題、理論和整個的學說體系，是在其共同研究中結合起來的科學家們，由某些活動所獲得的構成物，更確切地說，是透過活動的連續構造而獲得的構成物，在這些活動中，後面的活動總是以前面的活動之成果爲前提。此外我們還看到，所有這些理論成果都具有對生活世界有效的性質，作爲這樣的東西，它們不斷地被追加到生活世界本身的庫存上，並且甚至預先就作爲生成著的科學之可能成就的地平線而屬於生活世界。因此具體的生活世界，對於「科學上眞的」世界來說，同時是奠定這個世界的基礎，並且在生活世界特有的普遍的具體性中，包含著科學上眞的世界，應該如何理解這一點呢？我們應該如何系統地——即以適當的科學性——公正對待生活世界的這種使人感到如此悖理的包羅萬象的存在方式呢？

我們提出了一些問題，對這些問題絕沒有現成的清楚的答案。生活世界與客觀上眞的世界的這種對比，以及兩者的緊密結合，將我們引入深思，而這種深思使我們陷入愈來愈難堪的困境之中。「客觀上眞的世界」與「生活世界」的這種悖理的關聯，使這兩者的存在方式變成令人難以理解的。因此，在任何一種意義上的眞的世界，其中包括我們自己的存在，就這種存在意義而言，就變成了謎。在我們試圖釐清這個謎的過程中，我們面對著這些顯露出來的悖理之處，就會突然意識到，我們迄今所從事的全部哲學研究都是缺少基礎的。現在我們如何才能眞正成爲哲學家呢？

我們不能避開這種推動因素的力量。在這裡我們不可能用埋頭於由康德或黑格爾、亞里斯多德或湯瑪斯提出的難題和論證的方法來迴避這個問題。

（六）生活世界的問題不是局部的問題，寧可說是哲學的普遍問題

當然，適合於解決現在我們感到不安的這種謎的，是一種新的科學態度，而不是數學的科學態度，也根本不是在歷史意義上的邏輯學的科學態度。也就是說，不是一種在它之前已經可能有的完成了的數學、邏輯學、邏輯斯諦，作爲已經準備好的規範的科學態度。因爲這些學科本身，在這裡成爲問題的意義上，是客觀的科學。並且它們作爲被包含在問題之中的東西，不可能成爲被用作前提的前提條件。首先，只要人們只是對生活世界與客觀科學進行對比，只是關心這兩者的對立，看上去就很可能人們並不需要不同於或多於客觀科學的東西。這正如日常的實踐生活有其特殊的和一般的理性的沉思，而爲此並不需要任何科學一樣。情況正是這樣，未加思索就被接受的，而並未被表述爲基本的事實，並被當作特殊的思考主題加以詳細研究的一件眾所周知的事實就是，存在有兩種眞理。一方面是日常的實踐境況的眞理，它當然是相對的，但是正如我們強調過的，它是實踐每次在其意圖中所尋求和需要的。另一方面是科學的眞理，對於它的論證恰好回溯到境況的眞理，但是以這樣的方式回溯的，即科學方法就其本身的意義而言，並未因此受到損害。因爲科學的方法想要應用並且必須應用的，也正是這些境況的眞理。

因此，如果人們甚至在從邏輯以外的思想實踐向邏輯的思想實踐，向客觀科學的思想實踐過渡時，也使自己由這種毫不令人生疑的生活的樸素性拖著走，那看上去情況就很可能是，在「生活世界」這個名稱下的獨特的題目範圍，就會是一種唯理智主義的事業，這種事

業是由近代生活所特有的，將一切都加以理論化的癖好中產生出來的。但是與此相對，至少下面這一點也變得同樣清楚了，即事情不能以這種樸素性而了結，在這裡顯露出一些悖理的不可理解之處：單純的主觀的相對性被認爲由客觀的－邏輯的理論克服了，然而這種理論作爲人的理論實踐，卻屬於單純主觀的－相對的東西，同時必然在主觀的－相對的東西中有其前提，有其自明性的源泉。由此同樣也就肯定，一切眞理問題和存在問題、一切可以想到的有關它們的方法、假設、結論——不論是關於所有經驗世界的，還是關於各形上學的超世界的——都只能透過這種想像上的唯理智主義的過度膨脹，而獲得其最終的明晰性，其自明的意義，或其荒謬性的證據。在這種情況下，這當中也許還包括最近變得引人注目的、令人著迷的「復活了的形上學」事業中有關正當的意義與無意義的一切終極問題。

透過以上一系列考察，我們就在一種有預見的洞察中，理解了生活世界問題的重要性、普遍的和獨立的意義。與它相比，「客觀上眞的」世界的問題，或客觀的－邏輯的科學的問題——不管這些問題以什麼樣正當理由一再地被提了出來——則顯得是具有次要興趣、更爲專門興趣的問題。儘管我們的近代客觀科學的特殊成就仍然未被理解，但是並不能動搖以下這件事實，即它是由特殊活動而產生的對於生活世界的有效性，它本身是屬於生活世界的具體事物。因此，爲了闡明人的活動的這種獲得物以及所有其他的獲得物，無論如何首先必須考察具體的生活世界。並且是按照眞正具體的普遍性來考察。借助這種具體的普遍性，生活世界現實地或像地平線那樣地包含有人們爲其共同生活的世界所獲得的全部有效性層次，並且將這些有效性層次最終全部地與抽象地提取出來的世界核心——直接的主觀間共同的經驗的世界——聯繫起來。當然，我們還不知道，這個生活世界是如何會變成獨立的、完全自滿自足的研究主題的，它如何會使科學的陳述成爲可能——這些科學陳述本身，即使是以與我們的科學的方法不同的方法，也肯定是必然具有其「客觀性」的有效性，也就是具有一種能夠從純粹方法上獲得的必然的有效性，我們以及每一個人都能夠以這種方法證明這種有效性。我們在這裡絕對是一個初學者，我們關於適合於在這裡作規範的邏輯學毫無所知。我們不可能做任何事情，只能沉思。只能專心致志於我們的任務的尚未展開的意義，只能以極大的謹愼關心免除偏見，關心保持我們的研究的純粹性，不受外來的干擾（爲此我們已經做了一些重要的事情）。如同在任何新的計畫中一樣，從這裡也必然爲我們產生出方法。對這種任務的意義之澄清的確就是達到作爲目標的目標的自明性。而完成這種澄清之可能的「道路」的自明性，本質上也是屬於這種自明性的。我們所面臨的這種預備性沉思的複雜性和困難，將自身證明是正當的，這不僅是因爲目標的宏偉，而且是因爲在這裡發揮作用的必然的思想本質上是陌生的和冒險的。

這樣一來，那個被認爲是客觀科學的單純基礎的問題，或被認爲是客觀科學的普遍問題中的局部問題的東西，實際上（正如我們已經事先預告過的那樣）證明，對於我們來說，是眞正的最普遍的問題。也可以這樣說，這個問題最初是作爲對客觀的—科學的思維活動與直觀的關係的詢問而出現的。因此，一方面涉及作爲邏輯思想的思維活動的邏輯思維活動，例如，物理學理論的物理學思維活動，或純粹數學的思維活動（在其中數學作爲學說體系，作爲理論，有其位置）。另一方面，在理論之前，我們在生活世界中有直觀活動和被直觀到

137

的東西。在這裡產生一種有關純粹思維的根深蒂固的假象，即純粹思維（作爲這樣的思維，對直觀漠不關心）已經具有其自明的眞理，而且甚至具有世界的眞理。這種假象使客觀科學的意義和可能性以及它的「有效範圍」都成了可疑的。在這裡人們堅持直觀與思維的彼此分立性，並且將「認識論的」性質一般地確定爲在相互關聯的兩個方面實行的科學理論（在這裡，科學總是按照人們所具有的唯一的科學概念被理解爲客觀的科學）。但是，只要直觀這種空洞的和模糊的稱號——與人們以爲在其中已經具有了眞正的眞理的最有價值的邏輯的東西相比，並不是無足輕重的和無價值的東西——變成了有關生活世界的問題，只要這個題目的重要性和困難在認眞進行的探討中變得十分巨大，「認識論」的，即科學理論的重要變化就出現了，在這個變化中，科學作爲問題和成就最終失去了它的獨立性，並變成了單純的局部問題。

以上所述當然與作爲一切「邏輯的東西」的先驗的規範學的邏輯學有關，這種「邏輯的東西」是在最普遍意義上的邏輯的東西，就是說，按照這種意義，邏輯學是關於嚴格客觀性的邏輯學，是關於客觀的—邏輯的眞理的邏輯學。從來也沒有人想到過這些存在於科學之前的述謂和眞理，以及在這種相對性範圍內起規範性作用的「邏輯學」，從來也沒有人想到過，即使是就這種純粹描述性地適合於生活世界的邏輯東西，探究先驗地規範它的所有原則體系的可能性。傳統的客觀的邏輯，作爲先驗的規範，甚至毫無顧忌地偷換這種主觀的相對的眞理領域。

三十五、超越論的懸擱之分析學。第一步驟：對於客觀的科學之懸擱。

以下情況是由於落到我們身上的這項任務所固有的本性而發生的，即進入到這種新科學研究——只有達到這個研究領域，這種新科學研究的問題才能被提供出來——領域的方法被分解爲許多步驟，其中每一步驟都以一種新的方式具有懸擱的性質，具有抑制自然的—樸素的有效性，至少是抑制已經發揮作用的有效性的性質。第一個必要的懸擱，即第一個按一定方法進行的步驟，我們已經透過迄今所進行的初步思考看到了。但是它還需要一種明確的一般的表述。很顯然，首先需要的是，就一切客觀的科學進行的懸擱。這不僅意味著不考慮所有客觀科學，譬如以虛構的方式改變對現今人的存在的看法，彷彿在其中沒有任何科學出現。寧可說這意味著將所有客觀科學之認識的任何共同實行懸擱起來，將關心它們的眞理和謬誤的任何一種批判的態度懸擱起來，甚至將對於它們的關於客觀的世界認識之指導理念的態度懸擱起來。簡要說來，我們所實行的懸擱是針對我們作爲客觀的科學家或哪怕是作爲渴求知識的人所具有的全部的客觀的理論興趣，全部的目的和活動。

但是在這種懸擱中，對於我們這些實行懸擱的人來說，不論是科學還是科學家都並沒有消失。無論如何它們仍還像以前那樣：是在預先給定的生活世界的統一關聯中的一些事實。只不過由於懸擱，我們不是作爲具有共同興趣的人，不是作爲合作者而產生作用。在我們心中恰恰只是引起一種特殊的習慣的興趣方向，這種興趣方向具有某種職業態度，而這種職業態度又需要一種特殊的「職業時間」。如同在其他情況下一樣，在這裡也顯示：當我們實現我們的一種習慣興趣，因此處於我們的職業活動之中（進行我們的工作）時，我們就對我們的其他生活興趣採取一種懸擱態度，儘管這些興趣仍然是我們自己的，仍然繼續存在著。每一種興趣都有「它自己時間」，當興趣改變的時候，我們就會譬如說：「現在該去開會了、該去投票了」等等。

雖然在特殊的意義上我們稱科學、藝術、兵役等等爲我們的「職業」，但是作爲普通人，我們經常是（在一種擴大的意義上）同時處於許多種「職業」（興趣方向）之中；我們同時既是家庭中的父親，又是公民等等。每一個這樣的職業都有它自己的實現它的活動的時間。以後，那些新產生的職業興趣（它們的普遍主題被稱爲「生活世界」）也納入其他的生活興趣或職業之中，並且在一個人的時間中，在職業時間得以實現的形式中，總是有它自己的時間。

當然，給這種新的科學以與一切「市民的」職業，甚至與客觀的科學同等的地位，意味著低估和輕視在一般科學之間可能存在的價值方面的最重要的差別。在這樣理解時，這種新的科學就受到一種現代非理性主義哲學家們大加喝彩的批評。在這種觀察方式下情況顯得好像是在這裡應該再一次以一種新的職業技術，建立起一種新的純粹理論的興趣、一種新的「科學」，它或是作爲舉止非常完滿的唯理智主義的遊戲而進行，或是作爲一種服務於實證科學的，對實證科學有用的較高程度的智力技術而進行，而本身在對生活的有用方面又具有它們所特有的眞實價值。對那些最終只聽見他想聽的東西的輕率讀者和聽眾的偷換，我們是無力防止的，但是他們也是哲學家的公正的聽眾。少數人（我們是對他們講話的）將會懂得克制這種懷疑，特別是聽到我們在以前演講中說過的東西之後。至少他們會等著看看，我們的道路將會把他們引向何處。

我如此突出地強調即使「現象學家們」的態度也具有的這種職業特徵，是有充分理由的。在對這裡涉及的懸擱進行描述時，首要的一點就是，這種懸擱是一種通常的執行中的懸擱，這種懸擱有其在工作中產生效果的時間，而另外的時間則是用於其他任何的工作興趣或遊戲興趣。特別是，這種執行中的排除，對於在個人的主觀性中繼續生成和繼續有效的興趣——即作爲主觀性對於作爲它的有效性而保持的它的目標之通常的指向——並不造成任何改變，而且正是由於這個原因，它能在同一的意義上，在其他的時間一再地被實現。此外這絕不是說，這種生活世界的懸擱——我們將會指出，它還包含其他一些重要因素——對於人的此在來說，並不意味著在實踐上—「實存上」比鞋匠的職業懸擱有更多的東西，也不是說，不論我們是鞋匠還是現象學家，不論我們是現象學家還是實證科學家，從根本上說都是無關緊要的。也許甚至將會表明，整個的現象學態度，以及屬於它的懸擱，首先從本質上說有能力實現一種完全的人格的轉變，這種轉變首先可以與宗教方面的皈依相比，但是除此之外它本身還包含有作爲任務，賦予人類本身的最偉大的實存的轉變這樣一種意義。

三十六、在將客觀的科學懸擱起來之後，生活世界如何能成爲科學的主題？客觀的—邏輯的先驗性與生活世界的先驗性之間的原則區別。

如果我們唯一的興趣就是針對「生活世界」的，那麼我們就必須問：這個生活世界透過對於客觀的科學的懸擱，究竟是否已經被作爲普遍的科學的主題揭示出來了？[10]借助這種懸

---

[10] 首先我們來回憶以下這種情況，我們稱爲科學的東西，在作爲生活世界經常對我們有效的世界中，是一種特殊種類的有目的的活動和合目的的成就，在這一點上與通常語義上的人的全部職業是一樣的；科學還包括一些非職業的類型，即一般不包括目的的關聯和成就的較高程度的實踐意向，以及或多或少是孤立的、偶然的，或多或少是暫時的興趣。從人的觀點來看，所有這些都是人的生活和人的習慣的特殊形態，所有這些都是處於生活世界的總的範圍之內，一切成就都匯入這個範圍，所有的人，以及做出成就的活動和能力總是屬於這個範圍。當然，對於處於其特有存在方式中的普遍的生活世界本身的這種新的理論興趣，要求對所有這些興趣進行某種懸擱。也即對追求我們的目的的興趣，以及對一切有目的的生活總是伴隨的對於道路、目標和目的的本身的批判的興趣（不論我們實際上堅持這些道路，還是這些道路應當作爲正確的道路加以選擇等等都要進行批判的興趣）進行某種懸擱。在按照通常對我們有效的目的而生活時，不論「現在輪到的」是什麼樣的目的，我們當然是生活在生活世界的地平線中：而且在這裡所發生和發展的東西，都是在生活世界中以生活世界的方式存在的東西。但是指向在生活世界中存在著的東西，並不就是指向普遍的地平線。並不就是將

141

擱我們是否就已經有了關於科學上普遍有效的陳述的主題呢？即有了關於能從科學上確定的事實的陳述的主題呢？我們是如何具有這種生活世界的，即這個作爲由這樣一些可確定的事實構成的、預先就確定地存在著的普遍領域的生活世界呢？生活世界是空間時間的事物的世界，正如同我們在我們的前科學的和科學以外的生活中，所體驗的東西作爲可能體驗的東西知道的世界一樣。我們有一種作爲可能的、事物經驗的、地平線的、世界的地平線。事物，這就是石頭、動物、植物還有人以及人的產物；但是在這裡所有這些東西都是主觀的—相對的，儘管我們通常在我們的經驗之中，和在以生活的共同體與我們聯結著的社會圈子之中，達到「確定無疑的」事實：這種事實在意見一致的夥伴當中是自動地達到的，就是說，不受可以覺察到的不一致干擾達到的；在這種事實實踐上變得重要的地方，也可能在有意圖的認識中達到，也就是在以對我們的目的來說是可靠的眞理爲目標的認識中達到的。但是當我們落入到一個陌生的圈子中時，如剛果的黑人、中國的農民等等的圈子中時，我們會發現，他們的眞理，即在他們看來是肯定的，一般已被證明的和可證明的事實，對於我們來

被當成目的的東西作爲這個地平線中的存在物當作主題，或更確切地說，作爲變成了主題的生活世界中的存在物當作主題。因此我們首先必須做的就是，放棄對一切科學上的以及其他的興趣跟蹤。但是僅有懸擱還不夠，因爲甚至一切目的設定、一切計畫，都已經以世界的東西爲前提，因此就是說，以先於一切目的而被給定的生活世界爲前提。

說卻絕不是這樣的東西。但是如果我們從正常的歐洲人、正常的印度人、中國人等等的儘管有各種相對性但卻彼此一致的東西出發，即從那種使共同生活世界的客觀成爲對於他們和對於我們（儘管有不同的見解）都是可辨認的東西，如空間形態、運動、感覺性質等等出發，提出對一切客觀都絕對有效的有關客觀的眞理的這種目標，那麼我們就仍然還是走在客觀科學之道路上。我們透過提出這種客觀性的目標（「眞理本身」的目標）就造成一種假設，借助這種假設就逾越了純粹的生活世界。我們透過第一懸擱（即對於客觀科學的懸擱）防止了這種「逾越」。我們現在處於困惑之中，即我們很難說出，在這裡除此之外還有別的東西能從科學上要求成爲對任何人都是可一勞永逸地確定的東西。

但是只要我們想到，這種生活世界儘管有其全部的相對性，仍有其**普遍的結構**，這種困境就會消失。所有相對的存在者都與之關聯的這種普遍結構本身，並不是相對的。我們可以從其普遍性方面注意到它；並且，如果有足夠的謹慎，就可以以每一個人都可以理解的方式一勞永逸地將它確定下來。作爲生活世界的世界，在前科學的狀態中已經有客觀科學將其當作前提的「相同的」結構了。客觀的科學將這種相同的結構與「自在」存在著的世界的，在「眞理自身」中被確定的世界的基礎結構（這種基礎結構由於多少個世紀的傳統，已經變成不言而喻的東西了）一起，作爲先驗的結構前提，在先驗的科學中加以系統闡明，即在有關邏各斯的科學中，在有關普遍的方法的規範（有關「客觀自在地」存在著的世界的每一種認識都受這種規範的制約）的科學中加以系統闡明。這個世界在科學之前已經是空間時間的世界；當然，關於空間時間性，還沒有談到理念的數學上的點、「純粹的」線、面，一般而言，數學上無窮小的連續性，屬於幾何學的先驗性的意義的「精確性」。在生活世界中我們所熟悉的物體是現實的物體，而不是物理學意義上的物體。關於因果性，關於空間時間上的無限性的情況也是一樣。生活世界的這種範疇特徵與物理學的範疇特徵有相同的名稱，但可以說，它並不關心幾何學家和物理學家所實行的理論上的理念化和假設的基礎結構。我們已經知道物理學家——他像其他人一樣也是人，他知道自己是生活在生活世界中、生活在他們的人的各種關心事情的世界中——在物理學這個題目下有一種特殊性質的問題，並且（在一種較廣的意義上）有一種指向生活世界中的事物的特殊性質的實踐企圖，他們的「理論」是實踐的結果。正如其他的企圖、實踐的興趣，以及它們的實現，屬於生活世界，將生活世界假定爲基礎，並且在行動中豐富生活世界一樣，這種情況也同樣適合於作爲人的企圖和實踐的科學。正如我們所說，一切客觀的先驗性，在它們必然地透過回溯而與相應的生活世界的先驗性相關聯這一點上，也屬於生活世界。這種透過回溯的關聯就是奠立有效性的回溯關聯。在生活世界的先驗性基礎上產生數學的先驗性，以及任何客觀的先驗性這種更高程度的意義構成以及存在的有效性，乃是某種理念化活動的成就。因此首先應該將生活世界的先驗性按照其特徵和純粹性變成科學研究的主題，然後應該提出這樣一個系統的研究任務，即客觀的先驗性如何在這種基礎上以及以什麼樣的新的意義構成方式，作爲一種間接的理論成就而產生出來。因此需要對普遍的結構進行一種系統的劃分：普遍的生活世界的先驗性和普遍的「客觀的」先驗性；然後還要對普遍的問題提法進行劃分，這種劃分或是按照「客觀的」先驗性在生活世界的「主觀的－相對的」先驗性中被奠定的方式進行的，或是例如按照數學

143

的自明性在生活世界中的自明性中有其意義的源泉和正當性的源泉的方式進行的。

以上的考察對於我們有其特殊的興趣，儘管我們已經將我們有關生活世界的科學的問題與客觀的科學的問題分離開來。這種興趣就在於，我們這些由於在學校所受的教育而囿於傳統的客觀主義的形上學的人，一開始完全不能理解這種普遍的純粹的生活世界的先驗性的理念。對於我們來說，首先就需要將它從我們總是立即就用來取代它的客觀的先驗性根本劃分開。將所有客觀的科學懸擱起來的這第一種懸擱，如果我們也將它們理解爲對所有客觀先驗的科學的懸擱，並且用剛才所進行的考察補充它們，所獲得的正是這種劃分。此外這種考察帶給我們一種根本的洞察，即客觀的邏輯的層次上的普遍的先驗性——數學的以及所有其他通常意義上的先驗的科學的普遍的先驗性——奠基於一種本身是更早的普遍的先驗性之中，即正是純粹生活世界的先驗性之中。只有透過回溯到應在一種獨立的先驗的科學中展開的生活世界的先驗性，我們的先驗的科學，客觀的—邏輯的科學，才能獲得一種眞正澈底的，眞正科學的基礎，而這種基礎是它們在這種情況下絕對需要的。

在這方面我們還可以說：現代數理邏輯學家相信能夠建立起來的那種被認爲是完全獨立的邏輯學——甚至能在眞正的科學哲學的稱號下，作爲一切客觀科學的普遍的先驗的基礎科學建立起來，這只不過是一種樸素的想法。這種邏輯學的自明性缺乏由普遍的生活世界的先驗性而來的科學根據。這種邏輯學經常是以生活世界的先驗性爲前提的，然而卻是以從未在科學上普遍闡明的，從未達到本質科學的普遍性的不言而喻的東西之形式將它當作前提的。只當將來有一天有了這種澈底的根本的科學，那種邏輯學本身才能變成科學。在那之前它只能無根據地在空中飄蕩，而且像以前一樣，是非常樸素的，以至於它連每一種客觀的邏輯學，每一種通常意義上的先驗的科學都具有的任務也認識不到，這任務就是，去研究它們本身是如何能夠奠立起來的，即不再是「邏輯地」奠立，而是透過回溯到普遍的前邏輯的先驗性而奠立，一切邏輯的東西，客觀理論的整個大廈，都由那種先驗性按照自己的全部方法論形式，證明自己的正當的意義，借助這種意義整個邏輯學本身才能夠獲得其規範。

但是這種認識超越了現在激勵著我們的對生活世界的關注。正如我們說過的，對於這種關注來說，重要的只在於這樣一種原則上的劃分，即客觀的—邏輯的先驗性和生活世界的先驗之間的劃分，而且是爲了這樣一個目的，即爲了能夠使對有關生活世界的純粹本質的學說這一偉大課題的澈底思考得以進行。

三十七、生活世界之形式的—最一般的結構：一方面是事物與世界，另一方面是對事物的意識。

當我們自由地環顧四周，尋找形式的—一般的東西，即那種在生活世界的各種相對東西的變化中仍然保持不變的東西時，我們就會不由自主地停留在那個對我們來說在生活中唯一決定以下這種有關世界之談論的意義的東西上，即世界是事物的全體，是分布在空間—時間性這種世界形式中的，在雙重意義上有「位置」的（空間的位置和時間的位置）事物的全體——空間時間中的「存在者」全體。因此在這裡有一種被理解爲有關這種存在者的具體一般的本質學說的「生活世界存在論」的任務。對於我們當前論述中的興趣來說，只要提到這種生活世界的存在論就足夠了。我們不想在這裡停留，而寧願前進到一種（正如很快就會表明的）非常巨大的任務，而這個任務同時包含這種存在論。爲了爲我們開闢通往這種新的、同樣與生活世界有本質關聯，但不是存在論的研究課題的道路，我們要進行一種一般的考察，而且我們是作爲清醒地生活於生活世界中的人而進行這種考察的（因此當然是在對實證科學態度的一切干擾加以懸擱中進行考察的）。

這種一般的考察同時將具有一種功能，即將預先給定的世界，存在的宇宙，能藉以成爲我們的主題的種種可能的方式之本質區分，成爲自明的。我們回想一下反覆說過的話：生活世界對於我們這些清醒地生活於其中的人來說，總是已經在那裡了，對於我們來說是預先就存在的，是一切實踐（不論是理論的實踐還是理論之外的實踐）的「基礎」。世界對於我們這些清醒的，總是不知如何實踐上有興趣的主體來說，並不是偶然的一次性的，而是經常地、必然地作爲一切現實的和可能的實踐之普遍領域、作爲地平線而預先給定的。生活總是在對世界的確信中的生活。「清醒地生活」就是對世界是清醒的，經常地現實地「意識到」世界，以及生活於這個世界之中的自己本身，現實地體驗到並且現實地實行對世界之存在的確信。就此而言，世界在任何情況下，都是以這樣的方式預先給定的，即被給予的總是個別的事物。但是在對世界的意識方式與對事物的意識方式，即對對象的意識（在一種最寬泛的，但是純粹生活世界的意義上的對對象的意識）方式之間，有一種根本的區別，而另一方面，這兩者又構成一個不可分割的統一體。事物和對象（始終是在純粹生活世界的意義上理解的）是作爲在任何情況下都對我們（以某種存在的確實性樣式）有效的東西「被給予的」，但從原則上說，只是這樣地被給予的，即它們是作爲事物，作爲在世界的地平線中的對象而被意識到的。每一個事物和對象都是某物，是我們總是作爲地平線意識到的世界中的「某物」。另一方面，這個地平線只是作爲存在著的對象的地平線被意識到的，如果沒有單獨地被意識到的對象，它就不可能現實地存在。每一個對象都有其有效性的可能變化樣式，即存在的確實性的樣式化的可能變化樣式。另一方面，世界並不是像一個存在物，一個對象那樣存在著，而是以一種唯一性存在著，對於它來說，複數是無意義的。每一種複數以及從其中抽取出來的單數，都是以世界地平線爲前提。在世界中的一個對象的存在方式與世界本身的存在方式的差異，顯然地規定著兩種根本不同而又互相關聯的意識方式。

三十八、使生活世界成爲主題的兩種可能的根本方式：樸素的自然的直接的態度，與對生活世界和生活世界中的對象之主觀給予方式的這種「如何」，進行首尾一貫反思的態度之理念。

但是清醒的生活之這種最一般的特徵，只是在現在才成了使對這種生活的實行方式進行可能的區分，藉以成爲可能的形式的框架，儘管這種生活在所有情況下都預先給定了世界，而且在這個地平線中給定了存在著的對象。我們還可以說，這就形成了我們藉以對世界並且對這個世界中的事物保持清醒的那些不同的方式。第一種方式，自然的通常的方式——它不是出於偶然的原因，而是出於本質的原因而絕對必須先於其他的方式，就是直接地指向當時給定的對象的，因此是進入到世界地平線中的生活之方式，這種生活方式並且具有通常的連續的恆久性，具有一種貫穿於全部活動的綜合的統一性，這種直接指向各個被給予對象一般的生活表明，我們的全部興趣都在對象中有其目標。預先給定的世界是一種地平線，它以流動的經久的方式包含著我們的全部目標、我們的全部目的，不論這些東西是暫時的還是持久的，正如一種意向的地平線意識，預先就潛在地「包含著」這些東西一樣。我們這些主體，在通常的連續的統一的生活中，對於超出這種地平線之外的目標一無所知，我們甚至連可能有與這樣的目標不同的目標的想法也沒有。我們還可以說，我們全部理論的和實踐的主題，始終存在於生活世界的地平線，即「世界」的通常的統一性之中。世界是一種普遍的領域，我們的全部活動，體驗的活動，認識的活動，行爲的活動，都是指向它的。一切感受都是從這個普遍的領域，從總是已經給定的所有對象產生的，而且總是將自己變成行動。

但是在對世界的意識中，還可能有一種完全不同的清醒生活。它可能存在於一種突破平淡生活的正常狀態的，有關世界的主題意識的變化之中。讓我們將目光轉向下面這樣一種情況，即一般而言，這個世界，或更確切地說，所有對象，不僅僅是以這樣的方式預先給予我們大家的，即我們將它們作爲它們的所有特性之基體而簡單地具有它們，而是它們（以及一切被認爲是存在的東西）以主觀的顯現方式、以被給予性的方式，被我們所意識，而我們並沒有特意地注意到這種情況。事實上，我們通常甚至對此毫無所知。現在讓我們將這種情況形成一種新的普遍的興趣方向，讓我們確立一種關於給予方式的「如何」的和關於存在者（Onta）本身的前後一貫的普遍的興趣。但關於存在者的興趣並不是直接地指向存在者本身，而是將存在者作爲它的給予方式的「如何」之中的對象而指向它的。而且這種興趣正是按照唯一的並且是經常的興趣指向確立的，即指向這樣一個問題：這個統一的普遍的有效性，即世界，這個世界，是如何在所有相對有效性、所有主觀顯現、所有意見的變化中，爲我們而成立的。也就是說，指向這樣一個問題：我們有關實在的，即現實地存在著的對象的普遍存在的，普遍地平線的這種恆常的意識是如何形成的，這些對象中的每一個，即使是作爲直接存在於這裡的東西，按照其特殊性被意識到的，也只是按照對於它的所有相對的理解的變化，按照它的所有顯現方式和有效性樣式的變化而意識到的。

在這種按照由特殊的意志決定引起的新的連貫性進行的全面的興趣轉變中，我們發現，不僅得到了許多從來沒有當作主題研究的個別事物的類型，而且得到了許多從來沒有當作主題研究的，處於不可分割的綜合整體之中的綜合事物的類型。這種綜合的整體，由於意向上延伸的地平線的有效性而不斷地產生出來；而地平線的有效性則以對存在的證實的確定的形式，或否證的消除的形式，以及其他樣式化的形式，彼此相互影響。在其中我們能夠獲得以前完全不知道的東西，從來沒有作爲認識的任務覺察到和把握住的東西的那種綜合的整體性所固有的東西就是普遍地進行著的生活。在其中，世界作爲對於我們來說，總是處於流動著的特殊性之中的世界、作爲總是「預先給予」我們的世界而實現的；或者換句話說，在這種綜合的整體性中，我們現在第一次發現了世界作爲被綜合地聯結起來的成就之可研究的普遍性的相關項，在它的存在結構的整體性中，獲得了它的存在意義和它的存在有效性，並且發現了它獲得這些東西的方法。

然而這裡我們不必進行詳細解釋，不需要深入到所有那些在這裡可能成爲主題的東西之中。對於我們來說，在這裡重要的是要區分兩個方面的題材範圍，將每一個方面都看作是一個普遍的題材範圍。

自然的生活，不論是前科學上還是科學上感興趣的，不論是理論上還是實踐上感興趣的，都是在非主題的普遍的地平線之中的生活。這種地平線就其自然狀態而言，正是始終作爲存在者而預先給定的世界。當人們以這種方式平淡地生活時，並不需要「預先給定」這個詞，關於世界對於我們來說總是現實的這一點，並不需要任何提示。一切自然的問題、一切理論的和實踐的目標，作爲主題、作爲存在物、作爲或許存在的東西、作爲大概可能的東西、作爲有疑問的東西、作爲價值、作爲計畫、作爲行爲和行爲的結果等等，都與世界的地平線中的某種東西有關。即便是假象、非現實的東西，也是如此。因爲一切以某種存在樣式表示特徵的東西，畢竟又都是與眞正的存在有關聯的。世界甚至預先就具有意義：它是「眞正」存在著的現實東西的全體，不單是被以爲的，可疑的，有問題的現實東西的全體，而且是眞正現實東西的全體，這些現實東西作爲這樣的東西，只是在對有效性的經常的修正和改變的運動中，才對我們具有其現實性——作爲對於理念的統一之預期才有其現實性。

但是我們不想討論這種「直接進入世界中生活」的方式，而是嘗試在這裡進行一種一般的興趣轉變。在這種轉變中，正是世界的「預先給予」這個新的詞變成必需的，因爲它是關於預先給予之方式的這種雖有不同指向卻仍還是普遍的課題範圍的稱謂。就是說，使我們感興趣的不是別的，而正是那種給予方式的，顯現方式的，內在的有效性樣式的主觀變化，這種主觀的變化持續地進行著，不斷地綜合地結合到流動之中，這樣就產生出關於世界之直接的「存在」這種統一的意識。

在生活世界的對象之中我們也發現了人，人以他們的全部的人的行爲與活動，工作與痛苦，借助他們各自的社會聯繫，共同地生活於世界地平線之中，並且知道自己是在世界的地平線之中。因此，對於所有這些，現在也應該一起實行一種新的普遍的興趣轉變。一種統一的理論興趣應該僅僅指向主觀東西的領域。在這個領域裡，世界由於它的被綜合地結合的成就之普遍性，終於成了它對於我們的直接的此在。在自然的通常的世界生活中，這樣多姿多彩的主觀東西不斷地進行著，但是它在這裡仍然經常是而且必然是隱蔽的。如何、以什麼方法，才能將它揭示出來呢？它能夠被證明是一個理論上首尾一貫地進行的特殊研究的自身封閉的領域嗎？這個領域展示爲最終發揮作用的，有成就的主觀性之全體的統一，這種主觀性能說明世界——我們的世界，我們自然、生活的地平線——的存在。如果這是一項合理的、必須的任務，那麼實行這項任務就意味著創造一種特殊的新的科學。與所有迄今設計的客觀科學，作爲建立在這個世界基礎之上的科學相反，它是關於世界的預先給予性之一般的給予方式的科學，因此是關於使這種預先給予性成爲每一種客觀性之普遍基礎的東西科學。以上所述同時還意味著創造了一門有關最後根據的科學，一切客觀的奠立都從這些最後的根據吸取其眞正力量，而這種力量是來自這些最後根據的最終的意義賦予。

從對於在康德和休謨之間發生的疑難問題的說明而來的從歷史上說明動機的我們的途徑，現在向我們提出這樣一種要求，即闡明預先給予的世界是一切客觀科學，當然也是一切客觀實踐的普遍的「基礎－存在」；因此導致要求那種關於預先給定這個世界的主觀性的新式的普遍的科學。現在我們必須考慮，我們如何才能滿足這項要求。在這裡我們注意到，那初看上去似乎是有幫助的第一步、那種我們必須藉以擺脫一切被當作有效性基礎的客觀科學的懸擱，已經絕對不夠用了。在實行這種懸擱時，顯然我們仍然繼續站在世界的基礎上。現在世界被還原爲前科學地對我們有效的生活世界，只不過我們並沒有將由科學而來的任何知識用作前提，而且這些科學只許作爲歷史事實來考慮，對於它們的眞理性我們並不表示自己的態度。

但是我們將興趣轉向前科學的直觀的世界對它進行觀察，並注意它的相對性，這在這方面並沒有改變任何東西。對於這類事物的研究在某種意義上甚至依然屬於客觀的研究範圍，也就是屬於歷史學家的研究範圍。歷史學家必須重新構造他們每一次研究的所有民族和所有時代的變化著的生活的周圍世界。儘管如此，預先給予的世界仍然作爲基礎而有效，而並沒有被轉移到作爲獨特的普遍的關聯的純粹主觀東西的領域，而現在所涉及的正是這種純粹主觀東西的領域。

即使我們將所有時代、所有民族，最後將整個空間、時間的世界，在統一的系統概觀中當作主題，而且是在經常注意到處於其純粹事實性中的特定的人的、特定的民族的、特定的時代的周圍生活世界的相對性的情況下，情況也仍然一樣。很顯然，以上所述不論就以對相對的空間時間的所有生活世界重疊綜合形式進行的這種世界的概觀而言，還是就對一個這樣的生活世界個別地進行概觀而言，都是適合的。對於這個世界，先是一部分一部分地考察，然後在更高的階段上，是一個周圍世界一個周圍世界地考察，一段時間一段時間地考察，每一個特殊的直觀都是一種存在的有效性，不論是以現實性的樣式，還是以可能性的樣式。每一種直觀從一開始就總是已經假定有客觀的有效性的其他東西，對於我們這些觀察者來說，直觀就總是已經假定世界的有效性這種普遍的基礎。

三十九、作爲對自然的生活態度實行澈底改變的超越論的懸擱之特徵。

那麼如何能夠將生活世界的預先給予性變成一種獨特的普遍的研究主題呢？很顯然，只有透過對自然態度的**澈底改變**才有可能。透過這種改變，我們就不再像以前那樣作爲自然存在的人生活於預先給定的世界之不斷實現的有效性中，寧可說是我們不斷地對這種有效性的實現採取克制態度。只有這樣我們才能達到被改變了的新型的研究主題，即「世界本身的預先給予性」即純粹並且僅僅作爲這個世界的世界，並且是**正如**它在我們的意識生活中具有意義和存在的有效性，而且總是以新的形式獲得這些意義和存在的有效性那樣的世界。因此我們只能夠研究，作爲自然生活之基礎的、有效性的世界，就其全部的計畫和行爲來說是什麼，與此相關聯地，自然的生活和它的主觀性最終是什麼，也就是說，純粹地作爲主觀性

（它在這裡作爲完成有效性的主觀性而起作用）來研究。這種完成自然的世界生活之世界有效性的生活，不能在自然的世界生活的態度中研究。因此需要一種澈底的態度改變，一種十分獨特的普遍的懸擱。

四十、把握眞正實行澈底懸擱的意義方面的困難。關於導致將澈底懸擱誤解爲能對一切個別的有效性逐步實行克制態度的誘惑。

對整個自然的通常的生活進行的懸擱的普遍性，事實上有一種無與倫比的特性，而且作爲這樣的東西，首先有其可疑之處。首先不清楚的是，必須如何實行它，才能使期望於它的方法上的成就成爲可能的，這種方法上的成就甚至就其普遍性而言也仍然是需要闡明的。正如我們將會確信的，在這裡出現了一些導致錯誤的迷途，即一些理解如何實行懸擱的方法，這些方法肯定達不到目的，這一點我們預先就能看清楚。

爲了了解應該如何實行那種澈底改變態度，讓我們再一次來思考一下通常的自然的生活方式：在這裡我們是運動於永遠是新的經驗、判斷、評價、決心的流中。在每一個這樣的活動中，自我都是指向它周圍世界中的所有對象，這樣或那樣地與這些對象打交道。這些對象就是在這些活動中被意識到的，有時是直接地作爲現實的東西被意識到的，有時是以現實性的所有樣式（例如，作爲可能的、可疑的等等）被意識到的。任何這樣的活動，任何包含於它們之中的有效性，都不是孤立的。在它們的意向之中，它們必然地包含有在流動的運動性中，共同產生作用的潛在的有效性之無限的地平線。由以前活躍的生活所產生的多種多樣的獲得物，並不是一些死的沉澱物；即使那些總被同時意識到，但暫時不相干，完全未被注意到的背景（例如知覺域的背景）也仍按照它所含有的有效性共同發揮作用。所有這一類東西，儘管暫時並未變成現實的，但都處於由直接地或間接地被推動的所有樣式，和對自我施加影響的所有樣式構成的不停的運動之中，並且可能轉入到能動的統覺之中，有效地切合到所有活動的關聯之中。因此，這個總是被能動地意識的東西，以及與此相關聯，能動地對它的意識，指向它、與它打交道等，總是被一種緘默的、隱蔽的，但又共同發揮作用的有效性的氛圍包圍著，被一種生動的地平線包圍著，現實的自我也可以透過復活以前的獲得物，有意識地把握由統覺產生的思想，並將它們轉變成直觀，而隨意地指向這種地平線。因此，由於具有這種經常流動的地平線的性格，每一種在自然的世界生活中直接完成的有效性，總是已經以各種有效性為前提，這些有效性直接或間接地向後延伸到模糊不清的，但偶爾可供使用的，可以恢復的所有有效性這種必然的基礎，所有這些，連同那些未來的活動一起，構成一個唯一的不可分割的生活關聯。

這種思考對於闡明應該如何實行普遍的懸擱具有重要意義。就是說，我們看到這種懸擱作為以個別步驟實行的對於有效性的克制態度，是不能達到目的的。

這種對於個別有效性的實行所採取的克制態度（與在由理論的或實踐的要求而引起的批判態度中所進行的懸擱相似），代替每一種有效性只能產生一種建立在自然世界基礎之上的新的有效性樣式：而且即使我們想按照預先的普遍的決心，一步一步地，甚至是無限地，即對於所有從今以後向我們呈現出來的自己的或別人的有效性的實行採取克制態度，情況也不會更好。

但是代替這種按照個別步驟採取克制態度所具有的普遍性，可能有一種完全不同的普遍懸擱的方式，即這樣一種方式，它一下子就使貫穿到自然的世界生活整體之中，並且貫穿到有效性的整個（不論是隱蔽的還是開放的）網絡之中的總體的實行停止產生作用，正是這樣一種總體的實行，作爲統一的「自然的態度」，構成「樸素的」、「直接的」、平淡的生活。透過實行這種克制態度——它禁止這種迄今爲止未被打斷地進行著的整體的生活方式——就獲得了對全部生活的一種完全改變，獲得了一種全新的生活方式。於是就達到了一種新的態度，這種態度超出世界的有效性之預先給予性，超出那種總是將它們的有效性隱蔽地重又建立在其他有效性之上的這種無限相互交織，超出由多種多樣的但又是綜合統一的東西構成的這整個的流，在這個流中，世界具有並且重新獲得意義內容和存在的有效性。換句話說，這樣一來，我們就有了一種超越於普遍的意識生活（個別主觀的和各個主觀間共同的意識生活）之上的態度，在那種意識生活中，世界對於樸素的平淡的生活者來說，「在那裡」存在著，作爲毫無疑問地現存的東西、作爲現存事物的領域、作爲全部已獲得的和重新引起的生活興趣的領域「在那裡」存在著。所有這些都由於懸擱而事先停止產生作用了。因此，整個的自然的平淡生活，指向「這個」世界之現實東西的自然的平淡的生活，都停止產生作用了。

同樣應該注意的是，當前的懸擱，即超越論的懸擱，當然地被認爲是一種我們斷然決定採取的習慣的態度。因此絕不是一種短暫的和偶然地個別地重複的活動。而且我們關於以前的懸擱，在將它與職業的態度對比時所說的一切仍然有效：即在「職業時間」，雖然懸擱使所有其他的興趣都「不產生作用」，但是懸擱絕沒有停止作爲我們的存在方式的其他興趣的存在方式（或更確切地說，作爲「感興趣者」的存在方式的我們的存在方式），彷彿我們會拋棄那種存在方式或者只不過是重新考慮是否繼續保持它。但是，也不應忘記我們對於貶低懸擱，將它與其他職業等同起來的做法提出抗議所說過的東西，以及關於透過這種伸展到人性的哲學深層的懸擱將會澈底改變整個人性的可能性所說過的東西。

154

四十一、眞正的超越論的懸擱使「超越論的還原」成爲可能——對世界與有關世界的意識之間超越論的關聯之發現與研究。

我們作爲以新的方式進行哲學研究的人，在實行懸擱時是將懸擱當作從並非偶然地，而是本質地發生在前的自然的人的存在之態度中轉變出來，也就是從那種就其不論在生活中還是在科學中的整個歷史性而言，從來沒有被打斷過的態度中轉變出來。但是現在必須眞正理解這樣一種情況，即我們並不是停留在一種無意義的習慣的克制態度上，而是借助這種克制，哲學家的目光實際上才變得完全自由了，主要是從最強有力的、最普遍的，同時又是最隱蔽的內在的束縛中解放出來，也就是從世界的預先給予性中解放出來。在這種解放中，並且借助這種解放，世界本身與對世界的意識之間的、自身絕對封閉和絕對獨立的普遍相互關聯，就被發現出來了。所謂對世界的意識所指的就是完成著世界有效性的主觀性之意識生活，或者說得更確切些，在其持續不斷地獲得的形式中總是具有世界，並且總是主動地重新將世界構造出來的主觀性之意識生活。如果從最廣義上理解，最後就產生出各種性質的和各種意義的存在者爲一方，和作爲以這種最廣泛的方式構成意義和存在有效性的絕對主觀性爲另一方之間的絕對關聯。首先需要指出的是，透過懸擱，在哲學家面前展示出一種進行體驗、進行思想、進行理論化的新方式，按照這種方式，在哲學家超出他的自然的存在並超出自然的世界以後，並沒有從它們的存在與它們的客觀眞理中失去任何東西，同樣，也沒有從他的世界生活的精神獲得物中以及整個歷史的共同體生活的精神獲得物中失去任何東西；只是他——作爲具有獨特興趣指向的哲學家——放棄了繼續完全以自然的方式實行他的世界生活，也就是說，放棄了在現存世界基礎上提出問題、存在問題、價值問題、實踐問題，以及關於存在或非存在的問題，關於價值存在、效用存在、美存在、善存在等等的問題，使一切自然的興趣都不產生作用。但是世界，正如它以前曾對我存在過，而現在仍然存在著一樣，它作爲我的世界、作爲我們的世界、人類的世界，以任何時候都是主觀的方式而有效的世界，並沒有消失。只不過，在堅持不懈地實行懸擱時，它是純粹作爲賦予它以存在意義的主觀性之相關物而落入我們視線之中的，由於主觀性所起的作用世界才「存在」。

但這並不是被賦予世界的一種「理解」、一種「解釋」。任何一種「關於……」的理解，任何一種關於「這個」世界的意見，都在預先給予的世界中有其基礎。我透過懸擱所消除的正是這個基礎，我**超出於**這個世界之上，現在這個世界對於我來說，在一種十分特殊的意義上變成了**現象**。

四十二、對實際實行超越論還原的途徑給以具體的預先規定之任務。

但是如何能更具體理解上面提到的由懸擱而成爲可能的成就——我們稱它爲「超越論的還原」——以及如何能更具體地理解由此而展現出來的科學任務呢？這裡提到的成就，是將「這個」世界還原爲「世界」這一超越論的現象，因而還原爲超越論的現象之相關物：超越論的主觀性；在這種超越論的主觀性之「意識生活」中，並且由於這種超越論的主觀性之「意識生活」直接地、樸素地對我們有效的世界，在一切科學之前，就已經獲得了它的整個內容和它的存在的有效性。並且總是已經獲得了它的全部內容和它的存在的有效性。我們如何能更具體地理解，在對世界的還原中同時包含的將人類還原爲「人類」這種現象的做法，使我們能夠將「人類」視爲是超越論的主觀性之自身客觀化，而超越論的主觀性任何時候都是最終發揮作用的，因此是「絕對的」主觀性？如何借助這種懸擱使以下情況變成可能的呢？即按照其做出成就的活動，按照其超越論的、延伸到隱蔽基礎之中的「意識生活」，按照其將世界在自身中作爲存在之意義而「實現」的確定方式，對主觀性進行描述——即以自

156

明的方式將主觀性揭示出來，而不是將它杜撰出來、不是以神祕的方式將它構造出來。如果在這裡談的是一種新式的科學態度、一種新式的理論探詢和對問題的新式解決，那麼也就必須爲這些問題準備好基礎。有關世界之自然的提問，在預先給予的世界中，在現實的和可能的經驗之世界中，有其基礎。因此懸擱所解放出來的目光，也肯定同樣是按照其自身方式進行體驗的目光。整個這種態度轉變的成就，肯定就在於這樣一個事實，即現實的和可能的世界經驗的無限性，變成了現實的和可能的「超越論經驗」的無限性，在其中，世界及其自然的經驗，作爲第一步，將被經驗爲「現象」。

但是我們應該如何開始這項工作，如何繼續進行下去呢？我們如何能夠（首先透過具體試探）獲得這些最初的成果呢（即使最初只是作爲新的思考材料，在這種思考中，進一步系統研究的方法，另外還有我們整個計畫之眞正的純粹的意義，以及這種新科學態度之非常獨特的性格都將變得十分明瞭）？當我們不再在早已熟悉的世界基礎上運動，而是透過我們的超越論的還原剛剛站到「知識之母」的這個從未涉足過的領域之入口處時，是多麼需要這種材料；在這裡引向自我誤解的誘惑力有多麼大，最後甚至超越論的哲學之眞正成功在多麼大程度上取決於自身沉思的最後的清晰性，所有這些，我們將在以下的考察中指明。

四十三、走向還原的新途徑與「笛卡兒的途徑」相比所具有的特徵。

在這裡我們想這樣進行，即我們重新開始，純粹從自然的世界生活出發，提出關於世界是如何預先給予的問題。這個世界的預先給予問題，我們首先是按照它從自然的態度中非常清楚地呈現的那樣來理解；就是說，是作爲由處於相對的給予性方式之經常變動中的存在著的事物之世界的預先給予性來理解的：這個世界，正如它在一切自然地進行的生活中對於我們來說本質上總是不言而喻地存在著的世界那樣，它是在無限豐富的、總是新的不言而喻東西中存在著，而這些不言而喻的東西總是構成主觀的顯現和主觀的有效性之變化的基礎。因此我們現在就將作爲我們的全部興趣、我們的生活計畫——在其中，關於客觀科學的理論的興趣與計畫只構成一個特殊的部分——的基礎的世界，當作我們的始終不渝的研究主題。但是對客觀科學的理論興趣現在絕不具有特別優越的地位，因此它也不再像從前那樣是我們提出問題的推動因素。因此這樣一來，現在就不是世界本身，而唯有在給予方式的變動之中不斷地預先給予我們的世界，才成爲我們的主題。

在這種情況下，一些新型的、不斷擴展的系統的任務設定，就在一種最初十分明顯地顯示爲直接必然性的普遍的懸擱中展示出來了。然而在系統地實行如此理解的懸擱或還原時表明，這種懸擱在其一切任務設定中，都需要澄清意義並改變意義，如果這種新的科學想能眞正具體地無矛盾地實行的話，或者（這樣說也是一樣）如果這種新科學眞正想還原到絕對的最後的根據，並想避免自然樸素的預先的有效性之未被注意到的不合理的混入的話。這樣一來，我們就又一次達到了在此前的論述中已預先一般介紹過的超越論的懸擱，但是它現在不僅被在實行過程中獲得的一些重要洞察豐富了，而且還獲得一種根本的自身理解，這種自身理解使這些洞察和懸擱本身獲得了它們最後的意義和價值。

我要順便說明一下，在我的《純粹現象學和現象學哲學的理念》一書中，我描述的通往超越論的懸擱的簡短得多的道路——我稱它爲「笛卡兒式的道路」（因爲它被認爲是透過純粹對笛卡兒的《沉思錄》中的笛卡兒式的懸擱之深入思考，並且透過批判地清除其中的笛卡兒的偏見和迷誤而獲得的）——有很大的缺點，即那條道路雖然透過一種跳躍就已經達到了超越論的自我，但是因爲畢竟缺少任何先行的說明，這種超越論的自我看上去就完全是空無內容的；因此，人們在最初就不知道，借助這種懸擱會獲得什麼，甚至也不知道，如何從這裡出發就會獲得一種對哲學有決定意義的全新的基礎科學。因此，正如人們對我的《理念》一書的反應所表明的，人們也很容易在剛一開始就又退回到樸素的自然的態度中，這種倒退本來就是很有誘惑力的。

四十四、作爲透過對生活世界中事物之現實性的普遍懸擱所規定的理論興趣主題的生活世界。

現在讓我們透過將一種獨特的連貫的理論興趣轉向作爲人的世界生活之一般的「基礎」的「生活世界」，而且正是轉向這種一般的「基礎」—功能爲生活世界所特有的方式，來開始我們新的道路。因爲我們在世界文獻中尋求那些本可以作爲我們的準備工作的研究——這種研究本應將這種任務視爲一種特殊的科學任務（當然是一種不尋常的科學任務，即關於迄今一直遭到輕蔑的意見〔δόξα〕的科學，這種意見現在突然要求有作爲科學、作爲認識〔ἐπιστήμη〕之基礎的尊嚴）——的努力沒有取得任何結果，因此我們自己必須完全重新開始。這種新的開始，如同在一切甚至連一種類比都不能進行的全新任務的情況下一樣，是以某種不可避免的樸素性發生的。行爲在先，行爲借助於一些成功的實行使尙不確定的計畫變得比較確定，同時變得愈來愈清晰。然後（作爲第二步）需要方法上的反思，這種反思爲這類計畫的可行性，以及在實行這種計畫中已經取得的成果的一般意義和有效範圍明確地劃定界限。

因此，我們打算就其受到輕視的相對性，按照本質上屬於它的一切相對性的方式，具體地考察周圍的生活世界，考察我們直觀地生活於其中的世界，以及它的各種實在的東西；不過我們是按照它們最初在直接的經驗中向我們顯示的那種樣子考察它們的，並且直接按照它

159

們就其有效性方面來說，常常是處於懸而未決之中的（在存在與假象之間懸而未決）方式考察它們。我們唯一的任務就正是把握這種方式、正是把握這種純粹主觀的，表面看來是不可理解的整個「赫拉克利特式的流變」。因此我們並不關心世界的這些事物，這些實在東西，是否現實地存在，以及它們是什麼（即按照特殊關係和聯繫等等，它們的現實存在和現實存在方式），也不關心這個世界從整體上來看實際上是什麼，一般而言什麼東西作爲先驗的結構法則或按照事實的「自然法則」屬於它，我們並不將諸如此類的東西當成我們的主題。因此我們排除有關眞存在以及關於它的述謂性眞理，如在實際生活中爲了其生活實踐目的需要的那種眞理（境況的眞理）的一切認識，一切斷定；我們也排除科學有關世界的認識，有關處於「本身」之中的，處於「客觀眞理」之中的世界的認識。在當前主題的範圍內，我們當然也不涉及所有那些將任何一種人的實踐發動起來的興趣，特別是因爲人的實踐都置根於已經存在著的世界，它總是同時對它與之打交道的事物的眞的存在還是不存在感興趣。

因此這裡有一種普遍的懸擱，它在這裡僅僅用來將其他的研究主題剔除掉。順帶一提，關於這些研究主題可能有什麼結果我們現在還完全想像不出來。由對實證科學的明顯成就加以闡明的需要而產生出來的動機，原來曾要求這種主題。我們已經擺脫了這種動機。這個主題如何能夠成爲一種獨立的任務，變成一種研究領域，這需要更深入的思考。

四十五、對於感性直觀所給予的東西純粹就其本身進行具體解釋的初步嘗試。

第一步就是給我們的主題的空洞的一般性以內容充實。作爲對於世界，純粹作爲主觀的—相對的世界（我們的全部日常的共同生活，我們的努力、關心、成就，都在其中發生的那個世界）之在上述懸擱的意義上的完全「漠不關心的」觀察者，現在讓我們初步地樸素地環顧四周。我們的目的並不是去考察世界的存在和存在方式，而始終是考察不論什麼作爲存在著的東西與如此這般存在著的東西，而曾有效並且現在繼續對我們有效的東西，而且是從這樣的角度對它進行考察，即它**如何**在主觀上有效，以何種外觀有效。

例如，在這裡有一些特定的個別的經驗事物，我們注意到其中的某一個。對於它的知覺，即使它是完全未加改變地被知覺的，它也是一個呈現出多種多樣形態的東西。這就是看它、觸摸它、聞它、聽它等等；在每一種情況下，我所得到的都是不同的東西。在看中被看到的東西本身，與在觸摸中被觸摸到的東西是不同的。儘管如此，我還是說，這是同一個東西——顯然，不同的只是，它在感性上呈現的方式。假如我們完全停留在看的範圍，那就會有一些新的區分，這種新的區分在仍然是一個連續過程的每一個正常的看的進程中表現爲多種多樣的形式。每一個狀態本身已經是一種看，但是在每一個狀態中所看到的東西其實都是不同的。譬如我們可以將這種情況表述如下，純粹被看到的東西，即「關於」事物的可以看到的東西，首先是它的表面，而且我們是在看的活動的變動中，時而從這個「側面」，時而從那個「側面」看它的，總是從不同的側面連續地知覺它的。但是這個表面是在這些側面中以一種連續的綜合呈現給我的，每一個側面都是這個表面對於意識的一種呈現方式。這就意味著，當這個表面現實地呈現時，我們所意念的比它所提供的要更多。確實，我具有關於所有側面都共同地屬於它的這個事物之存在的確信，而且我是以我「最清楚地」看到這個事物的那種樣式具有關於這種存在的確信的。每一個側面都向我顯示被看到的事物的某些東西。在看的活動之連續變動中，雖然剛剛看到過的側面現在實際上已不再被看到了，但是它被「保持」下來，並與從以前保持下來的側面「總合在一起」，這樣我就認識了這個事物。類似地關於近和遠也可以做較詳細的論述。

即使我停留在知覺上，我也仍然已經具有關於事物的充分意識，正如我在第一眼時就已經將它視爲是這個事物一樣。當我看到它的時候，我總是借所有那些完全沒有呈現給我的，甚至沒有以直觀的在眼前現前化的形式呈現給我的側面「意指」它。因此知覺「在意識上」總是具有屬於它的對象（即總是在知覺中被意指的對象）的地平線。

但是更仔細的考察顯示，我迄今所指出的東西，即我歸之於事物本身的東西，例如事物的被看到的有顏色的形體，隨著近－遠定位的改變，本身又是以多種多樣的方式呈現出來的東西，我現在所談的是遠近配置的改變。形體同樣還有它的顏色的遠近配置是不同的，但是每一個都是以這種新的方式對某種東西的顯示，對這個形體、對這種顏色的顯示。在同一個事務的每一種感性知覺的樣式（觸覺、聽覺等等的樣式）中，都能研究與此類似的情況。在這種變化中，這些感性知覺的樣式雖然時而中斷，時而又開始，但都作爲顯示而發揮自己的作用，它們呈現出顯示和顯現的多種多樣形態，而且其中的每一個都正是作爲對某物的顯示而發揮功能的。在它們的進行過程中，它們是這樣發揮功能的，即它們時而構成關於同一化的，或更確切地說是統一化的連續的綜合，時而構成它的分離的綜合。這並不是作爲外在的結合發生的，而是作爲在每種狀態中本身都承載著「意義」的，意指著某物的東西發生的，這些感性知覺的樣式相互結合使意義不斷豐富、意義不斷形成。在這過程已不再顯現的東西作爲尚保持的東西，繼續有效；在這過程中對一種連續的過程進行預先的預想，對將要「發生的東西」進行的預期，也同時得到充實和更詳細的規定。這樣所有的東西都被納入到有效性的統一之中，納入到這一個之中，即納入到這個事物之中。在這裡，我們不得不滿足於這種初步的大致的說明。

四十六、普遍的相互關聯之先驗性。

只要我們這樣開始，即不是注意生活世界中的事物、對象，不是去認識它們是什麼，而只是抱有以下目的，即詢問它們的主觀給予方式的樣式，也就是說，詢問一個客體，在我們的例子中就是知覺對象，作爲存在著的和如此存在著的東西是如何呈現出來的，我們就進入到一個變得愈來愈複雜的、非常令人驚訝的顯示作用的領域。通常，我們覺察不到有關這些事物「的」呈現方式所具有的整個主觀的東西的任何東西，但是在反思中我們驚訝地認識

162

到，在這裡存在一些本質關聯，它們是延伸得更遠的、普遍的先驗性的組成部分。在這裡顯示出一些非常奇特的「關聯」，它們甚至能以直接描述的方式指明。前面已經扼要地指出過：我直接地意識到存在著的事物，但是在從這一時刻向另一時刻的推移中，我有「……的呈現」這樣一種體驗，雖然這種體驗只是在反思中才和它的令人驚訝的「……的」一起而變成明顯的，在對事物的各個知覺中，包含著非現前的，但卻共同發揮作用的顯現方式和有效性的綜合之整個「地平線」。

在這裡每一種最初的描述都只能是粗略的，但是很快我們就面臨關於非現前地顯現的多樣性的這種關聯之謎團，沒有這種顯現的多樣性，我們就完全不能提供任何事物、任何經驗的世界。我們很快也會面臨具體闡述這種相互關聯的先驗性方面的種種困難。這種相互關聯的先驗性只能以一種相對性的方式指出來，以展開地平線的方式指出來。在這種展開的過程中人們很快就會發覺，各種未被注意到的限制，一些變成不能感覺到的地平線，促使他們去詢問新的相互關聯，這些新的相互關聯與已經顯示出來的相互關聯不可分割地結合在一起。例如，我們透過給予一個靜止的、性質上也沒有改變的給定事物以優先地位的方式，無意識地開始對知覺進行這樣的「意向分析」。但是，知覺的周圍世界中的事物，只是短暫地以這種方式呈現，隨即就會產生運動和變化之意向的問題。但是在這種情況下，這種從靜止的未被改變的事物開始，眞的只是偶然的嗎？賦予靜止以優先地位的做法本身，在這種研究的必然過程中就沒有原因嗎？或者從另外一個方面，但是重要的方面，來考察這個問題：我們無意識地從對知覺（純粹作爲對它所知覺到的東西的知覺）的意向分析開始，在這個過程中，甚至賦予直觀地給予的物體優先地位。難道在這裡也表現不出來一些本質的必然性嗎？世界是作爲時間的世界、時間空間的世界存在的，在其中每一個事物都有其物體的廣袤和持續，與此相關聯，又有其在普遍的時間和空間中的位置。在清醒的意識中，世界總是這樣地被意識到的，這樣地借助於作爲普遍的地平線之有效性被意識到的，知覺只與現在有關，但是這首先就意味著，在這個現在的後面有一個無限的過去，在它的前面有一個敞開的未來。我們立即就看到，我們需要對回憶，作爲對過去的原初的意識方式進行意向分析；而且我們還看到，這樣的分析原則上要以對知覺的分析爲前提，因爲在回憶中以一種令人驚訝的方式包含著已完成的知覺，如果我們抽象地就其本身來考察知覺，我們就會發現作爲它的意向成就的現場化，當前化，客體作爲「在這裡」，原初地在這裡、在現場的東西呈現出來。但是在這種在場中，在作爲有廣袤的和連續的客體的在場中，存在一種完全不再被直觀卻仍被意識的東西的連續性，流逝的東西的連續性，即一種「滯留」的連續性，在另一個方向上，則是一種「前攝」的連續性。然而這並不像直觀的「重新回憶起」這種通常意義上的回憶那樣是一種所謂的直接地參與到對對象的統覺和世界的統覺之中的現象。因此，各式各樣當前化的樣式就完全進入到我們這裡研究的普遍主題範圍之中；就是說，進入到堅持不懈地專心致志地按照世界的給予方式的如何，按照它的顯然的和暗含的「意向性」考察世界的主題範圍之中。在我們指出這種意向性時，關於它我們必須一再地對自己說，如果沒有它，對象與世界就不可能爲我們存在於這裡；更確切地說，對於我們來說，對象與世界只是借助意義和存在樣式才存在的，它們正是以這種意義和存在樣式而不斷地從這種主觀的成就中產生出來，或說得更確切些，已經產生出來。[11]

四十七、對以後研究方向的提示：動覺，有效性的變化，地平線意識，以及經驗共同體化等主觀的根本現象。

但是首先必須繼續沿著通往主觀現象這個不熟悉領域的進行預備性探討的道路走下去，並且提供一些進一步的，當然仍是粗略的，在某些方面仍未充分規定的提示。還是讓我們先來考察一下知覺。在此以前，我們是將目光指向同一事物各方面顯示的多樣性，以及近－遠配置的變化，我們很快就覺察到，「……的呈現」的這種系統，被反向地聯繫到與此相關聯的動覺過程的多樣性，這種過程具有「我做」、「我動」（其中還應該算上「我保持靜止」）這種獨特的性質。動覺不同於在身體上表現出來的身體運動，然而卻奇特地與身體的運動結合在一起，屬於具有這兩個方面（內在的動覺－外在的身體的實在的運動）的自己的身體。如果我們追問這種「屬於」，那麼我們就會看到，「我的身體」總是要求一些特殊的廣泛而深入的描述，它以在多樣性中顯示自己的方式具有它的獨特的特徵。

但是我們還沒有提到另外一個非常重要的主題方向，這個方向的特徵就是有效性的變化。這種現象，例如，從存在變化為假象的現象。在連續的知覺中，對於我們來說，事物「在這

11 參看芬克有關「無意識」的附言（附錄二十一）。

裡」就在於直接在場這樣一種直截了當的存在的確信，儘管我必須補充說，一般而言是這樣；因爲只當我讓我的動覺產生作用，將同時發生的所有顯示體驗爲共同屬於它的，才能保留住關於一個現實在場的將自己像它本身那樣以多種多樣方式顯示出來的事物的意識。但是如果我問，這種事物的顯示屬於變化著的動覺這樣一個事實意味著什麼，在這種情況下我就意識到，在這裡有一種隱蔽的意向上的「如果—則」的關聯在發揮作用；這些顯示必定是在某種系統的順序中發生；因此它們是根據期望，在相應的知覺過程中被預示的。在這裡，現實的動覺就包含在動覺能力的系統之中，而協調地屬於它的可能的後果的系統則與動覺能力系統相關聯。因此這就是對現前化了的事物的任何直截了當的存在的確信之意向性背景。

但是這種協調性常遭到破壞；存在變成假象，或甚至變成不可靠的存在，只是可能的存在、或然的存在，雖然如此仍不是無意義的假象的東西等等。後來這種假象透過「修正」、透過改變人們一直藉以知覺這事物的那種意義，而被消除了。很容易看出來，統覺意義的改變，是借助改變作爲通常的東西（即作爲協調地發生的東西）被預期的多樣性之期望地平線而發生的：例如，當我們看到一個人，後來透過觸摸他，而必須重新將他解釋爲（在視覺上像一個人那樣呈現的）人體模型時就是這種情況。

但是，在這樣一個興趣方向上，不僅是在個別的事物上，而且在每一個知覺中，就已經能夠看出意想不到複雜的東西了。就意識來說，個別的東西並不是單獨存在的；對一個事物的知覺，是在某個**知覺域**中對它的知覺，而且，正如在知覺中的個別事物只是透過「所有可能的知覺」之敞開的地平線才有意義一樣，只要眞正被知覺的東西是「指示」協調地屬於它的知覺上的可能的呈現之系統的多樣性，那麼這個事物仍然還有一個地平線；與「內在的地平線」相對的，正是作爲事物領域之中的事物的「外在的地平線」；而事物最終指示整個的「作爲知覺世界的世界」。這個事物是同時現實地被知覺的整個一組事物當中的一個，但是對於我們來說，這一組事物在意識上並不就是世界；相反，是世界在這一組事物中呈現出來，對於我們來說，這一組事物作爲暫時的知覺域，總是已經具有世界「的」片段的，即各種可能知覺的事物總體「的」片段的性格。因此，每一個現前的世界都是這樣；世界總是透過「原初的在場」（我們借此來指稱現實地被知覺的東西本身之連續主觀的性格）的核心，以及透過它的內部的和外部的地平線的有效性，爲我呈現出來。

在我們的（每一個「我的」）清醒的生活中，世界總是以這樣的方式被知覺，它總是流入到我的進行知覺的意識生活的統一之中；但卻是以這樣一種奇特的方式進行的，以致前面指出過的多樣性之和諧的過程——它引起對所談到的事物之直接存在的意識——並不總是在個別細節上發生。存在的確信——它包含有對於在知覺進展過程中，透過對動覺的隨意調節，將所屬的多樣性和諧地納入到正在充實的過程中這樣一種預先的確信——常常並沒有被保持住，而有關世界的總體知覺中的和諧卻常常得到保持，而且是透過實際上經常同時發揮作用的修正而保持的。這裡好比應該包括這樣一種修正，即從遠處看到的東西在更切近觀察時，得到了更確切的規定，並因此同時得到了修正。（例如，從遠處看，顯示爲均勻紅色的東西，從近處看就顯示爲有斑點的東西。）

但是，在這裡我們不進一步研究我們自己的直觀之領域，而是將我們的注意力指向這樣一個事物，即在我們的連續流動地對世界的知覺中，我們並不是孤立的，在其中，我們同時與其他人有聯繫。每一個人都有自己的知覺、自己的當前化活動、自己的和諧的經驗，將自己的確信貶低爲單純的可能性、可疑性、問題、假象等等的經驗。但是，在這種**共同生活**中，每一個人都能參與到其他人的生活中，因此，一般而言，世界不僅是爲個別化了的人而存在，而且是爲人類共同體而存在，更確切地說，只是透過將直接與知覺有關的東西共同體化而存在。

在這種共同體化過程中，有效性的改變，也總是透過相互修正而產生的。透過相互理解，我的體驗與體驗的獲得物與他人的體驗和體驗的獲得物發生關聯，其方式就如同我的（或更確切些說，每一個人自己的）體驗生活內部一系列個別體驗之間發生關聯一樣；在這裡也是一樣，總的來說，有效性之主觀間的協調在細節方面表明是合乎常規的東西，因此在有效性的以及在其中有效的東西的多樣性中，產生一種主觀間的統一；另外，主觀間的不協調雖然也常常表現得很充分，但是在這種情況下，不論是緘默的，甚至是未被注意到的，還是透過相互討論和批評明確表達出來的，一種一致性實現了，至少預先就確信每一個人都能夠達到這種一致。所有這些都是這樣地發生的，即在每一個人的意識中，在透過相互關聯而發展和延伸的共同體的意識中，同一個世界一部分作爲已被體驗到的世界，一部分作爲所有人的可能經驗的敞開的地平線，變成經常的有效性，並且連續地保持這種有效性；世界是由現實存在的事物構成的一切人共有的普遍的地平線。每一個人作爲可能經驗的主體都有自己的經驗、自己的觀察角度、自己的知覺關聯、自己的有效性的變化、自己的修正等等，每一個特殊的往來團體又有他們共同的觀察角度等等。確切地說，在這裡每一個人又有他所經驗的事物，就是說，如果我們將這種被經驗的事物理解爲總是對他有效的東西，總是被他看到的東西，並且是在看這個活動中被體驗爲當下存在和如此存在的東西，他就有他所經驗到的事物。但是每一個人都「知道」自己是生活在他周圍的人的地平線中，他與周圍的人可能時而發生現實的關聯，時而發生潛在的關聯，如同周圍的人也能在現實的和潛在的共同生活中與其他人發生關聯一樣（他同樣也知道這種情況）。他知道，他和他的同伴在他們的現實關聯中以如下方式與同一些被經驗的事物發生關係，即關於這同一些被經驗的事物，每一個人都具有不同的觀察角度、不同的側面、不同的遠近配置等等，但是其中的每一個都是從由多樣性構成的同一的總的體系得來的，每一個人（在對同一事物的現實體驗中心總是將這種多樣性作爲同一的東西意識爲該事物的可能體驗的地平線。如果我們就其顯現方式的如何考察「原來就是自己的」事物與「經過移情作用」而知道的他人的事物之間的區別，如果我們考察自己的觀點和經過移情作用而知道的他人的觀點之間不一致的可能性，那麼對於我們每一個人來說，每一個人眞正原初作爲知覺的事物體驗到的東西，就變成了「關於」客觀存在著的東西之單純的「表象」、「顯現」。它們透過這種綜合具有了正是「關於……的顯現」這種新的意義，它們從現在起就是以這種意義而起作用。「這個」事物本身實際上是這樣一種東西，即沒有一個人像眞實看到的那樣具有它，因爲確切地說，它總是在運動中，總是並且對於每一個人來說都是，自己的和他人的變化著的體驗和被體驗到的東西的敞開的無限的多樣性在意識上的統一。在這種情況下，這種體驗的別的主觀，對於我和每一個人來說，本身就是由也許可能遇到的，並且後來共同地與我發生現實的關聯的人們構成的敞開的無限的地平線。

四十八、一切存在著的東西，不論具有什麼意義，不論屬於什麼範圍，都是主觀的相互關聯的系統之標誌。

在對於主觀顯現方式的多樣性——世界就是透過這些主觀顯現方式的多樣性預先給予我們的——所進行的這種專一的深入研究中，就是現在也總是下面這樣一種認識指導我們，即使我們本來只是考察知覺的世界，在這方面甚至只是考察它的物體的東西。即在這裡所涉及的並不是偶然的事實，寧可說，沒有任何一個人——不管我們將他們想像得多麼不同——能夠體驗處於另外的給予方式中的世界，而不是處於我們一般地描述的、不停地運動的相對性中的世界，即在自己的意識生活中，和與人類同伴的往來中，預先給予的世界。正如我們所看到的，關於每一個人都像事物和一般世界對他呈現的那樣看見事物和一般世界的這種樸素的不言而喻性，掩蓋了一個由值得注意的眞理構成的廣大的地平線，這些眞理從來沒有按照自己的特徵和自己的系統關聯進入到哲學的視野。世界（即我們總在談論的世界）和世界的主觀給予方式的相互關聯，從來（就是說，在「超越論的現象學」在《邏輯研究》中第一次出現以前）也沒有引起哲學上的驚訝，雖然在蘇格拉底以前的哲學中，以及在詭辯學派那裡（只是作爲懷疑論的論證的理由）這種相互關聯已被清楚地感覺到了。這種相互關聯也從來

168

沒有引起特殊的哲學興趣，使它成爲一種特殊科學態度的主題。人們仍舊囿於這樣一種不言而喻性，即每一種事物對於每一個人每一次都顯得是不同的。

但是，只要我們開始仔細地考察一個事物在其現實的和可能的變化中是如何顯現的，並且始終不渝地注意在它本身中包含的顯現與顯現者本身的相互關聯，只要我們與此同時將上述變化作爲對在自我主觀中和在它的共同體化中發生的意向性產生的有效性變化加以研究，我們心中就不得不產生一種穩定的、自身愈來愈紛繁的類型學，它不僅適合於知覺，不僅適合於物體，適合於現實感性的可以查明的深度，而且適合於一切包含在空間－時間世界中的存在者，以及它的主觀給予方式。每一種東西都處於與它的屬於自己的在可能經驗中的給予方式的關聯之中，而這種給予方式絕不單純是感性的；每一種東西都有它的有效性樣式，以及它的特殊的綜合方式。體驗，自明性並不是一種空洞的普遍性，而是依據存在物的種、屬、領域範疇，而且還依據空間－時間的樣式而相互區別。一切存在物，不論它具有具體的還是抽象的意義，現實的還是理念的意義，都具有它的自身給予的方式，就自我方面而言，都具有它的在有效性樣式中的意向方式，並且與此相關聯，都具有這些有效性樣式在對其個人－主觀的和主觀間的和諧與不和諧之綜合中發生的主觀變化的方式。我們還已經預見到（即使是一些初步的檢驗就已經使它預先變得很明顯了），即這種相關聯的紛繁的多種多樣的在每一點上又進一步自身區分的類型學，並不是一種單純的，儘管一般能夠確定的事實，而是在事實東西中表明一種本質的必然性，這種本質的必然性借助於適當的方法，能夠轉變爲本質的普遍性，轉變爲一個由一些新穎的極其令人驚訝的先驗的眞理構成的巨大體系。不論我們從哪裡著手，情況都是這樣：對於我和任何可以想像的主觀都作爲現實存在而有效的每一個存在者，因此都是相互關聯的，並且按照本質必然性是主觀的系統的多樣性之標誌。每一個存在者都標誌一種現實的和可能的經驗到的給予方式之理念的普遍性，這些給予方式中的每一個都是這一個存在者的顯現，而且是這樣，即每一種現實的具體的經驗，都實現一種由這種總體的多樣性而來的和諧的給予方式之過程，一種對進行經驗的意向不斷充實的過程。[12]但是這種總體的多樣性，本身作爲與現實過程相反，然而還是可能實現的過程

---

12 當第一次想到經驗對象與給予方式的這種普遍關聯的先驗性時（大約是一八九八年我寫作《邏輯研究》時），我被深深地震撼了。以至於從那以後，我畢生的事業都受到系統闡明這種相互關聯的先驗性的任務的支配。本文以下的思考過程將闡明，將人的主觀性包括到這種相互關聯的問題中，如何一定會引起這整個問題之意義的根本改變，並最終一定會導致向絕對的超越論的主觀性的現象學還原。

現象學還原最初的（儘管還需要許多說明的）出現，是在《邏輯研究》（一九〇〇／一九〇一）出版幾年以後。系統介紹這種超越論還原的新哲學之最初嘗試，是在一九一三年出版的部分著作（《純粹現象學與現象學哲學的理念》第一卷）。

從那時以來幾十年的同時代的哲學——甚至包括所謂現象學學派的哲學——寧願固守舊哲學的樸素性。當然，對於一種如此根本的改變，即對於整個自然生活方式的全面的轉變的這種最初顯露，是很難給予充分根據的敘述的。在這裡，尤其是因爲在以下論述中將會理解的一些特殊原因，常常引起由於退回到自然的態度而產生的誤解。

的地平線，同屬於每一種經驗，或更確切地說，屬於在經驗中發生作用的意向。對於每一個主觀來說，這種意向就是*我思*，（最廣義地理解的）給予方式就是我思按照「什麼」和「如何」進行思考的*所思對象*，這些給予方式本身反過來，又將這同一個存在者作爲它們的統一「呈現」出來。

四十九、關於作爲「原初的意義形成」的超越論的構成之預備性概念。以前所闡明的所有分析作爲示例所具有的狹隘性；對於進一步解釋的地平線之提示。

不論我們應該對所有這些做多麼寬泛的理解（在這裡，像「存在者」、「給予方式」、「綜合」等概念，總是被相對化了的），我們都能從這裡看出，所涉及的是當下的主觀性之多階段的意向性總體的成就，但並不是個別的主觀性，而是透過成就結合起來的主觀間共同性之總體。我們總是一再地看到，從表面上明顯的東西來說，形成統一的多樣性的顯現方式本身，又是處於更深層次的多樣性的統一，這種多樣性是透過顯現而構成統一的，這樣一來，我們就被引回到一種晦暗的地平線，不過這始終是一個可以透過有系統的回溯揭示出來的地平線。所有的階段和層次——透過它們從主觀到主觀意向地延伸著的綜合而緊密結合在一起——構成綜合普遍的統一；透過這種統一，對象的整個領域就出現了，這是一個存在著的世界，並且如同它具體地生動地被給予的那樣的世界（並且對於一切可能的實踐來說，都

170

是預先給予的世界）。在這方面我們所談的是世界的「所有主觀間共同的構成」，其中包括尚隱蔽的這種給予方式以及對於自我有效的所有樣式的整個系統；借助這種構成（如果我們對它進行系統揭示），這個爲我們而存在的世界就變得可以理解了，即可以將它理解爲由所有基本的意向性形成的意義構成物。這些意向性的特有的存在，不是別的什麼東西，而是意義構成，這種意義構成與其他的意義構成共同起作用，透過綜合「構成」新的意義。意義絕不是別的什麼東西，而是有效性所有樣式中的意義，因此是與作爲有意向的並完成有效性的自我—主觀相關聯的。意向性的這個名稱所指的，是唯一現實的和眞正的說明的活動與理解的活動。追溯到意義形成之意向的源泉和統一，就得到一種理解，一旦達到了這種理解（這當然是一種理想的情況），就不會留下任何有意義的問題沒有解決。但是，任何一種嚴肅的眞正的從「現成的存在者」向它的意向的源泉的回溯，都會在已經揭示的層次和對於在其中所成就的東西的闡明方面，產生一種雖然是相對的，但是就其所及範圍而言仍然是一種眞正的理解。

我們更多地是以示例的方式論述的東西，當然只不過是一種開端，首先也只不過是闡明知覺世界的一個開端——知覺世界本身整個來看也只不過是一個「層次」。世界是空間時間的世界，空間時間性（「生動的」而不是邏輯—數學上的空間時間性）屬於作爲生活世界的世界固有的存在意義。我們瞄準了這個知覺的世界（顯然，我們從這裡開始並不是偶然的），關於這個世界只得到現在的時間樣式，這種樣式本身指向它的地平線，即指向過去和將來的時間樣式。爲了形成過去的意義，回憶首先就實行意向功能，雖然我們撇開這樣一個事實，即知覺本身作爲「流動—停止」的現在，只是由於下面這樣一種情況才被構成的，即正如更深刻的意向分析所揭示的，停止的現在具有兩個側面的，儘管是以不同方式構成的地平線，用意向的語言來說，就是由滯留與前攝構成的連續體。但是時間化作用與時間的這些最初的萌芽形態完全處於隱蔽狀態。在以它們爲基礎建立起來的回憶中，我們以一種原始直觀的方式具體地有一種過去——過去了的現在。這種過去也是一種「存在者」，它具有自己的給予方式的多樣性，具有自己的作爲當時已流逝的東西，最初達到自身呈現（達到直接的自明性）的方式。同樣，預期，或預想，又是具有知覺之意向改變的意義（因此未來的意思就是：未來的現在），是一種原初的意義構成，未來東西的存在意義本身，就是由這裡產生出來的——即從更深的能夠準確揭示的結構中產生出來的。以上所述說明時間化的，或時間及其時間內容的一些更新維度的起源，我們在這裡不談論這樣一個事實（因爲在這裡不必說明它），即任何種類、任何階段的存在者之任何構成，都是時間化，這種時間化賦予結構體系中的存在者的每一種特殊意義以它的時間形式，然而只是透過包羅一切的普遍的綜合（世界就是由它構成的），所有這些時間才綜合地進入到唯一時間的統一之中。還應該指出一點，即爲了闡明意向綜合的成就，應該優先闡明連續的綜合（例如，包含在流動統一的知覺中的綜合），這是對於各種非連續的綜合進行更高層次的闡明之基礎。作爲例子，我可以舉出將一個被感知的東西，與根據回憶以前就已存在於這裡的東西，看作是同一的。這種重新認出，透過連續的回憶對它加以解釋，對這些「不言而喻的東西」進行相應的更深入的分析——所有這一切就導致一些困難的研究。

在這裡也像在其他情況下一樣，我們只能從最切近的具體的東西著手研究。不過已經闡明的東西也許能使我們明瞭下面這種情況，即只要人們透過懸擱這種態度上的轉變前進到這樣的程度，即將處於自己固有的、自身封閉的純粹關聯之中的純粹主觀的東西，視爲是意向性，並且認識到它是形成存在意義的功能，那麼理論的興趣就會迅速增長，並且人們由於在這裡突然出現的無限多的研究課題，以及這裡能做出的無限多的重要發現，每前進一個階段都會處於愈來愈大的驚訝之中。當然，人們很快就會受到一些異常困難的嚴重困擾；如在保持純粹的精神態度，熟悉這個陌生的世界——對於這個世界，建立在自然世界之上的一切概念、一切思想方式和科學方法，因此客觀科學的一切邏輯方法，都不可能有任何用處，透過在最初向前探索中形成的這裡所需要的方法，實現一種新的但仍是科學的思想等方面的異常困難的嚴重困擾。事實上，這是一個完整的世界——如果我們能夠將赫拉克利特的中 ψυχή（心靈）與這種主觀性看作是相同的東西，那麼毫無疑問，他下面這句話也適用於它：「哪怕你走遍了每一條大道，你也永遠找不到心靈的邊界；它的根柢是很深的。」事實上，每一個已達到的根柢都又指向進一步的根柢，每一個已展開的地平線又喚起一些新的地平線。然而，這種無限的整體在其流動運動的無限性之中，指向一種的意義的統一；當然並不是以這樣一種方式，彷彿我們能夠毫無困難地完全把握和理解這種意義。相反，只要我們相當好地把握住意義形成的普遍形式，處於其無限整體性之中的這整個意義的廣度和深度，就獲得一些評價方面的維度；整體性問題就作爲普遍理性的問題展現出來了。但是這樣的情況在初學者那裡是不會發生的，初學者只能從很少有關聯的提示開始，他只是逐漸地學會發現所進行的工作的本質次序，並且（這樣說也是一樣）學會滿足那些在提示和描述過程中後來被認爲是決定一切的重要觀察角度。對此在這裡只能用粗略提示的方式加以描述。

五十、將所有的研究問題初步整理在「自我—我思—所思」這個標題下。

如果我們開始對主觀的—相對的生活世界發生興趣，那麼吸引我們注意力的首先當然就是顯現和顯現者，而且在開始時我們同樣是停留在直觀地給予的東西的範圍之中，即停留在經驗的各種樣式的範圍之中。關於非直觀的意識方式以及將它向直觀的可能性回溯的問題，仍不在考慮之內。因此，我們要探究的是多種多樣的顯現，藉以將「存在者」作爲它的「對象極」包含於自身之中的那種綜合；不是眞實地，而是意向地包含於自身之中，並且是將存在者作爲這樣一種東西包含於自身之中的，即每一個顯現按照自己的方式都是**它的**顯現。因此，例如一個處於和諧的統一綜合之中的事物，正是這樣一個事物，它總是一個方面接一個方面地顯示出來的，它透過它的（以多種多樣遠近配置顯示出來的）各種性質，展示自己的同一的存在。按意向性的說法就是，每一個直接地被體驗爲「這裡的這個」的東西，即被體驗爲事物的東西，都是它的在反思的方向中變得可以直觀的（以及按它們的方式變得可以經驗的）所有顯現方式的標誌。在這裡所進行的考察中當然順便也談到了自我，但是這個自我最終要求具有成爲一個特殊的非常廣泛的自我研究主題的權利，即自我作爲以自己的方式同一地實行一切有效性的東西，作爲有意向的自我，作爲在多階層的顯現方式的變化中「透過這些顯現方式」而指向統一極的東西——就是說指向它所追求的目標（它的計畫），這個目標或多或少已經預先清楚明確地想到了，它存在著、生成著，從一個階段到另一個階段地被充實著，充實著自己的意向，作爲這樣的東西成爲研究的主題。同時還存在著以下情況，即這個自我——作爲自我極——連續地作爲持存著的發揮功能，以至於它在透過對象的所有特性（即按照對象在其中以特殊性而存在的特殊「存在方式」）積極地展示對象時，並不使在知覺進行中總是原初展示的東西沉沒到虛無之中，而是（儘管未被知覺到）透過意指把握它們。所有的東西都集中於自我極中，包括將存在確信樣式化、「消除」假象、留意對確定的東西做出判定、懷疑等等。另一方面，各種刺激是指向自我極的，它們以或大或小的緊迫性吸引著自我，也許還促使自我轉向它們，並引起一種眞正的行動。以上這些以及與此類似的東西，是對於作爲自我極的自我進行特殊的深層分析的預告。

因此，用笛卡兒的說法，我們有三個標題：自我—我思—所思。自我極（以及它的同一性這種它所特有的東西），作爲在綜合地結合之中的顯現的主觀東西，以及對象極，這三者是我們的分析的不同注視方向。與它們相對應的，是意向性這個總標題下的各個不同方式：指向某物、某物的顯現，以及某物，作爲在其各種顯現中統一的東西，以及自我極的意向透過這些顯現指向的東西的對象的東西。儘管這些標題是彼此不可分的，但是我們暫時每次只能探討其中的一個，而且是按照與笛卡兒的探討順序相反的順序進行的。首先是直接給予的生活世界，而且最初是像它作爲「通常的」在純粹存在的確信中（因此是毫無疑問地）

直接地完整地在這裡存在著的世界而在知覺上給予的那樣的生活世界。由於新的興趣方向的確立，以及因此在這個方向實行的嚴格的懸擱，生活世界就成了第一個意向性的標題，成了追溯顯現方式的多樣性及其意向結構的指標，主導線索。在第二個反思階段，一種新的方向導向自我極，以及它的同一性所特有的東西。這裡作爲最重要的東西，只想指出自我的形式中最一般的東西，即自我所固有的時間化，借助於這種時間化，自我在它的種種時間樣式中構成著自己，使自己成爲有延續性的自我；同一的自我（現在現實現前的自我），在它自己的每一個過去，都以某種方式是一個不同的我，正是那個曾經存在過，因此現在不存在的我，然而在它的時間的連續中又是同一個我，它現在存在著，曾經存在過，並且在自己的前面有自己的未來。作爲被時間化了的東西，現實現在的自我，也與它的過去了的，因此不再是當前的自我相連結，與它進行對話，對它進行批判，就如同對別人進行批判一樣。

只要我們考慮到，主觀性只有在主觀間共同性之中才是它所是的那個東西——即才是以構成的方式起作用的自我，上述一切就變得複雜了。從「自我」這個觀點來看，這就意味著一些新的主題，即特別涉及到自我與他我（每一個人都純粹被看成是自我）的綜合，「我—你的綜合」，同樣還有更爲複雜的「我們」的綜合這樣一些新的主題。從某種意義上說，這又是一種時間化，即自我極的同時性的時間化，或者（這樣說也是一樣），每一個自我都知道自己處於其中的那個個人的（純粹自我的）地平線的構成之時間化，這是一種作爲一切自我—主觀的「空間」的普遍的社會性（在這種意義上就是「人類」）。但是，主觀間共同性的綜合當然同時也涉及到所有的東西；主觀間共同的同一的生活世界，對於所有的人都是作爲顯現之多樣性的意向性「標誌」發揮作用的，被結合到主觀間共同的綜合之中的這種顯現之多樣性，就是那種所有的自我—主觀（並且絕不是每一個自我—主觀僅僅透過自己的個人所特有的多樣性）都透過它們而指向共同的世界及其中的事物——作爲在一般的「我們」之中結合起來的一切活動之領域等等的東西。

五十一、「生活世界的存在論」的任務。

但是，在所有這些東西當中，產生支配作用的是一種固定的類型學。這種情況就使得科學性、描述、現象學—超越論的眞理成爲可能。正如我們已經指出的，這種類型學是一種能從方法上作爲純粹的先驗性加以把握的本質類型學。在這裡值得注意的並且在哲學上非常重要的是，這也涉及到我們的題目中最重要的東西，涉及到透過一切相對性作爲統一的東西被構成的生活世界，涉及到由生活世界中所有對象構成的整個領域。即使沒有任何超越論的興趣，也就是說，在「自然的態度」中（用超越論哲學的說法：在懸擱之前的樸素態度中），生活世界本來也能夠成爲一種特殊的科學——即純粹作爲經驗世界（即作爲能夠在現實的和可能的經驗直觀中統一地、連貫地、和諧地被直觀到的世界）的生活世界的存在論——的主題，從我們這方面來說——我們迄今一直在超越論的懸擱這種態度轉變中進行我們的系統的思考——我們能夠隨時重新恢復自然的態度，並能在其中考察生活世界中不變的結構。

直接將一切實踐構成物（甚至作爲文化事實的客觀科學的構成物，儘管我們克制自己不 176

對它們發生興趣）吸收到自身之中的生活的世界，在不斷改變的相對性中當然是與主觀性相關聯。但是不管它怎樣地改變，不管它怎樣地被修正，它都遵守它的本質上合法則的類型學，一切生活，因此還有一切科學（生活世界是它們的「基礎」）都仍然與這類型學相結合。因此生活世界也有能由純粹的自明性得來的存在論。

關於這樣一種建立在自然基礎之上的，因此也就是在超越論的興趣地平線之外的，生活世界存在論的可能性和意義，我們已經談到過了，而且在其他上下文關聯中還會談到它。我們必須牢牢記住這一點，即這種「存在論」所特有的先驗科學的意義與傳統的先驗科學的意義有明顯不同。我們絕不可忽視這樣一個事實，即近代哲學在其所有客觀科學中是受關於本身爲眞的世界的構成概念指導的，這個世界至少就自然而言是以數學的形式爲基礎的。因此，近代哲學關於先驗科學的，最終是關於普遍的數學（邏輯、數理邏輯）的概念，不可能具有眞正的自明性之高位，因此是從直接地自身給予（經驗的直觀）中得來的本質洞察之高位，它是很想爲自己要求這種高位的。

在做了以上這種提示之後，如果我們再返回到超越論的態度，即返回到懸擱，那麼在我們的超越論哲學的框架內，生活世界本身就變成了純粹超越論的「現象」。儘管就其特有的本質而言它在這裡仍然是它以前所是的那個東西，但是現在表明，它可以說是具體的超越論的主觀性中的單純的「組成部分」，與此相應，它的先驗性證明是超越論東西的普遍的先驗性的一個「層次」。當然，像「組成部分」、「層次」這樣一些來源於自然世界的詞是有害的，因此必須注意到它們的意義之必然的變化。在這種懸擱中，我們總是能夠自由地將我們的目光始終一貫地僅僅指向這個生活世界，或者說，指向它的先驗的本質形式；另一方面，透過將目光做相應的改變，我們可以指向構成它的「事物」的，或更確切地說，構成它的事物形式的相關物；即指向給予方式的多樣性以及它們的相關聯的本質形式。然後我們還可以指向在所有這些東西當中發揮功能的主觀和主觀的共同體，探究它們所具有的自我的本質形式。在這些互爲基礎的局部態度的這種變換中——在這裡，集中注意生活世界中現象的態度被當做出發點，即被當作通往更高水準上的相關的態度之超越論的指導線索——超越論還原的普遍的研究任務就得以實現了。

五十二、出現一些悖論式的不可理解的東西。重新澈底思考的必要性。

對於純粹的相互關聯問題的初步概觀——這種概觀向我們展開了從處於對世界的自然興趣中的生活，向一種「漠不關心的」觀察者對世界的態度的轉變，產生了（儘管是以某種樸素性，因此是暫時的）許多顯然是非常令人驚訝的認識，這些認識如果從方法上加以充分辯護，就將意味著我們對世界的整個考察有一種澈底的重新塑造。爲了進行這種辯護，需要對所有最後前提的基礎進行思考；這整個的問題難點都置根於這個基礎之中，因此這個問題難點的理論上的判定，最終也是從這個基礎吸取它們的意義。但是，在這裡我們立即就陷入到極大的困難之中，陷入到意想不到的暫時無法解決的悖論之中，它們使我們的整個研究都成了問題。儘管有一些向我們呈現的，我們不得不加考慮就放棄的自明性，情況仍然是這樣。也許只有重新追溯到這種認識的基礎（與追溯到客觀認識的基礎相反），才能導致對它的眞正意義的澄清，並且相應地對它的眞正意義的界定。在這種相互關聯的主題中，我們總是有世界與作爲在共同體中有意向地完成世界有效性這種成就的主觀性的人類。我們的懸擱（它決定當前的主題範圍）不允許我們去接觸任何自然的世界生活和它的世間的興趣。懸擱提供我們一種超出它們之上的立場。任何關於這個世界的存在，現實存在的或非存在的興趣，因此，任何從理論上指向世界認識的興趣，以及甚至任何通常意義上的實踐興趣，因爲它們依賴於它們的境況眞理這個前提，對於我們來說都是不允許的。不僅不允許我們自己（我們這些進行哲學思考的人）實行我們自己的興趣，而且也不允許我們參與我們周圍的人的任何興趣，因爲在這種情況下我們也間接地對於存在著的現實性發生興趣。任何的客觀眞理，不論是在前科學意義上的還是在科學意義上的，或者說，任何有關客觀存在的論斷，都不能進入到我們的科學性的範圍，不論是作爲前提，還是作爲結論。在這裡我們就能發現**第一個困難**。我們也不從事科學研究嗎？我們不確定有關眞正存在的眞理嗎？我們不是走上了雙重眞理的危險道路嗎？除去客觀眞理之外，還有第二種眞理，即主觀眞理嗎？回答當然是這樣的：這正是在懸擱中進行的研究得出的結果——這是一個令人驚訝的但是自明的結果，它只有透過我們現在進行的思考才能最終澄清，即自然的客觀的世界生活，只是不斷構成著世界的超越論的生活之一種特殊的方式，以致超越論的主觀性在以這種方式平淡生活時，並沒有意識到這種構成著的地平線，而且永遠也不能覺察到它們。超越論的主觀性可以說是以「迷戀於」統一極的方式生活的，並沒有注意到本質上屬於它的構成的多樣性，爲了認識到這種多樣性，恰好需要完全改變態度和反思。客觀的眞理僅僅屬於自然的—人的世界生活的態度。從根源上講，客觀眞理是產生自人類實踐的需要，意圖是要確保作爲存在者直接給予的東西（在存在的確信中作爲保持的東西被預期的對象極），以防存在的確信受到可能的改變。在懸擱這種改變態度中並沒有喪失任何東西，在世界—生活的全部興趣和目的中並沒有喪失任何東西，因此，從認識的目的中也沒有喪失任何東西。只是對所有這些東西都指出了它們的本質的主觀的相關物，因此客觀存在的因而還有一切客觀眞理的全部的和眞正的存在意義都被呈現出來了。作爲普遍的客觀的科學的哲學——一切古代傳統的哲學都是這樣的東西，以及所有客觀的科學，根本就不是普遍的科學。它納入它的研究範圍的只是被構成的對象極，它對於以超越論方式構成對象極的全部具體的存在和生活仍然是盲目無知的。但是正如我們所說，雖然我們將這作爲眞理來把握，但是首先關於這種眞理的意義，我們還需要作最後的澄清。

現在第二個困難出現了。對於人的全部自然生活興趣的懸擱，似乎就是對它們完全加以迴避（順帶一提，這是對於超越論的懸擱之非常普遍的誤解）。但是，如果懸擱是這樣的東西，那就沒有任何超越論的研究了。如果我們不將知覺與被知覺的東西、記憶與被記憶的東西、客觀的東西與對於每一種客觀東西的證實（其中包括藝術、科學、哲學）當成例證體驗到，並且甚至完全自明地體驗到，我們如何能夠將這一類東西當作超越論的主題呢？實際上情況就是如此。因此從某種意義上說，哲學家在進行懸擱時也必然會「自然地體驗到」

自然生活，不過由於以下情況懸擱產生一種重大差別，即它改變了主題處理的整個方式，而且還改變了認識目標的整個存在意義。在直接的自然生活中，全部的目的都限定於「這個」世界，全部的認識都限定於由證實而確保的現實的存在者。世界是開放的全體領域，是「所有界限」的地平線，是一切實踐都以之爲前提，並且不斷地由實踐成果而得到豐富的存在者的普遍領域。因此世界是由能自明地證實的東西構成的整體，它由於「目標指向的活動」而「在這裡」，並且是不斷地對存在者，「現實的」存在者，有新的指向之基礎。但是在這種懸擱中，我們回溯到具有最終目標指向的主觀性，即回溯到透過先前的目標設定和目標的實現，已經有了結果、已經有了世界的主觀性；並回溯到主觀性以其隱蔽的內在的「方法論」具有世界、「確立」世界、繼續形成世界的所有方式。現象學家的興趣並不是指向現成的世界，並不是指向現成世界中的本身是被構成的東西的外在地有意圖的行爲。現象學家現實地實行或透過深入理解實行各種實踐，但對於現象學家來說，實踐實現的「終點」並不是他被限定於其上的終點。寧可說，正是因爲他將這種「終點」本身，這種指向世界生活中的目標的生活，並限定於這些目標等等，當成自己的主題（就在其中發揮支配作用的主觀方面進行研究的主題），這樣一來對於他來說，世界一般的樸素的存在意義，就變成了「超越論的主觀性之極的系統」這樣一種意義，這種主觀性「具有」世界和其中的現實的東西，正如同它透過構成這些極而具有這些極一樣。顯然，這是某種與在世界本身中所保持的從「終極目的」向「手段」的轉化，向新的世間目的之各種前提轉化根本不同的東西。

以上所說的是以下面這種情況爲前提的，即人們對於我們透過懸擱將意向生活解釋爲有成就的生活之方式是完全清楚的，因此人們首先已經獲得了這樣一種認識，即即使在最直接的知覺中，因此在每一種意識中——在其中人們直接地明確地以此在的有效性占有存在者——就已經包含有目標指向，這種目標指向在愈來愈新的存在有效性（目標指向給予方式的存在有效性）的協調當中實現，並且在直觀的情況下，作爲「事物本身」而實現。不論意向性從它最初以實際指向對象的方式顯示出來開始，可能經受什麼樣的變化，這些變化最終都是自我的成就之變化形式。

第三個困難是，我們不能看出，如何能在懸擱中以描述的方法，按照其個別的事實性討論構成著的生活的「赫拉克利特式的流變」。在這裡，我們受到有關客觀世界的科學之通常區分的指導：一方面是各種描述的科學，它們以經驗爲基礎，對事實上的此在進行描述、分類，對直觀經驗之內的歸納的普遍性進行概述，以便爲所有處於同一經驗中的每一個人確定它。另一方面是有關法則的科學，有關無條件的普遍性的科學。然而，不論這種客觀的區分如何，對於我們來說，並沒有產生眞正的困難，因爲從客觀性出發對超越論的東西提出要求是不合法的。但是以下這一點是正確的，即不可能有經驗的事實科學的類似物，不可能有關於超越論的存在和生活的「描述的」科學（作爲由純粹經驗而來的歸納科學，並且是在如其事實上出現和消失的那樣，斷定個別的超越論的相互關聯的意義上的歸納科學）。甚至單個的哲學家本人也不能憑自己本身，用懸擱的方法把握住這種難以理解的流動著的生活中的任何東西，不能憑藉總是相同的內容重複它，並確實把握住它的「內容的個體性」和它的「存在方式」，以致他可以用一種確定的陳述將它描述出來，並且（即使只是爲了他個人）在某種程度上可以說能將它記載下來。但是，普遍的超越論的主觀性之充分具體的事實性，從另外一種好的意義上而言，仍是可以從科學上把握的，這正是由於以下這種情況，即實際上能夠而且必須用本質的方法提出這樣一項重要任務：研究個人成就和主觀間共同的成就的一切類型中的超越論成就的本質形式，因此按照其全部社會形態研究，以超越論方式做出成就的主觀性的全部本質形式。在這裡，事實是作爲它的本質的事實，並且只有透過它的本質才能被規定，並且絕不能在與客觀性中類似的意義上，透過歸納的經驗以經驗方式記錄。

五十三、人的主觀性的悖論：對世界來說是主觀的東西，同時又是世界中客觀的東西。

但是現在出現一個眞正嚴重的困難，它影響到我們整個的任務設定以及這種任務設定的結果的意義，事實上迫使這兩者都不得不採取新的形式。由於我們現在的懸擱方法，所有客觀的東西都變成了主觀的東西。這顯然不可能是以下這樣的意思，即透過懸擱的方法，存在著的世界和人們關於世界的表象被對置了，並且在這個不言而喻地現實地存在著的世界之基礎上，人們考察主觀的東西，因而考察人們藉以獲得有關世界的體驗的，有關世界的日常的和科學的見解的，他們各自的感覺上的和思想上的「世界圖像」的人的心靈過程。我們的科學性不是心理學家的科學性。透過實行澈底的懸擱，任何有關世界的現實性或非現實性的興趣（所有樣式的興趣，其中也包括對於這一類東西的可能性，可想像性以及可判定性的興趣）都發揮不了作用。因此，我們在這裡也不談論任何科學的心理學以及它的問題設定。對於心理學來說，被它假定爲不言而喻的現實的世界是基礎；懸擱使我們失去了的正是這個基礎。在由懸擱而達到的集中注意於相互關聯的這種純粹的態度中，世界，即客觀的東西，本身變成了一種特殊的主觀的東西。在這種態度中，「主觀的東西」甚至還以悖理的方式，即以下面這樣的方式，被相對化了。世界（在改變了的態度中被稱爲「超越論的現象」）從一開始就只被當作主觀的顯現的、意見的、主觀的活動和能力的相關者，透過這些東西，世界總是具有它的可改變的統一的意義，並且不斷地重新獲得這些意義。現在如果進行從世界（它已經有了意義統一體這種單純存在方式）向「有關」這個世界的「顯現和意見」的本質形式追溯，那麼顯現和意見就被認爲是世界的「主觀的給予方式」。然後，如果在再一次的反思和追溯中，自我極以及它所特有的一切自我的東西變成了本質研究的主題，那麼在一種新的更高的意義上，它就被稱爲世界及其顯現方式的主觀方面的東西。但是在懸擱中，主觀東西的這種一般概念包括所有這些東西，不論是自我極和所有自我極的總體，還是顯現的多樣性，或是對象極和所有對象極的總體。

但是困難正在這裡。很顯然，普遍的所有主觀間的共同性——一切客觀性，一般來講一切存在著的東西，都融解於其中——不可能是別的東西，而只能是人類；毫無疑問，人類本身是世界的一個組成部分。世界的一個組成部分，即世界的人的主觀性，如何能構成世界，即將整個世界作爲它的意向形成物而構成呢？這個世界是一個由意向上有所成就的主觀性的普遍關聯形成的、總是已經生成並且繼續生成的構成物——與此同時，它們，在協作中

183

有所成就的主觀，本身只能是這整個成就的部分構成物，這怎麼可能呢？

世界的這種主觀的部分，可以說是呑食了這整個的世界，因此也呑食了它本身。這是多麼荒謬呀！或者這是一個可以合理解決的，甚至是必然的悖論，是必然從這種經常的緊張狀態——自然的客觀的態度的不言而喻的力量（**常識**〔commonsense〕的力量）和與它對立的「冷漠的觀察者」的態度之間的緊張狀態中產生出來的悖論？當然，要澈底實行這後一種態度是極其困難的，因爲它經常受到誤解的威脅。此外，現象學家絕不能透過實行懸擱就立即具有了不言而喻地可能的新的計畫的地平線；超越論的工作領域並不是按照一種不言而喻的類型學已經形成，並且立即就展現在他面前的。世界是預先給定的不言而喻的東西之唯一整體領域。從一開始現象學家就生活於這樣一種悖論之中，即他必須將不言而喻的東西視爲可疑的、難以理解的，而且從此以後除去以下這個科學主題也不可能有別的科學主題，即將世界存在這種普遍的不言而喻性——對於他來說，這是一切謎之中最大的謎——轉變成一種可理解性。如果剛剛闡明過的悖論是不能解決的，那就意味著，眞正普遍而澈底地實行懸擱是根本不可能的。也就是說，爲了一種與它緊密結合的科學而澈底實行懸擱是不可能的。如果這種冷漠態度和懸擱純粹是心理學家的冷漠態度和懸擱——對於這種在這個世界的基礎上活動的心理學家，是不會有人反對的，那麼，在我們的自明性上那種眞正能站得住腳的東西，就被歸結爲客觀的—心理學的本質洞察，儘管是一種新型的洞察。但是我們能夠安心於這種狀況嗎？我們能夠滿足於這樣一種單純的事實嗎？即**人類對於世界是主觀**（這個世界對於它們的意識而言是它們的世界）而同時又是這個世界中的客觀？作爲科學家，我們能夠安心於這樣一種看法嗎？即上帝創造了世界和世界上的人類，上帝賦予人類以意識和理性，即認識能力，而最高的是科學認識能力？按照天啟宗教的本質所特有的樸素性來說，這可能是毫無疑問的眞理，並且永遠是眞理，儘管對於哲學家們來說，只有這種樸素性還是不夠的。創世之謎，以及上帝之謎本身，是天啟宗教的本質組成部分。但是對於哲學家來說，在這裡，以及在「在世界之中的主觀性作爲客觀」，同時又是「對於世界來說的意識主觀」這種相互關係中，包含著一種必然的理論問題，即要理解這是如何可能的。懸擱在它向我們提供一種超出於共同屬於世界的主觀—客觀關聯的態度時，並因此提供一種指向超越論的主觀—客觀關聯的態度時，就將引導我們透過自我反思去認識以下一點，即爲我們而存在著的這個世界，就其存在方式和存在而言，是我們的世界，它完全是透過一種可以揭示出來的所有成就的先驗的類型學——一種可以揭示出來的成就的類型學，但不是以論證的方式構成的，不是在神話式的思想中臆造的類型學——從我們的意向生活中獲取它的存在意義的。

如果人們由於草率而忽視這些問題，並且逃避從事首尾一貫地回溯和研究的辛勞，或者如果人們從以往的哲學家，譬如從亞里斯多德和湯瑪斯的作坊中引用種種論據，玩弄邏輯證明與反駁的把戲，那就不可能解決這些問題以及其中包含的深刻困難。在懸擱中，邏輯、一切先驗性、一切古老而受尊敬的證明，都不能當作有力武器，如同所有的客觀的科學性一樣，它們本身是應被懸擱的樸素性。另一方面，這種新出現的現象學的超越論的澈底主義哲學的本質特徵就是：正如剛剛說過的，它不同於客觀的科學，沒有預先已經準備好的不言而喻的東西的基礎，而是從原則上排除類似意義上的（甚至其他意義上的）基礎。因此，它暫時只能從毫無基礎的地方開始。但是它隨即獲得了憑本身力量爲自己創造基礎的可能性，即透過它在獨創性的自身反思中把握住已轉變成現象，或更確切地說，轉變成現象的整個領域的樸素世界的方法，爲自己創造基礎的可能性。這種哲學最初的步驟，如同在以上的概述中所實行的步驟一樣，必然是以樸素的自明性進行體驗和思考的步驟。它並沒有預先已形成的邏輯和方法論，它的方法，甚至它的成就的眞正意義，只有透過不斷更新的自身反思才能獲得。這種哲學的命運（當然，後來可能被理解爲本質必然的東西）就是一再重新陷入從仍未詢問過的，甚至是未被注意到的地平線中產生的悖論之中，這些悖論作爲共同產生作用的東西，暫時顯示爲種種不可理解的東西。

五十四、悖論的消解。

（一）我們作爲人，和我們作爲最終發揮功能的有所成就的主觀

那麼關於現在所討論的悖論，即關於作爲構成世界然而卻又屬於世界的主觀性的人類的悖論的情況又如何呢？在我們最初所進行的探討的樸素性中，我們曾對於由令人驚訝的發現構成的那些一再擴展的地平線感興趣；而且在我們的目光之最初的自然指向中，我們首先就完全堅持在對象極—給予方式（最廣泛意義上的顯現方式）這種最初的反思階段的相互關聯上。自我雖然作爲最高反思階段上的主題被談到了，但是在進行細心的分析—描述（它

當然是更重視切近的相互關聯）當中，它並沒有得到應有的重視。自我發揮功能的存在之深度只是後來才被感覺到。因此與此相關聯，就缺少從「自我」——如我現在正在談論的「自我」——向「他我」，向「我們大家」（由許多個「我」構成的「我們」，在其中我只是「一個」我）的意義轉變的現象。因此缺少從自我出發，甚至「在」自我「之中」構成作爲這個「我們大家」的主觀間共同性的問題。這就是那些沒有在我們被引入其中並被在其中繼續向前推進的道路上呈現出來的問題。現在這些問題將迫使我們注意。因爲由於以下這個終究必然會出現的問題，我們最清楚地感受到必須在這裡停下來轉入自身反思。這個問題就是：作爲執行普遍構成的意義成就和有效性成就的主觀的我們——作爲在公共化中將世界作爲極的系統來構成，因此作爲公共化了的生活的意向構成物來構成的構成者的我們——是誰？能說，「我們」就是「我們人」，在自然的客觀的意義上的人，因此是世界中的實在的東西嗎？但是這些實在的東西本身不是「現象」嗎？並且作爲這樣的東西，本身不是對象極和對相互關聯的意向性追溯考察的主題（這些實在的東西是這些相互關聯的意向性的極，透過相互關聯的意向性發揮的功能，它們具有並且已經獲得了自己的存在意義）嗎？

當然，對這個問題必須給以肯定的回答。事實上正如在有關世界的全部領域範疇的情況下一樣，對於一切本質上存在的類型，我們實際上能夠揭示基本的意義形成作用，只要我們充分掌握提出適當問題的方法。在這裡的情況就是，從實在的人出發追溯他的「給予方式」、他的「顯現」方式，首先是在知覺上的顯現方式，即以原初的自身給予之樣式顯現的方式，協調的證明與修正的方式，透過重新認出而認證是同一個個人——是我們以前「親自」認識的，而與他相識的其他人也在談論的同一個個人——的方式等等。因此必須將「在這裡，在這個由彼此很熟悉的一些人構成的社會圈子裡有一個人等等」的不言而喻性，化解爲它們的超越論的問題。

但是，超越論的主觀，即對世界的構成發揮功能的主觀，是人嗎？畢竟懸擱將它們轉變成了「現象」，以致哲學家在懸擱中既沒有將自己也沒有將其他人樸素而直接地當作人而使之產生作用，相反只是將它們當作「現象」，當作超越論回溯探究的極而產生作用。很顯然，在這裡，在澈底地首尾一貫地實行的懸擱中每一個自我都純粹只是作爲它的活動、習慣和能力的自我極來考察的，因此是作爲「透過」其所有顯現，「透過」其所有給予方式，而指向在存在的確信中的顯現者，指向各自的對象極、指向它們的極的地平線，即指向世界的自我極來考察的。因此在所有這些反思方向上的其他回溯追問都屬於這個範圍。具體地說，每一個自我不單是自我極，而且是具有其全部成就和成就獲得物，其中也包含被視爲是存在著和如此這般存在著的世界的自我。但是在懸擱時，在將目光純粹指向發揮功能的自我極，並由此出發指向生活及其意向的中間形成物和最終的構成物的具體整體時，當然並沒有什麼人的東西呈現出來，既沒有心靈，也沒有心靈的生活，也沒有實在的心理—物理的人呈現出來——所有這些都屬於「現象」，屬於作爲被構成的極的世界。

（二）我作爲原初的我構成我的超越論的他者的地平線，而這超越論的他者是構成世界的超越論的主觀間共同性的別的主觀

我們仍然不滿足，我們仍然停留在悖論之中。事實上我們的樸素的做法並不完全正確，這是由於我們忘記了我們自己，這些進行哲學探究的人，或更清楚地說，是我實行了懸擱，即使這裡有好些人，他們甚至現實地與我一起實行懸擱，但是對於我來說，在我的懸擱中，所有其他的人連同他們的整個活動—生活也都包含到世界—現象之中，而這種世界—現象在我的懸擱中只是我的世界—現象。懸擱創造了一種獨特的哲學上的孤獨狀態，這種孤獨狀態是眞正澈底的哲學在方法上的根本要求，在這種孤獨狀態中，我並不是一個單獨的個人，它由於某種甚至得到理論上辯護的固執（或是由於偶然事件，譬如在船隻失事中），使自己從人類社會中隔絕開來，但是即使在這種情況下，他仍然知道自己屬於人類社會。我並不是那個總是具有處於自然有效性中的他的你和他的我們，以及他的由別的主觀構成的總的共同體的一個我。整個人類以及人稱代詞的整個的區分和歸類，在我的懸擱中都變成了現象，我這個人在其他人當中的優越性也一起變成了現象。我在懸擱中達到的我——它在與對笛卡兒的概念批判地重新解釋和修正中可稱爲的自我（ego）的東西是同一個東西，實際上只是借助於一種多義性，它才被稱爲「我」，儘管這是一種本質上的多義性；因爲當我在反思中提到它時，我不能說別的，而只能說：我就是實行懸擱的我，我就是詢問作爲現象的世

界（這個現在按照存在和如此這般存在而對我有效的世界）連同所有世界上的人類（我完全確信他們是存在的）的我；因此我，這個我，超越於所有對我有意義的自然的此在之上，並且是每一種超越論的生活的自我極，在這種超越論的生活中，世界首先純粹作爲我的世界而有意義；用一種完全具體化的說法來說，我，這個我，包含所有這一切。這並不是說，我們以前已經作爲超越論的東西而說出的自明性是一些幻覺，也不是說不能合理證明以下情況，即儘管有以上情況，我們仍然必須談到將世界作爲「大家的世界」來構成的超越論的主觀間共同性，在這種主觀間共同性中，我再一次出現，不過只是作爲在其他人當中的「一個」超越論的我，在這種情況下，「我們大家」則是作爲超越論地起作用的東西出現。

但是立即跳躍到超越論的主觀間共同性、跳躍到原初的我，即實行我的懸擱的自我（它永遠不會失去自己的唯一性和人稱上無格變化的特性），從方法上講是錯誤的。下面這種情況與此只有表面上的矛盾，即原初的我——透過一種它所特有的特殊的基本成就——將自己變成對於自己本身來說是超越論的可以變格的東西；因此它從自己出發，並且在自己本身之中，構成超越論的主觀間共同性，在這種情況下，它將自己作爲具有特權的一員，即作爲超越論的他者當中的「我」，也歸屬於這種主觀間共同性。這就是在懸擱當中哲學的自身解釋實際上教導我們的。這種解釋能夠指明，這個總是獨一無二的「我」，在它的原初的在自身中發生的進行構成的生活中，如何構成最初的對象領域，即「原初的」領域；如何從這裡出發，以有動機的方式，完成一種基本的成就，由於這種成就，自己本身的以及自己原初性的意向上的改變就獲得了被稱爲「對別人的知覺」，對其他人的知覺，對另一個我的知覺——

這另一個我對於他自己是「我」，正如我對於我自己是「我」一樣——的存在的有效性。如果我們透過對於回憶的超越論的解釋，已經理解到以下情況，那麼上述情況也可以作類似的理解，即還有一個過去的現在的我，即過去的「我」也屬於被回憶起的東西，屬於過去的東西（它具有過去了的現在的存在的意義），而眞正原初的「我」則是當前在場的「我」，屬於這個在場的，除去作爲現在的事物領域而顯現的東西之外，還有作爲現在的體驗的回憶。因此當前的「我」完成一種成就，在其中他構成作爲存在著的東西（以過去了的樣式存在著的東西）的他自己的變化樣式。由此出發，我們就能夠追尋，這個當前的「我」，這個永遠處於流動中的現在的「我」，如何透過使自己時間化而將自己構成爲貫穿於「自己的」過去的延續的「我」。同樣，這個當前的「我」，這個在延續的原初領域中已經是延續的「我」，在自身中將他人作爲他人構成。自身的時間化，可以說透過離開當前的作用（即透過回憶），在我的消除疏異的作用（移情作用作爲更高階段的離開當前的作用——即將我的原初在場移入到純粹當前化了的原初在場）中有其類似物。這樣一來，「他人的」「我」在我心中就獲得了作爲共在場的存在的有效性，連同它的自明的證明方式（這些方式顯然完全不同於「感性的」知覺方式）也在我心中獲得了作爲在場的存在的有效性。

從方法上說，只有從自我出發，從它的超越論的功能和成就的系統研究出發，才能揭示出超越論的主觀間共同性以及它的超越論的共同體化，透過它們，從自我極之功能的系統出發，「眾人的世界」以及每一個主觀的世界，才作爲眾人的世界被構成。只有在這條道路上，在這種向前進展的本質的系統研究中，也才能獲得對於以下情況的最終理解，即主觀間共同性中的每一個超越論的「我」（作爲按照上面指出的方法共同構成世界的我），肯定必然是作爲在世界中的人被構成的，因此每一個人都「在自身中有一個我」；但並不是作爲他的心靈的實在部分或一個層次（如果是這種東西那將是荒謬的），相反，就這方面來說，它是可用現象學的反思揭示的有關的超越論的「我」的自身客觀化。但是每一個實行懸擱的人，仍然能夠認出在他的全部人類行爲中起作用的他的究極的「我」。正如我們馬上就會看到的，這種最初的懸擱的樸素性產生了以下的結果，即我，這個進行哲學探究的「自我」，在我將自己理解爲發揮功能的我，理解爲超越論的活動和成就的自我極時，透過一個跳躍，將向發揮功能的超越論的主觀性的同樣的變化，毫無根據地，因此是非法地歸於人類（我在其中發現我自己），而這種變化是我僅只在我心中實行的。儘管有這種方法上的非法性，這裡仍然包含有一種眞理。但是在所有這些情況下，由於一些最深刻的哲學理由—對此我們不能進一步探討，而且並不僅僅是由於方法上的理由，我們必須充分地考慮到自我的絕對的唯一性以及它對於一切構成的中心地位。

五十五、對於我們最初實行的懸擱，透過將它還原到最終起作用的絕對唯一的自我，而進行的原則修正。

因此，與最初實行的懸擱相對，需要第二次實行懸擱，或更確切地說，需要透過向作爲一切構成最終唯一發揮作用的中心的絕對的自我還原，而對懸擱進行有意識的改變。這一點從今以後就決定著整個超越論現象學的方法。世界預先就存在，它總是在存在確信中和自身表現中被預先給予了的，並且是毫無疑問的世界。儘管我並沒有將它「假定爲」基礎，由於它的經常的自身表現，它對於我，對於這個處於我思中的我，仍然是有效的；連同所有那些它對於我們來說是存在的東西（從細節上講，有時是客觀上合法則的，有時則不是），還連同所有的科學、藝術，連同所有社會的和個人的形態與設制，只要它正是對於我們而言是現實的世界，都是有效的。如果實在論這個詞所指的不外就是：「我確信我是生活於這個世界中的人等等，我對此絲毫沒有懷疑」，那就不可能有比這更堅定的實在論了。但是重要的問題恰好在於理解這種「不言而喻性」。現在這種方法要求，自我從它的具體的世界現象出發，系統地進行回溯，與此同時在其具體性中，在由其所有基本層次，其所有極其複雜的奠立有效性的活動的系統中，認識自己本身，認識這個超越論的自我。這個自我在懸擱開始時就確定無疑地被給予了，但卻是作爲「沉默的具體物」被給予的。必須透過從世界—現象出發的回溯的系統的意向的「分析」將它揭示出來，表達出來。在這種系統的操作中，我們才第一次獲得了世界與在人類中客觀化了的超越論的主觀性之間的相互聯繫。

但是在這種情況下不禁產生了關於人的下面這種新問題：精神病患者也是與世界構成的成就有關的主觀的客觀化嗎？此外兒童，甚至那些已經有了一些世界意識的兒童的情況又如何呢？畢竟他們只是從培養他們的精神健全的成年人那裡，才了解到眾人的世界這種充分意義上的世界，即文化世界的。那麼關於動物的情況又如何呢？在這裡產生一個意向上的改變的問題，透過這些改變，我們能夠而且必須賦予所有這些意識的主觀——這些主觀對於我們迄今所承認的（並且總是基本的）意義上的世界，也就是說，對於由「理性」而具有眞理的世界，並不是共同發揮功能的有意識的主觀——以它們的超越論的性格，而且正是作爲我們的「類似物」而賦予的。在這種情況下，這種類似物的意義本身就會成爲一個超越論的問題。這個問題當然會涉及到最終包括全部生物的超越論問題領域，只要它們具有（儘管是以間接的但仍然是可以證明的方式）某種類似「生命」的東西，即使是在精神意義上的共同體生活。與此同時，在不同的階段上，首先是對於人類，最終是普遍地，還出現關於發生的問題、超越論的歷史性問題，從在社會性中的，在更高層次上的人格性中的人的此在之本質形式出發，向它們的超越論的因此是絕對的意義進行超越論回溯的問題；此外還有生與死的問題，以及作爲世界事件的它們的意義之超越論構成的問題，以及還有性的問題。最後，就如今討論得很多的「無意識」問題——無夢的睡眠、昏厥，以及通常歸入這個題目下的具有相同或相似性質的任何東西而言，它在這裡所涉及的無論如何也是預先給予的世界中的問題，正如同生與死的問題一樣，它們當然也歸入超越論的構成問題。作爲在共同的世界中的存在者，這一類東西有它的存在證明方式，「自身給予」方式，這種方式是一種特殊的東西，但卻是爲具有這種特性的存在者原初地創造了存在意義的東西。因此，在絕對普遍的懸擱中，必須爲具有這種以及任何其他種類意義的存在者指出與它相適合的構成問題。

根據所有這一切就很清楚，沒有任何一個以前哲學可以想像到的有意義的問題，沒有任何一個可以想像到的一般存在問題，是超越論的現象學在它的道路上不能有一天達到的。其中也包括超越論的現象學本身在更高階段的反思中向現象學家提出的問題：即不僅是在自然世界中構成的各種形態的語言、眞理、科學、理性的有關的問題，而且還有現象學的語言、眞理和理性的問題。

因此人們也就理解了自我和一切在這個超越論的根據之上獲得的超越論認識的必眞性要求的意義。一旦達到了自我，我們就會認識到，我們處於一種自明性的領域，要向它背後追問是毫無意義的。與此相反，任何一般的訴諸自明性，只要因此切斷了進一步的回溯追問，那麼它在理論上就並不比訴諸上帝藉以顯示的神諭更好。一切自然的自明性、一切客觀科學的自明性（形式邏輯和數學的自明性也不例外），都屬於「不言而喻的東西」的領域，這些不言而喻的東西實際上具有其不可理解性的背景。每一種自明性都是一個問題的題目，只有現象學的自明性不是，因爲它已透過反思澄清了自身，並證明自身是最後的自明性。想要將超越論的現象學當作「笛卡兒主義」來加以攻擊，彷彿它的「我思」是一種前提，或一組前提，以便從中能夠絕對「可靠地」推演出其餘的認識（在這裡人們只是樸素地談到客觀認識），這當然是一種荒謬的誤解，但可惜是一種通常的誤解。問題並不在於保證客觀性，而在於理解客觀性。人們終究一定會認識到，沒有一種客觀的科學（不管它多麼精密）眞正闡明了什麼東西，或有朝一日能夠眞正闡明什麼東西。推演並不是闡明。預言，或認識物理的或化學的物體的客觀的結構形式，並據此而進行預言，所有這些並沒有闡明任何東西，而是本身需要加以闡明的東西。唯一眞正的闡明就是：使它成爲可以按照超越論理解的。一切客觀東西都服從於可理解性要求。因此，有關自然的自然科學知識並不提供有關自然的任何眞正闡明性的，任何最終的認識，因爲它根本不研究處於絕對關聯中的自然（在這種關聯中自然的現實的眞正的存在顯示出它的存在意義），因此絕不能在主題上達到這種存在。自然科學的有創造力的天才人物以及他們的成就的重要性並不因此有絲毫減損，正如同在自然態度中的客觀世界的存在，以及這種態度本身，並沒有因爲它們可以說是被回溯到絕對的存在領域（只是在那裡它們才眞正地最終地存在）去理解而喪失任何東西一樣。當然，對一切客觀的科學的方法藉以獲得其意義和可能性的基本的「內在的」方法的認識，對於自然科學家和每一個客觀的科學家，不可能是沒有意義的。這裡畢竟涉及到對做出成就的主觀性之最澈底的最深刻的自身反思；這種自身反思怎麼能不被用於保護樸素的、一般的成就免受誤解呢？譬如像能大量看到的在自然主義的認識理論影響下的，以及在對於不能理解自身的邏輯學的盲目崇拜中的那些誤解。

貳、從心理學出發進入現象學的超越論哲學之道路

五十六、從物理學主義的客觀主義和一再顯示出來的「超越論的動機」之間鬥爭的觀點看康德以後哲學發展的特徵。

哲學在其發展道路上進入到一些需要做出具有重大影響的決定的理論狀況，在其中哲學

家必須重新思考，必須懷疑他們的計畫之整個目的的意義，可能要對它重新規定，並必須決心依此徹底改變方法。造成這些狀況的那些理論思想的創立者，在哲學史上占有十分突出的地位。他們是由他們出發的發展的代表，即由於他們在他們已擬定的理論中預先形成的他們的新的普遍的目的的設定而賦予了統一意義的發展的代表。每一個偉大的哲學家，在所有以後的歷史時代都繼續起作用；他產生著影響。但並不是每一個哲學家都能提供一種動機，這種動機賦予一系列歷史時代以統一，並且能結束一種發展的意義；這種動機作爲動力產生作用，並提出一種必須完成的任務，隨著這種任務的完成，這個歷史發展時代也就結束了。對於我們具有重要意義的近代哲學的代表有笛卡兒，他對於所有過去的哲學來說，標誌著一種轉折；休謨（爲公正起見還同時應該提到巴克萊），以及由休謨喚醒的康德，他決定了後來德國超越論哲學發展的路線。（順帶一提，我們在這個列舉中還看到，一些最宏大的最有精神影響力的體系的創立者並沒有包括進來，因爲也許沒有人會在這方面把休謨和巴克萊與康德或後來哲學家當中的黑格爾相提並論。）

在最初的系列演講中我們對繼續決定整個近代發展的笛卡兒哲學思考的所有動機進行了深入分析，一方面是對在他最初的一些「沉思」中顯露出來的動機，另一方面是對與那些動機處於內在對照之中的動機，即物理學主義的（或數學化的）哲學理念，進行了深入分析。按照這種物理學主義的哲學理念，具有其充分的具體性的世界在其自身中包含具有幾何學條理形態的客觀上眞的存在；與此緊密結合（這一點在這裡必須特別加以強調），這個世界就歸屬它的形上學的「自在」而言，是由物體和精神構成的二元的世界。這就是啟蒙時代客觀主義理性主義哲學的特徵。此外我們曾嘗試對休謨—康德的狀況進行了分析，而這種狀況最終只有按照以下方式才能闡明，即我們深入到它的前提之中，從這裡出發，提出與那個時代相異的我們自己的問題，透過繼續進行系統思考，以一種臨時構想的形式，闡明一種眞正科學的超越論哲學的樣式。所謂「眞正科學的」，是說它是自下而上地在每一個別步驟上都是自明地進行的，因此實際上是最終得到論證的並繼續進行論證的。此外我們試圖使人們充分認識到，只有這樣一種哲學，只有透過這種向超越論的自我之中的可以想像的最後根據的回溯，才能充實哲學從其最初建立開始就與之俱來的意義。因此超越論哲學在其在英國人和康德那裡的最初的不成熟的形態中——儘管他們很少做出認眞的科學的論證，儘管休謨甚至退回到一種學院式的貧乏的懷疑主義——整個看來並不表示它是一條歧路，並且一般而言，也不表示它是所有可能的道路中的「一條」道路；相反它是哲學發展爲了達到方法上的完成形態絕對必須採取的唯一未來的道路。只有在這種完成形態中，哲學才能成爲眞正科學的，才能成爲按照它對於它的任務之意義的眞正自身理解，按照最終有效性的精神進行研究的哲學，按照對於它的基礎，它的目的和方法的必眞的自明性進行研究的哲學。這種完成的形態只能作爲最澈底的自身反思的結果進入到歷史的現實中，以最初開始的形式，最初獲得已闡明的任務，獲得必需的基礎以及進入這個基礎的方法的形式，以最初開始一項眞正做起來的詢問事物本身的研究工作的形式，進入到歷史現實中。現在它作爲現象學的超越論哲學（但僅僅是在這裡預先規定的意義上的現象學的超越論哲學）實際上成了生氣勃勃的開端。我敢說，從今以後，不僅近代物理學主義的自然主義，而且每一種客觀主義的哲學，不論是從前的還是後來時代的，必須永遠被標明是「超越論的樸素的東西」。

然而我們的任務並沒有由此而完成。我們自己，以及爲了引起與過去思想的眞正共鳴——因爲在這種共鳴中過去的思想作爲萌芽的形態，而指向終結的形態之性質才變得明顯起來，我們必須建立的一些思想，我們自己，我可以說，也一起屬於歷史性的這種同一的統一體。因此我們還有一種任務，即對到我們今天爲止的哲學發展，以及我們今天的狀況，進行適合其意義的解釋。如我們很快就會理解到的，在這個講演的標題中提到心理學正是要表明這一點。爲了完成我們的任務，並不需要詳細研究隨後時代的多種多樣哲學和特殊的思潮。所需要的只是一種一般的特徵說明，而且是從已獲得的對以往歷史的理解出發進行的特徵說明。

具有近代特徵的客觀主義，以及它的物理學主義趨向和心理—物理二元論並沒有消失，就是說，在這方面人們在「獨斷論的昏睡」中感到很適意。另一方面，被從獨斷論的昏睡中喚醒的人首先主要是被康德喚醒的。因此在這裡就產生了起源於康德超越論哲學的德國超越論的觀念論流派。在這些超越論的觀念論中有一種以前從笛卡兒開始曾激勵過客觀主義哲學的巨大的活力保持著，甚至以一種特殊的力量，以對世界的超越論考察的新形態更新著。誠然這個流派也沒有能夠持久，儘管有過黑格爾的體系暫時造成的巨大影響，這種影響使它看上去似乎能永遠居於全面的支配地位。一種迅速發生愈來愈強的作用的反應，很快就具有了這樣一種意義，即它反對任何這種樣式的超越論哲學，儘管這種樣式並沒有完全消失，但是之後進行這種哲學探討的各種嘗試，卻失去了它們原初的力量和發展的活力。

至於客觀主義哲學的活力，它後來作爲實證科學發展的活力以某種方式保存了下來。但是更仔細的考察表明，這絕對不是哲學的活力。我要提醒一下這些科學連同它們作爲部門科學的發展所經受的意義改變，由於這種改變，它們最終完全失去了以前在它們之中產生過作用的，作爲哲學分支的那種重要意義。關於這個問題我們已經談到過了，但是爲了說明十九世紀所產生的狀況，在這裡稍微詳細探討一下這個問題是非常重要的。從那種唯一眞正意義上的所有科學中，在人們不注意之間就產生出一些奇特而新穎的，被列入到其他較高或較低等級的技術，如美術、建築術，以及還有其他較低水準的技術之中的技術。這些技術曾能被在它們的研究所、研究室、模型陳列館、博物館中教授與學習。人們可以在這些技術當中展示技巧、才能，甚至天才，例如，在那種爲了預見自然現象的過程，爲了對以前時代曾是想像不到的有效範圍進行歸納，而構想出新的公式，新的準確的理論的技術中，或者還有在那些解釋歷史文獻，按照語法分析語言、構造歷史聯繫等的技術中展示才能。在這裡到處都有偉大的開創性的天才人物，他們贏得人們的最高讚賞，而他們完全是當之無愧的。但是技術並不是科學，科學的起源以及它從未放棄過意圖就是，透過闡明最後的意義源泉，獲得有關現實地被理解的，另外也是在其最終意義上被理解的東西的知識。澈底無前提的，最終得到論證的科學或哲學，這只不過是對於以上知識的另一種表述。當然這種理論技術有一種特性，即它因爲是從哲學（儘管是未完成的哲學）中產生出來的，就具有一種由哲學而來的，屬於一切合乎規格的作品的，然而卻是隱蔽的意義，這種意義人們不可能透過詢問單純的方法技巧以及它們的歷史得到，只能被眞正的哲學家喚起，而只有超越論的哲學家才能從其眞正的深度上闡明它。因此，在理論的技術中，實際上隱藏著一種科學認識，但這是一種很難達到的認識。

在我們的系統討論中，我們已經談到了這一點；我們並且指出，爲了獲得從其最後根據而來的認識需要的是什麼，並且還指出，這一類的認識只有在普遍的關聯中才能獲得，而絕不能作爲樸素的「專門科學」，或甚至在近代客觀主義的先入之見中獲得。人們經常抱怨的專門化本身並不是缺點，因爲在普遍的哲學中它是必不可少的，正如在任何一門專門科學中都需要建立一種技術的方法一樣。但是，將理論的技術從哲學分離開來很可能是不幸的。然而即使不考慮純粹的專家們，在專家當中與他們並列仍然不斷有一些哲學家，他們繼續將實證科學看作哲學的分支，因此下面這句話也仍然有效，即在休謨與康德之後，客觀主義的哲學仍未消失。此外超越論哲學的發展路線仍在繼續，而且不僅是由康德派生的哲學路線。因爲還應該算上許多將其推動因素歸之於休謨的繼續影響的超越論哲學家，或如在德國，歸之於休謨的重新開始的影響的超越論哲學家。我要從英國特別舉出St. 密爾，他在對德國觀念論系統哲學的偉大反動時代，甚至在德國本身引起了強大的影響。但是在德國產生了對於本質上由英國經驗論決定的超越論哲學抱有遠爲認眞的意圖的嘗試（蘇佩、阿文納留斯），儘管這些嘗試自以爲是澈底主義，但卻遠沒有達到眞正能單獨有效的澈底主義。實證主義經驗主義的革新是與以前的特別是超越論的哲學的復興（這種復興是由超越論動機的日益增長的緊迫性所要求的）緊密結合的（而這一點人們並沒有注意到）。透過回歸到這種超越論哲學，並且透過由實證主義動機預先規定的批判的改造，人們希望重新獲得自己的哲學。如同休謨和巴克萊一樣，**康德**也復活了。這是一個具有多種色彩的康德，他是由新康德主義嘗試進行的多種多樣的解釋和改造而復活的。康德也被按照經驗主義的方式重新加以解釋，就如同各種歷史傳統混合交織在一起，並爲所有的科學家創造一種類似哲學的氣氛一樣，這是一種被廣泛熱烈討論的，但卻絕不是深刻的，經過獨立思考的「認識論」的氣氛。除康德之外，同時所有其他的觀念論者也都有過他們的復興，甚至新弗里斯主義（Neo-Friesianismus）*也能作爲一個學派出現。如果我們將十九世紀國際上中產階級的教養、學識、文獻的迅速增長考慮在內，我們就會如同在這裡一樣，到處都能看到，這種混亂已經達到令人無法忍受的地步。一種懷疑的情緒愈來愈蔓延開來，它從內部削弱甚至那些堅持科學哲學理念的人的哲學的活力，哲學的歷史取代了哲學，或者說，哲學變成了個人的世界觀，最後人們甚至將這種貧乏變成一種美德：哲學對於一般人類絕不可能有別的功能，而只能作爲個人教養的總和構想出符合個性的世界觀。

雖然絕沒有完全放棄眞正的哲學理念，幾乎再也不能綜觀的哲學的多樣性，仍然還產生下面的結果，即這些哲學再也不能像現代生物學或數學和物理學的所有方向那樣劃分成各種科學的方向，而這些方向透過彼此認眞合作，透過彼此在批判和反批判中進行的科學探討，仍將這種科學的共同理念引導到實現的道路上；相反，它們與美術中

* 新弗里斯主義——弗里斯（Jakob Friedrich Fries，一七七三—一八四三），以心理學主義解釋康德，並從此立場出發反對德國觀念論。新弗里斯主義試圖復興弗里斯的這種想法。——譯注

的「各種傾向」和「流派」很相似，按照可以說是美學上的風格的共同體彼此形成強烈的對比。在各種哲學和它們的一般文獻分裂成碎片的情況下，一般而言還有可能在科學成果的意義上對它們進行嚴肅的研究，批判地利用它們，並且保持研究工作的統一嗎？哲學有它的作用。但是我們肯定不能認眞地說，它們是作爲印象而發揮作用的，它們「激勵人」，如同詩一樣打動人心，它們喚起「預期」嗎？但是多種多樣的當代文學作品不是以類似方式（有時以一種高尙的風格，但很可惜，常常並不是以這樣的風格）做這樣的事情嗎？我們可以相信哲學家具有一些最高尙的意圖，我們甚至可以在內心中充滿了有關歷史的目的論意義的堅定信念，甚至賦予歷史的形成物以一種意義，但是它是那種在歷史上賦予哲學的意義嗎？是歷史上作爲任務交付給哲學的意義嗎？如果我們退回到這樣一種哲學思考，不就是犧牲了另外某種東西、某種最高尙最必需的東西嗎？我們以批判的方式和以自明地展示的方式所探討的東西，就已經賦予我們提出這個問題的權利，但不是作爲有關浪漫主義情緒的問題（因爲我們正是想要將一切浪漫主義變回到一種負責的研究工作），而是作爲有關那種在普遍的澈底思考中喚醒我們的科學良心的問題，而這種思考如果以最高度的自我負責態度實行，本身就一定會成爲最高的眞正的眞理。

這種實際狀況對於歐洲人的實存的困境一定意味著什麼，歐洲人（他們是文藝復興的成果，並且決定著現代的整個意義）想要爲自己創造一種作爲工具的普遍的科學，以便爲自己提供一種新的根基，並將自己改造爲建立在純粹理性之上的人類——在我們最初的一系列講演中詳細論述過以後，幾乎不需要再說什麼了。但是我們在這裡的責任是使人們理解，要逐步實現「永恆的哲學」理念的偉大志向，即實現來自最終根據的正確的眞正的普遍科學的理念的偉大志向，顯然被放棄了。同時我們必須爲我們的下面這種大膽行爲辯護，即我們——如從我們的系統的批判的論述中已經預料到的——仍然敢於（在現在和我們這個時代）爲一種被看作科學的哲學之未來發展提出一種樂觀的估計。啟蒙時代的理性主義已不再是討論的問題了，我們再也不能遵循它的偉大的哲學家和一般以前時代的哲學家了。但是他們的志向——從其最普遍的意義來看，絕不會從我們這裡消失。因爲我要重新強調的是，正確的和眞正的哲學，或者說科學，與正確的和眞正的理性主義是一回事。我們自己的任務仍然是實現這種與啟蒙時代的具有隱藏矛盾的理性主義相反的眞正的理性主義，如果我們不想讓專門的科學，以及被貶低爲技術（τέχνη）的科學，或現今流行的哲學向非理性主義操勞的蛻變等等，來取代作爲得到最後論證的普遍的科學的哲學之永恆理念的話。

五十七、超越論的哲學與心理學的災難性分離。

現在讓我們返回到這樣一個時代，在那時近代人和近代哲學家仍然相信自己，相信哲學，並且他們抱著超越論的動機，以我們在眞正哲學家的每一句話中都能清楚感受到的內心的絕對的呼喚之負責的嚴肅態度，爲一種新哲學而鬥爭。即使是在所謂黑格爾哲學——在黑格爾哲學中，由康德所決定的哲學路線曾達到頂峰——解體之後，這種嚴肅態度在反對黑格爾哲學的所有哲學當中仍維持了一段時間（儘管它的原始力量被削弱了）。但是，爲什麼在經過了所有這些斷裂之後，超越論哲學的發展沒有達到統一呢？在那些仍然受古老精神激勵的人當中進行的自我批判和相互批判，爲什麼沒有導致將那些無法辯駁的認識成就結合爲一種知識大廈的統一體呢？這種知識統一體能夠一代一代向前發展，只要透過不斷更新的批判、修正，按照一定方法進行的精練，就能完善起來。對此首先必須作以下的一般的說明：一種絕對新式的操作，像超越論科學的操作——它肯定沒有任何根據類比進行的指導，最初只能以一種直覺的預先推定的形式浮現在腦際。對於整個科學迄今爲止的論證方式的模糊的不滿，以提出新的問題和形成理論的方式爆發出來，這些理論具有解決這些問題方面取得成功的某種自明性，儘管有許多最初未被注意到的，或可以說是被掩蓋了的困難點。這種最初的自明性本身中仍然可能包含有很多深藏的不明確之點，特別是以未經審查的被認爲是完全不言而喻的前提的形式包含著。然而這些早期的理論在歷史上繼續有效；不明確之點變得更顯眼了，被認爲不言而喻的東西受到審查，在這一點上這些理論受到批評，而這就產生了進行新的嘗試的動力。此外，在這裡，出於本質的原因（從我們的系統論述中可以毫無困難地明白這些原因），超越論的哲學絕不會經受那種不易察覺的向純粹技術的轉變，並由此向一種空洞化過程的轉變；由於這種空洞化過程，那種依據技術形成的東西就只還包含一種只有按照超越論方式才能揭示其全部底蘊的隱蔽的意義。因此我們理解到，超越論哲學的歷史，首先必然是不斷重新嘗試的歷史，即嘗試將超越論哲學首先帶到它的開端，並且主要是帶到對它本來可能想做的和一定想做的事情的一種清楚的眞正的自身理解的歷史。它起源於一種「哥白尼式的轉向」，即從原則上排斥樸素的—客觀主義的科學的奠立方式。正如我們所知道的，超越論哲學作爲萌芽的最初形態，出現在笛卡兒沉思的最初幾個沉思中，它試圖從必眞的自我出發，以絕對觀念論的方式奠立哲學，但它是不明確的、歧義的，並且很快就將自己的眞正意義弄顚倒了。在新的階段上，即巴克萊和休謨對數學—自然科學精密性這種哲學上的樸素性的反動，也沒有達到所要求的哥白尼式轉向的眞正意義，康德的新開端也沒有達到哥白尼式轉向的眞正意義，即按照嚴格科學精神，一勞永逸地將系統的超越論哲學建立起來。康德並沒有達到一種眞正的開端，即透過澈底擺脫一切科學的和前科學的傳統而獲得的開端。他並沒有深入研究按照意義和有效性構造一切存在物的絕對主觀性，以及按照其必眞性把握這種主觀性、詢問這種主觀性，並按照必眞性闡明這種主觀性的方法。從那時開始，這種哲學的歷史必然正是爲必須實行的超越論的轉變的和超越論的研究方法的明確的和眞正的意義，換句話說，爲眞正的「超越論的還原」，堅持不懈地鬥爭。我們對於康德的批判思考已經使我們清楚看到，當人們研究的是在未被闡明的基礎（「不言而喻東西」的基礎）上提出的問題時，那種給人深刻印象，然而卻是不明確的自明性所具有的危險，或者如果我們願意說的話，以模糊預見的形式對純粹自明性進行闡明的危險，因此，也已經理解了他是如何被迫去進行神話式的概念構造，並被迫從事一種危險的與任何眞正的科學都敵對的意義上的形上學。康德的全部超越論概念，超越論統覺的自我的概念，各種超越論能力的概念，「物自體」（它構成身體和心靈的基礎）的概念，都是構成的概念，這些概念原則上是抗拒最後闡明的。以後的各觀念論體系尤其是這樣。對於這些體系，對於它們的哲學研究的整個方式，事實上必然產生反動的根據就在這裡。當然，當人們心甘情願地理頭於這種體系時，不可能完全否認這種思想構造的力量和重要性。但是這種體系的最後的不可理解性，在所有那些從這些偉大的新的科學中成長起來的人們中間引起了深刻的不滿。儘管按照我們的闡明和說法，這些科學所提供的是一種純粹「技術的」自明性，儘管超越論哲學絕不可能變成這樣一種技術，這種技術仍然是一種精神成就，這種成就必須在每一步上都是明確的可理解的，必須有所採取的每一步驟和它據以建立的基礎的自明性。在這方面（如果從形式上來看）對於每一種依據技術實行的技術上自明的科學，例如數學，適合的東西，對於它也是適合的。在這裡，即使我們想借助一種按照同樣精神擬定的有關這種不可理解的東西之必然性的構成理論，來說明這種超越論的構成的不可理解性，也是沒有用處的；另一方面，即使想讓人們相信這種超越論理論的過於深奧的思想，本身就具有相應的理解上的困難，由於人們太懶，無法克服這些很容易就能克服的困難，也是沒有用處的。以下情況也同樣是正確的，即超越論哲學歸根到底，而且按照本質的必然性，肯定因此也為我們所有的人的理解（即常識），造成極大的困難，因為我們不可避免地會從自然的基礎出發向超越論的領域上升。自然的生活態度的這種完全轉變，即轉變為「非自然的生活態度」，就對於哲學的決心和堅定性提出了可以想像到的最高的要求。人的自然的知性和置根於其中的客觀主義，會把每一種超越論哲學看成古怪的想法，把它的智慧視為是無用的愚蠢，或者會把它解釋為一種心理學，這種心理學想把自己澈底想像為不是心理學。任何一個對真正哲學有感受力的人從來也不會被困難嚇退。但是近代人，作為由科學造就的人，要求一種可洞察性，這種可洞察性，正如看的活動的圖像正確提示的，要求在對目的和道路的「看」之中的自明性，而且是在這條道路上的每一步驟的自明性。儘管這條道路仍然很長，並且如同在數學中那樣，還需要多年的艱苦研究，但這並不能嚇倒那些畢生對數學感興趣的人。一些重要的超越論哲學不能滿足對於這種自明性的科學要求，因此它們的思想方法被拋棄了。

如果我們返回到我們的主題，那麼對此我們就可以說（這樣說絕不會引起誤解）：如果作爲「客觀的」科學的理性主義啟蒙哲學暴露出來的不可理解性，引起了超越論哲學的反動，那麼，對於已嘗試過的超越論哲學的不可理解性的反動，就一定會超出這些超越論哲學。

但是我們現在面臨這樣一個問題，即如何能夠理解這樣的一種風格在懷有科學志向的近代哲學的發展中，畢竟能夠在一些偉大哲學家以及他們的哲學中，發展起來並得到傳播呢？這些哲學家絕不是用概念作詩的人。他們絕不缺少創造一種作爲最終得到奠立的科學的哲學的眞正願望，不管人們可能怎樣改變這種「最終奠立」的含義（例如，我們想想費希特在他的《知識學》書稿中，或黑格爾在他的《精神現象學》的〈序言〉中所作的有力的說明）。它們仍然被束縛於它們的神話式的概念構成的，以及處於模糊的形上學預先推定之中的對世界解釋的樣式上，而沒有能夠達到一種科學上嚴格的概念性和方法，並且康德系譜中的每一個後繼者都重新構想一種具有這種風格的哲學，這是怎麼回事呢？在超越論哲學固有的意義中就包含這樣一種東西，即超越論哲學是由對意識主觀性的反思中產生出來的，在這種意識的主觀性中，世界，科學的世界和日常的直觀的世界被人們所認識，並獲得其對於我們的存在的有效性；因此超越論的哲學就不得不發展一種對於世界的純粹精神的考察。但是如果它不得不與精神的東西打交道，那麼它爲什麼不求助於數世紀以來被人們孜孜不倦地研究的心理學呢？或者，如果它不滿意這種心理學，那麼它爲什麼不建立一種更好的心理學呢？當然，人們會回答說，經驗的人，心理—物理的存在者，不論就身體還是就心靈而言，本身都屬於被構成的世界。因此，人的主觀性並不是超越論的主觀性，洛克及其後繼者的心理學的認識理論總是一再地被用來告誡人們要提防「心理學主義」，也就是要提防任何將心理學運用於超越論的目的。但是爲此超越論哲學就總是不得不忍受難以被理解這樣一種不幸。在經驗的主觀性和超越論的主觀性之間的差別仍然是不可避免的，但同樣不可避免的，而且也是難以理解的，是它們的同一性。我本人作爲超越論的我，「構成」這個世界，而同時作爲心靈，又是這個世界中的人世間的我。將自己的法則加於世界的知性，是我的超越論的知性，而且它也是按照這些法則塑造我本身；然而它是我的——這個哲學家的——心靈的能力。這個設置自己本身的我——費希特曾談到過它——如果不是費希特的我還能是別的東西嗎？如果這不是眞正的謬論，而是一種可以解決的悖論，那麼除去詢問我們內在的經驗的方法，以及在這個內在的經驗的範圍之內進行分析的方法，還能夠有別的方法幫助我們釐清這個問題嗎？當人們談到超越論的「意識一般」時，如果我，作爲這個個體的—個別的我，不可能是這個構造自然的知性的承擔者，我就一定不能問，我如何能超出我的個體的自我意識，而具有一種普遍的、超越論的、主觀間共同的自我意識嗎？因此，主觀間共同性的意識一定會變成超越論的問題；但是下面這一點又是不清楚的，即除非透過詢問自我本身（而這又是在內在經驗中詢問），也就是詢問我藉以獲得並具有他人的和一般人類同伴的那種意識方式，主觀間共同性的意識如何能成爲超越論的問題呢？另外如何能夠理解以下這個事實，即我能夠在我的思想中將我與他人區分開，並能賦予他人以是「我的同類」這樣的意義呢？在這裡心理學能夠是無關緊要的嗎？它肯定不探討所有這些東西嗎？這些相同的或類似的問題向康德也向他的深深地沉醉於昏暗的形上學或「神話」之中的後繼者提了出來。因爲人們可能會認爲我們只有在獲得有關我們人的理性的，以及有關人的或更確切地說人類的成就的科學概念以後，也就是說，只有從眞正的心理學出發，才能夠獲得有關絕對理性及其成就的科學概念。

對於這些問題的第一個回答就是，超越論哲學（包括所有已嘗試過的其他形式的超越論哲學），拋開對心理學主義的擔心不說，完全有理由不指望心理學提供任何建議。這原因在於心理學本身，也在於具有「幾何學樣式」的客觀主義的普遍的科學這種近代理念的特性，以及其中的心理─物理二元論的特性，強加於心理學的致命的錯誤見解。在以下的論述中我將試圖指出（這個論點在這裡肯定會顯得很悖理），正是被加到心理學上的這種限制——它歪曲了心理學的意義，並且直到今天還妨礙心理學理解自己的固有的任務，是造成以下情況的主要原因，即超越論哲學找不到擺脫自己的困境的出路，因此仍然陷於自己的完全不是從原初自明性而來的概念和體系之中，而它過去正是借助這些概念和體系來解釋自己的本身有價值的經驗觀察的。如果心理學並沒有失去效用，它本來會爲具體可行的，擺脫一切悖論的超越論哲學完成一種必需的中介性的工作。但是心理學失去了效用，因爲在它作爲與新的自然科學並列的新的心理學最初創立的時候，它就已經忽視了對自己的，作爲關於心靈存在的普遍科學的，從本質上說是唯一眞正的任務之意義進行探究。相反，心理學曾能夠按自然科學的典範，或更確切地說，按照作爲客觀的同時又是具體的普遍科學的近代哲學的指導性理念，將自己的任務和方法提了出來，當然，這種任務就給定的歷史的推動因素來看，似乎完全是不言而喻的。在這點上是毫無疑問的，即一般而言，只是十九世紀末，對於這個任務的懷疑才成了哲學思想的動機。因此心理學歷史實際上是危機歷史。因此，心理學也不可能對一種眞正的超越論哲學的發展有所幫助，因爲這種幫助只有在對心理學進行一種徹底的改造以後才有可能，透過這種改造，心理學本質上特有的任務和方法，就透過最深刻的自身反思而被明確地提了出來。但這是因爲，前後一貫地純粹地實行這種任務，就自然而必然地一定會導致有關超越論主觀性的科學，因此就導致這種超越論主觀性的科學向普遍的超越論的哲學的轉變。

五十八、心理學與超越論哲學之間的親緣關係和差別，作爲判定領域的心理學。

如果我們爲了闡明心理學與超越論哲學之間的這種困難的，甚至是悖論式的關係，而運用我們的系統考察——我們以前曾透過這種考察釐清了澈底的眞正的超越論哲學的意義和方法，所有這些東西就會變得容易理解。我們對於以下情況已經毫不懷疑了，即具有近代特徵的科學的心理學——無論我們考慮從霍布斯和洛克以來許多心理學構想中的哪一種——對於這些理論成就絕不會有所貢獻，而且也絕不會爲這些成就提供任何超越論哲學將它當作任務的前提。爲近代心理學提出並爲它所接受的任務，就是成爲有關心理－物理事實的科學，有關人和動物這種統一的但卻劃分爲兩個實在層次的存在者的科學。在這裡，一切理論的思維都在不言而喻地預先給定的經驗世界的、自然生活的世界的基礎上運動；理論興趣只是作爲專門化了的興趣指向各種實在方面中的一個方面，即指向心靈，而其他的方面，則被認爲已經由各種精密的自然科學按照其客觀－眞實的自在的存在認識了，或者還要繼續認識。但是對於超越論的哲學家來說，整個實在的客觀性，一切現實的和可能的科學所主張的科學上的客觀性，以及伴有其「境況眞理」，其存在著的所有對象的相對性的生活世界之前科學的客觀性，現在都成了問題，成了一切謎中之謎。這種謎恰好就是「世界」藉以對我們來說經常地前科學地存在著的這樣一種不言而喻性。在這裡「世界」是一切客觀科學都不可缺少的不言而喻的東西之無限性的名稱。當我這個進行哲學思考的人，以純粹的連貫性對我自己進行反思（我是作爲在經驗的變化中，以及由經驗產生的意見的變化中，經常發揮功能的我，作爲透過這些經驗具有對世界的意識，並且有意識地與世界打交道的我），當我全面地連貫地詢問被給予的方式和詢問有效性的樣式的「是什麼」，以及「是什麼樣的」，當我全面地連貫地詢問自我中心化的方式時，我就認識到，這種意識生活完全是有意向地完成著的生活，透過這種生活，生活世界以及它的全部變化著的表象內容，部分地重新獲得意義和有效性，部分地已經獲得意義和有效性。在這種意義上，一切實在的世間的客觀性，包括人與動物的客觀性，也包括「心靈」的客觀性，都是被構成的成就。因此，心靈的存在，以及各種客觀精神（如人的共同體，文化），同樣還有心理學本身，都屬於超越論的問題。如果想在樸素的客觀的基礎上，用客觀科學的方法探討這些問題，那就是一種荒謬的循環論證。

儘管如此，心理學與超越論哲學仍然以一種奇特的方式彼此不可分割地緊密聯繫著，這是由於對於我們來說，已不再是難以理解的，而是已被闡明了的心理學的我（因此是在空間—時間世界中世間化了的人的我）與超越論的我的，以及自我生活和成就的差異性與同一性的緊密聯繫。根據我們的闡明，在這裡我們可以從一種最終的自身理解出發說：在我的作爲人的樸素的自我意識中——人知道自己存在於這個世界上，對於人來說，世界就是對他有效地存在著的東西的整體，我對於超越論問題的廣大的維度是盲目的。這個問題維度處於一種隱祕的無名的領域中。雖然我實際上是超越論的自我，但是我並沒有意識到這一點；我處於一種特殊的態度中、自然的態度中，我完全獻身於對象極，完全被束縛於僅僅指向對象的興趣與任務上。但是我能夠實行一種超越論的態度轉變——在這種轉變中，超越論的普遍性就顯露出來了，在這種情況下，我就將這種片面的隱祕的自然態度，理解爲一種特殊的超越論的態度，理解爲指向整個興趣生活中的某種習慣的片面性的態度。如果我現在投身於一種恰如其分的系統的工作，那麼我現在作爲新的興趣的地平線，就會有處於全面關聯之中的完整的進行構成的生活與成就——即一種新的無限的科學領域。透過這種態度轉變，我們就只有超越論的任務；一切自然的給予性與成就都獲得了超越論的意義，而且它們在超越論的地平線內部提出一些全新種類的超越論的任務。這樣，我作爲人和人的心靈，首先成了心理—物理學和心理學的主題；然後，在更高的和新的維度上，成了超越論的主題。我甚至很快就意識到，我關於自己所具有的一切看法，都是來自自我統覺，來自經驗和判斷，這些經驗和判斷是我——反思地指向我的自己時獲得的，並且與關於我的存在的其他統覺——這些統覺是我在與其他主觀的接觸中從他們那裡接受來的——綜合地結合在一起。因此我的不斷更新的自我統覺，是處於我的自我客觀化的統一中的我的成就的連續的獲得物，它們在這種統一中連續地變成了習慣性的獲得物，或者說，總是一再變成這樣的東西。我可以以超越論的方式詢問這種總體的成就——我本身作爲「自我」是它的最終的自我極——並且可以追尋它的意向性的意義結構和有效性的結構。

與此相反，作爲心理學家，我給自己提出這樣的任務，即認識我自己這個已經是世界上的，以特殊的實在的意義而客觀化了的，所謂世間化了的我——具體地說就是認識心靈，而且正是以客觀的，當然是世間的（在最廣泛的意義上）認識的方式進行認識的我，而且是作爲各種事物、其他的人、動物等等中間的作爲人的我。因此我就理解到，事實上在心理學與超越論哲學之間，存在著一種不可分割的內在聯繫。但是從這裡出發我們還可以預見到，一定有一條透過具體闡明的心理學而達到超越論哲學的道路。我們預先就可以說，如果我自己將超越論的態度，當作將我提高到超越一切世界統覺，以及我的人的自身統覺之上的方法來實行，並且純粹爲了研究從其中並透過它，我「具有」世界的那種超越論的成就而實行超越論的態度，那麼以後我仍然還會在心理學的內在分析中重新找到這種成就，雖然那時這種成就又進入到統覺之中，因此作爲實際上與實在的身體相關聯的實在的—心靈的東西而被統覺。[13]

相反地，對於我的統覺生活以及當下在其中顯現的世界，按照當下顯現的方式（因此是按照人的「世界圖像」的方式）加以澈底的心理學的闡明，這在向超越論的態度的過渡中，肯定會立即獲得超越論的意義，只要我現在在更高的階段上，始終也考慮到就客觀統覺而言是賦予意義的成就；世界的表象活動就是由這種成就而獲得實在存在東西的意義，人的－心靈的東西的意義，我的以及其他人的心理生活的意義，在這種心理生活中，每一個人都有自己的世界表象，每一個人都發現自己存在於世界中，在其中表象著，在其中按照目的而行動。

當然，這個儘管還需要更深刻論證，但對於我們來說是非常容易理解的考察，在超越論的還原之前是不能達到的；但是，儘管有所有這些不明確之處，在心理學與超越論哲學之間的這種緊密聯繫不是非常明顯的嗎？事實上這種聯繫確實曾是經常共同決定發展的一種動機。因此下面這種情況最初一定會顯得令人吃驚，即從康德以來，超越論哲學根本沒有從心理學獲得任何實在的好處，而心理學從洛克時代開始，就想要成為建立在內在經驗基礎之上

13　如果我學會澄清，從作為自我的我出發理解，其他人對於他們本身來說如何只是人，而世界作為經常對他們存在著的世界，作為在其中他與其他人，也與我一起生活的世界，是如何對他們有效，以及他們在世界的客觀化的成就中和自我的客觀化成就中，是如何最終也成為超越論的主觀的，如果是這樣，那麼我就會再一次對自己說，我必須將我關於他人的超越論的自我客觀化的超越論澄清所獲得的東西，歸之於他們的人的存在，歸之於他們的從心理學上評價的存在。

的心理學。相反，任何一種未走入經驗主義—懷疑論歧途的超越論哲學，都把與心理學的最輕微的摻和視爲是對於自己眞正意圖的背叛，並且對心理學主義展開堅持不懈的鬥爭，這種鬥爭希望產生，並且已經產生了一種效果，即不允許哲學家關心客觀心理學。

確實，即使是在休謨與康德之後，對於所有那些沒有從他們的獨斷論昏睡中被喚醒的人，想要以心理學的方式探討認識論問題，仍然是一種巨大的誘惑。儘管有了康德，休謨仍然未被理解，正是他的懷疑論的基本系統著作《人性論》很少受到研究；英國經驗主義，即洛克式的心理學主義的認識論，在繼續傳播，甚至變得更爲繁盛，因此，超越論哲學及其全部新的問題提法，當然要經常進行反對這種心理學主義的鬥爭。但是我們當前的問題不再與此有關，因爲它所針對的不是哲學上的自然主義者，而是眞正的超越論的哲學家，其中包括那些創造了偉大體系的哲學家。爲什麼他們完全不關心心理學，甚至也不關心建立在內在經驗之上的分析心理學呢？已經提出的回答——這個回答尚需進一步闡明與論證——是，從洛克以來的所有各種形式的心理學，儘管它們想成爲建立在「內在經驗」之上的分析的心理學，但卻沒有選對自己特有的任務。

按照我們的敘述，整個近代哲學，按照作爲普遍的最終奠立的科學這種原初的意義，至少從康德和休謨以來，是兩種科學理念之間的一種獨特的鬥爭，即建立在預先給定的世界的基礎之上的客觀主義哲學的理念，和建立在絕對的超越論的主觀性的基礎之上的哲學理念之間的鬥爭，這後一種哲學理念在歷史上是一種全新的東西，令人驚訝的東西，是隨著巴克萊、休謨和康德而出現的。

心理學始終參與這個偉大的發展過程，而且正如我們看到的，是以不同的功能參與這個過程，它甚至是眞正的判定的領域。它之所以是這樣的領域，正是因爲雖然它處於不同的態度中，並因此處於不同的任務設定中，但是它仍然將普遍的主觀性——它在其現實性和可能性上都只是一個東西——作爲它的主題。

五十九、對於從心理學的態度向超越論的態度轉變的分析。在現象學還原「之前」和「之後」的心理學。（「流入」的問題。）

在這裡我們重新採納一種想法，這種想法剛才曾作爲在我們看來已經具有超越論的—哲學的傾向的想法預見過，並且已經預先向我們提示一種從心理學通往超越論哲學的可能道路的理念。在心理學中，自然的—樸素的態度引起這樣一種結果，即人的超越論的主觀間共同性的自身客觀化——這種自身客觀化，本質必然地屬於對我和我們來說是預先給定的被構成的世界的組成部分——必然具有一個由超越論地發揮功能的所有意向性構成的地平線，這種地平線是任何反思，即使是心理學的科學的反思，也不能展示出來的。「我，這個人」同樣地「其他的人」——它們分別表示自身的統覺和他人的統覺，這些統覺連同所有屬於它們的心理的東西，是一種超越論的獲得物，這是在其個別性當中流動變化著的獲得物，是由在樸素態度中被隱蔽了的超越論的所有功能而來的。只有衝破這種樸素性，只有用超越論

213

還原的方法，才能回溯到超越論的歷史性，這種統覺的意義成就和有效性成就最終是來自超越論的歷史性。我，這個心理學家，像每一個人一樣，以一切心理學、一切精神科學、一切人的歷史所堅持的那種毫不動搖的樸素性，經常地樸素地實行對自身的統覺和對他人的統覺。當然，在這過程中我可以將我自己，將我的和他人的心靈生活，我的和他人的變動著的統覺，當作主題來反思；我還可以回憶自己；我作為精神科學家，可以將歷史可以說當作共同體的回憶而引入主題；我可以帶著理論興趣，透過觀察實行對自身的知覺和對自身的回憶，並透過移情作用的中介利用他人的對自身的統覺。我可以詢問自己的和他人的發展，將歷史（在某種程度上可以說是共同體的回憶）當作主題來探究；但是整個的這種反思仍然保持在超越論的樸素性中；它實行一種從超越論上可以說是現成的世界統覺，而與此同時，超越論的相關物：（現實的或作為沉積物）發揮功能的意向性——它是普遍的統覺，對於各個特殊的統覺起構成作用，並賦予它們以「這個和那個人的心理體驗」這樣的存在意義——仍然完全是隱蔽的。在世界生活的樸素態度中，存在的恰恰只是世間的東西；就是說被構成的對象極（但卻並沒有被理解為這樣的東西）。心理學像任何一種客觀科學一樣，是受前科學的預先給予的東西之領域約束的，因此是受能夠用公共語言稱謂、表達、描述的東西約束的；在我們的情況下，就是受以我們的語言共同體（從最廣義上理解，就是歐洲人的語言共同體）的語言表達的心理的東西約束的。因為生活世界——「我們大家的世界」——與能夠共同談論的世界是同一的。每一種新的統覺透過統覺的轉移，本質上都導致周圍世界的新的類型化，並且在往來中促成一種命名，這種命名立即匯入到公共的語言中。因此世界始終已經是可在經驗上公共地（主觀間共同地）解釋的，並因此同時是可用語言解釋的世界。

但是透過超越論現象學的態度轉變而造成的與樸素性的決裂，現在產生了一種有重要意義的（對於心理學本身有重要意義的）變化。當然，作爲現象學家，我隨時可以返回到自然的態度，返回去樸素地實行我的理論的或其他的生活興趣；我可以再像往常一樣，作爲家長、作爲市民、作爲公職人員、作爲一個「好歐洲人」而行動，就是說，作爲我們人類的一員、作爲我的世界中的人而行動。像往常一樣，然而並不完全像往常一樣，因爲我再也達不到舊的樸素性了，我只能理解它。我的超越論的洞察與目的指向，在這種情況下變成了僅僅是非現實的，但它們仍然是我自己的。而且不僅如此，從前的樸素的自身客觀化，作爲我的心靈生活的經驗的人的我，處於一種新的運動之中。所有這些新式的僅僅與現象學的還原相聯結的統覺，以及新式的語言（即使我不得不使用日常語言，也是在必然改變了意義的情況下按照新的方式使用的），所有這種以前完全是隱蔽的東西，不能用語言表達的東西，現在都流入了自身客觀化中、流入了我的心靈生活中，並且作爲它的基本成就的新揭露出來的意向背景而被統覺。我甚至從我的現象學研究中知道，我，從前樸素地存在的我，那時只不過是以樸素的隱蔽性的樣式存在的超越論的我；我知道，有一個進行構成的對立面不可分割地屬於我，因此第一次產生出我的全部具體性，這個作爲人而再度被直接統覺的我；我知道超越論功能的這整個維度，這些功能彼此普遍地交錯著，並且延伸至無限。如同從前心靈的東西一樣，現在這些新流入的東西，也透過這種物體的身體（本質上總是一起被構成的身體）在這個世界中具體地定位；我這個人與現在賦予我的超越論的維度一起，處於空間中的某個

214

位置和世界時間中的某一時刻。因此，在這種向自然態度的返回中，每一新的超越論發現都豐富了我的心靈生活，並且也（透過統覺毫無困難地）豐富了每一個其他人的心靈生活。

六十、心理學失效的原因：二元論的和物理學主義的所有前提。

對於我們的系統闡明之這種重要補充，澄清了以下兩個方面的本質區別：一方面是本質上受到限制的主題的地平線，建立在樸素地具有世界的基礎之上的心理學（因此，超越論現象學以前的任何一種心理學）原則上是不可能超出它而進行思考的——關於主題地平線更往後的東西甚至毫無所知，另一方面是新的主題的地平線，只當透過將超越論的東西流入到由超越論現象學而來的心靈的存在與生活中，因此只有透過克服樸素性，心理學才能達到這種地平線。

由此心理學與超越論哲學的緊密聯繫，就以新的方式得到闡明和理解；與此同時，爲我們理解心理學在其整個近代歷史中的失效提供了新的指導線索，而這種指導線索超出所有我們以前爲進行評價所做的系統考察中已獲得的東西。

心理學必然失效，因爲它只有透過澈底的完全沒有先入之見的沉思，才能實現它的任務，即研究具體的豐滿的主觀性的任務，而這種沉思在這種情況下必然會展示出超越論的—主觀的維度。爲此顯然就必須在預先給定的世界中，進行與我們以前在有關康德的演講中的考察與分析類似的考察與分析。[14] 如果說在那個演講中，我們的目光首先是由身體在生活世界中的預先給予方式所指引的，那麼在這裡所需要進行的分析中，就應該將心靈的東西在生活世界中預先給予的方式作爲出發點。原初反思的問題現在所指向的是，在世界中，在生活世界中，心靈——首先是人的心靈——是什麼？是怎樣的？就是說它們如何使物體的身體「具有生命」，它們怎麼在空間時間中定位，每一個心靈如何透過它具有關於它在其中生活的、並且意識到在其中生活的那個世界的「意識」而以心靈的方式「生活」；每一個心靈如何將「它的」物體不僅一般地體驗爲特殊的物體，而且以一種十分獨特的方式體驗爲「身體」，體驗爲它可以作爲「我的」（在它的支配之下）使之活動的活的身體的「所有器官」的系統；當「我碰撞」、「我移動」、「我舉起」這個和那個東西時，它是如何借此「參與到」它意識到的周圍世界中的等等。當然，心靈「存在於」世界「之中」，但這意思是說，它是以物體那樣的方式存在於世界之中嗎？這意思是說，如果具有身體與心靈的人在世界中被體驗爲實在的，那麼人的這種實在性以及他的身體與心靈的實在性，與純粹的物體的實在性具有或可能具有相同的，或者哪怕只是相似的意義嗎？不管怎樣將人的身體看成是物體，它仍然是「身體」——是「我的物體」，我「移動」它，我在它之中並透過它「進行支配」，我「賦予它以生命」的「我的物體」。如果不從根本上眞正無先入之見地考慮這類

14　參看第二十八節以下。

很快就會變得非常重要的情況，我們就絕不可能掌握心靈本身固有的本質東西（「心靈」這個詞完全不是從形上學的意義上理解的，而純粹是在心理的東西在生活世界中最初給予的意義上理解的）；因此也不可能掌握有關「心靈」的科學之眞正的最後的基礎。心理學不是這樣做，它完全不是從一種原初獲得的心靈概念開始，而是從一種來自笛卡兒二元論的心靈概念開始。這種概念是由已經發生在前的有關物質自然的和數學自然科學的構成的思想提供的。因此心理學預先就被加給了一種與自然科學並行的科學的任務和這樣一種觀點：心靈——心理學的主題——是與物質的自然——自然科學的主題——相同意義上的實在東西。只要這種有數百年之久的先入之見的荒謬性沒有被揭露出來，就不可能有任何一種心理學是有關眞正心靈東西的科學，即有關那種最初從生活世界獲得其意義的東西的科學；因爲心理學——與任何一種客觀的科學相似——必然地與這樣的意義相聯結。因此毫不奇怪，心理學從未得到它所羨慕的典範，即自然科學，所顯示的那種持續不斷的向前發展，而且沒有任何有創造才能的人、沒有任何方法上的技巧，能夠防止它一再重新陷入危機。我們不久前就是這樣地經歷了一場心理學危機，這種心理學在前幾年還作爲國際性的學院心理學，充滿了令人鼓舞的確信，認爲自己最終能取得與自然科學同等的地位。儘管如此這並不是說，它的工作一直都是沒有效果的。借助科學的客觀性，許多與人的心靈生活有關的值得注意的事實被發現出來。但是因此它就眞的成了心理學，成了一門我們從中知道有關精神固有本質的某種東西——我要再一次強調：並不是關於神祕的「形上學的」本質的某種東西，而是關於固有的在自身之內的存在與自爲的存在的某種東西——的科學嗎？進行研究和反思的自我，透過所謂「內知覺」或「自我知覺」所達到的正是這樣一種存在。

六十一、處於（客觀主義的—哲學的）科學理念與經驗方法之間緊張關係中的心理學：心理學研究的兩個方向（心理—物理學的方向和「由內在經驗出發的心理學」的方向）的不相容性。

一切科學的經驗知識都有其原初的正當性，也有其尊嚴。但是，就其本身來考察，並不是每一種這樣的知識都已經是最本原的和永恆的意義上的科學（它的最早的名稱是哲學）；因此也不是從文藝復興以來，重新建立哲學和科學時所想到的那種意義上的科學。並不是所有的科學的經驗知識都是作爲這種科學的局部功能而產生的。然而只要它滿足這種意義，它就能眞正被稱爲科學的經驗知識。但是我們只有在下面這種情況下才能談論科學本身，即在普遍哲學的不可分割的整體內部，普遍任務的一個分支能夠發展成爲一種自身統一的特殊的科學，普遍的任務在作爲分支的它的特殊任務中，作爲該系統的原初的、生動的基礎發揮作用。並不是任何一個隨便單獨得來的經驗知識都已經是這種意義上的科學，不管它具有多少實際的成果，不管有多少證明可靠的方法技巧在它當中起支配作用。以上所述現在就適用於心理學，只要心理學在歷史上，仍然陷於要實現它的作爲哲學的科學的，即眞正科學的規定的經常的欲望之中，仍然陷於對它的合法的意義的不明確之中，最後，只要它屈服於要建立一種有嚴格方法的有關心—身的（或更確切地說，心理—物理學的）經驗知識的誘惑，並相信，憑藉它的方法的被證明的可靠性，已經實現了它的作爲科學的意義。但是與當代的專家的心理學相反，我們（哲學家們）在心理學——作爲關於一般哲學正確形成的「判定的場所」——方面的事情首先是，將這種「作爲科學的意義」移到興趣的中心，並且就其整個的動機和有效範圍對它進行闡明。

在原初以我們說的「哲學的」科學性爲目的的這個方向上，始終有一種不滿的動機，這種不滿的動機在笛卡兒的早期階段以後不久就開始了。在歷史上，從笛卡兒留傳下來的所有任務之間有一些嚴重的緊張關係：一方面的任務是，完全按照探討物體的方法探討心靈，並且將心靈與物體相關聯，作爲空間時間中的實在東西來探討——因此是想要按照物理學主義的方式，將整個生活世界當作「自然」（擴大意義上的）來研究；另一方面，是透過「內在的體驗」——心理學家關於他自己本身固有的主觀東西的原初的內部體驗——的途徑，就其在自身之內的存在與自爲的存在來研究心靈的任務，或者透過同樣也是指向內心的「移情作用」（即指向作爲主題的其他人的內心）的途徑，就意識的中介作用研究心靈的任務。這兩種任務不論從方法上還是從內容上顯然都是有聯繫的，但兩者並不想協調一致。近代哲學從一開始就給自己預先規定了實體的二元論以及方法上與「幾何學規則」的一致——我們還可以說，預先規定了物理學主義的方法上的理想。不管它在流傳過程中變得多麼不確定、多麼模糊，不管它多麼很少認眞開始明確實行，對於有關作爲心理物理的實在的人的基本把握來說，對於開始進行心理學研究的一切方式來說，具有決定意義的，是要實現一種有關心理東西的按一定方法進行的認識。因此，世界首先是「按自然主義方式」被看作由實在事實構成的，受因果法則調節的雙層次的世界；因此心靈也被看作是它的由精密的自然科學設想的物體的身體之實在附屬物，雖然它具有與物體不同的結構，不是有廣延的東西，但仍然在與物體相同的意義上是實在的，並且由於這樣一種關聯，也正應在與物體相同意義上按照「因果法則」研究：也就是借助與被視為典範，同時被視為根本基礎的物理學理論原則上相同的理論來研究的。

六十二、對於將心靈和物體都當作實在的東西原則上給予同等地位之荒謬性的初步探討；指出自然事實的與心靈的時間性、因果性、個體化之根本差異。[15]

這種按照自然主義方法將物體與心靈原則上等同起來，很顯然是以在它們的前科學的、在它們的生活世界的經驗的給予性中，更原初地將這兩者原則上等同起來為前提的。因此，物體與心靈表示在這種經驗世界中的兩個實在層次，在其中它們就像是（並且在相同的意義上是）一個物體的兩個部分，真實地實在地結合著。因此具體地說，一個對另一個是外在的，是與另一個相分開的，只是有規則地與另一個聯結著。但是這種形式上的等同就已經 219

15　參看附錄二十二。

是荒謬的；這是違反在生活世界的經驗中實際所給予的物體與心靈所固有的本質東西的，這種固有的本質東西規定著一切科學概念的眞正意義。讓我們首先挑選出一些自然科學和心理學共有的，並且被認爲在兩者之中有相等意義的概念，並對照在理論上層構造（這是精確的科學化的工作）之前的實際經驗，作爲最原初地規定意義的東西所顯示的東西，也就是對照在直接的生活世界的經驗中，作爲物理和心理而給予的東西，來檢驗一下這種意義的相等。我們現在所必須做的，是這兩個方面從來沒有認眞地、從來沒有澈底地、始終如一地做過的事情，即從科學的基本概念回溯到「純粹經驗」的內容，將精密科學的一切假定，將它所有的一切思想的上層構造，都澈底擱置一旁，就是說，就像這些科學尚不存在那樣考察世界，即正是將世界作爲生活世界，如它在生活中儘管有全部相對性卻仍然保持統一存在那樣，如它在生活中經常以有效性方式顯示出來那樣考察它。

首先將這種空間時間性（作爲同時性和連續性的時間性）還原爲純粹生活世界的空間時間性，還原爲在前科學意義上的實在的空間時間性。按照這樣的理解，它就是實在世界的普遍形式，生活世界中的每一個實在的東西，都在這種普遍形式中並透過這種普遍形式得到形式的規定。但是，心靈像物體一樣有眞正意義上的空間時間性，有這種意義上的記憶體在嗎？人們總是注意到，心靈的存在本身並沒有空間上的廣延性和位置。但是這種世界時間（連續性的形式）能夠與空間性分離開嗎？世界時間作爲完整的空間—時間，不是純粹物體固有的本質的形式嗎（心靈只是間接地參與這種形式）？儘管沒有澈底劃分生活世界與科學上想像的世界，這種對於心理東西空間性的否定，顯然是指向現實的經驗的內容的。從本質上說，世界的一切對象都「物體化」了，正是因此，一切對象都「參與」物體的空間時間；對象的非物體方面也「間接地」參與物體的空間時間，這種情況適合於每一種精神對象，首先是心靈，但也適合於任何其他種類的精神對象（如藝術作品、技術構成物等等）。就賦予這些精神對象以精神性含義的東西方面來看，這些精神性對象是借助它們「具有」物質性的那種方式而被「物體化」的。這些對象以非常本然的方式在這裡那裡存在著，並且與自己的物體一起擴展。它們同樣也在物體的空間時間中，間接地有其過去的存在與將來的存在。每一個人只能在自身中以原初的方式體驗到心靈的物體化。我只能在我的身體中體驗到那種以固有的本質的方式形成身體性的東西。換句話說，我只有在我的經常地——而且唯有透過這種物體——直接地對我的周圍世界的支配中，才能體驗到種種形成身體性的東西。只有我的身體是以原初的有意義的方式作爲「器官」，只是它原初是作爲「器官」被給予我的，而且是作爲被劃分爲部分器官的器官；我的身體各部分中的每一部分都有其特徵，因此我可以用特殊的方式直接支配每個部分：用眼睛看、用手指觸摸等等。就是說，我可以爲了一種正好以這種方式發生的特殊的知覺而對該部分進行支配。很顯然，只有這樣，我才有關於世界的知覺，然後是其他的體驗。所有其他的支配，以及一般而言，所有我與世界的關聯，都是由此中介的。透過碰撞、提舉、反抗等形式的物體上的「支配」，我作爲我在遠處產生作用，首先是對世界對象中的物體的東西產生作用。我眞正作爲它本身，按照固有的本質體驗到的，只是我的進行支配的我存在，而每一個人也只能體驗到他自己的進行支配的我存在。所有這樣的支配都是在「運動」的樣式中進行的，但是這種進行支配的「我運動」（我運動我的雙手去觸摸，推動某物）就其本身而言，並不僅是一種其他每一個人都能知覺到的空間的運動，物體的運動。我的身體，個別來說，譬如身體的一部分，「手」，在空間中運動；但是「動覺」的支配行爲——它與身體運動一起被物體化了——本身並不是作爲一種空間中的運動處於空間中，而只是被間接地一起在空間中定位。只是從我自己的本原地體驗到的支配——作爲對於活的身體本身的唯一本原的體驗——出發，我才能將他人的身體理解爲在其中有另一個「我」被具體化並進行支配的活的身體；因此這又是一種中介，然而是與奠定它的非本然的定位的中介完全不同的中介。對於我來說，其他的自我－主觀只是以這種方式牢牢地屬於「他們自己的」身體，並在空間時間中的某個點上定位，就是說，非本然地記憶體在於身體的這種形式中；而它們本身，因此心靈一般，純粹按它們固有本質來觀察，完全沒有這種形式的存在。

但是此外（如果我們仍然保持在奠定原初存在意義的生活世界中），因果性也具有了一種原則上完全不同的意義，不論所談到的是自然界的因果性，還是心靈東西與心靈東西之間的「因果性」，還是身體東西與心靈東西之間的「因果性」。物體就是它所是的東西，作爲這種被規定的物體，它是按其固有本質在空間－時間上被定位的所有「因果的」性質之基體。[16]因此如果取消了因果性，那麼物體就失去其作爲物體的存在意義、失去其作爲物質

16 就生活世界來說，這只不過意味著，物體——它本身預先就能夠由它自己的經驗意義按照它固有的本質特性說明——總是已經隨身具有一種在其如此這般的存在中，在當下的「情況」中存在的東西。首先，屬於生活

個體性的可辨認性和可區分性。但是我是「這一個我」，在本身之中並透過自己本身而具有 222
個體性，它並不是由因果性而具有個體性的。當然，由於這種物體的身體，我能借助自己在
物體空間中的位置（我將這種位置作爲非本然的歸之於自己的物體的身體）而變得能夠與每
一個他人，因此能夠與每一個人相區別。但是對於每一個處於空間時間中，並具有全部心
理—物理制約性（這些制約性在這裡起作用）的人的這種可區別性和可辨認性，對於我在自
己的作爲自身存在的存在方面，並沒有做出任何貢獻。作爲這樣的自身存在的東西，我在本
身中事先已具有自己的唯一性。對於我來說，空間與時間並不是個體化的原則；我並不知道
自然的因果性，這種因果性按照它的意義是不能與空間時間性相分離的；我的作用是作爲

世界最一般結構的就是，可以說物體具有它的在如此這般的存在中存在的習慣，物體以一種已經知道的形式存在，或者，如果它對於我們來說是「新的」，它就具有一種尚需要認識的類型，在這種類型中，諸可被說明的特性在類型上相互關聯。但是屬於生活世界的形式類型學的還有：物體在共存中（首先是在當下的知覺領域），在連續中，有其類型上的共同性——因此有一種經常的普遍的空間—時間的類型學。正是因爲這後一種情況，每一個被個別經驗的物體不只是一般地與其他的物體必然地共同在那裡存在，而且作爲具有這個類型的存在物在那裡存在，即在類型上屬於它的諸物體當中存在，在一種在連續的類型形式中發生的相互從屬的類型形式中存在。因此每一個物體都如其存在的那樣「存在」於「情況」之中；一個物體中的性質的變化，就暗示另一個物體中的性質變化，——但是對此應該像它本身本質上屬於生活世界那樣，粗略地大致地理解；與科學的理念化基礎相適合的「精確的」因果性是根本談不上的。

自我進行支配，而這是透過它的作爲在它的身體中進行支配的動覺直接發生的，只是間接地（因爲身體也是物體）擴展到其他物體上。

六十三、「外部經驗」和「內部經驗」概念的可疑性。爲什麼關於生活世界中物體東西的經驗，作爲關於某種「單純主觀東西」的經驗，迄今也沒有被包括到心理學的主題之中呢？

下面這種根本錯誤，產生一種按照類似自然科學而形成的方法的誤認爲的不言而喻性。這種根本錯誤就是，想要眞正將人與動物看成是兩種實在性，看成是在實在性意義上具有同等地位的兩種不同種類的實在性的結合，與此相適應，想同樣地以物體科學的方法研究心靈，也就是說，想將心靈作爲如同物體一樣以自然因果性的方式，存在於空間與時間中的東西來加以研究。這兩者（自然科學的方法與新的心理學的方法）所引起的當然的結果，就是「內部」經驗與「外部」經驗這種錯誤的平行論。這兩個概念在意義和功能（它們對於物理學、心理學、心理物理學的科學功能）方面仍然是不清楚的。

經驗從兩個方面被認爲是按照理論功能進行的：自然科學應該以外部經驗爲根據建立起來，而心理學應該以內部經驗爲根據建立起來；在前一種情況下被給予的是物理的自然，在後一種情況下被給予的是心理的、心靈的存在。因此，「心理學的經驗」就變成了與「內部經驗」等義的表達。更確切地說，現實地被體驗到的，是先於一切哲學與理論而直接存在著的世界——存在著的事物、石頭、動物、人。在自然的、平淡的生活中，這被體驗爲直接的知覺上的「在這裡」（作爲直接存在著的，存在上確實的當前），或同樣是直接的作爲記憶中的「過去在這裡」等等。甚至可能的有時是必然的樸素反思也屬於這種自然的生活。於是我們就看到了相對性，作爲按其在生活本身中給予方式的特殊性，而當時直接在這裡存在的有效的東西，變成了「純粹主觀的顯現」；而且相對於這一個，即「存在者本身」而言，它被稱爲「顯現」，而存在者本身則是透過當目光指向這種「顯現」的變化時所進行的校正而抽取出來的，但又是相對地抽取出來的。對於其他的經驗樣式，或更確切地說，對於它們的相關聯的時間樣式來說，也是如此。

這一點我們在其他地方已經詳細地研究過了，如果我們在這裡重新生動而清晰地回憶那些詳細研究，那就會產生一個問題：爲什麼整個流動的生活世界，沒有在心理學一開始就立即作爲「心理的東西」出現，而且作爲最初可接近的東西、作爲按照直接給予的心理現象的類型進行解釋的最初的領域出現呢？與此相關聯的問題是：爲什麼經驗——它將這個生活世界作爲經驗現實地呈現出來，並且在其中，特別是在知覺的原始樣式中，將純粹物體的東西呈現出來不被稱爲心理學的經驗，而是在一種所謂與心理學經驗的對比中被稱爲「外經驗」呢？當然，在生活世界的經驗方式中存在著差別，或者人們所經驗的是石頭、河流、山脈，或者人們透過反思對他有關這些東西的經驗，以及我的其他活動，自己的或他人的活動，如像透過身體所進行的支配等等，進行經驗。這可能是對於心理學具有重要意義的區別，並且可能導致一些困難的問題，但這能對以下情況有任何改變嗎？即所有生活世界中的東西顯然都是「主觀的東西」？作爲普遍的科學的心理學，除去全部主觀的東西還能有其他主題嗎？一種更深刻的——而不是自然主義的使人迷惑的——思考不就是在教導我們，所有主觀的東西都屬於一種不可分割的整體嗎？

六十四、作爲將心與物並列起來之根據的笛卡兒的二元論。在「描述的科學和說明的科學」這一圖式中，只有其形式的和最一般的東西才被證明是合理的。

在伽利略自然科學的意義上，數學的—物理學的自然是客觀的—眞實的自然；這種客觀的—眞實的自然應該是在純粹主觀顯現中顯示出來的那個自然。因此很清楚，精密自然科學的自然並不是現實地體驗到的自然，生活世界的自然，這一點我們前面已經指出過了。它是由理念化而產生的理念，被假定取代了現實直觀的自然的理念。[17] 理念化的思想方法是創造「精確的」理論和公式的全部自然科學的（即純粹物體科學的）方法之基礎，以及將這些理論與公式返回來在現實經驗世界中進行的實踐內部加以運用之基礎。

17 參看第三十六節。

224

因此在這裡就存在著對於以前所提出的問題的答案，而這個答案對於當前的思想進程來說是足夠用的，這問題就是：下面這種情況是怎麼發生的，即生活世界的自然，這個「外部經驗」的純粹主觀方面，在傳統的心理學中沒有被認爲是心理學經驗，相反卻將心理學經驗與外部經驗對立起來。笛卡兒的二元論要求將心與物並列起來，要求貫徹隱含於這種並列之中的心理存在的自然化，因此也要求將所需要的心理學方法論與自然科學的方法論並列。當然，由於對古代人現成的幾何學接受的方式，那種全面地規定幾何學的意義的理念化作用幾乎被忘記了；而從心理學方面並沒有將這種理念化作用作爲一種以適合於心理東西的方式原初地現實地完成的成就來要求，或說得更確切些，並沒有因缺少它而感到不便。當然在這種情況下肯定已經表明，事實上理念化在心理學方面是沒有地位的，因爲在這裡可能根本談不到像遠近配置和動覺之類的東西，根本談不到測量或與測量類似的東西。

關於方法相同的這種偏見，引起了一種期望，即人們透過相應的改變實施這種方法，無須主觀上有條理的更深刻的思考，就能夠達到穩固的理論構成和按一定方法進行的技術。但這是一種徒然的希望。心理學從來也沒有成爲精密的，心理學與自然科學的並列從來也沒有眞正貫徹，而且如我們所理解的，這是由於一些本質的原因。我們在這裡就已經可以這樣說，不管在非常必要的、全面澈底的澄清方面還有多少事情要做，以便也能理解，爲什麼這各種形式的心理學，在其中近代二元論的和心理－生理學的（或心理－物理學的）心理學在較長的時期，能有一種按照適當目的和方法進行研究的外觀，並能保持關於它作爲有關心理東西的眞正基礎的科學，而繼續取得成功之信念的各種形式的心理學，沒有一種是精確的、沒有一種是與自然科學並列的，或者還能理解：為什麼完全合法的並且完全是不可缺少的心理─物理的經驗知識，不能被視為通往滿足心理東西固有本質的眞正心理學的道路，並能詳細闡明這種心理學。無論如何，根據一些可以理解的理由，我們預先已經可以說：從純粹固有本質來看，心靈的東西並沒有任何自然的東西、沒有任何自然意義上的可以想像的自在、沒有任何空間時間上的因果性的自在、沒有任何可理念化的可數學化的自在、沒有像自然法則那樣的法則；在這裡沒有任何關於類似於自然科學的向直觀的生活世界回溯的理論、沒有具有類似在自然科學方面那樣的理論化功能的觀察與實驗，儘管有經驗的─實驗的心理學的所有這些對自身的誤解。但是因為缺少根本的洞察，二元論的歷史遺產以及將心靈東西自然化，仍然保留其效力，但它是模糊的、不清楚的，因此甚至在兩個方面都沒有能產生從根本上眞正貫徹精密科學的二元論的要求（而這正是二元論的意義所要求的）。

這樣，**描述的科學對從理論上進行說明的科學**，這樣一種圖式也就好像不言而喻地準備好了──在心理學方面，我們發現這個圖式在布倫塔諾和狄爾泰那裡受到更明確的強調，如一般所說，在十九世紀的情況，這是一個**奮進的時代**，這個時代最終產生了能與自然科學相比的嚴格科學的心理學。我們並不是想以此說，純粹描述的概念和描述科學的概念，此外甚至還有描述的方法和說明的方法的區別，在心理學中完全不允許被應用；同樣，我們並不想否定應該區分純粹身體的經驗和關於心靈的東西、關於精神的東西的經驗。對於我們來說，重要的是批判地闡明整個近代心理學的自然主義的，或更準確地說，物理學主義的先入之見，直到其最後根源，一方面是就指導著描述的、從來也沒有被闡明的經驗概念進行批判的闡明，另一方面是就在描述的科學和說明的科學的對比中進行的將兩者並列、將兩者看成是相似的解釋的方式進行批判的闡明。

對於我們來說，下面一點已經很清楚了，即作爲物理學類似物的「精密的」心理學（因此關於實在東西、方法、科學的二元論的平行論）是一種荒謬的東西。因此也不再可能有作爲描述自然科學類似物的描述心理學。有關心靈的科學，根本不可能按自然科學行事，根本不可能在方法上求教於自然科學，即使是在描述與說明對立的圖式中也不可能。只要它按照其固有本質澄清了自己的主題，它就只能按自己的主題行事。剩下的只是這樣一種形式的最一般的東西，即我們剛好無法運用那些被挖空的語詞—概念，不能在晦暗不明之中運動，而是應該從清晰性中、從現實地自身給予的直觀中，或這樣說也是一樣，從自明性中汲取，因此在這裡就是從原初的生活世界的經驗中，或更確切地說，從心靈東西的固有本質中，而且只從這裡汲取。像在其他地方一樣，由此產生出有關描述和描述的科學的，以及在更高的程度上，有關「說明」與說明的科學的適用的和不可缺少的意義。說明作爲更高階段的成就，在這種情況下，所意謂的不外是一種超出描述領域的方法，而描述領域是可以透過進行現實體驗的直觀清楚意識到的。這種超出是在「描述的」認識之基礎上發生的，並且作爲科學方法，它是透過一種可以理解的，在描述性材料中得到最終確證的程序實現的。從這種形式的一般的意義上而言，所有的科學都有描述這種必不可少的基本階段，以及說明這種被提高了的階段。但是這只能被看作形式上的平行關係，並且必須在每一種科學中從固有本質的根源上尋找它的意義充實；而且不允許像在物理學中那樣，以如下方式預先歪曲「最終確證」這個概念，即將特殊物理學的（即以數學方式理念化了的）領域的某些命題看成是能提供最終確證的命題。

六十五、透過進入到心理學家和生理學家的實際操作方法，來檢驗以經驗方式建立的二元論的正當性。

因此如果描述是這樣被理解的，它就必須說明那唯一原初眞正的，唯一可能的心理學的開端之特徵。但是不久就表明，清晰性，眞正的自明性，一般而言，特別是在這裡，並不能輕易獲得。首先，正如已經指出的，反對二元論的原則上的根據，反對已經扭曲的純粹生活世界的經驗意義的兩個層次的劃分的原則上的根據，反對關於物理的存在與心理的存在按照實在性之最內在的意義具有同類的（生活世界的）實在的錯誤看法的原則上的根據，反對（在這兩種情況下）將時間性與個體性看成是同類的東西的原則上的根據，都過於以哲學定向，過於以原理定向，以至於它們一般而言，沒有能給當代的心理學家和科學家留下持久的印象，甚至也沒有能給「哲學家們」留下持久的印象。人們對那些畢竟沒有導致任何的一致的原則上的論證變得厭倦了，因爲從一開始人們就對此心不在焉，而寧願信賴在重要的經驗科學中完成的毋庸置疑的成就的力量，信賴它們的現實的方法，信賴它們的以經驗爲基礎的實際工作，當然是在每一個科學領域特有的經驗：對於物理學家來說，是物理學的經驗；對於生物學家來說，是生物學的經驗；對於精神科學家來說，是精神科學的經驗。的確，它們被稱爲經驗科學是很合適的。如果我們不是注意科學家們在其中談論他們的方法和他們的工作的反思，即在其中進行哲學思考（如通常在特殊場合的學術談論中）的反思，而是注意實際的方法和工作本身，那麼在這裡科學家們確實經常是最終求助於經驗的。人們會反對我們說，但是如果我們置身於這種經驗之中，那麼這種經驗本身，在物體的東西和精神的東西方面立刻就會顯示出來，這種錯誤的二元論解釋被吸收到假想的經驗意義之中，並且給研究者以滿足於實際上純粹以經驗方式建立起來的二元論的權利，以及運用內部經驗和外部經驗，運用時間性、實在性和因果性的權利（科學家們也正是這樣做的）。儘管哲學家很有說服力地談論原理上的荒謬性，但是他敵不過傳統力量。當然，我們現在也絕對不願意放棄我們的反對意見，這正是因爲這些反對意見，根本不同於所有那些使用從歷史上繼承下來的，未曾對其原初意義重新提出過質問的概念的論證，而且因爲我們的反對意見正是從最原始的根源得來的，對我們的陳述的任何檢驗都一定能夠令人信服。但是，以此並沒有清楚表明，可實行的經驗科學的方法，它們的合法性的意義和限度，被清楚地說明了；特別是關於作爲我們當前的主題的心理學，它的始終是心理—生理學的方法，並沒有被說明——既沒有說明它的合法性，也沒有說明它所表現的誘惑。這不僅適合於所有從前時代的、簡單的、有一定方法的形式，而且也適合於自從十九世紀後半葉以來出現的最高的發展形式。將有關物體的經驗與有關精神的經驗分離開的必要性並沒有被明確地強調；關於由這裡預先就被要求的權利，即將有關物體的經驗，就如它也對於心理學家具有的不變的含義一樣，包括到心靈的東西之中，因而將它的普遍性變成一種無所不包的普遍性的權利，也沒有得到明確的強調。這當然就使我們陷入一種自相矛盾的困難之中。但這是這樣一些困難，它們能被有效地、成功地執行的工作推到一邊，但不能被普遍的哲學推到一邊；相反，它們必須被克服，因爲哲學的存在正是爲了消除實踐的一切障眼物，特別是科學實踐的障眼物，重新喚醒，甚至是拯救眞正的和眞實的目的、完整的目的，即科學（在這裡是心理學）作爲它與生俱來的意義應該實現的目的。因此我們不能省略向最一般的基礎的回溯，心理學的可能任務，以及每一種客觀科學的可能任務，都是由這種最一般的基礎產生出來的，就是說，這種最一般的基礎是經驗科學在其中工作的共同經驗的基礎，因此如果經驗科學在否定一切「形上學」時，主張遵循不可違反的經驗要求，就必須求助於這種最一般的基礎。

六十六、一般經驗的世界：它的一系列領域的類型以及其中可能的普遍抽象；作爲普遍抽象相關項的「自然」：關於「補充抽象」的問題。

我們將從一般的考察開始，在這種考察中我們只簡單地重複一下先前已說過的東西（不過將它們深化了），以便在這裡能夠就所提出的問題以一種原始的生動的明確性，說出某種決定性的東西。我們已經知道，客觀科學中所有的理論成就都根據預先給予的世界，即生活世界，而有其地位，我們已經知道，它以前科學的認識以及對這些認識的有目的的改造爲前提條件。生活世界在其中被給予的那種直接經驗，是一切客觀認識的最後基礎。與此相關聯地說，這個前科學地（原初地）純粹透過經驗而對於我們存在的世界本身，透過它的不變的本質類型，預先向我們提供一切可能的科學主題。

在這裡我們首先考察最一般的東西，即世界是作爲「事物」的世界被預先給予的。在這種最廣泛的意義上，「事物」是對於最終存在著的東西，「具有」最終的屬性、關係、相互關聯的東西（透過這些東西，事物的存在得到展示）的一種表達，而事物本身則不再是以這種方式被「具有」的東西，而恰恰是最終的「具有者」的東西，簡而言之（不過完全是按照非形上學的方式說的），它是最終的基體。事物都具有它們以特定語言的「名詞」表達的具體類型學。但是一切特殊的類型學都被最普遍的「領域的」類型學所包攝。在生活中，這種「領域的」類型學是以其恆常的一般性對實踐進行規整的，它首先在理論上的本質探究的方法中，作爲本質必然的東西顯露出來。在這裡我要舉出一些區別，例如，有生命的東西與無生命的東西的區別；在有生命東西的範圍內，動物，即不僅是本能地生存的東西，而且還是經常以自我活動的方式生存的東西，與純粹本能地生活的東西（如植物）的區別。在動物中，人是最優等的，以至於純粹的動物作爲它的變種，只是從它那裡才獲得存在的意義。在無生命的東西中，顯露出人化了的，從人那裡獲得含義（例如文化的含義）的東西。此外，以改變了的方式，顯露出相應地以相似的方式有意義地指向動物的存在的東西，與在這種意義上沒有含義的東西相區別。很顯然，這種來自作爲原初經驗的世界的生活世界的最一般的劃分與歸類，對於科學領域的劃分有決定性的意義，正如它們由於各領域的內在聯繫與交叉，也對各科學間的內在聯繫有決定意義一樣。另一方面，包括一切具體化的普遍的抽象化，同時也決定著各種可能的科學的主題。只是在近代才走上這後一條道路，而正是這條道路，在這裡才適合於我們。作爲物理學被建立起來的近代自然科學，在這種堅持不懈的抽象中有其根源，由於這種抽象，它在生活世界中只想看到物體性的東西。每一個「物」都「有」物體性，儘管它（譬如像人或藝術品）不僅是物體的，而只是如同所有實在的東西那樣「被物體化了」。透過這種以普遍的連貫性實行的抽象，世界被還原爲作爲純粹自然科學的主題的抽象的普遍的自然。唯有在這裡，首先是幾何學的理念化，然後是所有其他數學化的理論研究，才能汲取其可能的意義。幾何學的理念化建立於「外部經驗」的自明性之上，而這種外部經驗事實上也是抽象化的經驗。但是在這種抽象化中它有其解釋的本質形式，有其相對性，有其說明理念化動機的方式。

那麼關於人的心靈，情況又是如何呢？人是被具體體驗到的。只是在將他的物體性的東西抽象掉以後——在將世界還原爲抽象的物體的世界的普遍抽象內部，現在非常明顯地呈現出來的有關「另一方面」的問題，即補充的抽象的問題，才產生出來。因爲現在物體的「方面」屬於自然科學的一般任務，並且在那裡得到了對它的理論上理念化的處理，心理學的任務就被說成是「補充的」任務，即正是使心靈的方面以相應的普遍性受到相應的理論上的處理。是不是這樣一來幾乎就像是以無可爭辯的方式，即眞的是在生活世界的經驗的純粹的根據上，沒有任何形上學的介入，而建立起了二元論的人的科學，並賦予心理學以其原初的意義呢？這種想法首先適用於人的領域，然後同樣顯然也適用於動物界。此外借此有關社會精神的與物化的精神的科學（精神科學）之方法也將預先被定向，看起來很像是這樣。正如相互關聯的抽象教導我們的，人（所有動物的實在也是如此）確實還是具有兩個層次的實在，如同在純粹的生活世界的經驗中，即在純粹的經驗中呈現出來的那樣，因此，有關人的領域的科學，當然首先就要求那種我們有時（在與社會心理學對比中）稱爲個人心理學的東西。人們將他們的抽象地區分出來的心靈在世界的時間空間中，具體地分配給物體，而這些物體，在對物體的純粹自然的考察中，構成一個可作爲整體就其自身進行考察的世界。心靈的東西本身，則由於物體化了，而成爲彼此外在的了，因此它們並不在它們自己固有的抽象層次上構成一個作爲整體的平行的世界。因此，心理學只能是有關**單個的**心靈的一般特性的科學——這種情況是由單個的心靈按照它們固有的本質，由心理—物理的關聯規定的那種方式，由它們共同歸入普遍的自然而被規定的那種方式所造成的。在這種情況下，這種個人心理學必然是社會學的基礎，同樣也是有關物化了的精神（文化事物）的科學的基礎，這種物化了的精神就其固有意義而言，歸根到底與作爲個人的人有關，因而與心靈生活有關。所有這一切也能夠以類比的方式——正是在類比所及的限度內——轉用於動物、動物社會，轉用於在特定的動物的意義上的周圍世界。

借助於這種將我們帶回到生活世界的經驗知識基礎，因此帶回到在這裡最終必須詢問的自明性根源的思考，難道沒有證明物體性與心靈的精神性這種傳統二元論的正當性嗎？或更確切地說，難道沒有證明，一方面是作爲關於人的（還有動物的）物體性的科學的生理學，另一方面是作爲關於人的「心靈方面」的科學的心理學，這兩個方面的二元論的關聯的正當性嗎？甚至還不僅如此，難道二元論在與**笛卡兒**（他對經驗主義也有影響）開創的理性主義傳統相比之下，甚至不也是得到了改善嗎？就是說，它不是由於只想成爲對於經驗本身教導我們的東西的忠實表述，而擺脫了一切形上學的基礎嗎？當然，按照心理學家、生理學家和物理學家理解「經驗」的方式，情況完全不是這樣，因此與一般的自身解釋相反，我們已經修改了他們的對於科學工作具有決定作用的有關經驗的意義。形上學的殘留物就在於，自然科學家將自然看成是具體的，而忽視了他們的自然藉以形成爲科學主題的那種抽象作用。因此，心靈的東西也帶有某種固有的實體性，儘管是一種非獨立的實體性，因爲正如經驗教導我們的，心靈的東西只有與物體結合才能出現在世界上。但是在我們能夠提出進一步的，當前重要的問題之前，我們不得不走這一步。首先我們必須幫助經驗知識達到對自身的理解；我們必須透過反思將經驗知識的匿名的作業，即我們所描述過的抽象作用變成明顯的。由於這些，我們比心理學家和自然科學家更忠實於經驗知識；只要抽象的東西不是實體，笛卡兒式的雙重實體理論的最後殘餘就被消除了。

六十七、在經驗基礎上進行抽象的二元論。經驗論的開端在歷史上的持續的影響（從霍布斯到馮特）。對材料經驗論的批判。

但是我們現在必須問，二元論中的哪些東西，在人和科學的「分層」中的哪些東西（這種分層由於前面談到的抽象作用而獲得新的合理性）是眞的有意義的，並且是繼續有意義的？我們故意不使用我們對這種二元論的最初的批判，不使用我們關於心靈存在的空間時間定位和個體化具有的原則上次要的性質的提示；我們想完全進入到科學家的心理－物理二元論的經驗主義中，以便在作爲根本基礎的整個經驗世界的普遍關聯中作決定。除去那些如很快就會表明的，對於理解心理學的眞正任務具有根本本質性質的新洞察，我們還將重新發現那些我們以上提到過的舊洞察。

讓我們從已經討論過的抽象作用開始談起，這種抽象作用很快就會顯露出它的隱蔽的困難。讓我們直截了當地自然地將這種抽象作用，視爲是根據人的具體經驗所區分的目光方向和興趣方向。當然，我們可以注意它的純粹物體性的方面，並且一貫地從單方面對它感興趣；同樣我們也可以注意它的反面，純粹對它的心靈的東西感興趣。由此，「外部」經驗與「內部」經驗（首先是知覺）的區分看起來也立即清楚了，並且具有無可置疑的合法性；而人本身劃分爲兩個實在的方面或層次的情況也是一樣。什麼東西屬於心理的方面？它的哪些東西是純粹在內知覺中給予的？對於這些問題人們將以熟悉的方式回答：是人格，人格的各種特徵的基體，先天的或後天獲得的心理素質（能力、習慣）的基體。但是這樣一來就回溯到流動著的「意識生活」，即回溯到一種時間的過程，在其中首先特別有自我－活動的特徵顯露出來，但是在所有被動狀態的背景上顯露出來的。這種「心理體驗」之流，就是在那種對準心靈的抽象態度中所經驗到的東西。一個人的心理體驗的現前範圍，只能被他本人作爲他的「內知覺」直接地、眞正地知覺到（而且正如人們甚至以爲的，是以一種特殊的必眞的自明性知覺到）。而其他人的心理體驗只能以「移情作用」這種間接經驗的方式得到。至少當人們不像從前習以爲常的那樣，將這種經驗方式解釋爲推論時，是這樣的。

然而所有這些絕不像幾個世紀以來，未經更深入思考就接受的那樣簡單、那樣明顯，對於來自建立在與外部經驗並列的「內部經驗」，以及其他心理學經驗基礎之上的與物理學家的抽象作用並列的抽象作用的心理學，必須認眞地加以懷疑，這樣理解的心理學甚至原則上是不可能的。這顯然也涉及到每一種純粹依據於經驗直觀的有關人的兩個實在方面或層次的二元論，以及每一種有關人的科學的二元論。

從歷史觀點來看，我們必須考察經驗主義心理學，以及從霍布斯和洛克時代以來就在心理學中占支配地位的感覺論，這種感覺論一直到我們今天還在損害著心理學。在自然主義的這種最初形式中被認爲是以經驗爲基礎的心靈，作爲由心理學材料構成的固有的實在的領域，按照意識空間的自身封閉的統一，被單獨劃分出來。將對心理學的材料的經驗的這種給予性，與對物體的經驗的給予性樸素地等同起來，就促成將前者物化；持久地將目光注視著作爲典範的自然科學，就會誘使人們將心理學體驗的材料，理解爲心靈的原子或原子的複合，誘使人們將兩方面的任務並列起來。心靈的能力，或如後來人們喜歡說的，心理素質，變成了物理力的類似物，變成了心靈的純粹因果屬性的名稱，不論這些屬性是作爲固有本質屬於心靈的，還是由與身體的因果聯結而產生的，無論如何在兩方面都是以同樣的方式理解實在性與因果性。當然，在**巴克萊和休謨**那裡對心靈的這種解釋的難以理解的困難，立即就顯示出來了，並且迫使他們走向將這種「並列」雙方的一個方面吞食了的內在的觀念論。但是直到十九世紀，這種情況並沒有對被認爲是遵循經驗的心理學與生理學的實際研究方式有任何改變。洛克的那些後繼者的內在哲學的「觀念論的」自然主義，能夠很容易地改造爲二元論的心理學。休謨的虛構主義使之變得非常明顯的認識論上的困難，已經被克服了——而且是借助於「認識論」克服的。另外在這裡，對人們在遵循經驗的自明性的自然努力中，反正要做的事情進行事後的論證，乃是一種雖然引人注目，但很可惜迴避了眞正的澈底精神的反思。這樣一來在明顯有價值的經驗事實上不斷增長的獲得物，就呈現出一種可在哲學上理解的意義的外觀。我們在馮特及其學派的反思中，在關於「兩種觀察角度」的學說中，在透過雙重「抽象作用」而在理論上運用唯一的一般經驗中，看到這種仿效科學的認識論—形上學解釋的典範。看上去這種學說是走在克服一切傳統形上學，並促成對心理學與自然科學的自身理解的道路上，但實際上，它只不過是將經驗的二元論的自然主義，重新解釋爲具有兩副平行面孔的一元論的自然主義——即斯賓諾莎主義的平行論的變種。另外，不論是馮特還是其他人對受經驗二元論束縛的心理學進行論證的方法，都停留在遵循洛克傳統的將意識當作材料的自然主義的解釋中。但是這並沒有妨礙他們將表象、意志、價值以及目的設定當作意識材料來談論，而不從根本上提出這樣的問題，即如何能夠從這些材料以及它們的心理的因果性出發，理解那些理性的活動呢？這些理性活動是作爲它們的成就的一切心理學理論的前提，而在這些理論本身中，這些理性活動應該作爲所有成果中的一種成果表現出來。

六十八、對意識本身作純粹解釋的任務：意向性這一普遍的問題。（布倫塔諾改造心理學的嘗試。）

在這裡，首要的事情就是克服樸素性，這種樸素性將世界如其所是的那樣在它當中並透過它而爲我們存在的意識生活——作爲現實的和可能的經驗的全體——變成人的實在的屬性，與人的物體性相同意義上的實在的屬性；也就是說，這種樸素性遵循以下的圖式：即在世界上有具有各種不同特徵的事物，其中也有這樣的事物，它對存在於自身之外的事物進行感受，進行理性的認識。或者這樣說也是一樣，即首要的事情，而且首先是在直接的反思的自身經驗中的首要的事情，就是完全無先入之見地對待意識生活，就如同它本身此刻完全直接呈現的那樣。在這裡，在直接的給予性中，人們所發現的絕不是顏色材料、聲音材料，以及其他的「感覺的」材料或感情的材料、意志的材料等等，因此也沒有發現任何在傳統心理學中，像當下直接給予的東西那樣明顯地呈現的東西。相反，就如同笛卡兒已經發現的那樣（當然，我們撇開他的其他意圖），人們發現了我思、意向性，它如同所有周圍世界現實的東西那樣，具有人們熟悉的語言表達形態：「我看到一棵綠色的樹；我聽到它的葉子的沙沙聲，我聞到它的花香」；或者「我回憶起我的學生時代」，「我爲我朋友生病感到憂慮」等等。我們在這裡發現的不是別的，而只是「對……的意識」，即只有按照它的整個的範圍和它的各種樣式才能研究的最廣泛意義上的意識。

在這裡應該回憶一下布倫塔諾所取得的卓越功績，他是透過以下的做法，即在其對心理學的改革嘗試中從研究（與物理東西相比較）心理東西固有的特徵開始，並且指出意向性就是這些特徵之一，而取得這些卓越功績的；因此有關「心理現象」的科學到處都應與意識體驗有關。但是很可惜，在最本質的方面，他仍然囿於自然主義的傳統的先入之見；如果心靈材料不是被理解爲感覺的材料（不論是外「感官的」還是內「感官的」），而是被理解爲具有意向性這種奇特性質的材料；換句話說，如果二元論，心理—物理的因果性仍然被認爲是有效的，這種自然主義傳統先入之見就仍然沒有被克服。他關於與描述的自然科學並列的描述的心理學的理念（如他認爲兩者有相似的方法這一點所表明的），以及他完全按照關於描述的自然科學與說明的自然科學的關係的舊的傳統解釋，而提出對心理學進行分類與描述的分析的任務，也屬於這種情況。如果布倫塔諾認清了將意識生活作爲意向生活來研究，而且首先是在預先給定的世界的基礎上來研究（因爲問題是將心理學作爲客觀科學建立起來），這種任務的眞正意義，那麼整個這一切本來是不可能的。因爲他只是從形式上將意向性心理學當作任務提了出來，但卻根本沒有完成這個任務的方法。他的整個學派的情況也是一樣，這個學派像他本人一樣，始終堅持拒絕承認我的《邏輯研究》中的決定性的新東西（儘管他關於意向現象心理學的要求在這裡也有影響）。《邏輯研究》中的新東西絕不在於純粹存在論的研究，存在論的研究與這本書的最內在的意義相反，產生了一種片面性影響——而在於主觀指向的研究（特別是一九〇一年第二卷的第V和第VI研究）。在這種主觀指向的研究中，作爲所思的所思（cogitata qua cogitata）第一次作爲每一個意識體驗的本質要素（如同在眞正內在經驗中給予的那樣）得到應有的重視，並且立即支配了意向分析的整個方法。這樣在那裡「自明性」（這個僵硬的邏輯偶像）第一次被當成問題，使它從對科學的自明性的偏愛中解放出來，並被擴展到用來意指原初的一般的自身給予性。在若干活動綜合爲一種活動的過程中，發現了眞正意向的綜合，據此，在從一種意義到另一種意義的獨特的結合中，不僅產生其各部分是有意義的一個整體、一種聯結，而且產生一種這些有意義的各部分本身被包含於其中，並且是以有意義的方式被包含於其中的單一的意義。與此同時有關相互關聯的所有問題也已經顯露出來了，因此在這部著作中事實上包含了現象學的最初的，當然是非常不完善的開端。

六十九、「現象學的—心理學的還原」這一心理學的基本方法。（初步的特徵說明：(1)意向關聯及懸擱；(2)描述心理學的各階段；(3)「冷漠的旁觀者」的設定。）

然而對於材料心理學以及按**布倫塔諾**的方法，思考意向性的心理學所進行的這種批判，現在需要系統說明理由。讓我們更仔細地考察一下以前說明過的二元論的、平行的抽象作用的、對作爲分別屬於自然科學和心理學的抽象經驗類型的內在經驗和外在經驗的劃分的、被信以爲眞的直接經驗基礎的不言而喻性。如果我們特別地將我們的注意力指向「內在的」即心靈的經驗，在這種情況下，事情並不是彷彿我們透過對一個人的直接經驗，透過抽去一切自然的東西，就已經輕而易舉地看到了他的純粹的—心靈的生活——作爲他眞實固有的意向體驗的一個層次，就是說，並不是彷彿我們實際上獲得了與將他的純粹物體性作爲主題，提供給我們的那種抽象作用直接對立的抽象作用。在對世界的這種直接經驗中，我們發現人與某些東西——動物、房屋、田野等等——有意向關聯，也就是說，當在意識方面受這些東西的刺激時，主動地看它們，一般地感知它們，主動地回憶它們，思考它們，就它們進行計畫，對它們採取行動。

即使我們作爲心理學家從人身上抽去他的物體的身體（它屬於自然科學的論題），這對於與世界中實在東西的意向關聯並不改變任何東西。在這種情況下，實行這種關聯的人確信自己與之打交道的實在事物的現實性；而心理學家——他總是將某人當成他的主題，並且深入理解，這個人感覺到什麼？他在想什麼？他在做什麼？等等，關於涉及到的東西也具有自己的確信。在這裡應該充分注意的是：一個人（這個人是在已經抽去了他的身體的情況下被理解的）的直接自然地被經驗和被表達的意向性，具有在這個人與其他的實在東西之間**實在關聯**的意義。這些實在東西當然不是與有關的實在東西相關聯的這個人固有的心理本質的組成部分；然而另一方面，我們卻必須將他的知覺活動、思想活動、評價活動等等，歸入他固有的本質。因此，爲了獲得所要求的「描述心理學」的純粹的眞正的主題，就需要一種經過充分自覺訓練的方法。我稱這種方法——在這種關聯中作爲心理學的方法——爲**現象學—心理學的**還原。（關於這種還原與超越論的還原是一種什麼關係，我們暫時存而不論。）

作爲心理學家，我樸素地站在直觀的預先給予的世界之基礎之上。在這個世界中分布著事物以及具有其心靈的人和動物。現在我想純粹按照其精神的心靈存在首先是透過範例，然後是一般地，來解釋人的具體的—固有本質的東西。一切意向性都屬於心靈的固有本質的東西，例如被稱爲「知覺」的這種類型的體驗，正是作爲意向性，而且正如被用作實例的那個人所實行的意向性，屬於心靈固有本質的東西，而且總是這樣，以至沒有任何超出人的，即「心靈」的固有本質之外的東西被一起帶進來。在知覺活動中，人意識到被知覺的東西。但是，不管這種知覺活動具有觀察和解釋活動的樣式，還是具有關於被直接注意的東西之未被注意到的背景的被動意識的樣式，有一點是清楚的，即：不管被知覺的對象是存在還是非存在，不管進行知覺的人在這點上是否搞錯了，此外不管我這個心理學家——在我進行深入理解時，我立即同時實行一種對於被知覺東西的確信，是否搞錯了，所有這些對於作爲心理學家的我肯定都是無關緊要的。這裡的任何東西都不可以進入到對知覺的心理學描述中。不論是存在還是假象，都對以下事實沒有任何改變，即有關的主觀，舉例來說，事實上實行一種知覺，事實上具有這樣一種意識：「這棵樹在這裡」，他與此同時實行了屬於知覺的本質的一種直接的確信，即對於直接在此存在的確信。因此關於人，關於自我—主觀，如它們在經驗上直接給予的那樣的一切眞正直接的描述陳述，都必然超出這些主觀之純粹本質固有的東西。只有透過特殊的懸擱的方法，才能純粹地獲得這種主觀的純粹本質固有的東西。這種懸擱是對有效性的懸擱，在知覺的情況下，我們克制自己不參與實行進行知覺的那個人所實行的有效性。我們有這樣做的自由。我們不能毫無困難地、隨意地改變一種有效性，不能將確信變爲懷疑，變爲否定，同樣也不能將喜歡變爲不喜歡，將愛變爲恨，將渴望變爲厭惡。但是我們能夠毫無困難地對任何一種有效性採取克制態度，即爲了某些目的我們總可以使它不起作用。但是我們必須進一步思考。對於這個進行活動的人來說，每一個活動都是具有特殊內容的確信或確信樣式（認爲某事是沒有把握的、可能的、無意義的）。但是與此同時，這種確信——或如我們說的，這種有效性——也具有一種本質的區分，例如，對存在的確信不同於對價值的確信，這兩者又不同於實踐的確信（例如對計畫的確信），而且每一個確信都有其各自的樣式。此外，由於活動的有效性與其他活動以及其他活動自身包含的有效性的關聯，例如，由於圍繞著每一種活動的地平線意識，我們有活動的有效性的各種差別。

讓我們撇開這樣一個事實，即在「地平線」意識的概念中，在地平線的意向性的概念中，就已經包含有通常狹義上「無意識的」，然而卻以可以指出的方式共同發揮作用的，甚至以各式各樣方式共同發揮作用的意向性的極其多樣的樣式，這些意向性的樣式具有它們固有的有效性樣式，以及它們固有的改變這些有效性樣式的方式。此外，正如更詳細的分析能夠表明的，仍然總還有一些「無意識的」意向性。這裡甚至應該包括由新近的「深層心理學」（我們並不因此就將自己的理論與這種心理學理論等同起來）揭示出來的被壓制了的愛、屈辱感、「怨恨」等感情，以及由它們無意識地引起的行爲方式。這些意向性也有它們的有效性樣式（對存在的確信，對價值的確信，意志的確信，以及它們的樣式上的變化），因此對於它們來說，凡是我們透過知覺的例子已經明白了的東西，預先都考慮到了。當把一種純粹的心理學當作目標時，心理學家本人絕不允許構成他的主題的人格的有效性（不管它具有怎樣的多樣性）同時發揮作用，當他進行研究的時候，他絕不可對這些有效性採取或具有自己的立場；這一般地而且首先是關於這些人的所有那些他們尚不知道的，處於他們生活深處的，對心理學家來說處於隱蔽狀態的意向性，當然也不管這些意向性對於這個人本身在特殊的意義上是有意識的意向性，還是無意識的意向性。這包括一切習慣的東西，一切興趣，它們或是短暫的，或是支配著整個一生的。心理學家預先並且永遠在他的職業生活中以及他的職業時間中，克制自己不對作爲他的主題的個人感興趣的事情也一起「感興趣」。只要他違反了這一點，他就會背離他的主題。如果是那樣，就會從意向性——個人透過它們（在純粹心靈上）自在和自爲地是自己所是，從意向性所固有的內在的「自身關聯」和被關聯，立即產生出實在的關聯，即這些個人與在他們之外的任何一種世界對象——這些個人被捲入到這些對象的實在的關聯之中——之間的實在的關聯。

但是，描述心理學的特殊的主題，就是作爲本身僅僅是意向的生活的主體的人本身的純粹固有本質的東西，而意向性的生活作爲個別的心靈尤其應被視爲一種固有的純粹意向的關聯。但是每一個心靈也與其他的在意向上相互聯結的心靈共同處於共同體之中，也就是說，也處於一種純粹意向的，由於固有本質而內在地緊密聯繫之中，即主觀間共同性的聯繫之中。這一點我們以後還要討論。但是我們這裡遇到的非常值得注意的事情，是主觀能夠藉以成爲主題的這雙重的方式，透過這雙重的方式主觀能夠以兩種不同的態度，顯示出各種非常不同，然而本質上卻相對應的性質，一方面是各個人對於在意向上對他們有效的世界內部的他們意識到的，在意向上對他們有效的事物之純粹內在的關聯。另一方面，個人作爲在實在世界中的實在者，對這個世界中的事物處於實在的關聯之中。純粹描述心理學透過懸擱的這種純粹內在的態度，將人主題化，由此就得到了它的主題：心靈。

當然在這裡，我們像看待其他描述科學的概念一樣，是在廣義上看待描述心理學概念的，這些描述科學肯定不是與直接直觀的純粹材料相結合的，而是向那些借助任何現實經驗的直觀都不能使它作爲現實存在而實現的東西推論，只是這種東西必須是能夠由以類比方式改變了的直觀來代表的。因此，地質學與古生物學是「描述科學」，儘管它們延伸到地球的那樣一些氣候時期，在那些時期對於被歸納的生物的類比直觀，原則上是不能代表可能的經驗的。類似的情況當然也適合於描述心理學。描述心理學也有其以極其間接的方式展示出來的多種多樣心理現象的領域，但是它們有能夠直接經驗到的東西作爲前導。但是正如我們已經說過的，只是由於對有效性的普遍懸擱，心理學才獲得了它的一般主題。它最初的進攻點很可能就是在自然態度中突然出現的實在的意向性，即人的所作所爲當中的行爲方式。這樣，描述心理學透過克制自己不參與到共同的有效性中，而首先把握住了人的「內在的東西」。但是由此它還沒有成爲眞正描述的心理學；它由此尙未達到它的純粹的自身封閉的工作領域，並沒有達到「純粹的心靈」，並沒有達到處於其固有本質的、澈底意向上的獨立性中的純粹心靈之自身封閉的領域。爲達到這一步，就需要（而且預先就需要）心理學家實行普遍的懸擱。心理學家必須「一下子」完全停止實行對作爲主題的個人，或明或暗實行的有效性之任何參與，而這裡所說的個人，是指所有的個人。因爲心理學畢竟應該是有關心靈東西的普遍科學，是與有關物體的普遍科學並列的東西；而且正如關於物體的科學預先就是處於普遍「懸擱」之中的科學，處於習慣的，預先形成的職業態度——即想要抽象地只是對於

242

處於其固有本質的關聯中的物體進行研究之中的科學一樣，心理學也是這樣的東西。因此它也需要自己的習慣的「抽象的」態度。它的懸擱涉及到所有心靈的東西，因此也涉及到心理學家自己的心靈的東西，這包括他——作爲心理學家——克制自己不同時實行他自己以自然的日常生活的方式，實行的針對客觀世界中實在東西的那種有效性。這位心理學家在他自身之中設立了對於他自身以及所有其他人的「冷漠的旁觀者」和研究者，並且這是一勞永逸地，也就是說，是就從事心理學研究的全部「職業時間」而設立的。但是懸擱必須被眞正普遍地並且是澈底地實行，它絕不可被認爲是批判的懸擱，不論是用來進行自我批判的還是批判他人的懸擱、不論是理論批判的還是實踐批判的懸擱。它也不可按照一般的哲學意圖，被認爲是對於經驗、對於有關客觀存在著的世界的眞理本身認識的可能性的普遍批判；當然，也不可被認爲是懷疑論式的，不可知論式的懸擱。在所有這樣理解的懸擱中都包含有採取立場。但是正如我們一再重複的，心理學家作爲心理學家，在他的研究中不允許有任何立場，也不允許採取任何立場，不允許彷彿他有權談論作爲他的主題的那些人的有效性那樣，採取不論是贊成的，還是反對的、還是未定的、懸而未決的立場。只要他沒有將這種態度當作認眞的有意識地建立起來的態度學到手，他就達不到他的眞正的主題，只要他違背了這種態度，他就一定會失去他的主題。只有按照這種態度，心理學家才能有主觀之本質上統一的，絕對自身封閉的「內在」—世界，他才有意向生活的普遍的整體統一作爲他的工作的地平線，即處於最原初狀態的他自己的生活，而且由此出發，還有共同的生存者以及他們的生活，借助於這些生活，每一種具有其固有的意向性的生活，都在意向上延伸到每一個其他人的生活中，而且所有的人都以多種多樣方式，較親密的或較疏遠的方式，結合到生活的相互聯繫之中。對於處於這種相互聯繫之中，但卻具有自己的「冷漠的旁觀者」態度的心理學家來說，任何一種意向生活，如每一個主觀，每一個特殊的主觀的共同體本身所經歷的意向生活，即活動的實行，知覺的以及以任何其他方式經歷的行爲，變化著的有關存在的意指活動與有關意志的意指活動等等，所有這些，都能夠當作主題理解。因此一般而言，將個人的純粹活動－生活，就是說，首先是狹義的意識生活，當作他的最切近的、最基本的主題。這種狹義的意識生活，可以說就是這種精神世界的首先對他變得顯而易見的表層，而意向性的深層只是逐漸地顯露出來的；另一方面，方法，以及事物的系統聯繫，也只是在向前探索的經驗研究中才顯露出來。當然在這方面，即在能夠引起對這種澈底改變的必要性的意識，並且下決心有意識地堅持地遵守這種改變，並且還引起這樣一種認識，即只有借助於這種描述心理學，一般心理學才能滿足它們固有的科學意義，並能透過對它自己的，即心理學的正當意義的適當限定，公正對待心理物理學主題設定的正當意義之前，哲學及其科學需要經過整個漫長的歷史。

七十、心理學的「抽象」所遇到的困難。（「意向對象」的悖論，「意義」這一意向的原現象。）

自然科學能夠透過直接實行的普遍抽象作用將一切精神東西抽去的辦法獲得其主題，而心理學卻不能那樣簡單地透過直接實行一種相反的抽象作用，將一切純粹物體東西抽去的辦法獲得其主題。透過心理學自身理解的道路，即使在認識到是必要的現象學的懸擱以後，也會遇到異常的困難，甚至會受到令人吃驚的悖論的阻撓，這些困難和悖論必須依次加以澄清和克服。這就是我們現在應該全神貫注的事情。首先是意向對象本身的悖論式困難。我們從下面這個問題開始：所有在主觀意識中以各式各樣有效性樣式意識到的，在懸擱之前被之定爲實在存在著的（或可能存在著的，或甚至是不存在的）對象，如果現在在心理學家的懸擱中禁止對每一種這樣的設定採取立場，它們會變成什麼呢？我們的回答是：正是懸擱使我們的目光不僅向在純粹意向生活中發生的意向（「意向體驗」）敞開，而且也向這些意向在自己本身中，總是按照其是什麼這種固有的內容，而設定爲它們的有效的對象的東西敞開，以及向它們這樣設定所用的方式敞開：即處於什麼樣的有效性樣式中，或更確切地說，處於什麼樣的存在樣式中、處於什麼樣的主觀時間樣式中。如知覺上現前的、回憶中過去的，即曾爲現在的等等；具有什麼樣的意義內容，什麼樣的對象類型等等。意向以及意向的對象本身，另外還有處於「其給予方式的如何」之中的意向的對象，首先在行爲領域中成爲一種內容極其豐富的主題。緊接下來就不得不滿足於謹慎地擴展這種相互關聯的概念和問題。

因此我的《純粹現象學和現象學哲學的觀念》書中那句話——那句話如果脫離在那裡對現象學懸擱描述的上下文就可能引起人們的反感——是完全正確的，那句話就是：「關於一棵樹本身，人們可以說它被燒毀，而一棵被知覺到的樹本身，則不會被燒毀；就是說，對於一棵被知覺到的樹這樣說是荒謬的；因爲如果這樣說，人們就是在期待純粹知覺的一個成分——這個成分只有作爲自我主觀固有本質的因素才是可以想像的——去做某種只有對於由樹木構成的物體才能有意義的事：燒毀。」心理學家——只要他保持在純粹描述的範圍內——能具有的唯一的直接對象，就是自我主觀以及「在」這種自我主觀本身（但是在這種情況下只是透過那種懸擱而得到的自我主觀）「中」可以經驗到的它內在固有東西，這些東西是以後進一步科學研究的主題。但是心理學在這裡到處都發現不僅有意向，而且有相關聯地在意向當中包含的——以「被包含」這種本質的並且完全是獨特的方式包含的——「意向對象」。這些意向對象並不是意向的（眞實的）實項的（reell）部分，而是在意向中被意指的東西，是意向對象的特殊的意義，而且是在各個模態（樣態）中的意義，這些模態僅僅對於像「意義」這樣的東西才具有意義。不許可僅僅談論意念活動的被意念的東西、意識體驗的被意識的東西、意向的被意向的東西——這些響亮的詞句，不可避免地在一種被擴展的意義上被應用於現象學的心理學；相反，它們必須有步驟地變成心理學研究的主題。這種僅止於對它們進行談論，乃是材料心理學的做法。甚至休謨也談論關於樹、石頭等等的印象，知覺（他如何能夠避免這樣做呢？），而且直到今天，心理學還是這樣做。正是因此，由於看不到「意向上的記憶體在」或「在心中想到某種東西」，在語言中也倒過來這樣說，心理學也看不到眞正意向分析的可能性，並且在相反的方向上，也看不到意向綜合這一主題設定的可能性——而這正是固有本質的心理學研究的，即描述的心理學研究的全部主題。在心理學以外的生活中，有時注意個人的行爲和痛苦，有時注意它們的「意義」（注意人們「心中所感到的」東西），這是很普通的事情。即使在科學的領域中，我們在對興趣的某種限制中，也有解釋意義這樣的主題設定，例如，在語文學中，透過對使用語詞的人，在他們談話中心中所想到的東西，他們的經驗上、思想上、實踐上所意指的東西，以及對他們心中所感到的東西，進行經常的反思和追問而具有的解釋意義這樣的主題設定。但是只當人們並不想透過普遍的一貫性，看到意義以外的任何別的東西時，只當在賦予意義和獲得意義的生活，以及在這種生活的全部意義賦予和意義的無所不包的綜合，所具有的人的全部主觀的樣式中和普遍的具體相中，人們不想追尋意義以外的任何別的東西時，只有在這時，人們才具有純粹心理學的問題，但絕不是孤立地具有純粹心理學的問題。換句話說，只有那些在普遍懸擱中生活的，並且透過普遍懸擱而擁有作爲完成意義和完成有效性的純粹「內在生活」的，即意向生活的普遍的地平線的人，也才具有現實的、眞正的，並且如我們強調指出的，絕對自身封閉的意向性的問題範圍——純粹心理學的問題範圍，在這種情況下，這種問題範圍屬於一切研究心理東西的科學（心理物理的科學、生理學的科學）。

心理學家從自己的原初的領域獲得這種意向性的問題範圍，但這個原初的領域對於他來說，絕不是可以孤立出來的。借助他的原初意識領域的移情作用，借助從移情作用中產生的東西（它是移情作用中絕不會缺少的組成部分），他已經具有了普遍的主觀間共同的地平線，儘管開始時他很少注意到它。

當然，這種懸擱作爲一種明確的有步驟的根本要求，只能是那樣一個人事後反思的事情，這個人由於某種樸素性，並且由於某種歷史狀況，可以說已經被牽連到懸擱之中了，已經占有了這個新的「內在世界」的一部分，即在某種程度上伴有模糊不清地勾畫出的遠處地平線的內在世界的較近的領域。因此只是在《邏輯研究》完成四年後，他才達到對他的方法的明確的自我意識，而這種自我意識甚至在那時也是不完善的。但是與此同時也產生一些極其困難的問題，這些問題與這種方法本身，與懸擱和還原，以及關於它們本身的現象學理解，以及它們的在哲學上的非同尋常的重要性有關。

在我在這裡轉而探討這些困難，並借此充分闡明心理學的懸擱和還原的意義之前，我要更明確地說明這兩個詞在使用中的區別，按照迄今的全部敘述，這種區別是很明顯的。在純粹心理學，即眞正意義上的描述心理學中，懸擱是爲使主觀按照它固有本質的純粹性而成爲能被經驗的，能被主題化的手段，而在自然的世界生活中，主觀則被經驗爲，並且經驗自己本身爲處於對世間實在對象的意向的—實在的關聯之中的。因此，對於這位絕對冷漠的心理學觀察者來說，這種主觀就變成了新的特殊意義上的「現象」，而這種態度的轉變在這裡就被稱爲現象學—心理學的還原。

七十一、對現象學—心理學懸擱的「普遍性」產生誤解的危險。對它正確理解具有十分重要的意義。

現在我們開始討論一些最本質的問題，以便借此從不同的方面闡明懸擱與還原的更深刻的意義，然後闡明純粹心理學本身的更深刻的意義。實際上這種心理學具有深度，它導致一些悖論，對於這些悖論，一個除去有關心靈的客觀科學再無其他目的的心理學家是不會預料到的。不過我們的敘述也許會促使他就其自然主義感覺論檢查他的意識心理學，並且承認，眞正的心理學需要普遍的懸擱。雖然開始時這個心理學家也許會以爲，儘管他沒有明確地將普遍的懸擱宣布爲方法，他已經在悄悄地實行懸擱了，並且在他集中注意於個人內在固有的東西時，他在按照內知覺，內部經驗，或者按照移情作用進行描述的標題下，將對於這些個人來說是外在實在的東西（就其眞正的存在或非存在而言）排除了。但是他也許會承認，這種指向人的「內在存在＋的自然的樸素的方式（這種方式甚至對於前科學生活來說也絕不是陌生的）是不夠用的，只有透過普遍懸擱這種自覺的方法，處於其充分具體性之中的主觀純粹自在自爲的存在才能成爲主題的領域。因此他一定會看到，並且一定會對自己說，只當我將所有心理以外的東西，即在心理生活中有效的世界排除掉，因此純粹心理的領域對於我來說變成了一個封閉的世界，以下事實對於我才成爲自明的，或以下的自明性才成爲令人信服的，即在心理東西本身的固有本質中包含著這樣一種性質，即它是意指對象的等等。

在這種情況下，我普遍地具有流動的多種多樣的意向性，其中就有流動地有效的世界本身：但並不是以這樣方式具有的，即與此同時現實地設定某種非心理的東西作爲世界。如果我們在這裡再補充說，也許心理學家還會同意，那種占支配地位的以揭示心理的－物理的因果性或制約性爲目的的傾向——這種傾向直到如今都使心理學家給感覺材料以優先地位，並使他們不去追問感覺材料在意向關聯中所占有的描述地位，以及追問感覺材料的只有在這種關聯中才能被決定的意義——是心理－生理學的態度。最終他可能會承認，因此事實上在這裡有一種重要的東西：即意向性的主題設定範圍，而且是作爲一種表示相關關係的專案的意向性主題設定。而且按照我們整個敘述的意義，事實上這是主要之點，爲了我們畢竟能夠開始，我們首先必須完全確信它。只有透過普遍的懸擱，我們才能將純粹的自我—生活本來所是的東西視爲是固有的主題領域；這種自我—生活是意向生活，是在意向生活的意向中，受在這種意向生活中顯現的有效的意向對象的刺激，意向生活以各種不同方式指向意向對象，與它們打交道。所有這樣地「與之打交道的對象」本身都屬於純粹的內在性，並且必須按照它們的純粹主觀樣式，按照它們的內涵，以及一切在其中包含的意向中介加以描述地把握。

但是，數百年之久的傳統的思想習慣，並不是這麼容易就能夠克服的，它們還在發揮影響力，儘管人們明確表示放棄了它們。在內心中，心理學家仍然會堅持認爲，這種描述心理學並不是一種獨立的科學，它以有關物體的自然科學爲先決條件，同時又是以心理—生理學方式，或也許可能是以心理—物理學方式說明的自然科學的預備階段。即使承認它本身作爲純粹描述心理學有獨立的存在，它肯定還要求有一種與自己並列的「說明的」心理學（在上個世紀末，布倫塔諾和狄爾泰的立場就正是如此）。初學者（每一個學院心理學家按照他所受的教育而言在這方面都是初學者）一開始可能會認爲，在純粹心理學方面所涉及的只是一組有限的任務，是一種雖然有用但卻是次要的輔助學科。這種看法部分地是建立在必須從人的行爲方式開始這種必要性之上的，以及建立在這樣一種考慮之上的，即這些行爲方式作爲實在的關係，需要還原到行爲方式中的內在的心靈的東西。因此看起來很明顯，必需的普遍的還原，恰好預先就具有這樣一種含義，即決心不斷地、逐個地將在有關世界的經驗中出現的全部人的行爲方式進行還原，因此決心從科學上，或許還要借助於實驗，描述那種已在日常語言中清楚表現出來的心理的東西，即人的行爲或痛苦，粗略地說就是，按照其經驗類型從科學上描述的行爲領域的心理東西，按照這些經驗類型的意義，總是包含有心理－物理的因果性。但是所有這些都具有這樣一個目的，即此後能繼續完全按照自然科學的方式進行歸納的推論，並據此進入到昏暗的無意識領域——透過形成一些表達眞正能經驗到的活動的相似與變化的新概念。在心理學方面就是如此。就身體這個相反的方面而言，就產生出一些與純粹心理學的問題緊密結合的心理－物理的問題。對此有什麼可反對的嗎？如果我們就此補充說，在「行爲方式」這個名稱下，最終應該包括一切表象、知覺、回憶、期待，還應該包括一切移情作用，此外還應該包括一切聯想，而且還應該包括正在變得暗淡的，正在變成沉積物的各種活動的事實上能以描述方式追尋的各種變化，以及還有一切本能與衝動，更不要說「地平線」了，如果我們這樣說，人們一定會變得猶豫不決嗎？

無論如何，普遍的還原儘管有意進行內在的描述，卻會被理解爲個別還原的普遍性。此外有一個非常重要問題需要指出來。心理學家的道路是從外在的考察走向內在的考察的道路；因此是從人以及動物的相互外在的關係，走向對他們的內在的存在與生活的考察。因此首先想到的，就是按照下面這樣的方式實行普遍的還原——正是爲了賦予心理學的普遍性以與自然科學的世界的普遍性並列的意義，即還原應該在透過經驗和歸納，能達到的所有個別主觀上逐個地實行，而且，在每個主觀那裡都是就個別體驗而實行。怎麼可能是別種樣子呢？人是彼此外在的，是被分離的實在性，因此它們的心靈的內在性也是被分離開的。因此內在的心理學只能是個體心理學、個別心靈的心理學，其餘的一切都是心理—物理研究的問題；對於動物世界，最後對於整個有機物領域，也是如此，如果有理由說，每一種有機物一般都有其心理的方面的話。所有這些看起來簡直都是不言而喻的。因此如果我預先說，正確理解的懸擱，由於其正確理解的普遍性，而完全改變了人們有關心理學的任務所能夠形成的全部觀念，並且揭露出，所有那些剛才被說成不言而喻性的東西乃是一種樸素性，一旦人們眞正地，並且按照其全部意義理解並實行懸擱與還原，這種樸素性就必然成爲並且永遠成爲不可能的，如果我們這樣說，人們就會認爲這部分地是誇大其辭，部分地是搞錯了。

現象學心理學按照其意義在不同的階段展示出來，因爲現象學還原本身——而這就包含於它的本質之中——只能是按階段地展示它的意義，它的內在的必然的要求，以及它的有效範圍。每一個階段都要求新的反思，而這些反思和思考又只有透過其他階段上的自身理解和完成的成就才有可能。正如我經常說的，現象學還原爲了獲得它的整個地平線，需要一種「現象學還原的現象學」。但是即使在這第一階段上——在那個階段上，人們仍然將目光對準個別主觀，並且必須將心理—物理科學的，或更確切地說，生物科學的成就，保持在懸而未決的問題狀態，人們也仍然只有透過艱苦的努力才能獲得這些主觀的意義，而不能直接從人們必須由之開始的行爲主義的還原中獲得這種意義。[18]

18 當然，我在這裡不考慮行爲主義者的那些誇張說法，他們只是運用行爲的外在方面，彷彿行爲並未因他們這樣做而喪失它們的意義，即正是移情作用，對於「表現」的理解，才賦予這種行爲的那種意義。

251

借助於這種最初的還原，人們還沒有達到心靈固有本質的東西。因此我們可以說，眞正的現象學—心理學的懸擱，不僅對於整個自然生活，而且對於過去的心理學家來說，也是一種完全陌生的，不自然的態度。因此對於自我—主觀的固有本質的東西來說，對於它們的一般心靈的東西來說，就缺乏科學描述所必需的經驗領域，缺乏只有從重複中才能產生出來的熟悉東西的類型。眞正心理學意義上的「內知覺」，以及按照其固有的純粹存在被理解爲心靈的經驗的一般心理學的經驗，遠不是直接的東西和日常的東西，以及透過對最初的開端進行直接的「懸擱」就能得到的東西，因此在引入獨特的現象學懸擱方法之前，它是絕不可能的。因此，凡是採取現象學態度的人，必須首先學會看，獲得熟練，並且在熟練中首先掌握有關他自己的和他的固有本質東西的粗糙的不穩定的概念，然後掌握愈來愈確切的概念。由此，描述的現象學的眞正的無限性才逐漸變成明顯可見的，而且是以最強的，最無條件的自明性，即以這種唯一眞正的「內在經驗」所具有的自明性變成明顯可見的。

的確，這種說法聽起來好像是一種嚴重的誇張，但只是在受傳統束縛的初學者看來才是如此，這種人從外在態度（自然的人類學的主觀—客觀態度，心理的—世間的態度）的經驗出發，首先認爲，這裡所涉及的是將實在的各前提的累贅不言而喻地簡單地「淨化」掉，而心靈的經驗內容從本質上說已經是熟悉的，甚至是能用日常語言表達出來的。但這是根本錯誤的。如果這是正確的，人們就只需要將從一般經驗中得來的作爲進行思想、進行感受、進行活動的主觀，作爲經驗到喜悅與痛苦的主觀等等的人的經驗概念，用分析方法進行解釋；但這可以說只是心理東西的外在方面，是表面的東西，是心理東西中使自身在外部世界客觀化了的東西。這與在兒童那裡的情形相似。兒童關於事物雖然有作爲事物的經驗，但關於內部結構卻毫無所知，在他們關於事物的統覺中，甚至完全缺少這種結構。對於那些完全沒有在現象學意義（眞正的懸擱使它成爲可能）上學會理解表面的東西本身，並學會去詢問它的無窮盡的深層層次的心理學家，情形也是一樣。在他們那裡缺少任何眞正心理學的統覺，因此缺少任何提出作爲操作問題的眞正心理學問題——這些問題肯定已經具有預先確定的意義地平線的可能性。

因此，只當人們從外在化了的意向性進入到內在的意向性——它以意向的方式構成外在化了的意向性時，所謂的「淨化」，或如人們常說的「對心理學概念的澄清」，才能使心理的東西一般成爲可以理解的，才能一般地看到它的固有的存在，以及所有那些「包含」於它之中的東西。因爲只有在這時人們才一般地學會理解，心理學的分析，以及相反地，心理學的綜合，眞正意味著什麼；以及學會理解，是什麼樣的意義鴻溝，將它與人們從外在態度的科學而來的就分析與綜合名下可能理解的東西分割開。

那種最初的懸擱無疑就是純粹心靈經驗的必然的開端。但是現在必須花一些時間對這種純粹心靈的東西進行一番概略觀察和深入討論，並且堅定不移地去把握它的固有本質的東西。如果經驗主義透過這種〈與純粹經驗的聯繫〉[19]爲自己帶來更好的名聲，那它就不會

---

19 尖括弧中的字，是編輯者畢邁爾爲句子的完整而插入的。下同。——譯者注

看不到現象學還原，它的描述就絕不會將它引導到材料和材料的複合，而精神世界由於其固有特性和無限的整體性，就會不再是封閉的了。直到今天沒有一種傳統的心理學能夠對知覺——哪怕只是對特殊類型的知覺，如對有關物體的知覺——提供即使只是一種眞正的解釋，或對記憶、期待、「移情作用」，或其他的現前化方式提供即使只是一種眞正的解釋；此外甚至沒有提供對判斷以及其他活動類型的意向的本質描述，也沒有提供關於一致與不一致（在它們不同的樣式化中）之綜合的意向的說明，這種情況難道不荒謬嗎？人們關於被包含在每一個這樣的題目下的這多種多樣的複雜的研究問題毫無所知，這種情況難道不荒謬嗎？人們沒有經驗的領域，沒有爲自己開闢出專門的心理學的事實領域，需要完成的描述的領域；人們根本沒有處在眞正心理學的經驗之中，這種經驗首先將心理的東西不加分析地呈現出來，並且透過心理東西的內在的和外在的經驗地平線，模糊地勾畫出應該在意向上顯露的東西。只要人們沒有認識到普遍的懸擱與還原的必要性——只有透過這種懸擱與還原，人們才能夠達到描述與意向分析的基體，並因此達到研究的領域，人們不時地那樣頻繁，那樣強調地提出關於描述心理學的要求又有什麼用呢？我只能否認，迄今存在的心理學曾經實際上踏上過眞正心理學的土地。只當存在有這樣的眞正心理學時，才有可能按照其實際的心理學的內容，利用多種多樣的並且無疑是非常有價值的心理物理學的以及依賴於這種心理物理學的心理學事實，並且能夠釐清楚，實際上什麼是這兩個方面的經驗規則的聯繫環節。

先入之見的力量是很強大的，以至於儘管在迄今數十年的時間裡，超越論的懸擱與還原在其不同的發展階段都得到了闡述，但是除去將眞正意向描述的最初成果，以顚倒意義的方式轉用於舊的心理學之外，並沒有獲得更多的東西。關於應該如何認眞看待這種轉用的「顚倒意義」這一說法，在我們以下的考察中將會表明，這些考察如我們所希望的，作爲從最成熟的自身沉思中產生出來的考察，將使相應的更深刻的透澈性和明晰性成爲可能。此外，這樣一種「discours de la méthode」（方法談）——如在這裡對它概述的——由於以下情況所帶來的困難也將被消除，即存在於這種「方法談」背後的數十年的具體研究，沒有能作爲具體的基礎而提供幫助，特別是因爲，甚至已出版的著作，也只有透過對於還原的眞正的，當然總是很困難的理解，才能眞正產生影響。儘管還原在那些著作中已經作爲超越論的哲學的還原被介紹過了，爲什麼在這裡還要談到它呢？關於這點，從我們以下的論述中很快就會明白。

我們現在緊接下來的任務，而且對於闡明懸擱的眞正意義是非常緊迫的任務，就是讓人們清楚看到，對於懸擱必須以之實行的普遍性的首先想到的解釋所具有的那些不言而喻的東西，實際上是一種對自身的誤解。根據從人對實在周圍世界的行爲方式出發，從將這些行爲方式逐個地還原爲心理的東西出發，於是就一般地認爲，普遍的還原就是這樣一種態度，即以還原的方式對所有發生的個別的意向性普遍地加以淨化，然後對這些個別的東西加以探討，這種看法是根本錯誤的。當然，在我的自我意識中對我自己進行反思時，我發現「我」是這樣地生活在世界中的，即我受個別事物的刺激，與個別的事物打交道，因此這種還原不斷地產生個別的表象、個別的感情、個別的活動等等。但是在這裡我不允許像關於「意識白板上的材料」的心理學那樣，忽視以下事實，即這個「白板」有關於自己本身是白板的

254

意識，它存在於世界中，並且有關於世界的意識：我不斷地意識到世界中的個別事物，例如，那些作爲使我感興趣的、引起我思考的、打擾我的事物等等，但與此同時，我不斷地具有關於這個世界本身的意識，作爲我自己生活於其中的世界，儘管它不像一個事物那樣存在於那裡，不像事物那樣刺激我，或在一種類似的意義上是我與之打交道的對象。如果世界不是作爲世界而被意識到，也不能像一個客體那樣成爲對象的，我如何能夠以反思的方式通觀世界，並實行對世界的認識，從而使我自己超出總是與事物打交道的那種簡單的直截了當的生活呢？我以及我們大家如何能夠經常具有關於世界的意識呢？我們經驗到的，我們無論如何都必須與之打交道的每一件事物——如果我們對我們自己進行反思，就也包括我們自己——將自身呈現爲這個世界中的事物（我們對此可能注意到，也可能注意不到），呈現爲當時知覺領域的事物，但是這個知覺領域僅僅是這個世界中的知覺上的片斷。我們可能注意到這一點，能夠追問這個經常的世界地平線，甚至不斷這樣做。

因此，心理學的還原必須對個別事物以及它的世界—地平線的意識一起進行還原，因此，所有的還原都是世界—普遍的。

這對於心理學來說是一種先驗性；我們不可能想像有任何一個心理學家，他在探討心理的東西時會沒有自己對世界的意識，或更確切地說，不是清醒地與本身必然伴有其世界地平線的對象打交道，並且，他在表象其他人時，可以將他人表象爲與自己不同的人——即表象爲不是具有對世界的意識的人，而這種意識同時又是對自身的意識，即將他自己意識爲在世界中存在的。

因此，這些以及或許還有許多類似的性質，在心理學的開端上，在心理學最初創立時就有了，忽略了這一點同樣是錯誤的，這正如物理學家在創建有關物體的理論時沒有看到廣袤是屬於物體的本質是錯誤的一樣。當然，在建立物理學方法時是很順利的東西，如注意先驗的結構，使自己受它們的指導，甚至將這些結構作爲特殊的科學規範體系，作爲數學，變成方法的基礎，所有這些在心理學的發展中都包含有許多非同尋常的不可思議的困難，儘管在表面上與物理學有許多相似之處。在物理學方法中比較容易的事情，如對自然實行普遍的抽象，透過理念化以數學方式把握自然，在這裡應該進行相反的抽象，應該將對世界的意識和自我意識變成普遍的主題，由於最深刻的原因使我們陷入方法上的困難的預備性沉思之中。

心理學，即有關一般純粹心靈——心理學的抽象化作用就在於此——的普遍科學，需要懸擱，而且心理學必須預先就所有心靈的有關世界的意識進行還原，就每一種有其特性的有關世界的意識進行還原。其中包括每一個人的自身統覺，連同有效性的意義、習慣、興趣、想法等等（這些東西每一個人總認爲是自己所有的），以及每一個人總在實行的各自的經驗、判斷等等。這每一個人都以他向自己顯示的方式被自己思念，但同時也是作爲在世界中存在的東西被自己思念的。所有這些都應該被還原。

但是我們不可忽略這樣一個問題：每一個人，當他具有作爲這一個人的有關他自己的自身統覺時，他是如何具有進一步的有關世界的意識的呢？在這裡，作爲一種先驗的東西，我們很快又會看到，自身意識和對他人的意識是不可分的。以下這種情況絕不是一種純粹的事實，而是不可想像的，即我不是**某一個**人就是世界中的人了，但我卻在我的知覺領域中不需要有任何人存在，但是周圍的人，作爲現實的、已認識的人，並且作爲由可能遇到的人構成的開放的地平線，卻是必需的。我實際上處於周圍人的現在之中，處於人類的開放的地平線之中；我知道自己實際上處於世代的聯繫之中、處於歷史發展的統一之流中，在其中，這個現在是人類的現在，人類所意識到的世界是伴有歷史的過去與歷史的將來的歷史的現在。當然，我可以在想像中自由地改造這種有關世界的意識，但是這種世代性與歷史性的形式是牢不可破的，正如屬於我這個個別的自我的，我的原初知覺的現在——作爲回憶中的過去的現在與期望中的將來的現在——的形式是牢不可破的一樣。當然，這種先驗性就內容而言能達到什麼樣的範圍，它如何能以嚴密的固定的法則表達出來，在某種程度上可以說作爲世界意識和自我意識的存在論表達出來，這是一個重要的問題，然而卻是沒有解決的問題；但是無論如何，它是這樣一個問題，這個問題涉及到普遍懸擱的意義，並且涉及到在普遍懸擱中作爲內在心理學的被還原了的現象所能獲得的東西，因此是作爲心理學的主題從一開始就應考慮到的東西。但是在這裡我們必須更準確一些。心理學家當然必須從自身出發並且首先在自己身上實行懸擱與還原；他必須從他原初的自身經驗，以及他原初固有的對世界的意識出發，即從他將自己視爲人的這樣自身統覺出發，對於這個人他總是賦予所有那些他賦予他的東西——這是個好人或這是個壞人，以及所有其他被他認爲是的東西，當他變成對他本人的漠不關心的旁觀者時，所有這些東西都失去了全部的共同發揮作用的有效性；而這種有效性本身，連同一切有效行爲以及有效行爲者本身都變成了現象，因此不會丟失任何一點東西。但是它對所有這些具有原初的意識，這種意識，作爲被還原了的意識，他是作爲最初的東西而具有的；其中包括他的具有流動的特徵及其歷史性的世界意識，以及所有那些他認爲根據時間－空間性和內容歸屬世界的東西。透過還原，這個世界——除去這個對他有效的世界，他再也沒有別的世界了（別的世界對他是完全沒有意義的）——對於他來說，變成了單純的現象。

但是正如在對自身的經驗中一樣，心理學家在對他人的經驗中，而且預先在每一種可能的對他人的經驗中，肯定都實行了懸擱；所有的人都變成了純粹的心靈，變成了具有對自身的統覺和對世界的統覺的自我主觀，這些統覺可以純粹按照有效性作用和有效性作用者的相互關聯而變成主題。但是現在讓我們來思考這樣一些情況，即每一個人當他與具有其世界意識的他人進行往來時，同時就意識到這個具有這一他人特性的他人；他的意向性以令人驚訝的方式延伸到他人的意向性中，反過來他人的意向性也延伸到他的意向性中；與此同時，自己的存在有效性和他人的存在有效性，以一致和不一致的樣式結合在一起；透過相互修正，最終始終是，而且必然是關於具有同一些事物的這個同一的共同的世界之一致的意識起作用，對於這同一些事物，一個人是這樣理解，而另一個人則作另一種理解。每一種對世界的意識，預先就已經是對於所有的人，對於所有熟悉的人和不熟悉的人，對於所有遇到的主觀來說，是同一個世界的意識，而且是處於對存在的確信這種樣式中的意識，所有這些主觀必定預先本身就是這個世界中的主觀。我從我自己獲得被定向了的世界，每一個其他人從他自己獲得被定向了的世界，這是這樣一個世界，它以他者爲前提，而這他者本身由自身出發而有他者，他者本身又有他者；這樣，這些他者透過意向關聯的中介，就被設定爲一個共同的世界統覺的各種主觀，而每一個人在他對自身的統覺中，都有他自己的對世界的統覺。所有這些都處於一種不停地流動的變化中，而這種變化始終又是相互修正的變化。換句話說，我們當中的每一個人都有他的生活世界，這個世界被認爲是大家的世界。每一個人都在主觀地、相對地設定的各種世界的統一極的意義上具有生活世界，而那些主觀地、相對地設定的各種世界，在修正的變動中變成了這個世界的，即我們大家的生活世界的單純顯現，變成不斷持續的意向的統一之顯現，甚至變成由各種細節、各種事物構成的整體領域。這就是這個世界；別的世界對於我們完全沒有意義；並且在懸擱中它變成了現象，現在遺留下來的並不是由每一個都被還原爲它的純粹的內在性的被分割的心靈構成的眾多；相反，正如存在著一個作爲自身封閉的統一關聯的唯一的普遍的自然一樣，同樣也只存在著一個唯一的心靈關聯，一個全部心靈的總體關聯，所有這些心靈都不是外在地，而是內在地統一的，即透過他們的生活的公共化作用，這樣一種意向的相互交融與滲透而統一的。每一種被還原爲它的純粹內在性的心靈，都有它自爲的和自在的存在，都有它原初固有的生活。然而以下情況也是心靈固有的，即它以原初固有的方式而具有各自有關世界的意識，而且是由於這樣一個事實：它具有移情作用的經驗，即具有關於他人也擁有世界，並且擁有同一個世界的經驗意識，即關於總是以自己的統覺統覺著同一個世界的他人的經驗意識。

正如每一個自我—主觀都有一個原初的知覺領域一樣——在一個能夠由自由的活動開闢的地平線中，這個地平線引向愈來愈新的，一再被確定地或不確定地勾畫出來的知覺領域，每一個自我—主觀都有它的移情作用的地平線，它的別的主觀性的地平線，這種地平線能夠透過與一連串他者的直接的和間接的往來而開拓，這些他者相互間都是他者，而他者總又能夠有他者等等。但是這就意味著，每一個自我—主觀都有被定向的世界，因此它具有相對原初的所予性的核心；而且是作爲一種地平線的核心，這個地平線是儘管不確定，但卻共同發揮作用的，進行預先推定的複雜的意向性之名稱。這同時又意味著，在生動地流動著的意向性中（自我—主觀的生命就在於這種意向性），預先已經以移情的方式和移情的地平線的方式，意向地包含著每一個其他的自我了。在眞正理解著自己本身的普遍的懸擱中就顯示出，對處於其固有本質之中的所有心靈來說，絕不存在彼此外在性這樣的分離。那種在懸擱之前的世界生活的自然的—人世的態度中是彼此外在的東西，透過心靈在身體中的定位，在懸擱中就轉變成了純粹的意向的彼此內在的東西。與此同時，世界——直接存在著的世界以及在其中存在著的自然——就轉變成作爲大家共有的現象的「世界」，「所有現實的和可能的主觀之世界」，這些主觀當中的任何一個都不能迴避意向的關聯，按照這種意向的關聯，他預先就包含在每一個其他主觀的地平線之中。

正如我所認爲的，這樣一來我們就會驚訝地發現，在描述心理學（它想要表達心靈固有本質的東西）的理念的純粹展開中，必然會實現現象學—心理學的懸擱與還原向超越論的懸擱與還原的轉變；並且我們發現，我們在這裡並沒有做別的事情，而且也不可能做別的事情，只能按照一些基本特徵重複一些思考，這些思考我們以前只能是按照完全不同的興趣進行——即不是按照作爲實證科學的心理學的興趣，而是按照普遍的並且是超越論的哲學的興趣進行。

259

但是與此同時又出現了這樣一種必要性，即澈底思考對懸擱與還原的這些最簡單的方式所進行的修正。當我們在心理學中也追求客觀的科學性時，我們就如同考察世界中的其他事物一樣考察人；對於心理學來說，客觀性同樣也意味著排除一切純粹主觀的東西，因此也排除作爲發揮功能的主觀性的我們自己的主觀的東西，世界一般這種存在的意義就是在主觀性的功能活動中產生出來的。因此我作爲心理學家可以遷就這樣的事實，即甚至在這樣的已經指向對世界的意向構成的思考中，我就透過移情這種經驗方式具有了作爲在此存在著的現實東西的其他人，由於這些其他人，我知道我自己僅僅是存在於社會共同體之中的。但是，當我對我和我的有關世界的意識進行還原的懸擱時，其他人——如同世界本身一樣——也同時受到懸擱，這樣一來他們對於我就只是意向的現象。因此，澈底完全的還原導致這位由此首先將自己變得絕對孤獨的純粹心理學家的絕對唯一的自我，他作爲**絕對唯一的**自我不再具有作爲人的自身有效性，並且不再被視爲在世界中的實在的存在者，相反，他是他的透過澈底還原而得到的具有其全部意向關聯的普遍的和純粹的意向性的純粹主觀。這是必眞的自我，這個自我必眞地存在於它的所有意向性之中，而這些意向性必眞地包含於自我本身之中，並能夠展現出來。如果在這些意向性中——並且是從本質上，能夠證明有另一些主觀共存在（但是作爲被關聯的另一些自我的共存在），因此就能夠證明自我和他者這種原始的劃分，那麼純粹意向的心理學的主要任務之一，就是透過對世界的有效性不斷進行還原的方法，闡明主觀的純粹的功能，借助於這種功能，從作爲自我的我的觀點來看的作爲「我們大家的世界」的世界，就是具有特殊內容的大家的世界。懸擱的空洞的一般性尙沒有闡明任何東西，它只不過是純粹主觀性的新世界能藉以揭示出來的入門途徑。對這種純粹主觀性的新世界的眞正揭示，仍是具體的，極爲艱難而精細的研究任務。

有一個主要成果現在仍然必須用一句話來強調一下。我們的考察表明，懸擱不僅在個別心靈內部進行的個別還原中是不適合的，而且它作爲從心靈到心靈的個別還原也是不適合的。全部心靈構成一個處於所有個別主觀的生活流的相互關聯之中的意向性的唯一的統一，這種統一可以由現象學系統地闡明；在樸素的實在性或客觀性中是相互外在的關係，如果從內部來看，就是意向上彼此內在的關係。

七十二、超越論的心理學對於作爲進入純粹對自身認識之眞正門徑的超越論的現象學之關係。最終排除有關心靈的科學所抱有的客觀主義理想。

看來我們的研究之令人驚訝的結果也可以表達如下：作爲實證科學的純粹心理學，即一種想要如同其他實證科學，自然科學與精神科學一樣，將生活世界中的人當作世界中的實在的事實進行普遍研究的心理學，是不存在的。只存在一種超越論的心理學，它與超越論的哲學是同一的。我們現在必須思考，這種說法在什麼意義上是需要修正的。說不可能存在作爲建立在預先給予的世界之上的科學的心理學，即作爲直接有關世界中的人（此外還有動物）的科學的心理學，當然是錯誤的。確實，如果不問心靈存在的固有本質的東西，任何這樣意義上的心理學也是不可能的。同樣確實的是，心靈存在的純粹固有本質的東西並不是像某種只需要我們去看，或是像已經存在於那裡，只不過人們並未注意到的東西那樣不費力氣就能得到的。所有這樣地在這裡存在的東西，都作爲這樣地看它們的人所統覺的東西屬於這個世界，並與其他東西一起屬於應被還原的東西之領域。但是，如果涉及一切具有關於世界的意識這樣一種情況的普遍的懸擱是必要的，那麼心理學在實行這種懸擱期間就失去了客觀世界的基礎。因此純粹心理學就其本身來說，與作爲關於超越論的主觀性的科學的超越論哲學是同一的。這一點是不可改變的。但是現在讓我們回想一下，我們以前關於作爲對自然的世界的態度之重新定向的現象學還原所知道的東西。我們可以從這種重新定向再轉回到自然的態度；我們以前說過，如同每一種科學和每一種生活職業一樣，純粹心理學具有它的職業時間和屬於它的職業時間的懸擱。在我是超越論的或純粹的現象學家的這段時間裡，我僅僅處於超越論地對自身的意識之中，我僅僅作爲超越論的自我，按照所有其中被意向地關聯的東西，而是我的研究主題。在這裡，絕對不存在任何客觀性的東西；這裡存在的只是**作爲**我的（超越論的自我的）**現象**的客觀性、事物、世界以及有關世界的科學（因此包括所有的實證科學和哲學）。我作爲超越論的研究者可以實行的和想要實行的一切存在的有效性，都與我自己有關，但正是因此，也與在我的原初的意向性中發生的現實的和可能的「移情作用」，即對他人的知覺有關。由於這種還原，他人就從爲我存在的人變成了具有我的原初的意向生活之意向關聯者的存在意義的爲我存在的另一些自我。反過來也是有效的：我連同我的全部原初的生活在他們當中被意向地關聯；同樣他們全體也都彼此相互意向地關聯。我在這裡以科學的方式所說的東西，是我關於我自己說的，對我自己說的；但是悖理的是，與此同時我也說給所有其他人，他們在我之中是超越論地被關聯的，並且彼此之間也是超越論地被關聯的。

純粹心理學僅僅知道主觀的東西，如果允許作爲存在者的客觀東西進入其中，那就已經放棄了純粹心理學。這種無限的心理學研究作爲超越論的純粹的研究，所涉及的是所有主觀的以及它們的超越論的生活的這種意向的相互融和與滲透，它們必然是以圍繞我而被定向的形態進行的。只不過它們是以這樣的方式進行的，即我在自我學的自我沉思中劃定我的原初領域（「原始性」的領域），並且在它們的交織當中揭示出它們的意向，改變各階段中的意向的綜合與關聯；當我使所有我的移情作用有計畫、有步驟地，即透過其他懸擱當中的一種懸擱，失去效力，只是將它們作爲我的體驗保留下來時，我就獲得了一種原初生活的本質結構。如果我使這種移情作用（就它們在「共同實行」中的意向上有效的各種相關物方面）有效，那麼移情作用就會變成我所能想像到的每一個他我的本質結構，在這種情況下就會出現由這種移情作用所產生的普遍聯繫的問題，以及它的本質上的特殊形式的問題——正是在自然的世界觀中作爲客觀化了的形式產生出來的特殊形式，即作爲家庭、民族、民族共同體，並且由此作爲人類歷史性的本質結構而產生出來的特殊形態，但是在這裡，由於被還原，它們表明是絕對歷史性的本質結構，即超越論的主觀共同體的本質結構，並且是作爲這樣一種主觀的共同體，即它以這種最普遍的並且是被特殊化了的先驗的形式，透過意向上被共同體化而生活著，它在本身具有作爲意向上有效的相關物的世界，並且以在文化世界中在愈來愈新的形式中和愈來愈新的階段上，繼續不斷地創造出這種作爲相關物的世界。這種透過一切可以想像到的方法中最嚴格的方法——即對自己本身進行必眞的反思並對自己本身進行必眞的解釋的超越論的主觀性的方法——而系統地展開的東西，正是超越論的哲學；因此，純粹心理學不是，也不可能是別的東西，而只能是以前按照哲學的目的作爲絕對被奠立的哲學所尋求的，並且只有作爲現象學的超越論哲學才能實現的東西。但是我作爲純粹心理學家或超越論哲學家，並沒有因此就不再是人了；在世界的現實存在中，以及世界的所有的人和其他生物的現實存在中，同樣也沒有發生任何變化。我也沒有停止具有在就人的心靈存在——人的個別心靈存在和社會存在——而言的關於人的一般科學這個標題下的對人世的關心；因此在職業變換中，即當我作爲立足於世界基礎之上的心理學家開始從事工作時，我就又返回到自然的態度。正是作爲心理學家，我不得不下決心發展一種純粹的心理學。因此這裡涉及的情況顯然與以下情況類似，即自然科學家的興趣要求發展一門純粹的數學，如果這種純粹的數學以前並沒有作爲一種獨特的理論興趣的後果而發生，也仍會要求發展這樣一門純粹數學。事實上，對於眞正的心理學、對於眞正心理學固有本質的精確性，超越論哲學發揮著先驗科學的作用，心理學在其全部現實的心理學認識中都必須求助於先驗的科學，爲了它的世間的經驗知識，它必須運用這種先驗科學的先驗的結構概念。誠然，在對於心理學與自然科學之間，甚至心理學與每一種實證科學之間的這種眞正相似的提示中，顯示出一種巨大的差別。探索純粹心靈的東西的心理學家，按照使所有實在的共同有效性不起作用的絕對不可避免的要求實行懸擱，此外，他又是不可避免地，透過艱難的反思，有條不紊地實行懸擱，並使自己擺脫全部世界生活以及一切有關世界的客觀科學無意識地帶有的樸素性。在自然生活中的尙不夠科學的日常事務中，每一個人都相信自己具有對自己的認識和對人們的認識，儘管他對這種認識的完善性評價是相當謹愼的；當然，他常常會弄錯，但是他知道，這種認識是能夠改善的；並且每一個人都以類似的方式相信自己具有關於世界的認識，至少是具有關於他切近的周圍事物的認識，實證科學則認爲，這是一種樸素性，它只有透過自己的科學方法才達到有關世界的眞正認識。心理學家想要的無非是其目的已獲成功的其他實證科學所想要的東西，它所尋求的無非是實證科學的方法，這種方法不考慮日常關於自己的認識和關於人們的認識。但是當他感到不得不發展現象學還原的方法時，他發現，實際上沒有一個人在其關於自己的認識中，眞正達到他的眞正的現實的自己，達到他自己所固有的作爲自我主觀的存在，和作爲一切他的有關世界的認識的和世間的成就的主觀的他自己所固有的存在，他發現，所有這些寧可說只有透過還原才顯示出來，純粹心理學無非是一條通往眞正的、純粹的、對自身的認識的充滿無限艱辛的道路；但是其中也包括作爲對於人們自我的或心靈的眞正存在，與生活的認識的對於人們的認識，此外同時還包括關於世界的認識；以及對於世界的眞正存在的認識，而這種眞正存在則是一切實證科學（不管它們取得多麼大成就）原則上絕不能達到的。實證科學稱爲關於世界的認識的東西，乃是關於世界中事物的認識，是關於這些事物的屬和種，它們的結合和分離，它們的變與不變，它們在變化過程中持續存在的法則，它們的無所不包的結構、形式，以及一切事物的存在都受其制約的這些形式的法則的認識。但是實證科學的全部認識，它的全部問題和答案，它的全部假說和證明，都是建立在預先給予的世界的基礎之上的，或在這種基礎之上被思考，世界乃是持久的前提；只不過世界是什麼，在從已知向未知的歸納運動中什麼東西被歸屬於世界，卻是一個問題。世界並不是在唯有對於實證科學才有意義的假說，譬如作爲關於銀河系的結構的假說那種意義上的假說，一切有關實證東西的假說，正是建立在世界這個「假說」的基礎之上的假說，在相同的意義上按照實證科學的方法爲世界這個「假說」尋找一個根據，那是荒謬的。事實上，只有從超越論的心理學或超越論的哲學出發，我們才能看到並且理解，在詢問世界這個「假說」時，這裡所缺少的是什麼，這個「假說」是什麼，爲了對這個「假說」產生懷疑需要什麼。在這種「假說」中，我們大家作爲發揮功能的主觀（正是在主觀的功能之中並透過主觀的功能，世界爲我們而存在）完全處於主題之外，幾乎被忘記了，作爲這樣的主觀的我們大家與在我們之中獲得意義並賦予意義的特殊內容一起都不起作用。我們不能說，發揮功能的主觀性從洛克以後就以經驗主義認識論的形式被發現出來了。因爲或者這種認識論是關於實證東西的心理學，所談論的是作爲發揮功能的主觀的人，在這種情況下它就假定了世界這個基礎，因此它是在兜圈子，或者它像休謨一樣對這個基礎實際上產生懷疑，休謨在這方面要比康德澈底得多，在這種情況下，它就使我們陷入悖理的唯我論和懷疑論之中，至少是使我們陷入對世界存在的可怕的不可理解之中。其原因我們已經明白了。世界作爲世界（它透過現實的和可能的認識，透過現實的和可能的發揮功能的主觀性而如其所是地存在）的基礎有效性問題，一般而言已經呈現出來了。但是爲了不僅著手運用懸擱與還原的方法，而且達到它的完全的對自身的理解，並由此第一次揭示出絕對發揮功能的主觀性——不是作爲人的主觀性，而是作爲在人的主觀性之中的，或是首先在人的主觀性之中將自己本身客觀化的主觀性，曾必須克服巨大困難。

正如我們在這裡看到的，從人類學的和世間的態度出發停留在主觀—客觀的關係上，並且將對我的早期著作的現象學的提示誤解爲就是對這種關係的提示，乃是一種幼稚。這意味著正是沒有看到以下這個悖論所具有的重要問題，即人，作爲共同體就是人類，對於世界來說是主觀性，同時應以客觀的世間的方式存在於世界之中。這個爲我們而存在的世界是在我們人的生活中具有意義，並且總是獲得對我們而言的新的意義——意義並且還有有效性——的世界。以上情況是眞的，下面的情況也是眞的，即從認識方面來看，對於我們人來說，我們自己的存在先於世界的存在，而從存在的現實性方面來看卻並非如此。但是在超越論的生活中進行構成的主觀性的世界與世界本身——即與作爲在超越論的主觀間共同性的生活共同體中恆久地作爲理念極，勾畫出自己的輪廓並證實自己的世界——之間超越論的關聯，並不是那種在世界本身之中發生的難以理解的關聯。在超越論的主觀間共同性的具體相中，在它的生活的普遍聯繫中，包含著被稱爲世界的極，或更確切地說，由個別的極構成的系統，而且正是作爲意向對象被包含的，就如同每一個意向都包含著它的意向對象一樣，而這個對象是絕對不能與它的相對的具體相分開的。所有迄今關於觀念論與實在論的討論都沒有意識到這個眞正的問題，這個問題處於一切認識論的背後，它雖被人們探求，但卻沒有被揭示出來；更不要說這些討論能在進入眞正對自身的認識和對世界的認識的門徑這種艱深的意義上把握超越論的還原了。

然而現在人們還會向我們提出這樣一個問題，即純粹心理學——它由於超越論的主觀性而拋棄了世界這個基礎——究竟如何能有助於正是在世界基礎上進行其實證研究的心理學家呢？使心理學家感興趣的不是超越論的內在性，而是存在於世界之中的內在性，使心理學家感興趣的是存在於這個世界中的人和人的共同體；而且當他談論心靈生活時、當他談論人的屬性時，以及當他就共同體提出或打算提出類似問題時，他所想到的僅僅是在世界中實在發生的事情，他所想到的是在實在的人中所發生的事情，以及在他的作爲人的自我意識中透過無先入之見地對自身經驗能夠經驗到的事情，而關於其他人，則是透過對其他人的經驗而能夠經驗到的事情。對於心理學家的這樣的事情來說，懸擱與還原的第一階段就足夠了，這個階段還沒有被我們看作是眞正超越論的東西，或視爲是更高層次自身沉思中第一位的東西。人們在他們作爲人的所作所爲中，涉及的是對他們本身有效的實在東西；心理學家不可使他們認爲是實在的東西同時有效等等。然而在這種情況下，心理物理的或心理生理的二元論，不是對於世界（不管它在超越論上意指什麼）具有其經驗上的合法性嗎？類比於自然科學的任務的提法，人的心理學和動物的心理學的任務的提法不也具有其經驗上的合法性嗎？

一些古老的誘惑重現了，在這裡首先必須說的是——撇開我們在定位與因果性方面開始提出的那些原則的反對意見，只有透過借助無比澈底的全面的超越論的懸擱，而獲得的絕對的無先入之見性，才有可能眞正擺脫這些傳統的誘惑；而這就是說，只當人們掌握了主觀領域的整體——人，意向地－內在地聯結著的人的共同體，以及他們在其中生活的世界，本身作爲意向的對象包含於這個整體中，人們才有可能觀察和系統研究我們稱爲給予方式方面的情況。正是借此，人們才能夠發現，每一個世間的給予都是在地平線的情況中的給予，在地平線中包含著更廣闊的地平線，最後，作爲世間給予的東西的每一個東西，本身都帶有世界的地平線，並且只是因此才被意識爲世間的。就我所知，威廉．詹姆斯是唯一注意到這種地平線現象的人，他稱它爲fringes（邊緣），但是如果沒有從現象學上獲得對於意向的對象性和意向關聯的理解，他怎麼能夠詢問這種地平線呢？但是如果發生了這種情況，如果這種對世界的意識擺脫了它的匿名狀態，那就已經實現了對超越論東西的突破。但是如果發生了這種情況，如果達到了作爲整體的普遍的主觀性之領域的超越論的研究領域，那時就會在向自然的（儘管現在已不再是樸素的）態度返回中，產生一種令人驚訝的結果，即隨著現象學研究的進展，人的心靈處於它自己的心靈內容的奇特的運動之中。因爲每一種新的超越論的認識，都按照本質必然性變成了對於人的心靈的內容的充實。我作爲超越論的我，甚至與在世間人的我是同一的。在人的領域中對我隱蔽了的東西，我在超越論的研究中揭示出來了。只要超越論的研究不僅是爲世界構成的歷史充實了一種新的科學，而且還全面地充實了世界的內容，它本身就是一種世界歷史過程。一切世間的東西都有其超越論的相關者，關於這後者的每一個新發現，在人的研究者，即心理學家看來，都是對於世界中的人的新規定。任何一種沒有掌握這種已經在發揮作用的超越論心理學的實證心理學，都不能揭示出關於人和世界的這樣的規定。所有這些都是自明的，然而對於所有我們這些在數百年的思想習慣中，部分地是在數千年的古老思想習慣中，培養起來的人來說，卻是悖理的，這就以新的方式表明了在數學，每一種有關世界的先驗科學，與作爲先驗心理學（即有關超越論的主觀性的本質學）的現象學之間的極其深刻的區別。自然的先驗性「先於世界的存在」，但並不是以這樣的方式，即在數學的先驗性方面的認識進步能夠影響自然的存在。自然本身就是它所是的東西，並且本身是數學的，不管我們關於數學知道多少，或根本不知道，一切都被作爲純粹數學並作爲自然本身預先決定了。按照占支配地位的並且指導著幾百年以來的自然科學的假說，情況就是這樣。但是對於包括精神存在在內的作爲世界的世界，這種「預先存在」是荒謬的；在這裡，拉普拉斯式的精神是不可想像的。關於世界的存在論的理念，關於世界的客觀的普遍的科學的理念，這種理念的背後有一種普遍的先驗性，按照這種先驗性，一切可能的事實的世界都能按照幾何學的樣式認識，這個甚至連萊布尼茲也被引入歧途的理念，乃是一種無稽之談。就心靈的領域而言，根本沒有這樣的存在論，沒有具有物理學主義的—數學的理想類型的科學，儘管心靈的東西可以以超越論的普遍性充分地系統地研究，並且可以按照具有先驗科學之形式的原則上的本質普遍性進行研究。現象學將我們從科學體系的舊的客觀主義理想中解放出來，從數學自然科學的理論形式的舊的客觀主義理想中解放出來，因此將我們從可能是物理學的類似物的心靈存在論的理念中解放出來。只是由於對超越論的東西（它只有透過現象學的還原才能經驗到和認識到）盲目無知，才使得物理學主義在現代的復活——以邏輯學主義的數學主義這種改變了的形式——成爲可能。這種邏輯學主義的數學主義放棄了歷史向我們提出的建立在最終的洞察之上的，並且建立在絕對普遍性之上的哲學的任務，在這種哲學中，不允許有任何未被詢問的問題，不允許有任何未被理解的不言而喻的東西。將物理學主義稱爲哲學，這只不過意味著，將一種曖昧不明的狀態冒充爲對於我們從休謨以來所處的認識困境的清楚認識。人們可以將自然視爲確定的流形，並且假定這種理念爲根據。但是只要這個世界是認識的世界，是意識的世界，是具有人的世界，對於這個世界來說，這樣一種理念就是極端荒謬的。

七十三、〈結束語〉：*作爲人類的自身沉思的哲學。理性的自身實現。[20]

哲學家爲自己提出的任務，他作爲哲學家的終身目標，就是關於世界的普遍科學，關於世界的，即自在的世界的普遍的最終的知識，眞理本身的總體。這個目標，它的實現的可能性的情況怎樣呢？我能夠從一種眞理、一種最終的眞理開始嗎？一種最終的眞理，一種我透過它能夠就自在存在著的東西斷言某些東西，並能夠毫無疑問地確信它的最終有效性的眞理？如果我已經有了這種「直接自明的」眞理，我也許就能夠間接地推論出新的眞理。但是我從哪裡獲得這種眞理呢？任何一個自在存在的東西，透過直接經驗就能成爲對於我是確信無疑的東西，以致我依據這些經驗，借助於與經驗、經驗內容相適合的描述概念，就能說出

---

* 尖括弧〈〉標誌括弧內的話是編者加的，下同。——譯注

20 本書的原稿在第七十二節處中斷了。這一節是編者加到本書結尾處的；本文取自手稿 KIII 6。請參看附錄二十六、二十七、二十八。

直接的自在眞理嗎？但是關於世間的東西的全部經驗，關於我直接確信是在空間時間中存在的東西的全部經驗的情況又如何呢？它是可靠的。但是這種可靠性可能發生變化，它會變成靠不住的，在經驗的進展中，變成假象：任何直接經驗的陳述都不能提供給我們一種如其自在地所是的存在者，而只能提供一種在確信中以爲是的東西，這種東西必須在我們的經驗生活的變化中經受檢驗。但是僅僅這樣一種檢驗——這種檢驗就在於現實經驗的一致性——並不能防止可能產生的假象。

在進行經驗時，一般而言，在作爲「我」生活（思考、評價、行動）時，我必然是具有它的「你」，它的「我們」和「你們」的「我」，即人稱代詞的「我」。同樣必然的是，在自我的共同體中，我和我們是所有那些我們認爲是世界中存在的東西的相關物，是所有那些我們在稱呼中、在命名中、在討論中、在進行認識的論證中，總是已經假定爲可以共同經驗的東西的相關物，作爲這樣的東西，這種在不能個別分離的，而是內在地公共化了的意識生活的共同體中，爲我們在這裡存在著，現實地存在著，並對我們有效。世界是我們公共的世界，必然是在存在上有效的，這始終是一樣的；但是個別來說，正如我與我自己會發生矛盾一樣，我可能與我的他者發生矛盾，處於懷疑之中，處於對存在的否定之中。那麼我是如何？是從哪裡獲得這種最終的自在存在者的呢？經驗，共同體的經驗，以及彼此相互修正，如同自己個人的經驗和自我修正一樣，對經驗的相對性都不會有任何改變；它作爲共同體的經驗，也是相對的，因此，一切描述性陳述必然是相對的，一切可以想像到的推論，不論是演繹的還是歸納的，都是相對的。思維如何能夠提供相對眞理以外的東西呢？

然而日常生活中的人並不是沒有理性的，他是思維的生物，他與動物不同，具有整體觀點（καθόλου），因此他有語言、有描述，他進行推理、提出有關眞理的問題，他進行證實、論證，按照理性做決定，但是這整個的「自在眞理」的理念對於他來說有意義嗎？「自在眞理」，以及相關聯地、自在的存在者，不是一種哲學上的虛構嗎？但它畢竟不是虛構，不是多餘的無意義的臆造，而是這樣一種東西，它將人提高到一個新的階段，或更確切地說，它的使命是將人提高到人類生活的新的歷史發展的新的階段，這種歷史發展的隱得來希，就是這種新的理念，與它相對應的哲學的或科學的實踐，新型的科學的思維之方法論。

自在的東西與客觀的東西所指的是同一些東西，至少與在下面這種意義上的客觀的東西指同一些東西，即在精密科學中，客觀的東西與純粹主觀的東西是對立的，純粹主觀的東西被理解爲僅僅應該指示客觀的東西，或是僅僅應該在其中顯現客觀的東西的東西。主觀的東西是客觀的東西的單純現象；從這些現象中抽取出客觀的東西並加以認識，並且在客觀的概念和眞理中規定客觀的東西，這就是任務。

但是所提出的這種任務設定的及其各前提的意義，即一切方法的前提，從來也沒有被認眞思考過，甚至沒有以科學的方式，以一種最終負責任的態度，研究過；因此人們甚至不清楚，自然科學的客觀性的意義；更準確地說，自然科學的任務與方法的意義，從根本的本質上來說，是與精神科學的客觀性的意義，精神科學的任務與方法的意義不同的。這不論對於所謂具體的精神科學，還是對於心理學都是有效的。人們不適當地要求心理學具有像物理學那樣的客觀性，正是因此，一種充分的和眞正意義上的心理學變成完全不可能的了；因爲對

271

於心靈，對於作爲個體，作爲個別人格和個別生活中的主觀性，正如同對於作爲社會歷史的，作爲最廣泛意義上的社會的主觀性一樣，自然科學那種樣式的客觀性，簡直是荒謬的。

人們必須對一切時代的哲學——觀念論哲學除外，它在其方法上無疑是失敗的——提出指責的最終意義就是：它沒有能夠克服自然主義的客觀主義，這種客觀主義從一開始就是一種非常自然的引誘，而且一直是如此。正如我說過的，只有各種形式的觀念論，試圖將主觀性作爲主觀性來把握，並試圖恰當評價下面這個事實：即世界從來只是作爲具有其特殊經驗內容的主觀相對地有效的世界，而呈現給主觀和主觀共同體的，並且是作爲這樣的世界，它在主觀性中，並且透過主觀性，總是呈現出新的意義變化；甚至不容爭辯地堅持的關於作爲以變化著的方式，主觀地呈現的同一個世界的確信，也是純粹在主觀性中才能說明其根據的確信，這種確信的意義——世界本身，現實存在著的世界——絕不超出完成這種意義的主觀性。但是觀念論在完成其理論方面總是過分匆忙，大多沒有能夠擺脫隱蔽的客觀主義前提；或者它作爲思辨的觀念論，忽略了這樣一種任務，即以分析態度具體詢問現實的主觀性，即使現實的現象的世界直觀有效的現實的主觀性，按照正確的理解，這種任務不外就是實行現象學還原和實行超越論的現象學。順帶一提，這也說明，爲什麼我稱由我發展的現象學爲超越論的現象學，並在其中談到超越論的主觀性。因爲當康德透過他的**理性批判**賦予這個舊的詞一種新意義時，人們可能很容易就相信，**巴克萊和休謨**完全不同的觀念論，以及所有一般的觀念論，嚴格說來，都具有相同的主題範圍，只不過在這同一範圍內提出一些改變了的問題罷了。

理性是作爲按人格的活動與習慣而生活的有生命之物的人所特有的東西。這種生活作爲人格的生活是一種處於發展的經常的意向性之中的經常的生成。在這種生活中生成的東西就是人格本身。它的存在永遠是生成，在個別的人格的存在與共同體的人格的存在的相互關係上，這對於兩者，即對於人們和統一的人類，都是適合的。

人的人格的生活經過自身沉思與自身辯護的各階段，即從具有這種形式的個別化了的偶然的生活出發到普遍的自身沉思和自身辯護的各階段，直到在意識中把握住自律的理念，即把握住這樣一種意志決定的理念，即將它的全部的人格生活形成爲在普遍的自身辯護中的生活的綜合統一；與此相關聯，將自己本身形成爲眞正的我，自由的、自律的我，這個眞正的自由的自律的我力圖實現它生而固有的理性，力圖實現忠實於自己本身，能夠作爲理性—自我而始終與自己同一這樣一種追求；但是所有這些都是在個人的人格與共同體之間不可分割的相互關聯中實現的，因爲在一切利益——既諧調又衝突地聯結著的利益——方面它們直接地和間接地有聯繫，並且個人的人格的理性必然只能作爲共同體的人格的理性而達到愈來愈完滿的實現，反過來，共同體的人格的理性也必然只能作爲個人的人格的理性而達到愈來愈完滿的實現。

正如我所說的，普遍地、必眞地建立起來的和正在建立的科學，現在是作爲必然是人類最高的功能而產生出來的，即作爲能使人類發展到個人的、自律的和包羅萬有的人類的自律——即構成人類最高階段的生活動力的理念——的功能而產生出來的。

因此，哲學不是別的，而是〈理性主義〉，是徹頭徹尾的理性主義，但它是按照意向與充實的運動之不同階段自身加以區分了的理性主義；它是從哲學最初在人類中出現開始的，處於不斷自身闡明的運動之中的理性（ratio），在此以前，人類與生俱來的理性（Vernunft）尙完全處於隱蔽狀態中，處於黑夜的昏暗狀態中。

希臘哲學在其早期階段，將這種黎明時期的圖像，這種透過最初的認識概念對存在者的最初闡明，稱爲宇宙、稱爲存在者的世界，此後不久，在主觀的注視方向上，將與此相關聯的對於早已熟悉的人的發現，稱爲世界的主觀，但是作爲這樣的主觀，人是人類當中的人，它透過自己的理性與存在的宇宙並與自己本身發生關聯。哲學的歷史，從外在的歷史上的豐富學識方面來看，就其注意方向是指向世界中存在著的人，指向作爲理論構成物（命題體系）的各種哲學而言，它是其他各文化形態中的一種文化形態，就其外在的逝去了的生成系列（它將這個生成系列——光來自不發光的東西〔lucus a non lucendo〕——稱爲是發展）來看，它是一個在世界中，在世界的空間時間中發生的因果過程。

但是，如果從內部來看，它就是在精神共同體中生活著，並繼續生活下去的世代哲學家——這種精神發展的承擔者——的鬥爭。這些世代哲學家生活於「覺醒的」理性爲達到自己本身，爲達到自己的自身理解，爲達到具體地理解自己本身——而且是理解爲存在著的世界，理解爲在其整個普遍眞理中存在著的世界——的理性而持續進行的鬥爭中。說哲學，即處於其全部的形態中的科學，是合理的，這是同義反覆，但是哲學就其全部形態來看，是處於通往更高的合理性的路程中，那是這樣一種合理性，這種合理性由於人們一再發現它的不充分性和相對性，而被推動向前，想要透過艱苦努力獲得眞正的完全的合理性。但是它最終發現，這種眞正的完全的合理性乃是處於無限之中的理念，並且事實上必然是處於路途之中；但是它也發現，這裡有一種最終的形態，它同時是新型的無限性和相對性的開始形態的；但這是一種雙重意義上的發現，從歷史上說，它標誌開端與繼續發展這兩個時代。

首先是那樣一個時代，在其中由歷史上個體化了的哲學家的人格——即笛卡兒，近代這個歷史時代的開創者——揭示出對於必眞性的要求並且第一次明確地將它納入到意志之中。這個發現曾一度被埋沒，遭到誤解，即使處於誤解之中，它仍然是富有成果的，在理性主義的科學中，理性主義的先驗科學和經驗科學中，產生了影響。對於這種哲學的不充分性的意識，引起了反動：除去感覺論的最後是懷疑論的哲學（休謨）以外，有康德的哲學以及隨後的超越論哲學——然而在其中，超越論的原初動機，即由對必眞然性要求而產生的動機，仍未被喚醒。

歷史運動的起伏——一方面是重新增強了的經驗主義的感覺論和懷疑論，一方面是重新增強了的舊式科學風格的理性主義，德國觀念論和對於它的反動，所有這些在在顯示這第一個時期，整個近代的第一個時期的特徵。第二個時期是作爲再一次採用笛卡兒的發現，即再一次採用對於必眞性的根本要求的重新開始；在這個開始中，由於改變了的歷史狀況（第一個時期的全部重大發展與所有哲學都屬於這種狀況）產生出一些推動力，形成對必眞性（作爲根本問題的必眞性）的眞正的永恆的意義進行澈底的周密思考，指明了必眞地建立起來的，必眞地向前發展的哲學的眞正方法：在這裡包含對於以下兩方面的根本對比的發現，即對於一方面是通常稱爲必眞認識的東西，另一方面是在超越論的知性中預先規定一切哲學的原始基礎和原始方法的東西這兩者之間的對比的發現。正是由此，開始了一種對於進行哲學思考的自我（作爲應該達到自己本身的絕對理性的承載者），對於這個作爲在其必眞的自爲存在中與它的別的主觀和一切可能哲學家夥伴相關聯的自我，進行最深刻最普遍的自身理解的哲學；這是對絕對主觀間共同性（在作爲人類整體的世界中客觀化了的）的發現，它是作爲這樣的東西，在其中，理性或則變暗，或則被澄清，或則以明晰的自身理解的運動的方式，處於無限的過程之中；這是對絕對的（在最終的意義上是超越論的）主觀性在不斷進行「世界構成」的超越論生活中，必然的具體的存在方式的發現，與此相關聯，是對於「存在著的世界」的新發現，這個世界的存在意義（作爲超越論地構成的意義）爲在以前階段上稱爲世界，世界眞理，世界認識的東西產生一種新的意義；但是正是在這裡，這種新的意義也被賦予了作爲超越論的主觀性的和它的存在的，它的進行構成的生活的自身客觀化的人的存在，它的在以時空形式預先給定的世界中的存在；接下來，是人最終將自己理解爲對他自己的人的存在負責的人：即它**將自己理解爲有責任過一種具有必眞性的生活的存在**——不僅是從事抽象的通常意義上的必眞的科學的存在，而且是從事一種將它的全部具體的存在按照必眞的自由實現爲必眞的科學，實現爲一種處於其理性——只有透過理性它才成爲人類的全部生動生活中的科學的存在；正如我所說的，將自己理解爲理性存在的人理解到，它只是在想要成爲理性時才是理性的；它理解，這意味著根據理性而生活和鬥爭的無限過程，它理解，理性恰好是人作爲人從其內心最深處所要爭取的東西；只有理性才能使人感到滿足，感到「幸福」；它理解，理性不允許再細分爲「理論的」、「實踐的」和「審美的」，以及無論其他什麼的；它理解，人的存在是目的論的存在，是應當－存在，這種目的論在自我的所有一切行爲與意圖中都起支配作用；它理解，它透過對自身的理解，在所有這些行爲與意圖中能夠認出必眞的目的，並理解，這種由最終的對自身的理解而來的認識不可能有別的形態，而只能是按照先驗原則的對自身的理解，只能是具有哲學形式的對自身的理解。[21]

276

21 參看芬克爲《危機》繼續部分所寫的提綱，附錄二十九。

增補

壹、文章

關於實在的科學與理念化。——對自然的數學化。[1]

科學在希臘哲學中有其根源，因爲希臘哲學發現了理念和借助理念進行規定的精密科學。它導致作爲純粹理念科學的數學的產生，即作爲關於由理念決定的對象的一般可能對象之科學的純粹數學的產生。科學所面對的是作爲自在地存在著的實在東西（與個別的進行認識的主觀之主觀給予方式的多樣性相對的自在存在著的實在東西）的存在者的問題。這是關於處於生成中的存在之流的問題，以及關於處於生成中的存在之同一性的可能性條件問題，即對於存在著的實在東西作同一規定的可能性（作爲透過將連續性數學化而對於直觀的連續性進行規定的可能性）條件問題。但是這個問題是獨立於偶然的主觀性的，這首先意味

1 這篇文章以蘭德格雷貝的打字稿副本爲根據，透過間接注明的日期，可以確定該副本產生於一九二六—一九二八年。未能找到速記原稿，很可能是被銷毀了。*

*〈增補〉的文章和附錄標題下的注，凡未注明「編者注」的，皆是譯者綜合「編者注」和「校勘附注」的有關說明寫成的。

著獨立於特殊感受性的偶然性。

面對解決這些問題的任務，這種發展導致作爲有關實在的邏輯的，而且首先是作爲有關自然的實在的邏輯的存在邏輯的產生，以及作爲謂詞規定之形式邏輯的直謂邏輯的產生。

就後者而言，它所涉及的是作爲各同一規定的、同一基質的一般存在者；另外，它涉及判斷形式的多樣性以及作爲被規定的基質的基質形式的多樣性，涉及處於定義之中的謂詞的所有形式，以及屬於這些定義的假言規定方式和選言規定方式的可能性，所有模態變化的可能性等等。同一的東西是同一化活動的相關物，訂規定就是下判斷，被規定的東西本身是判斷活動的相關物。

屬於這裡的還有應該能夠成爲眞理的可能的判斷之規則，這是推論的，由眞理推出眞理（間接產生眞理）的，或從假言規定（被規定的眞理，假設）獲得假言眞理的可能途徑之規則；此外，在這裡還有對於思想形式，思想上的可能產物的形式，對於生產途徑的可能形式或由推演生產而來的思想的考察，以及對這些思想按照眞正思想的可能形式進行批判；同樣，這裡還有以自明性表現出來的「對象」的、「被意指的東西」的同一性。透過這種自明性，屬於可能保持這種同一性的那些必然的東西也變得普遍爲人所知了，而同一的東西只經受那些保持其同一性的變化。在這裡人們被導致思想形式的同一性，這些思想形式貫穿所有的規定，而這些規定並不破壞被規定對象的同一性。

面對科學發展的這些最初的萌芽，出現了對於提出客觀有效性要求的科學，以及一切實踐規則的懷疑論批判。蘇格拉底式的向自明性返回表示一種反動，而且透過實例使自己明瞭純粹可能性的範圍，那種保持意義的同一性，保持作為具有規定的實體的對象之同一性，並使這種同一性被覺察到的自由變換，也表示這種反動。這種變換與另外那些破壞同一性的變換是對立的。這種變換是在向純粹的一般東西，向各可能性的一般形式、向所屬的本質可能性和本質不可能性的轉變中完成的。產生了一些關於善、美、眞正好的政治家，眞正法官、眞的榮譽、眞的勇敢與正義的規範概念，以及有關批判本身的基本概念：正當、不正當；對、錯等等。

因此，懷疑論迫使人們對懷疑的批判進行批判，而且因為這種批判一般涉及到眞理之可能性與可認識的存在的可能性，它迫使人們澈底思考可能眞理的條件與可能存在的條件，迫使人們認識到，不是含糊不清的思想與談論，而只有澈底的，指向最終以自明性完成的，對可能存在之證明的思想，只有自明性，才能有助於使我們確信眞理與存在。我不可含糊不清地胡言亂語，不可去追隨傳統的模糊概念和被動地聚集起來的經驗殘餘的沉澱物，以及諸如此類的東西；而是必須按照從純粹直觀而來的主動的思想重新創造我的概念，在這種情況下我就會獲得有資格成為規範的純粹眞理。一切由純粹自明性獲得的眞理都是眞正的眞理，並且是規範。另一方面，它本身並不需要包含有關規範的任何概念，即不需要包含有關「眞的」、「正確的」的變化形態的任何概念；這些概念本身，如果從思想上把握，就會產生一些有關純眞、眞理的概念與判斷；這些判斷本身必須由自明性得來，必須本身是眞的，並且能成為假的。

科學並不是在理論興趣中的樸素的認識，而是從現在起有某種批判屬於其本質——一種原則上的批判，這種批判能夠從「原則上」證明每一步認識活動都是正當的，它在每一步上都包含這樣一種意識，即一般而言，具有這種形式的一個步驟必然是正確的步驟，這樣一來，認識的奠立的途徑、奠立的活動進展的途徑，和在奠立活動的基礎上被奠立的東西進展的途徑，是對準目標的正確的途徑，因此，認識是眞正的認識，被認識的存在並不僅是誤以爲的存在，而是在確切意義上被認識的存在本身，在認識中表明其正當性的存在。不過這首先適合於在普遍的自明性方面有其進步的當前的認識。但是科學利用由從前的認識而來的認識成果。這種認識所包含的規範的意識，在這種情況下意味著一種能追溯到以前的奠立的、具有現實能力的意識，而這種能力能將這種奠立重新建立起來，並能將對正當性的確信追溯到它的起源，並且重新證明它的正當性。

古希臘羅馬時期及其文化在這裡向我們提供了什麼？它因此開闢了通往哪裡的道路？它所提供的東西部分地是像萌芽似的開端和推動，部分地是實際上已經開始了的科學的片斷。

它所指示的道路，是使有關一般的本源的自明性之原則完善起來的道路：

單個的經驗，關於個別此在的經驗，不可能產生任何可在客觀上證明爲正當的陳述。那麼在這種情況下個別的事實判斷，究竟如何才能夠有效呢？被經驗的世界究竟如何才能夠事實上存在呢？存在自身表明是理念的極，是關於具有自明地給予的各感覺上的透視變形（「各方面」，各顯現）的各推定的自明性之「無限東西」的理念的極，在這些感覺上的透視變形中，同一的東西以自明的方式顯示出透視變形，但是在每一種有限的片斷中都是推定的，儘管它是一種合理的推定。[2]現實的眞理是現實的存在的相關物，正如現實的存在是處於無限東西之中的理念，即關於由處於永遠是合理的推定之中的顯現、經驗構成的系統的無限東西之極的理念一樣，現實的眞理是處於無限之中的理念，即在經驗判斷的一致中的同一東西的理念，在這些經驗判斷的每一個中，眞理都「顯現出來」，都達到正當的主觀的給予性。處於無限之中的理念，是可以按照純粹普遍性形式（它在自身中包含有一切可能性）先驗規定的，並且按照這種形式，人們可以從有限的封閉的整體經驗出發（即從它的相對「封閉的顯現」出發，從可感事物的確定的東西出發，從感性經驗的屬性出發），構造一種關於被經驗所要求的，包含於經驗之中的適當的理念之預先推定。

在實在東西的理念之形式中，包含著一些片面的局部的理念，正如在對存在者進行規定的完滿的眞理中（在適合於存在者的、對存在者如它本身那樣進行規定的謂詞的總體之中），包含著各種各樣個別的可述謂的規定和個別的眞理，它們並未對存在者的其他方面進行規定。只要每一個經驗可能先驗地包含一些在以後的經驗，和它們的綜合中將被排除的不一致因素，由它所獲得的理念的規定就不僅可能是片面的，而且可能部分地是錯誤的，儘管它實際上確實是被這種迄今爲止的經驗所要求的。相關聯地，屬於實在東西本身的理念和

2 但是在這裡始終只看到單純的自然，與此同時爲世界設定了關於實在性的理念，世界的相關物是自在眞理的理念，能從數學上構造的眞理的理念，雖然是以任意的近似值被給予的。

作爲純粹形式的理念的，有由經驗構成的無限的系統，這些經驗建立起一種純粹一致性的系統（透過持續地排除不一致地被經驗的東西，並採用相一致的經驗），並且本身表明是可被經驗的東西。在這種情況下，有一種理念作爲附屬的理念先驗地屬於每一個經驗，或適當限定了的經驗，但是這種理念絕不是最後的理念，而是開端，從某些方面說，是處於無限之中的、難以達到的理念的表現，從這後一種理念中只能提供作爲對開端進行的一切構造之絕對規範的形式。

闡明所有這一類的東西，並且先驗地概述自然的本身爲眞的東西之相對眞的，並且對於經驗的每個狀態來說，都是相對必需的可能規定之形式，這就是自然科學的理論；作爲方法，這就是自然科學方法的理論。然而這裡必須做兩點區分：

1. 關於「自在」自然的存在論：一般自然之必然的東西，自然的必然的形式，理念的本質，以及在理念上和「本身」能夠歸屬於自然的每個個體之所有規定的必然形式。對於**純粹理念**的這些思考，是由關於自然的純粹數學的科學完成的。

2. 關於處在自在眞理中的自在自然之可能認識之先驗方法論：如果我們不是思考作爲理念（作爲數學的理念，作爲超感性的理念）的純粹自然，而是思考能進行經驗的生物**所經驗到的自然**本身，或者如果我們將數學的自然看作是關於自然的經驗（從存在論而言：感性直觀的自然）的理念上的自在，在這種情況下，我們就會有另一種理念。在這種情況下，我們就獲得從對自然的經驗出發的，有關自在自然之認識的可能性的科學，而這是有關數學自然科學之可能性的先驗科學，或是從經驗材料得來的，有關自然的自然科學規定之方法的科學。

在一種更爲狹窄的意義上：我只允許將「正常的經驗」看成經驗，將正常的感性並且是處於對正常的「知性」之關係中的正常的感性看成是經驗。數學上眞的自然如何能由正常的顯現規定呢？這是透過將連續性精確化，從感性的因果性轉變爲數學的因果性等等的方法實現的。只有在這種情況下才能考慮心理物理學上反常的東西。

但是人們眞的能以這種方式根據關於自然的經驗，將關於自然的先驗的存在論與關於自在自然的可能規定之先驗的方法論區別開嗎？我這個進行認識的人如何獲得有關自然的先驗的存在論的認識呢？在那種情況下，我就生活於可能的經驗之中，可能的知覺之中和可能的知覺判斷之中。在感覺上顯現方式的所有變化中，有什麼東西屬於同一的東西本身呢？如果正是這些顯現方式（不管它們在其他方面怎樣）應該能夠一起進入到同一性－一致性之中，並且應該能夠使這種同一的規定成爲可能，在感覺上的顯現方式的所有變化中，有什麼東西屬於同一的東西本身呢？

並不是感覺特徵成分的每一個變化都擾亂同一性，並不是每一個變化都保持其「對象的改變」這個名稱下的變化。顯現的反常的變化並不被統覺爲，或不需要被統覺爲「對象的改變」。如果它被這樣統覺了，那麼它們以後就會在「錯覺」的名稱下被排除。如果我生活於經驗之中（生活於經驗的統覺之中，透過這些統覺，我具有作爲感性直觀的實在性的經驗），如果我堅持一致性的路線，那麼所有的反常就都被排除了，並且每一個直觀上給予的變化，對於我來說都是在我自己的經驗綜合的範圍內的實在的變化。如果我現在與另一個人建立聯繫，那麼我就會發現，他（他處於他的正常狀態——但他是色盲）在他的關於相同、差別等等的判斷中是與我不同的，儘管我們經驗著相同的東西。（他還可能具有比我更銳敏的感覺，他的視力好，而我的視力不好，等等，這種情況在每一個人那裡都有變化。）在這裡，極其多種多樣的，在想像上是無限多的差別的可能性，甚至是矛盾的可能性，是沒有完結的。這有什麼辦法呢？

如果我們看看已經發展了的自然科學，那麼答案就是：被單個的主觀經驗到的每一個感性的差別，都標誌一種眞正的差別，而這種眞正的東西是由在公共事務（κοινά）範圍內進行的測量規定的。與這種質的差別同時發生（以某種大致的方式）的，還有量的差別。在量的範圍內，在廣延的領域，全部眞的東西都表達出來了。

另一方面，並不是所有能借助量值和量值的相關關係從量上說明的東西，都是我以及每一個人能夠以相同的方式「感覺到的」。我可以透過測量方法使自己確信，某些量的關係和法則是有效的，關於它們，我只是剛好透過這種方法知道它們是持久地存在著和持久地有效的，而在運用方法之前，我只依靠感性，依靠「知覺的判斷」。

如果不是透過對於方法的一般思考，即對於面對顯現的相對性，在其中顯現的眞的東西如何能被規定出來的方法的思考，爲此首先是借助這樣一種一般的思考，即思考在顯現的變化中，眞的存在如何能顯示出來、表達出來，如果不是這樣，自然科學能達到這樣的觀點嗎？但是這樣的思考如果是本質地純粹地實行，顯然就會導致一種有關自然的存在論。

因此我們還可以說：如果我不釐清以下的問題，**我如何能夠達到先驗的存在論呢**？

1.如果我具有和諧一致地經驗到的自然，如果我保持在這種和諧一致的範圍之內，特別是保持在某些和諧一致地經驗到的事物或過程的範圍之內；如果在任意的其他所有場合，我或者還有另一個人（如我透過對於他的移情作用所確信的）經驗到同一些事物等等，那麼對於在兩者的經驗中的這相同事物或過程的認識之可能性，就必須以「廣延的東西」爲前提條件，以雙方被感知的性質的時間、空間框架，形態在共同時間上分布的同一性、時間順序的同一性，因此還有相應形態的因果依賴性的同一性爲前提條件。與此相反，被感知的性質的變化以及對這些被感知的性質的判斷的變化，卻是「偶然的」。即在下面這種意義上是偶然的，即使由它們產生出矛盾，它們也並不損害這種同一性（即使是在單獨生活的經驗中，以不同感覺樣式經驗到的東西之同一性，也必然是「空間時間的」框架的同一性。這種框架必然是同一的東西，是感性的「顯現方式」的一切差別當中必然同一的規定內容）。對於本質上也就是必然地屬於同一東西的東西之這種最早的強調，導致幾何學、運動學，並且還可能導致了先驗的機械學，導致關於所有變化中函數依賴關係之可能形式的學科，或關於可能的量的因果關係之形式的以及它們的因果法則的學科。實在的東西是自身限定了的，如果它不僅就其幾何學形式而言，而且就其可能的形式變化而言是合法則地（因此是按照因果法則地）固定的。實在的東西有實在的特性，有它經驗上的因果特性。爲了能夠成爲自身同一的，必須具有經驗上可認識的量的－因果性的特性。

因此新的自然科學之突出特徵就是，它首先將與感性的（合法的）顯現中的變化相反的、在確定意義上是必然的東西，提高到注意的中心，它並且認識到，量的－因果性的法則是屬於這種必然的東西的。

第二點是像下面這樣一種觀察：我聽到一種聲音，並且看到弦的振動，這種聲音在質上是相同的，它不依賴於顏色，不依賴於感官性質的東西，但是它依賴於弦的張力的強度、依賴於弦的粗細等等，而這些是完全可測量的因素。量的東西不僅存在於顯現著的有廣延的過程之中，而且在這過程中它還是由純粹質的東西所指示的東西。很可能這量的東西以後也在感性的顯現方式中被從感性上指示出來（而在質上卻以某種方式「被掩蓋了」）。

相反，如果質是屬於正常顯現，那麼每一質上的變化，每一質上的如此存在就應該是實在東西本身的性質。但是「質」（第二性質）可能並不屬於對象本身，也許它是主觀上變化著的性質，而且對於其中每一個主觀、每一個經驗著這個有關的實在的、每一個自身和諧一致地經驗著這個有關的實在的所有主觀來說，是主觀上變化著的性質。如果每一個被經驗到的質都有其客觀性的權利，那麼這只當它標誌數學的東西時這才是可能的，而且只是以不同程度的完善性，在這個或那個人那裡標誌數學的東西的：每一個人肯定能夠按一定方法根據這些標誌獲得量的東西，也許要借他人的幫助；但是他自己能夠規定質的東西。因此，所有的「本身」都是數學上的本身。所有的因果法則肯定都是數學的法則。實在的性質是根據因果法則規定的因果的性質。

然而在這裡應該作兩種區分：

1.上邊詳細討論過的那種認識，即在和諧一致的經驗（作爲感性的顯現方式）中，應當在偶然的東西和必然的東西之間進行區分，即在必然貫穿於一切感性經驗之中的原初的特徵，和特殊的感性特徵，非本原的特徵之間進行區分；因此是這樣一種認識，即「共同的」感性特徵並不是偶然地是共同的，而是必然地是共同的。

2. 知覺到的東西、經驗到的東西本身，完全是「模糊的」；就和諧一致的經驗來說，它始終是處於一定完善程度的本質法則支配之下的，這種完善程度作爲理念上的可能性始終是存在的。因此我可以有或多或少「清晰地」給定的相同的特徵，然而不管它多麼清晰，仍然可以想像有一種更清晰的程度。總是可以想像，我清晰地發現是無差別的東西，在更高清晰度的情況下就會顯示出差別，不論是對我，還是對於共主觀都是如此。相關聯地，向絕對完善（眞正的自身）接近的敞開著的可能之所有可能性，也屬於完善程度的差別，而這種絕對完善當然是不斷地向後退卻的。因此關於同一東西的「顯現方式」所說過的東西，在清晰度的這個方面也是適用的。但是在這背後存在著有關「同一的自身」、「本身」的理念。眞正的特徵是可能的完善程度的極限。但是因爲只有數學的特徵是「眞正的」特徵，所以眞正的數學特徵就是數學的極限。

更清楚地解釋一下：在對經驗進行的綜合中，第一特徵與第二特徵一樣有其完善性上的差別。在第一特徵的情況下，與此相對應的是測量的完善性程度和透過測量而接近的程度，以及由此而產生的，或更確切地說，與此相聯繫而產生的，借助於幾何學的或類似的概念進行的量化的程度。這導致具有其思想規定的精密的自然數學的極限值—理念化。第一特徵是各種主觀共有的，只要它一般而言能夠被和諧一致地辨認出來，並且只具有這種完善性和接近的相對性（以及現實東西之間的因果性的相對性），與此同時，第二特徵也在另外一種方式上是相對的，就是說，它們與經驗的正常狀態與反常狀態相關聯，因此與主觀「偶然地」相關聯，並且隨各種主觀而改變。[3]此外，第二特徵的完善程度的極限值是不能測量的，一般只能「直觀」。但是它是在各種主觀間共同規定的，並且可以透過與第一特徵的數學極限值的關聯而規定。

3.做規定就是做述謂；原初自明地做規定，就是形成知覺判斷，而間接地做規定，就是形成經驗上普遍的判斷（歸納的經驗判斷）和經驗上的因果性判斷，等等。進行規定的思想，判斷和推論，概括和列舉——這些都是在眞正的經驗領域中進行的，將顯現的東西、特徵、規則性看成是眞的，但是這種眞是相對的和「受主觀制約的」眞。爲了將這裡產生的東西（對於較低層次的實際目的來說，是足夠了）與它的「客觀性」[4]聯結起來，爲了由此而巧妙地將眞本身和眞的實在本身突出出來，首先需要一種新式的思想或一種獨特的方法。對於同一的東西的可能性之各種基本條件的這種思考，這種同一的東西以流動的主觀上變化著的顯現方式呈現出來，[5]並且是一致地呈現的——導致作爲顯現所固有的必然性

3 我們有兩種正常狀態：(1)往來的前提，作爲共同的自然，在這裡作爲必然的東西就是量的東西；(2)與此相反是偶然的東西，即在第二性質方面的一致是「偶然的」。

4 這種客觀性是關於「非相對的」眞理本身的理念。

5 而且從原則上說，也只是這樣呈現的。

的顯現的數學化，或導致構造方法的必然性，以便由顯現構成同一的東西以及它的同一的規定。6

但是，具有不同意義的顯現能夠包含同一的東西嗎？並且在什麼意義上它們能夠包含同一的東西呢？顯現的多樣性——它們和諧一致地屬於同一個整體，並構成同一的東西——必須符合同一的（眞正的）對象之可能性的所有條件，並且所有實在有效的法則必須是形式存在論的，即形式數學（流形理論）的法則的特殊化。它們是特殊化，因爲形式數學教導我們，如何構成，並以構成的方式規定對象的和對象的無限性的無限多的形式，甚至全部可能的形式；並且每一種給定的顯現系統，每一種經驗的統一，按照它們的形式來看都勾畫出一個對象的整體性、一個自然。

在古代哲學中，興趣首先就落在無法反駁的理性必然性上，否定這種必然性是荒唐的。這種必然性首先純粹是作爲幾何學的和算術的必然性出現在數學領域中。在這樣一些量值的領域，並且首先是空間量值的領域——首先是在若干種類的優越的場合（直線，被限定的平面圖形，以及空間量值的對應場合），首先是在有關以下情況的經驗直觀中，即量值可以分成相等的部分，並且可以再由相等的部分構成——或再由相同的元素構成的集合的領域（這些集合可以被分解成子集，並且透過增加一些元素或由這些元素構成的集合而擴充爲新的集

6 這種同一的東西必然是基礎。

合），產生了「精確的」量值比較，而這些量值比較可以化歸爲數的比較。在模糊的較大、較小、較多、較少，以及模糊的相等上，可以確切地加上大多少、小多少、大多少倍、小多少倍和精確的相等。每一個這樣精確的考察，其前提都是規定相等的可能性（這種相等是排除了較大或較小的），以及規定量值單位的可能性，而這種量值單位彼此是完全可以代替的，它們作爲量值是同一的，就是說，它們從屬於同一的量值概念，量值本質。在這種作爲經驗直觀對象的空間量值中，包含這樣一種情況，即人們可以更接近它們，可以使它們顯得「更準確」。在實際生活中，準確、精確是由目的決定的，「相等」是對於這個目的同等地有效，對於這個目的來說，可以有一些不必予以考慮的無關緊要的差別。在這裡，可以在排除一切實際限制的情況下，形成絕對相等的理念，數學上精確相等的理念。

因此在這裡首先開始了進行理念化的概念形成的思想過程，即那樣一種邏輯化，它使「嚴格的」眞理，邏輯眞理，成爲可能，並且對於這個邏輯領域來說，使按嚴格的必然性和普遍有效性進行的思維成爲可能，這種必然性與普遍有效性能夠給任何否定貼上荒謬性的標籤，並且是非常有洞察力地貼上的。自然形成的詞的含義是模糊的、流動的，以致不能明確地規定歸入「概念」，即普遍意義的東西是什麼。邏輯上的含義是精確的。邏輯上普遍的東西，概念，是絕對與自身同一的，它的內涵是絕對沒有歧義的。但是邏輯概念恰好不是從樸素而直觀的東西得來的概念；它是透過獨特的理性活動、透過理念的形成，精確的概念的形成而產生的，例如，透過那樣一種理念化，這種理念化與經驗上模糊的直線，彎曲相反，產生出幾何學上的直線、幾何學上的圓。

測量土地的實際需要，首先只是迫使人們模糊地，即按照可感覺到的特徵，將按照特徵同等有效的東西（對於特定的實際需要來說），與按照特徵非同等有效的東西區分開來。這種對於某種實際目的同等有效的東西，就被確定爲相等，而在這相等內部特徵上的差別則是「無關緊要的」差別，就是說，它們被看成是並不妨礙這種同等有效性的，可以被忽略的差別。由此人們就已經能夠建立起測量與計算了，能夠提出甚至能夠證明「幾何學的」命題，當然有某些附加條件。因爲如果將一千個「同等的」長度彼此連接起來，其中每後一個與前一個只差一指的寬度（這是一個無關緊要的差別），那麼測量的結果就可能是：一〇〇〇尺等於一〇〇一尺。這就是說，運用相同的尺度進行不同的測量可能提供不同的結果，所謂「不同的」，就是說，並非是無關緊要地不同的。只有作爲理想規範的純粹數學的「理念」的構想，和對於接近之運用方法的發展，才能導致一種純粹實質性的數學和一種數學技術。人們透過經驗進行比較，一定能夠認出在相等之中的完善程度的可能差別，這乃是空間經驗的性質所固有的；例如，在相隔一段距離被看作是完全「相等」的東西，在靠近觀察時就可能被視爲仍是有差別的；而在更切近觀察時可能又仍然是相等的等等。

因此，我們可以想像一些理想的收斂過程，在這些過程中，絕對的相等能作爲不斷地接近於相等的極限，在想像中被構造出來，其前提是，這個系統中的一項被視爲是絕對不變的，在量值上與自身絕對同一的。在這種精確的理念思想活動中，人們運用不變的、靜止的、在質上沒有變化的理想的概念，運用相等和一般東西（量值、形狀）的理想概念，這樣就以任意多的理念上未經改變的，並且是在質上同一的實例產生出絕對的相等。人們從被看作是暫時的、精確的、具有其精確量值等等的不變的狀態，構想出每一種變化。

柏拉圖的理念論透過對於「理念」和接近的完全是有意識的發現，開闢了邏輯思維、「邏輯」科學、合理科學的道路。理念被理解爲原型，一切個別的東西都「在理念上」或多或少地分享它，與它接近，或多或少完滿地實現它，屬於理念的純粹理念眞理被視爲是一切經驗眞理的絕對標準。如果我們將以下這種信念稱爲是理性主義，即一切理性的認識都必定是合理的，不論它是在探討純粹合理概念的本質關係的思維（或寧可說是按照法則探討一切可能的東西的思維，只要這些東西是從屬於純粹合理的理念，被以精確規定的方式思考的）中是純粹合理的，或者它是比照這種純粹的理念的東西，借助於接近的方法，以及按照相應的純粹理念而對經驗東西進行判斷的其他的標準，測量經驗東西，那麼整個近代的信念就都是理性主義的。

在邏輯意義上的眞正的對象是這樣一種對象，它絕對「與自身」同一，就是說，它絕對同一地是它所是的東西；或者換句話說：對象透過它的規定、它的本質、它的謂詞而存在；如果這些本質作爲歸屬於它的本質是同一的，或者，如果這些本質的歸屬絕對地排斥它們的不歸屬，那麼它就是同一的。但是只有理念的東西才具有嚴格的同一性；結論就是，只當個別的東西是普遍的、絕對的理念的理想的同一的基質時，個別的東西才眞正是同一的東西，即存在著的東西，但是個別的東西如何能夠不僅僅大致地分享普遍的東西，而且還精確地分享普遍的東西呢？這種包攝關係如何能夠是精確的呢？

純粹數學思維是與這樣一些可能對象有關的，這些對象是借助理想的——「精確的」數學的（極限－）概念而被確切地思考的。例如，關於自然對象的空間形態，它們作爲被經驗到的形態，以模糊的方式處於形態概念之下，有它們的形態的所有規定；但是由於這種經驗材料的本性，人們能夠而且按理必須將理想的同一的東西（它按照其所有的規定都是理想的），作爲在一致的經驗中顯示爲存在著的同一的對象東西的基礎；它的全部規定都是精確的，就是說，所有歸屬於它的普遍性之下的東西都是相等的，並且這種相等排除不相等，或者這樣說也是一樣，屬於一個對象的精確的規定，排除這個規定不屬於這同一個對象的情況。在所有由對象的「普遍性質」限定的特殊規定中——因此在這個特殊範圍之內，例如自然對象的空間形態——如果有一個特殊的規定屬於這個對象，所有其他特殊規定就不屬於這個對象（排中律）。

對象一般都具有空間形態。經驗上經驗到的空間形態有它們不同的經驗型式。但是很可能有這樣的情況，一個對象有一種（最低等的）型式——就是說，我經驗到它具有這種特殊的形態，以及它沒有這種型式，就是說，我在以後的經驗中看到，它沒有這種形態（而它並沒有發生變化）（在經驗領域內排中律無效）。我不能把任何經驗的規定看成是眞正屬於對象的，我只能說，它是按照這種規定被經驗到的。甚至在思維中，我也不能絕對同一地把握住這種規定，在我接近被經驗的對象時，我永遠不能說，我現在經驗到的規定與我經驗過的規定絕對是同一的東西。

但是我可以將一個純粹空間形態的理念當作我經驗到的一切空間形態的基礎，被看到的形態分享這種純粹的空間形態；一般空間形態變成了經驗的種類，這個經驗的種類在自身背後有一種十分精確的空間形態的純粹的種類。一切經驗對象都是在經驗上形成的（是必然地可被經驗的，並且是在經驗中被賦予直觀形態的），但是它也具有眞正的形態、精確的形態。精確的形態理念是絕對有區別的，如果一個對象是一種精確形態的個別化，那麼一切其他不同的精確形態就因此而被排除。在兩個精確的形態（空間形態的最低等級的區別）中，如果一個屬於一切對象，另一個就不屬於（排中律）。

自然科學的態度和精神科學的態度。自然主義。二元論和心理──物理的心理學。[7]

自然主義的態度。[8]世界作爲處於彼此外在的形式中的實在事物的宇宙。自然作爲純粹有廣延的事物的領域。一切實在的東西都是一物體，或者有一物體，但是只有物體才具有同時被從時間空間上理解的實在的和眞正的共存在。處於持存之統一中的未被改變的（但是可能變化的）或自身改變著的形態的統一，即形態的廣延的形式，被質的規定性所充實。每一

7 本文以胡塞爾的速記稿（檔案館目錄號：KIII 2，第七十五—八十六頁）爲根據。胡塞爾本人所注日期是：一九三〇年前後，或更早。後來胡塞爾曾聯繫《危機》的問題仔細加工修改過，並加了許多補充和旁注。

8 「自然主義的態度」，並不是屬於自然世界觀的從本質上被預先規定的普遍的注視方向，而是自然主義的偏見。

種物體都服從普遍因果性的規則，普遍的自然服從因果性的先驗性，這些因果性的先驗性在眞理本身方面，可以按照可由歸納方法發現的一定的因果法則規定和構成。

因此物質的存在是有廣延的－共存的存在，並且如果自然是自足的自然，它就是在境況之中——處於共存在的，在自然的統一性中共存著的物體之中——被一義地規定的存在。自然主義將人看成被充實的廣延，因此將一般世界只看作是被擴大了的自然。人的精神的持存被視為是客觀的持存，心靈在持存的每一階段都被視為存在，雖然並不是以類似於物體的形態實際地在空間上形成的，但確實是由心靈材料構成的共存在，一種同時的存在，這種同時的存在一定可以以某種方式歸入具有在空間廣延中共存在著的東西的形式的，以及一般在空間中共存在著的東西的形式的同時性。

下面這一點當然是正確的，即人的心靈生活是以內在時間的形式進行的，並且我們發現，每一個當下的現在都是多種多樣「材料」構成的共存在的統一。但是在這裡首先應該獲得有關這種內在時間的最本質的認識，另一方面，應該獲得有關以下問題的最本質認識，即「客觀時間」如何獲得作為超越的自然的存在之形式這種基本的意義，在這種存在的形式中，心靈的內在時間在客觀上「時間化」了，並且正是因此，心靈本身也在客觀上「時間化」了。

自然主義不加考慮就相信，從本質上說，整個世界能按照與自然主義的自然相似的方式被思考，因此世界的自在存在同樣能當作自在眞理的相關物，而且是當作可構造的自在眞理的相關物來思考，就如同（自足的）自然一樣。[9]世界是有關世界的普遍的歸納的科學之研究課題，經驗的歸納是爲發現精確的世界法則（其中包括自然法則）而進行理念化的數學方法的基礎，或爲獲得有關作爲心理物理存在的人和動物的法則，有關他們的心靈的法則、有關他們的個體的存在和行爲的以及他們的身體的法則的，進行觀念化的數學方法的基礎。因此，用一種極端的說法，上帝具有一種有關世界的普遍數學，上帝知道這種對於全部世間事物並且按照其全部規定都有效的世界法則，因此知道有關一般在空間與時間上存在著的東西的以及如此這般存在著的東西的共存在的精確法則；它們是因果性法則，只不過更複雜、更多樣，同樣也延伸到了精神領域。

具有其無可置疑的經驗發現的心理物理學的問題就是：什麼東西能夠包攝在心理物理的序列中？

通往客觀認識（如同自然科學所運用的客觀認識）的科學態度，而且一般而言，指向作爲有關世界，有關自在存在著的實在東西的宇宙的客觀認識的科學態度，會成爲以透過自在

9 作爲理念化了的自然的自然是可構造的，因此它是一種存在論上的，而且是數學上的絕對普遍性之事實上的現實性。此外，理念化了的自然還是經驗的質，與經驗的質在經驗上對應這一情況的理念化。但是如果具體的事實的世界，經驗的世界，是能理念化的，能構成的，那就產生一個結論，即這個世界有它的關涉世界的數學。

眞理而認識自在存在爲目的的科學態度。但這豈不就是一般科學的任務嗎？就自然來說，就動物、人來說，就人的共同體來說，就文化對象以及人類一般的文化來說，自在意味著什麼呢？

我們能夠將指向「客觀的」世界（作爲科學的主題）的主題的態度，與指向被理解爲主觀性及其主觀東西（世界在其中被經驗、顯現、被判斷、被評價等等的主觀性）的普遍的主觀性的主題的態度劃分開來嗎？但是這豈不就是個人的態度嗎？

那麼什麼是個人的態度呢？人與動物一樣是存在於空間中的；在其中由現實東西構成的世界，總是與人一起被預先給予的。興趣指向作爲個人的人們，這些個人在個人的行爲與情感中與「這個」世界相關聯，他們在生活的、個人往來的、行動的以及由世界事物規定的、對世界事物採取態度的共同體中，具有同一個周圍世界，而且是作爲他們所意識到的，並且是意識爲同一個周圍世界的世界而具有的。

他們對之採取態度的，推動他們的，他們總是與之打交道的世界，就正是**這個**世界；但是在個人的態度中，興趣指向個人以及他們對世界採取的行爲，指向作爲主題的個人對作爲爲他們而存在的東西進行意識的方式，而且還指向他們所意識的存在者所具有的特殊的對象的意義。在這方面所涉及的世界，不是實在存在著的世界，而是對這些個人有效的特殊的世界，它對他們顯現著，並且就像它對他們顯現的那樣顯現著；問題是，他們作爲個人，在行爲和情感中是如何表現的，他們是如何被推動去完成他們個人特有的知覺行爲、回憶行爲、思想行爲、評價行爲、制定計畫的行爲、驚恐行爲、受驚嚇時不由自主地退縮的行爲、自衛的行爲、進攻的行爲等等。人們只是被他們意識到的東西所推動，而且是透過這種被意識到的東西借助意義在他們的意識中存在的方式，以及這種被意識到的東西對他們有效和無效等等的方式被推動的。

對個人的興趣當然不僅僅是對他們的行爲方式和他們的行爲動機的興趣，而且是對使他們成爲同一的個人的東西的興趣。人們會說：是對人們的習慣和性格的興趣。但是這首先要求我們去了解那些他們藉以表現自己（首先是實際上作爲同一的自我—主觀表現自己）的，並且他們由以產生出來的行爲方式。[10]

精神科學的以及也許能建立起來的一般精神科學的題材範圍，對於人類學、動物學（在有關作爲「客觀」現實的東西的，作爲自然的人與動物的科學的意義上）以及對於作爲有關現實的人與動物的客觀的—現實的構成部分的，通常稱爲心靈、心靈生活、心靈性質的科學的心理學，是一種什麼關係呢？

精神科學是關於處於其對於世界的意識關聯之中的人的主觀性的科學，而世界是對人的主觀性顯現的，並且在人的行爲與情感中對人發揮推動作用的世界；並且反過來，精神科學是關於作爲個人的周圍世界，或作爲對個人顯現，對個人有效的周圍世界的世界的科學。在

---

10 但是這種個人的科學中的科學的東西恰好相關聯的與推動個人的，因此被個人所意識的周圍世界有關，這個周圍世界對於個人來說，是以它的顯現方式的樣式而眞正現前的、眞正被經驗到並能經驗到的。

顯現方式的變化中，在人們在其「內在生活」中所經歷的統覺的變化中，人們個別地，或是透過相互理解而共同地意識到「這些」事物，關係，同樣還有推動他們，對於他們來說在周圍世界中成爲主題的所有個人、所有個人的聯合等等，人們將這些東西意識爲一些同一的東西，只不過時而是這樣地，時而是那樣地向他們以及不同的個人顯現的，對他們有效的，並且或許曾被視爲確實存在的等等同一的東西。

但是，一般而言，在個人生活中這些同一的事物，並不是處於作爲主題的科學興趣中；個人的生活一般而言並不是理論上的生活，因此事物對於個人來說，一般並不是科學上的主題（如關於它們在「客觀眞理中」「自在地」是怎樣的），而是作爲恰好對它們有效的東西，正是作爲通常推動他們的，在理論之外的行爲和情感中規定他們的東西。如果我們將這些事物，將自然、動物與人的世界，身體與心靈，如它們自在自爲地「自身」（客觀）存在的那樣，變成科學的主題，那麼我們就是自然科學家、動物學家、人類學家，以及特別是（現在在一種與自然科學的動物學類似的意義上的）心理學家。

在這裡雖然我們也一再有作爲顯現著的實在東西的有關的實在東西；但是我們對它們的客觀興趣，作爲以充分的普遍性最終理解的理論上的對實在性的興趣，是指向它們的透過顯現、透過各種主觀的給予方式顯現的東西，指向它們的能按照它們的精確的、客觀上眞的存在，以絕對普遍有效的科學判斷規定的東西，按照眞的存在，這種眞的存在，即是這些實在東西的存在本身，而不是爲我們或爲以多種多樣方式所推動的這些那些個人的群體的存在。[11]

在這裡有一種特殊的推動方式處於優越地位，它的特徵可以用「對於客觀上實在的存在之理論興趣」這種運算式來說明。作爲主題的客觀的自然，它的客觀上眞的自在存在，確實也是個人的成就，或寧可說是這種成就的理念，一種方法的成就，這種方法自身包含有無限的理念、包含有無限完善過程的理念，即作爲以自然科學的方法在理念上被普遍規定的，或是被愈來愈完善地規定的自然的實在的自在。但是它是一種無限成就的相關物，一種在這裡被稱爲自然科學家共同體的那種個人的共同體之特殊成就的相關物。只要精神科學作爲無所不包的有關精神世界的科學，將所有個人、所有種類的個人和個人的成就、所有種類的個人構成物（在這裡稱爲文化構成物）作爲它的題材，那麼它就也包含自然科學，以及自然科學的自在的自然，即作爲實在的自然。但是自然的經驗，以及在意識上普遍產生的被經驗東西的同一性，總是貫穿於每一個個人的生活之中。但是規定個人生活（這種生活只是在例外的情況下才是自然科學家的生活）的興趣，並不關心「自在存在的」和在自然科學上突出強調的（應該突出強調的）自然，而是關心擺脫了一切理論的、顯現著的，並以這種或那

11 這就是科學的一般意義，這種科學當然是樸素的開端，它並沒有達到完滿的世界，寧可說，在起初它是覺察不到的受傳統束縛的。

種方式被意指的自然，正如它在人類的個人生活中出現，並在特殊的實踐中規定個人生活那樣。對於所有的人來說，他們所談的自然，他們在其中生活並且知道他們自己共同生活於其中的世界，是規定著他們的自然和世界，這個自然和世界在往來中被辨認出來並被校正，它是唯一的世界，並且它被認出是同一的世界，客觀的科學家以他的個人的活動的特殊的方式將它當作主題。就這方面來說，個人的世界不外就是「客觀的」世界。但是這個在每一個個人那裡被預先給定的，對於每一個時代的每一種人類文化，以及處於其特殊實踐中的每一個別的人都有效的，作為現實地被設定的世界，正是處於特殊的「顯現方式」之中，處於特殊的統覺之中的世界，它對於進一步的重新改造的變化是敞開的，這種變化可能將存在改造為非存在（假象），透過這種變化，儘管有一些校正，仍然確立起一種作為存在著的持續有效的世界的統一性，而這種統一性對於進一步的規定始終是敞開的，也許對於作為現實性的科學理論也是敞開的。它永遠處於這種敞開之中。而精神科學，以實際的個人、民族、時代，以及在被他們所認為的、對於他們如此這般具體直觀顯現的、以神話的方式或其他任何方式被統覺的各世界中被他們所認為的事物本身，以被他們所經驗的自然，以為他們而存在並且推動他們的文化為主題——這種精神科學在主題方面，必然地並且唯一地指向這個處於其對個人（他構成精神科學的主題）顯現的「主觀的」方式中的世界。這個世界並不分解為純粹個別—主觀的，在時間上不斷變化著的各方面。這個歷史共同體所共有的周圍世界就是透過這樣的各方面構成的。在它的生活的這個共同體中，共同體或共同體的所有個人的生活，與對於他們來說是共同的周圍世界（個人的「世界」）發生關聯，而這個周圍世界對於他們來說，有一種相對的現實性——並且是一種對於不同的個人共同體和他們的個人的時代而言變化著的現實性；但這並不排除以下情況，即個人的共同體（它們當中的每一個都有其個人的周圍世界），由於彼此發生關聯或已經處於關聯之中，而能夠具有或獲得一種彼此交叉的共同的周圍世界，或更確切地說，他們知道自己透過相互往來與同一個「實在的」世界相關聯，只不過他們發現，每一個共同體都是以完全不同的方式理解這個世界，賦予這個世界以完全不同的現實性。但是，這種必然像任何可能的公共化一樣伸展得很遠的共同的「實在性」，雖然是借助它的同一性被意識到的，但只是作爲在個人之間突然出現的同一化的統一，以及能在公共生活中得到的驗證的統一而被意識到的。只當有關實在性的科學，正是按照它的特殊的個人的活動和持久的成就來規定實在性，實在性才透過科學被規定爲具有「客觀的」眞理的，即具有科學的眞理的，如其自在存在的那樣的實在性。[12]

對於精神科學家來說，出發點是「自然的態度」，每一個人，因此也包括處於開始階段的精神科學家，在一切科學的意圖和行動之前，都以這種態度處於清醒的生活中，並且也能感覺到自己是如此。他處於一個包圍著他的世界中，這個世界時而這樣、時而那樣地顯

12 「客觀性」的目標，即科學的目標是存在物，但並不是作爲那種被**某些**個人和文明所經驗和證實的存在物，如它在此被經驗並能在經驗中證實的那樣，而是對被認爲經驗著相同東西的**所有可能**的文明（包括巴布亞文明）、**所有**可能的經驗、**所有**可能的周圍世界都存在著的東西。

現；時而這樣、時而那樣地推動他，他凝視這個世界、傾聽這個世界等等，一般而言，在實踐上他由這個世界以各種不同方式規定，並且透過這種實踐，他總是賦予這個世界以新的面貌。他本身如同他周圍的人一樣也屬於這個世界；根據情況，這些周圍的人或是他實踐的對象，或是實踐的別的主體，與他一起行動，與他一起看、一起聽周圍世界的同樣的事物，特別是實踐中的那些他們在共同的實踐方向上「所考慮的」事物。在自然態度中，世界作為主觀地以及共主觀地聯結起來的現實的和可能的顯現、意見、興趣的變化中普遍同一的世界，一般而言並不是科學的主題；相反，從廣義上說，主題是人們的所有那些暫時觸動他們的東西或是那些持久地，也許是在固定的習慣中（比如在職業上），使他們關心的東西：在他們以「嚴肅態度」或在遊戲中，獲取、創造無價值的東西或有價值的東西、暫時的東西或持久存留的東西時，在他們按照私自的利益或共同的利益，並且作為個別的主體或是共同體的工作人員，在共同工作中的工作人員，但是，這種必然完成成就時，觸動他們或使他們關心的東西；他們自己的或世代形成的記憶，將他們帶入到過去的共同體生活中。

剛才所說的本身就是精神科學家能夠並且必須由之開始的一般思考；他所以能夠這樣做，是因為他作為歐洲人已經熟悉了科學、已經熟悉了並養成了全面的理論的態度；並且已經能夠透過這種概觀獲得他的主題。因此，處於其生活與工作之中的人，共同體中的人們、共同體本身，就是處於與做出成就的行為之成就本身以及成就的構成物的相互關聯中的精神科學的科學主題；但是處於怠惰時期的消極的人，短時間的睡眠然後又醒來的人，處於其生活（作為個人的生活）的統一之中的完整的人，作為處於行為與情感之中的我和我們，也是精神科學研究的主題。

個人做什麼？遭遇到什麼？在他那裡發生了什麼？他如何對待他的周圍世界？什麼使他生氣？什麼使他苦惱？什麼使他愉快？什麼使他沮喪？這些都是與個人有關的問題；同樣所有與各個層次的共同體，與婚姻、友誼、社團、城市共同體、民族共同體等等有關的類似性質的問題，也都是與個人有關的問題；首先是在歷史的事實性方面，然後是在一般性方面與個人有關的問題。[13]在這種情況下，這裡一定能夠產生出來的普遍的科學，不就是心理－物理的心理學，即「個性心理學」和社會心理學嗎？

作爲個人的人，他難道不是心理物理的人嗎？事實上他確實是這樣的人，即他知道自己具有身體與心靈，並存在於世界中，他在空間中忙碌，作爲手藝人用他的雙手，或以任何方式用他的身體，他在戰爭中進行戰鬥時也用他的身體進行戰鬥，當然他始終意識到他的身體，並且透過他的身體對他的外部世界施加影響，或在身體上體驗到被觸動、被碰撞，受到

13　在這裡一般性指什麼還是個問題——是「自然歷史」的一般性？是形態學上的一般性？還是類似於精密自然科學的一般性那樣的絕對的一般性。僅只適合於精密自然科學的那種客觀性是以「幾何學化」、理念化爲基礎的，這種理念化借助於將經驗理念化——借助於理念性的概念，自在存在的概念，和作爲自在眞理的理念的眞理的概念——而能從理論上的包括作爲有關無限多同一東西的經驗的全部可能性。存在著一種能夠按照全部本質可能性包括「精神」領域、歷史領域，並能借此透過精確概念達到這個領域的「精確的」眞理的方法嗎？

傷害。但是，這種必然當然人在個人的科學中與在自然科學的－生理學的人類學中一樣是同一的人。在從一種科學向另一種科學的過渡中，人們不假思索地實行了同一化。然而主題的方向卻是根本本質上不同的方向。在精神科學中，人並不是作爲能夠客觀地規定其自在存在的同一的實在性的主題，而是歷史的人，只要他能在他的周圍世界中主觀地進行支配。

我以前說過，「自然科學」－心理學的研究與精神科學的研究之對立就在於，自然科學與精神科學各自以不同的觀點，將作爲心靈的精神的東西當作他們的主題：就是說，在自然科學中，精神的東西作爲被局限了的主觀，當作現存身體的附屬物，[14]與身體共同存在，並且以歸納方式——以心理－物理的方式（在笛卡兒二元論意義上）——與身體統一在一起，而精神科學的態度則是個人的態度，它恰好純粹是指向個人的，這裡說的「純粹」是在與自然科學是純粹的——是透過「抽象」而成爲純粹的——這種相似意義上的「純粹」。對於個

---

14 我們不能說它是「附屬物」。把它當作附屬物的這種看法已經是一種歪曲。在經驗中，被經驗的別人的身體，透過被經驗的身體材料的複合體（即這個被經驗的東西本身），在主觀方面指示心靈的東西和自我，因此，在這裡有「聯想」，而且正如在每一個統覺中都有聯想一樣。

在預先給定的世界中，自然從本質上說是處於彼此外在中的「因果」統一體。當我們談到「自然中的精神」時，在這裡，這種「被定位了的」存在很容易被曲解爲空間上的共此在，並且實際上也被曲解爲時間空間上的共存在，也就是說，在事物，事物的各種實在因素共存在那種意義上的共存在。但是精神如何能在身體上存在？我們必須提出這個問題。作爲一種進行支配的東西，這只有借助於統覺才能發生。

人來說，身體是周圍世界中的一種優越的對象，他能夠透過直接支配而占有它等等。但是這個對象被以歸納方式統覺，而這種統覺是一種客觀的統覺。

當然，個人是被定位了的，而且是透過他的物體的身體在自然的空間與自然的時間中被定位的。如果一個人處於準確的空間中，那麼這就是具體的定位。當然，一個人可以將主題的興趣純粹指向自然和自然之中的物體的身體，在這種情況下，人們就能夠發現與他們一起存在於自然（不論是經驗的自然還是精確的自然）之中的，或更確切地說，存在於相應的空間—時間的位點上的主觀，心靈。但是首先這裡的問題是，人們從這種共同此在中能夠期待什麼，但是，這種必然什麼東西構成「人」或「動物」這種實在的統一之統一意義，在什麼限度內，人們有可能並且有權利談論身體與心靈的「結合」，甚至有可能並有權利將這種結合視爲具有類似於自然因果性結合那種性質的因果性結合，從一開始世界（作爲純粹的經驗世界，因此作爲我的和我們的周圍世界）的構成就包含這樣一種情況，即在世界中，這裡是純粹的事物，那裡是人，那裡是動物、這裡是藝術品；那裡是工具、這裡是手藝人；那裡是士兵等等；這些情況被經驗到、被這樣地預先給定、被統覺；而這是以變化著的方式，但又是以一種人（包括作爲人的我自己）的存在，必然地包括於其中的最一般的結構類型，被體驗、被給定、被統覺的。對於這個世界，人們到處都能夠提出一些歸納性問題；凡是有規則性的共存的地方，那裡也就有歸納性的問題。在每一個簡單的統覺中，都包含著有規則性的共存，它是可以揭示出來的；因此，這種共存在屬於每一種統覺類型，而且它也屬於一般的統覺，屬於對世界的統覺，屬於對較近的或熟悉的世界和較遠的世界的統覺，同樣也屬於對於單個的近的事物或遠的事物的統覺。因此，人們能夠並且一定會發現一些隱含地表明的歸納性法則，它們使物體—身體的「材料」與心靈的「材料」相互聯繫起來；但這還無法充分表示有關自然因果性的，以及類似於在自然中結合爲一個整體那樣的結合的任何東西。當然，這種區分標明了一種心理物理學，它在傳統上被視爲是建立在傳統的感覺論之上的人類學。

精神（心靈，具體的人格的存在）存在於空間時間中他的身體所在的地方，從那裡出發，他的生活向世界，即向由空間時間上的存在物構成的宇宙中伸展，並對世界施加影響。當他具有對他的周圍世界（因此對世界本身）的意識時，他就是他周圍世界的精神、人格、自我；他對世界發生影響的可能性是由於，他以確定的有秩序的方式具有對世界的經驗，或說得更確切些，他能夠以經驗的方式在這個世界中存在，能離事物較近或較遠地存在等等。這還包含，他經常具有關於「他的」身體的極好的經驗意識，也就是說，他意識到他是完全直接地存在於這個東西之中，並且意識到他是以受到刺激並進行支配的自我的方式持久地「生活」於它當中，並「能夠」做事情。這種關聯，以及周圍世界在個人經驗上生成，並藉以直觀地在那裡存在等的任何方式，但是，這種必然作爲與個人有關的東西，正是精神科學研究的事實。

精神科學與精神打交道；狹義的自然科學與精神科學首先在這裡區分開：一方面是有關物理事物的科學，另一方面，是有關作爲個人的人的，作爲透過支配具有其身體的個人的人的，透過作爲進行知覺的身體的身體與所有其他實在東西相關聯等等的人的科學。[15]

但是現在應該注意，自然也在周圍世界中，在我們今天的周圍世界中，在印度人的假設的周圍世界中，在石器時代的周圍世界中等等，只要精神科學是我們的主題，而不是「客觀的」自然科學是我們的主題，只要我們的主題剛好不是客觀的自然，只要構成舊意義上的自然歷史的周圍世界的聯繫依然保留著（儘管這種主觀的相關性還沒有被明確地表達出來，或者甚至未被研究者覺察到，仍然不是研究的主題）。只當我們的目的是指向客觀性，指向它的在存在論意義上的，然後是在數學意義上的自在存在，而不是指向如它在經驗上向我們顯示的那樣的它的存在等等，我們才能有自然科學的生物學，[16] 而不是自然歷史（它也共屬於作爲歷史上的周圍世界的一般人類史）。

但是如果情況是這樣，那麼問題就是，在多大程度上不能夠也對心靈的東西，對於精神、對於個人，進行同樣的區分，或說得更確切些，是否能也將一種客觀的精神科學從歷史的精神科學區分開來。更準確地說，在指向作爲經驗的實在宇宙的世界的態度中有兩種可能

---

15 在這種情況下，精神科學還必須做雙重理解：(1)精神作爲在空間—時間上與身體一起存在於空間中的，一起存在於空間—時間中的東西，作爲普遍的歸納的世界科學的主題，而這就帶有這樣一個重要問題，即是否因此一種廣義的精密自然科學的，即一種二元論的精密的心理—物理學的科學目的，就被預先作爲有意義的，作爲可能的科學目的，規定下來了。(2)另一方面，作爲純粹個人的科學的精神科學。

16 這裡有理念化的前提。

性：1在存在論的—數學的體系中的精密的自然，此外還有面對身體和心靈（個人的東西）的經驗的共在的精密的心理物理學；2從一開始就是精神的態度——歷史的態度。

如果我們對自己說，或每一個我對他自己說：我所談到的世界、中國人談到的世界、梭倫時代的希臘人談到的世界、巴布亞人談到的世界，但是，這種必然始終是主觀上有效的世界，甚至科學家——他作爲科學家，是希臘—歐洲人的世界，也是主觀上有效的世界，那麼一切就會變得十分清楚了。

在實際生活中，我具有的世界是作爲傳統的世界，不管這種傳統是從哪裡來的；它也可能甚至是從經過轉達的，通常是被歪曲了的科學上的獲得物來的，這些科學上的獲得物是我從報紙上和教科書中得來的，並且通常我將它們變成我的動機和偶然影響我的同伴的動機。現在我可以環顧四周，並且對於由傳統而對我有效的這個世界發生理論上的興趣，或者我設想自己處於科學出現之前的古希臘人的地位等等。最早的普遍的理論興趣，開始時的理論興趣，具有這樣的性質，即想認識客觀世界，就是想認識這個世界本身。它是由傳統而來的世界，但是它是這樣的東西這一點被掩蓋了。無論如何，這一點可以完全擱置一旁。現在讓我們不要按照自然主義思想方式來理解客觀科學。客觀科學意味著直接將世界當成主題，而精神科學意味著將作爲對世界發揮作用的主觀性的世界，就這個世界是主觀相關的而言，當作主題（只有主觀以及在主觀之中「被表象的」具有空間時間性的世界才是主題）。我們能夠將自然，而且還將人、人類文明、民族等等，「直接地」、客觀地當成主題，另一方面，又將人、人類文明、自然，以主觀相關的方式，當成主題。這種相互關聯反覆進行著。所有存在著的東西都是在主觀給予方式中存在著的東西，每一種東西都可能直接地成爲主題，或主觀相關地成爲主題。在這裡，「主觀地」意思是：主觀本身成爲主題，而不問客觀的自然；在這種情況下人們就會說，透過抽象將它變成主題。從一開始，在理論上就傾向於將世界視爲是存在物的全體；一切存在著的東西，甚至處於反思的一個階段上的精神科學的東西，重又被歸於世界，如此以至無窮。但是現在我透過超越論的還原反轉回來了；現在產生一種精神科學，它事先並沒有世界，也並不總是堅持這個世界。

如果我們探求生物的自然歷史眞理，那就已經假定生物是在和諧一致的經驗中被考察的（按照它的身體的和心靈的存在，這兩者是在統一的經驗中被給予的），但是，這種必然並且按照這種經驗，以完全符合的經驗概念（描述的概念）被描述的。雖然我關於他人，甚至關於我自己可能會搞錯，但是只要經驗是可靠的，只要我遵循經驗的一致性，我就能獲得經驗眞理，我就能了解這個人。正如在作爲自然對象的物體的身體方面那樣，心靈的情況也是一樣（就這方面來說，我們有一種類似的情況）：即關於它們的經驗是無窮的。但是心靈是否具有能規定心靈的，類似於自然事物的客觀的（準確的存在論的）自在那種意義上的、客觀的自在的（完全能夠證實的）本質結構呢？從一開始就很清楚，我們能夠認出精神的本質形式，儘管同樣也很清楚，在心靈的主觀性的本質與事物的本質之間存在著天壤之別。我們必須從一開始就避免錯誤的推論，並從而避免對身體曲解。另一方面，好的和必要的指導思想顯然不就是這樣的嗎？即它們試圖將對於具有其歷史性的眞實的精神的研究，建立於對精神（以及精神生活於其中的共同體）的本質認識之上，並由此創造出「精確的概念」，以及作爲全部精神的眞實性的理念極的精確的，絕對有效的眞理。[17]

非自然主義的對自然的態度是：如果我們現在談論以自然世界爲根據的不同的經驗態度，我們就必須區分：1瞄準自然，並且是作爲被經驗的自然的態度，瞄準單純的事物的態度，或抽象地瞄準動物的身體的態度，或瞄準作爲單純事物的文化對象的態度；2人格主義的態度：指向個人或作爲個人的人的態度。

這後者包括什麼呢？個人作爲存在著的統一是什麼？他們具有什麼特徵，——什麼東西構成他們的「生活」？他們作爲個人做什麼？有什麼遭遇？在不同的生活境況中他們如何「對待」周圍的世界、個人如何受周圍世界的觸動？如何以個人的方式對它做出反應？最後，爲他們存在著的，對他們有效的，決定他們的周圍世界本身是怎樣的。在這裡問題也將是：他們的周圍世界是如何變化的，什麼樣類型的對象屬於他們的周圍世界；因此一般而言，個人的周圍世界具有什麼樣的本質結構，並且特殊而言，它特別是作爲周圍，但是這種必然世界——它從個人的世界生活本身而取得形態，並且總是重新取得形態——具有什麼樣一般結構？具有什麼樣類型的文化對象？

個人周圍世界的結構與個人生活的結構（具有個人的習慣）有本質關聯，而個人生活作爲世界生活，就是對周圍世界中顯現的對象，以及它們的周圍世界的特性採取態度。

17 但是在這裡對於歷史知識的本質認識看上去是什麼樣的呢？

周圍世界中的個人在周圍世界中具有一種特別突出的地位。但是下面這種主題上的區別在這裡發揮著重要作用：一方面個人（不僅是其他的個人，而且也許還有我自己）作爲周圍世界的客體，作爲周圍世界中的對象——而這個周圍世界是已經預先給予了實踐著的我，在最廣義上實踐著的，即具體的，清醒地生活於世界之中的我的周圍世界，就是主題（因此在確切意義上，是以周圍世界的方式而成爲主題的），作爲對象，個人是作爲對之有某種事情發生的對象，人們發現他們是存在於周圍世界中的，人們看見他們，但並沒有與他們打交道，與他們沒有任何共同之處：他們就如同純粹的事物一樣存在於這裡和那裡；在這裡也許特別適合於從外部看別人和理解別人，而不進入其內心深處，不與他共同生活。另一方面，存在著作爲別的主觀的另外一些主觀，我們與他們在經驗中，在思想中，在行爲中形成共同體，我們與他們一起具有在周圍世界中的共同的實踐，儘管每一個人又還有其自己的實踐。當我們在周圍世界中彼此相互地（他人在我的周圍世界中）存在於那裡——而這總是意味著以身體—物體的方式存在於那裡時，我們就已經有了某種「共同體」。當我們看爲我們而存在的同一個世界中的這同一些對象，或部分地看這同一些對象時，我們就在彼此經驗。就這種共同的看而言，這大部分並不是眞正的經驗，它是對於其他人以及他們的經驗狀況的空洞的理解。但是，個人的共同體作爲個人生活的共同體，而且可能作爲持久的個人的相互關聯，卻是一個獨特的東西。第一步就是在對他人的經驗，他人的生活狀況，他人的行爲等等的直觀的理解中，與他人明確地保持生動的一致。由此出發透過表情與語言而達到交流，這已經就是自我的關聯。每一種交流當然已經以周圍世界的共同性爲前提，只要我們彼此間都是個人，但是，這種必然這種共同性就建立起來了，但它可能完全是空洞的、非現實的。但是有他們作爲共同生活中的夥伴，與他們交談、分擔他們的憂慮、與他們共同努力、與他們結友和爲仇、與他們相愛和相恨，則是另一回事。只有在這裡，我們才進入到「社會—歷史」世界的領域。

當我們生活於自然的態度——非超越論的態度——中時，各種不同的主題方向，因此各種不同的理論興趣方向，就按照預先給定的世界的結構——這個世界是作爲我們公共的周圍世界，並且透過周圍世界作爲客觀的世界被給予我們的——向我們展示出來了。「透過這個周圍世界」，就是說，周圍世界是某種可變的東西，我們在生活中從一個周圍世界向另一個周圍世界進展，其間在這種變化中卻連續地經驗到同一個世界，而周圍世界則變成了這個世界的顯現方式。在指向本質的態度中，我們能夠從實際的共同的世界出發，研究人的周圍世界的本質形式，並能夠研究那種在周圍世界的變化中，透過進入不同的人類文明，而永遠在進行自身構成的新的周圍世界的本質形式。並且，透過將這種無限展開的進程作爲可能的進程呈現出來，我們就能夠描繪出作爲可能經驗構成的世界（也就是作爲在可能的變動的周圍世界中，透過不斷進行的修正而顯示出來的世界）的存在著的世界的結構。這可能就是那種關於純粹經驗世界本身的存在論的理念。理論的態度可以指向單純的自然，在這種情況下，我們就有一種自然的態度，因此這種態度並不是「自然主義的」，另一方面，我們可以將我們的態度指向個人和個人的共同體，我們可以將我們的態度指向可能的具體的周圍世界，以及在其中被勾畫出來的「眞的」世界。

308

指向自然的態度可以有一種不同的意義。一般而言，我們這些從事研究的個人是處於自然態度之中的，因此在此之前我們已經就彼此共同地一起生活了。但是在這裡，作爲對世界而言的主體，我們以及我們的生活是匿名的，只要我們沒有將我們當作我們自己的主題。因此指向自然的態度恰好就是：只將自然當作主題，而不將任何別的東西當作主題；因此當作主題，從某種意義上說，同時就是「進行抽象」，但是，這種必然這首先一定不要（因此不必）像通常那樣理解爲主動拋開某些東西，而只應被理解爲僅僅注意某些東西。當然對自然的科學態度，最終是以有意識地將自然變成主題，而且是以將有意識地排除了或是想要排除一切純粹主觀東西的純粹自然變成主題爲基礎的。

現在在這裡變成主題的自然，可能就是周圍世界的自然，而且正如它預先給定的那樣，在現實的和可能的經驗的知覺中呈現出來，並且在我們的經驗生活的進程中，由於經驗的一致性而證明是實際存在著的（儘管有一些偶然的修正）；成爲主題，應該意味著經驗的認識，意味著透過一致的經驗——透過對間接歸納進行的經驗的預期，而補充了的自己的和他人的經驗，透過描述進行規定；意味著致力於描述的科學；普遍的描述的自然科學，任何時候都包括可能的自然的經驗的全部領域——感性知覺，記憶，實際上能夠透過這些東西證實的歸納的全部領域。這些東西的基礎是「可能經驗的世界」的存在論（雖然實際上沒有建立起來）。由此人們已經能夠將透過對不可能經驗到的、遠處的東西與近處的東西勻質化而進行的，對經驗的歸納擴展分離出來，並由此而導致對無限東西理念化。

「精密的」自然科學的目標就是另一回事了，即這樣一種目標，超出直觀的自然的相對性，周圍世界的相對的自然的相對性，而確定作爲在所有相對東西中的，處於「自在眞理」中的同一的自在之「自在的」自然。這種描述的自然是與個人和人類相關聯的，就是說，與我們、我們的民族、我們歐洲人的文明相關的，與在我們歷史時代的我們這些地球上的人們相關的，但是我們自己在這裡並不是主題，這些關係也不是主題，只要我們世世代代始終是這統一的歷史時間中的，即時間範圍中的同一的地球上的人類，就不需要將這些東西主題化，因此科學的論斷從一代到另一代，以可以理解的方式繼續對我們有效。[18]

但是，這種必然我們只需要將主題的注視方向對準這種相對性，我們就能清楚地看到，這種自然科學屬於關於地球上的一般人類的個人的科學的更廣泛的組成部分，而這種一般人類被理解爲「我們人們」，它總是從我們這些個別的研究者獲得它的時間的地平線，以及它的相對的，在廣義上是歷史的時間性。對此進行深入研究，我們就會看到，從探究哲理的希臘人那裡產生出來的歐洲人，首先採取了這種指向最外部的可能達到的周圍世界的理論態度，也只有他們能獲得這種理論態度。周圍世界是相對於對它發揮作用的主觀性的，有關發

18 描述的普遍的科學，作爲具有其普遍性的關於預先給定的世界的科學，仍保持在現實的和可能的、直接的和間接的經驗領域之中，因此它必須從作爲現前的、以地平線的方式預先給定的世界出發，借助於展示共現前而前進，並作爲關於敞開的普遍的現前的描述科學而產生出來，但是此外也作爲處於過去時代的另外還有將來時代的連續展開之中的關於過去的科學（古生物學）而發展起來。當然它是指向類型上的普遍性的，指向類型的類型上變化的方式的，另外指向按照這樣的一些規則，對個別事實進行說明的。

揮作用的主觀性的類型學本身是歷史的：人必然是世代相繼的共同體的成員，因此必然生活於作爲他們的周圍世界的每一個共同的周圍世界之中，在這方面，在這種周圍世界中有一種普遍的歷史性發揮支配作用。但這並不是說，有一種可能的理論態度屬於每一種共同的周圍世界；即使這種可能的理論態度，首先是「描述的」科學的態度，從本質上說也是歷史的。但是如果這種態度形成了，那麼在歷史的發展過程中，從純粹自然的描述向心理－物理的描述的發展，就被預先規定了。

因此在這種情況下，這種指向人和動物的態度就是一種新的態度，人和動物，並不是作爲能按照純自然的態度，以前後一貫的描述的方式加以研究的物體，而是作爲人（或動物），它們具有作爲它們的身體的物體，他們各自都有其個人的周圍世界，作爲透過身體而被定位了的近的－遠的世界，這個周圍世界同時也處於左－右、上－下的顯現方式中，而且所有這些顯現方式，都處於對下面這種主觀的方式的連續依賴之中，這種主觀的方式就是在一種甚至能夠隨意實現的動覺系統中「我運動我的身體」這種主觀的方式。有關人的論題範圍包括，作爲周圍世界對人有效的東西以及在這種周圍世界——不論是他個人的，還是共同體的周圍世界中對人有效的東西；還包括：對於每一個人，以及還有對於共同體，都是可以反思地把握的這個周圍世界的顯現方式——彼此進行往來的所有個人的顯現方式如何達到一致；每一個個人如何給予他的，總是作爲在進行經驗的統覺中被定位的周圍世界之原點－客體的人的存在以在周圍世界空間中的位置；在個人改變位置時，例如，在個人交換他們的位置時，對於每一個人來說，方位，同一些客體，如何一定會改變，或更確切地說，顯現方式如何一定會變換。

描述的自然屬於所有人的個人的周圍世界，或更確切地說，屬於所有「歐洲的」人的周圍世界，因此也一起歸入人類學，但是很顯然，精密科學的自然並不屬於這樣的周圍世界，而只屬於那些是精密自然科學家的人（或那些理解自然科學的人）的周圍世界。當然，科學的自然史也不屬於每一個人的周圍世界，只要它將它的普遍的周圍世界置於研究之下，並且揭示出，可能的周圍世界本來可能是什麼樣的，卻不曾是那樣，而且現在也不是那樣，除非再次爲了科學家，才是那樣。自然科學是一種文化，但只是屬於下面這樣一種人類文明的文化世界，這種人類文明產生了這種文化，並且在其中存在有個人深入理解這種文化的可能途徑。

另外，與直接的和間接的共同體生活延伸得一樣遠的「文明」的普遍統一，也能成爲主題；與此相關聯，周圍世界的共同體（在顯現的方式和被理解的方式的「如何」方面），特別是文化的共同體，也成了主題。它在其有時間性的生活的統一中，在構成這種生活本身的形式的時間性的統一中，可能成爲主題，那種時間性絕不是精密自然科學所研究的自然的時間性，這後一種時間性，按照其意義，是絕對同一的自然之同一的時間，這種同一的時間超越不論什麼樣特殊人類文明的一切周圍世界的自然，精密自然科學所研究的自然之時間不是相對的時間，那種相對的時間從本質上說，屬於當時共同生活與存在著的特殊人類文明，而這種特殊人類文明具有其全部的過去以及敞開的未來，而這種未來是從現在的人的觀點，得到作爲現在人的未來的意義的，即現在人類文明的未來。

但是此外彼此處於鬆散聯繫之中的文明，也能夠成爲主題，各文明形成爲共同體的方式，在歷史上形成或已經形成一種文明的方式，也能夠成爲主題；其中主要部分是自己文明的歷史，這也是它由早期的所有文明和文化等等而來的歷史生成的主要部分。在這種情況下，我們就拋開了自然科學的描述研究，而開始進入了精神科學的問題；或說得更確切些，我們將描述的自然納入到歷史的精神科學之中。

所有這些仍然是表層的，尚沒有考慮到所有文明以及它們的文化的規範理念，更確切地說，尚沒有考慮到那樣的一些理念，它們作爲在生活的決定當中起作用的「當爲」，決定人的生活，不論是個人的生活，還是以各種方式組成共同體的人的生活（但是這些理念偶爾也在普遍的意志決定和意志決心中發揮作用，這些意志決定和決心會永遠地調節自己的生活以及共同體的生活）。**因此這導致內在於歷史的**「意義」，導致發展的目的論問題，導致作爲爲新的文明指示方向的理念的普遍理念之發展的問題：如作爲有關世界的科學之理念的相關物的無限的眞的世界之理念，眞實的和眞正的個別的個人生活之理念，以及眞正的共同體的理念，最後是眞正的文明之理念，以及屬於該文明的「倫理的」理念，關於普遍科學的理念，不是關於這個單純的世界，而是關於所有一般存在著的東西，即使是作爲理念、作爲理念的規範等等存在著的東西的普遍科學之理念。[19]

19 但這是透過堅持不懈地實行精神科學——按照自然的態度——而達到的。

312

最後，普遍的個人的科學本身，似乎變成了包羅萬象的科學，變成了一種普遍的哲學，以本質的方式變成了普遍的存在論。因爲一切都從我們出發，從這些活生生的人，我們這些提出理論問題的人出發；我們本身都是個人，並且我們在我們的共同世界中有關於一切主題的主題，關於一切可能的問題提法的主題，因此還有關於有關人的最高的和最後的問題的主題。

讓我們從這種普遍的，按其性質是歷史的，從個人觀點出發的世界觀——它是在預先給予的世界之基礎上運動的——返回到絕對的基礎，即超越論的主觀性的基礎上。

在這裡出發點是：我們，實行這種對於個人的普遍考察，其中包括對於周圍世界等的普遍考察的我們，本身就是人，是歐洲人；我們本身是歷史上生成的；作爲歷史學家，我們創造了任何一種意義上的世界的歷史和世界的科學，按照我們置身於其中的歐洲歷史的動機，我們創造了歷史的文化構成物。爲我們而存在的世界，本身是我們的歷史構成物，而我們本身，按照我們的存在，是一種歷史構成物。在這種相對性中，被相對性本身當作前提的非相對的東西是什麼呢？是作爲超越論的主觀性的主觀性。另一種出發點就是：本質上是普遍的有關個人的科學——心理學。普遍的心理學。返回到超越論的哲學。

歐洲人的危機與哲學。[20]

（一）

在這個演講中，我要冒險進行一種嘗試，即透過闡明歐洲人的歷史哲學的理念（或目的論的意義），從人們經常討論的歐洲的危機這個主題找出新的興趣。當我在這個過程中揭示出哲學，以及作爲我們的所有科學的哲學的分支，在這種意義上必須實行的本質功能時，歐洲的危機也將獲得一種新的闡明。

我們將從一件眾所周知的事情開始，即從自然科學的醫學與所謂的「自然療法」的區別開始。如果說，自然療法是在人們日常生活中從樸素的經驗和傳統產生出來的話，那麼自然科學的醫學則是運用純粹理論科學的認識，即運用有關人的身體的認識，首先是解剖學和生

---

20 這篇文章胡塞爾曾應維也納文化協會邀請兩次——一九三五年五月七日和十日，在維也納演講。原來的題目是「歐洲文化危機中的歐洲人」。演講的題目是：「歐洲人危機中的哲學」，後來改成現在這個題目：「歐洲人的危機與哲學」。速記手稿是手稿 KIII 1 的一部分，它包括第一—十二頁。在魯汶胡塞爾檔案館中有兩份芬克的列印副本（目錄號：MIII 5 IIa，和 MIII 5 IIb）。副本 a 比副本 b 內容更多，它比速記稿擴充了三分之一。我們在這裡提供的是內容較多的一個稿本，在結尾處包含了副本 b 所沒有的幾頁。胡塞爾所注的這篇文章的寫作日期是一九三五年四月七日。——編者注

理學的認識，而產生的。但是這些科學本身又是建立在對一般自然進行普遍說明的基礎科學，即物理學與化學的基礎之上的。

現在讓我們將目光從人的身體方面轉向人的精神方面，即轉向所謂精神科學的主題。在這些科學中，理論興趣僅僅指向作爲個人的人，以及個人的個人生活與有所成就的活動，以及與此相關聯地指向有所成就的活動的形成物。個人的生活是作爲我和我們在共同體的地平線中以某種方式聯結在一起的生活。而且是在各式各樣的簡單的或被分成不同等級形態的共同體中，如家庭、國家、超國家的共同體中的生活。在這裡，生活這個詞並沒有生理學上的意義，它所意味的是有目的的，完成著精神產物的生活：從最廣泛意義上來說，是在歷史發展的統一中創造文化的生活。所有這些就是各式各樣精神科學的主題。很顯然，這裡存在著茁壯成長與衰退之間的區別，就是說，人們甚至同樣也可以就共同體、就民族、國家，談論健康與疾病。因此問題直接就是：在這方面爲什麼從來也沒有能發展出一種科學的醫學、一種醫治國家和超國家的共同體的醫學呢？人們說，歐洲各國生病了、歐洲本身處於危機中。在這裡絕不缺少像精通自然療法的醫生那樣的人。我們簡直是被幼稚的、誇大其辭的改革建議的洪流淹沒了。但是爲什麼得到充分發展的精神科學，沒有像自然科學在它們自己的領域裡做出傑出貢獻那樣，在這裡效力呢？

凡是熟悉現代科學精神的人就不難對這個問題做出回答。自然科學的偉大之處就在於，它們不滿足於直觀的經驗認識，因爲對於自然科學來說，一切對於自然的描述，都只能是有步驟地向精密的，最終是物理—化學的說明前進。它們認爲：「單純描述的」科學使我們束縛於世間周圍世界的有限性上。而數學的—精密的自然科學，卻借助它的方法，包括了具有其現實性和實在的可能性的無限的東西。它將直觀給予的東西理解爲純粹主觀相對的顯現，它教導我們，要按照它的絕對普遍的原理和法則，透過系統接近的方法，研究超越主觀的（「客觀的」）自然本身。與此同時，它教導我們，從最終存在著的東西去說明一切直觀上預先給予的具體的東西，不論是人，還是動物，還是天體；就是說，從當下的實際上被給予的顯現出發，去歸納未來的可能性和或然性，而它們的範圍和精確度都超出了一切直觀上受限制的經驗認識。近代精密自然科學始終如一的發展的結果，是在以技術方式對自然的支配中的一場眞正革命。

可惜，在精神科學中的方法的情況卻完全不同（在我們已經完全了解的那種觀點的意義上），而且這是由於一些內在的原因。人的精神畢竟是建立在人的身體之上的；每一種個別的—人的心靈生活都是以身體爲基礎的，因此每一種共同體也都是以作爲該共同體成員的個別人的身體爲基礎的。因此如果對於精神科學的現象的眞正精確的說明是可能的，因此一種類似於自然領域中那樣的廣泛的科學實踐是可能的，那麼精神科學家就必須不僅考察作爲精神的精神，而且還必須追溯到物質的基礎，並且借助於精密的物理學與化學進行他們的說明。但是，即使在個別的人方面，由於所需要的心理—物理的精密研究的複雜性，這就已經失敗了（而且在可以預見的未來這種情況也不會改變），更不要說對於巨大的歷史共同體了。如果世界是一種具有兩個所謂有相等權利的實在領域，即自然與精神的結構，其中任何一個在方法上和實質上都不比另一個優越，情況就會不同。但是只有自然能夠單獨作爲封閉的世界來討論，只有自然科學能夠按照完整的一貫性，拋開一切精神的東西，去研究純粹作爲自然的自然。相反，另一方面，對於對純粹精神東西感興趣的精神科學家來說，這種始終一貫地拋開自然的態度，並不能導致一個自身封閉的，純粹在精神方面關聯的「世界」，這個「世界」能夠成爲純粹自然科學的類似物的純粹普遍的精神科學的主題。因爲一切其他的精神性由之而來的動物的精神性，人的和動物的「心靈」的精神性，都是以因果性的方式，個別地奠基於物體性之中的。因此以下情況就可以了解了，即純粹對精神東西本身感興趣的精神科學家，不能超出描述的東西，不能超出精神的歷史，因此仍然受束縛於直觀的有限性。所有的實例都證明了這一點。例如，歷史學家如果不利用古希臘國家的自然地理，就無法討論古希臘的歷史，如果不利用它的具體的古代建築，就不能討論它的建築學。這看來是十分明顯的。

但是，如果在以上敘述中所表明的這整個思想方式，是建立在具有嚴重後果的先入之見上的，並且這種先入之見由於它的各種影響，本身也要對歐洲的疾病承擔責任，那該怎麼辦呢？事實上，這正是我的信念，而且因此我也希望能使人們清楚理解，在這裡也有關於那種不言而喻的態度的重要來源，由於那種不言而喻的態度，現代科學家認爲，建立一種有關精神的純粹自身封閉的普遍的科學的可能性，甚至不值得討論，因此乾脆否定了這種可能性。

在我們的歐洲問題的興趣中，就包含對這個問題的進一步討論，以及根除那種乍看上去是清楚的論證。當然，歷史學家，每個領域的精神研究者或文化研究者，在他們的所有現象中總是也有物理的自然，在我們的例子中就是古希臘國家的自然。但是這種自然並不是自然科學意義上的自然，而是被古代希臘人視爲自然的東西，是在他們的周圍世界中作爲自然的現實出現在他們眼前的東西。更充分地說，希臘人歷史上的周圍世界，並不是在我們的意義上的客觀世界，而是他們的「世界表象」，就是說，是他們自己的主觀有效性，以及所有其中對他們有效的現實的東西，其中包括像是神、精靈等等。

「周圍世界」是一個僅在精神領域內才有其地位的概念。我們生活於我們各自的周圍世界中，我們的全部憂慮和痛苦都是關於這個周圍世界的——這表明一種純粹在精神領域中發生的事實。我們的周圍世界是一種在我們之中和我們的歷史生活之中的精神構成物。因此在這裡，對於將精神本身當作主題，而又要求對精神做一種不同於純粹精神上的說明的人來說，是沒有任何根據的。因此總而言之情況就是：將周圍世界的自然看作是本身不同於精神的東西，因而想透過自然科學來論證精神科學，並借此將它變成所謂精確的，這乃是一種荒唐之舉。

同樣顯然被忘卻了的是，自然科學（與所有一般科學一樣）是精神成就的一種稱號，即共同工作的自然科學家的成就；作爲這樣的東西，它們與所有的精神事件一樣，畢竟屬於應該按精神科學的方式加以說明的東西的範圍。那麼想要以自然科學的方式說明「自然科學」這種歷史事件，想要透過引進自然科學和它的自然法則——而這些東西作爲精神的成就本身就屬於需要說明的問題——進行說明，這難道不是荒謬的嗎？這難道不是循環論證嗎？

精神科學家受自然主義的蒙蔽（不管它們在言辭上多麼激烈地攻擊自然主義），甚至完全沒有提出普遍的純粹的精神科學的問題，完全沒有詢問純粹作爲精神的精神之本質理論，這種理論正是按照原理和法則，探究精神領域的絕對普遍的東西的，其目的是由此出發，獲得在絕對最終意義上的科學說明。

以上對精神科學的思考，向我們提供了用來把握和探討作爲純粹科學問題的我們的精神的歐洲這個主題的適當的態度，就是說，首先是按照精神的歷史把握和探討精神的歐洲這個主題。正如在序言中就已經預先指出的，按照這種途徑，一種引人注目的，似乎只有我們的歐洲才生而俱有的目的論就會變得顯而易見，而且它與哲學及其分支——科學，在古代希臘精神中的覺醒或降臨，十分緊密地聯繫在一起。我們已經預見到，這裡所涉及的將是對於引起嚴重後果的自然主義的，或者（這樣說也將表明是等值的）還有對世界解釋中的近代二元論的起源之最深刻原因的闡明。最終歐洲人危機的眞正意義也將由此而顯露出來。

我們提出這樣一個問題：如何描述歐洲精神形態的特徵呢？因此歐洲並不是從地理學上，按照地圖理解的，彷彿據此應將歐洲人限定爲在這塊地域上共同生活著的人群。從精神方面說，英國的自治領、美利堅合眾國等等，顯然都是屬於歐洲，而愛斯基摩人或集市上圍欄中展示的印第安人，或長期在歐洲流浪的茨岡人，則不屬於歐洲。很顯然，在這裡，在歐洲這個名稱下所涉及的是精神上的生活、工作、創造的統一體，這種統一體具有其全部目的，興趣、憂慮、痛苦，具有其有目的的活動的產物，具有其機構和組織。在這裡，個別的人活動於多種多樣的不同層次的群體中：家庭、部族、民族，正如我所說的，所有這些都在精神上緊密地聯繫著，並處於一種精神形態的統一體中。因此，個人、個人的聯合，以及他們的全部文化成就，就應該被賦予一種將他們全部聯結在一起的性格。

「歐洲的精神形態」，這是什麼呢？這就是顯示歐洲（精神上的歐洲）歷史內在固有的哲學理念的，或（這樣說也是一樣）它內在固有的目的論的精神形態。這種目的論從普遍的人類本身的觀點出發，將自身標明爲一種新的人類時代的出現和發展的開端，這是這樣一個人類的時代，它從現在開始起只想生活於並且只能生活於從理性的理念出發，從無限的任務出發，自由構造自己的存在的，自由構造自己的歷史生活的活動之中。

從本質上說，每一種精神形態都按照共存與演替的方式，存在於一種普遍的歷史空間中或一種歷史時間的統一中，它具有自己的歷史。因此，如果我們按照必然性，從我們自己和我們的民族出發，探究歷史的各種聯繫，那麼歷史的連續性就總是將我們一步一步地從我們的民族引向鄰近的民族，就這樣從一些民族引向另一些民族，從一些時代引向另一些時代。最後在古代，從羅馬人引向希臘人、埃及人、波斯人等等，在這裡顯然是無窮無盡的。我們回到了遠古時代。我們不得不求助於《石器時代的世界歷史》這本著作。在這樣的前進過程中，人類就表現爲僅由精神聯繫而聯結起來的、唯一的人的生活和民族的生活，它具有豐富的人類的類型和文化的類型，而這些類型是流動的、相互融合和相互滲透的。這正如大海，在其中，人們和民族是暫時地形成著、變動著、又消失著的波浪，其中的一些波浪，形成比較豐富、比較複雜的漣漪，而另一些波浪的漣漪則比較簡單。

但是如果我們更加連貫地、更加深入地考察，我們就會看到一些新的、獨特的聯繫與差別。歐洲各民族不管怎樣互爲仇敵，它們在精神上仍有一種特殊的內在的親緣關係，這種關係貫穿所有的民族，並且超越民族的差別。在這裡有某種類似於親如兄弟的關係，在這個範圍內，這種關係使我們具有一種家鄉意識。只要我們設想自己處身於像是具有其多種民族和文化形態的印度的歷史範圍之中，這種情況就會立即呈現出來。在這個範圍內，又會存在家庭般的親緣關係的統一，但是這種關係對於我們則是陌生的。另一方面，印度人則將我們視爲異國人，只有他們彼此之間才認爲是同鄉。但是，這種在許多層次上相對化著的家鄉與異域的本質差別，這個全部歷史中的根本範疇，不可能是充分的。歷史上的人類並不總是按照這些範圍以同樣方式加以劃分的。我們正是在我們的歐洲感知到這一點的。在這裡有某種獨特的東西，所有其他人類群體也在我們身上作爲下面這樣的東西，感受到了這種獨特的東西，即撇開一切有用性的考慮不說，這種東西變成了他們以不屈不撓的意志在精神上保持自己時卻將自己歐洲化的動機；而我們，如果我們正確地理解自己，就絕不會舉例說印度化。我的意思是說，我們感受到（儘管這種感受很不清楚，但它很可能是有道理的），我們歐洲人性與生俱來就有一種隱得來希，它普遍地支配著歐洲的形態變化，並賦予它一種意義，即向著作爲永恆之極點的理想的生活形態與存在形態發展。這裡所涉及的似乎並不是賦予有機生物的領域，以它們的性格的那種眾所周知的有目的的努力；因此這裡所涉及的並不是像生物學上的發展那樣的東西，如從處於各種階段上的胚芽狀態，向成熟，以及後來的衰老與死亡的發展。從本質上說，並沒有關於民族的動物學。民族是精神的統一體，它們沒有，特別是超民族的歐洲沒有一種曾經達到過，以及能夠達到的發育成熟形態，作爲一種有規則地重複的形態。精神上的人類從來也不會完成，將來也絕不會完成，也絕不能重複。歐洲人的這種精神上目的（其中包括特殊民族的以及個別人的特殊目的）存在於無限之中，它是一種無限的理念，可以說，整個的精神的生成都是以處於隱蔽之中的這種理念爲目標的。只要它在這種發展中被意識到是目的，它在實踐中也就必然成爲意志的目標，因此被導致一個新的更高的發展階段，這個階段是處於規範和規範的理念的指導之下的。

但是所有這些並不想成爲對於我們的歷史發展的一種思辨解釋，而想成爲對在無偏見的沉思中，產生的一種清晰的預感的表達。但是這種預感給予我們一種觀察歐洲歷史中最重要聯繫的意向指導，在追尋這種聯繫的過程中，被預感到的東西將變成我們的被證實的確信。預感是一切發現的直覺的路標。

現在讓我們詳細說明。精神的歐洲有其誕生地。我這樣說並不是要從地理上指出一個地方作爲誕生地，雖然這樣說也是合適的；我是指在一個民族的，更確切地說，是在這個民族的個別的人和人群中的精神上的誕生地。這就是紀元前七世紀和六世紀古希臘國家。在古希臘國家中產生了一種個人對周圍世界的新式的態度。其結果就是出現了一種完全新式的精神構成物，這種精神構成物很快就成長爲一種系統而完整的文化形態；希臘人稱它爲哲學。按照原初的意義正確翻譯，它所指的不是別的，而是普遍的科學，關於宇宙的學問，關於由一切存在著的東西構成的、無所不包的統一體的學問。這種對於大全的興趣，因此對於這個無所不包的生成，以及生成中的存在的詢問，很快就開始按照存在的一般形式和領域而特殊化了，因此，哲學，這唯一的學問，就分支爲許多特殊的學問了。

在這種意義上的哲學的產生中——因此其中也包括所有的學問，我看到了精神的歐洲的原現象，不管聽起來有多麼悖理。透過更詳細的闡明——這種闡明也應該儘量簡潔——這種悖理的假象很快就會消除。

哲學、科學，是一種特殊種類的文化構成物的稱號。這種歷史運動——它採取了歐洲超民族性的風格—形式——是以處於無限之中的規範形態爲目標的，但並不是以對形態變化的純粹形態學上的表面觀察，就能看出來那樣的規範形態爲目標。這種持續地指向規範，乃是個別個人的意向生活內在地固有的，因此是各個民族，以及它們的特殊的群體，以及最後作爲歐洲而聯結在一起的所有民族的有機體，內在地固有的。當然它並不是所有的個人都內在地固有的，因此並沒有在那些透過主觀間共同的活動而構成的較高階段的個性中得到充分發展，但仍然以普遍有效的規範的精神的發展與傳播的必然過程之形式爲它們所固有。但是這同時具有一種意義，即透過在最小的範圍內變得有效的理念形成物，而對整個人類不斷進行改造。理念是在個別的個人那裡產生的意義構成物，它具有本身包含有意向上的無限性的奇異的新特性，這些理念並不像空間中的實在事物；後者雖然也進入到人的經驗領域，但並不因此對作爲個人的人意指某種東西。隨著這些理念的最初發端，人逐漸地變成了新的人。他的精神存在進入到不斷重新塑造的運動之中。這種運動從一開始就是以往來的方式進行的，它引起一種個人在其生活範圍中存在的新形式，並且透過往來的理解而引起一種相應的新的生成。在這種運動中首先有一種特殊的人性發展起來（它後來甚至超越了這種運動），這種人性以有限的方式生活著，卻趨向無限的極。正是透過這種方式產生了一種共同體化的新方式，一種持續存在的共同體的新形態；它的透過愛理念、引起理念以及從理念上規範生活而共同體化了的精神生活，本身包含有無限性的未來的地平線：按照理念的精神世代更新

322

的無限性的未來地平線。因此，這最初是在一個獨特的民族，即希臘民族的精神領域中，作爲哲學和哲學共同體的發展而完成的。與此同時，首先在這個民族中產生一種普遍的文化精神，它吸引了整個人類，因此它是不斷地向新的歷史發展形式的轉變。

當我們探究哲學的和科學的人的起源，並且由此出發闡明歐洲的意義，並且接著闡明隨著這種發展的形式，而從一般的歷史中突然出現的這種新型的歷史性時，以上這種粗略的概述將會得到充實和更好的理解。

首先讓我們來闡明在始終是新的所有專門科學中，得到發展的哲學之引人注目的特徵。讓我們將它與在前科學的人類中已經存在的其他文化形式進行比較：與手工業、農業、住宅布置藝術進行比較。所有這些都表示具有自己的保證成功產生的方法的文化產品的類別。此外它們在周圍世界中還具有一種短暫的存在。另一方面，科學的獲得物在其保證成功的生產的方法被獲得以後，就具有一種完全不同的存在方式，一種完全不同的時間性。它們不會被用完，它們是永恆的；重複的生產所創造的並不是相同的東西，至多是同樣合用的東西；在同一的個人和任意多的個人的任意多生產活動中，同一地生產出來的是相同的東西，即按照意義和有效性來說是同一的。在現實的相互理解中相互結合在一起的所有個人，只能將他們當時的同伴以同樣的生產活動生產的東西經驗，爲與由他自己的生產活動生產的東西是同一地相同的。用一句話來說，科學活動所獲得的東西，並不是實在的東西，而是理念的東西。

但更重要的是，如此作爲有效的、作爲眞理而獲得的東西，可以用作更高層次上的理念東西的可能生產的材料，並且這種情況總是可能重新進行。在發展了的理論興趣中，每一個目標都預先獲得一種僅僅是相對的目的的意義；而這種目標就變成了通往在預先規定爲普遍工作領域，科學「領域」的無限性之中的愈來愈新的、愈來愈高級的目標的通路。因此科學表示任務的無限性的理念，在這些任務中，任何時候都有一個有限部分是已被完成了的，並且作爲持久的有效性保存下來。這有限部分同時構成作爲包羅一切的任務統一體之無限任務的地平線的所有前提之基礎。

但是在這裡還有一點重要的補充說明。在科學當中，個別勞動產品的理念性，眞理的理念性，所意味的並不是意義和證明在同一化情況下的可單純重複性：在科學意義上的眞理理念，從前科學生活的眞理分離出來了（關於這一點我們以後還要談到）。它要成爲絕對的眞理。在這裡包含一種無限性，這種無限性賦予每一種事實的證明和眞理，以一種向無限的地平線，僅僅是相對的單純的接近的性格，而在這種無限的地平線中，自在眞理可以說被看作無限遙遠的點。在這種情況下，與此相關聯，這種無限性也存在於在科學意義上「眞正存在的東西」之中，另外還存在於對每一個人都「普遍」有效的東西之中，而這「每一個人」被理解爲總是應該完成的論證的主體；它現在不再是前科學生活中有限意義上的「每一個人」。

在對於科學所特有的理念性，以及在它的意義中以各種方式包含的理念的無限性，進行了這樣的特徵說明之後，透過歷史的回顧在我們面前呈現出一種對比，這種對比我們可以用下面這句話來表達：在哲學以前的歷史地平線中，沒有任何其他的文化形態是在這樣一種意義上的理念的文化，沒有任何其他的文化形態知道無限的任務，知道這樣的理念東西的世界，這種理念東西的世界作爲整體，並且按照其全部的個別部分，以及按照其生產的方法，都與意義一致地在本身中包含著這樣的無限性。

在科學之外的，尚未由科學觸及的文化，是處於有限性之中的人的任務與成就。人生活於其中的敞開的無限的地平線尚未展示出來，他的目的和他的活動，他的商業與往來，他的個人的、社會的、民族的、神話的動機，所有這些都是在終究可通觀的周圍世界中運動的。在這裡沒有無限的任務，沒有其無限性本身就是工作領域——而且是以這樣的方式成爲工作領域的，即在其中工作的人意識到這種無限任務領域的存在方式——的理念的獲得物。

但是隨著希臘哲學的出現，以及透過對新的無限性意義的連貫的理念化，對它的最初的系統表述，在這方面就完成了一種進一步的變化，這種變化最終將有限性的全部理念，並借此將全部精神文化以及它的有關人的概念，都吸收到它的範圍之中。因此，對於我們歐洲人來說，在科學—哲學的範圍之外，還存在多種多樣無限的理念（如果我們可以使用這種表達方式的話），但是這些理念必須將類似的無限性性質（無限的任務、目的、證明、眞理、「眞正的價值」、「眞正的財富」、「絕對」有效的規範等等類似的性質），首先歸功於透過哲學以及它的理念性東西對人進行的改造。因此處於無限性理念指導下的科學的文化，意味著整個文化的根本改造，意味著作爲文化創造者的人類的整個存在方式的根本改造。它還意味著歷史性的根本改造，這種歷史性現在成了處於生成中的有限的人類，向具有無限任務的人類發展的歷史。

在這裡我們遇到一種可以想到的反對意見：哲學，希臘人的科學，並不是他們所獨有的東西，並不是由於他們才在世界上出現的東西。畢竟他們自己也談論有智慧的埃及人、巴比倫人等等，而且他們事實上的確也從後者那裡學到了許多東西。今天我們有許多有關印度哲學、中國哲學等等的著作，在這些著作中，這些哲學與希臘哲學被放到同一個平面上，而且被理解爲處於同一文化理念之內的不同歷史形式。當然，這裡並不缺乏共同之處。但是我們不可讓純粹形態學上一般的東西掩蓋住意向深層的東西，不可看不到最本質的原則上的差別。

首先，這兩個方面的「哲學家」的態度，他們的一般的興趣指向，就已經是根本不同的。在這兩個方面的哲學家中，我們有時能夠發現涉及整個世界的興趣，這種興趣在兩個方面——就是說，也在印度哲學、中國哲學，以及類似的哲學那裡——都導致一種有關世界的普遍認識，這種認識到處都以類似職業的生活興趣的方式發生作用，並且透過一些可以理解的動因導致一些職業共同體，在其中，一些共同的成果一代一代地傳播，或更確切地說，一代一代地得到改造。但是只有在希臘人那裡，我們才能得到一種普遍的（「宇宙學的」）具有純粹「理論」態度這種全新形態的生活興趣，並且只有在希臘人那裡，作爲這種生活興趣，由於內在原因而在其中產生作用的共同體形式，我們才有哲學家、科學家（數學家、天文學家等等）的相應的全新的共同體。在這裡有這樣一些人，他們不是個別地，而是共同地、一起地——就是說，在個人間聯合起來的共同體的勞動中——追求理論，獲取理論，並且僅僅追求理論，獲取理論，隨著協作者的圈子的擴大，以及研究者的世代相續，最終將這些理論的發展和不斷完善與對無限的共同的任務的意識一起，納入意志之中。理論的態度在希臘人那裡有其歷史的起源。

一般而言，態度是指意志生活的習慣上固定的風格，這種意志生活具有由這種風格預先決定的意志方向或興趣，具有最終目的、文化成就，而最終目的和文化成就的總的風格，因此也是由這種意志生活的固定風格決定的。各個人的確定的生活就是按照這種作爲規範形式的持久的風格進行的。具體的文化內容是在相對封閉的歷史進程中變化著的。處於其歷史境況中的人類（或作爲整體的共同體，如民族、部族等等），總是按照某一種態度生活的。它的生活總是具有一種規範的風格，和符合這種風格的持續的歷史性或發展。

因此，如果具有其新穎性的理論的態度被回溯到一種從前的態度，一種更早的規範的態度，這種理論的態度就被稱爲原來態度的改變。根據對具有其全部共同體形式和具有其所有歷史階段的人類存在的歷史性的一般觀察，我們現在看到，從本質上說，某種態度本身是最初的態度，或更確切地說，人的存在的某種規範的風格（按照形式上的一般性來說），表示一種最初的歷史性，在其中，儘管有各種上升、下降、停滯，創造文化的此在的各個實際的規範風格，仍在形式上保持爲同一的風格。就此而言，我們所談的是自然的樸素的態度，是原初的自然的生活態度，是最早的原初自然的文化形式，不論是較高的還是較低的，不論是順利發展的還是停滯的。因此所有其他的態度都作爲自然態度的改變被回溯到自然的態度。更具體地說：在具有這種自然態度的歷史上，實際的所有文明之中的一種文明中，從這種文明的具體生成的內部和外部情勢中，在某一時點上，必然產生出一些動機，這些動機最初推動這種文明之中的個別人和團體去改變態度。

如何能夠說明這種本質上是原初的態度，這種人的存在的歷史上的根本方式的特徵呢？

我們回答說：顯然是由於生成方面的原因，人總是生活於共同體中、家庭中、部族中、國家中，而所有的共同體本身又總是劃分爲特殊的社會團體。這種自然的生活現在被說成是樸素地直接地面向世界的生活，這個世界作爲普遍的地平線，總是以某種方式被意識到在那裡，但並不是主題。成爲主題的東西，是人們所指向的東西。清醒的生活總是指向這個或那個東西，將它作爲目的或手段，作爲重要的東西或不重要的東西而指向它，指向感興趣的東西或漠不關心的東西，指向私人的東西或公共的東西，指向日常需要的東西或突然地出現的新東西。所有這些東西都包括在世界的地平線中；但是爲了使處於這種世界生活中的人改變態度，爲了能夠將這個世界生活以某種方式變成主題，爲了能夠對它保持一種持久的興趣，就需要一些特殊的動機。

但是這裡需要更詳細的說明。這個改變自己態度的個別的人，作爲他們的普遍的生活共同體（他們的國家）中的人，還繼續具有他的自然的興趣，每一個人都有他個人的興趣；由於沒有改變態度，他們可能乾脆就失去這些興趣，這對於每一個人來說就意味著，不再是他從出生以來生成的那個樣子。因此在任何情況下，改變態度只能是暫時的；改變態度只能以一種絕對的意志決心的形式，具有一種對於整個以後生活習慣地繼續有效的持續性，這種意志決心就是在週期性的、但內在地統一的時間，總是重新採取同一種態度，而它的新的興趣，則透過能在意向上消除分立的這種連續性，作爲有效的東西，應當實現的東西，加以保持，並且在相應的文化構成物中實現它。

我們在自然的原初的文化生活中就已經出現的職業——這些職業具有其週期性的貫穿於

其他的生活以及它們的具體時間性中的職業時間（公職人員的工作時間等等）中，認識了類似的東西。

現在有兩種可能的情況。這種新態度的興趣或者是服務於自然的生活興趣，或者是（這本質上是同一個東西）服務於自然的實踐，在這種情況下，這種新態度就是實踐的態度。這可能具有與政治家的實踐態度相似的意義，政治家作爲國家的官員，他所致力的是公共的利益，因此他要透過自己的實踐服務於全體的實踐（並且間接地也服務於自己的實踐）。這當然還是屬於自然態度的領域，自然態度從本質上說，對於不同類型的社會成員的確是不同的，事實上，統治社會的人與「公民」——當然這兩個詞是在最寬泛意義上使用的——的自然態度是不同的。但是這種類比至少使以下情況變得可以理解了，即實踐態度的普遍性——現在是指向整個世界的態度的普遍性——絕不是一定意味著對這個世界內的一切細節和所有特殊的整體感興趣和關心，這種情況顯然是不可思議的。

但是與這種較高層次的實踐態度相比，還存在著改變這種一般的自然態度（我們很快就會在宗教的—神話的態度的類型上了解這種態度）的另一種本質的可能性，即**理論的**態度，當然，只是預先這樣稱謂它，因爲哲學理論是在它當中按照必然的發展而產生，並發展成爲自身目的或發展成爲興趣領域的。理論態度雖然又是一種職業態度，卻完全是非實踐的。因此它是建立在對於它自己的職業生活領域中的一切自然的實踐，也包括較高層次的服務於這種自然領域的實踐的蓄意的懸擱之上的。

不過應該立即就說，就此所談的尚不是理論生活從實踐生活的最後「分離」，或更確切地說，所談的並不是理論家的具體生活，劃分爲兩個互不關聯地實現的生活連續體；從社會方面說，那就會意味著形成了兩個精神上互不關聯的文化領域。因爲普遍態度的第三種形式仍然是可能的（既與置根於自然態度的宗教—神話的態度相反，又與理論的態度相反的形式），即在從理論態度向實踐態度的過渡中完成的兩方面興趣的綜合，這樣地綜合，即使得在封閉的統一體中，並且在將一切實踐都懸擱起來的情況下，所產生的理論（Theoria）（普遍的科學）能夠（並且在理論的洞察本身中證實它能夠）以一種新的方式服務於人類，服務於在具體的存在中暫時是並且永遠是自然生活的人類。這是以一種新型實踐的形式實現的，以對一切生活和生活目的，一切由人類生活已經產生的文化構成物和文化系統，進行普遍批評的形式實現的，因此也是在對人類本身以及對明確地或不明確地指導人類的所有價值的批判的形式中實現的；此外它是這樣一種實踐，它所抱的目的是，透過普遍的科學的理性，按照各種形式的眞理規範，提高人類，將人類轉變成全新的人類——能夠依據絕對的理論的洞察而絕對自我負責的人類。但是在這種對理論的普遍性和普遍感興趣的實踐進行綜合之前，顯然還有另一種理論和實踐的綜合，即對受限制的理論成果的運用所進行的綜合，所謂受限制的，就是將使理論興趣的普遍性特殊化的專門科學，僅限於自然生活的實踐以內。因此在這裡，原初的自然的態度與理論的態度，透過有限化的過程而結合在一起了。

爲了在其與被認爲是和它相等的各種東方「哲學」的根本區別中更深刻地理解希臘—歐洲科學（一般地說，哲學），現在必須更仔細地考察在歐洲科學之前，產生出各種東方哲學的實踐的一般的態度，並且將它作爲宗教—神話的態度來闡明。下面這種情況也是一個眾所周知的事實，而且也是一種本質上能夠認識的必然性，即宗教－神話的動機和宗教－神話的實踐，是每一個自然地生活的人類文明——希臘哲學誕生並產生影響之前，因此對世界的科學觀察誕生並產生影響之前——所共有的。神話的－宗教的態度就在於，作爲整體的世界變成了主題，而且是在實踐上變成主題的；世界在這裡當然就是指在有關的文明（比如國家）當中，以具體傳統的方式有效的世界，因此是按照神話的方式被統覺的世界。首先在這裡，屬於神話自然態度的世界的，不僅有人和動物，以及其他的低於人的低於動物的有生命之物，而且還有超人的有生命之物。將這個世界當成整體而巡視的目光，是實踐的目光，並不是彷彿人（他在自然的日常的生活中仍只對特殊的現實的東西直接感興趣）有一天能夠達到下面這種情況，所有的東西會突然一起同樣地變成實踐上對他重要的。但是只要整個世界被視爲完全受神話式的神祕力量支配的世界，只要人的命運直接或間接地依賴於這些力量對世界進行支配的方式，普遍的神話的世界觀察就可能是由實踐引起的，並且在這種情況下，它就是一種實踐上感興趣的世界觀察。那些被推動去採取這種宗教－神話態度的人，顯然就是統一照管宗教－神話利益及其傳統的教士等級中的教士。在教士等級中產生著用語言固定下來的有關神話的神祕力量（在一種最廣泛的意義上，被理解爲人格的力量）的「知識」，並且在他們當中傳播著。這種知識好像自動地採取一種神祕思辨的形式，這種思辨呈現爲一種樸素的令人信服的解釋，並對神話本身進行了改造。與此同時，這種目光當然總是同時也指向被這些神話的神祕力量統治的其餘的世界，指向屬於這個世界的人和在發展上低於人類的有生命之物（順帶一提，這個其餘的世界由於在其固有的本質存在方面並不是固定的，所以也聽任神話的成分加入進來），指向這些神祕力量支配這個世界的事件之方式，指向它們本身必然結合成一個統一的、最高的權力層之方式，指向它們透過創造、工作、判定命運而影響個別的功能和功能行使者之方式。但是整個這種思辨知識的目的就是，按照人自身的目的服務於人，以使他能夠盡可能幸福地安排自己的世間生活，並保護生活免遭疾病，免遭各種厄運、免遭貧困和死亡。當然在這種神話的—實踐的世界觀察和世界認識中，也可能出現各式各樣，以後能在科學上運用的有關事實世界（事實世界，即由科學的經驗認識構成的世界）的認識。但是就其自身的意義關聯而言，這種世界觀察和世界認識現在是，並且仍將是神話的—實踐的世界觀察和世界認識；如果那些在由希臘創造的並在近代發展了的科學思維方式中教育出來的人，談論印度的和中國的哲學和科學（天文學和數學），就是說，按照歐洲方式解釋印度、巴比倫和中國，那將是錯誤的，並且是對它的意義的歪曲。

下面的在迄今爲止的任何意義上都是非實踐的、「理論的」態度，與那種普遍的但是神話的—實踐的態度是截然不同的，這就是一種驚訝（θαυμάζειν）的態度，希臘哲學鼎盛時期的偉大哲學家們，柏拉圖和亞里斯多德，就將哲學的起源追溯到這種驚訝。人們被思考世界和認識世界的熱情所激動，這種思考和認識拋開了一切實際的關心，在它的認識活動的封閉的範圍內和從事這種認識活動的時間中，所追求和所獲得的僅僅是純粹的理論。換句話說，人變成了世界的不參與的旁觀者、概觀者，他變成了哲學家；或更確切地說，從這時開始，他的生活獲得對於只是在這種態度中才是可能的、對新的思想目標和方法的動因的敏感性，透過這些思想目標和方法，最終哲學得以生成，而人本身則變成了哲學家。

當然，這種理論態度的產生也如同所有歷史上生成的東西一樣，在歷史事件的具體關聯中有其實際的動機。因此在這方面必須闡明，那種驚訝如何能夠從七世紀希臘人——他們與他們周圍世界中的偉大的並且已經有高度教養的民族有往來——的行爲方式與生活地平線中產生出來，並且首先在個人那裡變成習慣的東西。我們不想對此進行詳細討論；對於我們來說更重要的是，理解動機形成的途徑，這條途徑從單純的改變態度，或更確切地說，從單純的驚訝出發，通往理論，這是一個歷史事實，但是這個歷史事實肯定具有其本質的方面。我們需要闡明從原初的理論，從完全是漠不關心地（由對一切實際興趣實行懸擱而產生的），對世界的觀察（由單純的一般的觀察而得來的有關世界的認識）向眞正科學理論的轉變，這兩者是由意見（δόξα）和認識（ἐπιστήμη）的對比而中介的。作爲那種驚訝的起初的理論興趣，顯然是好奇心的改變，這種好奇心作爲對「嚴肅生活」過程的侵入，作爲原初已形成的生活興趣的後果，或是作爲直接現實的生活需要得到滿足，或工作時間已經結束時遊戲似地對四周的環顧，而在自然生活中有其原初地位。好奇心（在這裡並不是作爲習慣上的「壞毛病」）也是一種變換，一種從自身消除了生活興趣，將生活興趣拋棄了的興趣。

在這樣確定方向之後，人首先考察民族的多樣性，自己的民族和其他的民族，每一個民族都具有其自己的周圍世界，這個周圍世界作爲完全是不言而喻的現實的世界，對民族以及它的傳統、它的諸神、精靈、它的神話的潛力產生作用。在這種令人驚訝的對比中，產生了世界表象與眞實世界的區別，並且產生有關眞理的新問題；因此不是受傳統束縛的日常眞理的問題，而是關於一種對所有的不再受傳統蒙蔽的人而言，是同一的普遍有效的眞理，即 332

自在眞理的問題。因此哲學家的理論態度要求他經常地下決心，並且預先就下決心，經常地，並且是在普遍生活的意義上，將他未來的生活獻給理論的任務，根據理論認識而建立理論認識，直至無窮。

在個別的重要人物，如泰勒斯等人那裡，由此而產生出一種新的人性；這是這樣一種人，他們的職業就是創造哲學生活，將哲學作爲一種新型的文化形態創造出來。當然，不久一種相應的新型的共同體化就產生出來了。這種理念上的理論構成物，毫無困難地同時被那些再生產這些理解過程和生產過程的人們共同經歷和共同接受。它們毫無困難地就導致一種共同的工作，和透過批評的相互幫助。甚至一些局外人、一些非哲學家，也注意到了這種奇特的行爲和活動。透過同情的理解，他們或是本人成了哲學家，或者，如果他們通常在職業上太忙，他們就向哲學家學習。因此哲學就以兩種方式傳播，即作爲擴展著的哲學家職業共同體傳播，和作爲同時擴展著的教育的共同體運動傳播。然而，後來帶來嚴重後果的民眾的統一體，從內部分裂爲受過教育的人和沒有受過教育的人的根源也就在這裡。但是這種傳播的趨勢顯然並不限於本民族之中。與所有其他文化事業不同，哲學並不是一種束縛於本民族傳統的土壤之上的利益運動。別的民族的人也學習理解這種由哲學向四周擴展的強大的文化變動，並且一般地參與其中。但正是這一點尙需要加以說明。

以研究和教育的形式加以傳播的哲學產生出雙重的精神效果。一方面，研究哲學的人的理論態度之最本質的東西，就是批判態度的特有的普遍性，這種態度斷然拒絕不加詢問地接受任何預先給定的意見，任何傳統，以便能立即就這傳統上預先給定的全部領域，追問本身是眞正的東西，即理念性。但這並不僅僅是一種新的認識立場。由於要求全部由經驗得來的認識服從理念的規範，即服從絕對眞理的規範，由此立即引起人的存在的整個實踐，即整個文化生活的深遠變化；實踐不應再由樸素的日常經驗和傳統來規範，而應由客觀眞理來規範。因此理念的眞理就變成一種絕對的價值，它透過教養的運動，和在兒童教育中的持續的影響，產生一種普遍改變了的實踐。如果我們稍微仔細地思考一下這種轉變的方式，我們立即就會理解這種不可避免的結果：如果眞理本身的一般理念，變成了在人的生活中出現的一切相對眞理的，即現實的和可能的境況眞理的普遍的規範，那麼這也涉及一切傳統的規範、公正、美、合目的性、產生支配作用的個人價值、來自個人性格的價值等等的規範。

因此與新文化的這種成就相關聯，產生出一種特殊的人性與一種特殊的生活職業。有關世界的哲學認識，不僅創造了這種特殊種類的成果，而且創造了一種人的態度，這種態度立即就影響到所有其餘的實踐生活及其全部的要求和目的，這是人們在其中受到教育並因人們受到教育而變得有效的歷史傳統的目的。在人們之間形成一種新的緊密的共同體，我們可以說是一種純粹理念興趣的共同體，這些爲哲學而生活的人，由於對這些不僅對所有人都有用而且所有人都能同等占有的理念的獻身精神而聯結在一起。必然地形成一種特殊種類的共同體活動，即彼此共同勞動的活動，相互進行有益批評的活動，從這種活動中生長出一種作爲共同財富的純粹的絕對的眞理的有效性。另外這裡有一種透過對這裡所想要的東西和所成就的東西的同情的理解而傳播這種興趣的必然趨勢；也就是將愈來愈多的還不是哲學家的人吸收到從事哲學研究的人的共同體中來的趨勢。這種情形首先是在本民族中發生的。這種擴展不可能僅僅作爲職業上的科學上的研究的擴展而發生，寧可說，它遠遠超越了職業的範圍，是作爲文化教育的運動而發生的。

如果這種文化教育運動傳播到了愈來愈廣泛的民眾範圍，當然也傳播到了高層的、居於統治地位的、未被生活的操勞弄得筋疲力竭的人們的圈子中，那會產生什麼結果呢？顯然這不會簡單地導致總體上令人滿意的正常的國家民族生活之均質的改變，而很可能是導致巨大的內部分裂，由於這種分裂，國家的生活和整個民族的文化將陷入根本的變化之中。滿足於傳統的保守的人們與從事哲學研究的人們將會發生相互鬥爭，而且這種鬥爭肯定將會在政治權力領域中進行。從哲學產生之初迫害就已經開始了。按照哲學理念而生活的人被革出社會。然而理念比任何經驗的權勢都更要強大而有力。

在這裡應該進一步考慮這樣一個事實，即這種由對每一種傳統上預先給定的東西，採取普遍的批判態度中產生出來的哲學，在其傳播中絕不受任何國界的限制。只不過必須存在採取普遍的批判態度的能力——這種能力當然也以一定水準的前科學文化爲前提。因此這種民族文化的澈底變化是可以傳播的，這首先是透過前進中的、普遍的科學變成以前曾是彼此相異的所有民族的共同財富，並且是透過科學共同體和教育共同體的統一性，貫穿到所有民族的多樣性中而實現的。

還有一件重要事情必須考慮到，這涉及到哲學對待傳統的態度。就是說，在這裡應該注意到兩種可能性。傳統上有效的東西或者完全被摒棄，或者它的內容被從哲學上吸收，並因此也按照哲學的理念性精神加以重新改造。這裡一個較好的例子就是宗教。在這裡我不想將「多神教的宗教」包括進來。多數意義上的諸神，一切種類的神話力量，都是具有與動物或人同樣現實性的周圍世界的對象。從概念上說，上帝本質上是單數。但是從人這方面來看，上帝所固有的東西乃是，它的存在的有效性和價值的有效性，被人體驗爲一種絕對內在的關係。於是這裡出現了這種絕對性與哲學理念性的絕對性的很容易想到的結合。在由哲學開始的理念化的一般過程中，上帝可以說是被邏輯化了，它甚至變成了絕對的邏各斯的承擔者。順帶一提，我想將這種情況看作是邏輯的東西，即宗教在神學上依據於信仰的自明性，將它當作論證眞正存在的一種獨特的並且是最深刻的方式。但是各民族的諸神作爲周圍世界中的實在的事實在這裡無疑是存在的。在哲學以前，人們沒有提出過任何對認識進行批判的問題，沒有提出過任何有關自明性的問題。

儘管有些概略，我們已經從本質上描述了一種歷史上的動因，它說明，如何能夠從幾個古怪的希臘人開始而形成了對人的存在及其整個文化生活的改造，首先是在他們自己的國家中，然後是在鄰近的國家中。但是下面一點也是顯而易見的，即由此開始能夠產生一種全新的超民族性。當然我指的是歐洲的精神形態。現在它再也不是僅僅透過商業競爭與權力競爭，而相互影響的不同各民族的彼此並立；相反，是一種由哲學及其特殊科學而產生出來的自由批判的和規範無限任務的新精神澈底支配人類，並創造著新的無限的理想！這些新的無限的理想，既是民族中的個別人的理想，也是這些民族本身的理想。但是最終它們也是各民族的擴展著的綜合之無限理想，在這種綜合中，這些民族中的每一個，正是透過它們以無限性精神力爭，實現它們自己的理想的任務，而爲與它們聯合在一起的所有民族貢獻出最好的東西。透過這種贈與與接受，這個超民族的整體以及所有它的社會階層，都得到了發展，並被一種感情奔放的無限任務的精神所充實，這種任務被分成多種多樣的無限性領域，卻仍然是唯一的任務。在這種以理想定向的整個群體中，哲學本身仍然保持主導的功能，並保持其特殊的無限的任務，保持自由地普遍地理論沉思的功能，這種沉思同時包括所有的理想和理想整體，即一切規範的總體。哲學透過歐洲文明始終執行其指導整個人類文明的功能。

（二）

但是現在我們必須來聽聽無疑是非常糾纏人的誤解和反對意見，在我看來，這些誤解和反對意見是從各種流行的先入之見，以及這些先入之見的表達方式取得其影響力的。

我在這裡所陳述的東西對於我們的時代來說難道不是非常不合時宜的嗎？難道這不是試圖挽救理性主義、膚淺的啟蒙主義、迷戀於脫離現實生活的理論、具有其必然惡果的唯理智主義、空洞的求知欲、唯理智主義的故作風雅和博學等等的名聲嗎？難道這不是意味著我們想重又退回到致命的錯誤嗎？即認爲科學使人變得聰明，它的使命就是創造眞正的，掌握命運的，並能使人滿意的人性。今天還有誰認眞看待這些想法呢？

這種反對意見對於從十七世紀到達十九世紀末的歐洲發展狀況來說，無疑有其相對的正當性。但它卻沒有切中我的論述的本來意義。在我看來，很可能我這個被認爲是反動分子的人，比起那些現今在口頭上很激進的人來，要激進得多、革命得多。

我也同樣確信，歐洲危機的根源在於一種誤入歧途的理性主義。但是不可由此認爲，彷彿合理性本身是壞事，或總的來說對於人的生存只具有次要意義。合理性，在那種崇高的眞正的意義上——我們所談的只是這種意義，作爲在希臘哲學古典時期變成了理想的古樸的希臘的意義上，當然還需要許多自身思考的闡明；但是它能夠以一種成熟的方式指導我們的發展。另一方面，我們很願意承認（在這種認識中德國觀念論要比我們早得多），作爲啟蒙運動時期的理性主義的那種理性的發展形態乃是誤入歧途，儘管這畢竟是一種可以理解的誤入歧途。

理性是一個廣泛的題目。按照古老的美好的定義，人是理性的生物，在這種寬泛的意義上，巴布亞人也是人，而不是動物。人有自己的目的，透過思考，考慮到各種實際的可能性而行動。生成著的作品與方法加入到傳統之中，並憑藉它們的合理性總是可以重新理解的。但是，正如人，甚至是巴布亞人，代表著動物性的新階段，即與動物相比的新階段，同樣，哲學的理性也是人性和它的理性的一個新階段。但是這個處於關於無限任務的理念規範之下的人的存在的階段，這個從屬於永恆的種（sub specia aeterni）的存在的階段，只有以絕對的普遍性——正是從一開始就包含在哲學的理念之中的普遍性——的形式才是可能的。雖然普遍的哲學以及所有個別的科學是歐洲文化的局部現象，但是按照我的整個論述的意義，這一部分可以說是發揮功能作用的頭腦，眞正的健康的歐洲精神生活依賴於這個頭腦正常發揮功能。因此，具有更高人性或理性的人類需要一種眞正的哲學。

但是現在這裡存在有一個危險之處，「哲學」——在這裡我們也許必須區分作爲特定時代的歷史事實的哲學和作爲理念，作爲無限任務的理念的哲學。特定歷史時代的現實的哲學，是一種爲實現無限性的主導理念，與此同時，甚至還爲實現眞理總體，而進行的或多或少取得成功的嘗試。從這種觀點來看，實踐的理想，作爲永恆極而被覺察到的理想——人在其整個一生中如果偏離它就會悔恨，就會背棄自己，就會因此而遭厄運的那種理想——絕不是已經清楚的和確定的，它們是按照一種多義的一般性被預先推定的。只有透過具體的努力，並且至少採取能獲得相當成功的行爲，這種確定性才能產生出來。在這裡經常面臨著陷入片面性和過早的滿足的危險，而這些片面性和過早的滿足本身又引起以後的矛盾。因此在所有哲學體系的偉大的要求和它們彼此互不相容的立場之間形成鮮明的對比。此外這裡有一種特殊化的必然性，然而也是特殊化的危險。

因此片面的合理性當然就會變成一種弊端。我們還可以說，哲學家最初只能按照一種絕對必然的片面性理解和探討他們的無限任務，這乃是屬於理性的本質。這本身並沒有任何不正當，也沒有任何錯誤，相反，正如已經說過的，他們所採取的筆直的和必然的道路，只允許他們把握任務的一個方面，起初不會注意到，從理論上認識存在者全體這項整體的無限的任務還有另外一些方面。如果說，透過這些不明確性和矛盾顯露出一種不充分性，那麼這卻促成了一種普遍思考的開端。因此，哲學家始終必須致力於把握哲學的眞正的和充分的意義，即哲學的無限性地平線的總體。不允許將任何認識的路線、任何單個的眞理絕對化，孤立化。只有透過這種最高的自身意識——這種自我意識本身變成無限任務的各分支之一——哲學才能完成它的將自己本身並借此將眞正的人性引上軌道的功能。對情況正是如此的這種認識，本身也屬於最高的對自身的思考層次上的哲學認識領域。只有透過這種不斷的反思活動，哲學才成爲普遍的認識。

我曾說過，哲學的道路經歷過樸素性。這裡就是受到很高稱頌的非理性主義提出批評的地方，或說得更確切些，是揭示那種乾脆被看成哲學上的合理性的理性主義的樸素性的地方，而這種理性主義無疑是啟蒙運動以來的整個近代哲學所特有的，並且自認爲是眞正的，因此是普遍的理性主義。因此在這種作爲開端而不可避免的樸素性中，就存在著一切古代已經以萌芽形式得到發展的科學。更確切地說，這種樸素性的最一般的稱謂，就叫**客觀主義**，這種客觀主義採取了自然主義，即將精神自然化的各種形態。古代的和近代的哲學曾經是，並且現在仍然是樸素的客觀主義的哲學。但是爲了公正起見，我們必須補充說，從康德開始的德國觀念論，已經非常關心克服這種已經變得非常嚴重的樸素性，儘管它實際上並沒有能夠達到對於這種哲學的和歐洲人性的新形態來說是更高反思的決定性階段。

我只能以概略的方式來說明我曾說過的東西。自然的人（我們將他看作是前科學時代的人）在其所有的關心和活動中都是指向世界的。他生活和活動的領域就是空間上和時間上在他周圍伸展的周圍世界，他將自己歸入這個周圍世界。在理論態度中情況也是如此，這種態度最初只能是對於世界採取不參與的旁觀者的態度，而由此這個世界就失去了它的神話化的性質。哲學將世界視爲是由存在者構成的宇宙，世界變成了與世界的表象——即按照民族的和個人的主觀而變化著的世界表象——對立的客觀世界，因此眞理就變成了客觀眞理。因此哲學是作爲宇宙學開始的，最初它好像是自然而然地在其理論興趣中指向物質的自然的，因爲所有空間時間上給予的東西——至少就其基礎而言——肯定都具有物體性的存在形式。人，動物並不單純是物體，但是在他們將目光指向周圍世界時，顯現爲某種有物體的存在物，因此顯現爲歸入到普遍的空間時間中的實在的東西。因此一切心靈的事件，即特定自我的事件，如體驗、思維、意願，都具有某種客觀性。共同體的生活、家庭、民族等等的生活，在這種情況下，似乎分解成了作爲心理物理的客體的個別個人的生活。由於心理物理因果性而產生的精神上的關聯，缺少純粹精神上的連續性，到處都有物理自然介入進來。

發展的歷史進程是由對周圍世界的這種態度確切地預先規定的。粗略一瞥存在於周圍世界中的物體的東西，就已經能夠看出，自然是一個普遍聯繫的同質的整體，可以說是一個本身被同質的空間時間包圍著的，被分割爲個別事物的獨立的世界，而這些個別事物作爲有廣延的事物（res extensae）全都彼此相似，並且因果性地相互規定。很快就採取了一個最初的並且是最重要的發現步驟：即克服已被視爲客觀自在的自然的有限性，一種儘管具有其敞開的無限性的有限性。無限性被發現出來了，而且首先是以將量、數值、數、圖形、直線、極點、平面等等理念化的形式發現的。自然，空間，時間，變成了可以在理想上無限延伸，並且可以在理想上無限分割的東西。由土地測量技術產生出幾何學，由計數技術產生算術，由日常的力學產生數學的力學等等。儘管並沒有明確地將它當作前提，直觀的自然和世界變成了數學的世界，數學的自然科學的世界。古代人已經做了前導，並且用他們的數學同時完成了對無限的理想和無限的任務的最早發現。這是爲所有以後時代科學指路的北極星。

物理學上無限性的這種發現的令人陶醉的成就，對於從科學上把握精神領域有什麼影響呢？在指向周圍世界的態度中，在經常是客觀主義的態度中，所有精神的東西看上去好像是被加到物理物體上面去的。因此就很容易想到借用自然科學的思想方法。我們在哲學的早期階段就已經發現了德謨克利特的唯物論和決定論了。但是一些最偉大的哲學家，對這種唯物論和決定論，並且也對近代風格的各種心理物理學避而遠之。從蘇格拉底開始，具有其特殊人性的人，作爲個人，作爲具有共同體精神生活的人，變成了研究的課題。人仍然被歸入客觀世界之中，但是對於柏拉圖和亞里斯多德來說，這個客觀世界已經變成了重要的研究課題。在這裡可以感覺到一種引人注目的分裂；人屬於客觀事實的領域，但是作爲人、作爲自我，人有目的、意圖，有由傳統而來的規範，有眞理的規範——永恆的規範。儘管這種發展並沒有消失，但它在古代減弱了。讓我們轉到所謂近代。人們以熾烈的熱情接受了以數學方式認識自然和認識一般世界的無限的任務。現在對精神的認識也應該分享對自然認識的巨大成果。理性在自然方面證明了它的力量。「正如太陽是普照萬物並且溫暖萬物的太陽一樣，理性也是如此」（笛卡兒）。自然科學的方法也應該揭示精神的祕密。精神是實在的，是客觀地存在於世界中的，作爲這樣的東西是奠基於活的身體之中的。因此對世界的理解，立即並且普遍地呈現爲二元論的，並且是心理物理的世界理解的形態。同一的因果性（只是被分裂爲兩個部分）包圍著這唯一的世界；合理闡明的意義到處都是相同的，然而卻是以這樣的方式，即所有對精神的闡明，如果它是唯一的並且是普遍的哲學的闡明，就通往物理的東西。不可能存在一種純粹的、自身封閉的、闡明性的精神研究。一種純粹轉向內心的，從自我，從自我體驗的心理東西延伸到他人心靈的心理學或精神理論，必須採取外在的途徑，即物理學的和化學的途徑。所有那些經常使用的有關公共精神、人民意志的言辭，有關國家的理想和政治目的等等的言辭，都是空想和神話，它們是透過類比借用那些只是在個別個人的範圍內才有其眞正意義的概念而產生的。精神的存在是不連續的。對於有關所有這些困難的根源的問題，我們現在應該回答說：這種客觀主義或這種心理物理的世界理解，儘管表面上是不言而喩的，但卻是一種樸素的片面性，它本身仍然是未被理解的。作爲被認爲是身體的實在附屬物的精神的實在性，精神的被認爲是在自然內部的空間時間上的存在，乃是一種謬論。

但是在這裡關於我們的危機問題必須說明以下情況是怎麼發生的，即這個爲其理論的和實踐的成就而十分自豪的長達數百年之久的「近代」，最終自身又陷入到日益增長的不滿之中，甚至它的處境必須被看作是困境。這種困境，最後作爲方法方面的困境在所有的科學中都出現了。但是我們歐洲的困境涉及到許多方面——儘管它未被理解。

這完全是些由樸素性產生的問題；由於這種樸素性，客觀主義的科學將它稱之爲客觀世界的東西視爲是由所有的存在者構成的全體，而沒有注意到，沒有一門客觀的科學能夠給予成就著科學的主觀性應有的重視。按照自然科學方式培養出來的人，認爲以下情況是不言而喩的，即必須排除一切純粹主觀的東西，以主觀表象的方式呈現出來的自然科學的方法是客觀地規定的。因此它也爲心理的東西尋求客觀上眞的東西。在這裡同時就假定，被物理學家排除了的主觀的東西，正是應該作爲心理的東西在心理學中研究，那當然就是在心理—物理的心理學中研究。但是自然科學家沒有釐清，他的畢竟是主觀的思想勞動的永恆基礎，乃是生活的周圍世界，它永遠被預先假定爲基礎，被預先假定爲研究工作的領域，唯有在這個基礎之上，他的問題、他的思想方法才有意義。這種方法的強有力的部分——即從直觀的周圍世界導致數學的理念化以及導致將這種理念化解釋爲客觀的存在的方法的部分——在哪裡受到批判並得到澄清呢？愛因斯坦的澈底變革所涉及的是藉以探討被理念化了的並被樸素地客觀化了的自然的那些公式。但是一般的公式、一般的數學上的客觀化，是如何在生活的基礎上以及直觀的周圍世界的基礎上獲得意義呢？愛因斯坦沒有告訴我們任何東西；因此愛因斯坦並沒有改造我們的生動生活在其中進行的空間與時間。

數學的自然科學是一種進行具有效率，具有或然性、精確性、可計算性的歸納的絕妙的技術，這些歸納在以前甚至連想也不能想到。數學的自然科學作爲成就，是人類精神的勝利。但是就它的方法和理論的合理性而言，則是一種完全相對的合理性。它本來已經以一種根本的規定爲前提，而這種根本的規定本身則是完全缺乏現實合理性的。由於直觀的周圍世界，這個純粹主觀的東西，在科學的題材範圍中被忘卻了，所以這個正在工作的主觀本身也被忘卻了，科學家並沒有成爲研究的主題。（因此，從這種觀點來看，精密科學的合理性與埃及金字塔的合理性屬於同一類東西。）

當然，從康德開始，我們有了一種獨立的認識論，然而另一方面這裡存在一種心理學，它憑藉自稱有自然科學的精密性而想要成爲精神的一般基礎的科學。但是我們對於眞正合理性的希望，即對於眞正洞察的希望，在這裡也如同在別處一樣變成了失望。心理學家們完全沒有注意到，甚至他們也沒有在自己的主題中探討作爲正在進行工作的科學家的他們本身、以及他們的周圍生活世界。他們沒有注意到，即使單就他們想要獲得作爲對所有人都普遍有效的眞理本身而言，他們也必須預先設定自己是在他們的周圍世界中和在他們的歷史時代中共同體化了的人。由於它的客觀主義，心理學完全不可能按照其固有本質意義將心靈——而這種心靈畢竟就是我，是行動著的、遭受著痛苦的我——變成研究的主題。它能夠將評價的體驗、意願的體驗，作爲與物質的生活相關聯的東西客觀化，並且以歸納的方式加以探討，但是它能夠對目的、價值、規範也這樣做嗎？它能夠將理性當作研究的主題嗎？譬如作爲「素質」當作研究的主題嗎？以下這些情況完全被忽視了，即客觀主義作爲專心於眞正規範的研究者的眞正成就，正是以這種規範爲前提的；因此客觀主義並不想從這些事實被推論出來，因爲這些事實在這種情況下已經被認爲是眞理，而不是幻覺了。當然人們感覺到了這裡存在的困難；因此爆發了有關心理學主義的爭論。但是透過拒絕以心理學方式建立規範，主要是建立有關眞理本身的規範，並沒有成就任何東西。改革整個近代心理學的需要在各個方面都變得愈來愈明顯了，但是人們還沒有理解到，心理學由於它的客觀主義而失靈了，沒有理解到它完全沒有達到精神的固有本質，沒有理解到它將客觀地構想的心靈孤立化以及它按照心理物理的方式重新解釋在共同體中的存在是錯誤的。確實，它的工作並不是徒勞的，它揭示出許多經驗規則，甚至是有實用價值的經驗規則。但它並不是眞正的心理學，正如同道德統計學儘管具有其同樣有價值的知識，但並不是道德科學一樣。

但是在我們的時代到處都顯示出對於理解精神的迫切需要，而在自然科學與精神科學之間、方法上和實質上的關係之間模糊不清，卻變得幾乎令人難以忍受了。最偉大的精神科學家之一的狄爾泰，曾將他整個一生的精力獻給澄清自然與精神的關係，澄清心理—物理心理學的成就，正如他所認爲的，這種心理學應該用一種新的、描述的、分析的心理學來補充。令人遺憾的是，文德爾班和李凱爾特的努力並沒有帶來所希望的見識。與所有其他人一樣，他們仍然受客觀主義的影響；那些進行革新的新心理學家尤其如此，他們認爲，一切過錯都來自長期占統治地位的原子論偏見，並且認爲由於整體心理學而出現了一個新時代。但是，只要沒有看出由對周圍世界的自然主義態度產生的客觀主義具有其樸素性，只要沒有認識到，二元論的世界理解——在其中，自然與精神應被認爲是具有相同意義的實在東西，儘管是一個因果性地建立在另一個之上的，是錯誤的，只要是這樣，情況就絕不會得到改善。我十分認眞地認爲，有關精神的客觀科學，客觀的心靈理論——在這樣一種意義上的客觀的，即它能夠使心靈，使個人的共同體，具有一種空間時間形式的記憶體在——從來也沒有存在過，將來也絕不會存在。

精神，甚至只有精神，是在自己本身中並且爲自己本身而存在的，是自滿自足的；並且能夠按照這種自足性、只按照這種自足性，被眞正合理地、眞正澈底科學地加以探討。至於處於其自然科學眞理之中的自然，則只在表面上看來是自足的，只在表面上看來是單獨地在自然科學中達到合理的認識。因爲眞正的自然按照其意義、按照自然科學的意義，是研究自然的那個精神的產物，所以它是以精神科學爲前提的。精神按其本質能夠進行自身認識，並且作爲科學的精神，能夠進行科學的自身認識，而這是可以重複進行的。只有在純粹精神科學的認識中，科學家才不會遇到他的成就將自身隱蔽起來這樣的抵抗。因此爲了爭取平等權利而與自然科學進行鬥爭乃是精神科學的錯誤。只要它們承認自然科學有其自足的客觀性，它們本身就陷入客觀主義。但是只要它們現在是由它們的各式各樣學科構成的，它們就缺少最終的、眞正的、由精神的世界觀察而成爲可能的合理性。正是這種全面地缺乏眞正的合理性，才是人們對他們自己的存在以及他們的無限任務的這種變得不堪忍受的模糊不清之根源。這些無限的任務是不可分割地緊密聯繫在一項任務之中的：只當精神從樸素地面向外部而反轉回自己本身，並且停留於自己本身，純粹停留於自己本身之時，它才能使自己感到滿意。

但是這樣的對自身的思考是如何開始的？只要感覺論，或更確切地說，材料心理學主義，白板說的心理學，在這個領域占統治地位，就不可能有開始。只當布倫塔諾要求有一種作爲有關意向體驗的科學的心理學，才提供了一種能夠進一步發展的推動，儘管布倫塔諾本人還沒有克服客觀主義和心理學主義的自然主義。一種眞正方法——即按照精神的意向性把握精神的根本性質並由此出發建立一種無限一貫的精神分析學的方法——的產生，導致了超越論的現象學。它以唯一可能的方式克服自然主義的客觀主義和各種形式的客觀主義，即透過下面這樣的方式，進行哲學思考的人從他的自我出發，而且是從純粹作爲其全部有效性的執行者的自我出發，他變成這種有效性的純粹理論上的旁觀者。按照這樣的態度，就成功地建立起一種具有始終一貫地自身一致並與作爲精神成就的世界一致的形式的絕對獨立的精神科學。在這裡，精神並不是在自然之中或在自然之旁的精神，而是自然本身被納入精神領域。在這種情況下，自我也不再是與預先給定的世界中的其他孤立的事物並列的一種孤立的事物，爲了一種內在的彼此滲透和相互支持的存在，一般而言，它不再是自我個人的嚴格彼此外在和彼此並列了。

然而我們在這裡不能談論這些東西；沒有一個講演能夠詳盡無遺地闡述這些東西。但是我希望已經說明了，舊的理性主義它是一種荒謬的自然主義，並且沒有能力從根本上把握直接與我們有關的精神問題——在這裡並沒有復活。現在所討論的這種理性不是別的，只不過是精神以普遍的、可辨明的科學之形式進行的眞正普遍的、眞正澈底的對自身的理解；在這種科學形式中，實行一種全新的科學性的模式，在其中，一切可以想像到的問題、存在的問題和規範的問題，以及所謂實存的問題，都找到了它們的位置。我確信，意向性的現象學第一次將精神作爲精神變成了系統的經驗與科學的領域，並由此而引起了認識任務的澈底改變。絕對精神的普遍性包括了所有的以絕對的歷史性存在著的東西，自然作爲精神的構成物而被歸屬於這種絕對的歷史性。只有意向性的現象學，而且是超越論的現象學，才借助於它的出發點和它的方法，給人們帶來了光明。只有從這種現象學出發我們才能理解，並且是從最深刻的根據上理解，什麼是自然主義的客觀主義，特別是理解，心理學由於它的自然主義，肯定根本不能達到精神生活的成就，及其根本的和眞正的問題。

（三）

讓我們扼要概述一下我們的論述的基本思想。今天人們談論得很多的、在生活的崩潰的無數徵兆中表現出來的「歐洲生存的危機」，並不是一種神祕莫測的命運，也不是無法看穿的災難；相反，它在可以從哲學上加以闡明的**歐洲歷史的目的論**的背景上是可以理解和可以看清的。但是這種理解的前提條件就是，首先要從其主要的本質核心上把握「歐洲」這一現象。爲了能理解今天的「危機」的破壞性，我們必須將**歐洲這個概念作爲無限的理性目的的歷史目的論**明確強調出來；必須說明，這個歐洲的「世界」是如何從理性的理念中，即從哲學的精神中產生出來的。在這種情況下，就可能表明「危機」是**理性主義的表面上的失敗**。但是合理的文化的這種失敗的原因——正如我們已經說過的，並不是由於理性主義的本質本身，而僅僅在於將它**膚淺化**，在於它陷入「自然主義」和「客觀主義」。

歐洲生存的危機只有兩種解決辦法：或者歐洲在對它自己的合理的生活意義的疏異中毀滅，淪於對精神的敵視和野蠻狀態，或者歐洲透過一種最終克服自然主義的理性的英雄主義而從哲學精神中再生。歐洲最大的危險是厭倦。如果我們作爲「好的歐洲人」對所有危險中這種最大的危險進行鬥爭，以甚至不畏懼進行無限鬥爭的勇氣與之進行鬥爭，那麼從無信仰的毀滅性大火中，從對西方人類使命絕望之徐火中，從巨大的厭倦之灰燼中，作爲偉大的、遙遠的人類未來的象徵，具有新的生命內在本質的、昇華爲精神的不死之鳥將再生。因爲唯有精神是永生的。

貳、附錄

附錄一、附於第二部分第九節。[21]

一切我們作爲實在東西加以統覺的東西，都已經處於被統覺的周圍世界領域中，並且在這個領域中已經具有與其他不管怎樣作爲「共同在這裡」被統覺的東西的統一——已經處於周圍世界的形式中；因此，已經具有作爲存在於領域中的類型學的具體類型學形式，並且也具有因果性的個別樣式，對於進行認識的生存者來說，是歸納性的個別樣式。

因此總是具有周圍世界給予性的自然的物體性，作爲具體的有血肉的東西、作爲人和動物的身體、作爲植物的有機體，是因果性地歸納性地緊密聯繫著的。凡是在這裡作爲事物，作爲性質，成了主題的東西，都已經有了一種類型學上熟悉的形式，它已經具有一種具體的樣式，但它仍然能夠呈現出獨特的新東西，呈現出類型上的變形，它發展成爲一種新的類型——透過重現相似的東西，它能被從類型上重新認出。但是還有一種狀態，不加改變地持存的一組東西的狀態，具有變化的一組東西的狀態；但它是這樣的，即不管我如何在回

21 寫於一九三五年十月。本文取自手稿 KIII 13（第五十九頁）。

憶中追溯，在回憶中追溯到周圍的人，而且是作爲相互一起，並且與我相關聯而生活的，並在這種關聯之中共同經驗的主體的周圍的人，我都是具有我們共同熟悉的，並且共同修正的同一個世界，一切存在著的東西總是作爲對我和我們大家來說，適應於普遍一致性的東西屬於它的世界。具有其變易性的存在物是因果性地被規定的，每一個個別的東西都處於其位置上，每一個狀態都有其位置，它有自己的歷史。凡是在概觀中看不到具有這種存在方式的這種共同存在之生成的因果性的地方，記憶領域的擴展，或更確切地說，可共同概觀的過去的擴展，就指示出引起這裡的存在和存在方式的所有情況。

但是在生活及其界限之中，人們基於作爲條件的事態和事件的相似性，停留於可以理解的歷史性，早已熟悉的並且常常是得到證實的發生過程，和已發生的東西的混合之中。無條件的普遍的因果性，是一種假設，這種假設，在經驗的系統擴展中和從偶然事件向因果性的還原中——儘管還有剩餘的不清楚的領域——有其根源；這種假設在廣大的領域中，始終以嚴格科學的形式被證明是可靠的。在作爲由流動的經驗（我們的共同體化了的經驗）構成的世界的世界中，存在著包羅一切的歸納性，特別是作爲因果性的歸納性；人們從每一個存在著的東西出發，從它們的可以確信的性質出發，進行歸納和預料，依據這些東西，可以做出歸納的推論，可以做出一般證明可靠的歸納；這就是有關認識的世界，由經驗而來世界的認識樣式，相關聯地，是總是爲我們存在著的世界的樣式——作爲它的形式—樣式，特別是因果性樣式。這就是普遍的認識的結構——借助於樣式的認識，儘管個別來說，具有全部的不熟悉性和不確定性。

但是普遍的精確的因果性，僅僅是近代自然科學的概念；[22]就我所知，古代沒有這樣的概念，中世紀也沒有。

空間時間的理念化，在古代就已經存在了，當然，將理念化了的數學（純數學）運用於經驗的可能性，就是說，透過將經驗圖形理解爲理念的圖形，透過大體的近似，將理念化了的數學運用於經驗的可能性，也存在了。

近代將對連續性（具有其全部形式的連續性）的數學化，將運動，變形，此外還有機械的因果性的數學化，引入到純數學的領域。但是後一種數學化還表示一種新東西：純粹幾何學的圖形，以及被數學化了的這種幾何學的運動與變化，尚不是數學的物理學。在數學的物理學中，幾何學的抽象被保留了，這種抽象，恰恰不考慮那種具有作爲實在性的充實的空間─時間的共存──即實在性的存在的東西。實在物體中首要的東西當然就是──透過將物體理念化──它具有幾何學的─運動學的形態（在空間時間上的延伸性）。但是運動和變形，一切具有空間形態（靜止的和運動的形態）的可以想像的事件，實際上都被認爲是處於絕對普遍的因果性之中，對於自然科學家來說，這種因果性是絕對普遍的因果性的主要部

22 (1)將空間數學化；(2)將處於其統一之中的空間時間性統一地數學化；(3)將具有其性質等的充滿空間時間的持存著的實在東西（實在的基質）數學化，①將第一性質的變化（實在的運動和變形）數學化，②將其餘的性質（間接地）數學化。

分，這種普遍的因果性，與可經驗的物體，在一切經驗的變化中保持同一性的物體——用主觀的說法，能借助同一性而重新認出的，能在同一的自在眞理中規定的物體有關聯，就其全部質的規定，甚至就其作爲機械的東西不能直接理念化的規定而言，有關聯。

伽利略的物理學，是基於這樣一種自然的概念，按照這種概念，早就預先確定的普遍規整世界事件，特別是規整物理事件的科學理念，具有一種本質上新的意義（就是這樣一種意義，即自然處於絕對普遍的和精確的法則、因果性法則支配之下，這些法則將無限的自然變成可計算的整體領域）。在這裡古代的理念化——它超出圖形的空間時間性而擴展到將變化數學化——與將具有其因果性的理念化了的實在本身的數學化結合起來了。當後來產生了這種方法，這種實際上能發現精確的因果法則的方法，發現作爲有關實在的理念的法則，因此是將經驗的實在事物理念化的法則，就是說，將在周圍世界中絕不是理念上精確的東西，而是處於開放的—無限的經驗的相對性之中的實在東西理念化的法則的方法的時候，這就是一種奇特的事情，當然必須加以詳細研究——如果人們作爲物理學研究中的「熟練工人」，不僅應該從技術上、實踐上，把握這種方法，而且應該透過回溯到處於其變化之中的思想方式，也理解這種方法的創造者，並借此理解這種方法的眞正的目的意義和它的正當性的界限的話。

在最初的成功之後，立即就非常明顯地出現了一種信念，即不論作爲在成功的道路上具有顯著成果的精密的自然科學關於自然說些什麼，相似的目的，相似的方法，對作爲空間時間上存在著的世界的整個的具體的世界，一定是適用的。於是就產生了心理—物理的生物學，在人的方面，就產生了心理—物理的心理學，而且是在精確的因果性科學的精確方法與目的的理念的指導下的生物學與心理學。因爲一切經驗的因果性現在都是以物理學的因果概念（這種概念隨即就變成了純粹建立在物體性之上的，即處於抽去了精神性狀態下的動物學的以及其他生物學的生物物理學的概念）爲基礎的，所以每一種心靈東西與物體的身體之間經驗上存在的因果性一定也具有精確的意義。因果性與精確的因果性幾乎是不言而喻地變成了同一的概念；同樣，每一種內在心理的因果性、每一種在內在心理的因果性中，在不斷變化中發生的內在心理的共存與連續的每一種明顯的或被認爲明顯的個別的「因爲……所以……」的聯繫，也變成了與精確的因果性同一的概念；同樣從人到人，或者還有從動物到動物延伸著的社會性的因果性，以及它與其他周圍世界的因果聯繫，也變成了與精確的因果性同一的概念。

但是，各種困難早就變得很明顯了。首先，精確的，而且是物理—化學的自然科學之抽象的完整性，進行精確的因果性研究，而不同時對精神東西從科學上進行因果性研究的可能性，是以長期以來幾乎普遍流行的下面這種信念爲條件的，即按照拉普拉斯的理想，無所不包的自然，是一種可一義地計算的所有因果關係構成的完全封閉的關聯。自然變成了實在的自在世界本身，其中每一個個別的，即按照位置被規定的、具有其精確的「自在」的實在東西，由於因果關聯的一義性，就其全部性質而言，都是按照法則被一義規定的東西。因此在這種情況下，就沒有空隙，沒有在心理物理的實在東西中，心靈東西的協同因果作用介入的可能性，當然也就沒有相互間產生因果作用的可能性。那麼對於心理物理的具體事物之在周圍世界中經驗上存在著的經驗的因果性之精確解釋應該是什麼呢？也許就是下面這樣，即：作爲具有「人的有生命的有機體」這種形式的複雜的物質構成物以及在其中發生的生理學事件的共同結果，心理事件原來是一種完全不同存在領域的事件，就是說，是在物質自然中已經一義地因果性地發生的生理學—物理學事件的一種因果類似物？或者甚至是在世界本身之中的，已知的和未知的心理東西的一種普遍的對應？因此世界本身就分裂爲兩個一義對應的，透過一種完全不可理解的法則平行進行的平行的因果世界？在這種情況下，從自然向精神的歸納推論，透過改變觀察，就變得精確地可能了，或者這樣說也是一樣：存在一種普遍的相互的因果關係，它同時又分裂爲兩個普遍的、封閉的因果性領域。

那麼關於按照精確的因果性法則重新解釋普遍的自然因果性的嘗試，重新解釋一切因果性法則在先驗的前提上所使用的東西的嘗試——這種解釋應使精神的介入成爲可以想像的，重新解釋精確的心理的和心理物理的因果性的嘗試，又如何呢？

首先，普遍的，即包括世界中一切心理東西的純粹心理的因果性，因此不僅是在單個的心靈中發生的因果性，而且是將一切心靈一起純粹按心靈方式聯結起來的因果性，出於可以理解的理由（根據因果性—實在性的世界觀是可以理解的），被普遍拒絕了。

自然本身純粹是實在的因果性的整體，並且是一個連續的，包括全部（理念化了的數學的）空間時間性的因果關聯。連續地產生影響和連續地受到影響，所說的是，不可能有在空間時間中遙遠的地方的直接影響，一切影響都發生在因果性地引起的運動中，並且肯定都是連續的。經驗是將心靈與物體一起顯示出來的，而且是與不連續地構成的、具有特殊的世界因果性的、特殊的物體複合體一起顯示出來的，並且只要它們具有其具體的樣式，即生理學上的生命的（生物物理學的）樣式，只要心理的生命同時在這裡存在，情況就是這樣。

將心靈與心靈直接聯結起來的獨特的心理的連續性，或更確切地說，獨特的心理的因果性，心靈的東西對他人的心靈東西在比如說動因這個名稱下發揮作用的一切方式，都被排除了。在這種種情況下，相互的心理物理的影響，即在身體中到處產生的因果性效果，同樣也作爲直接的遠距離影響發生了。因此，很顯然，身體的連續的物理的因果性，也中介心理的協同的因果性。

這些在這種粗疏的思想——只要它受近代自然科學的推動——看來幾乎是不言而喻的信念，現在完全支配著近代心理學的意識和方法。近代心理學，像純粹物理的自然科學一樣，想成爲普遍的科學，像那種關於預先給定的世界的物理存在的普遍科學一樣，它本身想成爲關於心理東西的普遍科學，而且同樣也是精密的科學；這種精密的科學，不是以描述的方式注視著周圍經驗世界中心理東西在現象上的呈現，以及它的歸納的，具體而生動的關聯，特殊的心理—物理的關聯，不管它是個人心靈的還是社會的關聯；而是想在心理現象的經驗過程的背後，發現精確的法則，盡可能按照數學的方法，或不管用什麼進行理念化、進行假設的方法，發現這種法則。在這樣一種自然主義態度中，它作爲普遍的心理學，必然是個人心理學。心理事件的精確的基本法則、因果性法則，甚至只能是個別心靈在其個別的心靈事件及其與有關的身體的因果性關聯方面的法則。此外從這些基本的法則出發，能夠對人與動物的社會存在，對它們與身體之外的周圍世界的依賴關係，以及對文化教養，進行一切心理學的和心理物理學的說明。當然這種說明還是堅持這種基本的要求。因爲，從來也沒有能眞正從這種說明的成就中看出某種東西。人們安於這裡存在的各種關聯的難於洞悉的組合——正如對動物的生理物理學研究滿足於這種組合一樣；這種研究從來也沒有達到對於生物機體的存在與生成的物理—化學的說明。

心理學——物理學；心理的東西分布到世界——具體的空間時間的世界——中的身體上，心靈也被包含於這種形式中，它與它的身體一起具有位置的規定性。它儘管具有位置，但在其固有本質的東西中並沒有空間的廣延性；相反它與物體的身體一起具有持續性，而這正是因爲它在物體的位置上完全占有的那個應占的部分。

於是心靈在身體的位置中的這種有位置的存在，就使對於特殊的身體位置的追問成爲可能的了，心靈的東西就是被限定在這種特殊的身體位置上的，在通常的因果性研究中，相互影響或與此類似東西的轉運點，也被限定在這個位置上，如作爲精神載體的大腦，以及作爲特殊精神功能載體的大腦的特殊部分。

至少，下面這一點被認爲是不言而喻的，即普遍的精確的因果法則性支配整個世界，而不僅僅是物理的自然，儘管物理的自然具有特殊的封閉性。在這裡，心靈的事件（行爲、感受），如同經驗似經常表明的那樣，是與某種物體的有機體結合在一起的嗎？這種共存在能夠以不同於所有物體性的部分相互之間支配的方式，或物體的物體部分與物體相互支配的方式被支配嗎？在世界認識的原初領域中，在直觀經驗的原初領域中，不僅表現出因果性的形式，表現出作爲在變化中保持著的物體的形式，而且是在貫穿於所有事態的支配當中保持著的物體形式，不僅如此，而且在所有典型事態中進行保持的這種形式，對所有具體的存在者，對作爲具有兩個方面的心理－物理的具體物的動物和人，都表現出來。這樣一種經驗——即透過對事態之中的物體變化的行爲的更進一步了解，我們可以發現差別愈來愈細微的因果關聯，據此就能夠更準確地預料經驗的事件——導致下面這樣一種預先推定，即情況肯定將永遠是這樣，並且按照理念化的方式思考，最後眞正存在的東西處於絕對固定不變的法則支配之下，直到最後，在愈來愈完善地被規定的物體上的一切都是一義地準確地被規整的。

對於精神的東西以及對於具體的心理物理的動物性，肯定不能也這樣認爲嗎？即在關於這些具體現實東西的當前周圍世界的經驗中，在精神方面，如最初看上去那樣，情況並沒有不同？但是我們對它們的經驗總是不完善的，我們對它們探討得愈多，對它們的精神行爲的事態——不論是身體的事態還是精神的事態——分析得愈準確，並且在這裡同時還有對於作爲物體的身體方面及其正常的、或由於生病而改變了的結構認識得愈準確，我們就愈能更好地預見處於其周圍環境中的動物或人的心理物理統一的精神行爲，並且能更好地就過去的經歷進行重新構成。爲什麼在這裡對於應在無限進展中發現的符合精確的法則的和完全一義的規整作用的理念化的預見，不能具有其應有的權力呢？爲什麼它不應是心理學的，或更確切地說，心理物理學的任務呢？

這種心理物理學的實在，包括被視爲獨立的心靈與身體，透過被認爲在空間時間形式中相等的記憶體在，而獲得的同等地位，立即就導致在其最一般意義上賦予兩者相等的存在方式，儘管承認心靈與物體的身體原則上是不同的。正如物體——不論是眞實的還是想像上的——是由各部分，最終是由原子構成的一樣，心靈也是由各部分，最終是由心靈要素構成的，只不過我們不能對它們眞實地進行分割。即使心靈沒有空間形態，在其中仍然有可以區分的多種多樣體驗，行爲，狀態共存著，並且幾乎是存在於類似空間的東西中，正如洛克當時曾將新生的心靈比喻爲白紙，或直截了當地比喻爲一間房屋、一間黑暗的房間一樣，在其中，借助經驗總是能夠看到新的心靈材料。原子論的原則就是以此爲特徵的。這種原則並不在於人們像休謨試圖做的那樣，將心靈視爲是作爲心靈原子的印象群和觀念群，它們總是重新變化，並且只受聯想的支配（但很可惜，在他看來這並不精確），幾乎像風中的沙堆一樣，是一起被吹動的。不論人們將要素看成是處於相對整體中的，最終是處於最高的整體中的受法則支配的，還是人們受近代物理學的影響，使用場的概念，對這個原則都沒有改變。因爲下面這種情況並沒有變化，即心靈被自然化了，這就是說，心靈被視爲一種實在的東西，它以與空間時間中的純粹物體相同的意義具有存在，因此處於時間法則的支配之下。即這樣一些法則，它們透過實在的時間充實的起功能作用的法則，而具體補充透過空間時間位點的個體化；而且是這些法則，它們使普遍的世界認識成爲可能（儘管經驗的領域是有限的）；因此是普遍的進行全面規定的因果性法則。但是只有物體具有現實的眞正的空間時間位點，只有物體具有作爲空間中的廣延的形態，而且，只有這樣的物體，才具有現實的位置，並借此而具有物理學所必須談論的那種實在的時間個體化。物體按固有本質在空間時間上存在，並且只是以這種方式個體化。心靈作爲自我的統一，從最廣義上說，是人格的統一，按固有本質，具有其作爲自我本身的個體化，但是這種自我本身絕沒有空間位置。當然，心靈、人格，存在於這裡和那裡。它散步，改換地方，或者它被運走。但是，只有透過它的經常的並且是它本質固有的與自己身體的關聯，人格才在空間時間中具有位置，而身體同時也正是物體，因此，人格的空間時間上的位置，只是一種非固有的位置。因此，它的可以區別的所有心靈的活動與狀態的共存，以及在回憶中重又被意識到的自己的過去的經歷，以及在這裡顯露出來的體驗的時間順序，以及這些體驗的具有其共存的全部在場的時間順序，雖然也可以認爲是時間順序和時間上的共存在，但是心靈東西的這種本質固有的時間，就其本身而言，並不是物體的自然的時間，也不是具有其身體上的共存與相繼的作爲物體的身體的特殊時間。只有透過人格與其身體的固有本質的關聯，以及借助於身體與整個物體的周圍世界的關聯，才能達到物體時間與心靈時間的確定的對應，並達到在從指向自我主觀和它固有的東西的態度，向指向非精神的物體性的態度的轉變中的某種一致。

這些一般的提示能夠透過細心而無偏見的意向分析，最準確地，甚至以絕對的自明性，加以證實。這些提示並沒有使日常生活的自然的世界觀失去其任何意義，也沒有使精密的自然科學失去其任何意義，而只是展示出在該意義中實際上眞正包含的東西。被切中的只是傳統的心理學，它從來也沒有能實現它的成爲精密科學，甚至是絕對眞正科學的意願。它總是一再地陷入危機之中，這並不奇怪，因爲它從來沒有從根本上理解心理學的任務，即它唯一意識到，並澈底詳細研究的心理學的任務。下面這種情況是有深刻而又容易理解的原因的，即爲什麼具有某種由經驗而來的樸素性的自然科學——關於它也可以說相同的東西——能夠透過理念化而達到其無可置疑的成果，爲什麼心理學就完全不能？今天精神文明普遍毀滅的這種歐洲狀況，對自然科學的成果並沒有改變任何東西，自然科學的成果在其獨立的眞理當中並不包含任何改造自然科學的動機。如果這裡存在著一些動機，那麼它們所涉及的是，這些眞理對於從事科學的人和科學以外的人及其精神生活的關係。情況就是如此，就是說，在毀滅當中催促人們去創立現實的眞正的心理學的心理的東西以及更廣義上的精神的東西，最終使人的，個人的存在、個人的生活、個人的成就的活動，和精神的獲取活動，在這種成就活動和獲取活動中的個人的共同體，變成可以理解的，並由此出發，使明智地重建一種新的人類，成爲可以理解的。

附錄二、附於第二部分第九節（一）。[23]

在前科學的經驗生活中，我們處於赫拉克利特的變化著的感性事物的材料之流中。在這種材料的變化之中，我們雖然以樸素經驗的自明性具有一種確信，即透過看、觸摸、聽等等，透過事物的所有特性，能認識同一事物，並且透過經驗的「重複」，確認它是客觀上

---

23 這個附錄的本文取自 KIII 22（第五—十三頁和第十六—十九頁）。它被寫在發表於《哲學》雜誌上那篇文章打字稿的背面，可能是寫於胡塞爾已讀完該文章的校樣之時，因爲通常胡塞爾是不把打字稿當稿紙用的，因此，可能寫於一九三六年或一九三七年初。

眞實存在著的東西，是如此這般存在著的東西。但是很明顯，在這種情況下，我們作爲對於它的認識而獲得的東西，按照它的全部可視爲同一的規定，必然是一種仍處於近似之中的、由於在或大或小的完善性方面的區別模糊不清，而處於懸而未決之中的東西。透過重複的經驗清楚認識到的東西，就每一個有關它認識到的東西而言，必定仍然只是相對地認識的，因此在各個方面也有一種特殊的由敞開的未被認識的東西構成的地平線。因此這裡所涉及的是，經驗本身根據情況總是包含某種類似於向事物更緊密接近，更準確地認識事物的活動；並且在這裡，在「更準確地規定」這個稱謂下，存在著一種連續的可能的校正過程，例如，被視爲是光滑的、平坦的、純紅的等諸如此類的東西，「廣實際上」發現有些粗糙、凹凸不平、有色斑等等。在我們的經驗生活和別人的經驗生活一起公共化中情況尤其如此。我們當中每一個人都有他自己的經驗表象，但是以這樣一種通常的確信具有的，即每一個在場的人都經驗到相同的東西，並且能夠在其經驗的可能過程中透過各種相似的特性認識這同一些事物。因此這也涉及日常的共同的世界，我們的通常的實踐生活完全是在這種世界中發生的。所有在這裡作爲實際存在而對我們有效的東西，始終已經被理解爲對所有人都存在的東西，而且正是透過共同的經驗而被理解爲存在的。不僅每一個在這裡被看作能夠視爲同一的規定是處於一種由開放的可能的進一步的規定構成的地平線中，每一個對象還超越在經驗對象上共同感覺到的東西，並且已經是共同認識到的東西，處於一種開放的地平線中、處於未知事物，可能經驗認識的事物的無限性之中。與此相適應，還有屬於各種模糊事物的同樣也只是由模糊的因果性構成的地平線；只要這些地平線是透過經驗以確定的方式被認識的，它們就與以大致確定的方式經驗到的環境和環境的變化有關，此外它們還有自己的、仍然是完全不確定的因果性構成的地平線，這個地平線與由未被認識的外界事物構成的地平線相關聯。

這種在開放的不確定的地平線中，在或多或少完善的規定性方面還處於懸置之中的作爲存在方式的經驗世界之式樣，並沒有擾亂正常的實踐生活的過程，譬如沒有擾亂作爲正常人的世界的日常世界；正常人的生活與正常的、在正常的經驗類型中變得共同知道的事物之範圍有關，並且只是就在模糊的類型學中能夠辨認的東西依賴於它。超出這種情況之外仍然處於懸而未決之中的東西，實際上是無關緊要的；因此在這裡存在一種實際上完善的準確性和一種實際上完善的對事物的認識——如它們實際上所是的那樣，如它們在其眞正的存在中能夠一再顯示的那樣，即在正常的實踐生活唯一認識、唯一需要的那種眞理之中能夠一再顯示的那樣。

但是，鑒於我們的經驗世界的這種不可改變的樣式——這個世界是我們在生活中經常作爲實際經驗的世界而具有的，作爲這樣的世界它賦予「世界」一詞以唯一原初的意義，科學的世界認識，用古人的說法、哲學，如何才能夠哪怕只是作爲任務得到說明呢？而且是按照對於我們來說已經完全變成不言而喻的那種科學的客觀性的意義——這種意義肯定首先是在原初的世界概念的發展和變化中就形成了說明呢？這種意義對於我們變得如此不言而喻，以致我們需要花力氣去釐清，在這裡存在一種我們必須追問其原初動機和原初自明性的發展產物。

隨著普遍理論興趣的最初出現——透過它，哲學連同它的普遍題材，即一切一般存在者，存在者全體及其無所不包的統一，進入了歷史，作爲原初經驗的世界的世界之最一般的，固定不變的特徵，也受到注意，與此相關聯，世界經驗本身的不變的特性，也引起了注意；特別是這個世界的普遍的因果樣式，以及另一方面對所經驗的事物，經常是模糊的、不確定的認識方式之普遍結構，也引起了注意。隨著對認識方式的普遍結構的深入了解，立即就產生了關於這種認識方式的普遍結構對於個別進行經驗的人和共同進行經驗的人的相關性的認識，和對於在不穩定的、主觀的、感性的給予方式的變化之中，透過認識辨認出同一事物的人的相關性的認識。但是由此如何就能產生出關於事物的絕對的、精確的可規定性的理念呢？不僅是實際上被經驗到的和實際上可能經驗到的事物的可規定性理念，而且還有普遍的、開放的、無限的世界地平線中的事物的可規定性的理念，這種地平線是處於其有限進展中的實際經驗永遠不能跨越的。在這裡，精確的普遍的因果性理念是如何發生的？而且與事實上可經驗的東西領域中一切經驗上的歸納相反，產生出關於所有事物的精確的，普遍的可歸納性的理念，而這些事物由於原初世界的經驗結構，仍然是無限地不確定的和開放的。因此，正如我們還可以說的：從意見（δόξα）向認識（ἐπιστήμη）的跳躍是如何發生的？並且在認識（ἐπιστήμη）的題目下，產生一種可合理認識的自在（An-sich）的理念，這種自在在感性經驗的事物中作爲純粹的顯現，純粹主觀相關地呈現出來。

精確的客觀性是方法的成就，這種方法被人們在經驗世界（「感性世界」）普遍地運用，不僅是作爲行動的實踐、作爲對經驗中預先給定的事物進行塑造和改造的技術而運用，而且是作爲這樣一種實踐，在其中那些不完善地進行規定的事物表象構成材料，而且是以一種一般的思想態度構成的，按照這種態度，舉出一個作為「任何一個一般事物」的實例的示範性的個別事物，就認為說明了它的始終未完善，但能夠完善的主觀表象的開放的無窮的多樣性了，而且這是透過運用那種從每個「表象」出發，總是沿著可能完善化的路線進行的能力而實現的。繼續進行這一系列提高的能力，不論是在經驗（對事實的）的情況下，還是在直觀的虛構的情況下，都是有限的，它們作為對範例事物——人們透過經驗會愈來愈完善地認識這種事物——的實際直觀很快就中斷了。雖然對某種「更完善的」東西的空洞的預期必然會同時被給予，但無須指向更後的（plus uitra）東西的實際意向是能夠實行的，也無須預先已經空洞地規定的完善化系列的延續部分，作為能夠繼續的系列是能夠實行的。理念化的成就——即關於「一再」（immer wieder）的構想——在這裡開始了：在指向關於這個系列的空洞的構想的方向上，有一種關於實行這個系列（這被認為是可能的）的空洞的想法，而由於這種想法，又預先構思一個新的系列，而這個新的系列又是借助可以實行而被想到的，如此，一再反覆進行下去——直至無窮。

首先產生的東西，是關於連續的理念。這種連續可以絕對的普遍性重複，以特有的自明性作為可自由想像的，自明地可能的無限性重複；代替敞開的有限性，代替有限的重複，這種重複是處於絕對的「一再」的領域之中的，處於可按照理念上的自由加以更新的領域之中的。由此，範例事物本身的性質，作為關於在這裡變得自明的關於具有絕對普遍性的事物一般的思想的實例，而理念化了。理念的性質，作為被構想出來的有關可以想像的、準確的、相對完善的表現的無限性的統一，而產生了。理念上一致的同一化會貫穿於這些表現之中。事物本身作爲具有其各種性質的存在者完全被理念化了——具有其全部性質，而這全部性質又具有其全部表現，這些表現，正是由於貫通被構想的無限的整體，由於貫通無所不包的統一性，而詳盡表達了所有的性質的和事物本身的同一性。透過理念上貫通這種無限的整體性，因此就產生一種關於作爲不僅具有其現實經驗，而且具有其理念上可能的經驗的事物的事物本身的理念的認識。因此，這樣一種理念化也克服了對持續地伴隨著一切實際經驗認識的開放的世界地平線的認識之明顯的有限性的限制。在經驗從相對認識了的事物和事物領域向未認識的事物和事物領域的進展中，這種進行理念化的思想甚至從外部獲得了經驗世界的無限性——作爲在外部經驗的被想到的和可能想到的連續進行中，甚至在無限的完善化中，能從理念上獲得的世界認識的無限性，作爲由「一再地」盡可能地繼續進行經驗上的豐富而來的認識的無限性。

因此，在這種情況下，被理念化的世界就是事物的理念上的無限性，事物中的每一個本身都標示一種相對表現的理念上的無限性，而事物——從理念上說——就是這種表現的協調一致的同一性的統一。

正如我們看到的，世界的這種複雜的理念化，賦予每一個實際世界經驗的事物以一種理想，即理念上可以想像的，可以無限完善的，並且能在被構想的無限性的過程中達到絕對完善的認識之理想。但是以此並沒有完成這樣一種成就，即爲每一個預先給定的事物創造其個別的理念的存在，因而，建設起一條將已經取得的理念的理想上的多樣性，應用於總是預先給定的現實經驗的世界的橋樑。從已經產生的這種成就來看（就其作爲精密科學實際存在而言），實際上精確的客觀性是一種認識的成就，這種成就首先以一種系統的確定的理念化方法為前提，這種方法創造一個由作為能確定地產生的並且能夠無限地系統構成的理想東西構成的世界，其次，它使這種可構成的理想東西應用於經驗世界的可能性變成自明的。

這個這樣地一般地表述的問題，是「客觀的」科學的，客觀科學的哲學的歷史可能性的根本問題——即這樣一種科學，它畢竟事實上是按其自己的方式已長期地在歷史上存在著的，透過接受上述任務的理念而得到了發展，並且至少在一個分支中，即作為精密的數學以及數學的自然科學，達到了極富成果的實現。這裡所涉及的，不僅是從地點、時間、實際狀況方面確定科學在歷史上的實際起源點，因此將哲學回溯到它的創始者，回溯到古代自然科學家，愛奧尼亞等等，而是要從它原初的精神的動機上，就是說，按照它最原初的意義，並且是由此出發而按照原初方式進一步發展的意義理解它。此外作為意義基礎經常共同發揮作用的，還有這個世界，而且是如它在現實經驗中呈現出來的那樣的世界，即這個「感性的世界」，這個世界按其各種特殊樣式而言，是處於歷史的變化之中的，而按其不變的普遍結構而言，是不變的。

關於認識可能性的另外一個問題——作為客觀—科學認識的可能性的問題（在這裡人們會說，純粹「認識論的」問題）——與歷史上的可能性的問題是一種什麼關係，只有在我們以後的思考過程中才能得到闡明。從我們這裡所處的歷史境況出發，這種最初的起源也是歷史的回溯考察不能直接達到的。我們首先關心的是回溯在世界的根本層次中的成功的合理的客觀化的起源，我所指的當然是作為幾何學，作為純粹數學，而完成的客觀化。

客觀化是建立在前科學的經驗材料之上的方法的問題。數學方法由直觀的表象「構造」出理念的對象，並且教導我們，應該有步驟地系統地處理這些對象。[24]它並不是用手工的方式從一些事物產生另一些事物，它是產生理念；理念是由一種特殊的精神成就產生的，是由理念化活動產生的。

首位的是理念化成就，以及理念化成就當中，在飄浮於相對性之中的顯現的多樣性基礎上，作爲精神構成物能夠產生的，可精確地視爲同一的理念。其次是理念構成物由預先給定的理念而有步驟地構成。兩者結合起來，構成客觀的科學的精神，它包含兩種無限性，即同一個事物藉以呈現出來的顯現的多樣性的無限性，以及事物的無限性。

理念化的精神成就在「事物—顯現」、「事物—表象」中有其材料。在具有其作爲生動的存在有效性的顯現過程的知覺活動中，這種顯現處於實現的樣式之中，而不是作爲「材料」的顯現。在這裡我實現存在的有效性，實現它的地平線。在「綜合」的進展中，我並不是透過將某物與另外的某物「結合起來」，因此將它當作材料來處理的辦法，將它構成地平

---

[24] 它根據由其本質固有的等級次序引起的不完善性的無限性概念，構想出完善性的理想。它將事物的性質理念化。與此同時，相關聯地它將它們的可視爲同一的性質理念化。另一方面，它也將不完善的可經驗性——按照這種可經驗性，我們的實際經驗從已知事物向未知事物進展——理念化。這樣，逐步逼近法的絕對無限性，作爲理想，就構成逐步逼近的完善化過程的基礎。

線；在「活動」中，在知覺過程中，我指向存在上有效的統一，在運動中，我指向地平線的連續的重疊，具體地指向顯現的以及顯現的地平線的整個意向性的連續的重疊——具體的意向性是處於透過在顯現中變成直觀東西而進行充實的運動之中。但是在理念化的思想中，這種實現的方式改變了：首先是將發生著的不確定的顯現作爲可能的顯現連續地變成直觀的，其次是範例的東西，再次是關於無限性的構想等等。

在作爲物理學的已完成的成就中，表現出這種精確的客觀化的兩個部分，一方面是透過純粹數學的成就，以「純粹思想」進行的科學的成就體現出來，即透過在更準確規定的意義上進行理念化的，並且純粹保持在理念東西的領域中的科學的成就體現出來。它的全部的成就，實際上是透過它的確定的理念化的方法，和由已預先存在的對象系統地有步驟地構成理念對象的方法表示的，這種方法最終能使掌握整體成爲可能。這個世界已經是客觀的，只要有關它的認識，所構成的有關它的理念的東西，對於每一個運用這種方法的人來說是絕對同一的，不管他經驗上的直觀表象活動，與那種在別人以直觀爲基礎的理念化活動中，能夠服務於別人的直觀表象活動有多麼不同。

數學的成就當然是被限定於純粹空間時間形態上的，或更確切地說，限定於普遍地屬於世界的空間時間結構的。我們可以看到，只有在這種結構的本質中，這種成就才能成爲可能的，因此，精確的客觀化至少首先只有對於這個作爲物體世界的世界，才能有意義，拋開事態上所有那些本身不是物體的東西。

* * *

在這裡產生一個特殊的問題。當我們按照一定方法系統地認識到歷史的先驗性時，這本身是一件歷史事實嗎？因此這不就是假定了歷史的先驗性嗎？這種先驗性被人類的存在聯繫起來，與當人類經驗，思考，行動時對他有效的周圍世界聯繫起來。但是這種先驗性卻是一種理念上一般的東西，這種一般的東西一方面與作爲對象的人本身有關，另一方面，它與人之中，即形成它的我們之中的構成物有關。那麼這種理念的構成物的客觀性的情況如何呢？這種先驗性的客觀性的情況如何呢？在這裡我們又遇到了不中斷的傳統之可能性的前提。那麼什麼東西保證這種先驗性的客觀性呢？作爲正是先驗地是人類的及其文化世界的存在的客觀性？作爲一種本身始終具有其先驗性的，始終有效的，在任何時候都總是能確認同一的先驗性的客觀性？這不就是假定了上升的文化，並且總是在其中假定了人嗎？這樣就說明：他們對本質的歷史有興趣，相互間發生科學上的聯繫，並且持續地獲得先驗的獲得物，並將它們流傳下去。難道這不就是一種無窮盡的事實嗎？

但是在這種情況下，我們又回到了這樣一種事實上，即歷史事實（包括我們存在這個當下的事實）只是基於先驗性才是客觀的。但是這種先驗性仍然是以歷史的存在爲前提嗎？

如果有一天，人變得原則上完全不能透過自由變動展示地平線，並由此而揭示出歷史世界的不變的本質結構，那麼幾何學的先驗性，以及其他先驗科學的情況會是怎樣呢？在那種情況下，人們能夠知道一種科學是不是先驗的嗎？或者，如果由於偶然的事實的原因，一種科學通往其先驗源泉的道路被阻塞了，那麼像我們在這裡一直嘗試的這種思想如何能夠開始，以使被阻塞了的源泉能重新打開呢？

因此還必須指出，而且作爲屬於人的，同樣也屬於世界的個別的本質的東西指出，在人類之中，這種能力是絕不會停止的，也絕不會完全缺少的，儘管它也是由於事實上的原因仍然未得到發展。這就導致關於理性的最一般最深刻的問題。

我們現在來考慮這樣一件事情，即幾何學，與它有密切關係的其他科學，最終都是這唯一的哲學之現實的或尚需完成的分支，而哲學被認爲是進行理論思維的人類的，進行哲學思考的人類的成就；哲學的目的就是眞理，不是日常的有限的眞理，這種眞理的局限性，它的有限性，它的相對性，就在於這樣一個事實，即它是歷史的，但它對於歷史的地平線卻盲目無知。它應該是一種無條件的絕對的眞理，它包含這個世界，這個世界中有在其中生活的人，而人有他的實踐興趣，他的相對的認識，以及以此爲基礎的評價與計畫的活動；而且還包含進行哲學思考的人和他的哲學眞理構成物。

因此在這裡不是涉及到所有的眞理——不管它們的特殊性格有多麼不同嗎？因此涉及作爲科學的主導理想的在科學意義上的所有眞理嗎？它難道不是由本身處於歷史領域之中的理念化產生的嗎？它難道不是假定了本身是由理念化產生的歷史的先驗性嗎？

* * *

這是第一次在這篇論文中出現了它的歷史進程需要以這種方式提出問題，並且需要一些新的有其特殊方向的研究。從這些研究中——不是在這些研究本身中，而是在它們與以後的研究，和與以後的歷史進程的緊密聯繫中——將逐漸地產生出一種全新的哲學提問方式和新的哲學研究方法。

即使是這一節中的問題分析，也呈現出一些嚴重的困難，而且由於這是遠離哲學與科學中早已熟悉的東西的道路——這條道路的盡頭是不可預見的，這些問題分析在讀者初看起來會顯得像是破壞文章統一風格的、很少令人感興趣的離題的餘論。在這裡我必須要求讀者有一點持久的耐心。以後將會理解，在這篇論文中，沒有一個論述對於這篇文章的進程，對於它的作爲向上導致超越論現象學的引導的任務，是可以缺少的。在它的這種整體意義中，還包含歷史的研究和由它引起的系統的研究的緊密結合，這種結合從一開始就以一種奇特的反思形式準備好了，哲學家的自我反思只有透過這種奇特的反思才能進行，而這位哲學家是處於一種不可能以任何預先給定的哲學（不論是自己的還是別人的）爲前提的境況之中的，因爲對於他來說，應當成爲問題的是，作爲一種唯一的哲學的一般哲學之可能性。

364

附錄三、附於第一部分第九節（一）。[25]

這篇論文中引起我們思考的興趣，使我們有必要首先進行一種伽利略肯定完全沒有進行

365

25 這篇論文寫於一九三六年；由芬克於一九三九年以《關於幾何學的起源》（*Vom Ursprung der Geometrie*）爲

過的反思。我們不可將我們的目光僅僅集中到流傳下來的現成的幾何學上，以及集中到在伽利略的思想中幾何學的意義所具有的存在方式上，在他的思想中與在古老幾何學智慧的所有後來的繼承者的思想中，幾何學的意義所具有的存在方式並沒有不同，不論他們什麼時候進行工作，或是作為純粹幾何學家進行研究，或是實踐上應用幾何學，都沒有什麼不同。寧可說，我們也應該，甚至首先就應該，回溯留傳下來的幾何學的原初的意義，幾何學正是以這種原初的意義繼續有效——繼續有效，同時繼續被發展，並且在一切新的形態中仍然是「這唯一的」幾何學。我們的這些考察必然會引向最深刻的意義問題，科學的問題，和一般科學史的問題，最後甚至會引向一般的世界史的問題；因此我們的與伽利略的幾何學有關的問題與說明就獲得一種範例的意義。

首先需要指出，在我們對近代哲學進行歷史的沉思的過程中，在這裡，即在伽利略這裡，透過揭示幾何學的意義的起源這個深層的問題，以及以此為基礎的伽利略的新物理學的意義的起源這個深層的問題，第一次出現了照明我們整個計畫之光，即想以歷史沉思的形式，對於我們自己的當前的哲學狀況進行自身的思考，以期我們由此最終能獲得哲學的意

題，發表於布魯塞爾《國際哲學評論》（*Revue Internationale de Philosophie*）雜誌第一年度第二卷上。這篇文章的手稿是 KIII 23，保存於芬克的打字稿副本中。文章的分段採用了芬克發表的文章的分段法，一些不完整的句子也依照芬克所做的修改補全了。

義、方法和開端，我們願意並且應當將一生奉獻給它的這唯一哲學的意義、方法和開端。正如在這裡在一個實例上首次可以看到的那樣，我們的研究在一種非同尋常的意義上，即在一種主題方向上，正是歷史的，這個方向將展示出一些通常的歷史學完全不知道的深層問題，一些按其性質毫無疑問也是歷史的問題的問題。對這些深層問題前後一貫地追尋下去會將我們引向何處，這當然是在開始時尚無法預見的。

對於幾何學（爲了簡潔起見，在這個名稱下，我們同時包括所有研究在純粹空間與時間中以數學方式存在的那些形態的科學）起源的探詢，在這裡不應被視爲文獻學的—歷史的探詢，也就是說，不應被視爲要查明那些實際上提出純粹幾何學命題、證明、理論的最早的幾何學家們，查明他們發現的某些命題，諸如此類。與此相反，我們的興趣應該是追溯一種最原初的意義，正是按照這種意義，幾何學在過去生成，並且從那時開始，在數千年間作爲傳統而存在，而且現在對於我們來說，仍然以生動的繼續起作用的形式存在著。[26]我們探詢幾何學在歷史上最初據以出現——必然據以出現——的那種意義，雖然我們關於幾何學最初的創始者並不知道任何東西，而且甚至根本不去探詢這些東西。從我們所知道的東西，從我們的幾何學，或者說，從流傳下來的古老幾何學形態（如歐幾里得幾何學）出發，就會有一種

26 對於伽利略以及從文藝復興時期起所有以後的時代來說也是如此，即以一種連續的、生動的繼續發揮作用的方式存在，然而同時卻又是傳統。

對於幾何學的過去了的原初的早期階段——如它們作為「原初創立的幾何學」必然曾經所是的那樣——的追溯。這種追溯不可避免地仍然保持在一般東西的範圍內，但是很快就會表明，這是一些可以做出多種多樣解釋的一般的東西，這些一般的東西具有能獲得特殊的問題和作為其回答的自明斷定的預先確定之各種可能性。這種追溯由之開始的所謂完成了的幾何學，是一種傳統。我們人類的存在是在無數的傳統之中運動的。整個文化世界就其全部形態而言，都是作為由傳統構成的東西而存在的。這些形態作為這樣的東西，不僅僅是按因果方式生成的；我們也總是已經知道，傳統正是在我們人類的範圍內，透過人類的活動，也就是說，按照精神的方式生成的傳統，儘管我們一般對於傳統的確定來源以及在這種情況下實際完成的傳統的精神活動毫無所知，或差不多毫無所知。然而在這種無知中，到處都存在，而且從本質上就存在一種內在包含的，因此也能夠闡明的知識，即具有無可辯駁的自明性的知識。這種知識首先從一些淺顯的不言而喻的事情開始，如所有傳統的東西都是由人的成就而產生的，因此過去的人和人類文明曾有過存在，在他們當中有過傳統東西的最早的發明者，這些發明者由現存的材料，不論是未加工的，還是已經在精神上形成的，而創造出新事物等等。但是人們從這種淺顯的東西被引向深層的東西。傳統可以在這種一般東西中繼續被探詢，如果我們始終一貫地保持探詢的方向，就會展示出無限多的問題，這些問題會按照它們的意義引向一些確定的回答。它們的一般的形式，甚至——正如我們所看到的——無條件的普遍有效性的形式，當然可以運用到個別地被確定的特殊情況上，但是它們只決定在個別東西中可透過包攝把握的東西。

因此，關於幾何學，我們應從在前面爲了指出我們的追溯的意義已經談到的最切近的、不言而喻的事物開始。我們將由傳統提供給我們的幾何學（我們曾學過這種幾何學，我們的導師們也同樣學過）理解爲精神成就的總體獲得物，這種總體獲得物透過借助新獲得物進行的新的精神活動中的繼續工作，而得到擴展。我們知道流傳下來的幾何學的較早形態，那是幾何學由之而形成的形態，但是每一個形態都重複地參照以前的形態，因此很顯然，幾何學肯定也是從一種最早的獲得物，最早的創造活動中生成的。我們理解它的持續的存在方式：它不僅是一種從一些獲得物向另一些獲得物前進的變動過程，而且是一種連續的綜合，在這種綜合中，所有的獲得物，都繼續保持其效力，所有的獲得物都按以下方式構成一個整體，即在每個當前的階段上，這個總體的獲得物可以說是新階段上的獲得物的總的前提。幾何學必然地處於這種變動性中，並具有正是這種樣式的幾何學未來的地平線，對於每一個意識到處於這種繼續前進過程中，並且是作爲構築於這種地平線之中的認識進步而處於繼續前進過程中（對此有恆常的潛在的知識）的幾何學家來說，幾何學就是這樣的。這同樣的情況也適合於每一種科學。同樣地，每一種科學都與一個由共同協作的工作者構成的開放的世代鏈條相聯繫，這些工作者是一些或者著名或者不著名的研究者，是爲總的生動的科學貢獻力量的主觀性。科學，特別是幾何學，由於這種存在的意義，必然曾有過一種歷史的開端，這種意義本身在成就的活動當中有其起源：首先是作爲計畫，然後是在成功的實行之中。

很顯然，這裡的情形與所有其他發明的情形是一樣的。每一種由最初的計畫到實行的精神成就，首先都是以現實成功的自明性存在於這裡的。但是如果我們注意到，數學有其從作爲前提的獲得物到新的獲得物的生動的前進運動的存在方式，在新的獲得物的存在意義中同時包含著前提的存在意義（而且以後也總是如此），那就很清楚，幾何學（作爲發展了的科學，如同在每一科學中一樣）的總的意義就已經不能在開始時作爲計畫存在，然後作爲變動的充實存在了。在它之前必然有過一個比較簡單的意義構成的預備階段，而且無疑是按下面這樣的方式，即它首先是以成功地實現的自明性出現的。但是這樣說實際上是有些誇張了。自明性絕不意味著別的東西，而只意味著透過意識到存在者原本的自身存在於這裡而把握存在者。成功地實現一種計畫，對於行爲主體來說，就是自明性；在這種自明性中，被實現的東西作爲它自己本身本原地存在於這裡。

但是現在出現了一些問題。這種計畫及其成功地實現的過程，畢竟是純粹發生在這個發明者的**主觀**之中的，而且本原地存在的意義及其整個內容，可以說也只存在於他的精神領域之中。但是幾何學上的存在，並不是心理上的存在；它並不是像個人的東西在個人的意識領域中那樣的存在；它是對「每一個人」（對於現實的和可能的幾何學家或那些懂得幾何學的人）都客觀地存在著的東西的那種存在。正如我們所確信的，幾何學甚至從它創立開始，就具有一種各個民族和各個時代的所有的人，首先是所有現實的和可能的數學家，都可能理解的獨特的超時間的存在；所有它的特殊形態也是如此。而且所有那些由隨便什麼人根據預先給定的形態重新產生的形態，很快就會呈現出同樣的客觀性。正如我們所看到的，這是一種「理念的」客觀性。這種理念的客觀性是整個文化世界的精神產品所獨具的，全部科學構成物和科學本身都屬於這類精神產品，而且例如文學作品這種構成物也包括於其中）。[27]這一類的作品，不同於工具（錘子、鉗子）或建築物，以及類似的產品，具有在許多彼此相似的實例中可以重複的性質。畢達哥拉斯定理，甚至整個的幾何學，只存在一次，不管它如何經常地被表達，甚至也不管它以什麼樣語言被表達。它在歐幾里得「原本的語言」中和所有的「譯本」中，都是同一的東西；不管它如何經常被感性地表達出來、從原本的談話和記載，直到無數的口頭表達或文字的以及其他的資料證據，在每一種語言中它仍然是同一的。感性的表達，如同所有物質事件一樣，或如同所有在物體中具體化了的東西一樣，都在世界的空間時間中個體化了；但是在這裡被稱爲「理念的對象」的精神的形態本身卻不如此。然而它們仍然還是以某種方式在世界上客觀地存在著，但這僅僅是由於這種雙重的重複，並且最終是由於進行感性上具體化的重複。因爲語言本身在其按照詞、句子、話語所進行的任何特殊化中，正如從語法的觀點很容易看出的，完全是由理念對象構成的；例如 Lowe（獅子）這個詞，在德語中只是一次就出現了的，它在其被隨便什麼人的無數次表達中，始終是同一

27 但是最廣義的文學概念包括它們全體；就是說，這個概念的客觀存在包括：它被用語言表達出來，並且可以一再地表達，更明確地說，它們只是作爲語言的含義，意義，才具有客觀性，具有對於每一個人而言的存在。就客觀的科學而言，甚至也以特殊形式具有客觀存在：科學著作的原文的語言和外國語言的譯文之間的差別，並不能廢除對科學著作作同一理解的可能性，或者只是使它變成爲非本眞的間接的可理解性。

個東西。但是，幾何學的詞、句子、理論——當它們純粹被看成語言構成物時——的理念性，並不是那種在幾何學中成爲被表達的東西，並且作爲眞理而有效的東西的理念性——即幾何學的理念的對象、事態等等。不論在哪裡有所陳述，主題，即被陳述的東西（它的意義）與陳述是不同的，在進行陳述時，陳述本身絕不是主題，也不可能成爲主題。在這裡這種主題正是理念的對象，它與語言這個概念所包含的對象是完全不同的。現在，我們下面這個問題所涉及的正是在幾何學中作爲主題的理念的對象：幾何學的理念性（恰如所有科學的理念性一樣）是如何從其最初的個人心中的起源（在其中，它是最初的發明者心靈的意識領域中的構成物），而達到它的理念上的客觀性的？我們預先就看到，這是借助於語言達到的，可以說，它是在語言中獲得其語言的軀體的。但是這種賦予語言的軀體的活動，如何就能由純粹內在的主觀的構成物形成客觀的構成物？這後者譬如說作爲幾何學上的概念或事態，實際上對於每一個人都是存在的，可以理解的；並且，在其語言表達中，作爲具有其幾何學的理念的意義的幾何學言論，作爲幾何學命題，在將來任何時候都是有效的。

當然，我並不想按照語言的理念的存在，及其透過表達和文字記載而在現實世界中奠立的存在，探討也是在這裡產生的語言的起源的一般問題。但是關於作爲在人類文明之中的人的功能的語言，與作爲人的存在的地平線的世界之間的關係，我在這裡必須說幾句話。

當我們清醒地生活於這個世界之中時，我們總是意識到這個世界，不管我們是否注意到這一點。我們意識到作爲我們生活的地平線，作爲「事物」（實在對象）的地平線，作爲我們的現實的和可能的興趣和活動的地平線的世界。我們周圍的人的地平線總是在世界的地平線中突然出現的，不管他們當中是否有某個人在場。在對此有任何注意之前，我們就意識到了我們人類夥伴的這個開放的地平線，這個地平線具有其由我們的最接近的人，我們一般所熟悉的人構成的有限的核心。與此同時，還意識到總是作爲「他人」的我們外部的地平線中的人們；「我」總是將他們作爲「我的」他人，作爲我可以與他們一起進入到現實的和可能的，直接的和間接的移情的關係之中的「他人」而意識到的，這種移情的相互關係是一種與他人的相互理解，並且在這種關聯的基礎上與他人往來，並且與他人一起進入到共同體的某種特殊方式中，並且在這種情況下，通常也知道我與他人處於這種共同體化了的關係中。正如我一樣，每一個人（正是作爲這樣的人，他被我和每一個人所理解）都有他的人類夥伴（並且總是將他自己算入其中），都有他知道自己生活於其中的一般的人類。

一般的語言正是屬於這種人類的地平線。人類首先是作爲直接的和間接的語言共同體被意識到的。很顯然，只有透過作爲可能的交流的語言及其範圍廣泛的文獻記載，人類的地平線才能成爲如它對於人們始終所是的那樣的開放的無限的地平線。成熟的正常的人類（其中沒有反常的東西和兒童世界），作爲人類的地平線和作爲語言共同體在意識中具有優先地位。在這種意義上，人類對於每一個人（對於每一個人而言，人類都是他的「我們—地平線」）來說，都是由能夠彼此以正常的充分理解的方式表達自己的人構成的共同體；並且在這共同體中，每一個人也都能夠將所有那些在他們的人類的周圍世界中存在的東西當作客觀存在的東西來談論。所有的東西都有它們的名字，或者說，所有的東西在一種最廣泛的意義上都是可命名的，也就是說，可用語言表達的。客觀世界從一開始就是大家的世界，即

「每一個人」當作世界的地平線所具有的世界。世界的客觀存在，是以人（作為有其公共語言的人）為前提的。語言就其自身方面來說，是功能和被熟練的能力，它是與世界相關聯的，即與可由語言按其存在和如此存在方式表達的對象之總體相關聯的。因此，一方面人作為人、人類同伴，世界——人們、我們，總在談論，並且總能夠談論的世界，另一方面，語言，兩者處於不可分離的聯結之中，並且人們總是已經確信它們的不可分割的聯繫的統一，儘管通常只是含蓄地，以地平線的方式這樣確信。

以此為前提，最初進行創造的幾何學家當然也能表達他的內在構成物。但是下面這個問題重又產生了：這種內在構成物如何透過表達按照其「理念性」而成為客觀的？的確，可被他人理解的，可以傳達的心理的東西，作為這個人的心理的東西，當然是客觀的，這正如他本人作為具體的人，像一般事物世界中的實在事物一樣，是每一個人都能經驗，都能稱謂的。人們可以對這種心理的東西取得一致意見，可以根據共同的經驗提出經受驗證的共同的見解等等。但是這種心理上內在地被構成的構成物，如何能達到一種作為理念對象的特殊的主觀間共同的存在呢？而這種理念對象正是作為「幾何學的」對象，絕不是某種心理上實在的東西，儘管它確實是來源於心理的東西。讓我們來思考一下。在最初的生產活動的現實性中，也即在原初的「自明性」中，本原的自身存在，絕沒有產生出任何能夠具有客觀存在的，能夠保持的獲得物。生動的自明性會消失，當然是按照以下的方式，即能動狀態立即就轉變為由對於剛剛存在過的東西的逐漸暗淡的意識構成的被動狀態。最後，這種「滯留」會消失，但是這種「消失了的」經過和已過去的東西，對於有關的主觀來說，並沒有變成虛無，它可以再被喚醒。屬於最初模糊地被喚醒東西的被動性，以及也許是以愈來愈清楚的方式顯露出來的東西的被動性的，有重新回憶的可能的主動性，在這種主動性中，已經過去了的經驗活動彷彿被重新生動地體驗到。凡是原初自明的生產作爲其意向的純粹的充實，是被恢復的東西（被再回憶起的東西）的地方，與這種對已經過去的東西之主動再回憶一起，就必然會出現一種伴隨的現實生產的主動性，並且與此同時，從原初的「一致」中產生出同一性的自明性；現在本原地被實現的東西，與此前曾自明地存在過的東西，是同一個東西。與此同時也形成一種在重複的鏈條中以同一性的自明性（同一性的一致）任意重複構成物的能力。但是即使由此我們也沒有超越主觀及其主觀的自明的能力，就是說，我們尚沒有提供「客觀性」，但是只要我們考慮到移情的功能，和作爲移情的共同體和語言的共同體的人類同伴，客觀性就會以可以理解的方式初步地產生出來。在相互透過語言進行理解的聯繫中，一個主觀的本原的生產和產物，會被另一個主觀能動地理解。如同在回憶中一樣，在這種對他人生產的東西的完全理解中，必然產生對當前化了的活動的自己方面的當前的參與實行；但同時也產生對在訊息的接受者與資訊傳遞者的生產中，精神構成物之同一性的自明的意識，而這也是交互地發生的。這些生產能夠以相似的方式從一些人到他的同伴進行傳播，並且透過這種重複活動的理解鏈條，自明的東西便作爲同一的東西進入到他人的意識中。在較多人形成的資訊共同體的統一中，這種重複地被生產的構成物，並不是作爲相同的東西，而是作爲對所有人都是共同的一個構成物被意識到的。

現在我們還必須考慮到，透過這樣的在一個人身上本原生產的東西，向本原地再生產的另一個人的這種現實的傳遞，理念構成物的客觀性尚沒有被完滿地構成。所缺少的是，即使在創造者及其同伴並不清醒地處於這樣的聯繫中，或完全不再存活的時候，「理念的對象」仍然持續存在。這裡缺少的是即使沒有任何人自明地實現理念對象，它們也仍然繼續存在。

文字的、文獻的語言表達的重要功能就是，它無須直接或間接的個人交談，就使傳達成爲可能，它可以說是潛在化了的傳達。由此，人類的共同體化也提高到一個新階段。純粹從物體方面來看，文字符號是直接地感覺上可經驗的，並且總是有可能在主觀間共同地經驗的。但是作爲語言符號，它們與語言聲音一樣能喚起它們的熟悉的意義。這種喚起是一種被動的活動，因此被喚起的意義是被動給予的，正如任何一個沉入昏暗之中的主動活動，通常在以聯想的方式被喚起時，起初是作爲或多或少清晰的回憶而**被動地**顯露出來一樣。正如在回憶的情況下一樣，在這裡所提到的這種被動性的情況下，這種被動喚起的東西可以說也能轉變回到與它相對應的主動性[28]：它是作爲語言生物的每一個人，原初固有的重新啟動的能力。因此與此相適應，透過書寫就發生了意義構成物之原初存在樣式的改變，例如，在幾何學的領域，就是用語言表達出來的幾何學構成物的自明性的改變。可以說，這種構成物被沉澱了。但是讀者能夠使它再變成自明的，能重新啟動自明性。[29]

28 這是一種在自身中被意識爲摹仿的轉變。

29 但這絕不是必然的，事實上也不是常規的。即使沒有這個東西，讀者也能理解，他能夠無須自己的主動活動，由於共同有效性「不加考慮地」接受被理解的東西。在這種情況下，讀者處於純粹被動接受的狀態。

因此，被動地理解表達與透過重新啟動表達的意義而使表達變成自明的，這是有區別的。但是還有一些主動性方式的可能性，對透過感受而接受的單純被動東西進行思維的可能性，這種思維僅僅與被動地理解和接受的意義打交道，沒有任何原初主動性的自明性。被動性一般是以聯想的方式結合和融合的領域，在其中所有產生的意義都是被動地結合在一起的。由此經常會產生一種意義，它表面上是同樣可能的，就是說，透過可能的重新啟動而成爲自明的，然而這種實際啟動的努力，只能重新啟動這種結合中的個別成分，而將它們統一爲一個整體的意圖卻沒有實現，而是落空了，就是說，由於對這種無意義性的原初意識，存在的有效性被破壞了。

很容易看出，甚至在人類生活中，首先是在每一個個人的從童年到成年的生活中，在感性經驗基礎上的各種活動中，創造其原初自明的形成物的原初直觀的生活，也很快地，並且在愈來愈大的程度上，受到語言的誘惑。原初直觀生活愈來愈大的部分，陷入到純粹由聯想支配的談話和閱讀之中，因此，就如此獲得的有效性而言，它常常對以後的經驗感到失望。

現在人們會說，在我們這裡感興趣的科學領域，以獲得眞理和避免錯誤爲目的的思維領域，理所當然地從一開始就非常關注防止聯想的構成物自由發揮作用。鑒於具有持續的語言獲得物（這種獲得物最初只能再次被動地接受，並且能被其他任何人接受）形式的精神產物不可避免的沉澱作用，這種聯想的構成作用仍然是一種經常的危險。人們以下面這種方式應付這種危險，即不僅事後確信這種特殊的構成活動現實地重新啟動的可能性，而且在自明的原初創造之後，就確信它具有被重新啟動並被持久保存的能力。當人們考慮到語言表達的一義性，並且考慮到用細心鑄造的有關的詞、句、句子關聯來保證能一義地表達的成果時，就發生這種情況；個別的科學家——不僅是新的發明者，而且作爲科學共同體成員的每一個科學家，在接受其他人能夠接受的東西之後，都會這樣做。因此這是在作爲生活在由共同責任聯繫起來的統一體中的認識共同體的科學家之相應的共同體內部的科學傳統的特徵。因此，按照科學的本質，科學研究工作者具有一種持久的要求，或一種個人的確信，即所有由他引入到科學陳述當中的東西，都是被「一次了結地」說出的，它是「確定地存在著的」，能永遠同一地重複，並且能以自明的方式運用於以後的理論目的和實踐目的——能夠按照眞正意義上的同一性，毫無疑問地被重新啟動。[30]

然而在這裡還有兩點也是重要的。第一點，我們還沒有考慮這樣一個事實，即科學思維根據已經獲得的成果獲得新的成果，而這種新成果又爲更新的成果奠定基礎，諸如此類，這乃是一種意義流傳增殖的統一過程。

在如幾何學這樣的科學的最終巨大增長當中，關於重新啟動的可能性的要求和能力的情

---

30 當然這首先涉及科學家在自身中建立起來的，試圖獲得重新啟動的確實能力的穩定的意圖指向。如果重新啟動的可能性這樣一個目標只能是相對地實現的，由能夠獲得某物的這種意識產生的要求也就具有其相對性；這種相對性也會被人們注意到，並會被消除。對於眞理的客觀的，絕對確定的認識，歸根到底是一種無窮的理念。

況如何呢？當每一個研究者在這個建築物中他所在的部位工作時，那些在這裡不可能通觀的工作間隙和休息時間的情況如何呢？當他開始實際繼續工作時，他一定要首先熟悉這個基礎的整個巨大的鏈條，直到最初的前提，並且將這個整體現實地重新啟動嗎？很顯然，在這種情況下，像我們的現代幾何學這樣的科學就根本不可能。然而以下情況是由每個階段的成果的本質而發生的，即成果的理念的存在意義不但是一種事實上較後的意義，而且由於意義是建立在意義之上的，較早的意義就在有效性方面將某種東西傳給較後的意義，它甚至以某種方式進入到較後的意義；因此，在精神建築物之中，沒有任何構造成分是獨立的，因此也沒有任何構造成分能夠直接地被啟動。

有一些科學特別是這樣，這些科學如幾何學一樣，在理念產物中，即在理念東西——由這些東西總是一再地產生出更高階段的理念東西——中有其主題領域。在所謂的描述科學中，情況就完全不同，在那裡，理論興趣在進行分類和描述時，仍保持在感性直觀範圍之中，而感性直觀在這裡代表自明性。因此至少一般而言，每一個新的命題都能單獨地以自明性兌現。

與此相比，像幾何學那樣的科學如何可能呢？它作爲系統的能夠無限增長的理念東西的等級結構，如何能以生動的可啟動性而保持它原初的意義呢？如果它的進行認識的思維無須能啟動以前所有認識層次，直到最初的層次，而卻產生出新東西的話。即使在幾何學的較早階段上還能夠做到這一點，最後肯定在努力獲取自明性時力量也消耗太大，以致無力達到更高的生產力。

374

在這裡我們必須考慮到一種特殊種類的、以特殊方式與語言結合的「邏輯的」活動，以及以特殊方式在其中產生的理念的認識構成物。從本質上說，任何一個在純粹被動的理解中出現的句子結構，都包含一種特殊的活動，這種活動最好用「解釋」這個詞來稱謂。一個被動地（也許是透過回憶）浮現出來的句子，或是透過聽而被理解的句子，最初是以被動地自我分享的方式單純地接受的，是作爲有效的東西接受的，而且在這種形態中，它已經是我們的意見。我們要把對於我們的意見進行解釋這種特殊種類的重要活動，與這種被動接受的活動區分開來。如果說，在第一種形式中，這種意見是未加區分地、整體地被接受的，直接有效的意義，具體地說，是直接有效的陳述句，那麼現在，這個本身處於未加區分的模糊性之中的東西得到主動的解釋。如果我們考察一下，例如我們在馬馬虎虎地讀報時，是如何進行理解和簡單地接受「消息」的，那麼在這裡就有一種對於存在的有效性的被動接受，透過這種被動接受，被讀過的東西就直接變成了我們的意見。

但是，正如以上所說，要進行解釋的意圖，以及下面提到的活動，是一種特殊的東西，即將讀過的東西（或其中一個有趣的句子），按照意義成分，逐個地、單獨地，從被動地模糊地作爲統一體接受的東西中分離出來，清楚地表達出來，並且以一種新的方式，主動地完成一種建立在個別有效性之上的整體的有效性。現在由被動的意義形態，產生出一種透過主動生產而形成的意義形態。因此這種主動性就是一種特殊的自明性；在其中產生的構成物則處於原初被產生的形式中。在這種自明性方面，也存在著共同體化。被說明，被解釋的判斷，變成了可傳承的理念的對象。這種理念對象成了邏輯學談到句子或判斷時，唯一意指的東西。由此也就普遍地指明了邏輯學的領域，即普遍地標明了這樣一個存在領域，只要邏輯學是有關一般命題的形式理論，它就是研究這個領域的。

借助於這種活動，現在其他活動也變得可能了，如根據對我們有效的判斷自明地構成新的判斷。這乃是邏輯思維及其純粹邏輯自明性的特徵。所有這些，即使當判斷變成爲假設時也仍然保持不變，在這種情況下，不是我們親自陳述、判斷，而是我們設想自己進入到陳述、判斷的狀態。

在這裡讓我們集中考察我們被動地得到的只不過是被感受到的語言的句子。在這裡還必須注意到，句子本身是作爲對於由實際的原初的活動產生的原初的意義的複製改造而在意識上呈現的，因此本身是有賴於這種起源的。在邏輯自明性的領域中，演繹，以前後一貫的形式進行的推論，起著經常的、本質的作用。另一方面，也應該注意那些運用「已經解釋過的」，但並未達到原初自明性的幾何學的理念東西的構成的活動。（不可將原初的自明性與「公理」的自明性相混淆；因爲從原則上說，公理是原初的意義構成的結果，並且總是受到這種意義構成作用的支持。）

關於在幾何學以及所謂「演繹的」科學——人們這樣稱呼它，儘管它絕不僅是進行演繹——的巨大知識建築物的情況下，透過回溯到原初的自明性，而以十足的原初性進行完全是眞正的重新啟動可能性的情況又如何呢？在這裡有一條基本法則以絕對普遍的自明性發揮作用：即如果前提實際上能回溯到最原初的自明性，並能啟動最原初的自明性，那麼它的自明的結論也能回溯到最原初的自明性，並能夠啟動最原初的自明性。由此看來，從原初的自明性出發，始源的眞正性一定會透過邏輯推論的鏈條傳播開來，不管這鏈條有多麼長。然而如果我們考慮到在將數百年之久的邏輯鏈條，按照統一的行動實際地改變爲原初的眞正的自明性的鏈條方面，個人的和社會的能力明顯有限性，我們就會注意到，這個法則本身包含一種理想化作用：即取消了我們能力的限制，並以某種方式將我們的能力變成無限的了。關於這種理想化作用特有的自明性，我們以後還要討論。

因此，這些是一般的本質洞察，這種洞察澄清了「演繹」科學的整個的有條不紊的生成過程，並借此澄清了它們本質的存在方式。

這些科學並不是以記載下來的語句形式存在的現成的遺產，而是處於生動的，不斷生產的意義構成活動中，這種意義構成的活動透過以邏輯方式處理記載下來的東西，即以前生產的沉澱物，而總是支配這些東西。但是從具有沉澱的意義的句子出發進行邏輯處理，只能產生具有相同性質的句子。一切新的獲得物都表達一種眞正的幾何學的眞理，這在下面這個前提下是先驗地確定的，即演繹的建築物的基礎實際上以原初的自明性產生出來了，客觀化了，因此已變成了可以普遍理解的獲得物。從某一個人到另一個人，從某一時代到另一時代的連續性，肯定曾經是能夠實行的。顯然，原初的理念東西由文化世界中前科學的所予中產生出來的方法，肯定在幾何學存在以前就以明確的語句寫下來了，記錄下來了。此外，將這些語句由模糊的語言理解引致重新啟動其自明的意義的那種活動所具有的明晰性的能力，肯定會以自己的方式傳了下來，並且總是能傳下來的。

僅當這些條件得到滿足，或者僅當這些條件的實現，在今後任何時候都完全得到保證，幾何學作爲演繹科學，在邏輯構造的進展之中，才能保持其眞正原初的意義。換句話說，只有在這種情況下，每一個幾何學家才能夠將每一個命題不僅作爲沉積的（邏輯的）命題意義，而且作爲它的現實的意義、眞理的意義、包含於自身之中的東西，導致間接的自明性。整個幾何學也是如此。

演繹法在其進行中遵循形式邏輯的自明性，但是，如果沒有實際發展了的重新啟動包含在基本概念之中的原初活動的能力，也就是說，如果不知道這些活動的前科學的材料的「是什麼東西」和「是什麼樣的」，幾何學就會成爲一種空無意義的傳統；如果我們自己沒有這種能力，我們甚至連幾何學是否有一種眞正的意義，一種實際上能「兌現」的意義，或曾經有過這種意義，也不可能知道。

遺憾的是，我們的情況正是如此，而且整個近代的情況也是如此。

前面提到的「前提」事實上從未實現。基本概念意義形成的生動的流傳實際上是如何發生的，我們會在幾何學的基礎課程及其教科書中看到；我們在那裡實際上學到的就是：按照嚴格的方法論與現成的概念和命題打交道。透過畫出的圖形將概念變成感性直觀的，以此代替原初理念東西的實際產生。其餘的事情就成功了——不是超出邏輯方法固有自明性的實際洞察的成功，而是被應用的幾何學實踐上的成功，是它的巨大的，雖然是未被理解的實踐上的有用性。對此我們還必須補充一點，這一點在以後討論歷史上的數學時將會開始變得明顯，即完全熱衷於邏輯活動的科學生活的危險。這種危險就存在於這樣的科學態度迫使人們進行的某種不斷的意義改變之中。[31]

各種科學以及幾何學忠實於起源的眞正流傳在歷史上是可能的，透過指出這種可能性以之爲基礎的所有本質前提，我們就可以理解，這些科學如何能在幾個世紀中生氣勃勃地向前發展，卻仍然不能成爲眞正的科學。命題的傳承以及能夠從邏輯上構造愈來愈新的命題，愈來愈新的理念東西的方法的傳承，能夠透過各個時代一直繼續下去，而重新啟動原初開端的能力，即重新啟動所有以後東西的意義源泉的能力，卻沒有傳承下來。因此，所缺少的正是曾經給予或肯定曾給予所有命題和理論，以一種能夠一再地變得自明的根源的意義的東西。

當然語法上一致的命題和命題的構成物，不管它們如何——即使是透過純粹的聯想——產生出來並變得有效，在任何情況下都有它們本身的邏輯的意義，即能透過解釋變得自明的意義；這種意義在以後能夠一再地作爲、或是邏輯上一致的、或是邏輯上矛盾的同一的命題被認出，在後一種情況下，不能在現實判斷的統一中實行。在那些共同屬於一個領域的命題中，以及在可透過演繹由這些命題得到的體系中，我們有一個由理念上同一的東西構成的領域；對於這個領域而言，存在一些很容易理解的持久流傳的可能性。但是，現在命題如同其他文化構成物一樣，是作爲傳統產生出來的；它們可以說是提出一種要求，即要求能成爲原

31 這種意義的改變雖然對於邏輯方法有好處，但它使人們愈來愈遠離起源，並且使人們對於起源的問題，並因此對於整個科學本來的存在意義與眞理意義變得無動於衷了。

初自明的眞理意義的沉澱物；然而它們（譬如作爲由聯想而產生的歪曲）卻絕不是必然具有眞理意義。因此，即使整個的預先給定的演繹科學，處於有效性的統一之中的整個命題體系，起初也只不過是一種只有透過作爲被稱的眞理意義之表達的現實的重新啟動的能力才能被證明爲正當的要求。

從這個事態就能夠理解以下情況的更深刻的原因，即儘管在近代提出了廣泛傳播的，並且最後得到普遍貫徹的對於所謂「從認識論上奠定」科學的要求，然而卻從來也沒有釐清楚，這些非常令人羨慕的科學眞正缺少的是什麼。[32]

至於忠實於起源的眞正流傳，即在具有原來的自明性的實際上最初開端的狀態下的流傳，被中斷的更詳細的情況，我們可以指出它的一些可能的，並且是很容易理解的原因。在早期幾何學家們最初的口頭合作中，當然不需要將對於前科學的原始材料的描述，以及對於幾何學的理念東西與這些原始材料相關聯的方式的描述，然後是對於這些理念東西的最初的「公理性的」命題產生出來的方式的描述，精確地確定下來。此外，邏輯上較高的構成物還沒有上升到不能一再地返回到原初的意義的高度。另一方面，在原始的生成物上實際應用被匯出的法則的這種實際上是當然的可能性，在實踐中當然很快導致了一種被習慣地使用的方法，如果需要，這種方法可以借助數學完成有用的事情。當然這種方法即使沒有原初自

32 休謨除了努力回溯對已形成的觀念，以及一般科學的觀念的原初印象，還做了什麼呢？

明性的能力也能傳承下來。因此，一般而言，被抽空了意義的數學，在邏輯上不斷地進行構築時，是能夠傳承的，正如技術應用的方法能夠傳承一樣。這種實踐方面極其廣泛的有用性，自然而然地變成了推動和評價這些科學的主要動機。因此，已經失去了的原初的眞理意義很少能感覺到，以致甚至必須重新喚醒對於相應的回溯的需要，不僅如此，還必須揭示出這種回溯的眞正意義，就是不言而喻的了。

我們的作爲原理的所有結果，具有一種普遍性，這種普遍性延伸到所有的所謂演繹科學，甚至預示著所有科學的相似的問題和相似的研究。所有的科學肯定都具有沉澱了的傳統所具有的可變動性，進行傳承的活動在產生新的意義構成物時，就一再地運用這些沉澱了的傳統。各種科學以這種存在方式透過各個時代持續地延伸著，因爲所有新的獲得物又沉澱下來，又變成了研究的材料。這些問題，這些進行闡明的研究，這些原理上的洞察，不論在哪裡，都是**歷史的**。我們處於人類的地平線中，處於我們本身現在生活於其中的唯一的人類的地平線中。我們總是生動地意識到這個地平線，並且是作爲被包含在我們特定的、當前的地平線中的時間地平線被意識到的。對於這唯一的人類，本質上有一個文化世界作爲具有自己的存在方式的生活環境與之對應；這個文化世界在每一個歷史時代和人類文明中，都恰好是一種特殊的傳統。因此我們處於歷史的地平線中，其中所有東西都是歷史的，不管我們對於確定的東西知道得多麼少。但是這種歷史的地平線有自己的本質結構，這種結構可以透過有條理的詢問揭示出來。一般可能的特殊問題就是被這些本質結構預先規定的，例如，對於各科學來說，就預先規定了由於它們的歷史存在方式、它們特有的向起源的回溯。在這裡我們可以說被引回到最初的意義構成的原始材料上，被引回到原初的前提上，這些東西都存在於前科學的文化世界中。當然，文化世界本身又有它的起源問題，這個問題暫時仍未被問及。

當然，具有我們這種特殊形式的問題，立即就會引起相關聯的有關人類和文化世界的存在方式的普遍歷史性以及存在於這種歷史性中的先驗結構的整個問題。但是，像對幾何學的起源進行闡明這樣的問題，有自身的完整性，它並不要求超越這些前科學的材料而進行追問。

我們的補充說明將緊密聯繫到在我們的哲學—歷史狀況下很容易想到的兩點反對意見。

第一種反對意見是：一定要將幾何學起源的問題澈底追溯到無法找到的，甚至連傳說中也沒有的幾何學上的泰勒斯，這是一種多麼奇特的固執啊！幾何學存在於它的命題、它的理論中。當然，我們必須並且也能夠以自明性的方式澈底辨明這個邏輯建築物。在這裡我們肯定能達到最初的公理，並且從這些公理出發達到使基本概念成爲可能的原初的自明性。這如果不是「認識論」在這裡正是幾何學的認識的理論，還能是什麼呢？沒有人會想到要將認識論問題回溯到那個虛構的泰勒斯，這完全是多餘的。在現今存在著的概念和命題本身中，包含有它們自己的意義，首先是作爲尚不自明的意指，儘管如此，但卻是作爲具有被意指但尚屬隱蔽的眞理的眞命題，而這種眞理我們當然能夠透過將這些命題變成自明的而從它們當中揭示出來。

我們的回答如下。確實，任何人都沒有想到這種歷史的回溯；確實，認識從來也沒有被視爲一種特有的歷史任務。但是這正是我們對過去加以指責的原因。關於認識論的闡明與歷史的，甚至是精神科學的—心理學的說明之間的根本區分，認識論的起源與發生學的起源的根本區分方面的流行的教條，只要人們不對「歷史」、「歷史的說明」和「發生」等概念實行一種通常的方法不能允許的限制，就是根本錯誤的。或者寧可說，這樣一種限制是根本錯誤的，正是由於這種限制，歷史的最深刻的和眞正的問題被掩蓋了。如果仔細想想我們的（雖仍顯粗略，但以後必然會導致新的更深刻的層次的）闡明，那麼它們就正好表明，我們的知識——即作為現在生動的文化形態的幾何學是一種傳統，並且同時又仍被傳承——絕不是關於引起歷史各種形態的連續性的外在因果性的知識，譬如甚至是由歸納而來的知識，而在這裡以歸納爲前提剛好是荒謬的；相反，理解幾何學以及一般預先給定的文化事態，就已經意味著意識到了它們的歷史性，儘管是「潛在地」意識到的。但這並不是一種空洞的言詞；因為以下情況對於在「文化」這個標題下給定的一切事態完全是普遍有效的，不論它們所涉及是最低的需要方面的文化，還是最高的文化（科學、國家、教會、經濟組織等等），即在一切將文化事態直接理解爲經驗事態的活動中，都「同時意識到」它們是由人的構成活動而來的構成物。不管這種意義怎樣地隱蔽，不管它怎樣只是單純「潛在地」被同時意指，它仍然包含有說明、「解釋」、澄清的明顯的可能性。任何說明，任何從解釋向自明性的過渡（哪怕也許很快就會停頓下來），不外都是歷史的揭示；從本質上說，它本身是一種歷史的東西，並且作爲這樣的東西本質必然地具有其歷史的地平線。當然，這同時也就是說：被理解爲整體的整個文化的現在「隱含著」具有不確定的、但從結構上看是確定的一般性的整個文化的過去。更準確地說，整個文化的現在暗含著一種彼此相互關聯的過去的連續性，每一個過去本身都是一種過去了的文化的現在。這整個的連續性是一種延續至現今（這個現今是我們的現今）的傳統的統一性，並且是作爲將自己本身以流動—持存的生動性傳統化的過程。正如已經說過的，這是一種未被規定的一般性，但它具有一種原理性的結構，並且是從已經表明的東西出發，可以進行更爲廣泛的解釋的結構，這種結構也奠定並「包含」對於實際的具體的事實的任何探求與規定的可能性。

因此，使幾何學成爲自明的，就是揭示它的歷史傳統，不管人們是否清楚這一點。爲了不停留於空洞的談論或無差別的一般性，這種認識只需要從現在出發的，透過對現在的研究而實行的有步驟的恢復具有前面（在可以說是表面上屬於幾何學的東西的一些部分中）強調過的形式的那種有差別的自明性。如果系統地實行，那麼這種恢復所產生的就不是別的，而正是具有其最豐富內涵的歷史的一般的先驗性。

我們現在還可以說，歷史從一開始不外就是原初的意義形成和意義沉澱的共存與交織的生動運動。

不論什麼東西根據經驗作爲歷史事實被想起，或是由歷史學家作爲過去的事實而表明出來，它們必然具有自己內在的意義結構；但是日常在這裡可以在動機的關聯中明白揭示出來的東西，更具有其深刻的、延伸到愈來愈遠的內涵，這些內涵是可以詢問，可以揭示出來的。一切關於事實的歷史學都仍然是令人費解的，因爲它們總是樸素地、直接地從事實進行推論，然而卻從不將這種推論整個地以之爲根據的一般的意義基礎當作主題，也從不研究意義基礎所固有的強有力的結構上的先驗性。只有揭示出處於我們的現在之中，然後是處於每個過去或將來的歷史的現在本身之中的本質一般的結構，[33]並且整個說來，只有在對我們生活於其中，我們整個人類生活於其中的具體的歷史的時間的揭示中（從它的整個本質一般的結構加以揭示），只有這樣一種揭示，才使眞正有助於理解的歷史學、有洞察力的歷史學、眞正意義上的科學的歷史學，成爲可能。這是具體的歷史的先驗性，這種先驗性包含在歷史上已生成的東西和正在生成的東西中的，或在其本質存在中的，作爲流傳下來的東西和傳承下來的東西的全部存在物。以上所說的東西，涉及到「歷史的現在一般」、「歷史的時間一般」這種整體的形式。但是，被歸入其作爲傳統和自身生動流傳的東西之統一的歷史的存在之中的特殊文化形態，在這個整體中，只具有在傳統性中的相對獨立的存在，只是作爲非獨立成分的存在。現在還必須相關聯地考慮到歷史性的主體，即創造文化形態的，在整體中發揮功能的個人：進行創造的作爲個人的人。[34]

就幾何學而言，在我們指出了基本概念的變得難以接近的隱蔽性，並且使這些概念按照

33 處於社會－歷史的人類本質結構之中的外在的現成的人的表面結構，但是還有能揭示有關聯的個人的內在歷史性的更深的結構。

34 這種歷史的世界，起初當然是作爲社會－歷史的世界而預先給定的。但是這種歷史的世界，只有透過每個個人的內在歷史性才能在歷史上存在，並且作爲個別的世界，存在於與其他被共同體化了的個人的內在的歷史性，結合在一起的每個人的內在的歷史性中。請回憶一下我們在開始時的一些不充分的敘述中，關於記憶以及其中包含的經久的歷史性所說的東西。

最初的根本特徵成爲可以理解的之後，人們現在認識到，只有（在一般歷史性的先驗性這整個問題之中）有意識地提出揭示幾何學的歷史起源的任務，才能提供出忠實於起源的，同時能以一般歷史學的方式理解的幾何學的方法，不論是對於一切科學，還是對於哲學，情況都是一樣。因此，從原則上說，哲學的歷史，專門科學的歷史，不可能按照通常的事實的歷史學的樣式，將它的主題當中的任何東西變成可以理解的。因爲眞正的哲學史，眞正的專門科學的歷史，不外就是將當前給定的歷史的意義構成物，更確切地說，它們的自明性——沿著歷史回顧的有文獻記載的鏈條——直回溯到作爲其基礎的原初自明性這一隱蔽層次。[35]甚至在這裡的本來問題，也只有透過求助於作爲一切能想像到的理解問題的一般源泉的歷史的先驗性才能獲得理解。在科學中，眞正的歷史說明的問題，是與「從認識論上」進行的論證或澄清相一致的。

我們一定還會預料到第二種反對意見，並且是非常重要的反對意見。在以各種形式廣泛流行的歷史主義那裡，我很難期待它對於超出通常的事實的歷史學的深層次研究（如同我在本文中所概述的深層次研究）有少許的敏感性，特別是因爲這種深層次研究，正如「先驗

35 但是，對於科學來說，什麼是原初自明的，這取決於那些提出新的問題，新的歷史問題的受過教育的人，或這些人的範圍，這些問題既是在社會－歷史世界中外在歷史性的問題，也是內在的歷史性的深層次上的問題。

性」這個詞已經表明的，要求一種完全無條件的，超越一切歷史事實的自明性，眞正必眞的自明性。人們會反對說，在我們已獲得如此之多的證據表明一切歷史東西的相對性，一切歷史地生成的世界統覺，直到「原始」部落的統覺的相對性之後，還要想揭示歷史的先驗性，絕對超時間的有效性，並且自以爲已經揭示出了這樣的東西，這是多麼天眞啊！每一個民族不論大小都有自己的世界，對於同一個民族來說，這個世界中每一樣東西都是非常和諧的，不論是透過神話—巫術的方式，還是透過歐洲—理性的方式；這個世界中的一切都能夠完美地說明。每個民族都有它的「邏輯」，因此如果這種邏輯用命題來說明，就有「它的」先驗性。

但是，讓我們來考慮一下，確定一般歷史事實，因而也包括確定支持這種反對意見的歷史事實的方法論；並且就這種方法論以之爲前提的東西進行思考。不是在關於「事實實際上曾是怎樣的」這種精神科學的任務的提法中，就已經包含一種不言而喻的前提，一種具有絕對不容置疑的自明性（如果沒有這種自明性，歷史學就會變成一種無意義的事業）的從未被注意到的，從未變成主題的有效性基礎嗎？所有通常意義上的歷史學的提問和提示，都已經以作爲普遍的問題地平線的歷史爲前提，這種普遍的問題地平線雖然不明顯，但仍是作爲潛在的確信的地平線，這種地平線儘管有其全部背景上的模糊性和不確定性，仍然是所有確定性的前提，或所有想要尋求和查明確定事實的意圖的前提。

歷史學上本身是最初的東西，乃是我們的現在。我們總是已經知道有關我們現在的世界，並且知道我們生活於其中，我們總是被一個由未知的現實事物構成的、敞開的、無限的

382

地平線包圍著。這種作爲對地平線的確信的認識，並不是學會的認識，並不是在某個時候曾經現實地存在過而只是現在變成了背景的、向後退去的認識；爲了能作爲主題提出來，這種對地平線的確信必須已經存在；爲了要知道我們還不知道什麼，它已經被當作前提了。一切無知都涉及未知的世界，然而這個未知的世界作爲世界，作爲全部現在的問題的，因此也包括作爲特殊歷史的問題的地平線，對於我們而言，預先就存在著。這個特殊歷史的問題是針對人的問題，即針對這樣的人，他們按照共同體化了的共存方式，在世界中活動、創造，並且總是重新改造這個世界的恆常的文化面貌。此外對於以下這一點——我們應該是已經談到過這一點了，我們不是已經知道了嗎？即這個歷史的現在，在自身背後有其歷史的過去，它是從歷史的過去生成的；歷史的過去是一個從另一個產生出來的所有過去的連續體，每一個過去作爲曾存在過的現在，都是傳承下來的東西，並且由自身產生出傳統。我們不是知道以下這一點嗎？即現在，以及在其中包含的全部歷史的時間，是歷史上統一的不可分割的人類的現在，這種統一是透過人類的世代的聯結以及透過從總是已經教化了的狀態出發進行教化——不論是在協作當中還是在相互照顧當中，而不斷地共同體化完成的等等。難道由所有這些不是表明一種普遍的地平線的「知識」，一種潛在的，但可以按其本質結構系統地闡明的地平線的「知識」嗎？在這裡變成重大問題的東西，難道不就是那個所有問題都包容於其中，因此所有問題都以之爲前提的地平線嗎？因此，我們首先還不需要對歷史主義提出的事實進行某種批判的考察，只要指出一點就夠了，即關於它們的事實性的斷言就已經是以歷史的先驗性爲前提的——如果這種斷言有意義的話。

但是，仍然還產生一種懷疑。我們所依靠的地平線的解釋，不能停留於模糊的、表面的談論；它本身必須達到一種科學性。它藉以表達的句子必須是確定的，並且能夠一再地變成自明的。我們用什麼方法才能獲得歷史世界的普遍的，與此同時又是確定的，始終忠實於起源的先驗性呢？不論我們什麼時候進行思考，我們都以一種自明性發現，我們有能力進行反思，能夠朝地平線望去，並且能夠透過解釋深入到地平線之中。但是我們有能力，並且我們自己也知道有能力，完全自由地在思想中和想像中改變我們人的歷史存在，以及改變在這裡被解釋爲這種存在的生活世界的東西。正是在這種自由改變當中，在對生活世界的可以想像到的可能性的熟悉當中，以必眞的自明性出現了一種貫穿於一切變體的本質普遍的存在；關於這一點，我們實際上可以以一種不容爭辯的明確性加以確信。在這種情況下，我們就消除了與作爲事實而有效的歷史世界的任何聯繫，而將這個世界本身只看作一種由思想上可能的東西構成的。這種自由，以及這種將目光指向必眞的不變項，總是——以能夠隨意重複這種不變的結構的自明性——將不變項作爲同一的東西，在任何時候都能成爲原初自明的東西，能夠以明確的語言確定的東西，作爲總是被包含在流動的、生動的地平線中的本質，一再地表明出來。

借助於這種方法，我們透過超出我們以前所指出的形式上一般的東西，也能夠將前科學世界中那種必眞的東西當作主題。這種必眞的東西，幾何學的最早的創立者曾是能夠支配的。它肯定能夠被當作他進行理念化的材料。

幾何學以及與它有緊密聯繫的所有科學，不得不與空間時間性，以及其中的可能形態、圖形，還有運動狀態、形狀變化等等打交道，特別是將這些東西當作可測度的量與之打交道。現在很清楚，儘管我們關於早期的幾何學家的歷史的環境所知甚少，但是作爲不變的本質的成分，以下這一點是肯定的：即它是一個「由事物」構成的世界（其中包括作爲這個世界的主體的人本身），所有的事物必然具有物體性，儘管不可能所有的事物都是單純的物體，因爲必然共存的人類就不能認爲是單純的物體，同樣即使在結構上共同從屬於物體的文化對象，也不能僅限於物體的存在的範圍。另外以下一點也很清楚，至少就其本質核心而言，透過仔細的先驗的闡明，是能夠查清楚的，即這種純粹的物體具有空間時間的形態，而「質料」的性質（顏色、溫度、重量、硬度等等）就與它有關。其次也很清楚，在實際生活的需要當中，形態方面的某些特殊研究被突出出來，而技術實踐總是已經指向被認爲特別優越的形態的製作，並且按照某種漸進的方向對這些形態加以改進。

首先從事物形態中抽取出來的是面或多或少「光滑的」、或多或少完美的面、棱，或多或少粗糙的，或是相當「平直的」棱；換句話說，或多或少完美的線、角，或多或少完美的點；而線上中，直線特別受喜愛，在面中，平面特別受喜愛；例如，爲了實踐的目的，由平面、直線和點限定的平板特別受喜愛；而完全地或局部地彎曲的面，對於許多實踐興趣來說，則是不合需要的。因此，製造平面，並使之完善（拋光），在實踐當中總是有其作用的。在人們想要進行公平分配的場合也是如此。在這裡，對量的粗略估計變成透過對相等部分的計數而進行的對量的測量。（在這裡，從事實的東西出發，也能夠透過自由變換的方法，認出本質的形式。）每一種文化都有測量，只是在完善程度上有低級和高級的不同。我們總是可以假定，在本質上可能的歷史狀況中的、在這裡是作爲事實的歷史狀況中的某種測量技術，不論是較高的還是較低的測量技術，因此也包括建築物的繪圖技術，測量田地和道路的技術等等，保證了文化的進步，它們總是已經存在於那裡了、總是已經相當發展了，並且已經預先給予尚不知道幾何學，但可以被想像爲幾何學的發明者的哲學家了。作爲哲學家，在他從實踐上有限的周遭世界（由房屋、城市、風景等等，以及在時間方面週期地發生的過程，如日、月等等構成的世界），轉向理論的世界觀察和世界認識時，他就將暫時已知的和未知的空間與時間作爲在開放的無限性的地平線中的有限東西占有了。但是他還沒有由此而獲得幾何學的空間，數學的時間，以及其他由這些作爲材料的有限的東西而能生成新式精神產品的東西；並且他還沒有借助於他的具有其空間時間性的多種多樣有限的形態，獲得幾何學的形態，運動學的形態；這些有限的形態作爲由實踐而產生的，並想使之逐步完善的形態，很顯然，只是作爲新式實踐的基礎，而由這種新式實踐產生出一些名稱相似的新的構成物。

以下這一點預先就很清楚，即這種新的構成物將是由進行理念化的精神活動，即「純粹」思維產生的結果。這種純粹的思維在已描述過的這種事實的人類的一般預先給定的東西中，以及人的周圍世界中，有其材料，並由這些材料創造出「理念對象的東西」。

現在的問題就會是，透過訴諸歷史學上本質的東西，揭示出曾必然能夠並且應該賦予幾何學的整個生成以它的持久眞理意義的那種歷史上起源的意義。

現在特別重要的是，突出並且確立以下這個洞察，即只當在理念化活動中考慮到了空間時間領域的必眞的一般內容，即在一切可以想像的變化中不變的內容，理念的構成物才能產生；這種理念的構成物對於整個未來，對於人類所有未來的世代，都是可以理解的，因此是可以傳承的，並可以以同一的主觀間共同的意義重新產生出來。這種條件遠遠超出了幾何學，對於所有應該能無條件普遍地傳承的精神構成物都是有效的。只要科學家的思想活動將某種「受時間限定的東西」，即限定於他的當前的純粹事實的東西，或是作爲純粹事實的傳統而對他有效的東西，引入他思想中，那麼他的構成物同樣也就具有純粹受時間限定的存在意義；這種意義只能被那些分享有相同的純粹事實的理解前提的人所理解。

以下是一種普遍的確信，即幾何學以及它的全部眞理，對於不僅是歷史上實際存在的，而且還有一般可能想像的所有的人，所有的時代，所有的民族，都是絕對普遍有效的。人們從來也沒有探究過這種確信的根本前提，因此人們從來也沒有眞正將這種根本前提當成問題。但是對於我們來說，以下一點也變得清楚了，即對於要求無條件客觀性的歷史事實的每一種斷定，同樣也是以這種不變的或絕對的先驗性爲前提的。

只有透過揭示這種先驗性，才能有一種超出一切歷史事實、一切歷史的環境、民族、時代、人類文明的先驗的科學，只有這樣，一種作爲「永恆眞理」（aeterna veritas）的科學才能出現。那種已獲得的、有時被挖空的科學上的自明性向原初的自明性追溯的能力，只能建立在這個基礎上。

在這種情況下，我們不就面臨著理性的廣闊而深遠的問題地平線嗎？即那種在每一個不管多麼原始的人，即在「理性的動物」那裡發揮作用的同一理性的問題地平線嗎？

這裡並不是探討這種深奧問題的地方。

從所有這一切我們現在至少可以認識到，歷史主義——它要想從受時間約束的人類的神祕的性質或其他統覺方式的觀點，闡明數學的歷史的或認識論的本質，是根本錯誤的。對於有浪漫主義心情的人來說，數學的歷史上的東西及其史前的東西中，神話的—神祕的東西，可能特別有吸引力；但是沉湎於數學中的這種純粹歷史事實的東西，也就正是陷入浪漫主義，而忽略了眞正的問題，忽略了內在的歷史的問題，忽略了認識論的問題。在這種情況下，很顯然，人們的目光也無暇注意到，如同所有東西一樣，每一種類型的事實性，包括那些在反對意見中發揮作用的類型的事實性，都在人類的普遍東西的本質結構中，有其根源，在其中表現出一種貫穿於歷史整體中的目的論的理性。由此顯示出與歷史的整體性有關，並與最終賦予歷史以統一的整體意義有關的一系列獨特的問題。

如果一般關於事實的一般歷史學，特別是在近代實際上普遍地擴展到整個人類的一般歷史學，具有某種意義的話，那麼這種意義只能奠定在我們在這裡可以稱爲內在歷史的東西的基礎之上，並且作爲這樣的東西，奠定在普遍的、歷史的先驗性的基礎上。這種意義必然進一步導致已經指出的理性的普遍目的論這種最高的問題。

如果我們在這些闡明性敘述——這些闡明是按照十分普遍的、多方面的問題的地平線進行的之後，將下面這一點作爲某種充分確保的東西而當作基礎，即人的周圍世界從本質上講，現在是同一的，並且始終是同一的，因此對於那種適合於原初創立與持久傳承的東西也是同一的，那麼我們在我們自己的周圍世界中，就可以按照統一的步驟，並且只是以探索的方式指明，對於「幾何學」這種意義結構進行理念化的原初創立的問題而言，應該更詳細地思考什麼東西。

附錄四，附於第二部分第十二節。[36]

經典物理學的前提。主觀上變化的自然現象，經驗的自然現象，由於其經驗上的逼近（使完善）的過程與遠離的過程，使人們轉向作爲由物體本身構成的全體領域的自在自然之數學理念。普遍有效的自然數學，有關自在存在物體的空間時間位點的數學，作爲基礎，就屬於這種理念；這種數學是透過位點在下面這種意義上一次規定的（個體化的），即一個普遍的法則（對於空間而言就是幾何學的法則），是由於下面這種可能性而存在的，即當一個坐標系被自由選定時，對於任何一個位點，對於空間上的任何延伸，都能一義地具有一種完滿規定的用數字計算的數值。因果性法則就奠立於這個基礎上。每一個物體都可以借助因果性法則進行計算，物體的理念本質就在於它的空間時間的因果性的存在。數學的普遍法則是在這樣一個限度內被規定的，即它具有一種有限數目的基本數學法則（公理）的形式，一切法則都作爲純粹的結果，以純粹演繹的形式包含於這些基本數學法則中。按照經典物理學，自然最後是作爲實在的、不可分割的、空間時間上定位的、連續的或分立的要素之全體

36 寫於一九三六年六月。本文取自手稿 KIII 2（第四十六—四十七頁）。

領域而存在的，這樣，數學物理學的法則透過用數字表示的個體化，使自然界的一切實在東西，或它們的一切最終要素和複合體的一義計算成爲可能的了。自然中的一切存在物，由於其因果性的存在（而這因果性的存在，總是直接或間接地與作爲因果性事態的多樣性的整個其餘的自然相關聯），並且由於自然的永恆法則的性質，是「自在地」被一義規定的。

新的物理學：處於由自在存在物構成的時間空間的次序中的實在東西，不能預先一義地規定和計算。當人們將個別的存在者視爲已確定給予時，實在自然的普遍法則（純粹數學的，特別是物理學的法則）作爲演繹的結果，只包括那些在其因果性行爲中能按其活動範圍規定的東西。這樣，最終的細節的行爲，就處於一些特殊的因果性之中，即它們處於就某種能從數學上說明特徵的類型進行編組的法則的支配下。這種確定的自然只是按照編組，按照所屬的類型，才能一義地計算；不能按照這一組中的個別的細節進行一義地計算，就是說，不能就這些細節的運動以及其他的變化，進行一義地計算。因爲，普遍的自然法則，是以演繹的方式一義地可計算地包含著類型——或，自然科學的自然，只是自在的類型的自然，所以最後細節的變化，只是按照它們所歸屬的類型，並且是只能勾畫出活動範圍的類型，以或然性勾畫出來的。

說在自然界存在一些在因果性方面不確定的事件這種意義上的偶然事件，是不正確的，因果性，即每一事件對其環境中事物，最終是對整個自然的依賴性，是自然的理念，並且是作爲數學自然科學的自然的理念，一開始就包含的。這對於新的物理學也適合。因果性並不意味著經典物理學意義上的一義計算，這種一義計算，寧可說是早期物理學容易想到的對自然因果性的最早的解釋。對自然事件的新的理解——這是在這樣一種普遍假設之中的理解，即經驗的自然被理解爲與數學上理想的自然近似——在下面這一點上並沒有任何改變，即在最終要素上的任何事件，任何運動和變化，都是「因果性地」決定的；只是現在因果性所說的是，這些事件、運動和變化，是按照法則受它們的類型的複合體制約的，或更確切地說，在自然中發生著一種「先驗的」複合體的結合與分解，而分解重又按照一種絕對普遍的樣式導致複合體的形成，因此，個別地並且是最個別地發生的東西，從來也不是任意發生的——雖然它並不是按照其個別性可計算的。寧可說，只是依據其處於所有複合體的關聯之中複合體而發生的。這種情況總是爲所發生的事件規定一種因果性規則。而正是這種情況形成客觀的或然性。或然性，如同可靠性、明確性、可計算性等等一樣，是一種主觀的表現，它是依賴於我們這些進行推測和進行計算的人的。在假設的自在自然中，並沒有作爲可推測性的或然性，而只有對於物理學家而言的，變成事件發生之可能性和或然性的範圍的一組東西的法則。

經典物理學是原子論的（在最原初意義上）和機械論的（數學化了的自然中的一切事件，從事件起，從原子中的一切變化起，都是可以一義地計算的，依據這些事件和變化，整個自然可以按照全部複合體機械地說明）。

新的物理學，是關於被按照個體—類型思考的自然的物理學，甚至在自然中進行最後構成的所有要素的一切事件、一切變化，都具有其實在的存在，而這種實在存在是由一組變化的個別的類型學規定的，這一組變化是這些變化所歸屬的，並且當這些變化從一組個別類型中凸現出來時，一定會立即適應這一組變化。

因此新的物理學開始將處於數學－物理學理念化之中的物體世界的經驗直觀內容——這種內容過去未受到應有重視——包含到理念化之中。正是經典物理學由於新發現的射線而陷入的困難，迫使它這樣做的。經驗直觀的世界（能夠理念化的「現象」的世界）是具體物體的世界；具體物體呈現為同一的物體，此外它們是由各部分，由最後的（經驗的）要素構成的整體，但不是以這樣的方式呈現的，即彷彿它們在取消一些部分和接受一些部分時，會失去其同一性。當它們保存其個體的類型時，它們在材料的改變中仍然是同一的。新的物理學是對自然的個體的－類型的（然而卻仍然是數學的）認識的開端，因為它作為量子物理學，例如，將原子規定為個體的－類型的統一，這些個體的－類型的統一在自然的自在方面，先於它們最終要素的存在，並參與決定最終要素的存在與存在方式的規則。因此在有關自然的數學中存在著一些數學的法則，它們在以下方面具有最大的普遍性，即它們涉及最終的要素，同時涉及具體物，只要最終要素被視為理念上的同一東西（絕對不變的同一東西），同樣具體物也是絕對不變的，就是說，被認為是具有理念的同一性的近似，並被理念化，被認為是按照幾何學的方式保持其形態，按照運動學的方式保持其運動等等的對象。

在經驗中被看作與固定不變的東西近似的東西，在理念性領域中，由於引入個體的－類型的東西，也被視為是分子這個「太陽系」中的形態與形態變化的近似，因此是按照幾何學的方式討論的。這表明，最後，一切東西，最終的要素和整體東西，都必須按照個體的－類型的方式來看待，而理念化和數學化始終只是方法，這種方法並不是依照舊的經典態度克服直觀的相對性，相反它本身就保持在相對性之中，而且在每個新階段都恰好適合於始終是相對的存在。

更重要的是，物體存在的「量子化」意味著一種關於以物理學方法獲得的，以具體物形式存在的，更確切地說，由最終的具體物（個體的—類型的整體）構成的自然的法則；但是從經驗直觀——在其變化中，在其統一形態中，就包含著關於進行理念上預先推定的物體理論的一切構想的唯一基礎上，我們仍然還是預先提供了一種關於作爲具體世界的世界之普遍法則，在這裡，就是作爲具體自然的自然之普遍法則。物理學家（依照嚴格精確的理由假定）發現的基本的類型學，對於較高的具體物的結構而言，是基本的，這種結構不是可以任意想像的，而只有按照肯定可以按照其樣式進行研究的結構類型學，才是可以想像的。世界作爲本質上具體的世界，只能按照較高的和較低的具體物的類型學而存在，在最高層次上，世界作爲大全，不僅是由各「原子」，由物理學上表明是基本的具體物構成的大全，而且是具有構造法則的大全，由於這種法則，世界這個具體的「整體」，作爲整體（雖然作爲無限的整體，本身並不是在其他具體物之中的具體物）是一個具體的大全。在這種情況下，世界整體，就被劃分成下一級的整體，而這些整體首先本身又是由整體構成的，這樣一直劃分下去，直到最後的整體。其次，在這種各整體的共存中，我們看到一種特殊的各整體的因果性，即作爲在世界統一之中的綜合可能性的法則。如果我們透過在想像中自由改造現實世界而在思想上改變現實世界，那麼在這裡顯露出來的世界這個具體物的普遍樣式，作爲存在著的所有具體物的大全（每一個具體物都存在於材料的變化之中），就意味著一種普遍的聯繫，一種因果性，這種因果性支配著具有其作爲具體物的變化的所有具體物。這種變化在這裡特別是指每一個具體物的結構的變化；而在對自然的抽象態度中，則是指每一個正是由這些物體構成的具體物的結構變化。

我們理解，這裡所涉及的並不是「原始的具體物」，不是以言語概念進行的活動，相反，在這裡，我們的目光是指向貫穿於經驗世界（儘管並沒有窮盡物體世界的全部具體物）的結構類型學，這種結構類型學也將世間物體的普遍性，包括有機體的普遍性，變成物質的具體物的關聯，每一個具體物按照固有本質，並且以與其他具體物共存的方式，受法則的支配，受「因果性的」、並與所有具體物相關聯的法則的支配。當然，正因爲自然不是世界，這種支配不可能是一義性的。

由此得知，物理學會由於忘記了指導它進行理念化和指導它的假說的理論狀況，而陷入與機械的原子物理學所陷入的相似錯誤中，如果它相信，借助於它原初的具體物，能夠以數學方法推演出具體世界的全部具體物，用典型的說法說，彷彿能發明一種數學，它能把握這些處於其相互關聯中的最後的具體物，以致由此能將可能具體世界的全部具體物都用演繹方法推導出來的話。

數學的物理學，是認識我們現實地生活於其中的自然的，在相對東西變化中始終保持具有其同一性的、經常是經驗的和具體的統一的自然的卓越的工具。它使物理學的技術在實踐上成爲可能。但是它有自己的界限，而且不僅在這樣一點上有自己的界限，即我們在經驗上不可能超出接近的階段，而且在這樣一點上有自己的界限，即實際上具體世界只有很狹窄的層面被把握。生理學、生物物理學，作爲關於處於具體的有機的世界整體之中的有機物體的學說，仍然經常有運用物理學的理由（因爲有機體是可以理念化爲數學上的物體的），但是從原則上說，生物物理學不可能化歸爲物理學。生物物理學的實在性和因果性，絕不能還原爲物理學的實在性和因果性。

附錄五，附於第二部分第十六節以下。[37]

我們從歷史上回憶我們哲學上的前輩時，現在該輪到笛卡兒了。

如我們已經知道的，笛卡兒有哲學的歷史，有可以追溯到泰勒斯的哲學家共同體作後盾。但是**笛卡兒要「重新開始」**。

「我們這些當代的哲學家們」，這個哲學的當代的哲學家們，是這樣開始著手對於哲學上不滿於這個當代的動因，對於當代人不滿於我們的哲學的動因，以及我們自己不滿於在哲學上過分增多的紛繁性——違背哲學的意義——的動因進行思考的。這裡包含有進行歷史思考的動因，將我們的哲學的當代作爲哲學的歷史的當代進行考察的動因，以及喚醒對我們哲學上的祖先「進行歷史回憶」的動因。我們這一代哲學家是有來源的，可以沿著世代

---

37 本文取自手稿 KIII 26（第十—十三頁）。第十頁寫在《危機》（《危機》IIIA）中一頁的背面。可能寫於一九三六—一九三七年冬。

的鏈條進行追尋，在特殊情況下，可以沿著哲學發生的鏈條進行追尋——一直追尋到我們稱爲我們最早的祖先的那些人，我們的最早意圖的，我們的精神構成物的最早的創立者；我們的這些思想意圖和精神構成物，按照它們對於我們的意義和繼續有效性，是來自那些最早的祖先的原初的意圖和原初的精神構成物。我們按照歷史回憶的再現方法，就能很好地再現自身沉思，即以前的哲學家們的自身沉思；但是這種透過歷史的回憶喚醒以前的哲學家和他們的哲學，我們透過深入理解，將這些哲學理解爲思想成果，理解爲那些被喚醒的哲學家的意向、計畫，以及這些計畫的實行，按照它們彼此以不同方式的相互間影響來看，原來它們是：時而作爲後代接受遺產、作爲學者，最多是解釋和延續這些遺產；時而作爲後代拒絕這些遺產，部分地是批判地拒絕，或者甚至全部拒絕，特別是在過去爲遺產準備好的哲學有多種形態的情況下，或是以折中的方式拒絕，或是全部地澈底地拒絕——如由於認爲完全無用而拒絕整個經院哲學，或者雖然承認有積極的方面，但由於認爲預先已經是不可改變的遺產而加以拒絕。

當我們以這種方式參與到歷史之中，即當我們以歷史的方式回憶我們的歷史存在，回憶那種在我們之中雖然是由自己的精神活動產生，但卻是由遺產而來的東西，由我們對那種本身已經是由對過去哲學的批判，產生的東西的批判而來的東西（而這些過去的哲學本身具有歷史遺產，並批判歷史遺產）時，並且當我們理解，在通常情況下，接受與修正是相互聯繫的時，我們就處於一種特殊方式的沉思之中：我們就會理解，在後輩人中，有某種來自前輩人的思想在精神上延續著，更確切地說，在後輩人的正在思考的計畫和工作中，有前輩人的計畫在精神上延續著，我們就會理解，曾有其開端的一般哲學，在所有的歷史變化中，正是由於以下情況而是哲學，即最原初的計畫乃是一種新的意向，這種意向試圖以各種不同的已被找到的形態充實自己。因此正如一般的意向一樣，它在開始時是很不確定的，它是在已被找到的充實當中才被規定的，但是，這種充實可能是一種不完善的充實，正如它現在是不完善的那樣，它被接受，但又受到批判；這就是說，充實作爲意向的充實受到了批判，就此而言，意向得到了更新，並重新爲它尋求充實等等。

透過把握從最初就加入到歷史之中的這種意義，透過深入研究這種意義（研究這種意向），我就能夠完成一種針對充實這種意向的本質可能性的解釋而在歷史的傳統中，後來的哲學家是否正是做這樣的解釋，是否完成同樣的成果，則是無關緊要。並且據此我就能夠理解，笛卡兒關於澈底重新奠立哲學的要求眞正意味的是什麼。並且我就能夠理解，一般而言，後來的哲學家如何能夠重新要求一種澈底的開端，以及哲學借助這種意向提出的最原初的要求，在自身中，在其充實可能性的所有自明條件中，就包含一種絕對命令。我就能夠理解，每一個哲學家（作爲自身仍具有原初意向的哲學家），都能夠透過沉思有意識地發現這種確定的要求，儘管也許並沒有有意識地達到這種要求。每一個哲學家都服從這樣一種要求，即使是對早期的哲學，也不能按照其流傳，按照其形成物，加以接受，而是主動地充實它的意向性，而且只是從這種意向性出發，才承認他原初自身體驗爲充實的東西爲充實。笛卡兒曾是認眞這樣做的，我們也要認眞這樣做，然而不僅是經院哲學家和古代的哲學家，而且甚至連伽利略的新的自然科學，也沒有提到過要這樣做。但是，在哲學的原初意向中就包含有這樣的想法，即成爲在預先給定的基礎上的意圖；在這裡就已經包含有追溯這個基礎的問題，以及追溯從哲學以前的經驗和認識（生活世界的經驗和認識）出發，追求哲學的認識，並經過努力達到哲學的認識之方式的問題。

對於笛卡兒來說，「哲學」這種意向雖然是**他的**意向，但同時又是「貫穿於」各個時代的**唯一**的意向；這種哲學貫穿於所有的哲學，具有同一的意義，而並不是一種透過對各哲學的經驗的外在的比較而獲得的普遍東西，就像三角形是透過對感性上給予的各個別的圖形進行比較而得到的普遍東西那樣。（一般而言，在這裡已經有精神形態——文化構成物的形態——與「感性的」形態的明顯差別。）但是就哲學而言，情況仍然是不同的。在歷史（這歷史是我們的歷史）的統一中，我們的哲學家，全體哲學家，在以下方面有一種同一性，即他們不僅想充實相同的或相似的所有意向，而且每一個哲學家都具有同一的意向，每一個哲學家只是透過重新採納而重複這個意向，其情形相似於個別的自我現在具有以前下定的決心，或一個已經獲得的認識判定，而以重新採納這舊的決心的形式重複這同一個東西，因此這個決心被認出是同一個決心，並被證明是同一個決心。只不過在歷史的內容方面總是一再地改變的世界，一切哲學家都居住於其中，總是生活於其中，並且知道它是歷史的世界的統一性和同一性，要求一切哲學意向的統一性和同一性。哲學家向這個世界提出要求，他批判這個世界，他爲它的不完善的眞理，爲它的主觀—相對的存在方式，尋求最終的眞理，尋求自在的存在。當他這樣做的時候，他總是將世界假定爲是以其自身的方式存在的世界；他說，世界存在著，而世界中的事物只是以在存在與非存在之間懸而未決的形式存在，因此這正是世界的存在方式，而絕不是幻覺，因爲我們預先必須排除以下情況，即那種對我們作爲現實而出現在我們眼前的東西，或不論以其他什麼方式出現在我們眼前的東西，是幻覺；在這方面，對於我們來說，不許存在任何妨礙我們的主觀確信的懷疑，因此在這裡我們能夠提出有關客觀眞理的認識詢問，並能形成有關它的方法，或運用這種方法。幻覺並不分有（μέθεξις）理念，並不「回憶」理念，幻覺就在於，它並不表達最後的眞正的存在，這種最後的眞正的存在只爲我們產生經驗上眞的存在，能在眞正的生活世界的現實中證明的存在。

我們曾說，笛卡兒對於作爲一個可以澈底懷疑的世界的感性世界進行了全面的批判。他要求將一切可疑的東西懸擱起來，因此就整個感性世界的眞正存在，以及全部被認爲是屬於它的存在者，實在的東西，進行懸擱。在這裡，他顯然並沒有將眞理理解爲生活中在前科學上被認爲是眞的和實在的東西，甚至是以判斷形式表達出來的，受到懷疑的，並根據經驗在實踐上充分證明了的東西；而是理解爲最後的眞理，這種眞理不像經驗的眞理那樣只是相對的，而且不僅是將在存在方式方面進行修改的可能性擱置，而且甚至將事後作爲無意義的東西加以拋棄的可能性也擱置，只要經驗的擴大和繼續發展，決定了迄今被證明是存在的東西將被消除的情況是敞開的。當在這裡產生的這種「懷疑的可能性」涉及到整個「感性的世界」，涉及到認識者的生活世界時，它也包括作爲這個世界中的人的認識者本身。[38] 然而自

38 古代人貶低人類實踐生活中有效的前科學的認識，以及對它的相對的證明，並且不加任何認眞思考就將它作爲虛假認識加以排除的做法，在笛卡兒那裡作爲一種傳統的東西又再次出現了。

相矛盾的是，在這種對這整個世界的存在有效性的懸擱中，這個自我，這個我，這個對世界進行意識的主體，這個實行懸擱和意向最終眞理的主觀，仍未被懷疑的可能性所觸動，正是這個自我，這個我，懸擱的實行者，被看作是不可消除的「前提」，或者寧可說是被視爲可以當作前提的東西，儘管有一種同時涉及到對作爲人們的我自己的生活世界的存在的懷疑的可能性。笛卡兒也這樣說。因此他區分了自我（ego）和我—人（Ich-Mensch），當意識到這樣劃分的困難時，他相信，透過排除自己的身體很容易就能克服這種困難，他只將他的mens，即純粹的心靈，視爲自我。對此我們會說（這樣說對笛卡兒並沒有很大傷害），關於我的人格，關於我，這個人，在性格方面，在他的世界生活方面，在他的世界生活的現實動機方面等等，我甚至會有很多地方弄錯，在自然的日常的意義上的自我體驗，會向我證明是自身錯覺。然而，當我就這個生活世界實行普遍的懸擱時，在這種懸擱中所進行的反思得到一種絕對無可置疑的東西，一種是最終存在的存在，並且與此相關聯，還有展示出來的所有眞理，它們是必眞的，無可置疑的。因此，如果我做出的陳述不是關於我的性格，我在世界中的存在，我的朋友和敵人、我的行爲以及行爲的動機，我在世界中的成功和失敗，我的優點、我的過失與缺陷等等，而是關於在這懸擱當中的我的cogitationes（思想），關於我的現象—世界，我的現象—我，在眾人當中的我這個人等等，其中包括關於作爲我的意見的我的判斷時，就是說，如果我在這種同時包括我的人的存在的、現實的、普遍的意義上理解對於生活世界的懸擱，那麼我就必須說：

透過這種懸擱，我，這個自我，就高居於世界之上，這個世界包括所有的人，所有人的

396 世界生活，以及共同屬於世界生活的、不僅是日常的經驗活動，判斷活動，對判斷的證實活動，日常實踐的活躍的存在，擬定計畫的活動，判斷和證實實踐目的的活動，以及在這方面制定計畫的活動，不論認爲它是不能實現的考慮，還是認爲它是可能實現的考慮，將我的認可加給這些考慮的活動等等；我說的不僅是日常的，意即前科學的；因爲如果科學在歷史上生成，那麼它就如同其他文化成果一樣，只是文化成果的一種特殊形式，也一起屬於世界，正如推動和理解科學的人屬於世界一樣，在人的思想活動中，科學理論作爲思想構成物，作爲文化構成物，原初地被獲得，或者以後被獲得，以後被理解，被接受。[39]

因此，在懸擱中我高居於所有這些東西之上，高居於所有在這當中被合理要求和論證的有效性與證明之上，並且由於所有這些有效性以及在其中產生效果的東西本身在作爲主觀的我身上的反映，我重又經驗，重又判斷，但卻是以這樣的方式進行的，即我絕不是作爲這個世界中的人對世間東西進行判斷，而是作爲自我對自我進行判斷，更確切地說，作爲自我，對於它來說，世界，人，作爲人的處於自然方式中的我，都是現象。但是，笛卡兒對於

39 那麼「我高居於……之上」是什麼意思呢？「我對一切經驗（只要我在這經驗中有存在的確信，它就是認識的最低階段）實行懸擱」是什麼意思呢？以及對一切其他的認識，甚至對一般在生活世界的評價和實踐中共同完成的一切自然的認識，也即在我看來它通常包含的存在的確信，或甚至存在確信的樣式（例如，在計畫中的存在確信，倫理的或宗教的當爲的存在確信等等）實行懸擱是什麼意思呢？這意味著對作爲科學最初應該提供的東西的客觀有效性的懸擱，因此是對於科學的懸擱嗎？

借助普遍懷疑的可能性和懸擱對他所產生的東西，並沒有這樣始終一貫地進行思考。

這怎麼可能呢？在自我之中mens，即人的心靈，又如何區分呢？首先，我已經說過笛卡兒暗地裡謀求一種作爲達到最終有效性的科學的新科學，他預先就相信，這種新科學具有最終有效性的權利，並且相信能論證這種權利；因此新科學達到作爲最終有效存在的世界的「自在地眞的世界」，這就是他特有的緘默的計畫的目的。絕對地奠立新的實證科學。但是在這裡不是已經表現出一種先入之見嗎？即他——由於受古代的傳統的推動——有一種關於「最終有效的」眞理的，和最終有效的自在存在、絕對的自在存在的緘默的先入之見嗎？

處於其生活世界的存在方式和判斷方式中的人們知道這種「最終有效性」嗎？就是說，在科學在這裡存在之前，知道這種「最終有效性」嗎？人一般不能首先從哲學，因此從科學，認出它嗎？特別是，笛卡兒考慮到他對於感性世界的批判已經由一種絕對的，最終是眞的世界的理念指導嗎？他考慮到，處於不受任何關於絕對無疑的理想，和關於絕對存在的理想指導的生活中的人的懷疑的可能性，和懷疑的不可能性必須首先被區分開嗎？他考慮到這種指導著作爲哲學家的他本人的那種懷疑的可能性嗎？他這位哲學家將絕對的存在作爲一切具有相對性的眞東西的基礎，而眞的東西由於它一定能在這種絕對存在中被認出而得到論證。他考慮到，最終有效性的理念以及這種理念在歷史上從中產生出來的哲學，正是文明的歷史形成物，因此本身屬於世界嗎？他考慮到，對於科學上的眞理的懸擱，不論是對個別眞理的懸擱，還是對一般科學和一般普遍哲學的懸擱，雖然同時包括了對於它們全部眞理的懸擱，但以此尚沒有包括對於前科學的和科學以外的生活世界的存在的懸擱，以及能夠同時考慮到的，對於一切前科學的和科學以外的認識的懸擱，其中也沒有同時包括進行認識的人們、非科學的人們、科學家們、哲學家們嗎？

他想成爲澈底的。他懷疑哲學的這種最原初的前提。這種最原初的前提很快就採取了下面這種形式：存在著某種東西嗎？被認爲的世界中的某種東西，這個世界被嘗試進行普遍懷疑：是否世界並不僅僅是假象（沒有任何最終的存在者與之對應的幻想的構成物）？這個某種東西是必眞的，絕對不可取消的，而且作爲一般有某物存在的前提？這個某物就是自我。但是這個自我按照其意義，是世界中的一個存在者，一個絕對的存在者，這個存在者以這樣一種世間事物的形式受到詢問：它是沒有任何東西與之對應的概念？還是有某種東西與之對應的概念？他沒有看到這樣一個錯誤，即他將世界的最終有效性的存在方式歸之於自我，歸之於自我的存在方式，正如客觀的（進行理念化的）科學，將世界的最終有效性的存在方式歸之於理念化了的生活世界一樣。

他沒有看到，在生活世界中屬於生活世界的研究者，實行的科學上的客觀化與對生活世界的理念化——對生活世界的理念化爲生活世界創造了一種向透過理念化被預先推定的最終存在者接近的理論實踐——之間的區別，或者他沒有看到必眞的判斷——它是將生活世界邏輯化的標準和在生活世界內部能無限擴展的預見（歸納）這樣一種實踐的標準，和在懸擱中的自我和現象學化的認識活動所實行的全部其他的必眞性與認識之間的區別。

或者更確切地說，下面這樣一種傳統的、未言明的、未被注意到的不言而喻之理，即眞理一定意味著「最終的」眞理，它的相關物就是作爲自在存在的存在者，因此，感性，即前科學的經驗世界，並不是眞正存在的世界（用前科學的論證方法提供這個世界的經驗活動，對這個世界以述謂方式進行規定的思維活動，並不是眞正的認識），使他根本不能（即使是以前的哲學也沒有能）將生活世界以及在其中可能的認識目標當成自己的問題，並且根本不能明白，全部傳統的哲學和科學，乃是在歷史世界中進行自身了解的人的一種任務與嘗試，是以爲獲得的和眞正獲得的成就，而人是各個歷史上的現在的人，以及他的現在的生活世界中的人，以及那種作爲科學家，在與他現在的一代科學家同伴的歷史聯繫中，在與過去一代的科學家同伴的聯繫中，並且透過他們的傳統與更以前的科學家的聯繫中，進行認識的人；他沒有明白，這種科學以及它的眞理本身因此是屬於生活世界本身的一種任務、計畫、正在進行的實踐，不管舊的科學怎麼了解，怎麼認爲。因此關於科學的可能性問題，關於科學的眞的方法的問題，關於論證這些方法的問題，就是這樣一個問題，即科學（哲學）這種意圖是一種「合理的」、有意義的意圖，即可以理智地實現的意圖嗎？而這個問題自然地導致對於前科學生活世界的本質特性的追問，以及對於在前科學生活世界中的促使人們提出新的任務和新的實踐（在這裡即是科學的任務和實踐）的東西的追問，對於其中他作爲使用科學方法的人在生活世界中預先給定的東西上（爲了經驗）所做的事情，對於他在這裡超出這種在生活世界中所經驗所思考的東西還能有意義地想要的東西，對於即使是在他懷有要超出這種所經驗所思考的東西的目標方面，他在前科學的材料上完成哪種創造進行追問。

很顯然，對於以下情況的盲目無知，即一切科學的目標設定，以及一切邏輯，一切作爲「眞的」存在的規範的狹義和廣義上的邏輯概念和邏輯命題，是一種在對生活世界的永久的確信基礎之上（按照生活世界固有的存在方式）形成著的人的創造，是對於這個世界的一種新式的目標設定，一種將世界邏輯化，將一切邏輯東西的理念性加到世界上，而且是以人將精神的意義（客觀的精神，文化的意義）加到事物上的方式，將邏輯東西的理念性加到世界上的，我是說，很顯然，對於這種情況的盲目無知，一方面使人們完全丟掉了一項重大任務，現實的、眞正的科學理論的重大任務，即闡明這種目標的提出和可能性，以及實行將前科學的認識邏輯化或相關聯地實行將生活世界的存在（相對的存在）理念化爲一種理念上同一的、並且是絕對可以同一化的存在，而且是在複數的存在者的存在的必然關聯中，在事物的存在的必然關聯中，以及世界的存在的必然關聯中理念化的。這是將處於開放地平線中的，和處於作爲可能的進行認識的主觀的、無限開放的人類的關聯之中的生活世界，理念化爲數學的無限的世界，理念化爲數學的—理念的空間—時間性的世界。這畢竟並不是完全的規定。但它們在這裡肯定足夠了。以後的敘述一定會將其他必需的東西提供給我們。

爲了透過完成作爲科學理論的科學眞理體系而完成一種眞正的科學理論，或科學認識的理論，如我們還會理解到的，首先需要一種新式的科學研究，針對純粹前科學的能夠經受進行理念化的、邏輯化的生活世界的科學研究，即對生活世界特有的存在方式以及生活世界本質固有的形式結構的研究，這種形式結構是在生活世界的一切變化中，在生活世界的一切相對性中，以及生活世界與可能的進行認識的人類的關聯中，必然不變的東西。這後一項任務，要求拋開任何邏輯化的活動，並且在已經預先給定的各科學方面，要求對它們的有效性進行懸擱，但是在兩個方面還仍然需要不同的懸擱，一方面是高居於生活世界之上，不去探究生活世界中的通常的日常的興趣，或不去埋頭於生活世界中的自然的方式，以及另一方面，高居於一切科學之上，並且作爲科學家，他也許是某一個人，恰好不去探究科學家生活於科學活動中，並且獻身於科學活動的方式。但是，當必須進一步研究和理解這些東西時，它們一定會首先被考慮到。

但是我們不可忽視下面這種情況，即在這裡我們實行了態度的改變，並且實行了與這些態度改變有關的、相應的實踐計畫的改變，任務提法的改變。而那些計畫和任務都是在生活世界的基礎上發生的。儘管如此，這些改變仍然是停留在存在的有效性之中，存在的有效性對於一切有關生活世界的本質描述的認識計畫，以及有關理念化成就的本質描述的認識計畫，或更確切地說，對於完整的科學理論，乃是先決條件、是根本基礎，很難說是「前提」，因爲這個詞通常有一種非常狹隘的僅僅是邏輯的意義，但是透過將這個概念擴展，我仍然願意說，只要即使是在這個詞的演繹的推論的前提或歸納的推論前提這種含義上，就也包含被演繹的或被歸納事態依據前提的設定而被設定的意思。與此相似，生活世界是爲我們設定的，經常對我們有效的，對於「建立」在它之上的有效性來說是根本的有效性，儘管在這裡談不到推論。我們稱生活世界的有效性是一切與它相關聯的並且立即被附加到它上面的有效性的基礎的有效性。日常生活所熟悉的、科學化的活動也許需要的各式各樣懸擱的形態，都是在生活世界的這個存在基礎上活動的。一組這樣的形態具有這樣一種普遍的東西，即懸擱是懷疑眞理的有效性，並且以證明（也許論證）眞理的有效性爲目的的批判的需要，不論是在科學以外，還是在科學以內，都是如此。但是懸擱並不需要有這種意圖。因此，對於現實性的懸擱可能服務於這樣一個目的，即將在意識上現實的東西解釋爲在由所有可能性構成的宇宙中的純粹可能性。或者更確切地說，服務於這樣一種目的，即全面通觀在被現實體驗到的，譬如被從經驗上經驗到的東西中共同有效的，但又是敞開的所有可能性，並且由現實的東西構想出與它相對應的本質的普遍性；同樣，對於作爲存在者全體的世界，我們以某種方式實行對這個現實世界的懸擱，以便構想一般可能世界的本質形式。

在這種針對作爲事實上被給予的，並且經受了各給予方式的流動變化而仍保持的世界的自由想像變換中的不變東西，針對本質的普遍性的活動中，這個作爲變化基礎的不變東西本身，並不以其存在經受懸擱。我們只是從我們這裡除去了以下這種意向，即我們像迄今一樣按照我們當時起作用的興趣，繼續對爲我們存在的這個世界的存在方式進行研究，並且一般地對世界生活中的特殊事件進行研究。但這一類的繼續生活只是被擱置一旁，對於不變的普遍性的暫時的專一的興趣本身，只是一種中介，它應該服務於認識生活世界的人，特別是服務於譬如說認識事實的世界的人，這樣，意向就能達到成功的充實。

但是那種對世界的存在，對世界本身的存在，與此同時對與這個存在相關的一切興趣生活，預先並且普遍地加以克制的十分獨特的懸擱，是以完全不同的方式實行的。這個迄今正是由對存在的樸素的確信而來的世界的絕對存在，以十分獨特的方式變成開放的懸而未決的存在，然而並不是在現實存在與或許是非存在，或者甚至是假象之間的未定的懸而未決的存在。這種存在以一種十分獨特的方式成爲靠不住的，它變成了可能的並且是完全新式的詢問的可疑主題。

因此，一切其他的懸擱都有世界的絕對存在作爲基礎，都有對世界的存在確信作爲「先決條件」。一切其他的懸擱在我們現在討論的（「超越論的」）懸擱之前，就在持續地、在一切個別內容的變化——被我們視爲是這個存在著的世界的個別內容的變化——中統一地實行了，人們總是確信這個絕對存在著的世界，關於這個世界，我們經驗到它的這個或那個外觀，時而是正確地、時而是錯誤地經驗到、時而是作爲在其中實際存在的、時而是作爲錯誤地指派給它的外觀而經驗到，或以其他任何方式猜測這些外觀。這種對世界的普遍的確信，總是處於實行當中，這種對世界的普遍的確信，可以說先於一切東西，它不是作爲存在的陳述，因此不是作爲眞正的前提；但是正如它是處於流動的實行中那樣，它是首先爲一切設定存在的活動，一切譬如說透過經驗把握存在者的活動，一切先入之見，一切進行認識的指向和獲取，還有作爲計畫，作爲相應的先入之見和獲取的一切評價的活動和實踐的活動，因此還有一切在其中產生的精神獲得物，規定意義的東西，作爲所有一切種類的存在意義都依賴於它的有效性基礎而發揮作用的東西。通常存在者——並且是一切種類的存在者，如實在的存在者，美的或善的存在者，一切的存在者——意味著在世界的基礎之上的存在者，在世界中的存在者。正如一切活動一樣，以上所述也涉及對於存在或非存在，即特定地顯露出來的、誤以爲的現實東西的存在或非存在採取的每一種克制態度。因此它就進入到一切有目的的批判中，即按照存在或非存在，這樣存在或那樣存在，判定眞和假。對於進行判定的判斷和行爲的一切批判的克制，都是在總是預先給定的對世界的存在確信的基礎上進行的，並且從這種存在確信獲得它們的存在意義。正如適合於前科學的生活世界的意義的一切眞理問題一樣，這顯然也適合於理論認識的，哲學認識的，特別是「科學的」認識的眞理問題。在這裡只是涉及在對世界的確信的基礎上獲得意義的特殊的實踐，即「理論」的實踐。

附錄六，附於第二部分第十六節以下。[40]

第一沉思的原本進程

1. 意圖（在最初的幾句話中就立即表達出來）嘗試「推翻」「一切」（即一切迄今被我獲得的並被我看作眞理的認識），並且從一些最初根據重新開始。

2. 如何能夠實行這種「推翻」呢？並不是我必須證明一切都是錯誤的（或甚至必須逐個地批判一切東西），並且實際證明這種錯誤東西是已就其錯誤而被覺察到的。只要對一切尙不是完全肯定的東西，以及尙不是完全無可置疑的東西，不表示我的贊同態度；對於一切只要我看到任何一種懷疑根據的東西，都加以拒絕，就足夠了。但是我並不需要對於所有我看作是眞的東西逐個地重複這樣做，只要我遵守我的所有其他的判斷都以之爲根據的那些原則就足夠了。

---

40 寫於一九三七年五月。取自手稿 KIII 21（第十一—十六頁）。

3.某種「視……爲眞」的活動的這樣的原則，被稱爲**感性**——我們還可以說：服務於日常生活實踐的全部前科學的知識，我借助感官獲得的被信以爲眞的知識。我當然知道，感官有時也會弄錯。而且這會產生一種有根據的懷疑，即感官通常可能會弄錯。但是當涉及到我的日常周圍世界中的事物時，我當眞能夠懷疑實踐生活的十分牢固的可靠性嗎？甚至懷疑我的身體的實際存在嗎？那會是一種發瘋的想法。但是，難道不存在與夢中的幻覺相似的發瘋的幻覺嗎？難道能指出將清醒與睡夢區別開的確定的特徵嗎？

4.然而在這裡人們會對自己說，感官會弄錯，這本來的意思是說，那種由感性的感覺材料創造複合的心像的想像力會欺騙我們，或者說，在我們心靈中彷彿是由心靈描寫出的心像並沒有描摹任何實在的東西，沒有任何原型與這些心像對應，既沒有這些複合的想像與之對應，也沒有簡單的要素、顏色，以及其他一般的感性材料與之對應。所有這些東西都屬於我自己，並且在這個方面——即這就是我將它看成的東西，正如我感覺到它，或者作爲複合的心像具有它一樣——我顯然並沒有弄錯。

如果我在我的一般思想活動中遵守這一點，那麼我的一般思想活動也就不再受到懷疑。笛卡兒說，實際上我有一種在這個領域裡進行的偉大的科學，即純粹幾何學，一般與圖形、量、數，與感官周圍世界中直觀因素打交道的科學，它不問在眞正的現實中是否有某種東西與之對應。不問感性的直觀是不是夢境中的直觀；這種客觀上沒有任何東西與之對應的直觀，對於幾何學命題的有效性並沒有任何改變，因爲它作爲純粹幾何學的直觀，並不表達客觀存在的自然的某種東西。物理學的情況則不同，它運用純粹數學，正是要對客觀存在者進行判斷。

5.現在又上溯到上帝，上溯到（畢竟可以不言而喻地設想的）我的存在的創造者。現在笛卡兒試圖一方面證明對一切在最後的思考中優先顯露出來的內在認識懷疑的可能性，另一方面證明一切能在內在心像中描摹的客觀存在的可疑性。他並沒有像在這裡根據事物的本性本來應該的那樣，純粹按照上述4.的繼續，在數學公理與間接的數學認識，而且是作爲具有直接和間接的必眞性的認識之間進行區分。因此，他並沒有向我們提出這樣的問題，即是否至少關於量以及與它有關的各種科學，我們本來已經憑藉公理發現了牢固的基礎。而是按照他的「推翻」的方法原則，從被認爲是由認眞考慮過的、最可靠的根據證明了的對一切數學的和自然科學的－超越的認識懷疑的可能性，產生一種決心，即對所有這些認識都如同虛構的認識，如同錯誤的認識那樣對待。

但是笛卡兒心目中想到的不僅是數學和物理學，而且是一般的認識。因此，正如對於這些特殊的科學，或更確切地說，對於它們的有效性範圍一樣，在這種一般的考察中，顯露出兩種認識：對於心靈之內的心像純粹按其在認識者心靈之內的存在的認識，和對於心靈之外的世界，被認爲是透過心像描摹的世界的認識。

他發現日常的經驗和認識是不完善的。他想要克服它們的不完善性；他尋求一種眞理，更確切地說，一種認識，它能克服日常的認識或日常的眞理的相對性和錯覺的可能性。但是笛卡兒這位沉思者在沉思過程中發現，在所有的情況中都作爲內在過程在進行認識的心靈中發生的認識中，有一個謎，如果這種認識超越心靈的話。首先，發揮指導作用的，是眞正科學的認識的理想，因此，首先被視爲這樣的東西的，並被當作典範的，是純粹數學的認識，以及借助數學認識的運用的自然科學的認識。但是關於眞正科學的認識眞的完成了它所要求的東西的說法，乃是一種先入之見，儘管我們不能必眞地認出這一點。因此看來我們必須檢驗：數學的公理眞的是直接必眞的嗎？演繹法眞的是在每一步上都是必眞的，並且是按照必眞的推論規則規範的嗎？認識是必眞的。它的論證眞理的方法，賦予被論證爲眞的東西一種絕對有效性的性質，只不過具有直接必眞性和間接必眞性的區別。但是我們現在有這樣一個問題，即如何揭示出能夠以普遍的必眞性認識由事實上存在著的東西（而不僅是自然）和如此存在著的東西構成的宇宙的普遍的科學。根據類推法，可以提出這樣一項任務，即把握普遍的直接的先驗性（按照類似的說法，把握純粹的普遍的數學，即有關一切可能的存在者的直接公理的全體），並且借助於形式邏輯的原理（這些原理本身屬於公理系統）獲得間接的先驗的眞理的總和。這樣，我們就有了完整的普遍的數學，作爲純粹必眞的東西的全體，並且透過將必眞的東西應用於事實的世界（如通常的數學被應用於事實的自然一樣），我們就有了自然科學的類似物，即普遍的合理的哲學，有關事實世界的合理的認識，如果正是在這種應用的意義中就包含著具有其全部存在者的自然本身，事實的世界本身，是自在地合理的話。

在這種科學理論的態度中，數學的和邏輯的公理呈現爲科學論證的最後承擔者，而且，在向在這裡所談到的意義上的整體哲學，即普遍科學的哲學的擴展中，充其量也只出現這樣的困難，即我們如何能爲這種存在者的宇宙，系統地獲得全部最後公理，什麼樣的系統思想能使我們自己再一次必眞地確信這種全體，順帶一提，這個問題甚至在數學方面就已經存在了，但只是在很晚才被明顯感覺到。

但是**笛卡兒並沒有探究所有這些**思想，在他面前產生的是一種完全不同的論證問題，儘管顯然是一種與普遍數學的問題（或者在我們看來是一樣的，即普遍存在論的問題）不可分割地聯繫著的問題。認識是心靈內部的成就，並且它表明是純粹心靈內部的認識構成物，不管這認識是不是眞正的、科學的、必眞的認識。無論如何在認識中，在心靈內部的東西中，包含一種見解，即認識心靈之外的東西，認識外部世界這種心靈之外的東西，而不僅僅是認識心靈固有的東西（儘管也對它進行認識）。此外，關於心靈內部的、幾何學的以及其他的「心像」的研究似乎表明，一切先驗的認識，暫時只能達到一種與作爲心靈內部事件的心像有關的必眞性。

幾何學是必眞地有效的，但是它不問是否有與它在內心中構想的形態對應的客觀物體。一般而言，就是如此。這對於一切純粹先驗的東西一定也是適合的。但是如果我們說，自然科學不僅是建立在純粹數學之上，而且還建立在經驗之上，那麼甚至經驗、感覺、回憶等等，也是認識者心靈之內的事件，只不過它們在這種情況下立即就呈現爲不言而喻的，以致經驗不僅涉及當下的心像本身的事件，而且還涉及超越的被描摹的東西。那麼爲這種超越性進行辯護的必眞性，因此爲具有一般先驗性的數學的超越的（或這樣說也是一樣，客觀的）有效性的正當性進行辯護的必眞性在哪裡呢？

現在對於笛卡兒來說，由於對在心靈的內在性中進行的認識之問題的這種「發現」——

作為被認為延伸到心靈之外的超越東西中的認識——以及對於這種超越活動的正當性之可能辯護的問題的這種「發現」，關於將認識作為真正的，作為必真的認識建立起來的整個問題，或關於真正科學的、真正哲學的方法的問題，就**發生了變化**。

當然，現在直接必真的公理不再是哲學的最後根據了，因為在它們之中，在有關存在著的世界的科學中，它們具有客觀的功能，它們對於事實世界的可應用性，總是已經包含在它們當中，並且包含在純粹數學中，關於真的自在自然具有數學的形式，它們必定受先驗的法則，受按數學形式化了的法則支配的假定，就更不得不言而喻地接受了，正如甚至連比如完全在有關心靈之外的東西的**經驗**的提示下的一般超越的存在也不得不言而喻地接受一樣。

這種問題的變化也採取了**最後根據**的意義，或這樣說也是一樣，採取了本身是最初根據的意義，一切認識都建立在它之上，一切正當性的提問最終都追溯到它之上的最初的根據的意義。在這種最早的科學理論的態度中，一切公理都是最終的必真的根據，並且對於普遍科學而言——哲學是關於科學的認識的，客觀合理的世界認識的一切公理的完整的體系——是統一的完整的根據，普遍的科學以它為根據，真正的哲學以它為根據，真正的哲學按照與數學和自然科學認識相似的方法在這個完整根據之上建立起來，假如這種認識方式的典範真的具有正當性的話。

但是，由於發現認識者的一切認識都是心靈內部的事件，並且從屬的超越的有效性問題的一切認識也是心靈內部的事件，於是就產生一種新的必真性：自我（ego）的必真性，具有其**自己的**存在的，作為他的一切認識活動的主體的認識者的必真性，以及關於這樣一種情況的必眞性，即他的一切認識活動，他的一切一般意識生活，都是他的心靈存在的絕對封閉的關聯，在其中，一切超越性，一切心靈之外的意念，正如他的一切意念一樣，恰好是心靈的東西——而被意念的東西則是心靈之外的東西。[41]

絕對無可懷疑的認識的中心問題，應被絕對無可懷疑地論證的科學的中心問題，恰恰是處於變化之中，而這種變化是以笛卡兒本人完全不清楚的方式進行的。

笛卡兒發現了純粹的我，這個純粹意識生活的我，純粹思維的我，至少他處於這種發現之中，他並沒有將這種發現本身完完全全地明確起來，沒有能防止模糊不清的改變：他發現了它，然而他處於走向牢固基礎（fundamentum inconcussum）的途中，在這個牢固基礎上，一切眞正的認識都能建立起來，或更確切地說，在這個牢固基礎上，普遍的科學，即哲

---

41 笛卡兒將數學包括到完全可以懷疑的東西（客觀的東西）的領域中，並且沒有在公理與演繹法之間進行任何區分：很顯然在他看來（請參看《哲學原理》），數學（在數學中幾乎一切都是演繹）是以記憶力的可信賴性爲前提的，而記憶力卻容許有錯覺。然而他沒有考慮到，當他在我思之上，或寧可說，在純粹意識的最初的直接自明的認識之上，重新建立認識和科學時，他確實使用了一種新式的思想活動，這種思想活動同樣以記憶力的可信賴性爲前提。

因此我們也不理解，爲什麼數學公理的直接的必眞性不是不可被懷疑的，爲什麼數學公理不應該被視爲思維程序的牢固基礎，雖然思維程序是以記憶力爲前提的，但正是在這裡留下了一個問題，正如對於據說在絕對根據之上運行的思想活動一樣。

學，有關作為客觀存在者全體的世界的系統的普遍的認識，都能建立起來。在內心中，他將數學和數學的物理學作為典範——很顯然，這裡涉及的不是別的，而是在最初的、絕對無可懷疑的前提之上，系統地建立哲學，建立有關世界的科學，對於純粹數學而言，這種前提就是眞正必眞的、實際上不再按演繹法論證的公理。在數學物理學中，經驗的判斷與這種公理結合起來了，經驗判斷在數學應用於事實的自然中起中介作用。

當然，演繹的原則，形式邏輯的規則，也一起算入到公理之中。在這裡，嚴格論證的要求是指向最後的，而且是清楚而明確的前提的，或如我們說的，是指向自明的前提的，我們還必須更準確地說，是指向排除一切可能懷疑的必眞的前提的。或者這樣說也是一樣，這裡所指的是有關存在的確信，它排除任何非存在的可想像性，任何關於在認識道路的進展中可能出現的以下情況的可想像性，即將以這種自明性確信為存在著的東西，重新評價為「儘管如此卻是非存在的東西」（或「並非如此存在的東西」）。這種確信，或更確切地說，它的存在者，是絕對非常堅定的，這種堅定性，正是我們對眞正的科學提出的要求。因此，按照這種解釋，我們可以簡要地說：這裡所涉及的是，作為絕對堅固的眞理之整體的有關世界的科學，就這種科學的建立而言，所涉及的是絕對牢固的最後前提的整體，在一種廣泛的意義上，是絕對的無可懷疑的公理的整體。

現在我們要問：這個我思，即以這個自我為中心的思維之絕對自身封閉的全域，在笛卡兒關於世界的科學的原初計畫的意義上，是前提嗎？或更準確地說，是一種獨特的自身封閉的前提的集合嗎？更準確地說，在發現這個自我以後，與這個自我有關的直接直觀的判斷，此外一般而言，在這個領域中的反思的思維中，關於這個領域中的事件所做出的事實的判斷和本質的一般的判斷，變成了那種有關世界的科學的前提嗎？變成了以前，在笛卡兒的方法之前，被忽略了的前提嗎？由這些前提出發，通常被看作最後前提的東西，如數學的公理，能從原初的根據獲得所要求的必眞的論證嗎？

事實上這就是笛卡兒的想法。

但是我們必須承認，在這個方面有一種嚴重的誤解，而這種誤解之所以可能，是由於笛卡兒沒有透過分析，澈底理解他的發現的意義內容；爲了發現普遍的精密的世界科學的必眞的最後的前提，笛卡兒本人也受到他的懷疑方法的追問。這種方法並不在於一種沒有任何人能有權任意認眞實行的眞正普遍的懷疑。笛卡兒眞的指出過，感性經驗世界的存在，因此日常世界的存在，是可疑的，或指出過，在想到可能的夢境時，世界就失去其存在的可能性嗎？對於他可能會成爲可疑的，正如對於我們會成爲可疑的一樣——當然並不是由於這種原因，並不是僅僅指向生動的夢境的幻覺（事後自明地對我們顯示爲這樣的東西的幻覺），甚至偶爾會發生這樣的情況，我們在某種情況下，會突然自問：這是眞實的嗎？這是夢境？這是幻覺？我是說，他是否眞的穿著室內長便服坐在壁爐邊，對於他可能會變成可疑的。但是，這種對於暫時完全確定的狀況的懷疑就是一般世界存在的可疑性嗎？難道下面這種情況不就是世界的確實性的特徵嗎？即儘管有各種可能的和現實的對狀況的懷疑，世界的確實性仍按照自己的方式不可改變地，甚至是必眞地，作爲世界的確實性保持著。難道以下情況不也是世界確實性的特徵嗎？即它確實不是可以隨意破壞的，儘管個別的相對東西，以及在當下現實狀況中的相對東西，是可以懷疑的，並且常常是在外觀上受到存在有效性的改變。[42]

笛卡兒沒有考慮到這種情況，當然也沒有看到與此相關聯的問題，而這些問題是由於考慮到（應該正確理解的）笛卡兒的發現一定會產生出來的。因此不可能談到對於世界的眞正普遍的懷疑，但是作爲這種方法的本質成就從這種方法中所剩下的，乃是（在笛卡兒看來是由被信以爲眞的對於作爲世界非存在的可能性的普遍懷疑的可能性而引起的）關於整個世界存在的懸擱，或更確切地說，關於這種不存在的假設的估計。

這顯然是可能的，如果我們將他的方法從錯誤這種累贅中解脫出來（這種錯誤是這種方法在笛卡兒那裡所具有的，而這種錯誤事實上完全可以不犯），儘管這要費很大力氣，笛卡兒也由於這個錯誤付出了很大力氣，即要理解，很可能整個世界、經驗的世界、人的生活的世界、作爲有懷疑可能的世界，可能是不存在的，雖然我們經常以存在的確信經驗到它。儘管如此，我們仍然可能做出笛卡兒式的轉變：我自己的存在，作爲這個做出這種估計的我（用笛卡兒的說法：這個將這整個世界視爲是可疑的我）的存在，不被關於世界不存在的估

42 對於世界存在的不合情理的懷疑，是由以下情況引起的，即世界的存在是透過生動的經驗意識到的。對於困惑的東西，對於不合情理的東西的事實上的懷疑可能性，對於一切東西，有意義的東西和無意義的東西，先驗自明的東西和先驗荒唐的東西的事實上的懷疑的可能性，不同於可疑東西的眞正的存在，這種存在作爲可疑的，是可以必眞地認出的，在其中包含有不存在的自明的可能性。

計所觸及，完全未被觸及地保留著。即使我完成了普遍懷疑的嘗試（但沒有像笛卡兒那樣**清楚**認識到可疑性，不存在的可能性），我仍然是這個進行懷疑的人，至少，這個隨意地做出這種估價的我（因此這個我仍然存在著），不管是作爲可能的假設，還是作爲不可能的假設，荒謬的假設，做出這種估價，我就是做出這個估價的我，因此我並沒有能做出我自己不存在的估價。我不能這樣做，這是必眞地肯定的，我看到了這一點。此外我還能以必眞的自明性理解：不管世界的存在與不存在的情況怎樣，更確切地說，是當下以某種被認爲存在著的事物對我有效的世界的存在與不存在的情況如何，我正是透過懸擱排除一切判斷，或更確切地說，透過那種假設的估計，即**我存在**，排除一切判斷，而且，不管這整個被經驗的世界生活以及其他的世界生活——透過這種世界生活，世界從前對我有效，並且儘管有這種隨意的懸擱，現在仍對我有效——的情況如何。在「**我存在**」中，在這個自我的存在中——這個自我是透過懸擱的方法顯露出來的，就包含著，我就是這個體驗著這種經驗，思想活動，對世界生活的評價的、意願的活動的我，或更確切地說，我在懸擱之前就存在，我就是處於這些活動（並且還有屬於這些活動的被動的體驗）中的我，是完成事物存在有效性的我，以及完成事物流動綜合的普遍能力的我，是完成普遍的世界有效性的我。只不過，我透過懸擱使包含於這種意識方式中的存在有效性不起作用，我實行一種貫穿於這整個有效生活當中的克制態度，透過這種克制態度，作爲這個自我的體驗的這些體驗的特殊的存在，就以先驗的自明性與在這些體驗中並透過這些體驗作爲被認爲存在著的世間事物的存在和世界本身的存在分離開了。

只有透過懸擱的方法（被淨化了的笛卡兒式的方法），對於我來說，未受懸擱的，在懸擱之前的生活，即自然樸素的世界生活，才與作爲自我的生活的純粹生活區別開來；正如我還要說的，這是自然的樸素的態度的生活，我首先在其中進行經驗，而且也知道關於我的這種經驗，我以自然的方式對此有所「意識」，但是與此同時我還確信被經驗的事物的存在，並且是作爲各種事物的世界中的事物的存在。在自然的世界生活中，我的經驗的存在，與我所經驗到東西的存在，處於一種結合在一起的存在有效性之中。一切與世界有關的活動和被動的體驗的情況也是如此。在這種情況下，我的經驗，處於自然方式中的一般主觀東西，就是作爲在存在方面對我有效的世界的部分的我的人的存在的部分。但是當我實行懸擱，並且是作爲對於世界的全面懸擱時，我的人的存在，我的人的體驗（世界的這個部分），就變成了存在的有效性，我正是使這種存在的有效性與世界的存在有效性一起不產生作用，我作爲世上的存在者，在對世界的非存在的這種普遍估計中，將它像不存在的東西一樣來對待。但正是因此，我將我的存在當作所有這些有效性，以及整個世界的有效性的純粹有效性的實行者來理解，現在我可以區分開：思維之流的自我，作爲流本身是綜合統一的思維活動，思維活動的所思對象就是世界，以及一切在世界中的存在者——對我有效的世界本身。在懸擱的方法中，作爲世界上的東西和世界本身而被設定的東西，以及在這個設定中爲我而直接存在的東西，變成了在有關的思維活動中被思維的東西，有效的東西。透過禁止存在的有效性，和對自己的反思，我發現我是所有這些客觀東西的主觀，是使客觀有效，使客觀起作用的主觀，並且只是將客觀看作這樣的東西，即看作是有效作用的發揮者，主觀就是有關客觀的意識，被看作純粹意識的意識。但是只要在自然的態度中，在自然生活的態度中，被經常作爲我，作爲行爲與能力的主觀被意識到的東西，本身作爲世上的東西被統覺，並且不論我關於存在著的事物意識到什麼，在這裡我事實上也必然地將一起在這裡的我自己作爲經驗者、思維者，作爲與其他個人一起在這裡被共同體化了的來意識，只要是這樣，乍看上去似乎普遍的懸擱就根本不可能實行，並且當嘗試實行這種懸擱時，它在我自己的作爲人的「我存在」方面，就會遇到其界限。事實上在這點上有一個很大的危險。關於世界不存在的估計，乍看上去會使任何關於存在的設定成爲不可能，而且看起來，只有這個估計適合於作爲通往笛卡兒式的問題的通道：在被認爲存在的，但可惜是可疑的現實東西的無限性中，預先至少有一種必眞無疑的東西嗎？對所有東西我都可以懷疑，只是不能懷疑，我——我這個人——存在。然而這是一種不確切的說法。決定性之點是，這種普遍的懸擱絕不會落空。因爲它按照其意義，並不是對於存在或不存在的判定。爲了對世界的存在作贊成還是反對的判定，它並不需要另外的存在。相反，它的無與倫比的重要性就在於，揭示出這個純粹的我。在我實行懸擱而不是受到懸擱時，我進行反思，並且我以先驗的自明性看到，我暫時是作爲實行這些活動的主觀而存在的，儘管作爲人的存在，和整個世界一起，「彷彿是不存在一樣」被排除了。

因此，在這裡必眞地設定了處於存在的有效性之中的進行懸擱的我，但不是這個我，這個人。很顯然，我可以重複這種懸擱和反思。當這個對世界的懸擱仍然保持有效時，我還能夠將那個自我的存在設定也包括到懸擱之中。在這種情況下，我透過反思再一次具有進行這種懸擱的自我，並且能重複地具有，我可以經常這樣做。這個自我總是一再地存在，這同一的自我處於重複之中，這同一的自我是思維－生活的主體，在思維－生活中，世界只是被設定爲所思對象，然而這種對世界的樸素的直接設定卻受到了懸擱。自我只是透過反思才被揭示出來，才可以說自動地被闡明，並自在地存在著，然後進一步比如成爲研究的基礎，這樣，它就揭示出它的在進行中的思維。同樣只有由此出發進行回溯，它才知道，它從前是匿名的。所有我們在這種考察中表明的，本來都已經產生自這樣的反思和回溯揭示，產生自將曾直觀到的東西用詞句表達出來的重複的可能性。

透過懸擱作爲自我，作爲純粹意識的主觀被發現的東西，因此實際上並不是什麼在世界中，在對我存在的世界中，我用「世界」這個詞稱謂的世界中，存在的東西，這個世界是我任何時候都經驗到的一切東西，我任何時候都能從經驗領域中經驗到的一切東西都屬於它的世界，在所有這些東西中，我總是能作爲現實的東西，或可能的東西，而認出間接性的東西。

但是這就詳細闡明了世界對我的意義，這樣，就詳細闡明了世界這個大全，這個最空洞的某物。某種世間的東西，熟悉的或不熟悉的世間的東西，所表示的乃是，我從我出發能夠認識的東西，而且這樣說也是一樣，即某個人和我透過某個人，而某個人又透過某個人，能夠認識的東西。因爲「某個人」本身就是對我存在的某物，是從我出發並對於我來說能夠認識的存在者，不論是熟悉的，還是不熟悉的。我的自我確信就已經包含著他人的自我確信，正如他人的自我確信已經以我的自我確信爲前提，並且此外又將我的自我確信本身作爲共同自我有效的存在者包含著一樣。

411 但是現在的問題是：我同樣也沒有自己的存在，一種純粹是我固有的本質，不以對我有效的他者的本質爲前提的本質嗎？爲了使他者發揮有效性，然後借助這種有效性，將他者看作對於我存在的，我不應該有一種作爲在其中他者爲我獲得意義和存在有效性的我自己的本質，一種「我存在」、「我生活」嗎？我不能夠問這樣一個問題嗎：在我之中有什麼東西，在其中他者得以呈現，並按照我的純粹個人生活的動因，作爲他者變得對我有效呢？

附錄七，附於第二部分第十八節。[43] 412

當笛卡兒被激起對於伽利略的數學和數學自然科學的熱情，然而卻不滿意於它們的論證方法時，當他要求進行最後的澈底的論證時，在這裡促使他這樣做的是什麼呢？他眞正感到缺少的是什麼呢？

科學家們從事科學活動，他們當中每一個人首先透過自己的「知性」活動獲得自己的成果，如他所確信的，客觀的眞理，借助於這些客觀的眞理，他增加著科學財富。但是他的思想是在他身上，在他心靈中進行的，在思想以前，在科學以前存在的東西（他在其中譬如進行客觀性質與單純主觀性質之間的批判的劃分），乃是日常感性世界的事實。這個自

---

43 寫於一九三六－一九三七年冬（？），取自手稿 KIII 26（第 4a-b 頁）。

在自爲地被觀察的日常感性世界，對於每一個人來說，純粹是他的主觀現象，因此是心靈的東西，只不過，經歷到它的人誤以爲，在它當中直接地親自地經驗到一個客觀的世界。但是，由這種感性的世界，以及由僅僅在主觀經驗中被給予的顯現（在憑藉這種感性東西進行的思想活動中）所獲得的思想成果，本身不又是單純主觀的東西嗎？因此這種在科學活動進行中，成果的直接的**不言而喻的客觀性，一定會成爲問題**。對於科學來說，還需要有比闡明其客觀有效性更深刻的從對主觀理論行爲進行反思而來的根據。「知性」是如何做到這一點的，即是如何使這種客觀性成爲可能的？知性不曾知道也不能知道，知性獲得了什麼成果，以及如何獲得其成果，因此也不能理解，這種成果如何實際上具有客觀性，以及在多大程度上具有客觀性。如果說，前科學的人未能克服感官的假象，科學以及它的合理的方法克服了它們，人們從數學中，從其成果的必眞的自明性上，學到了知性的成就，那麼嚴格說這就是在關於意見（δόξα）和知識（ἐπιστήμη）的評價中的古老對立，這種對立只是在從哥白尼、克卜勒開始，而透過伽利略完全成熟的近代，才獲得新的形式。但是，這種新的精密的自然科學暫時仍還是一種樸素的東西。究竟對人固有的本質能力的未被詢問的心靈上的支配，在這裡就是指知性，如何能保證心靈之外的客觀性？爲什麼這種心靈東西比感性的心靈東西，即心靈想像力的成就優越，畢竟想像力作爲能力同樣是人所普遍固有的？

如果經驗的客觀性和科學認識的客觀性成了問題，那麼科學就不可能再滿足於簡單地說，它們的成果具有隨同正確操作而被體驗到的自明性。這樣，它就根本不是眞正被奠定的科學，或者它的論證方法本身必須首先被奠定，並且是從主觀根源上被奠定。如果我不理解，我的心靈的─科學的行爲是如何達到客觀眞理的，那麼我的全部成就很可能就是一種「幻覺」，或者，很可能有一個騙人的精靈在欺騙我。[44]至於生活世界，即使提示以下情況也是不夠的，即我們大家都經常會弄錯，並且即使是錯覺本身也是確鑿無疑的，或者甚至提示我們的夢境，以及整個世界僅僅是夢想中的世界這樣一種可能性也是不夠的。在這種情況下，最後確實需要追溯到知性，正是知性以科學的形式，和對眞實世界的認識一起，也奠立有關引起感覺的現實東西的客觀陳述。知性本身恰恰是主觀的能力和行爲，它藉以區分眞理與謬誤的一切方式，以及它藉以批判感覺的方式，都是在心靈的內在性中進行的。看來我們必須進行一種純粹主觀指向的研究，並透過這種研究釐清，知性的成就是如何以純粹的內在性完成的，爲什麼它們具有現實客觀的效果，並且在什麼條件下，心靈內部產生的東西能具有客觀的權利，並且已經具有客觀的權利。按照這種新式的問題提法，沒有任何科學的成果，沒有任何變得自明的積極成就，可被用於這種新的研究。這種自明性現在簡直成了不可理解的東西，並且成了首先應該按照其客觀性的意義和可能性加以奠定的東西。或者換一種說法：科學以及感性世界──感性世界，只要它即使是以尙不確定的方式表示客觀性，並且這種表示經常服務於合理的科學，並借助科學的成功而同時證明是有理的──必須被完全地

---

44 雖然不是任意的想像，卻仍是內在成就，這種成就在心靈之外沒有任何東西與之對應，儘管在這裡我相信有客觀眞理。在這點上就可能有騙人的精靈欺騙我。

普遍地視爲是可疑的，彷彿它們根本就不具有客觀眞理的有效性。

現在思想進程也許要這樣進行：如果一切對於我存在著的東西，甚至是自明地有效的東西，都必須被看作是「可疑的」，好像它們事實上根本就不存在，這豈不是也反對我自己的探討——反對我自己的存在，以及有關最終是在我心中發生的知性成就的研究嗎？因此以下這個問題豈不又重現了嗎？即我自己，這個經驗著世界，以科學的方式（按照「知性」）思考著世界的我，豈不可能是一種主觀的虛構、騙人的精靈的作用等等嗎？然而並非如此。在這裡我看到，我的一切詢問、我的一切不論是模糊的還是清晰的表象活動，甚至我的一切自由想像活動，我的不論對什麼東西的懷疑，都已經預先以我爲前提條件。在所有這些活動當中、在所有的思維活動中，我已經是這個進行思維的我。因此我發現，自我以及自我的思維生活，乃是一切可能的思維成就、一切有關客觀性意義和正當性的詢問的原始基礎；我必須追溯到這個原始基礎，它乃是關於完成這種客觀成就的知性的全部最後根據之最後的絕對的原始基礎。在這裡，知性不僅被運行，而且變成了研究的主題。正是透過這種根本的顚倒，借助於有關最後根據的這種全新的意義，笛卡兒接近於發現處於正是這種自我的形式之中的超越論的主觀性。但是，他在這種發現面前止步不前，他仍沒有在眞正意義上完成這種發現。正如我們在前面已經詳細解釋過的，就是說，他沒有完成這種發現，是因爲他沒有看到我和思維（首先被理解爲人的思維）正是由於普遍懸擱這種澈底精神而遭受的變化。笛卡兒一定會看到，並對自己說，我的 **mens**，我的「心靈」，借助這個概念已經被統覺爲世界中的人格的存在，因此，這個人和這個世界就被設定了，而不再受懸擱了。如果他眞正遵守這種懸擱，因此並沒有隨即放棄他的澈底主義，那麼他就一定會看到，在自我中實現和表明的世界的存在有效性（被理解爲超越自我的世界存在的有效性）是荒謬的東西，他一定會看到，對於這個自我來說，「在它之外」的東西是無意義的。

附錄八，附於第一部分第十八節。[45]

笛卡兒發現了自我（ego），它的思維的實行者的我（Ich）以及一切被認爲的和眞正的（可證實的，在最終有效性這個理念之下可證實的）爲它存在著的東西的普遍內在性——並且隨即就將它與作爲抽象產物的心靈，mens（或靈魂）混淆起來，就是說，與抽去它的在其在世界中的實在存在當中的一切外界東西的人的人格混淆起來。他不知不覺地將自我與作爲所思對象的世界（更確切地說，是作爲包括心靈、人—我，純粹的人格的實在存在物的宇宙）混淆起來，或用後者去偷換它；或者這樣說也是一樣，即將作爲內在於自我的有效性的世界，與內在於實在心靈的有效性的世界，即被人們作爲存在著而意指的世界，並且我本身也在其中同時實際被意指的世界，混淆起來了。

當然上述的區分並不是容易理解的——人作爲世界中的人，和同時作爲意識到世界（以及自己的人的存在本身），在自己的行動中意指世界，證明世界的人，並不是最後的

45 寫於一九三七年五月（？）。本文取自手稿 KIII 28（第 66a-68 頁）。

我，完成一切有效性，完成一切現實統覺，並且通常或當前具有一切有效性和一切現實統覺的我，相反，人本身是一種眞正在世間被統覺的東西，透過統覺（「具有某種感性內容的人」），正是爲了統覺，自我實行或已經實行了統覺的功能——能夠完善起來等等。

很顯然，自我實行的全部有效性，所有本身已經被賦予了人類統覺意義的有效性，都經歷過統覺，而這些統覺按照意義和有效性，最終是由自我構成的。據此同樣也很明顯，只要外部在這裡根本沒有意義，就不可能有從自我——如在最後的反思中表明的那樣設想的自我，這種反思在一切統覺的意義構成物後面，正是追溯到構成意義的自我——的固有本質的存在，向自我之外的存在的推論。

這種「認識論」的荒謬之處是很明顯的，自從笛卡兒的範例以來，這種認識論將**純粹的心靈**（在心理—物理的人之中的抽象物）與**超越論的**自我混淆起來或者更確切地說，它沒有能將這兩者區別開來，因此仍然留下了一種困難、一種不明之處，即自我剛好必須被認爲是我，並且如我說過的，人稱代詞在這裡也已經是相關項了。我是那個賦予那種我作爲人，作爲人格而經驗到的東西，或以其他任何方式間接地作爲共同有效的東西而具有的東西，以不同於我的存在意義的東西，我作爲這個人格，總是經驗到我當時的經驗、它的經驗內容的人，並且作爲我的存在有效性，「存在於」經驗之中，正如每一個其他的我對於我而言是被經驗到的，並且以任何其他方式在我的存在有效性中被意識到的，並且總是從我的意識中並在我的意識中獲得對於我可能具有，可能獲得的整個存在意義一樣。它們本身是人格，這些人格具有它們的**你**和**我們**，但我是這個人格存在，以及它們的當時的人格存在——不論我在哪裡談到它們——賦予其意義和有效性的東西。我，這個所有人的，並且至少是我們的，在特殊意義上，甚至最廣泛意義上的「我們」的有效性和意義成就的絕對主體，正如就我而言的我是這個我們之中的我一樣，但是我們當中的每一個我，在這裡都被這個有效的我設定爲就他而言的他的我們的中心，而所有這些從我而有效的我－主體以及我們，同時被視爲由各個我－主體構成的同質的共同體。此外我將它視爲是絕對發揮功能的主體共同體，客觀的世界就是由它的往來的意向的成就而「構成」的。我是那種設定有效的世界的東西，這個世界是由於我的意識生活而以全部內容對我有效的世界，它正是透過這些內容而對我有效。現在世界雖然是對於我，但經常也對於所有的人具有世界這種存在的意義，這是每一個人都經驗到的，每一個人都作爲生活的領域而具有的，每一個人都像我本人一樣將自己歸屬於它的同一的世界。但是，如果這個世界按照其意義以作爲各主體的眾人爲前提，那麼我確實就是那種使這個「眾人」，即所有別的主體有效，並設定爲有效的東西，正如它確定地或不確定地，已知地或未知地對我有效一樣。我是那種在這當中「知道」每一個他人都有自己的世界表象，世界統覺的東西，並且是那種能夠認識到每一個人都和其他人一起處於統覺的共同體之中，每一個人都透過經驗、思考、行爲，直接或間接地和其他人一起共同體化的東西。「眾人的世界」的共同的意義是由這種共同化構成的，並且是借助各特殊個別主體的特殊性構成的，但是在它們的「往來」中，在它們的共同生活中，並透過在這當中的相互糾正，在內容方面或多或少得到補充：同一地存在著的世界對於每一個人而言總是在先的，透過可能的糾正而被證明是同一的，並且預先就已經以同一性的內容被看作是對所有人都一致的核心，處於經常的修正運動之中，處於對世界這種存在意義的更詳盡規定和不同規定的經常運動之中。

因此，我－共同體作爲對於世界起構成作用的東西，總是先於被構成的世界——我－共同體是經常發揮功能的主觀性，它完成構成世界的成就，進行活動，透過活動獲得習慣，總是處於公共化之中，並且來自公共化。因此，我，自我擁有由成就而來的世界，透過成就，我一方面構成我和我的他者的地平線，並與此同時構成同質的我們－共同體，而這種構成並不是世界的構成，而是可以稱爲自我的單子化的成就——作爲人格的單子化，單子的複數化的成就。在自我中，在它的成就中，自我被構成，他具有其他的自我，每一個都是唯一的、每一個都自在自爲地是絕對的功能主觀，對於所有基本的成就而言是唯一的，每一個都被單子化，並構成它的單子的「我們－全體」，這當中的每一個都包含著作爲他者的每一個其他人，包含著作爲我們的他的我們，並且在他的我們當中，又包含所有的我們，並將所有的我們均質化，諸如此類。在單子的共同體——這個共同體透過單子的關聯，對世界的構成，其中也對每個單子的自我構成，產生作用——中的每個單子的自我都具體化爲人化了的自我（正如單子－宇宙具體化爲全人類一樣），或更確切地說，具體化爲人的人格，以身體的形式在共有的自然（所有人的自然，透過純粹單子和它的單子的構成活動而構成爲這樣的東西）中，在空間和時間上定位，或者還具體化爲現實的人的心靈——作爲在空間－時間世界中心理物理的現實的人的準成分。

只要現象學還原的方法，以及由此出發在它的實行當中對於有效性的奠定進行分析的方法，以及對於全部單子的成就進行反思分析的方法，未被揭示出來，未被實行，絕對唯一的自我——對於世界的「深入詢問」，對於世界作爲有效性現象的理解，所導致的絕對唯一的自我——與可以說是人稱上變化著的我的區分，以及起功能作用的單子的共同體與作爲人的各人格的人的共同體的區分，就不能被仔細研究，不能被理解。

附錄九，附於第二部分第二十節。[46]

對笛卡兒有關意向性論述的批判。思維這個表達在笛卡兒那裡常常是這樣使用的，即用來表示在我思中被思維，被意識的東西；沒有清楚區分意識經驗，如感覺活動、經驗活動、思維活動，和在其中被經驗的東西、被記憶的東西、被思維的東西，以及以任何其他方式被意識到的東西本身。

「本來」意義上的觀念（III，第三十六頁）是對於事物的意識，是作爲事物被意識的東西本身，如在意識經驗本身中正是作爲它的成分被意識到的那樣。在這裡笛卡兒說：「彷彿是事物的肖像」——tamquam rerum imagines（人、妖怪、天國、天使、上帝）。但是他也稱觀念是我對這些觀念的行爲方式（意願，贊同與反對，還有判斷）。眞理與謬誤只存在於判斷之中。

46 寫於一九三七年五月。本文取自手稿 KIII 21（第 6a-6 頁）。

在這裡進行批判的理由就足夠了。笛卡兒恰好沒有將純粹的意識當作特殊的、系統的，深入到隱蔽深層的研究的主題。彷彿是肖像（tamquam imagines）——笛卡兒以「彷彿」（tamquam）所想到的總是前科學上實際顯現的東西，觀念，正如它們是被思維的對象那樣，並不是超越的事物的摹寫，不是關於……的肖像；另一方面，他借 tamquam 所想到的是，在這些觀念中還必須區分本質的（屬於實體的）屬性和非本質的因素，如關於物體的特殊的感覺性質。一些清晰而明確地被給予的，並且可以數學方式明確起來的觀念，是眞正在進行描摹，而另一些則是模糊不清的觀念，它們——在物理學中會擺脫它們的模糊不清的性質——本身又被還原爲眞正的性質。笛卡兒沒有注意到在多種多樣透視之間的區分，透過這些透視能夠獲得多種多樣的感覺材料，而這些感覺材料在透視的連續變化中是作爲事物的同一的顏色等等，作爲事物的性質而被把握的；因此他沒有注意到事物藉以顯現的綜合的統一的透視與內在的事物，顯現著的事物本身的區別。判斷把握感覺或將感覺聯結起來，但是當判斷進行肯定或否定時，它肯定**什麼**東西，在這裡作爲被肯定的觀念是什麼？這裡的歧義之處是判斷提供與對象的聯繫，但是作爲需要肯定或需要否定的東西而**爲判斷存在的是什麼**呢？當然不是感覺材料。

廣延在思維中是一種抽象的東西。它也是並且首先是作爲透視的多樣性的統一，作爲意向的統一，而被給予的，在這裡存在的確信可能會發生變化，從直接的此在轉變爲非存在，因此我們就確實已經有了作爲肯定和否定的內容（如果直接的存在確信被看作肯定，而對作爲假象的假象的直接意識——在一切批判的態度之前——被視爲否定）的**顯現著的事物**

本身，在確信的樣式的變化中被意識的東西，因此，判斷不能形成意向性，如果它僅僅是附加的肯定和否定的話。[47]

笛卡兒雖然將意識內容和思維中的純粹被思維的東西本身從我思分離開來，但是，他卻根本不理解，**在這裡眞正存在的是什麼，屬於意識的本來意義的是什麼**。

附錄十，附於第二部分第二十一節以下。[48]

哲學認識的古典的概念，即與前科學的人的意見（δόξα）相對立的認識（ἐπιστήμη）的古典概念，以這樣的方式獲得了一種「**合理的**」認識的意義，這種意義爲從伽利略和笛卡兒起的近代，培養起一種普遍的數學，並且統治著近代。因此，近代將ἐπιστήμη譯爲ratio（理性）。因此，近代首先將數學的自然科學，視爲是對於在最後意義上存在著的自然總體的認識。作爲數學的自然，這個自然總體超越了前科學的感性的自

---

47 數學家笛卡兒習慣於在現成的理論獲得物中，在被挖空的命題中，進行思考，並批判地懷疑它們，決定它們，將判斷作爲被決定的東西套用到經驗上。

48 寫於一九三六年七月。本文取自手稿 KIII 19。在封面上用藍鉛筆注明：康德一文的最後修改稿。下方在方括號中注道：論文的修正稿，寄給李凱爾特（長條校樣第一—二十三頁，帶有附錄），一九三六年九月二十八日。

然，但是在它本身後面不再有形上學的自在，即只是所謂照亮它這個作爲純粹現象的感性自然的自在。對於康德來說，笛卡兒已成了歷史的過去；《沉思錄》，甚至從笛卡兒的遺著中發現的那些「準則」，在他的現實的哲學環境中，也不再具有任何曾經澈底改變了近代最初幾代人的那種精神力量了。它們只是作爲流傳下來的思想繼續發揮作用，只是作爲這樣的東西偶爾包含在哲學的論證中。因此康德從來沒有透過笛卡兒得到直接的推動，似乎他從來沒有注意到，笛卡兒已經在純粹數學和自然科學的合理成就當中看到了一個重要問題；而且首先是在將這種成就回溯到感性世界的存在的有效性和存在的證明，日常的，前科學的和科學以外的生活世界的存在有效性和存在證明的方式中看到的。笛卡兒甚至著手（不過只是粗略地）對我們有關這個感性世界的樸素的存在確信進行批判，這個感性世界必須是作爲主觀相對的世界而處於存在與假象之間的經常的懸而未決之中。因爲在存在的確信所設定爲有效的東西中，在對於作爲存在的感性世界的直接的感官的感覺而設定爲有效的東西中，沒有任何東西能避免懷疑的可能性，即能避免儘管被感覺到，但卻不存在的可能性，所以笛卡兒實行了他自己的類似懷疑的懸擱，由於這種懸擱，他禁止自己使用有關這個永遠只是以爲存在著的感官世界的任何判斷，關於它的日常眞理的判斷。在第二沉思中，他對感性世界——從現在起，它對於他，即在懸擱中進行哲學思考的我來說，完全是純粹的觀念——進行了第二點批判，**根源的**批判，在這種批判中，他已經以與康德同樣鮮明的方式，在一般所謂的感性經驗（作爲對於事物的經驗）中進行了區分單純的純粹感性的感覺，和在那種共同起作用的理性（ratio）中產生出來的，或更確切地說，從特殊的思想活動中產生出來的所有因素；他將純粹感性與理性對立起來。他在感性世界這種觀念中指出，被以爲在它當中存在著的東西，絕不是單純感性的所與物，相反到處都可以指出與感性所與物一起的理性因素，沒有這些理性因素，當時的感性材料就沒有事物存在的有效性，沒有同一性質構成的實際存在的同一物體的存在的有效性，這樣，一般而言，感性世界對於我們就不可能（即使只是以爲的）作爲世界而有效。如果仔細思考，這一部分是有弱點的，因爲作爲事物在感覺上被經驗到的東西，即形式，不可能是純粹感性的。

讓我們將笛卡兒的意思用我們的語言表達出來：他的意思是說，我們不可以忽略，感性材料首先必須作爲事物（或作爲事物的性質，作爲實在的過程，聯繫等等）被統覺。統覺作爲某種理解，是「判斷」，不管我們在這裡是否說出來。因此，首先可能是關於被認爲存在的東西或是關於彷彿是的東西的意識，然後可以問它是否眞正存在。首先，如果我們拋開判斷（用康德的說法，拋開意志的自決），我們就有了純粹感性材料，它是來自純粹感性，來自被動性的能力（用康德的說法，純粹感受性的能力）。我們將對於日常世界的經久的存在的確信不是歸之於被動性的能力，而是（雖然是奠定於被動性的能力之中）首先歸之於判斷能力。我們將它歸之於廣義上的理性，正是歸之於判斷能力，爲此我們稱人爲理性的生物。更確切地說，在理性的充分而廣泛的意義中，包含在確切的肯定的意義上作爲眞理能力的理性，與在否定意義上作爲謬誤能力的理性（它本身同時被包含在作爲不存在錯誤東西的眞理的眞理能力之中）之間的區分。因此，在確切的意義上，理性並不是這種判斷的能力，而是那種判斷的能力，在那種判斷中，進行判斷的我按照它「生而固有的」規範的理念和規範的法則行事。因爲它用反思的方法在這些判斷上內在地把握其清晰性和明確性，它正是僅僅在自明的和「清晰而明確的」判斷中認識這些規範。但這就是純粹合理科學的判斷。因此，這就是笛卡兒的觀點（雖然不是按照詞句，而是按照意思是如此）。按照這種觀點，在他看來，下面這個問題就預先解決了：純粹理性如何能與感性相聯結，更確切地說，純粹合理的認識（數學）如何能應用於感性的日常世界，以及它的特殊的經驗的事實。

但是現在對於笛卡兒來說，被標明爲合理的、自明的判斷之清晰而明確的知覺（clara et distincta perceptio）的、主觀體驗的超越主觀的有效性，變得難於理解了，按照笛卡兒的觀點，合理的科學是一種在進行哲學思考的我之中發生的全然主觀的成就，它如何能要求一種客觀的，延伸到自在存在的東西中的有效性呢？自我——對於笛卡兒來說就是純粹的心靈（mens）——如何能借助於它的活動而超越自己呢？這就涉及到被還原到這種純粹性的人的全部思維。因爲按照笛卡兒的看法，在全部的思維中，也包含（至少是作爲因素）判斷。眾所周知，在這裡上帝存在證明的應急措施就開始了。

我們也可以（儘管並非沒有含糊不清之處）將剛才劃分的笛卡兒的兩個問題，統一地稱爲合理科學的有效範圍的問題，合理科學作爲客觀科學的存在意義的可能性的問題。前科學的認識，處於一切活動中的存在有效性，也都一起包含在這個問題中，即透過這樣的方式包含在這個問題中，每一種前合理的方式的存在有效性，都可以在一個判斷中合理地詢問，都可以在一個判斷中確認，這個判斷在這種情況下，可以按照正確與不正確合理地判定。在這裡還包含這樣的意思，每一個前科學的認識，實際上都有一個存在者與之對應，在這樣意義上與之對應：即每一個無意義的假象都有一種存在，一個眞正的存在者爲基礎，假象與它有矛盾，也許將來隨後的認識會將它暴露出來，並對它進行規定。

顯而易見，這個首次在笛卡兒那裡出現的問題，在本質核心上與康德的先驗綜合判斷的根本問題是同一的，在這個根本問題中，不可分割地包含著同一些緊密相聯的問題，以致最初康德的系統闡述未能準確地區分和理清它們。

儘管有這種本質上共同之處，但是我們還不能說，康德的根本問題在同樣意義上也是笛卡兒的「根本問題」，因此不能說，兩位哲學家的所謂基本風格本質上是相似的，兩者比方說只是在發展程度上有所不同。兩者恰恰是在原則上有非常大的不同，這種不同從外觀上表現如下：對於笛卡兒來說，他的哲學的眞正根本問題，是包含一切眞正認識的普遍科學的必眞根據的問題。康德也要求必眞的根據，但是對於他來說，必眞性具有一種完全不同的意義。在「普遍科學（或哲學）的必眞根據」這個運算式後面所包含的原則上可以澄清的東西，對於我們的目的具有更重要的意義。

在這裡所意指的東西，在其可理解性方面受到歧義性的損害，這種歧義性就包含在關於將根本問題作爲在哲學家的整個哲學研究中都指導著他的問題的，作爲他的全部哲學都應爲其解決提供答案的任務的談論中。在某種意義上，指導這兩位哲學家的動機的確本質上是相同的，只要這兩人都是首先將目光指向合理的自然科學，只要這兩人原初的意圖都是將具有科學性的方法當作眞正的，因此對於一般科學有效的方法更嚴格地奠立起來，因爲兩人都有一種動機，即未經檢驗就不接受這種先行的信念。但是對於笛卡兒來說，在這方面並不存在應該並可以指導整個哲學研究過程的，因此指導整個哲學體系的，明確地置於首位的「根本任務」。在那種情況下，就會預先假定了這種任務實現的可能性。在這種任務中，正如它預先意謂的，不可能已經包含有不言而喻的前提，而這種前提乃是未對其意義和有效性界限加以論證的先入之見嗎？因此這個任務本身按照其實踐的意義，不是預先就需要思考和論證嗎？一切通常意義上的方法的問題，即那些透過在一般東西中展開，然後是在科學的特殊方法中展開，而使科學的眞正重建成爲可能的問題，難道不是在以後才發生的嗎？因此對於笛卡兒來說，使作爲合理的普遍科學的哲學成爲可能的理念，和方法的理念，具有兩種意義和兩個層次。同樣，對於他來說，「根本問題」的理念，具有一種由以下的信念產生的特殊的、最嚴格理解的根本意義，即哲學本身只能實現自己的意義，只能成爲眞正的哲學，如果「哲學家」透過自我沉思，賦予在他眼前作爲「哲學」浮現的計畫以得到澄清的和清楚表達的任務的形式的話。在這種情況下，哲學就必須同一般清楚而明確的目標一樣，相應地——清楚而明確地——預先規定方法，即實際上實現的可能道路，在這裡就是形成理論。

在康德那裡的情況卻完全不同。在他那裡不能發現任何這種哲學上自我辨明的澈底精神。康德在理解他從中被培養起來的合理哲學的預先給定的成就方面，陷入了難堪的困境之中，對於他來說，雖然這種哲學的可能性，甚至牛頓自然科學的可能性，成了「根本問題」，但是，當他想澄清這種可能性，並且按照它的眞正意義和它的有效範圍證明這種可能性時，這種計畫卻具有了本質上不同的意義。在這裡就已經表現出區別。對於他來說，自然科學的無可懷疑的成就，不僅如同在笛卡兒那裡的情況那樣，是一種主觀的確信，而且他不

像笛卡兒那樣，也首先對這種無可懷疑性從根本上加以懷疑。而是經常將這種無可懷疑性用
作他的理論的論據。此外，所謂個人的不言而喻的東西，具有更加確定的內容，譬如，在感
性與理性兩者的能力的劃分中。笛卡兒想從原則上——眞正完全從原則上——將他所有的先 424
入之見包括到有效性的原則問題的統一之中，也就是說，想普遍地澈底地將這種是否有效的
問題，包括到有效性的原則問題的統一之中，包括到哲學是否可能以及如何可能這樣一個
普遍的問題之中；而在康德那裡，個人的先入之見卻成了前提，它們的有效性是不成問題
的。而且正如我們將會看到的，在他的哲學研究中，有大部分前提，他甚至連它們的可能性
（按照他的可能性概念）也沒有詢問過，因爲他甚至沒有用適當的語言將它們表達出來。

這種差別很顯然與這兩位偉大思想家在其中進行哲學研究的不同歷史狀況有關。

對於康德以及他那個世紀的理性主義來說，數學自然科學早已作爲唯一眞正的有關自然的科學，在有學問的有教養的人當中得到普遍承認，在他的反對者方面，甚至被承認爲自然哲學，即關於在物質自然這個名稱下的、最後的自在存在者的科學。在這個意義上，它也是被普遍承認爲包括一切「客觀的」存在者，一切最後意義上的存在者的普遍的科學的典範，因此，也是普遍的哲學的典範。而在笛卡兒那個時代，情況卻不同。對於笛卡兒來說，問題是要使這種剛剛開始的全新的科學首先得到承認，問題是使科學的方法作爲對他同時代的人唯一產生眞正眞理的方法——也是使他本人達到自己的自我辨明的方法——令人信服地奠立起來。

從經院哲學的傳統主義和它的神學的—目的論的世界觀中解放，對流傳下來的先入之見

進行鬥爭，對來自自主理性的科學和哲學的強烈願望，這一切支配著文藝復興時期的哲學思想運動。因此，這種哲學的思想運動首先恢復了作爲純粹來自知識（ἐπιστήμη）的世界認識的哲學之古代的古典的意義。然而不久它就達到這樣一種地步，即想要制止傳統主義式地接受古代哲學。最後從這種努力的趨向中，產生一種澈底的、絕對無先入之見的願望，由於這種無先入之見，在所有按理性進行判斷的人那裡的同一的純粹的理性得到了清澈的表達，並將眞正的方法和眞正的理論令人信服地引上軌道。這種趨向變成占統治地位的熱情，變成像笛卡兒那樣偉大天才的主要的生活意願，笛卡兒將他的這種無先入之見（或者說成無前提性也是一樣）的要求擴展到極端，並試圖透過沉思澈底澄清並確定這種要求的正當意義，它的自明的必然的意義，另一方面，同樣以一種相應的澈底精神，將作爲普遍認識（在其中，一切特殊的認識和科學只能是非獨立的成分）的哲學的理念，當作問題，然後當作任務，所有這些，以一種十分獨特的方式使他作爲整個近代的開創者而突出出來。從一種好的，雖然是非常一般的意義上說，所有近代的哲學家都是笛卡兒主義者，正如所有的物理學家都是伽利略主義者一樣。

哲學即使是產生自這個偉大的人格，也只能是來自這位哲學研究者的澈底的自我辨明。但是只當特定的被宣稱的認識之特定的公開的或隱蔽的前提都被辨明，因此，它們也變成了認識，哲學才能成爲這樣的東西。因此很顯然，一般的認識和普遍的認識的理想必然要求（如果它一般具有一種意義，一種現實的可能性）追問並最終眞正揭示出最後基礎，這個包含一切最後的前提的，作爲必然能辨明的最後基礎。很顯然（由於可能認識的和認識要求的無限性，以及由於每一種可能想到的意見都宣稱是認識，或更確切地說，都是可疑的這種可能性），以上要求只有按照下面這種方式才是可以想像的，即以下情況可以以最根本的、形式的普遍性成爲必眞自明的，即每一種可能想到的意見，每一個可能想到的問題，每一個可能想到的對於它的立場，在肯定、否定、懷疑、猜測等等中，已經以一種到處都是形式上相同的基礎，作爲一種絕對必眞的不言而喻的東西爲前提，如果沒有這種不言而喻的東西，就沒有任何這一類的東西，因此沒有任何被宣稱的認識能具有意義。揭露這種不言而喻的東西以及對它的必眞的使用，就得到哲學絕對必眞的基礎，而哲學只有在以下情況下才能實現，即從這種基礎出發，能夠逐步地建立起間接的認識，更確切地說，已建立起間接的認識，而在建立過程中，每一步都能在其在這種間接性的鏈條中所處位置上，由這種絕對的必眞的認識基礎間接地辨明，在這裡在能夠進一步規定間接的認識論證的東西方面沒有任何違背這種形式東西的偏見，更不要說在這裡應作爲認識而被奠立的東西的特殊樣式方面了。

當然，這是一種思想連貫的解釋，是對於笛卡兒的思想的一種「闡述」，而且是以一種嚴格形式的措詞進行的闡述，借助於這種措詞，就能夠避開許多被信以爲眞的、不言而喻的東西，由於那些東西，笛卡兒本人曾違反了這些程序，譬如當他認爲，間接的認識論證在邏輯－數學的演繹形態中就已經被預先想到了時。當然，這種形式的解釋的謹慎與詳盡，還意味著對笛卡兒的超越（儘管它只不過是認眞仔細的解釋），即在這樣一個限度內的超越，這位思想家的這種拘泥細節的精密的自我解釋的疏忽，有可能使那些不可靠的不言而喻的東西不被覺察地流入進來，至少是有助於這種流入，而這可能產生嚴重的後果，並且肯定是與所想要的澈底主義相矛盾的。

關於絕對必眞的認識之奠立的這種笛卡兒的澈底主義的解釋，還有一點需要強調。如果我們像笛卡兒一樣不假思索地認爲，哲學的理想——即使是在無限的進步當中——能夠這樣實現，即我們透過在想像中經歷可能認識的全部無限的東西，最終達到作爲由具有其全部特殊性和個別性的存在物——作爲被認識的眞理的對應物——構成的宇宙的宇宙，那也是一種偏見。

也許在這種必眞的絕對的基礎中，在自我中，就已經包含一種必眞的無限性；如果認爲這種無限性是可以透過無限的進步而系統地窮盡的，則是荒謬的（正如空間被我們看作是連續的位置系統，它的位置從作爲坐標系的原點的任何點出發，原則上都是可以達到的，儘管實際上沒有一個人能走到任意遠）。因此十分需要對笛卡兒的程序進行解釋，然後需要進行一些新的根本的思考：哲學是否可能，如何可能，而且按照這種實際的提示，已經需要一些本源性的思考，作爲這樣的東西，需要絕對的必眞性，這種必眞性作爲「先於」一切可能認識的必眞性，是一切認識的普遍「基礎」。

如果我們現在將我們的目光從笛卡兒轉向**康德**，那麼幾乎用不著說，康德對眞正被奠立的認識之可能性條件的詢問的這種澈底精神，以及一般地說，對哲學之可能性條件的詢問的這種澈底精神，是陌生的，不管他怎樣詢問哲學認識的可能性條件和有效範圍，並建立了宏大的哲學體系。

笛卡兒要求於哲學的合理性，作爲他在自己面前和任何人面前可能辯護的合理性，不是別的，正是哲學上自我辨明的極端的澈底精神。它不是別的，正是他的必眞的認識奠立的意義，對這種意義，我們不可以按照現在時髦的方式反對說：笛卡兒的建立在必眞基礎上的普遍哲學，產生了那種在實存方面失敗了的、衰頹了的人類（它的第一個代表人物就是笛卡兒本人），產生了那種「在實存方面」失敗了的人類，它的進步的熱情，它在無限進步中實現認識上對自然的支配的理想，以及透過認識上的支配能無限增強對自然的技術上的支配的理想，從根本上講，是追求一種「安全」，在一定程度上，是追求一種面對命運的保險。確切地說，這種保證，也許連同必眞性的理想一起，不外是膽怯地逃避這種本質上命運攸關的此在要求於人類的責任和考驗。

不可否認，在我們的時代存在著這種類型的文明，並且它作為一種大宗現象受到描述。但並不是所有的人都隨意取笑他們的桎梏；我敢維護這樣一種觀點，即本質上屬於這種文明的頹落哲學，不僅在一定程度上是為這種進步的文明辯護的哲學，而且還是，並且首先是，對這種文明以這種批判反應的方式做出如此出色的實存反應的哲學。事實上，最嚴重的頹落是由於對偉大的和眞正的道德盲目無知，而正是這種道德造就了哲學——偉大的眞正的哲學，並且將它的有創造力的承擔者造就成值得受人敬仰的。偉大的孤獨者笛卡兒，以及他的偉大門徒斯賓諾莎，是如何尋求「安全」的，他們在他們的著作中是如何想要將人們引上安全道路的？為此他們從世界退卻了嗎？或者，笛卡兒，當他體驗到從精神的困境中解放出來時，他去朝拜洛雷托的聖母嗎？在一個為其歷史上的博學多識而自豪的時代，人們會變得對這位哲學家的道德——這種道德有其如眞正藝術家的道德，眞正政治家的道德那樣的類似物——完全充耳不聞嗎？人們再也不能理解，什麼是生活、什麼是知道自己的使命、什麼是使命的悲劇嗎？很少有著作像在笛卡兒的《沉思錄》中那樣，在其中人格的最徹底的自我負責的精神顯示得如此清楚。

這種反對意見很可能擊中從事在這期間變成了技術的科學的後來的幾代科學家，但是如果人們責備這位有獨創性的天才，那就是對於歷史的和客觀的情況的嚴重顛倒。在笛卡兒那裡，問題的提法在一定程度上就是先行預防一種在理論的創造和論證中，單純作爲技術被應用的科學，一種被掏空了哲學內容的科學，這種科學正是因此在實存方面失敗了。人們一定會重新學會理解這種最深刻的意義，而且也一定會重新學會理解，透過笛卡兒的推動才被觸及的作爲自主的人，所進行的最終辨明的自身沉思的必眞性問題，並且正是由此而獲得關於下面這種問題的理解，即在沉思中，什麼曾是超越論的—哲學的動機，什麼東西在康德那裡（甚至在這種動機很快就變得模糊不清以後），以及在康德以後的超越論的觀念論那裡，又成了模糊的推動力，而且從昏暗的深處顯露出來，以便將來有一天獲得完美而清晰的超越論哲學的明白形式。

只是由於這種形式的超越論，才產生一種對於人類及其歷史的存在的最高的、哲學的自身理解之可能性。它使人類理解到，隨著哲學作爲希臘哲學在產生時與生俱來的必眞地奠立的普遍科學之意義的實現，應該產生一種使人的有意義的存在成爲可能的新的最高的功能。

這樣一來，這種普遍的主觀間的科學，由於最終的絕對充足的理由，就變成了人類——處於其走向自身創造其眞正存在（作爲他自己本身的使命的無限理念）的無盡頭的道路上的人類——的功能，人類的表達。這種科學性不可能是實證科學的科學性，換句話說，可測度的預見之科學性本身不可能是哲學，——按照其意義關聯，寧可說它只是一種從屬的，只有按照其自身的正當的含義才能闡明的要素，這種情況首先是在隨著康德的宏大哲學計畫而開始的發展中被涉及到的。在最深刻的根據上，它涉及到眞正的形態，涉及到作爲隱得來希的哲學生來固有的意義。即使哲學已經作爲超越論的哲學，並作爲巨大的體系而出現，它絕不因此在這裡就已經處於自身理解之中，已經明白了以下問題，即作爲哲學能夠被要求並必須被要求什麼東西，在這裡「超越論的」這個詞力圖表達的意義的改變眞正能夠並必須表示什麼樣的目的和任務。

在這種對笛卡兒的評價中，也包括康德及其後繼者，雖然並沒有特別強調；但是對康德（我們在這裡甚至使他與笛卡兒形成對比）的評價是這樣的，即我們恰巧是反對他缺少澈底精神，就他忽視了重申必眞地奠立哲學這個問題，或更確切地說，這個目標而言。眞正的哲學上的自身負責的道德也在支配他，對於他來說，哲學毫無疑問是人對於他自己作爲自律的人，作爲理性的存在所應有的東西之一種必然的最高度負責的思考。那種他稱爲知性認識或稱爲單純「理論認識」的東西，即實證科學、自然科學，以及（只要它們能證明正當）遵循自然科學的典範的一般科學——它們全都曾將理性主義與哲學看成是一個東西——都作爲重要的，但相對從屬的東西歸入到這種理性存在應有的東西之中。

當然，像一切哲學一樣，康德哲學也是科學，只要它提出論證的要求，並要求不將任何命題、任何論斷（不論是直接的還是間接的論斷），沒有經過思想上的自身辨明而證明它，就宣布爲眞理。不論康德從他的立場出發可能有什麼正當理由，來防止一般情況下將認識的方式，邏輯－數學的方法以及也許可以與它同等看待的先驗的方法，與包羅萬象的哲學之方法以及哲學上的方法混淆（由此就使數學的方法與超越論哲學的方法區別開了，而同時又不否認理性主義的精密方法的眞正權利），現在如果有人想將康德哲學（眞正意義上的）變成一種非理性主義，不想承認它是在原初的永恆的意義上普遍科學，那就是對於康德的術語的明顯誤用。康德哲學的超越論的先驗的體系是一種更高程度意義上的先驗科學，本身是理論的認識，或確切地說，是理論，在它當中進行支配的理性是理論的理性——因爲那個理性仍保持爲理性，不論現在是在康德的理論理性標題下還是在實踐理性標題下。對於眞正的善、眞正的公正、眞正的義務的思考，也屬於理性。康德的批判既「批判」數學，也「批判」倫理學；因爲倫理學從古代以來，不論是壞的還是好的，確實都是認識，都是自稱的科學，都是哲學的目標，它的陳述如同所有的陳述一樣，處於形式邏輯規範的支配下。在這種情況下，爲什麼不也爲它要求一種超越論的邏輯，就如同在這種情況下，另外也爲有關所謂美學價值和價值構成物的認識沉思的和科學的嘗試要求這樣的東西一樣呢？突出強調「絕對命令」的這種沉思，一般而言每一種沉思，難道不當然就是認識嗎？難道不是要達到判斷的，而且是要達到眞判斷的意願嗎？在以下這點，人難道不是理性的存在嗎？即它的存在的方式是一種達到愈來愈高程度的反思的存在方式，他的合乎理性的存在，本質上只能透過「想是反思的、合理的東西和想成爲反思的、合理的東西」而實現。這種特殊的人的此在方式或理性的此在方式的最後形態，難道不是普遍的沉思，並且在這種情況下必然針對作爲處於一般人類當中的人的存在的沉思嗎？這種沉思的成功的形態，就是無限地繼續構成下去的哲學——哲學作爲賦予人以人性的功能，作爲賦予「一般人」以人性，賦予人類以人性的功能，作爲在最後形式中的人的此在（這種最後形式，對於人類向人的理性發展的最優形式而言，同時又是初始的形式），又是一種發展形式，由此，人的此在作爲人之所是和人之存在方式，是在「爲自己本身存在」當中的存在，是在「想要自己本身」當中的，是在「能想要自己」當中的存在——因此是在無限的努力中實現這種「能夠」的存在。哲學的科學正是爲此奠立基礎的，而哲學科學的承擔者就是哲學的科學家，即唯一眞正的科學家。乍看這可能顯得有些難於理解，但是普遍的科學的意義，研究一切存在者，研究具有全部意義的存在者的科學的意義，就在於此。這作爲隱蔽的意向，存在於一切哲學當中，儘管自身認識和科學，如同一種特徵一樣，在人的此在中經常出現，這種意向在哲學達到其本身的眞正意義之前，達到其明白的意義之前，以及達到眞正必眞的奠立之前，是不會顯露出來的，這種必眞的奠立對於哲學，以及其中包含的對於人類，乃是最後的自身理解。這裡不存在文化各種形態——科學、藝術、經濟等等的各種特徵彼此並列的情況，不存在各種特殊的科學——數學、自然科學、生物學、心理學、倫理學、認識論等等，彼此並列的情況。這裡存在的是，人藉以在空間時間的自然中將自己客觀化的各種客觀化方式與程度，但是只存在一種包羅萬象的科學，一種哲學，一種作爲普遍的沉思和已獲得的自身理解的普遍的認識在其中，隱蔽的、未展開的理性變成了理性，變成了理解自己、規整自己的理性。

在一切理性的本質意義當中，包含有這樣一種意義，即理性按照一種必要廣泛的意義，是進行認識的理性。它到處都是對於眞的東西或假的東西的負責的思考。

但是，下面的問題當然是有爭論的，即康德哲學的合理性是否已經表達了充分意義上的眞正理性（ratio），以及它是否由於它缺乏澈底精神而放棄了理性，而這種澈底精神作爲對必眞性的信念，乃是哲學成爲可能的原始條件，它從一開始——並且永遠——規定著哲學意圖的根本意義，並且按照我們的提示，透過能達到的成功，在必眞的科學中得以實現。眞正哲學的這種根本要求，從笛卡兒起就被充分意識到了，甚至產生了非常重要的效果。但是在效果方面，它仍停留於某種簡單狀態。必眞根據的巨大的、具有多種多樣問題的深層，仍然是他難以接近的。

那種人類的最高階段，具有要想成爲澈底遵循必眞目標的此在的必眞意願的人類的（絕不是抽象的個體的人的）此在的最高階段，就在這個深層中。這種此在的功能正是反思，普遍地必眞地認識自己以及相關聯地認識世界，這種認識乃是作爲在眞正的人類的生成中，以眞正的命中注定性，以必眞地被意願的命中注定性，實現眞正人類的此在之可能性的必然的形式和必眞的條件，而這種認識就克服了盲目的命運。

但是對於康德以及與他同時代的哲學家來說，應該必眞地奠立的哲學之動機，已失去了它的力量。在這種動機中，包含有對於客觀的和普遍的認識之可能性的前提和條件進行回溯分析的要求，這種認識，按照其澈底精神，在它達到作爲最後基礎的最後的根本的前提（同時並不使客觀科學失去其意義，使它的整個計畫失去其意義，或者說，所有其他人的計畫存在有效性，以及在任何特殊意義上要求一種事實上存在的人的計畫的存在有效性，作爲要求，並沒有成爲不可想像的），並且相關聯地，達到根源的基礎（一切存在的有效性都是由它那裡，在只有從它出發才能得到的最後的論證的階段上，得到自己存在的有效性）之前，是沒有支撐點的。正是由此，笛卡兒的計畫才眞正得到準確表達，他關於絕對無前提的認識之理念和要求，關於透過對於一切公開的和隱蔽的先入之見（甚至是被學到的、被採納的先入之見）的普遍懸擱而能獲得的絕對觀點之理念和要求，才眞正得到準確表達。而只有按照這種絕對的觀點，一般而言，對於任何可能的認識，任何不論是眞的還是冒充的認識，任何可能的前提，任何可能的問題和回答之絕對基礎的自主的思考，才可能開始。既然這個基礎被稱爲絕對的前提，那麼它就不能再屬於在那種最廣泛意義上的傳統的不言而喻的東西，並且一般而言，不再屬於預先呈現爲確定無疑的，甚至呈現爲必眞的不言而喻的東西，因爲懸擱涉及的範圍很廣，它使一切作爲存在著的有效的東西不起作用，看上去好像它不存在，好像它是可以被懷疑的。在自由懸擱的情況下，而且只是在這種情況下，這種絕對的基礎，可以被視爲一切存在的有效性的基礎，甚至是已經承擔著懸擱本身的存在有效性的基礎——正是現在被有意識地用作絕對基礎的存在有效性的基礎。

正是在不言而喻的東西的基礎方面——康德哲學在其問題提法中不加詢問地將這種基礎設定爲前提並加以利用——對康德哲學的這種批判，可以幫助我們闡明關於絕對最後基礎的問題的意義，或者如我們還可以說的，闡明必眞性問題、「自明性」問題，以便借此說明一種以全新的方法進行的全新的哲學研究的迫切必要性，並借此獲得一種對於在理解——想要理解——以這種方法眞正實行一種最終有效的哲學之已準備好的開端方面的敏感性。笛卡兒以後的哲學，不論在具體實施中和在成果中與笛卡兒哲學有多麼大的不同，笛卡兒仍然可能是而且必定是笛卡兒以後的一切哲學的開創者。按照以上突出強調的形式，這就是笛卡兒主義。但是這種新式的——「現象學的」——哲學被稱爲超越論的哲學（「超越論的現象學」，但不同於所有的，即使是從《邏輯研究》獲得動機的所謂現象學派的現象學）的正當性也變得可以理解了。它被稱爲「超越論的」哲學，儘管並不是康德哲學的繼續發展、改造，不論是改好還是改壞。但是從這種現象學的哲學出發，透過對康德哲學的批判運用，可以看到，在它的（按照根據和按照概念上的規定必須拒絕的）超越論的主觀性當中，透過生動的直觀，恰好看出了現象學按照其方法以必眞的自明性，以一種它所固有的直接的經驗方式，以一種它所固有的間接構想的方法論，完全必眞地把握的東西。

附錄十二，附於第二部分第二十三節。[49]

我曾說過，休謨的方法總是導致唯我論。但是他從來也沒有宣布過這個結論，他的方法很容易引起混亂，在最初的幾章中，他經常這樣說，即彷彿對於與我們的知覺的存在相對的世界的眞實存在不能有異議。當他將他的研究限制在純粹知覺領域時，他卻這樣行事，彷彿可以將對於知覺的起因的詢問託付於心理學家、自然科學家。他甚至想將與此相關的問題排

49 本文取自手稿 KIII 26（第二十二頁），寫於一九三六—一九三七年冬（？）。

除在外。他說話的方式與他停留在洛克的立場上時完全一樣，只不過他想更嚴格地堅持他的任務。他甚至沒有看到，他作爲內在性的研究者，必須只給自己的自我以優先地位，當他繼續進行他的研究時，他行事的方式彷彿這是一種純粹的（儘管未被說出的）方法上的限制，他不許涉及有關他人的經驗認識的問題，他甚至把這只用作證實他的這樣一些論斷，即每一個人透過他的經驗都能證實被斷言的東西，就如同他也從故事中和文學創作中取來例子一樣，彷彿對於內在的研究可以透過這種方法得到證實——無論如何，沒有將他人和社會作爲內在性問題提出來，沒有考慮到心理學上的客觀性在多麼大程度上是可能的這樣一個問題。當然在這裡，他必須首先檢驗這種從自己的內在性到別人的內在領域的可能性和存在的「推論」。但是如果他沒有談到所有這些東西，那是由於他的這樣一些理論，即它們將它們的有效性根據純粹歸之於內在的斷定，並且成果具有這樣一種形式，即除去「想像力的範圍」，即內在的領域，以及對於它來說，能夠斷定是原本給予的東西，不可能有任何東西真正存在。正如他直截了當地承認的，任何對這個領域的超出，都包含矛盾，一切超越性都是虛構。在這裡包含有什麼呢？同樣也包含有其他人的存在和諸神的存在。但是任何地方都沒有這種結論，這種明確表達的看法；相反，卻有許多如果不是適合於安撫形上學者就是適合於安撫神學家的東西。

我已經簡要地指出，目的論的歷史的進程，延伸到直到休謨的經驗主義運動中，這個進程是隨著近代哲學（作爲普遍的科學）最初的創立而開始的，並且由於其對於在哲學構想中的新意圖的最初未被澄清的，並且一開始在最本質之點上隨即產生的錯誤解釋，在某些方面導致了必要的充實，而在另外一些方面，則使它帶上錯誤，而這些錯誤是由哲學的，更確切地說，是由已生成的所有科學對自身的荒謬的解釋必然產生的。由於休謨的心理學（據說，一切科學的順利發展都依賴於這種心理學，這種心理學是眞正的基礎哲學），對於所有如同他必須被看待的那樣認眞看待他，並專心致志於他的思想方法的人來說，有關基礎哲學的雙重問題，即有關純粹意識的，有關純粹主觀性的新式科學的問題，和有關作爲客觀上存在的，甚至以奇特的方式具有其純粹意識的人的心理學的問題，變得極其重要而迫切了，正如心理物理學的人類學——在那裡，在心理學方面存在著笛卡兒的 mens 意義上的心靈——的意義問題變得重要而迫切一樣。當作爲思維主體並且純粹作爲思維主體的人成爲主題時，當在這種情況下對於進行哲學研究的人以及對於以心理學態度澈底建立心理學的人來說，預先給定他的，對於他總是作爲這樣那樣存在著而有效的世界，必然是他的意識生活的構成物時，必然一定會首先產生一種唯我論，即將世界還原爲意識的構成物，而且是自己意識的構成物。人們當然不願意做出這種令人難以置信的結論，儘管這種結果是令人難堪的，甚至在哲學上是絕望的（如休謨「在本書的結尾處」關於它的結果本身所說的，這種難堪在前哲學的樸素性中是可以避免的），但是這整個的道路仍然可能正是在以下這點上有其歷史的目的論的價值，這種價值的意義怎麼高估也不爲過，即這條道路迫使（或應該迫使，並最終有一天一定會迫使）人們澈底地，充分展開地思考這整個的認識到本身是荒謬的有關世界和科學的說明，並詢問最終的基礎。

附錄十二，附於第二部分第二十三節。[50]

434 休謨首先著手純粹從作爲意識之最初的、唯一的原初事實的感覺材料出發，探討客觀認識的起源。儘管他以將所有客觀化成就貶低爲虛構而告終，對於那個不能認眞對待他的根本顚倒了的感覺論的人來說，還是出現了被給予的東西的根本區別，或更確切地說，根本的問題提法：正如否認在其精密性方面具有其的確不可超越的嚴格必眞性的作爲連續統和純粹代數—形態的數學的純粹數學，甚至指責它有矛盾，然後將它還原爲日常事物世界的模糊形態，是錯誤的一樣，另外將具有事物性質、關係、因果性的同一的事物，透過追溯到聯想和習慣，而解釋爲虛構的構成物和感覺材料，同樣也是不妥的，由此確實就顯露出**預先給定的事物的**世界，先於科學研究而始終爲我們存在的世界，被我們體驗爲同一的世界，儘管有其相對性，但仍然能透過其存在與其現實的實在性在實踐上充分證明的世界；以及由於在更高階段上的工作，按照邏輯方法邏輯化了的世界，即「客觀上眞的」世界、精密東西的世界。不僅如此，當他思考「精神」、「心靈」、「知性」用感覺材料，用感受性唯一直接給予的東西所做成的東西時，當預先就已經意識到，前科學的世界的，尤其是科學的世界——作爲在意識上給予我們的，並且被認爲直接爲我們在這裡存在著的世界——的保持

50 本文取自手稿 KIII 28（第七頁），寫於一九三七年春（？）。

著的「對象」，必然是心靈的成就的構成物，是人的知性的成就的構成物時，他進行了一種區分，即能由這些材料產生的認識構成物〔他稱這種構成物爲「觀念的關係」（reiation of ideas），即可以無矛盾地協調一致的思想可能性，以及支配著它們的這種協調一致的法則〕，另一方面，就是「事實的材料」（matters of fact），即不僅被標明爲一致的思想可能性，而且被標明爲事實上的現實性的構成物。相關聯地，由此標明了被運用於感覺材料的原始最初素材上的有成就的功能的兩種形式。一種功能產生絕對必然的東西——但這些必然的東西只涉及可以無矛盾地想像的可能的東西；另外一種功能產生事實上的存在，即作爲只具有或然的有效性的預見之規則產生出來的存在，在這種情況下，被預見的東西也可能是另外一種樣子。

附錄十三，附於《危機》第三部分A。[51]

《危機》繼續部分的前言

很遺憾，在《哲學》雜誌第一卷上以作爲導言的兩章而開始的這部著作的繼續部分，在

51 寫於一九三七年春（？）。取自手稿KIII 6（第五十一—六十五頁）。胡塞爾僅僅將它稱爲是《危機》繼續部分的前言，並在封面上注明：第二草稿。

長時間的延誤之後現在才這樣發表，不可克服的障礙，我的變得不穩定的健康狀況造成的結果，迫使我將已準備了很長時間的計畫擱置。因此就產生了對於理解這裡嘗試的、通往構想超越論現象學的理念和方法的、目的論的－歷史的道路的嚴重停頓。這裡所發生的情況，與在演出一部宏大的音樂作品時，由於序曲結束而中斷所產生的情況有些相似，也就是說是這樣，即現在這部作品接下來要演奏主要部分（即歌劇本身），並且已為它準備好了一種生動理解的狀態，卻在稍後不重奏序曲就突然開始演奏了。

事實上，第一篇文章所提供的是一種自身相對完整的預備性思考，一種最初的自身理解，一種最初的對自身的研討，它具有這樣一種功能，即首先創造一種有關新式的，在我們哲學的整體狀況中變得必需的哲學的目標設定和方法的暫時性的理念（一種預先的理念，一種被正確說明動機的預備性的理念）。同時這整個的思考恰好只是表現為預備性思考，它要求參照在以後章節中才完成的眞正成就，借助那種成就，來自最終有效根源的這種暫時性的理念就能達到充分的明確與清晰，並且按照這種方法，能以應作為哲學而提出的任務的眞正可行性的自明性呈現給我們。下面的情況顯然在一種比音樂序曲的比喻更高的程度上適用於我們的統一的預備性思考，即它的功能並不限於僅僅預先指向眞正想要達到的後來的工作成就（彷彿它在完成這項工作之後就沒有別的工作可做了）。在我們的情況下，甚至涉及到這樣一種預備性的思考：從其中產生出來的有關可能的、指向目標的路線指導的預備性概念，因此應該用作以後要完成的工作的基準點和指導路線（顯然，這已包含到我們以前的敘述之意義當中了），因此我們一定不要忽視這種預備性概念，更確切地說，我們必須透過回溯一再地提到它。正是這種回溯提供我們實行回憶的重複的一切機會，而爲了回溯，就需要克服這種長期的停頓。而在本來只是指向最必需東西的預備性思考的情況下，簡短地重複第一篇文章的整個過程，幾乎不會有什麼用處。

現在我們想立即進入到這種新的，眞正進行詳細說明的思想過程中。因此，我們要將在前一章結尾處許諾的對康德的批判推遲一下；也就是將指出並批判地懷疑康德與迄今爲止的一切哲學中的獨斷論所共有的某些極其廣泛的、但始終未被詢問的不言而喻的東西的工作推遲一下。雖然康德爲了克服某些他本人非常強烈地感受到的缺欠而實行了他的「哥白尼式的轉向」，他卻並未由此而達到——如我們已經說過的，但我們打算只是透過一種深入的批判分析才去論證的——一切哲學認識的最終的根本基礎，並沒有因此而完成一切哲學任務當中的最偉大的任務——即正是從這種基礎出發，系統地能有所成就地建立哲學的任務。在笛卡兒《沉思錄》中，儘管只是形式地，並且是作爲未發展的胚芽包含的，正是對於必眞的有洞察力的方法，對於進行最終自我辯護的哲學，眞正從根本上進行最終的認識上論證的這種徹底精神。關於這一點，我們已在我們對於前幾個「沉思」的深入解釋中，在我們指出其原初意圖時，清楚表明了。但是我們的對於笛卡兒的處置方法的批判的思考表明，他不是著手研究作爲原始基礎與他的我思一起已經呈現在他眼前的東西，而是由於他內心中緊緊追蹤著的數學的認識理想，而立即被引上了一種思想方向，這個方向有助於合理科學的那種有害的理念獲得被認爲的絕對的規範之高位。整個近代都處於這個思想方向的影響之下，我們也將那些時髦的幾乎成了普遍流行的貶低笛卡兒的批評歸咎於它；這些批評恰恰沒有看到笛卡兒無與倫比的獨創性，而笛卡兒正是以這種獨創性，將以後絕不能駁回的對最終的自在基礎——一切認識都建立在這個提供最原始意義的基礎之上——的追問引入到歷史中。

然而，我們在這方面所闡明的東西，如同在我們的第一篇文章中闡明的一樣，尚沒有超出預備性思考和預備性提示的範圍，儘管它具有所需要的自明性。因爲只當具體指出那個能在嚴格遵循「笛卡兒式的懸擱」（對一切預先有效性的懸擱）的情況下，證明關於一種新的認識論基礎的說法，即關於作爲能直接看到的、不變的結構之原始領域的說法的正當性的東西，此外，只有對從這種東西出發從本質方面被預先規定的問題提法和具體方法的研究，才能眞正證明，這種哥白尼式的轉向，連同它的再也不能忽視的對一切樸素的—不言而喻的事先的有效性進行普遍懷疑的澈底主義，並不是一種空洞的—形式的要求，一種關於空洞的問難，關於與事實無關的經院哲學辯論的純粹遊戲的單純結果，而是嚴肅的實實在在的無限工作的開端。一旦那種將一切可以想到的、認識上的追問回溯到它們的絕對的最終的基礎的論證方法的具體意義達到了自明性，達到了唯一的、唯有這種回溯才具有的必眞性，就沒有任何意識到自己責任的哲學能夠逃避這種工作。[52]

---

52 因此這就是預備性的思考所引向的東西，以及借助於它所固有的自明性，使以後才進行的解釋的目的變得可以理解的東西。一種按照其性質已經是對於這條道路之可能性的合理預期，導致對這條道路本身的發現和構想，這是一條通往要揭示具有必眞自明性的眞正方法結構的道路，而這種必眞的自明性以其獨特性，而成爲

據此已經很清楚，即一種應該證明康德的方法、他的哥白尼式轉向缺少澈底精神的對康德的原則批評，按照其「目的論的」歷史的反思，本身就包含從康德向笛卡兒的回溯，或更確切地說，包含將康德與笛卡兒進行比較，我們必須附加一句，鑒於現在變得時興的對笛卡兒的解釋，以及對笛卡兒的輕蔑貶低，這乃是一種驚人之舉。

此外，對於按照這種精神設計的對於康德的批判來說，向英國經驗主義進行深入回溯，特別是向休謨的毫無成就的嘗試進行深入回溯，也是不可缺少的；休謨的這種嘗試就是試圖具體地、系統地—普遍地說明只是在笛卡兒《沉思錄》中才第一次作爲最後的，能純粹從直觀上把握的，並且是有步驟地加以解釋的基礎而揭示的東西（儘管很粗略，很快就被推到一邊，並且是以自身誤解的方式曲折表達出來的）。對於我們事先簡要說出的東西——即在休謨那裡，顯露出一種隱蔽的意圖，即補充在笛卡兒那裡被疏忽的東西，並借此達到對笛卡兒

未來哲學的絕對標準。

爲什麼在預備性的思考及其暫時的自明性，與在這種歷史任務——哲學這個詞經常所意指的任務——的特性中的解釋性的實現之間的這種劃分是無法消除的，爲什麼下面這種情況是不可想像的，並且始終是不可想像的，即哲學的思考（作爲由哲學的變得毫無希望的狀況說明動機的哲學的思考，而這種哲學是作爲主觀上變化無常的諸體系的哲學，它處於其無窮的自身預先規定的繼續生成之中）在一種獨特的最初的步驟中，「達到」將方法必眞地、合乎規範地設計爲一種可以以根本的自明性，在全部無限的未來工作中眞正實行的方法，這些問題我們以後還要思考。我們首先必須把哲學這個計畫的獨特性本身作爲思考的題目。

原初意圖的理解——需要一種準確的、有根據的證明；但是在這種情況下，也必須指明，休謨爲什麼必然會失敗。

一種追溯到整個近代哲學（從雖然被意識到但並未自我理解的澈底精神出發的），笛卡兒式原初創立的對康德的批判，爲了進行深入的繼續有效的歷史的－批判的思考，在這中間，另外還必須一再地轉向一些新式的，因此是人們不熟悉的風格的非常煩瑣的，非常困難的實實在在的分析，這些分析，如後來向我們顯示的，並不是逐個地按照批判狀況的每一特殊需要進行的，而是從一開始就按照統一的系統特徵，不管每一歷史的－批判的意圖進行的，同時，在這種系統的研究中，本質的意圖就是上升到超越論的現象學，並且表明，這種現象學是唯一能從最終認識根源上論證的超越論哲學，因此是唯一可能的超越論哲學。爲此我們並不想也不能迴避批判地運用康德哲學基本結構的要求，因此也不能迴避康德的思想方式迄今曾能夠運用的巨大精神力量，這種精神力量還沒有變成阻礙哲學發展的先入之見構成的不可逾越的高牆，正是在這種發展中，被灌輸到從笛卡兒起的近代哲學中的意義，依據自己最後反思和決斷的自由，以眞正的方式，必然的方式，而圓滿實現。隨後進行的這樣的批判，是能夠完成的（當然是非常簡要地完成的）。

在這裡還可以說一句話，這句話事實上對於爲上升到超越論的－現象學的哲學的過程中對純粹客觀性造成的某些損害進行辯護是必要的。這種損害就在於，我們必須考慮到某些支配著我們當代哲學的先入之見，或作爲先入之見而強有力地發展的現代運動，因爲這些先入之見從一開始就使這本書的讀者沒有能力隨同我一起眞正完成各種步驟和方法以及處於全部理論之前的提示，以及能透過它們最原初地完成的思想工作，這些東西能給予全部理論以正確的辯護，因此事實上也能導致一種自明地充實那種任務之意義的哲學。誰預先完全意識到他正在走的道路只能被評價爲不現實的，意識到他是透過將支持者的應合與他施加的心靈上的影響力相結合才獲得對於這條道路的證據的，他就不再費力去嘗試實際跟隨這條道路，並在進行中實際檢驗他腳下是否有堅實基礎，他是否在獲取知識的方向上繼續前進，而獲取知識則是他絕不願放棄的。純粹從事情本身出發的引導實際上並不必關心這些先入之見，正如登山者並不與那些想要向他證明他嘗試要走的並反覆說明的道路根本行不通的人爭論一樣。

然而，因爲哲學並不是私人的事情，並且按照它固有的意義（眞正的方法就是按照這種意義獲得的），只能在哲學家的工作共同體中，透過無限的進步而實現，所以對於每一個哲學家來說，使這種共同體成爲可能，就是說，明智地採用已獲得的方法的可能性，也包含在他的義務之中。因此在這種哲學的導論中，不僅應該完成嚴格地忠實地敘述通往發現眞正哲學的道路的任務，或者這樣說也是一樣，通往發現哲學的眞正方法的道路的任務。必然一定與此緊密相連的，是要有效地排除那些使人們看不到事情本身的根據的，而且是根本的根據的先入之見。當然，揭示隱藏於這些先入之見中和論證中的矛盾的手段，並不是在一開始確實準備好了的，因此，駁斥首先就在於下面這種超出純粹就事情本身進行說明的「非事情本身的」預先提示和意見，即暫時不把有關的先入之見當作毫無疑問的不言而喻東西來使用；

因爲根本地和系統地懷疑它們以及與它們類似的東西，[53]而且以澈底的方式對它們提出問題，並以澈底的方式做出回答，正是研究本身的任務；這些問題和回答，按照迄今爲止的哲學研究的樸素態度，是絕不能達到的，透過這種澈底的方式，一種方法才能達到眞正的必眞性，而唯有必眞性才能實踐作爲哲學被提出的任務之最深刻的意圖，只要它意味著想要懷疑與否認應該懷疑與否認的東西；無此進行哲學研究的我就不可能是我。

我立即就談到這些先入之見當中最壞的一種，它首先涉及作爲已經按所要求的方式存在的哲學的超越論哲學，即人們事先就認爲已經知道問題在哪裡，在這裡作爲必眞地奠立的哲學應該是什麼。人們至多是讀過我的著作，或更經常地是向我的學生請教，這些學生作爲由我本人教育出來的學生，的確能夠提供可信賴的答覆；這樣一來，人們就是根據舍勒和海德格以及其他人的解釋和批判來確定方向，這當然就免去了鑽研我的著作這種非常艱難的工作。而對於我的抗辯，人們卻有他們的回答：這位老人固執於他已走上的思想道路，變得對任何進行反駁的批評都沒有接受能力了，甚至不願意與批評者，即使是親密的學生，辯論清楚，而是抱怨別人誤解了他，沒有能力把握眞正的觀點，沒有能力將眞正的觀點當作批判的基礎。我甚至讀到這樣的指責：這種訴諸缺乏理解的方法，的確是一種使批評者「無計可施」的低劣的方法。

53 正如我可以有把握地說的，對現象學還原的一切反對意見，最終都是對立立場上的人的反對意見。

現在，不管理解和缺乏理解的情況如何；不管我精神上的動脈硬化症的情況如何，在這裡重要的只是發掘出追蹤這種進程——即我眞正所意指的進程，超越論現象學眞正應該是的，並且作爲哲學眞正應該完成的進程——的可能性；發掘出作爲嚴肅批判之不言而喻的前提的理解的所有可能性，這種理解不是盲無目的地前進，而應該是與我所代表的並且事實上是我首先引入歷史之中的現象學相遇。

在這裡，在開始時，我只要求這樣一點，即要求人們將他的與此有關的先入之見，將他以爲的預先就有的知識，將由我賦予全新意義的詞：現象學、超越論的、觀念論（作爲超越論的—現象學的觀念論等等）所意味的東西，全部藏在心中不說出來，禁止任何向這些東西的回溯、禁止一切利用這些東西的論證，同樣也禁止就所獲得的一般哲學知識發表意見，當然這只是暫時的。首先讓我們去聽和看呈現在面前的東西，去跟蹤並注視它能通往何處，能用它做什麼。在這樣跟蹤時我們會自問，我們是否畢竟有一種做決定還是不做決定的選擇，這情況是否如同在攀登迄今未能登上的山峰一樣；這個山峰是已經開始的道路的終點，並且我們現在剛好在這裡，一旦到達這裡，我們現在就又能返回到開端，還會隨意地重走這條路，並且一再地體驗到：這實際上就是山峰，並且是作爲透過這條道路登上的山峰。接下來我們在事後又可能談論自己以前的信念，也許的確能使別人理解，爲什麼人們以前走了那條信以爲眞的道路，那條道路絕不能達到所計畫的目標，而一定會導致歧途。因此我不再要求別的，而只要求克制、要求等待，而且當我們處於這條道路上時，不就這條道路明智還是不明智與嚮導進行爭論。誰要不想接受這個協議，不願意認眞遵守這個協議，當他繼續往下讀的時候，尤其是當涉及到非常不熟悉的、非常艱難的道路的時候，他就只是在耽誤自己的時間。

我們要開始一個新的進程，正如我已經說過的，在這個進程中，這個新進程的第一個進程（預備性思考的進程）——它一定會說明這些最後態度的動機——的成果應該作爲指導而產生作用。在這個論述中，我要就我準備走向哪裡——即在我確信我以前眞的發現了，開始了這條道路，後來又檢驗了這條道路之後，我準備走向哪裡——明確發表看法。我預先已概括地描述了這條道路，它被明確地描述爲具有必然令人信服的統一的動因的道路，並且是在能以相應的自明性考慮的基本事實的名稱下被描述的。

這種明確的說話方式不可以被誤解，它的意義必須在以後得到修正。它在下面這點上有其根據，即預先的規定，正如任何不管多麼臨時的草圖一樣，必須具有自己的自明性——輪廓的自明性，完滿的直觀的具體的東西，在十分不確定的一般東西中，缺乏這種自明性，然而在一般東西的所有線索的關聯中，卻一定會有一致的可能性方面的自明性。由來自自明的基本事實的意義合成的建築構件，並不僅是空洞地不清楚地被需要的，相反它們也是從早已熟悉的，並且在人的生活中先於一切科學論證的需要而被作爲無條件有效的東西接受，並從實踐上檢驗過的確實性的範圍中取來的。當我們回溯到這一類東西的時候，我們就預先獲得一種實踐上的自明性。雖然這種明確的說法表示，在這種預先的構想上，並沒有取消任何東西，在基礎—自明性的和奠基於其上的道路（正如它作爲總體的計畫而被預先規定的那樣）的眞正的必眞性方面，並沒有能發生動搖，但是當人們反對說，這樣的道路的可能性，所謂必眞的哲學方法的可能性，因此最後，具有這種風格的哲學的可能性，畢竟預先就被當成了前提時，這就意味著，我們的導入的方法，或者我們的發現的方法，必然令人信服地奠立哲學眞正的方法的方法，是完全被認識錯了。人們終究一定會明白，正如我們在前面已經說明過的，預先存在著一些自明性，它們雖然是自明性，然而首先必須受到懷疑，並且必須以進行詳細說明的正當性證明的形式納入到一種新的最終被論證和最終進行論證的最終有效性的形態中。因此，從來沒有能從視線中消失的指導這種新的沉思的意義，透過以前沉思的成果而得到理解。從此以後，這些「成果」對於我們來說，絕不是被承認爲固定不變的前提；相反，它們是進行提問的間接證據，正如它們的在這種暫時性中尙未被解釋的、尙未被規定的、帶有模糊的地平線的意義，應該導向具體充實的自明性，就是說，導向充分的自明性一樣，處於暫時性中的自明性不能「證明」那種充分的自明性，但是能夠利用它，使它有益於在這裡起作用的如此崇高而宏大的計畫。

* * *

現在我們將目光轉向它的方法的另外一個方面，不是作爲爲了給人深刻印象的論述而偶然選定的方法的另外一個方面，而是將作爲超時間的，即延伸到各個時代和各個哲學家世代的任務的哲學本身的、重要的固有本質東西揭示出來的方法的另外一個方面。在對它的超時間的、超個人的，但透過各個時代和各個個人同一地傳播的任務的意義之深入研究中，我們能夠認識到，全部的哲學史必然具有一種統一的目的論的結構，具有一種貫穿於哲學上共同體化了的每個人的、乍看上去類似（只不過是類似）於本能的傾向性，在其中，哲學的任務提法的必然的最初形態，最終一定會被某種「哥白尼式的轉向」的澈底精神所超越，會經受一種必然的意義改變，在其中，這種澈底精神作為對原初的樸素性的克服而被標誌出來；但這種樸素性絕不因此是錯覺的樸素性，在這裡，寧可說舊的任務理念能被提高到普遍性的新階段，它固有的、但受到限定的權利，能變成完全可以理解的。

但是準確地說，對於哲學任務透過所有變化——如同它們在多種多樣哲學體系中歷史地表現的那樣——仍保持的同一性的說明，必須延伸到哲學家首先明確意識到的那種傾向性；這種說明導致在歷史上出現的對那種哥白尼式的轉向，對那種新的哲學研究風格的明確要求。擺脫貫穿於各個時代並形成哲學中一些固定的哲學類型學的自然樸素性風格的困難，導致態度上和階段要求上的一些動搖不定，誤解、荒謬性，或錯誤的觀點，這些階段要求作為爭取清晰性和一致性的鬥爭而產生作用，並作為各種道路——在這些道路上，校準的趨向只是透過有意識地把握這種按照目的論發生的事情的趨向，透過自由的和澈底的思考和有意識地實現的活動，而繼續發揮作用——以一種與主觀性透過意識到它的目的和普遍的關聯而獲得對於本能的支配相似的方式起作用。

對於哲學研究的整個迄今的方法，最後甚至對於哲學的目的、任務進行懷疑之無法反駁的動機，就是由於我們哲學家現在所處的普遍的完全沒有指望狀況。我們應該按照已經占據統治地位的懷疑的方式，放棄對於眞正完成在幾千年間賦予哲學一詞意義的那種任務的信念嗎？這種信念就是相信有可能眞正實現一種普遍的世界認識的理念，而這正是交給我們的任務。這種理念——一種最終的、自身爲眞的哲學的理念——是一種虛幻的概念嗎？是否只能存在眾多的哲學？是否只能存在一些個人的產物，並且正如它們在歷史上處於其當時的暫時狀況中並且按照在這種狀況中發揮作用的傳統的狀態已生成的那樣，即一致性只不過是學派的短暫的信念？

下面這一點是否至少能夠作爲眞理從原則上論證，或者也許不是這樣，而是原則上從哲學家以及他們的哲學的歷史性的一般東西中推斷出來的呢？即暫時的哲學指向處於無限東西之中的並且實際上是不能夠達到的極，指向一種不可能達到但仍必須作爲前提的眞理？在這裡，作爲發揮整齊劃一作用的理念的、能夠並且必須指導哲學認識的理念的康德的概念，有其正當的應用嗎？或者與此相反，還有一種甚至是從哲學史的基本結構的深處產生出來的可能性敞開著，即處於其哲學家世代的歷史連續性的統一之中的哲學的任務，以下面這種形式得到證明，並且從原則上只能這樣地作爲任務傳播、貫徹，即一方面，它不斷地改變著，在各式各樣的體系中，作爲當時任務含義的解釋，相互關聯地獲得其歷史的表達，但是另一方面，它透過哲學的個人、透過彼此在思想上相互關聯、相互推動的哲學家的主觀間的並且是超時間的共同體，達到一種必然的目的論；這種目的論指向任務的純粹意義形態，指向任務的眞正完成，但是這樣地指向的，即發展過程在目的論上的完成，必須具有眞正任務理念呈現出來並得到完全澄清的形式，並且具有因此當然是有洞察力的方法的形式，而由此開始的眞正哲學的實現過程，按照本質的必然性，則具有無窮地進行闡明的形式？

如果我們看看最普遍的東西，那麼在第一篇文章的整體意義中，就包含一種對於使人感到有些悖理的意圖的預備性論證。即對於哲學史的研究，一定會爲哲學家形成一種唯有在其上他才能夠完成其哲學任務的基礎，這雖然是一種古老的、得到廣泛傳播的信念，但是這裡所意味的東西，顯然是遠離我們在我們自己的闡明中試圖作爲必然性加以說明的東西。單純的（哲學的）歷史，歷史上發生的哲學的單純論斷——它們作爲「歷史事實」而產生，只是在我們心中被再一次回憶，借此按照它們作爲歷史事實的特徵，對我們而言，成爲我們進行思想的可能的當前的材料，與由我們本身親自引起並再一次回憶起的精神構成物，我們自己獲得的信念，我們自己創立的理論，以及我們不論是不假思索地作爲仍對我們繼續有效而重新採用的理論，還是經過批判，並且也許按照這種批判而改造了的理論相似的方式起作用。當我們接受並作爲我們自己的新著作的材料，利用透過他人的報告獲得的我們同時代哲學家的思想，或者甚至我們哲學前輩的思想——保存下來的他們的著作或有關他們的學說的間接報導就如同向我們作的報告一樣發揮作用——時，我們也同樣行事。這樣我們這些數千年中的哲學家們，就形成一種經由進行回憶的歷史（歷史的寫作、歷史的科學）所中介的，並由此而成爲可能的哲學家共同體。

現實的共同工作的連續性，或者相互間地或者單方面地向對方學習的連續性，根據被當作有效的而接受的（被承認的，更確切地說，被檢驗的、被說明的）成果而進行的相互批判的和相互校正的連續性，繼續形成新的信念，這種信念當然又作爲接受、批判和校正的基礎發揮作用，並作爲新一代人的新思想形成的前提、材料而作用。正是在這裡，作爲各個時代的哲學世代相傳而發生的東西，以及使個人在這種生成中發揮其作用的東西，以及能確定爲事實的那種作用，才是哲學史的成就，而且只有借助這種成就，才能透過時間並超越時間，透過已發生的和已流逝的歷史，獲得思想家共同體的統一。

這樣，自從有了有關哲學史的歷史著作以後，哲學史甚至就成了一個從歷史——被複製的，並透過複製總能夠被支配的歷史——學習的超時間的過程。科學的歷史改變了哲學史本身，並第一次創造了一切科學上闡明了的時代之所有透過科學的歷史，隨時能夠再一次回憶的，對每一個哲學家都能夠再一次回憶的，並且總是可供再次支配的哲學家的與哲學的超時間的現在。

當然，在這裡爲了更確切地認識精神生產的這種方式，還需要進一步分析包含有傳統東西的一般精神生產的統一之中的區別，精神生產雖然表明是歷史上統一的，但是由於變化——歷史的統一性由於使超時間的共同體化成爲可能的歷史著述而經受的變化，更確切地說，還由於歷史科學，以及歷史科學在所有它的變化中超時間地保持的方式（當然必須是加以解釋的東西）所經受的變化——形成一種經常的，思想上連續的現在，爲每一世代（精神上的），世代的每一個個人承擔者效力的現在：這是爲每一個人敞開著的歷史博物館，即多種多樣的機構，圖書館、博物館中的一個機構。

很顯然，在這裡有許多超出哲學這一精神形態的，更爲一般的問題。這就是已經指出的貫穿於歷史論著之中的，並且在更高的階段上，貫穿於歷史科學之中的，以及貫穿於由於歷史論著並借助歷史論著而產生的歷史性的本質區分之中的，精神文化形態的（更確切地說，人類文化的）歷史存在之變化的一般性的、並且很可能在我看來是非常重要的問題。理解這種變化所要求的更深入的分析的形式，在以後我們僅僅是對哲學的歷史感興趣的研究過程中，我們將會更加熟悉。但是現在重要的是，作爲關於對於我們的在預備性思考中只是以暫時提示的方式實行的歷史方法，即將哲學的歷史運用於揭示哲學眞正的方法，或這樣說也是一樣，即運用於揭示「哲學本身」的歷史方法之闡明性論證的最初的並且是根本的主題，乃是要使我們釐清，以前所說明的從哲學的歷史進行學習的（最簡單的也是最必需的）最初的方式，並不是唯一的方式。透過這種方式歷史上生成的哲學的連續，我們將會說，並且能夠說，效果的關聯，作爲一系列可經常支配的事實產生出來；但是歷史學（進行描述的，或更確切地說，以科學方式把握的歷史科學）絕不是這樣地揭示它、描述它，彷彿它是一種以類似方式在自然界的空間時間中被因果性地規整的一些有時間性的事實的外在共存和相繼。

* * *

因此從根本上說，這種方法論上的思考也已經屬於哲學本身的建設。哲學本身的建設必然以下面這樣的方法的建設開始，這種方法恰好不應該可能重又導致其他各種哲學中的「一種」哲學，而是應該能夠導致*唯一*的哲學。人們將學會理解，從原則上說，對於哲學並沒有一條可以想到的道路，如果樸素地走上這條道路就可能有事後可能證明的，本身就是一種最終有效的哲學的最終結果。

哲學按照其最固有的意義，只能借助一種得到最後辯護的方法，換句話說，借助一種以從科學上進行辯護的思想構想和論證的方法，才是可能的。與此相關聯的是，這種方法的構想與論證已經是哲學本身的本質部分，而且並不是以這樣的方式成爲本質部分，彷彿它是一種隨便從哪裡來的能夠死記硬背的技術，或是一種人們已經學會了使用的現成的工具。這一點在這裡當然還不是完全可以理解的。但是我要說，應該注意避免對於認識論和方法論的非常流行的工具式的解釋。在對近代認識論的闡明中，在對其眞正使命的理解中，沒有什麼東西像這種荒謬的先入之見那樣如此站不住腳。在我們的論述進程中，這種先入之見將自動地變成毫無意義。

附錄十四，附於第三部分第二十八節。[54]

經驗主義對理性主義的反動

理性主義想要一種遵循物理學主義典範的——按照幾何學條理的——自然哲學。這種眞正認識自然和認識世界的新方法，在一定程度上崇尚數學的自明性，並且認爲借助這種自明性，能獲得有關具有「自在眞理」的自在存在者的認識，而且是關於作爲超出一切可能的和現實的經驗的自在存在者的認識。直接的知覺是對日常被視爲實在的感性事物的感性直觀；但是這些感性事物是事物本身的單純的顯現，不充分的表達，而事物本身則是只有這種

54　寫於一九三六—一九三七年冬（？）。取自手稿 KIII 26（第二—三頁）。

新方法才能深入到的。前科學的歸納只能重又預見感性事物的顯現，單純的經驗和歸納對於日常生活的實踐是足夠用的，但是它產生不出科學的認識，而科學的認識，正如它運用於生活的實踐及其顯現時所表明的，使預見和歸納（對於感性顯現的過程的預見和歸納）成爲可能，而這種歸納伸展得比前科學的歸納遠得多。至少在物理自然的領域是這樣。

但是理性主義相信，借助一種本質上相同的方法，還能夠認識另外的，甚至是更高的超越東西，因此就有關於人的學問，或更確切地說，關於人的精神的、人格的、社會的存在的學問，最後有關於上帝，即使對於自然世界和精神世界也是最高的存在源泉的上帝的學問。

當然，經驗主義與理性主義的對立並不在於，前者要求將知識建立在經驗上，而後者則對此持否定態度。因爲即使對於理性主義來說，自然科學也完全是以經驗爲根據的，世界是透過經驗給予的，有關確定實在的認識是以經驗，首先是以知覺爲前提的，不論是關於這個實在的知覺，還是關於作爲通往實在的間接推論的依據的另外一些實在東西的知覺。普遍的認識，關於世界的以及它的事實形式的普遍認識，關於世界的全部可能認識的特殊領域的普遍認識，同樣也以對世界的經驗爲前提，儘管世界並不是事物，但它卻有它的作爲被眞實地給予的方式，只不過關於這一點並沒有被明確談到過。雖然世界是緘默的，但對於每一個人而言，仍然是明顯的。人們在由現實給予的個別實在的東西以及知覺領域構成的全景中進行概觀，因此人們正是以這種環顧和通觀的方式經驗到世界。

那麼經驗主義的反動以及它訴諸經驗的做法的眞正意義何在呢？人們首先會指出經驗主義的反形上學的傾向。但是在這種情況下就應該問，它更深刻的動機是什麼？它更深刻的含義是什麼？近代經驗主義在那些本身不是數學家和自然科學家，實際上沒有受過以數學方法進行思想訓練的人們中間有其代表。即使是洛克，作爲牛頓和波以耳的朋友，顯然也只有一些關於近代的物理學和數學的模糊的觀念，他的興趣屬於社會—歷史的領域，而在這個領域中，自然科學的認識方式即使確實發揮作用，也只是十分次要的作用。巴克萊是神學家，他的經驗主義觀念論本來是爲他的神學服務的，是爲反駁無神論服務的。在休謨那裡，雖然理論興趣超過了政治的和一般實踐的興趣，但是他的科學興趣的眞正領域是社會歷史領域，作爲主題的單個的人，是這個領域中的人，是在這個領域中進行的各式各樣生活中的人。當他作爲客觀的科學的，物理的—精密的科學的，以及在這些學問當中包含的理性主義形上學的批判者登場的時候，看來他只是拋棄了這種觀點。在這種情況下，他將從事科學的人的認識成就，視爲是在這些人自己的心靈中發生的成就，但是哲學論著《倫理與政治散論》以及還有《人性論》表明，他總是將被個別考察的人同時看成在個人的歷史世界中所有個人當中的個人，儘管這導致了變得重要的超越論動機與人類學的—歷史的動機之間特殊的對立關係。這種經驗主義已比較認眞地思考過歷史發展中的，或如我們更清楚地說的，歷史目的論中的雙重功能。

其中的一種功能，當我們回憶起前一章中有關伽利略的那幾節時，就會明白。乍看上去，好像他極大地阻礙了歷史進程的順利發展，然而正如此刻在一個重要方面表明的，他在歷史上剛好是非常富有成果的。物理學運用舊的和新的幾何學，運用舊的和新的算術，新的代數學，運用剛一產生就被理解了的微積分；但是它忽略了——我們在伽利略那裡在採用傳統上被修復的幾何學時已經（儘管非常粗略地）指出過了——對於這整個的數學來說是方法上意義賦予的主要部分：前科學的生活世界的原始基礎，連同它本質固有的量的方法學；並且它還忽略了運用於它之上的理念化，而沒有這種理念化，任何科學、任何邏輯學都不能存在。所有這一切都被當作前提，但是本身並沒有被當作科學反思的主題，甚至由於傳統化，而完全被推移到一切對精密的方法學進行論證的正當性考慮的範圍之外，包含於有技巧地運用「科學的」理論化（這種理論化是建立在來自生活世界結構的理念化的傳統化了的獲得物之上的）之中的技術上的自明性，被視爲是數學和自然科學中的必真的先驗的自明性，而科學，則正如飄浮在空洞的空間中一樣，飄浮於生活世界之上，飄浮於純粹感性樸素東西的（世界）之上，然而卻應該對於生活，對於所有透過經驗被給予的東西，必真地有效。

對於專心於精神科學或生活實踐的經驗主義者來說，在技術的自明性中並沒有包含像對於物理學家和數學家那樣的絕對的力量，對於物理學家和數學家來說，這種力量就是方法的自明性，唯有借助方法，才能有所發現，他認爲自己的生活使命就是進行發現。就洛克方面來說，雖然他表面上接受了他的朋友波以耳的關於第一性質與第二性質的學說，但是並沒有不假思索地接受關於實體的學說，即關於形上學的超越的物自體的學說。正是物體的和心靈的自體的這種形上學的超越性，是笛卡兒以來的理性主義世界觀的主要成分。二元論甚至就是關於形上學上超越的實在東西的二元論，這些超越的實在東西在感性中只是含糊不清地顯示出來的。當洛克引入內感覺的概念時，他就準確地表達了在理性主義的傳統中一定會作爲結果而共同意指的東西。但是洛克稱實體爲一個 je ne sai quoi（我不知道是什麼的東

448

西），並沒有爲此而（儘管在這篇有關實體問題的論文中也有通常的頗具唯我論特色的表達方式）直截了當地否認實體，在這點上就已經是帶有理性主義傳統的突破，因爲最原初的看法正是，數學和物理學是有關實體的認識，因此是有關超越性的認識，有關自身存在的世界的認識。以下這種情況是由於經驗主義者的態度，即他將眞正直觀的，眞正被經驗到的和可能經驗到的周圍世界，當做出發點和主題，並且詢問、思想，即心智活動（operations of mind），特別是作爲具有幾何學樣式的科學的方法論，如何從這個周圍世界出發，會延伸到被經驗的東西和可能經驗的東西之外。經驗主義當然發覺了這個根本困難，並最終發覺了這種不可能性，即在與生活世界聯繫著的，並且仍歸屬於生活世界本身的「科學的」實踐（它與歷史文化實踐的其他形式相比，是非常新的）中，科學的理論化的實踐中，從生活世界中經驗到的東西出發到另外一些東西，而不是再次到生活世界中經驗到的東西，是不可能的，就是說，儘管在人的經驗中實際上沒有達到直接能達到的東西，但仍達到那種與在假設的想像方式中實際能達到的東西沒有區別的東西，例如，月球上的山脈和岩石，或者如地球的深處，甚至天體，這些東西儘管所有的望遠鏡都不能，而且絕不能獲得有關它們的實際上可指出的切近經驗，但仍可說成是原則上可能經驗的。從原則上說，事實上沒有任何人能達到的遠處的領域，仍然能作爲「可能經驗」的領域被想像，並被間接地證明，就如同那樣一些遙遠的地方，譬如迄今一切詳細的研究都未能達到的熱帶原始森林帶，關於它們，我們仍然有正當理由說，我們有關於它們的即使是非常不確定的知識，不過透過實際的考察旅行，至少這種知識的有些部分可成爲能在直接經驗中研究的。

因此我們看到，在經驗主義中有一種趨向，即要從科學上發現雖然日常熟悉但沒有從科學上認識的生活世界。這是什麼意思，在這裡這必然一定會要求什麼，對此我們以後還必須更詳細論述。在這裡只要指出下面一點就足夠了，即對於經驗主義來說，在它的對生活的周圍世界的指向中，在對歷史上是重要的生活世界，即在精神科學中的某些方面成了科學論文的主題的生活世界（人的社會、文化）的指向中，數學的科學的成就，一般而言，以物理學主義方式從事的科學的成就，必然會成爲問題，在這種問題中，就包含著以下的這種自明的要求，即在生活世界內部，或更確切地說，在生活世界的基礎上，闡明那些作爲理論的科學的構成物被創造出來的成就，以便借此規定科學的意義和「有效範圍」。每一種實踐的構成物都有其正是來自這種實踐上有所成就的行爲的實踐的意義，並且，只有從這種行爲出發，一般而言，從它的本質形式出發，才能夠預見具有其可能性的成功與失敗。計畫的自明性作爲被闡明了的成功行爲的結果，更確切地說，作爲通往目標的自明道路的結果，是每一種實踐都附有的自明性，這特別適合於被稱爲理論的實踐。

我前面所說的正是，在經驗主義之中，只是存在一種發現生活世界的趨向，或更確切地說，提出並實際執行將從科學地考察生活世界的根據和基礎出發的，從生活世界的根據和基礎出發的科學，眞正變成自明的這種任務的趨向。

就是說，在從洛克到休謨的經驗主義運動中，有另外一種趨向與這種趨向相結合；換句話說，兩個任務是不可分的，必須完成兩種截然不同的科學上的發現，不僅是發現爲科學奠定基礎的生活世界；結果是，首先它本身一定會被作爲眞正的新的科學的必要主題揭示出來。第二點，是需要所謂的發現笛卡兒的發現，按照我們的敘述，這種發現幾乎沒有做，甚至還被誤解了，因此完全沒有達到以基本科學（因此是雙重的基本科學——超越論的基本科學）的形式進行的闡述。這種基本科學深藏在笛卡兒的最初幾個沉思中，他甚至沒有把它當成任務、甚至沒有當成遙遠的任務，當成預兆。代替它的是一種作爲遵循自然科學方式的實證科學的客觀心理學的任務，此外代替眞正超越論的基本科學的是作爲被誤認爲一切客觀科學的基本科學的心理學，這種心理學同時應該屬於客觀科學的序列。仍然能夠並且一定會發生以下情況（由於在心理學的題材範圍與超越論的題材範圍之間的那種奇妙的，但只是在超越論的現象學出現以後才能闡明的意義聯繫），即將笛卡兒二元論當中的被認爲清楚的心理學任務引上軌道的看上去是完全能夠成功的這些開端，正是在它們的基本科學上的運用中，導致一些無法解決的困難，並因此迫使人們對於這種心理學的基本科學進行內在的意義闡明，在這當中，這種基本的科學由於自身的緣故，隨著這種意義闡明，同時經受到一種意義的改變，最終可能導致，並且在歷史上「一定會」導致對有關超越論主觀性的科學的眞正發現。因此，情況並不是彷彿這種新的心理學雖然仍保持有效，但是爲了眞正的基本科學的目的（笛卡兒的原初目的），應該當作不適用的，即作爲「在認識論上」不適用的，乾脆排除掉，雖然這種情況在歷史的發展中作爲歧途，即不是將荒謬的東西拋棄，而只是掩蓋它們，並且暗地裡擴展它們的這種歧途，直到今天還發揮著重要作用。

附錄十五，附於第三部分第二十八節。[55]

康德因爲特別關心作爲最終的哲學的哲學之可能性，因此這同時就意味著對於有關進行超越的認識的形上學之意義感興趣，也就不得不對於一般的認識，前科學的認識，科學的—精確的認識，它的客觀性，最後，它是不是「形上學的」認識，進行批判的分析；所有這些必然是結合在一起的。在這種對（在合理的自然科學類型意義上的）科學進行批判中詳細說明的科學性——超越論的科學性，顯然本身並不是那種被批判的科學性。科學家的不言而喻的東西，就康德承認的而言，對於他來說，不再是樸素的不言而喻的東西，因爲他對這種東西加以懷疑，並就它的起源和它的有效範圍提出了一些理論——超越論的理論。

因此問題就會是，康德在其所嘗試的超越論的科學性中，是否自身又以在理論上仍未當成主題的不言而喻的東西爲前提。不言而喻的東西，這指的就是，被使用的存在的有效性，但這種存在的有效性，並沒有成爲主題，而在理論思考和理論工作中被採用，因此在這裡，在康德的超越論哲學的科學性中，重新被當作這種科學性的基礎，但未從理論上思考過。但是，我們當然稱康德的超越論哲學是「科學的」，因爲它提出它的論斷要有最高度的自我辯護能力的要求，同時又提出對每一個理智地思考的人，對每一個明智地遵循超越論方

---

55 寫於一九三六年或一九三七年。本文取自手稿 KIII 1（第二〇二—二〇九頁）。

法的人，都絕對有效的要求。只不過這種科學性並不是精密科學的──舊的哲學的意義上的科學性；據說通常意義上的客觀科學性的存在有效性的範圍，以及這種存在有效性本身，是透過它被奠立的；儘管人們預先就確信，這種存在有效性無疑是存在的。不過如果這種超越論的奠立眞的賦予它以它的正當性，以及按照其眞正意義賦予它以正當性，那麼借此這種「有效範圍」就被澄清了。

但是康德確實眞的將不言而喻的東西──在這裡我們首先想到的總是在偶然情況下被使用的，並且按照偶然情況而變動的不言而喻的東西──之領域以原初的方式當成理論的主題了嗎？他首先認眞地系統地解釋了生活世界，在樸素的前科學的生活中，在整個前科學的和科學以外的生活實踐中，樸素地未經詢問地以存在的確實性而有效的世界嗎？他提出了由這個世界本身表達的問題嗎？他最後不是在他的事實上缺少這樣解釋的問題提法中，將屬於問題本身的，因此其實是應該懷疑的東西當成前提了嗎？

在這裡首先看看所有前提的整個領域，即由個別的，按照臨時的情況被現實使用，但並未當作主題的所有前提構成的整個領域。這個領域就是日常事物的世界。只要從精密的自然科學──作爲典範的，唯一能實現「精密性」理想的自然科學──中舉出例子就足夠了。研究者在各自的工作環境中，看到他的儀器、刻度盤上的分度線，他聽到有節拍的跳動，作爲化學家，散發出的氣味、滋味等等也對他產生作用。此外，所有這些都以某種方式作爲用當時在理論工作中有關的感性事物進行的操作而發揮作用。這種理論的目的，就是理論，以及在理論中的理論上眞的存在，而且正是在這種自然科學的理論中所追求的意義的存在。但是他在這裡當然運用了當時向他呈現的感性實在的東西，即正是手頭的東西——這些東西對於他是存在上有效的東西，是「現實地」存在的東西，在視覺上、觸覺上存在的東西等等，並且他留心不在這方面弄錯，他可能考慮，並且相信來自這種實在性的各種表現。但是這些實在的東西顯然並不是他作爲自然科學家最初尋求的實在東西，以及在其中完成其意圖的實在東西，在其中獲得作爲客觀上眞的自然的、所追求理論在意識上成功的結構體系的實在東西。如果我們稱所有那些人們在活動中，在進行追求，進行獲取的行爲中所指向的東西，即在把握的行爲、領會的行爲、支配的行爲，因此是操作的行爲中，因此是以任何方式進行工作的行爲中所指向的東西爲主題的話，那麼這些感性上實在的東西就是主題的。但是在這種情況下，我們就有雙重的意義，這雙重的意義，是在自然科學的活動中作爲區別顯示出來的，即作爲在自然科學上被追求的東西，被獲得的東西，自然科學的命題，又作爲眞正目的，以及自然科學的結果命題等等的前提——一句話，自然科學的—主題的領域，以及與這個領域相對的前自然科學的題材範圍的領域，存在有效性的領域，存在表現的領域——這個領域發生在前，並且當然經常地被作爲前提，自然科學家通常是借此而完成理論的—主題的成就的，他們並能夠透過思想實現其更高程度的存在意義——之間的區別顯示出來的。正是這種按照理論工作狀況改變著的，由感性事物上眞實的東西、實際上存在著的東西構成的前提（「前提」這個詞在這裡所說的東西），具有奠基的功能，但是前提本身並不是——因此甚至這種奠基本身也不是——眞正理論興趣的對象，因此按照其存在方式，它們同樣也不是理論上主題的東西。所有在這裡考察的具有其明顯的可用性和應用的偶然的前提，都存在於普遍的地平線中：這是感性的世界，前科學的、自然科學上不言而喻地存在的世界，我們經常地有意識地生活於其中的世界。這個領域本身更不會成爲理論上的主題，個別的不言而喻地存在的東西，感性的存在東西的存在方式，作爲來自這個領域的存在者的如其所是地存在方式也不會成爲主題。

誠然並不缺少對於感性存在物（當然這是一種不準確的表達，我們寧願說：生活世界中的存在物）的一般概觀反思。更確切地說，對於感性直觀東西的，對於生活世界的，以及屬於生活世界的存在有效性方式的這種概觀考察，已說明了客觀上「有效的」，在現在通常意義上的「科學的」世界認識的一般目的構想的動機。將這種對於一切感性現實東西的存在有效性之普遍方式的概觀和判斷與一種特殊的將這種存在有效性的普遍方式在理論上主題化區別開來的東西——也許是作爲在最初設置客觀科學時，對於「感性世界」的明確判斷，也許後來偶爾在認識論的反思這個標題下，這在論述伽利略時我們已經在一定程度上指出過了。在這裡只需要指出，從現在起，由於在這裡有了精密的科學，對於它們，或更確切地說，對於所有的科學家，就有了一種毫無疑問不言而喻的東西——這樣一種不言而喻的東西，超出它們之外進一步進行思考，就是毫無用處地浪費時間，即這個由有顏色的東西、發出聲音的東西、散發氣味的東西，或可看見的東西、可觸摸的東西、可聽到的東西、可聞到的東西等等構成的世界，並不是眞正實在的世界。眞正實在的世界是應透過客觀的、精密的科學發現的，是唯有在精密科學的眞理本身中才能表達出來的世界。前者按照其存在的有效性，完全只是主觀相對的，正是因此，不是眞正的世界，而眞正的世界對於每一個人，對於每一個時代，都是無條件地實在存在的，作爲這樣的世界，正是透過科學，才能眞正認識。由此就產生了下面的情況（我們可能不夠準確）：作爲在主觀上改變著的表象方式的，以及同時在有效性的樣式的變化中向我們呈現的這個世界之經常存在的確實性，必然會「不言而喻地」在自身中隱藏著一種借助人的進行認識的理性認出的客觀的自在存在，沒有任何主觀性和相對性的客觀存在。由此可見，這種不言而喻性說明了客觀哲學及其專門科學的任務之動機。這種不言而喻性能夠透過人的理性實現，人透過自己的理性將他的感性經驗所給予的東西合理化。從純粹理性中，以一種不依賴於單純感性存在有效性任何介入的必眞的自明性，產生出純粹的數學，這樣在一般的方面按照理性主義，產生出一種純粹合理的存在論；如果被運用於感性經驗所給予的東西，它就得到作爲有關事實的、自然的、科學的、合理的自然科學。

在這裡康德只是跟著走到一定的地步。對於在主觀相對的感性現實中透過數學化的方法而來的這種合理化的成就的確信，因此還有對於在由純粹理性而來的基礎科學和應用這種基礎科學的科學，即將感性合理化的科學之間的劃分的確信，是康德與理性主義共有的。但是，這是如何發生的，這是如何可能的，恰好是這一點，成了他的問題。此外，他根據他的研究，否認合理的心理學的可能性，對於心靈的領域來說，原則上不存在純粹數學的類似物。因此不能完成像牛頓那樣的人的合理的物理學對自然實際完成的東西。

更重要的是，康德揭示出在理性主義所有前提中，沒有對理性主義顯露出來的不言而喻的事情，並且最後根據他的理論必須作爲不允許的，作爲完全錯誤的加以拒絕。這種不言而喻的事情就是，合理的認識能獲得最後意義上的自在存在者。對於理性主義者來說，純粹的數學，因此他所追求的一般存在論（普遍的，純粹先驗的一般科學），當然是一種普遍的「形上學」，一種有關所有可能的「自在」世界的科學，因此是有關事實世界的，例如，有關在感性顯現中預先給予的自然的合理科學，即是有關自然的形上學。但是康德在合理的客觀性，即精密的自然科學實際上達到的客觀性，與任何合理的認識、任何合理的原則都不能達到的形上學的「自在」之間進行了區分。但是如果仔細觀察，在康德與理性主義的這種對立中，確實仍然留下一種兩者共有的不言而喻的東西。在以經常的，儘管是主觀相對的存在有效性前科學地預先給予我們的感性世界中，在其中未被認識的、隱蔽的，但是借助合理的方法能夠認識的世界，即客觀科學的世界，作爲現象的世界顯示出來。但是這個世界，作爲完全是在處於純粹的，被運用於感性的理性中的，進行認識的主觀性中的世界，也是主觀相對的，只不過是按照另一種方式是主觀相對的。進行認識的意識生活，合理的理性與感性結合的意識生活，並沒有由於它的全部成就而超出我們的主觀性。但是當康德現在也把合理的客觀性描述爲純粹現象的世界時，他就是在堅持，在主觀的意識生活中（最終是在經過加工的感性材料中）「不言而喻地」顯示出一種完全超越主觀性的自在，一種原則上任何科學都不能認識的原則上不合理的東西。

康德的理論並不比康德學派的理論站得更高，他從概念上理解超越論功能的方法，以及他進行超越論論證的方法，根本是不充分的。他實際上並沒有以一種在最後根據上透澈的理論提出和解決那項任務，即這種新的自然科學以及具有同樣合理風格的二元論的世界科學的，顯然是不言而喻的要求一定會提出的那項任務。

但這不可能有別的意義，而只能有哲學的意義，來自必眞根據的普遍科學的意義，正如那個從形式上看笛卡兒作爲明確目的提出來，然而在進行闡明時卻放棄了的東西，因爲他還沒有能夠從其整體上理解和估量，從理論上理解和探討眞正意義上必眞的東西——作爲一切可能的認識和理解的最後基礎——這項任務的巨大的重要性。

對於哲學的發展來說，這在歷史上同樣意味著，由於康德的理性批判的巨大衝擊力，理性主義獨斷論的昏睡被打斷了；無法再滿足於自然科學家運用其方法的那種樸素性了，在那種樸素性中自然科學家雖然富有成果地運用其方法，但並沒有對方法的成就獲得最低限度的自身理解；這特別意味著這樣一種令人難堪的發現，即不論是日常世界的存在意義，還是被宣稱爲科學上眞的實在的世界的存在意義，現在實際上同樣都變成了謎，變成了完全不能理解的東西，這個謎本身並沒有解開。在這裡進行的闡明已經非常深入了，以致達到了康德的理論未曾達到的深度和結構關聯的前形態。在康德和笛卡兒那裡的問題提法尙不夠完善，沒有眞正達到問題提法的基礎，達到問題提法中不言而喻地設定爲前提的不清楚的東西，並將它當作主題來思考。只有透過這種眞正的澈底的回溯，才能夠與康德的回溯理論相反地去尋求通往眞正理論的道路，在那種情況下，這種眞正的理論就肯定不再是回溯地進行的，而一定是從最後的根據上升，因此是向前進行的。

在《純粹理性批判》第一版中，康德雖然做了一個可能對最初的和繼續進行的論證產生作用的開端，但只是爲了很快就中斷，並沒有達到從這種被認爲的純粹心理學方面能夠開拓的眞正基礎，和進行論證的眞正問題。

現在爲了發現超越論哲學的眞正任務、爲了達到進行最終奠立的方法，我們堅持首先從康德開始（儘管我們的現象學哲學不是從康德，而更直接地是從笛卡兒，從英國經驗主義，特別是從休謨來批判地規定的）。

附錄十六，附於第三部分第二十九節。[56]

我們可以在人身上考察人的單純的物體（Körper）——它所意味的和人的身體（Leib）並不相同，這種考察所涉及的並不是在特殊意義上的人的本質的東西，即與其他領域的事物相對而標誌他的東西，其中包括他的精神性，他的在意識生活中的存在。但是人們會說，這仍然太一般，這是他和動物共同具有的東西，並且精神的存在，在意識生活中的存在，也許延伸得還要遠得多。但是爲了認識動物以及其他的主體的有生命的生物固有本質的東西，我們必須先透過經驗研究人的存在，而這是出於這樣一個原因，即我們，根據經驗研究某種東西的人，以及每一個我，這個進行研究的人，從眞正原初性上講，只經驗到我自己的自我—主觀的存在和生活，即使是其他人的存在，也只是借助第二級的經驗形式才能認識的，這第二級的經驗形式是建立在我的原初的經驗，我關於我自己的我和我生活的原本的經驗的基礎之上的。

56 寫於一九三七年五月。本文取自手稿 KIII 21（第 18b-20a 頁）。

但是在這裡產生一些困難，在自身知覺中我是知覺的主體，同時又是被知覺的客體。在這裡，在特殊的反思中，我是純粹使自己指向我的主觀存在和意識生活，還是我將自己看成世界中的客體，各事物中的事物，這是有區別的。

因爲我將我體驗爲在世界中的人，因此我發現我在這種情況下具有這個身體，存在於這個身體中，因此一般而言，按照我的人的本質，發現我是作爲這個人的我，它如同每一個我一樣，體驗到這個空間時間的世界、表象、思考、評價、渴望、意願這個空間時間的世界。一句話，發現我是以自我爲中心的意識生活的我。很顯然，在這個看法中包含有：我事實上純粹指向我的作爲人固有本質的存在，那種構成別的事物、人、動物等等的東西，則作爲不屬於它的東西不予考慮，就是說，它們對於我並不是需要認識它們的，需要追蹤其存在方式的，需要間接研究它們的等等的主題。但是很顯然，這個世界確實同時對我有效，它對於我來說，是我存在於其中的世界，它過去和現在都持續地對我有效，如果我談論我的經驗，我的判斷、決心、行動，作爲我固有的，並且僅僅是我固有的來談論，那麼屬於它們的存在的，在這裡作爲我的人的存在規定的，就是它們都指向世界中的各式各樣的事物，這些事物是實際存在的，被看作對我而言是實在的。現在我透過反思——而這個反思已經作爲我現在進行的描述的基礎——確實能夠認識到，我就是那個在其意識中，在其經驗等等中，有效作用，存在的確信得以實現，並且實現了的東西，而世界正是在這種有效作用與存在的確信中，現在爲我存在並持續地爲我存在，我認識到，在我的「表象活動」中，世界的當下的內容作爲世界存在著，正如這種內容對我表象的那樣存在著，這個當下的內容就是世界藉以被我看作世界的東西。

如果我對於純粹作爲對世界進行表象的人和作爲將我的被表象的世界「設定」爲存在的人的我，即作爲經常實現世界有效性的我的我進行反思，而且是十分具體地進行反思，就如同我總是以流動的生動性而是實行對世界的意識的我一樣，那麼，世界和作爲在被表象的東西的，有效東西的世界中的實在的人的我就存在著，但並不是表象世界的活動，並不是使世界有效（使世界有變化著的有效的樣式）的活動存在著，這種活動屬於我，屬於這個執行者的我，或者這樣說也是一樣，我，這個純粹執行的我，並不是這個人。我們不可因此被弄糊塗了，我和我意識（我行動、我活動、我痛苦等等），在這裡是在不同意義上兩次出現，但是在這兩次出現中，貫穿著必然的統一，這種統一的兩個方面必然說相同的話。

在一種觀點中，我的我以及我行動，是在現實的人，客觀的種類，更確切地說，世界中的事物種類那裡的事件，在另一種觀點中，即在最後反思的觀點中，這個我，而且是我的我，進行反思的我的我，是最後的我、純粹的我，就是說，是這樣一個我，對於它而言，世界一般，以及世界中的人們，以及我的人的存在，是意識的對象，在這個我的意識生活中，世界一般產生效果，這個我最終執行具有其全部世間東西以及作爲世間的人的我自己的世界的有效性，世界被作爲對這個我有效的、統一的內容（或「意義」）來談論，而且是以一種被看作經常對它存在的內容的方式被談論的。

反思就是對這個我的認識，向它「看過去」，對它做出陳述。但是透過這種反思，我還認識到，我——按以前的自然的方式在世界中生活的我——總是已有過作爲有效世界的世界；而這個我——有過作爲存在著的世界的世界的我，由於這種存在有效性，世界曾爲我存在——仍然始終是匿名的。即使我在反思中將我作爲對世界進行意識的主觀來把握（這是由於更高階段上的我生活和有效的生活而發生的），這個主觀本身現在作爲進行反思的我做事，我發揮作用，也仍是匿名的。我這樣說當然是基於再一次的、更高的反思，因此，這裡顯然存在一種重複。我總是可以重新進行反思，我總是重新具有進行反思的我，這個對確定內容進行表象，並借助這種內容實行其作爲存在者的有效性，實行存在的確實性的我，這個我，當他這樣做時，它就以一種本質必然性、被意識爲非主題的、未被領悟的，而且也沒有作爲有關最初被注意到的東西的某種已經存在著的背景被意識到。只當我參與到有一天達到（不論由於什麼動機）對此進行反思的重疊中，並且認識到這種可重複性時，我才能預先認識到，但是以十分不確切的空洞性認識到：面對這種從主題上把握住的我－存在，我總會發現匿名的我，以及進行反思的生命。然而在反思，以及在透過反思以主題方式形成的東西的，以及被具體觀察到的東西的重複中，我能夠——預先必須說——非常清楚地思考：這種思想上繼續進行的重複，從本質上而言是否總能一再地產生不同的東西，或許在這擺脫自然態度的第一步之後，是否只是重複這新東西的本質內容。正如人們預見到的，在這裡特別重要的是這第一步，借助這第一步我看到，這個在自然態度中的匿名的我，就是那個我，對於它來說，自然意義上的我，我這個人，是對象，就是說，由於它的意識，它具有作爲在世界上存在著的東西的意義和有效性，並且它作爲實現這種有效性成就的東西，在實行這種有效性期間仍保持爲匿名的，並不屬於世界，因此不可被認爲是具有人的意識生活的人的我。

附錄十七，附於第三部分第三十三節以下。[57]

我們總是有意識地生活於生活世界之中；通常我們沒有理由普遍地將它作爲世界明確地當作我們的主題。我們意識到這個世界是地平線，我們爲我們的特定目的而生活，不論是短暫易變的目的，還是持久地指導著我們的目的。它可能是我們爲自己選擇的在我們現實生活中起支配作用的生活職業目的，或者是我們由於自己的教養不知怎麼捲入其中的目的。在這種情況下，一種自身封閉的「世界」地平線就被構成了。這樣我們這些作爲具有其職業的人，對所有其他別的東西很可能就變得漠不關心了；我們只注意到作爲我們的世界的這個地平線，以及它自身的現實性和可能性——這個「世界」的存在的現實性和可能性，就是說，我們只注意到在這裡是「現實的東西」（對於這個目的而言是適當的，眞實的東西），或「非現實的東西」（不適當的東西，錯誤的東西，虛假的東西）。

這整個勞動生活以及整個產品—世界，以最普遍的、充分的、生活世界的意義，保持在始終不言而喩地存在著的世界之中，特殊的勞動和產品是以在存在與非存在方面的「眞和

57 寫於一九三六—一九三七年冬（？）。本文取自手稿 KIII 1（第一七四—一七七頁）。胡塞爾本人將它歸入第三十四節，因爲在封面上注明 76b、78。頁碼 76b 按照原來的編碼屬於第三十四節（因爲本文後來的擴充，頁碼 78 屬於第三十六節）。

假」，較遠的和最遠的存在領域的正確東西與錯誤東西爲前提，所有這些東西都是我們不感興趣的，儘管我們在具有特殊興趣的生活中，也根據特殊的需要，利用較遠領域中的存在物。因爲我們只有在特殊的世界中才能以主題的方式（在「造就」這個世界的最高目的的支配下）生活，因此，生活世界是非主題的；只要它仍然是這樣的，我們就有我們的特殊的世界，唯一作爲主題的世界，作爲我們的興趣的地平線。在這裡，很可能是這個起支配作用的目的最終是共同體的目的，就是說，個人的生活任務是共同體任務中的局部任務（如果我們在這裡可以談論局部的話），而個別個人的工作活動對每一個共同活動的「參與者」同時起作用，並且是有意識地同時起作用。

很顯然，作爲科學家職業生活的有目的的生活，以及在其中在科學家的（貫穿於研究者的世代連續之中的）共同體化中引起的，作爲科學工作的地平線的「世界」，都屬於以上所進行的特徵說明的普遍性範圍。但是在這裡，科學工作有一種典型的特徵是不必歸屬於所有這樣的世界與目的的。所有已經屬於這個科學世界的工作，按照其存在的特殊的共同體意義（對於共同體所有人而言的現實的和眞正的存在，另一方面是不正確的、虛假的存在），絕不僅僅構成複多和在存在方式上的相互從屬；而是單個工作——單個的科學成果——變成了更高階段工作的前提，建築材料，並且是必然如此、永遠如此，同時是以這樣的方式變成的，即所有的科學工作，〈聯合成〉統一的、整體的工作，聯合成（完善的教科書中的學說的）理論體系。科學的世界、科學家存在的地平線，具有一種唯一的、無限發展的工作或結構的特徵，在它之上，相互關聯地屬於它的科學家世代，繼續構築，直到無窮。但是在這裡，這種理論體系是述謂眞理的構成物，在其中，相關聯地作爲連貫的普遍的基礎被引起了：即對於這個「領域」理論上爲眞的東西——在最高的目的理念之下的，在眞正進行全面規定的目的理念之下的，即將絕對眞的存在突出出來的理念（一種延伸到無限的理念）之下的理論上爲眞的東西。在由陳述構成的理論體系當中，這種「在眞理中的存在」，就是存在於其理論意義中的同一的「所關涉者」，它是這個領域及其存在者的理想的「概念」。

科學的世界——系統的理論——以及其中包含的以科學眞理形式存在的世界（以自然科學形式、以普遍理論形式存在的世界，它的自然，在命題中，在形式命題中被看作基礎的自然），如同所有的目的世界一樣，本身「屬於」生活世界，正如所有的人以及一般人類共同體，以及共同體中人的目的，個人的目的和共同體的目的，以及所有相應的勞動構成物，都屬於生活世界一樣。但這對於舊意義上的哲學也是適合的，我們有理由在最後特別提到這種哲學，它的理論上的「全體領域」就是最完全意義上的世界。這種「世界」中的每一個，都有其職業目的規定的特殊的普遍性；每一個都有某個「全體」的無限的地平線。但是所有這些「全體」都包含於這個世界中，這個世界包括所有的存在者，所有存在著的全體，以及所有它們的目的和有目的的人與文明。所有這些都包含於它之中，所有這些都以它爲前提。這是什麼意思呢？它對於「哲學」的世界意味著什麼呢？**這裡不是產生一種關於哲學的世界，哲學的領域的必然的、同時又是危險的兩義性**嗎？作爲這樣的東西，哲學畢竟應該將這個完整的世界，以及所有剛剛在特殊世界中提到的東西，當作它的主題；哲學所追求的普遍的理論，畢竟也應該是關於人類存在的理論，人類的目的和工作的理論，甚至哲學應該將自身當作主題包括在內，因爲哲學本身就是人的有目的的構成物。

我們絕不可讓人把自己搞糊塗了。我們必須區分出這樣一個「領域」，這個領域先於所有目的以及從最高處進行統一的指導的目的理念，它是目的理念所要達到的領域，目的理念所要探討的領域，是目的理念預先就統一地考慮到的，以便與它相關聯進行有目的的行動，並創造勞動產品的那個領域。另一方面，我們要區分出目的領域，按照其固有的普遍性已經過努力獲得的東西和尚需努力獲得的東西的領域，事先或事後被認爲是按照科學的特殊性已被引起和尚需引起的現實性的地平線。預先給定的自然——生活世界的領域——物質的自然，每一個人日常生活中都熟悉這些東西，並且能夠「更詳細地」了解它，只不過他沒有理由像自然科學家那樣，按照其抽象的統一性，統一地將它抽出來加以考察。對於自然科學家來說，它是他要爲之成就某種新東西的預先給定的存在領域：在絕對普遍有效的眞理理念指導下的關於自然的理論，理論上眞的存在，述謂規定。這是純粹指向其職業目的的自然科學家的「領域」，在這個領域內又區分出，已經在理論上確定的東西和它所從屬的在某種意義上完整的科學的地平線，但是在自然科學家的領域已從存在領域確定下來的情況下；另一方面，區分出在這個方面的新任務上所必須確定的東西，因爲已經完成的東西總是同時就是繼續理論建設的基礎，即對之提出新問題，並給以回答的基礎。

對於「哲學」（舊意義上的），最後同樣也應區分出直接的世界，始終是不言而喻的，熟悉的與不熟悉的生活世界，作爲對之提出一種普遍的目標——關於這個世界的理論，科學——的普遍領域；另一方面，是與這種目標的提出相稱的科學家的生活，他們的興趣的地平線，以及「現實東西」的地平線，成果的地平線，不僅是那種被稱爲「在科學眞理中存在著的自然」的地平線，並且是「一般世界」的地平線。這種眞理是關於這個世界（這個世界在前科學的生活中以存在的確實性和不言而喻的現實性毫無疑問地存在著）的理論上的有目的的構成物，但它並不是這個世界本身。

我們清楚看到，是什麼在這裡造成這種根本的區別。生活世界總是預先給定的世界，它總是有效，並且預先就作爲存在著的東西而有效，但並不是由於某種意圖、題材範圍，或按照某種普遍的目的而有效。每一種目的都是以它爲前提；即使是在科學的眞理中認識這樣一種普遍的目的，也是以它爲前提，並且已經是以它爲前提；並且在科學工作的進展當中，總是重新以它爲前提，作爲一個按其自己的方式存在著的，而且是剛好存在著的世界。科學的世界（在自然科學意義上的自然，在作爲普遍的、實證的、科學的哲學意義上的世界）是一種可以無限延伸的目的構成物——是由被作爲前提的人爲被作爲前提的生活世界創造的目的構成物。雖然我們現在能夠釐清楚，生活世界本身是一種「構成物」，但它並不是一種「目的的構成物」，儘管人們首先屬於這個生活世界的先於一切意圖的存在（只要我們遇到他們，當然就能認識他們），連同他們的全部意圖，並且連同由他們而產生的全部工作，現在也當然同屬於這個生活世界。

在這裡又有某些引起混亂的東西：每一種實踐的世界，每一種科學，都以生活世界爲前提，科學作爲目的構成物與生活世界形成**鮮明對照**，生活世界「憑其自身」始終已經存在，並且將存在下去。然而另一方面，每一種由人類（個別地或共同）形成著的東西和已經形成的東西，本身都是生活世界的一部分：因此這種鮮明對照又被消除了。但這只是一種混淆，因爲正是科學家，如同一切由其職業目的（生活目的）結合在一起而生活的人們一樣，只注意到他們的目的和工作的地平線。不管生活世界有多麼大，都是他們在其中生活的世界，也是他們的全部「理論工作」所歸屬的世界；不管他們利用多少生活世界中的東西——這些東西作爲被探討的東西，正是理論探討的基礎，生活世界本身並不是他們的主題，並不是作爲在每個場合預先給予他們的世界，並不是作爲以後他們著手工作的世界；因此整個看來，他們的主題並不是由存在者構成的宇宙，後者對於我們來說，總是處於不停地相對運動之中，並且構成一切特殊的計畫、目的，以及更高層次上的目的地平線和有目的的工作的地平線的基礎。

每當科學家作爲科學家講話的時候，他總是處於科學的態度中，他在他的理論目的的地平線中進行思考，在某種程度上可以說他是深入它當中進行思考，同時將它作爲具有優越的普遍的有效性的地平線，即作爲他的職業興趣的現實的地平線而具有。其餘的世界，世界全體——它作爲世界全體當然將全部人類目的構成物納入自身之中——則處於他的興趣之外。生活世界的全面的普遍的存在——特別是在其中使它的理論世界以及從屬於它的特殊的預先給予性成爲可能的功能——則完全不予考慮。

但是現在產生一個悖理的問題：難道我們不能轉向生活世界——我們大家在生活中作爲我們大家的世界意識到，但並沒有以某種方式將它變成普遍的主題，而始終只是被呈現給我們日常的、眼前的，我們的個別的或普遍的職業目的和職業興趣的生活世界嗎？難道我們不能以一種改變了的態度全面地概觀它嗎？難道我們不能指望像它所是的那樣，並按照它的存在方式、按照它固有的變動性與相對性了解它嗎？難道我們不能將它變成一種普遍科學的主題嗎？但是這種普遍的科學絕對沒有像歷史哲學和所有科學所追求的目的，那種意義上的普遍理論的目的。

附錄十八，附於第三部分第三十四節。[58]

也許情況是這樣，即客觀科學這種任務的提出，並不是產生自歷史的偶然性，而是作爲哲學文明地平線中最明白易懂的學問以必然性出現的。但是，這個對於我們而言是第一的東西，也許並不是本來第一的科學，這種科學作爲這樣的東西，首先透過數百年的片面的影響，甚至是以對文明的整個歷史生成的影響，能夠激發各種沉思，在這些沉思中，科學的新的意義，並且首先作爲關於作爲客觀科學的基礎——因此在一定程度上是作爲輔助工具——的生活世界的科學的新的意義，能夠產生出來。也如同在前後一貫的發展中一樣，實際上我希望指出這樣一點，即發現作爲理論主題的生活世界（即作爲不言而喻的東西預先給予客觀科學的世界），可能還是不夠的，有關生活世界的新式的科學，在構成它所固有的科

58 本文被胡塞爾放到《危機》手稿的76b頁中，並注明：76b與c，這些頁都屬於第三十四節。有的部分是先用鉛筆速記然後用墨水筆抄寫的。準確的寫作時間不能確定，可能是寫於一九三六年。

學的所有任務的普遍性方面，最終不可避免地包含一切對於存在和眞理認識都有意義的問題。不僅包含一切在生活中（在前科學的和科學以外的生活中）發揮其作用的認識問題，而且還在更高階段上包含一切客觀科學的問題。但是現在是以提出根據的方式包含的，這種方式在新的維度上，並且最終正是由於這些維度，如同它們以其無限的深度所顯示的，導致一種普遍的科學，這種科學在其自身中完整地包含一切可能的認識和認識問題——一切理性的問題。

客觀眞理的，或更確切地說，客觀認識的理念，一開始是由它與科學以外的生活的眞理和認識的理念的對比規定的，這種科學以外的生活，以其存在的有效性和普遍的開放的地平線（理念始終有意識地包含的地平線），表明我們首先遇到的生活世界的概念的特徵。被經驗證明的東西，在生活中，因此在世界中，被視爲「實際」存在的。每一種意見，每一種最廣泛意義上的存在有效性，如果它不是已經在經驗中的意見（譬如不是直接的知覺），都應透過經驗證明。在經驗中，對於科學以外的生活來說，被意指的東西，是作爲本身在這裡被給予的——在知覺中是本身現前地被給予的，在回憶中是本身重又被具體想起，因此那種人們作爲本身「在眼前」而具有的東西，是在「直覺形象」的，在最廣泛意義上的經驗的一切樣式中被給予的。經驗證明、證實意見，正是透過這樣的方式，即它指出具體的東西本身，並用具體的東西作證明。但是只要經驗本身仍帶有尚未進行經驗的附帶的意見成分，並且是以熟悉的方式帶有這種成分，經驗本身就需要證明。經驗是透過繼續經驗，透過經驗的主動繼續進行而被證明的，並且是透過經驗的在經驗之中被附帶意指和被先前意指的東西在進展中繼續被證明而被證明的。

那種超出在統一經驗中，本身在這裡被意指的東西而指向另外一些對象，以及它們的可能的經驗的歸納，也作爲附帶意見屬於經驗。在兩種情況下是沒有本質區別的，即使譬如說在對一個事物的經驗中，同一事物的超出當時被感覺方面被附帶意指的「各方面」，按照其內在的歸納性，這其實也是一種「歸納」，一種所謂內在的歸納，它不同於總是隨同進行的對作爲可經驗事物的其他所有事物的相互關聯的向外指向。最後，眞正的經驗是對被意指的存在產生證明作用的東西，而證明本身賦予先前「單純被意指的」存在，以「現實的」和眞正的存在的性格，賦予它以「是眞的」的證明。由於處於其境況之中的經驗者對之感到滿意的這種「是眞的」，這種事實上的存在，這種被意指的存在就進入到他的認識中，他的行動中，並且從今以後能夠將它當作實際存在的一再加以支配。但生活是一種經常性的運動，而這種運動首先還包含有產生各種分歧意見，證明遭到中斷，現在經驗到某種東西，但不是作爲一致的，作爲充實先前的意指的，而是作爲與它相矛盾的而經驗到的；所產生的不是對存在的確信和證明，寧可說是懷疑、單純的欲望，也許最後是否定的經驗，無意義的假象的經驗，被消除的東西的經驗。但是這些細節上的否定的經驗並不取消普遍的正規的一致性，這種一致性總是一再地被恢復。這種和諧東西的廣泛的成分，可以說透過各種意見的相應改變，將新的被經驗的東西吸收到自身之中，並且人們預先就確信，每一種懷疑一定能夠被消除，每一個非存在，都一定有一個適當的不同的存在與之對應，每一個無意義的東西，都一定有一個適當的實在東西與之對應，而且這種實在東西一定能夠產生出來。從一開始就起一種經常作用的東西，在由不一致而來的、往來的一致性當中發揮作用的東西，因此也作爲彼此相互糾正並這樣地在共同體中達到眞理的可能性而起作用的東西，也是如此。世界作爲存在著的事物的經常的、存在有效的、公共的地平線，總是具有並且預先就具有這樣的可校正東西的存在有效性，這種可校正東西是可以一致地經驗的、能相互全面校正而達到一致的。這種無疑是十分粗略的敘述表明，生活世界是這樣地處於經常的運動之中，即它處於有效性的經常的相對性的運動之中，和處於對共同生活的人，共同擁有世界的人的指向之中；世界的有效性的承擔者，世界的有效性的執行者，是進行意指的人，是共同地和相互地進行經驗的人，但又是不同的總在重新進行校正的人和能夠進行校正的人。

這個生活世界不外就是單純的，在傳統上被非常輕蔑看待的意見（δόξα）的世界。在科學以外的生活中，它當然並沒有受到任何這樣的貶低，因爲它標誌一個由各種充分的表現構成的領域，那樣一些表現，它們賦予處於其任何目的中的人的全部感興趣的生活以可能性和意義。任何目的，也包括「客觀的」科學的理論目的，因爲在這當中甚至包含有科學家經常使用的「不言而喻的東西」，一般地說，由這些不言而喻地明白地存在著的事物，並且能以意見的方式證明爲眞正的和實在的事物構成的世界，乃是唯有在其上一切客觀科學才能展開的基礎，一句話，生活世界，這個「純粹」主觀的和相對的，處於其存在有效性的，以及存在有效性的變化和校正的永不靜止的流之中的世界，乃是——這看起來可能是很悖理的——客觀科學將其「最終有效的」、「永恆的」眞理的構成物，將永遠絕對有效的，對每一個人都絕對有效的判斷，建立於其上的基礎。

客觀的科學本身當然知道，這是一個純粹的理想，並且也許會承認，這是一個無限遙遠的目標。但是它確實具有屬於它的本質特性的這種指導性理念，並且不管它的理論怎樣處於歷史上的完善化運動之中，如處於一種特有的有效性的相對性之中，這些理論都是建立在生活世界基礎之上的判斷，這就是說，是建立在在主觀的有效性生活的經常的變動性中產生的普遍的存在有效性的基礎之上的，以及表現出來的——透過日常經驗和經驗的證明——附屬的確信的基礎之上的判斷。

附錄十九，附於第三部分第三十四節（五）。[59]

科學的世界與生活的世界的對比：科學的世界，科學家的世界，它僅僅是由科學眞理構成的合目的的領域，具有科學上眞的存在，而**生活世界**，則是這些目的與行動以及所有其他東西注入其中的領域。但是科學家們本身是生活世界中的人——是其他人們當中的人。生活世界是所有人的世界，因此所有科學（所有科學首先是科學家們的所有世界），對於這裡的所有的人都作爲「我們的東西」存在著，並且作爲已獲得的成果（命題、理論）存在著，它們對於這裡所有的人是主觀相對的，正如生活世界對於所有的人是主觀相對的一樣。哲學應該是有關存在的**普遍的科學**，應該包括一切存在者，一切具有其眞理的東西，這在傳統上意

59 本文取自手稿 KIII 1（第一七八頁），可能寫於一九三六—一九三七年冬。

味著，哲學應爲整個的生活世界，爲主觀相對的生活世界，創造一種客觀的理論，應該賦予客觀理論以最終眞理的普遍的目的理念，並且能作爲目的的理念實現這種客觀理論；這畢竟是一種有意義的事業嗎？不詢問生活世界自身的存在，這能夠判定嗎？在這種哲學中同時包含生活世界的存在嗎？在生活世界與科學的世界之間，在這兩個作爲「存在著的」世界之間，不存在對立嗎？科學家們不僅本身是生活世界中的人，處於生活世界的文明之中的人；而且正因爲他們本身是生活世界中的人，他們自己並不總是對科學感興趣並從事科學研究，而是還有其他的生活世界，並且是以各式各樣的預先給予的方式，作爲存在著的、有前提的興趣而具有的（並將這種興趣包含在自身中）。

生活世界是主觀的—相對的，它不是透過「存在著的世界」這個普遍的目的理念獲得的存在領域，彷彿生活世界在這個目的理念發揮作用之前不曾存在，彷彿這個被信以爲眞的目的理念不曾以生活世界爲前提。但是生活世界是主觀的東西，是作爲「世界的主體」的人的具有相對性的存在有效的東西，並且這個主體經常是按照興趣生活，按照本能的興趣，而且也按照想像的和意願的興趣——目的的興趣生活。主體經常有目的，這種被當作目的的東西，作爲被喚起的東西，經常匯入到預先給定的世界中，並且這個預先給定的世界，總已經是由人們的興趣而生成了的，總已經是以某種方式作爲我們的意識世界被獲得了的。

將人和人類文明普遍地都變成了主題，不是當然地將這整個的意識生活以及全部主觀的東西都變成主題了嗎？但是現在意識生活具有這樣的性格嗎，即將它作爲客觀目的的題材範圍來對待，並且在這當中想達到總是被當作前提的主觀相對的世界（這個世界是人類的意識成就）？

* * *

普遍的客觀的科學的意義和可能性——它的可能性，這指的不是它的實踐上能夠做什麼，它的作爲有意義的實踐的可能性，作爲導致一些有意義的方法的、有意義的目標的可能性——**成了問題**；哲學也重又成了問題，哲學，即一種眞正的普遍的存在學說，這種學說涉及一切存在者，以致沒有任何作爲前提的存在者，即作爲從未被按照其自身的意義，按照其自身的存在表現詢問過的前提的存在者，從它那裡溜脫，這樣的哲學重又成了問題。

這種或那種哲學的理念是同一的嗎？或者更確切地說，不是原則上不同的嗎？一種是無意義的，另一種是有意義的，而有意義的是必然的。與此同時，下面這個問題不是也需要討論嗎？即對於作爲人類的人類——它本身是**實踐**的，它本身只有借助成功的實踐才能生活——的此在，是否存在一種本質的必然性，即這種進行最後反思的器官要在哲學中進行耕耘，並且在這種情況下，借助這種唯一可能的哲學——當它可能生存的時候，當它在它的無限性的地平線中，而且是在無窮遭遇的地平線中，可能「內心感到幸福」的時候——進行認識嗎？這本身不屬於哲學科學的領域嗎？

附錄二十，附於第三部分第三十九節。[60]

自然的態度與懸擱。世界有效性的「實行」，在懸擱中禁止什麼樣的實行。

在自然態度中，我總是具有處於存在有效性之中的世界，我作爲人存在於這個世界中，處於存在有效性之中的周圍人的敞開的環境是與這個世界不可分的。我的活動－生活完全是指向這個世界中存在著的東西的活動－生活；我置身於其中的我的全部興趣，都是對於這個世界中的事物的興趣，它們透過指向這些事物的活動而變爲現實，而這些事物是我藉以計畫相應東西的事物。

當我指向世界中的事物，即作爲對於所有人而言的這樣的事物時，情況並不是每一個事物對於某人，對於每一個人，都能夠眞正如它所是的那樣完全地自身呈現出來；彷彿每一個人都爲自己如它本身所是地擁有它或能夠獲得它，並且在這種情況下，進入到關聯之中的人就會相信，每一個人都認識了它——如它所是地認識了它。相反，事物按照其存在意義，從

60 本文取自手稿 KIII 6（第九十六－九十九頁），寫於一九三六年六月二十日。胡塞爾注道：「滿意」、「歸入完成稿」。在這一疊稿件（包括第九十三－一〇四頁）的封面上，胡塞爾注道：懸擱理論——本文對於改寫已提供的有關第二階段懸擱的表述非常重要。

一開始就是按照下面的方式而是大家的事物，即它們只有在與表象者和認識者的關聯中，才獲得它們的相對的認識意義，也許是它們的認識意義（它們藉以相對地或絕對地存在，作爲所有人的事物而存在的內容）。

因此即使我僅僅專心於一個事物，我透過經驗對它統覺，愈來愈詳盡地了解它、認識它，我至少也總是暗含地與作爲共同進行表象的人，或更確切地說，共同進行認識的其他人發生關聯。正如在關於一個事物的表象的本質中一樣，在關於每一個事物的眞正存在的理念中，都包含對於全體主觀性的關聯，或者說，主觀—客觀的相互關聯並不是這樣一種關聯，即事物是自在自爲地存在的，而且它對於人—主觀是自在自爲的存在者，而是存在著一種令人驚訝的相互關聯，按照這種關聯，當任何一個人突然想到要問，主觀如何表象事物，以什麼方式表象事物，相信事物以什麼方式對於他們眞正存在時，在這裡就存在一種具有內在關聯的本質東西，並且是這樣一種本質東西，即在所有的人的全部表象方式之間和一個對象的全部表象方式之間，一定先驗地存在一種協調。

這是一種膚淺的、錯誤的解釋。事物性的存在就其本性而言，是來自與全部主觀性存在的相互關聯的，並且處於與全部主觀性的存在的相互關聯之中的存在，而全部主觀性則是直接或間接地共同處於關聯之中的人。作爲在世界中的人的存在的主觀存在，連同構成它的在世界之中的心靈存在、人格存在的全部人的規定，都屬於同一的相互關聯，不管這看上去有多麼奇怪。

當我這樣說，並且這樣地擁有有效的世界時，我是基於下面的問題這樣說的，即世界是作爲什麼被給予我的，特別是，當我與事物打交道時，我是以哪一種方式生活於被表象爲事物的世界之中的？當我發現自己在世界中存在著時，這本身就是對世界解釋的一個方面。世界被給予我的，如同它被給予所有人的一樣。它是按照它的所是，並且按照它的表象方式而表現的，這就是說，它是按照它作爲所有人的世界所是的東西表現的，作爲這樣的世界，它處於所有的人的表象方式的關聯之中（這些表象方式從心理上屬於世界本身），對於每一個人總是有效的，並且是能夠認識的。存在論的世界形式就是所有人的世界的世界形式。如果每一個人用理論態度解釋這個世界，將它解釋爲對每一個人都是相同的，每一個人就都能認識這個世界。

但是我可以使自己明白，這整個的世界的預先有效性——在其中我預先就是眾人當中的人，眾表象者當中的表象者，也許是對於理論世界進行認識的各認識者中間的認識者，以及在其中世界對所有人存在的這整個的存在論的世界形式，對於我來說，首先是我的存在有效性，始終是我的有效活動的有效作用。

主觀—客觀的相互關聯在存在論上屬於世界本身，但是這種相互關聯的存在有效性，因此具體來說，這個世界的存在有效性，是在我的實行中的我的存在有效性，而我的自然的實行，即自然的態度，就在於，我在這種實行中，僅僅擁有世界中的現存的東西作主題，也許是擁有具有其存在論樣式的宇宙作主題。在這裡包含有，我經常擁有作爲人的我，同時擁有在所有東西當中的其他的人，當我在主題轉換中能夠指向它們時、當我能夠指向在這裡存在著的某種東西時，這種東西一開始沒有注意到，但在實行中確實存在，並作爲直接存在的而產生作用。但是當我實行懸擱的時候呢？這並不是放棄我在涉及事物時所具有的任何特殊信念，這並不是放棄「在這裡」爲我存在著的、在通常情況下使我感興趣的某種東西；但是放棄這些東西就是將我的活動轉向現在擁有其時間並且占據我的時間（職業的主題範圍），或者偶爾占據我的好奇心的另外的東西。這是放棄全部的世界有效性，連同包含於其中的一切有效性，經驗的有效性，認識的有效性，放棄一切興趣、放棄一切與世間東西有關的，和可能有關的，本身屬於有效的世界的活動。在這個世界中，我現在「沒有什麼東西可尋求的」，在這個世界上沒有任何作爲人的理論的和實踐的生活是尚未解決的，任何有關事實的認識——它作爲存在於這個世界中的認識只能是以歸納的方式探究這些地平線的認識，任何一般意義上可經驗的和可思考的認識，甚至任何具有對世界的本質認識這種意義的存在論上的認識，按照其必然的形式，現在都是不可能的。

但是我將目光轉向我，作爲這個我，我確信作爲世界上眾人之中的人的我，並且我想詢問這個對世界的確信，這個我的存在與生活，在其中，並且在那種有效性的程度上，世界以及它的所有的內容，它的全部的存在論上的結構，變得對我有效。

我放棄我的在這個世界中的，在這個經常是感覺上的世界中的（透過受痛苦、透過做事）「生活」，放棄對事物感興趣、放棄與事物打交道，借助事物計畫某種東西，清醒地、活躍地，生活於這個世界中並總是完成新的活動，一再地計畫新東西，又再拾起舊的計畫，追尋人們已經具有的興趣，引起新的興趣等等——在這個總是已經存在並有效的世界中。一切活動都是有效性，而作爲總是對我們有效的世界的世界，對於處於有效活動的運動中的我來說，是現實的和沉積的活動（這種活動一直有效）的繼續，作爲這種有效性保持的繼續，將有效性作爲仍然有效的加以恢復，但也將它樣式化，揚棄它、消除它。

我過著一種意向性的生活，而原初的意向性是現實地指向，獲得，透過獲得而擁有一種所有物。這種所有物作爲指向目標的活動（我仍然繼續處於，停留於指向目標的活動中）所獲得的東西，是在指向目標的活動中，意願的活動中，在另一種意志形態（但是同一種意志的另一種意志形態）中的所有物。我的全部意向，這種最初意義上的意向，在其運動中形成一種統一，而不是形成一種並列，它們全都是我的統一的「意志」的，我的統一的存在的輻射。我，這同一的我，在這種意志中，在所有個別意志指向的多樣性中，是唯一的有意志的我。

當然，我，同一的我，有我所有的意志，我保留它或放棄它——我還是這種進行樣式化的變化的和進行消除的變化的同一的我，但是這樣地是同一的我，即我總是主動地意願，而所有個別的主動的意願都有其處於一致性中的統一性，在其中我總是同一的我，保持著的我，在我「實行」的，並在實行中保持的意志東西的多樣性中保持著的我，但是在這當中，這種實行並沒有作爲特殊體驗的行動意義上的現實性。

這是第二種意義上的實行。意志，有意志，處於這種意志之中，這並不是瞬間的意志行爲，每一個行爲本身也已經是使用或重新恢復保持著的意志，即這個保持著的我的一個方面。一切有效性在最廣泛的意義上，都是意志的各種習慣，因此一切有效性（各式各樣的行爲，無論它們如何多種多樣）都是意願，一切有效性都處於運動之中，處於進行樣式化的和進行消除的直接運動之中，它們只是以已消除的形式保持在運動之中，只要這個我此外以這種形式，以主動的有效性，「積極地」使它們活躍起來，並將它們保留在意志中。

當我說，「世界是我的普遍的有效性」時，這應該這樣理解，即總是已經存在一個由全部有效性構成的，作為統一的有效性的普遍領域，我主動地存在於這些有效性中，這個普遍領域是由已沉積的有效性，部分地是存在於現實過程當中的有效性，存在於進行新創造的過程中的有效性構成的。這種無所不包的有效性的綜合，是在獲取、習慣化，或過錯等的運動中的各種指向目標的意向構成的綜合，因此我們有一種由各種行動以及它們的沉積，連同它們的已沉積的獲得物構成的運動，在這些獲得物中，我們具有一些處於新的保存樣式中的同一的行動。

當然，樸素的平淡生活是「建立在」普遍的，透過綜合而繼續有效的，現在仍然有效的東西的「基礎之上的」這種主動性的繼續，只要所涉及的是以前的意志指向性。這種有效性的整體，以及作為具有對未來的預示以及包含於該預示中的預先有效性的獲得物的整體，總是已經具有一種存在論的形式——正是這個世界的存在論的形式。這是這樣一個世界，即它是我的有效性，我現在生活於其中，我屬於它，我作為這種有效性的樸素的「實行者」而屬於它，並且當我在這種普遍的有意識性中存在，並且在繼續進行中，在存在論意義上保存這種有意識性，而繼續這種有意識性時，我繼續是這同一的我。

在懸擱中我禁止這種經常的普遍的「實行」，懸擱使我有可能對於我的「我在」進行普遍的「思考」，作為這整個的意志現在、過去、將來總是有的「我在」，只要它曾展示過它、改變過它，與此同時創造過全部獲得物的這種式樣。不是實行、不是進展的活動，不斷意向的活動，不是不斷地指向由從前的意向活動和實現活動而來的繼續有效的存在者、不是繼續編織到這個世界的存在之中，而是我以某種方式保持不動。我並不禁止這全部的興趣，不禁止一切的「實行」，因爲作爲「清醒的」我，我經常是主動的；但是我使這整個的世界生活「失效」，我進入到一種普遍的思考，即自身思考的新型的活動之中，不是如我曾生活過的那樣簡單地繼續生活，不是如我曾存在過的那樣繼續存在，不是在有效的，從早先就有效的世界基礎上繼續前進，不是對那個作爲存在著而預先給予他的東西感興趣，由此受到刺激，從已獲得的東西向新的獲取活動推移，提出新的目標，推動舊的目標，或改變舊的目標等等，所有這些並沒有在基礎的——普遍的世界基礎的——經常的「我有」中，詢問這種「有」，詢問這種「我有」的「有」的方式：這很顯然，我並沒有意識到我自己，如同意識到普遍的有效性結構一樣——不僅是它的在我的清醒的活動中，清醒的經驗中非常有用的東西，而且是那種在沉積活動的形式中繼續有效的活動的東西，這種活動以其整體性，並且顯然是一種流動的無限的整體性，形成作爲「我」的我的存在，這個「我」總是具有世界，並且在世界中，作爲人的「我」進行統覺，進行一種本身同時屬於世界的世界生活，而這個世界是由我的活動以及我的存在的背景構成的，我的存在可能將它假定爲有效性的獲得物，因爲我總是具有它，並且現在作爲這個在我眼前的、如此這般向我顯現的、被統覺的世界，而具有它。

因此，**這種超越論的懸擱**，就是**對**作爲經常生活於其活動—生活中的「**我**」的那種**徹底的改變**，在這種改變中，這個直接的在世界基礎上生活的「我」，**產生一種新的生活意志**，不是想根據那種它已經作爲在它的所有物中的他的意志成分而得到的東西，因此不是想根據長期已獲得的所有物，要求其他的所有物和新的所有物，想要其他的活動、想要創造和處理新的所有物的意志，相反地，是按照它的迄今爲止的全部存在以及從現在出發作爲未來被預先規定的存在（它的迄今的意識與所有物的整個方式）認識自己本身的意志：與要認識作爲人的人格的「我」的一般意義上的我（這個我具有作爲因存在而有效的世界的世界這種地平線爲基礎）相反，存在著超越論上的對我，這個最後的並且是眞正具體的自我（ego）的認識。人的認識，本身是世界的事件——按照它的存在，按照這種作爲人的活動的存在，是一種非常遙遠的有效性的結果，一種對世界中的所有物的分有，它的創造性的有效性系統能夠揭示超越論的任務。同樣也是對自然的主題的存在方式的一切闡明的基礎的基本主題，是作爲在其顯然是無限錯綜複雜的意志之中存在的這個自我，錯綜複雜是由於直接或間接的意願的無限性，以及由於這些意願的變化的無限運動總是創造新的有效性，但有一天也將放棄有效性等等的活動的無限運動，連續的和分立的沉積作用的變化的無限運動，意願和活動在聯結與融合等等的標題下所經受的變化的無限運動。

這是作爲無限任務的實在的、眞正的、最後的、絕對的自身認識；由於它的純粹內在的解釋，自身認識很快就導致在作爲自我中暗含著的他者的超越論的他者，與作爲不同於他者，但同時又與他者相聯繫的我的我之區分；由此自身認識很快就導致對絕對的我們的認識，導致對於絕對的全體主體性的認識，透過它的具體化，世界被構成爲眾人的世界，一般的獲得物。

附錄二十一，附於第三部分第四十六節。[61]

芬克爲「無意識」問題所加的附言

在意向性的或更確切地說意向關聯（例如，對回憶的分析要關聯到以前對知覺的分析）的本質中包含的規整原則，又劃分出一個完整的「清醒」的總體領域，作爲對主觀性開始進行分析說明中不可避免的領域。在「無意識」這個名稱下所顯示的問題，只有根據以前對「意識」的分析，才能就其眞正的問題性質加以把握，並得到有步驟的充分的說明。因爲這裡首先涉及的就是，將總是被忽略的普遍主觀的世界給予性的基本本質當作主題，緩和我們樸素的—自然的生活世界的態度的僵硬的基本立場（直接面向事物生活），將處於主觀相對性的變化中的事物與世界本身作爲主觀綜合的統一構成物來把握，簡而言之，因爲這裡所涉及的是意向分析的初步知識，所以在這裡甚至不可能按其基本特徵來描述從意向的基本分析到關於「無意識」的意向的理論之逐步進行的漫長道路。

人們會立即反駁說，將「無意識」問題說成是意向性的問題，這從一開始已經就是可疑的方法上的偏見，它彷彿是這樣一種企圖，即借助理解意識的方法手段解釋「無—意識」。

61 這個附錄是芬克於一九三六年爲《危機》而寫的，經他的允許發表於此。

這樣一來，人們豈不是預先就確定，無意識是被以某種方式掩蓋了的意識，是可以喚醒的意識，是意識的預備階段或餘像，因此最後能歸溯到意識嗎？這樣一來，人們豈不是關於主觀性的生活預先就有了一種看法嗎？即認爲生活與意識是同一的？但是，難道這不是在「深層心理學」、現代生物學等等（以及當代的實在論的和非理性主義的哲學）中變得愈來愈強烈的一種傾向嗎？即將意識理解爲具體的人的一個層面，並將它與其他不能歸結爲意識的生活方面對立起來？難道下面這種觀點不是一切「觀念論」的典型的偏見嗎？即認爲「精神」、「心靈」、「意識」構成人的全部存在；而我們透過由其治療學上的成功而證明了的「深層心理學」，透過現代生物學等的成果，卻逐步地愈來愈前進到這樣一種認識，即意識的領域、觀念論哲學的領域，歸根到底是「生活」的一種派生的方面。

這種以各式各樣變化方式提出來反對所謂「現象學的意識觀念論」的反對意見，是基於哲學上的根本的**幼稚**。這裡不是批判建立於模糊的經驗基礎之上的、關於（在無意識現象中顯示出來的）生命的眞正本質的「神話式」理論的地方，不論它是關於「性欲」的自然主義機械論，還是關於衝動與本能的「動力學」。我們所說的幼稚，就在於在構造一切有關無意識的理論之前的一種**疏忽**。人們總是以爲已經知道，什麼是「有意識」，什麼是意識，並且取消了這樣一項任務，即首先將一切有關無意識的科學，都總是必須與之相對照而限定自己的主題的概念，即正是意識的概念，當成先行的主題。但是因爲人們不知道什麼是意識，所以他們根本就沒有找到關於「無意識」的科學的出發點。當然，當我們清醒的時候，我們總是知道並且了解，人們通常用「意識」指什麼。從某種意義上說，它是我們最切近的東西：

我們看到一些東西，我們想到某些事情，我們渴望一件事情，判斷一件事情等等。正是意識在作爲活動、行爲、體驗等等的粗略的（對於日常生活足夠充分的）分節中的這種獨特的熟悉性與預先給予性，正是這種熟悉性，引起了一種假象，彷彿意識是某種直接給予的東西。但是，現象學的意向性分析打破了關於「意識的直接給予性」這種假象，並且將我們引入一種新型的，要用很大力氣才能堅持到底的科學，在這種科學中，人們才逐漸地學會看出並把握住什麼是意識。當人們在意向分析的漫長道路上終於達到對「意識」的理解時，人們可能就絕不再想按照幼稚的觀點來說明「無意識」問題了，幼稚的觀點就如同對待日常熟悉的事物一樣對待意識與無意識。對於「無意識」也如同對於意識一樣，存在著日常給予的直接性的假象：我們大家畢竟都熟悉諸如睡眠、昏厥、受模糊的衝動力量控制、充滿創造激情等類似狀態的現象。關於「無意識」的流行理論的幼稚之處就在於，它埋頭於這些令人感興趣的日常預先給予的現象之中，從事歸納經驗的研究，擬定推定性的「說明」，而在這樣做時，總是已經默默地受一種暗含的關於意識的幼稚的、獨斷的理論指導了，總是利用了這種理論，儘管它將「無意識」現象與意識現象劃分開了，而這些意識現象同樣也是按照其日常熟悉形式取來的。

只要對於無意識問題的說明是由這種暗含的關於意識的理論規定的，這種說明從根本上說，在哲學上就是幼稚的。只有在對意識進行明確的分析以後，無意識的問題一般才能提出來。但是只有透過在研究中對這個問題的掌握，才能表明，這種無意識是否能夠借助意向分析的有步驟的方法來解釋。

附錄二十二，附於第三部分第六十二節。[62]

心理物理關聯的情況如何呢？這是兩個實在東西之間的關係嗎？假定，實在性概念和實在東西的存在方式，以及根據它們的可經驗的表現的各種可能性，借助於能夠透過經驗的不斷完善而實行的，對普遍的和純粹的自然之科學上的自然認識，已經獲得了。因此關於動物，我們說並且預先就知道，除了它們的心理存在，它們是被包含在普遍自然科學的題目之中的自然的實在的東西。我們一般預先就知道，世界，在空間時間中存在著的東西之領域，至少在下面這點上已經是實在東西的領域，即每一個空間時間上的存在者，儘管並不總是單純的物體，但必然有一個物體。因此世界一般是在空間時間的定位系統中，在某個地方、某個時間存在著的具有唯一性的現存東西，這種現存東西有其具體的規定內容，而這種內容，由於這種位置，彷彿注定是唯一的，並且只能以同一東西的形式在空間時間中重複出現。當我們抽象地將世界歸結爲自然時，我們就已經有了這種某個地方和某個時候的（在各自場所的）存在，並因此有了全部的位置系統。即空間和時間（或更確切地合在一起說，空間時間性）這些詞所表示的位置系統，並且在這種情況下就很明顯，對於每一個世界上現存的東西（在某個地方和某個時間現實存在著的東西）來說，方位（在同時性與相繼性雙重意

62 本文取自手稿 KIII 2（第三十一—三十四頁），寫於一九三五年十月。

義上的）都是一種規定，這種規定是僅僅透過作爲在物理自然的物體領域中的物體的特定的物體確定的，並且在科學上如同在現存事物的日常經驗中一樣，是透過一種純粹遵循自然的方法確定的。對於我們來說，今天，在我們受教育的方式中，以及我們使用科學儀器——由科學提供的，備有正確使用說明的各種形式的儀錶、溫度計、測量儀——的方式中，各種位置規定和時間規定（儘管對於實踐的人來說，大多是被掩蓋了的）也是借助自然科學方法的規定，至少是一種按照意義保持在純粹自然中的規定。

實在東西以及它們的空間時間方位的情況如何呢？實在東西不僅是物體，而且譬如說是人、動物、人和動物的群體，另外還有——儘管具有顯然不同的方式——文化構成物、書籍、儀器、工具，各種語言的詞和句子。就所有那些超出物質東西而在性質上屬於它們的東西而言，它們的實在性如何呢？它們的空間時間方位如何呢？它們的存在意義——按照這種存在意義，它此時此地應該具有這種性質——如何呢？

如果我們首先看看人與動物（而這是有充分理由的），那麼一個動物的心理物理的統一，比方說，兩種實在的結合的統一，就是一種令人驚訝的結合，如果在物體性的變化方式中（這指的是統一的自然的有機體的死亡），一起結合著的精神的實在，比方說，空間時間世界的精神的實在，消失的話；下面的情況看上去同樣也是不尋常的、令人費解的，即將這些變化的形式統一起來的物體是這樣形成的，好像它們形成一種「活的有機體」，本身帶有精神的實在性。這是一種什麼樣的世界法則，即活的自然的有機體不能是在精神意義上無生命的，不能沒有「精神方面」而存在？然而在經驗世界中，有物體（它們是純粹的物體）就足夠了。

究竟這是一種什麼樣的「整體的東西」，在其中，單獨被考察的一部分，實際上是自然領域中的實在的東西，並且單獨地在普遍的科學中，在作爲整體的科學中——在它的主題中絕不能保留精神的東西——能被無窮盡地討論，並且將來也被這樣討論？另外一「部分」，即心靈、人的和動物的主觀，而在人那裡通常被稱爲本身當作「我」來談論的人格，是不是連同所有現在處於相反的抽象之下，即在抽去物體的實在性的抽象之下，構成它自身存在的東西一起而被給予的？因此具體來說就是，就它那個方面來說作爲實在東西被給予的？因此在這種情況下，也連同作爲現存東西的形式，作爲「個體化的」形式（在這種形式中，直觀的和易變的內容，透過因果性的整齊劃一，一下子就變成一種總是能同一地規定的，正好是實在的對象）的特有的同時的和連續的時間性，一起被給予嗎？在這種情況下，我—主觀的統一，作爲物體的統一的對應物，就會在各我—主觀構成的領域中具有實存，而各我—主觀以抽象的純粹性被想像爲一種特有的世界，具有作爲共時性的形式的精神的空間，精神的時間，以及精神的主觀間的因果性。在這種情況下，我們實際上就會有物體和心靈的平行，而問題就會是，這兩者是如何結合的，因此兩個世界是如何結合爲一個世界，一個空間時間的世界的——在其中一個人的空間定位，以及他與其他人，與動物、事物的同時性，總是借助物體性本身被規定的，而物體性只是它所是的東西，處於具有唯一的空間、唯一的連續的時間的周圍自然的一切現實的和可能的物體的統一之中。如果各主觀有自己的空間時間性，那麼它們一定與自然的空間時間性相一致；但是各主觀在其純粹的主觀性中卻沒有廣延性，它們沒有形態，它們彼此沒有間隔，沒有作爲相對位置變動等等的運動，所有這些顯然都是本質的。那麼我們如何理解精神的實在性，以及它在世界中的存在，這種實在性顯然是分散在實在的自然之中的東西，它分有一個在完全獨立意義上的「實在」存在著的領域，並且分有一種與此不可分的意義上的自然因果性，並且透過充作身體的自然的物體，而間接地定位？

它們存在於物體存在的地方，而且是存在於自然的空間時間之中，它們當身體是「活的」身體時存在，並且與「活的」身體一樣長久地存在，但是它們看上去並沒有自己的單獨的同時性，也沒有自己的時間性——沒有自己的場所和時間的位置系統。

但是，每一個主觀本身，按照自身的存在藉以顯示出來的經驗，不是有時間性嗎？心靈內在固有的，在心靈的經驗中明顯地顯示的時間性，的確是一切將心靈當作主題，但是作爲物體的組成部分來理解的，以及將動物理解爲由心靈和身體組成的具體實在的統一的心理學，在一切心理物理的心理學中，在一切自然的心理學中，唯一想到的時間性。但是這種時間，這種特殊的心靈上的相繼與共存的順序，如何能與自然的實在的時間結合呢？它如何能被視爲人在世界中藉以實存的時間的片斷呢？在這當中已經包含下面的情況，這種內時間的事件，生成，變化，如其他的事件一樣，如物體中的事件，因此如物體的變與不變，以及物體的變與不變的實在部分一樣，是時間上的事件，在這種變與不變中，物體以及它的部分物體，具有時間的持續著的存在，時間的實在因果性的存在。但是如果我們看看當事變和事件發生時，在心靈中發生的情況，那就會明白，人們放棄了變化的概念的全部意義，即正如這個概念在自然中作爲因果事件被運用的那種意義。實在的變化是保持著的東西的變化，在保持著的東西的意義中不可分割地包含著具有因果性樣式的，處於正是具有這種意義的在空間時間形式中的共—實在東西之中的保持作用。

在心靈當中能夠區別的東西，在心靈的經驗給予性中作爲其心靈生活本身而顯示的東西，以及甚至超出現實流動的生活（在「流動」這個詞所表示的時間性中）作爲心靈本身的同一人格的「剩餘的」並且是「暫時」剩餘的性質而顯示的東西，排除最初是從物體的實在性獲得其意義的任何實在性的理解，就是說，排除與空間時間的存在，以及與空間時間的實在性和因果性眞正類似的東西；空間時間的存在與其因果性和實在性東西的理念化，表明就是數學化。這種理解上的區分，或這種向心靈的個別「材料」的轉移，而且是向「體驗」之「流」的個別「材料」的轉移，只有借助以下做法才有可能，即人們實行心靈藉以如其自身那樣顯示其自身的經驗，但不是眞正地按照充分自身顯示的，自身證明的經驗的統一而實行。在自然方面，人們本來就沒有認眞地、周密地思考過自然科學的意義，以及在這裡由實在東西的固有本質所要求的對未被認識的因果東西進行追尋所獲得的成就的意義，因此，好像每一種自然實在東西預先只具有在空間時間的實在東西領域中的存在物的意義一樣——這些實在東西只是作爲被因果性地引起的東西直接地存在，和在進展中的所有間接東西中存在。

爲人的精神上的特徵要求一種心理物理的「因果性說明」作爲必需的東西，並且是科學上唯一必需的東西，以便提供在物理領域中自然的說明所提供的東西，這是沒有意義的。這就會意味著，想要按照進入到物體的存在之中的經驗的方法認識人，並且想要按照生理學方法，而且一般地按照生理物理學（最廣義的）的方法從科學上認識人。當然我們只能以下面這樣的方式，透過我們也稱爲人的知覺的直接的經驗，而具有作爲與自己相對的人格的人，即我們看見他的身體，一般而言，透過在他的知覺領域中的感官上的顯現方式而具有他的身體，就像具有這個領域中的任何一個其他的物體一樣。

這裡是作爲物體的理解。但是在這當中，還不包括下面的情況，即透過經驗而能認識人格的我，必須將作爲經驗的對物體的理解，將進行經驗的認識，現實化，就是說，必須將作爲物體之原初自身給予和自身表現的知覺發動起來。如果我要經驗到他作爲人格所是的東西，那我正好就絕不可這樣做。經驗是自我的過程（行爲），借助這個過程，我將我借助對象的意義已經意識到的東西，活化爲如其所是地原初自身顯示的東西；對象變成主題，變成認識的主題，它應該以在眼前浮現東西的主觀方式，以也許已經被意指東西的主觀方式，被改變爲它的具有其原初表現的全部存在方式的存在的主觀方式。

如果我著手研究物體的身體，甚至進入到它的存在的相對性預先就包含的無限性之中，那麼我就絕不能得到別的，而只能得到物體的規定，得到對其他物體的關係，得到物體的因果性。

在知覺領域中顯現的物體，作爲「表現」而對我有用；它本身是作爲表現的系統而被給予我的。物體不是知覺領域中未被注意到的背景物體，而是作爲表現被清楚地注意到的，這種方式不許可以隨同作爲主題的物體經驗一起被改變。在自然界中，不存在表情的變化，不存在指向周圍事物的目光，不存在面紅耳赤，甚至不存在「受驚嚇而跳起來」等等的情況。人的相貌和觀相術與作為有關物體的科學的不可逾越地自成一體的自然科學是毫不相干的。[63]

在對表現的理解中，我體驗到作為人格的人，並且在人格之中，就存在有一種特殊的經驗主題，一種不是自然的經驗，而是精神的經驗的主題。我可以在其特有的存在中認識它，我可以認識一般的人格，對此我必然根本沒有自然的認識，並且在科學認識的情況下，根本沒有自然科學。在下面的情況中，人們最容易看到這一點，即我們在前科學的有關人格的經驗中獲得的認識，不管它如何不充分、如何不完善，仍然透過對於人格的純粹主題經驗的指向，導致對於人格的認識，這種認識允許我們重新認出同一個個別的人格，不管我們在什麼時候、在哪裡遇到他。在這裡沒有任何關於是否我們將同一的人格視為就是它本身的擔心。它們並沒有先驗地具有任何同一的個體性，而是先驗地具有一種可直接經驗的個體性。但是物理的物體只有在其空間時間的環境中才是個體地確定的；客觀的個體的規定，使整個自然科學、物理學，付出許多努力。人格雖然有——但只是由於它的身體性——只是由

63 這種理解將知覺作為奠基的基礎，此在的物體被把握，此在的有效性是現實的，但並不是在下面這種意向中是現實的，即，使在連續地系統地進行的知覺中被知覺的東西現實化，並對它進行認識，知覺並不眞的是「經驗」這個詞所指的東西，即直到對完整的事物本身的認識和認識的願望。

於只有透過其特性才能闡明的非固有的定位，才具有的在空間時間性中的位置，但是人格並不是實際上眞正地存在於空間時間性中，並沒有由於空間時間性的位置系統而成爲其中一次性的東西。它在作爲人格的自己本身中具有其唯一性，而這種唯一性是與它的身體的唯一性結合在一起的。將它如它所是的那樣作爲處於其「人格世界」之中並具有其世界生活方式的人格當成主題，並且一般地當成科學的主題，這並不是詢問自然的因果性，而只是詢問在精神中作爲精神而發生的東西，以及詢問建立起動機之統一的各種動機。將動機看作一種因果性，並且要設想，這種自然的因果性延伸到心靈之中，並且肯定存在著人們能夠據以在心靈中構造自身尚未被給予的東西的，或尚未被認識的東西的各種自然法則，所有這些按照自然科學的思想方式理解的東西，都是荒謬的。還應該注意一點，即透過報導而獲得的對各種人格的間接認識，以及各種人格透過語言和一般表達的整體的聯繫，絕不包含下面這種要求，即以自然科學的方式進入到在這裡一定發生的物質的自然過程中。

但問題仍然是，心理物理學眞正提供什麼——如何能在其主觀的關聯中，考察全部實在東西，經驗中的客觀東西，因此如何能獨立地研究（作爲某種恰好是相關聯地屬於一切實在東西的東西）有所成就的精神性。

附錄二十三，附於第三部分第六十五節。[64]

生物學在人那裡，本質上是由人的眞正原始可經驗的人的本質指導的，因爲生命一般只是原始地並且以生物學東西本身自身理解的本來方式而被給予的。這是對於整個生物學，另外也是對於移情作用的全部變化形式的指導，只是由於這種移情作用，動物才能具有感受力。但這種主觀的東西也是對於在這個世界上被稱爲有機生命的東西的指導，然而它實際上仍沒有作爲來自類似地明白易懂的anima（生命）的，因此是處於一種仍明白易懂的自我性之中的「生命」。那些最終引回到作爲原型的我，我本身，這個在這裡進行研究的人的變化形式是些什麼樣的變化形式呢？只有從這裡出發，有機體概念一般才能有其最終的意義，有機體由局部有機體的構成也才能有其最終的意義，但這各部分有機體並不是自由地獨立地單獨地起作用；相反，恰好是作爲單純的必然的構成要素起作用的。[65]

64 本文取自手稿KIII 18（第二十—三十頁），寫於一九三六年六月。

65 我們當然預先就有來自人的生物學上的先驗的東西，在這裡我們有身體本能，原始衝動的先驗東西，它們的實行（飲食、男女等等）歸根到底是這種先驗東西隨身帶有的。當然我們認爲動物也有先驗的東西，只要動物性眞的能透過移情作用被經驗到。與此同時，我們有生殖的先驗性。另外，我們有動物周圍世界的結構，即每一個動物都有它的種的「社會的」地平線——在犬的世界中，這種地平線是在可能的犬的聯繫之中的無限多的犬。這種先驗性作爲這種假設之中的假設，即「其他動物」，被預先推定。在那裡「其他動物」作爲生物學以其合乎技術法則地樸素地使用的方法，反映處於對個體發生和種系發生的生物學研究以及對個別的動物的綱和動物的種的生物學研究的彼此外在性背後的意向的相互交融。本質的法則在它們的大量的普遍東西中顯露出來，這些本質法則在自身中包含一種存在論，這種存在論不能簡單而明確地觀察到直觀上給予的東西，並且它根本不是自然存在論的類似物，那種類似物就是自然的數學的類似物：作爲一種預先自身完成了的，並且可以進入到認識的這種完成狀態的存在論的類似物。

而且生物學還是——如同所有的實證科學一樣——樸素的科學和「藝術品」，這個詞被理解爲手藝的較高的類似物。所謂較高就在於，它本身包含一種隱蔽的意義，即它以爲能夠按照技術規則作爲知識而獲得的，而按照它的方法卻絕不能達到的東西之眞正的和固有的存在意義。但是生物學尤其從來沒有能作爲具體的生活世界的理論，作爲描述的科學，這樣地變成單純的藝術品，如同數學一樣，成爲完全無根的，完全與樸素的自明性，與直觀的來源分離的，在這方面，它的值得欽佩的建築物並不是像數學的建築物那樣的令人眩暈地——具

動物不能被直接經驗，在植物那裡就更不能直接經驗了。當然我們在動物那裡有動物的共世界的結構（不僅是種的結構，而且是對其他動物以及它們的種—社會的理解），而且還有非動物世界的、物的等等相反的結構。我們已經有了一些來自外部和內部的眞正的，並不十分貧乏的動物存在論的開端，但是我們所有的東西，處於被預先規定爲無限的、未被認識的存在論的無限的地平線中。——參閱目的論。

有許多階梯和許多樓層地——高聳入雲的建築物，雖然這個科學的整體確實是科學成就的巨大的存在。

它的向自明性根源的接近，在這個方面向它提供這樣一種向事物本身的深處的接近，以致對於它來說，通往超越論哲學的道路，因此通往眞正先驗性——具有巨大的、穩定的，然而並不是不假考慮地被理解爲先驗的（理解爲絕對普遍的和必然的）普遍東西的生物界所指向的眞正的先驗性——的道路，一定是最容易的，它透過其對於來自外部的顯而易見的和以合適的方法結合起來的一般東西的普遍的和系統的闡明所發現的東西，總表明是超越論的問題。因此在我看來情況似乎會是，看上去落後於數學和物理學，並且長期被物理學主義幾乎是以同情的態度看作未來物理學「說明」的不完善的，單純描述的預備階段的生物學，可能從一開始就更接近於哲學和眞正的認識，因爲它從來沒有受到它的眞理的和理論的「邏輯的」構造的奇妙技巧（人工製品）的危害，這種構造實際上將數學和物理學變成一種事實成就上的奇蹟，而且也如同奇蹟一樣不可理解。物理學的先入之見只能在下面這樣一種程度上對它造成干擾，即在有限的範圍內屬於它的一些物理學的問題和研究，被做了過高的評價，而描述的東西——對於它是本質的東西——對於許多生物學家來說卻未曾起到引導作用。

事實上對它來說，它本質固有的、唯一的、具有純粹客觀性的工作形式，是描述，這種描述本身，具有由存在論上的，但是未被闡明的普遍東西而來的樸素的成就。因此除去由對生活世界的以及它的結構的超越論的，或如果我們願意說的話，超越論的—心理學的考察方式提供的任務之外，它沒有任何超出描述的其他的說明任務。由此，它立即就達到在由最後的自明性源泉而來的理解的意義上的說明階段，而物理學家的「說明」，則以一種被從一切眞正的認識完全分割開的不可理解性認識它從世界中「認出」的東西。從笛卡兒以來數百年，數學以驚人的成就使人眼花繚亂。在這裡需要一條還原到理解的源泉的眞正道路。擺脫符號的—技術的方法學的合乎技術規則的東西，以及它的實驗技術（它在實踐上將直觀與記號標記法結合起來），以及認識回溯到超越論的意義賦予的必要性，在這裡要困難得多，無法比擬地困難，這種情況是由於數學和物理學的本性。

生物學是具體的和眞正的心理—物理學。它到處都有而且是必然地有普遍的任務；只不過看上去它在這裡與物理學相比處境不利，物理學伸展到天文學上的無限的東西，並達到了法則，這些法則（儘管具有假設的特點）都會充實無條件的普遍東西的意義。生物學只不過看上去局限於我們的小小的無足輕重的地球，並且作爲人類學局限於地球上的這種微不足道的生物，即人。透過回溯到最後的自明性源泉——由於這種源泉，世界一般按照意義和存在，對我們意味著它所意味的東西，並且在一切想像到的由此產生的本質必然的東西上顯示出，生物學並不是如同德國的動物學，巴登州植物世界的植物學那樣的有關這個無足輕重的地球的偶然的學科，而是一般生物學，如同物理學一樣，具有世界普遍性。它將全部的意義，即我們作爲可能性而可以談論的金星的生物學可能具有的全部意義，歸之於我們的生活世界的原初的意義構成，以及由此出發透過我們的生物學對這種意義構成所進行的理論上的繼續構成。當然，由於其普遍的任務，生物學具有一種無限的地平線，而這個地平線（本身又被劃分爲所有地平線）並不將一種按照自己的意義，由這裡而全面擴展和延伸到一切無限

484

東西的法則認識作爲可設想的目的奉獻給生物學。但是在這方面，它不像數學甚至物理學那樣，是單純形式的，是僅僅與抽象的世界結構有關的。相反，作爲眞正普遍的生物學，它包括整個具體的世界，在這種情況下，也暗含地包括物理學，並且在相關關係的考察中，它變成十分一般的哲學。

附錄二十四，附於第三部分第七十三節。[66]

自我對自己本身提出的對自身進行思考的問題，乃是自我在作爲追求的活動之整體的這種完整的生活中，和在積極實現的個別活動中，目的何在的問題。達到這種思考的可能性，或更確切地說，能力，屬於人的根本本質，人這個詞，如同它經常在積極的生活中被理解的那樣理解：就是稱自己本身爲我的人格。這種對自身思考的結果，乃是有關一般未來實際生活的、最後一致的實行樣式之先行的表象的統一，這種表象作爲可能性，作爲能力，不同於其他的經常的可能性，而其他的可能性就在於，貫穿到一切追求當中，貫穿到一切單純的行爲當中，而指向目標的統一的內心要求，在這些行爲中沒有獲得任何實行，沒有任何無關的目的——如同在自然的感性的生活中的情形一樣，或者導致單個的、現實的實行（在較高的價值的實行中），但是處於與較低的感性的價值的混雜中。自我在較低的和較高的價

66 本文取自手稿 KIII 4（第四十四–四十七頁），寫於一九三四年九月。

值生活的鬥爭當中，肯定總是能夠一再地以更深刻的不滿意識到，它追求最終對它不利的東西，追求一種它在鬥爭中隨身帶有的（用帶有感情的話說，使它陷入到厄運之中的）生活的和追求的方式。

對於作爲實現其「生活意義」，完成其「眞正意圖」的此在之可能式樣的預期，結果必然是這種預期變爲一種相應的普遍的意志，作爲在本來的生活中，在關於作爲證實或抹去過去的個別意願和個別行爲的過去的生活方面，產生支配作用意志：作爲從最終的人格根據出發的意志批判。最初以對自身支配的形式引起個人存在方式的意志，變成了習慣的，而且每一種不能直接地、不能立即地以計畫的生動的自明性變爲現實的意志，都以本能的特殊形式經受變化，而這種本能，在有利的情況下，當「它的時機」到來時，會以引起發生的方式發揮作用。在這裡，由於缺少計畫的明確性，偷換、錯覺，因此誤入歧途都是可能的。每一種計畫，尤其是意向上包含多種多樣的中介的計畫，需要反覆思考，需要作爲使原初性重新活躍起來的反覆，需要原初性的眞正意義的自明性。這非常適合於意志，被指向此在之整體之中的最後意義的意志；具有作爲自我的存在的純粹同一性樣式的此在之普遍計畫，這個自我充實此在的普遍的，在普遍性之中是同一的意義，它一貫地想要，並且積極地實現它在計畫當中借助自己的努力和工作而謀求的這個東西，而在其中，它本身作爲它的同一的意義的自我在目的論上一貫地忠實地保持不變的東西，這種計畫必須透過沉思反覆地被闡明爲使反省重新活躍起來、將概觀重新活躍起來、將自我批判重新活躍起來，將對流動的變化之整個狀況進行的批判的檢查重新活躍起來，它將注意中心放到作爲實踐上能直接達到的周圍世界的當時切近的情況。

因此對於這種人格的此在來說，我們有兩種人的層次，即這樣一種人的層次，它還不是完全意義上的人格，只要它還沒有實行最後的對自身的思考，並且在自身中還沒有完成這種對自身的支配的原初創立；以及這樣一種人的層次，它已經完成了這些東西。對自身的思考仍然是生成完滿的人，並實現完滿的人類的持久的功能。

我們看到，對自身的思考並不是對於作為空間時間的事物世界中實在事物的人，對於作為在普遍的自然中的自然對象的人進行的可經驗的概觀，和以判斷進行的解釋。這樣的思考和理解的成就，是心理物理學家、自然科學的動物學家和生物學家的思考和成就。這樣的理論態度，並不像廣泛流行的生物學主義所認為的，是唯一科學上可能的態度，或者甚至只就本身而言就是第一的，並且本身可單獨實行的態度。

相反，它們經常具有人格態度的可能性，這種態度是對自身的思考的基礎，我作為自我實行的對自身的思考，並且只有在這種對自身的思考中，我才能最後地意識到，作為可能性的我的最後的意義——意識到我的目的論的固有本質。自然的對自身的體驗——作為對於我的心理物理的存在，其中包括對於作為我的「賦有生命」的身體的我的存在的對自身的體驗——必須與自我反思明確地區別開，在自我反思中，我將我作為我的感受、我的追求、我的意志和行為的自我來把握和思考，最後在目的論的批判中，向我的目的論的本質，我的生活的意義推進。對於作為我的自我的自身思考，乃是對這個我、作為賦予物體的身體以生命的我、作為由此而被歸於普遍的空間時間的自然的我、作為屬於物體的身體的東西，連同在該物體所在之處在此存在的東西的我等等，進行統覺的前提條件。只有這樣，這個自我，這種被定位的自我，被自然化了的自我，才能進入到整個自然的歸納的關聯之中，並且變成可以按照歸納的規則詢問的，這種規則超出物理－自然法則的東西，而規整心理－物理的整體，並且在其中規整心靈事物的出現與消失。[67]

自我的純粹的對自身的思考——我作為自我所完成的對自身的思考——通往作為各人格 487
之中的人格的我，通往我的周圍世界中的作為「我」的我（這個周圍世界作為在我的意識中被認識到的，對我顯現的，對我有效的周圍世界，而屬於我），並透過移情作用通往各人格同伴，作為這樣的同伴，他們將自己意識為我，他們能夠思考，將周圍世界經驗為他們的世界，並且我透過移情作用意識到它們是這同一個周圍世界中的各個我－主觀，正如他們本身在移情作用的關聯中，共同地並與我一起經驗到他們的周圍世界是同一的，對於所有的人只是以不同的顯現方式呈現的世界，以及作為在其中每一個我－主觀都透過身體在「那裡」存在的周圍世界，每一個我－主觀在這個作為自然的周圍世界中在心理－物理方面有其位置一樣。

---

67 對自身的實存的思考，一種更高程度上的批判的活動，在這種活動中，我的自我的每一種活動和獲得物，都批判地揭示出它的較低的或較高的，它的恰當的和不恰當的意義。事實認識的和被強調的事實本身的理論態度的目的，對於我就變得清楚了。

透過對我的反思，我發現了作為我的生活的，首先是我的世界意識和世界生活的主觀的我；在其中，我有為我存在著的東西的、我已經作為有效性的獲得物而獲得的東西的以及尚需獲得的東西的全體；在其中，作為這樣的普遍的獲得物，我有為我存在的世界，在世界中自然地存在著的別的主觀，同時有對於我作為這個世界的別的主觀而存在的東西——我的生成的自我—環境，各人格構成的環境，這些人格確實作為包圍著我的各人格而在**我的**意識中發揮作用，它們處於我的自我的包圍中，而且作為別的主觀被包圍著，作為包圍著我以及所有為它們共在的東西的各自我—主觀而發揮作用等等。

人，作為心理物理的實在東西，不僅具有作為在事實世界中的事實的存在，而且還具有其他的存在，具有作為在人格整體中的各人格的存在，作為這樣的存在，並不是外在地被拴到某物上的，而是被結合到某物上的。我們已經將人的此在的常態的較高的形式當作前提，即作為在具有通常的各國家的聯繫的民族之中的此在，處於具有依循於統治與服務關係的意志秩序的國家秩序中的此在。在這種常態中，每一個成年人都有其職能，每一個成年人都有其任務，並且在透過行動執行任務中生活：所有的任務，以及任務的執行，都有其綜合的統一，這種統一在每一個人那裡本身作為意識的地平線而成為當前的，儘管並沒有被明確地意識到，並沒有作為整體而成為主題。相反是這種經常的地平線賦予每一個特殊的主題，每一個特殊的目的，以這樣一種意義，即成為這個主題地平線中的主題，成為對任務整體中的局部任務（這個局部任務是與之有關的各個人格的責任）的執行。因此在這當中，我們還發現**作為任務**、作為個人的職業的**哲學**。但是在這裡我們注意到**這種職業所特有的東**

西，這種特有的東西肯定不是對處於通常的國家－民族的整體（社會整體）當中的所有職業都同樣適合的。手工業者，以及在工業企業中被結合成集體的職業工作中的部門領導人和工人，國家公務中的公務員，當他偶然想到他的職業實存的「意義」時，他爲此並不需要歷史的思考。然而哲學家卻需要這樣做。**他的作爲哲學家的此在，在一種不同於每一種職業**，甚至是全部的職業——這些職業通常都屬於民族的和國家的此在結構——**的意義上，在一種十分特殊的意義上，是歷史的**。

每一個人作爲個人處於他的世代的關聯中，這種關聯，從個人的精神的方面理解，處於歷史性的統一之中；這不僅是由過去事實東西而來的結果，而且作爲隱蔽的精神的遺產，作爲過去，包含在每一個現在之中、包含在現在的現實性之中，過去培養了現在的個人，並且作爲對個人的培養被作爲意圖包含在個人之中。每一個人關於他的存在，以及他的世代性的模糊的一般的知識，都與此有關；但是一般而言，這對於他們並不是作爲由現在的和早已死去的個人構成的鏈條，這些死去的個人，儘管死去了，現在仍然（由於它們的透過深入理解仍能再次產生，能隨意時常重複的思想與著作）還是現實地存在著，總是重新豐富，推動，也許甚至阻礙現代的思想，至少是透過其職業上的此在，觸動它們。

另一方面，這在歷史的哲學家方面是非常明顯的。哲學的過去對於今天的哲學家是現實地起推動作用的。哲學家的地平線的特有的樣式——就是各世代的人以及他們的著作，他們的思想。每一個哲學家都有他的包括所有哲學家的歷史的地平線，這些哲學家在哲學的共存中形成他們的思想，並對新的哲學家，作爲新加入到這種共存中的哲學家，產生影響。這種

488

影響不會澈底消失，只要這種過去的人的影響（也如同還活著的人的影響一樣）能夠透過重複而重新開始，能夠透過新的推動而獲得新東西，能夠透過各式各樣的改造和再改造而起作用。活著的與死去了的東西處於一種絕不能最後中斷的共存中——哲學思想上的共存中；它能暫時地中斷，特殊的哲學上的世代性會**暫時地失去生氣勃勃的繁殖**力。但是用文獻記載的，以這種形式沉積的思想，能夠（在這方面不論將什麼情況考慮爲可能的）**再次復活**，因此再次復活哲學上的人格，不是作爲具體的人，而是作爲其概念、其理論、其體系的思想結構的主觀，就這樣開始了一種新的精神的、哲學的世代性，同時非哲學的時間的空隙也得以克服。哲學家，生活於現代人的世界中的，生活於他的民族的現代，並與他的民族一起生活於現代的歐洲的哲學家，在這個現代有其影響的現實性——直接地對這個現代產生影響的現實性。

但是作爲哲學家，作爲思想家，對於他來說，哲學的現在是哲學上的共存在的完整整體，是整個的哲學的歷史，即恰當地理解爲作爲哲學的哲學的歷史和哲學家的歷史，在歷史上作爲哲學家而受到推動的人的歷史。哲學家（作爲哲學家，他在他的生活的使命中是主動的，由他的使命，並且受到他的周圍世界的刺激，並相應地受到推動）首先並且至少是由他的哲學上起作用的由直到遙遠過去的哲學家們以及他們的思想構成的周圍世界推動的。**這個向後延伸到哲學的以及哲學的世代的原始建立的周圍世界，乃是他的生動的現在**。在這個周圍中，他有他的合作者，他的夥伴，他與亞里斯多德、與柏拉圖、笛卡兒、與康德等人打交道。只不過，這些已死去的人，在其哲學的實存方面不能再被後代人改造，正如後代人不能被已死去的人改造一樣。未來的發展，是活著的人的事情，他們的深造，就是創造未來。但是未來是透過一種經常的活動——這種活動具有重新賦予已死去的人的精神以生氣的性質，透過根據這些著作的原初意義，即根據過去的思想家們的意義構成而對於著作的深入理解，而生成的；這些思想家作爲人是過去了的，但不是作爲現今發揮作用的人，並且總是在哲學上重新發揮作用的人過去了。

那麼哪一種形式的歷史的思考對於現代的哲學家——這些哲學家雖然仍以職業的確信，即確信自己能勝任自己的任務，而生活於周圍世界的現代之中，但是哲學卻從現代中看出了威脅——是必需的呢？這種思考顯然應該具有澈底辨明的性格，而且是作爲發生在其人格中的澈底辨明的性格，而這種澈底辨明又具有現今整個哲學共同體的共同辨明的性格。

在作爲來自哲學上的世代性的此在的哲學家—此在的意識中，包含一種對於此在本身的歷史的追問，即追問這樣一種固有的傳統，這種傳統從一些召喚延伸到另一些召喚，並且是以這樣的方式延伸的，即召喚引起召喚，正如一堆尚未燃燒的活火能夠燃燒一樣。能夠造成威脅的懷疑論在歷史的概觀中獲得其根據，它認爲，能夠指出經常失靈的事實，指出由於失靈而缺少效果。它相信，哲學可以依據目的意識的虛構得出結論。

仍生活於召喚之中的哲學家的澈底的沉思將一定適合於下面的情況，即透過他追尋所有重要的本質的意義構成的方法，從召喚的歷史性辯護他的召喚的意義之正當性；透過本質的意義構成，哲學由其最初的模糊的原初建立，逐漸變爲愈來愈細微的任務系統，這些任務系統呈現爲原初的模糊的意義之明白的闡明，並且在系統中設法獲得充實的形態。

附錄二十五，附於第三部分第七十三節。[68]

哲學勾畫了預先給定的，歷史上預先給定的世界的邏各斯，即勾畫了作爲生活的周圍世界的前科學的神話的世界，這個世界在神話的人類（具體地說，這個神話的人類）的這種歷史狀況中，在自身表現中，有其神話的現實性。

在前科學的時代中，人遵從他的民族和民族的公共見解，與此相似，一個時代的一代科學家遵從這個時代的科學（在這一代人中的公共的見解，即普遍承認的，借助被承認的方法、根據獲得的眞理）。這種普遍有效性散布開來，並且在某種程度上，已在這個時代的有教養的人群中散布開了。但是在一代科學家向另一代科學家的進展中，我們並沒有這種普遍觀點的歷史上持續轉變的類似物。因爲這種哲學的世代，科學的世代，生活於與以前的所有世代的哲學的—歷史的關聯中，在這裡就是說，生活於清楚地意識到的與以前的所有世代的關聯中，同時進行有文獻根據的批評，揭示那些包含有進行糾正、揭露片面性、進行展示的，但此前未被注意到的問題的地平線，儘管有不確定的東西、不清楚的東西、多義的東西（絕不僅單純是語言上多義的東西），並相應地擬定新的、更準確的概念，新的工作問題。

在明確的、科學上可辨明的歷史的回溯考察中，對於他來說，過去科學的事實性（當時

68 本文取自手稿 KIII 4（第五十九—六十七頁），寫作日期不確定，可能是寫於一九三四年秋。

普遍有效的理論、問題、方法的事實性，如它們當時有效的那樣）就和科學的進步，或更確切地說，和合法的科學性的階段，分離了；在這種情況下，歷史就提供對愈來愈完善的眞理加以闡明的目的論。後來的東西並不因爲它正好在現在，在它的現在，是普遍有效的，而是以前的東西的尺度；相反，後來的自明性，作爲由對以前的自明性等等的批判中產生的自明性，也暗含地包含以前的自明性，還原到以前的自明性的相對的正當性，同時還原到那種後來作爲錯誤「合乎邏輯地」可以理解地生成的東西。

每一個現在所擁有的科學都宣稱是合乎邏輯的，宣稱將預先給定的這個現代的世界，連同各種預先給定的「科學上的」有效性——沉澱爲在思想內容方面挖空了的，儘管能重又恢復到原初狀態的有效性（只要它是這樣的東西的有效性）——引到更高的認識，宣稱是改進了的、充實了的科學，每一個現代所擁有的科學都充實了一些概念和問題，雖然是透過對於流傳下來的概念和問題等等的批判地精確化而充實的。但是特殊科學的任務，是哲學任務的部分，是抽象的世界領域，被一種特殊的興趣偏愛的領域，普遍的領域——世界，整個預先給定的世界，連同所有它的直觀東西，它的意見、還有它的科學，它的可以在邏輯上理解的覆蓋物都屬於它——的部分，可以根據預先給定的東西，其中包括沉澱下來的邏各斯，從邏輯上理解。

當科學的歷史也一起出現時，事情就變得複雜了，因爲將眞實的過去、眞實的哲學作爲有效性揭示出來的這種科學，在眞實性的眞理方面，同樣又應該有其邏各斯。此外這種科學在歷史的時間中，應該有透過歷史學家的批判的應用而構成的，一直到那種在他的現代都有效的科學眞理的眞理各個階段的歷史的歷史學。

現在讓我們思考一下下面的問題：我，這個就每一種科學和哲學思考所有這些東西的我，我，這個對在意識上包含著每一種科學的歷史性和形成歷史性的明確的和科學的歷史之動機進行闡明的我，是作爲參與到這些東西之中的科學家和哲學家說話的。由此我使自己明白，我作爲我有我一天的任務、有我必須爲其解決而工作的問題；也許我還有被理解爲對科學整體之中的無限局部領域進行研究的，作爲生活任務的無限的題材範圍，我就被局限於這個題材範圍中。但是由此我就會擺脫對於整體的責任了嗎？任何一個部分，都是其存在是獨立的，是其所是的，不涉及超出它之外的意義關聯和存在關聯的獨立事物嗎？被特殊的專家們所從事的專門科學本身，不是有關世界的全面的科學的，在原初形成的任務之意義上的哲學的單純部分嗎？如果我考慮到這一點，那麼我就必須爲我以及每一個科學家和哲學家，做出以下的區別：

1. 在下面這種意義上，我是我的時代，我的現代的哲學家，即我在作爲科學上共同的意見的這個時代——我透過教育，透過教導而熟悉這個時代——的普遍有效的科學的基礎上，在這個科學上的時代狀況的推動下，毫無疑問地爲每一個同樣受過教育的人，爲處於關聯之中的我們大家，講授並在其中工作。這種「毫無疑問」涉及方法、涉及本身被視爲完全正確地奠立的眞理的東西，並因此涉及這種奠立本身；它涉及被視爲科學上的問題的東西，被視爲最近構想出的，或以前構想出而現在已經解決了的問題的東西，儘管這種方法上的論證按照其結果，可能具有一種或然性的性格，但是一種在我們的時代狀況中，可以令人信服地理解的或然性的性格。這對在這個時代被視爲困難、被視爲未澄清的問題、被視爲難以理解的等等的東西，也是適合的。這是時代的財產，對於時代來說，這是存在著的工作領域，首先是對於時代而言已經完成的東西，達到了系統結合的東西（借助依據「根據」而進行論證的方法就已經達到的東西）的領域。很顯然，這對於每一個現代都表明是整個工作的主要特徵，科學家共同體的工作的主要特徵；正如富人通常都將其迄今所獲得的（可能是透過努力獲得的和從先人那裡獲得的）全部的財富，作爲他以後藉以繁榮的資金一樣，知識的富有者首先具有他作爲科學家藉以在以後繼續發展的已完成的獲得物。這種已完成的獲得物，就是當下的「時代」或「現代」的科學的公共見解。每一個人在這個範圍中、在他的位置上、在他的局部問題上，並且是在這個局部問題的局部領域中進行工作。在這個範圍中，所及之處，當然有一種每一個人都必須考慮到的內在的意義關聯進行支配，以致在不同的任務上和不同的領域中工作的人們，也不許可忽視推動整個領域中的這個領域的東西。

但是所有這些，甚至作爲公共見解的有時間性的科學的全部領域，僅僅是世界本身的有限的片段，世界本身不僅是在這個現代，而且貫穿於各現代的連續，貫穿於各時代，都是並且始終是科學的——在最高層次上是哲學的——無限的主題。每一個科學家都知道這一點，儘管他並沒有明確地想到這一點，並且由於生活在這個時代會暫時忘記了這一點。這種暫時已完成了的科學，其中包括了與它有關的確定的意向，確定的任務（只要未著手從事它的人們承認它們是需要，承認它們對於每一個處於該時代的研究者發揮推動作用，它們就是普遍有效的），我是說，這種暫時完成了的科學，在它的時代以及每一個時代中，有一種未被詢問的至少是不成熟的問題的敞開的不確定的地平線，在這些不能把握的問題之模糊的不成熟性中，以及與這種不成熟性相關聯，有一種科學未來發展的地平線，科學透過它的實際的工作和已完成的眞理，將創造出一種動機，即明確地提出問題，並借此創造由現在仍然完全是空洞的預期的所有眞理構成的新領域的動機。

2. 成熟的科學不僅有與無窮盡地敞開的，並且最終被無限地思考的由研究者的各世代構成的連續自然地相關聯的這種無限的未來的地平線，而且還有一個並非無限的作爲歷史性的地平線的過去的地平線，這個地平線處於具有現在工作的連續性的一切東西背後。

這種現在的有限性還在於，它從一開始，在它的問題、方法、成果方面，就處於無限的地平線中，這些地平線雖然在所有時代的整體中，或更確切地說，在各時代的科學成果中（在上面所提到的公共見解的意義上）可能具有並包含進步的路線，並因此可能具有帶有任務，此外還帶有成果的空的地平線，但是正如我們以上詳細說明的，由於對它們起推動作用的動機變得軟弱無力，它們也已經不再理睬被引起的問題了。

看來這裡的情況好像是這樣的。首先，科學作爲無限的任務，在一種特殊的意義上是普遍的科學，即哲學的局部任務。這種普遍的科學，爲自己提出認識宇宙、認識世界的任務。世界總是現在的世界。現在的世界，作爲連續地現在的世界、作爲連續的現在連續地變爲過去的世界，和包含著將來的現在的世界。但是流動的現在是它的普遍流動的世界的過去和世界的將來的現在。世界的存在是時間樣式的存在。

現在要思考：作爲指向這個作爲主題的世界的哲學的任務，具有什麼樣的意義？在這裡世界經常是作爲我們生活於其中——已經爲我們存在——的世界，在我們提出哲學的任務，普遍的科學的任務之前，更確切地說，在我們作爲實踐的、以任何方式感興趣的主體，毫無疑問地具有世界，並且正如實踐按照存在的表現而要求的那樣具有世界之前，給予我們大家和作爲從事哲學研究的人的。

其次：對特殊的科學表明是有意義的任務的那種意義限制是如何可能的？這些特殊的任務如何與時間樣式的地平線關聯？在這裡每一個特殊的東西，當內在於世界之中時，顯然在這特殊東西中具有它的時間樣式，並且透過時間樣式而有無限性的東西，這種無限性的東西超出每一種工作在其中進行的有限性。

哲學作爲處於科學家社會中的哲學家的實踐，是這些人的一種特殊的實踐，或更確切的說，是一種特殊的無限的財富獲得物和由作爲被確切地說明動機的問題的確定的問題構成的獲得物，哲學的實踐和所有其他的實踐一樣，與在實踐上努力的人和人—社會一起，存在於這個世界中；作爲充滿世界的流動的時間樣式的分支存在於世界中。但是哲學的實踐在本身中有一種特殊的歷史的時間性，並且構成所謂的邏各斯的獨特的世界，這個邏各斯的世界同樣也與哲學的實踐以它的方式再次歸屬於其中的世界相關聯。

這種情況也以一種特殊的需要闡明的方式適合於各專門科學。現在在這裡在現代的世界中，我們有哲學家、科學家，而這種哲學家和科學家，過著他現在的生活，具有世界意識，關於這種世界意識，他有作爲主題的生活，有使這種科學任務運轉起來並繼續進行的生活，作爲處於爲他的意識的世界生產邏各斯之中的生活，他賦予這個世界以邏輯意義，並將這種意義嵌入到這個世界之中。但是同時，這種其本身以極好的方式統一的生活，與其他哲學家的生活一起被公共化，以致在意識方面經常對它敞開的哲學家團體，過著一種以極好的方式，在社會上統一起來的科學上的共同的活動的生活，並且將科學這種共同的任務，以及科學這種公共的意見原初地歸屬於哲學家團體。

這種歷史的有時間性的生活，具有作爲共同意識的歷史時間性的意識，顯然，這種意識同時又是每一個個別的哲學家那裡的個人的意識；由於研究者夥伴的較遠的地平線，具有其社會的有效性的現今的科學生活和科學存在，從科學家工作的場所，從他研究的問題，從他的特殊的獲得物，在所有這些東西上單獨地作爲核心而呈現出來。這種生活，社會地和個別地，與哲學這種目的意識相適應，部分地是現實的現在的工作，部分地以次要的方式在現在之中起推動作用，並且變成現實的，回轉到科學史的過去、回轉到過去的哲學，及其承擔者，借助這樣一個問題：以前什麼東西對他們有效？他們想要什麼？什麼東西推動他們？什麼對於他們是公共的見解和繼續的工作、新的獲得物？什麼東西對他們特別有效？當爲了將來的利益，即爲了現在，而運用可運用的批評時，因爲它會有將來，現在就是進行獲取的、進展中的、正在充實知識的將來。

因此在這裡必須回答下面的問題：

哲學家爲什麼需要哲學史？

在這裡，人們會對於最先進的科學，用一種強有力的「有充分根據的」公共見解加以反駁：在這些「嚴格的」科學中，現代的科學力量的全部獲得物，被從所有方面系統地周密研究，被在教科書中敘述，被每一個人在運用中，以及被每一個進行敘述的人在每一次運用於講授時澈底從邏輯上檢驗——這是在現在發生的事情，並不必再次復活科學的歷史，不必對於科學的歷史、對於過去的著作和計畫進行批判。

這在今天仍然是在嚴格科學中進行研究的人的流行的信念（有條理的公共見解）。不論在哪裡陷入困難，即使是陷入根本的困難，他們作爲今天的哲學家或今天的科學家都確信，無須追溯歷史的東西，透過「合乎邏輯的」思考，就能克服一切困難。但是對此還應該說一些十分重要的東西，而這裡需要一些更深刻的認識。

首先，對於現代科學的每一次清點，作爲現代科學的自我批判，都沒有什麼令人滿意的，因此，在傳統上常常提出一些現在未論證的，以及在論證中未認識到的有效性的要求。這種要求指向早先論證的成就，但這種論證的成就現在仍然有效，而且像在科學上那樣有效，如果這種論證，不論是以前的，還是新實行的，現在能夠完成，而且是以這樣的方式完成的，即現在的每一個進行重複活動的人也能認出它。這到處都導致有效性的所有前提，導致普遍的有效構造，最終導致最初的科學上的有效性——邏輯上最初的陳述，這些陳述來自毫無疑問的不言而喻之物。

但是在這裡應該考慮到，在這種「毫無疑問的不言而喻之物」當中存在有缺陷。應該考慮到，嚴格的科學在科學家世代的進程中變成了一種按照一定方法在職業上學到和從事的實踐，並且作爲這樣的東西，有其在成功與失敗方面的實踐上的自明性。

然而理論方法的自明性，正如它在按照技術方式生成的科學中發揮其論證作用一樣，在自己的背後有另一種自明性，而對這種自明性的詢問則完全超出了專門科學的科學家視界之外。

那麼這適合於歷史的回顧和歷史的批判嗎？在現代的科學中，我們透過運用陳述句的直接的自明性的地位，或換句話說，透過運用在被經驗的「事物本身」（這些「事物本身」只是對於「經驗」中預先給予的東西的「表達」，相當於「經驗」中預先給予的東西，而不是間接推論出的）中直接地有其根據的句子，發現了作爲有效性規則的，作爲原因與結果體系的學說體系。

在有關單個實在東西的句子方面，它是知覺、記憶，在普遍的「公理」方面，它是存在論上的自明性，作爲可能經驗的世界的世界之普遍結構的，形式的自明性。但是關於這個世界的對象的自明性，與關於這個世界本身的自明性，並不是什麼簡單的東西。對事物的經驗乃是原來的存在確信，是在事物本身處存在的，把握事物本身的，進行經驗的我的確信。

但是這就意味著：把握事物的一個方面，並且確信，透過自身把握，能夠從一個方面到一個方面地繼續前進。這是（這本身又應該普遍地看作是必然的）一種眞正的自身給予的確信的，和對自身給予和自身被給予進行歸納的確信的統一，並且是能夠一再地以這種方式，以這種風格經驗的確信的統一。在理論態度中進行闡明的經驗，是進行闡明的陳述的必然基礎，是陳述的自明性的必然基礎，陳述的自明性是最初的自明性。此外關於這種經驗，我必然有內在的和外在的地平線，因此，事物本身的存在是某種絕非獨立的東西，此外是某種絕非必然能樣式化的東西。在完整的存在著的向預定理念（這種理念是在樣式化的所有可能性當中被假定的）進展過程中的向具體化的進展，是必然的。世界是由所有個別的東西和群體構成的總體的理念。這些複數的範疇（個別東西、眾多、總體）乃是基質形態的範疇，因此是說明與述謂的經常性前提，就是說發生於述謂之前，然後又跟隨於它之後，只要每一個述謂本身又使基質形態成爲可能，正如它被當作成就的狀態時，隨同可說明的存在的片段一起畢竟已經有一種統一性的意義一樣。因此前述謂的總體也變成了世界，作爲正是由存在者，因此由範疇上較高的階段構成的總體這種範疇的形式的統一，它的較低的階段，已經是範疇上的，就是說，是統一的東西和眾多的東西，也許甚至是相對的總體。一切存在者構成的絕對的、無條件的總體，作爲一切基質的基質（具有它們的不同的、彼此相關的形式），作爲宇宙，有其成爲理念的方式，始終只是「片面地」呈現的方式，始終只是隨同可能的自身呈現的經驗的地平線一起，在個別的實在東西、群體等等中被給予的方式，在這裡，每一種方式，都包含相互關聯的理念性，包含正是內在存在東西的理念性。世界存在的樣式化存在於一切在這裡記憶體在的東西以及一切與此記憶體在東西相關聯的個別陳述的樣式化之中。對世界的存在確信必須堅持到底，對這種確信的說明作爲必需的說明，涉及它的世界存在論的結構。

所有這些，一定是哲學的主題，並且按照它的成果同樣也屬於每一種有關世界的特殊科學的主題。哲學應該是有關世界的普遍的科學，在雙重意義上是普遍的——關於世界的共相的科學和關於世界中的一切東西的科學，只要那東西具有正當的意義。正是這種正當的意義，必須透過規定爲一切科學認識的預先給定的東西，規定爲科學上眞實存在的眞正意義和科學的述謂的語句的眞正意義，而突出強調出來。

在這裡顯然包含有下面的意思，即在述謂的工作成果的有效性的系統學之前，因此在科學的學說內容的邏輯體系的有效性系統學之前，而且是在對一切述謂眞理（眞理的有效性）就其各種述謂結論的關聯進行確定最終有效的系統秩序的檢驗之前，還有另外一種東西。或者說：在由直接的「不言而喻的東西」引出結論，構想出愈來愈新的間接眞理（這些間接眞理以一切樣式出現）的科學方法之前，存在這樣一種方法，即就其不言而喻性詢問進入到一切理論工作之中並能不斷地加入到它們之中的最初的各種前提（或無限的前提領域）的產生，詢問它們，在什麼意義上它們是眞正必眞地不言而喻的，我們依據它們能夠必眞地表達什麼樣的述謂體系，作爲關於應該突出強調的推論理論的體系的，或迄今在歷史的發展中已建立的推論理論的體系的可能的最初的前提等的方法。

因此我們必須回溯到經常作爲世界在具體生活中呈現的，並且如其所是地存在的東西，另外如邏輯的理論，有關世界本身的科學的學說由之發源的東西，就是說，經常能夠作爲在邏各斯之前和在邏各斯之中存在的世界，作爲前理論的世界被看到的東西，因此我們的確不需要進入到歷史的回顧之中。但是，即使我們回溯到歷史中，直到科學最早的開端，我們也只不過能透過消解我們實踐上具有的理論上的確信，而批判地獲得當然是作爲從傳統而獲得的前理論的周圍世界。

現在，這種歷史的回顧由於以下情況可能是有教益的，即我們認識到，從深入研究直觀的前理論的周圍世界出發，與直觀世界不同層面相對應，能夠選定各種不同的說明方向，因此就產生出理論上不同的詢問方向。

但是即使我們沒有開始著手並實際研究這整個的普遍的問題，即前理論的生活，低於理論的生活，以及在這種生活中的直觀世界（這是我們的生活在其中發生的世界，它具有在日常的行爲與活動中作爲實在東西，作爲任何時候都能證明的實在東西而發揮其作用的事物）是什麼，我們也能樸素地，沒有這整個的，在它那個方面就是科學上普遍的困難地，在所有個別的詢問中，以及所有個別的詢問方向中，注意到這個被忘卻了但仍未被消除的世界；但是在這種情況下，以下的步驟就確實會是一個更好的更重要的步驟，即將直觀世界這種意義，即作爲具體的、暫時是前理論地把握的生活的世界這種意義所呈現的困難性質突出出來，然後不僅觀察這個世界如何被片面地邏輯化，而且首先觀察，它本身作爲邏輯化的方向，因此作爲對這個存在著的世界進行科學研究的方向，包含著那些普遍的詢問方向。

在這裡，在對生活與生活的周圍世界（生活對於我們大家總是具有這樣一種意義：是我們大家共同的生活，以及是我們大家共同的世界，我們當中的每一個人，按照自己的部分，在自己的片段中，都有關於它的經驗，並且依據他自己的生活具有關於此種情況的確信等等）的思考中，很快就會顯露出：這個世界是只不過像地平線那樣被給予的世界，它作爲多種多樣的主觀的觀點，意見（關於這些觀點與意見，每一個人都借助移情作用而間接地具有時而確定的，時而完全不確定的知識）中的同一的東西，只能作爲無限的理念而具有認識的意義，就是說，顯露出世界只是在無限的地平線中的存在者，而這種地平線只有透過與認識被包含在地平線中的東西（這些東西正是可歸納的東西，以及可用歸納方法證明的東西）的系統結構的方法學相結合的具有歸納的預期的確實性的獨特的方法學，才能成爲認識的主題——即作爲存在論。

換一種說法：處於其人的普遍聯繫之中的人們的生活世界，總是具有有限性，這種有限性具有處於情況的確實性之中的事物與世界，並在情況的眞理之中得到實踐上充分的證明。這種有限性就在於，它具有經驗的能力和行爲的能力的模糊的可能性的未開發的地平線，並且只允許以這種方式讓理論興趣進入到下面這種目的中，即認識處於包括一切實際狀況的普遍的狀況之中的可認識的東西的總體。這就產生各種「描述的」科學，但這是處於與這種總體狀況的相對性之中的所有「描述的」科學，即這樣一種相對性，只當考慮到一切可以想像到的可能性全體的認識世界的任務被提出，這一切可能性的全體被包含於地平線中，或更確切地說，地平線作爲對自己的說明能溶解於這一切可能性的全體中，這種相對性才能消除。

由此第一次產生了一種作爲對世界的認識的絕對地認識世界的任務，它包攝一切相對的東西，考慮到了一切，不受任何東西的限制。這就是將生活的世界理念化的問題。因爲這個絕對的世界，這個非相對地存在的世界，無非就是無限的理念，它在生活世界的類似地平線的東西中有其意義的來源，正如另一方面，有限的實在東西（它的相對的宇宙是生活的周圍世界）無限化爲各種理念，這些理念在自在存在之物的名稱下，在個別的實在東西的名稱下，構成非相對的世界本身，以一種自在存在的無限性（一種現實的或至少是可能的自在存在的無限性）的形式構成，這種無限性代替了構成周圍世界的有限總體的實在事物的有限的數量，這種有限的數量儘管不知道，但仍是眾多的和可變動的。

關於作爲無限理念的世界的科學是否可能、如何可能，這本身變成了問題。很顯然，在哲學的歷史中，而且在哲學的早期階段一開始，理論的人類可以說就投入到「客觀的」世界認識這個主題之中了，至少是透過不斷地接近，追求能夠理性地認識的，對於每一個人都絕對有效的眞理，並且作爲不言而喻地必然的東西，和在科學上無限的共同工作中能夠解決的東西而追求。這個問題的可能性，這個問題的實際可行性，以一種無限的認識實踐的形式，以一種必然的，使這種可行性變成自明的方法——像一種沒有留下任何其他問題的不言而喻的東西那樣被探討。但是這種不言而喻的東西是這種可能性的最大問題之一，並且這個問題本身的合法的、合理的意義就在這裡。正是沒有提出可能性的問題就投入到這種不言而喻的東西中，形成了歷史哲學的樸素性。一旦它作爲這樣的東西被認識，哲學就獲得——不是透過在歷史上所稱的「認識論」，而是透過一種有關在人類（它作爲共同體的人類在周圍世界中生活）中的人的進行認識的生活之意義結構的科學，以及有關導致無限化的，並且賦予多種多樣與此相關的認識活動以意義和權利的各種動機的科學——一種作爲一切有關「自在」世界的科學的必然基礎的新面貌。這並不是以個別化的方式涉及這些科學中的個別的科學，而是一起涉及它們全體；這也適合於按照其作爲理念的存在能夠揭示的世界的結構，以及所有可能領域的能夠揭示的總體上相互規定的意義方向，因此也適合於個別科學的問題提法（科學分類的眞正問題）。

有關科學的、有關哲學的這種就其意義所進行的有目的的追問，將我們引向生活的周圍世界以及對屬於這個周圍世界的東西的解釋。這個世界是我們的公共生活的世界，我們在我們的有關處於普遍聯繫的形式之中的他人的共在的意識中，此外在對具有這種普遍聯繫的生活的公共化的意識中，知道我們與這個世界有關；但是以這樣的方式有關，即它在我們的經常的確信中對於我們是唯一的，並且是同一的世界，作爲這樣的世界，我們本身連同我們的生活的全部脈動，都處於它之中。

對於作爲世界生活的這種生活的樣式的系統闡明，以及對於作爲生活於其中的人的我們自身的系統闡明，也自然地導致它的歷史性的樣式，實際上的現在，是過去的現在，並在自己的前方有將來，因此在事實上的現在的自由變化中的每一個可以想到的現在，以及在可能性的（這些可能性能夠超出事實的已經認識到的東西，在可能的經驗等等中，變成我們認識的東西）每一種變化中的現在，都是過去的現在，並在前方有將來。

在進一步思考時，我們在這裡就陷入了**悖論**。我們連同它的過去一起解釋當下作爲現在而有效的世界的樣式。因此按照其歷史性預先規定它，並且從它出發預先規定歷史的將來。我們透過按照各個可以想到的方面探究地平線，達到了關於後繼情況的系統學，並達到了作爲處於具體的無限的歷史性之中的世界的可能世界之先驗的本質形式。一切可能的世界都是對我們有效的世界的變體，有的是這樣的變體，它與我們的事實的世界共同具有處於實在的經驗中的以及被我們一致地經驗的東西中的核心，並且只有借助構造各種直觀上的可能性（它們更詳盡地規定我們的未知的敞開性的地平線）才能區分開；有的是這樣一些可能世界，透過我們重新構造我們的實際的經驗有效性的核心和一般存在有效性的核心，它們成爲我們能想得到的；但總是這樣地重新構造，即關心被構想出的各可能性的一致性，關心共同的可能性。不論我們具有什麼和透過自由變換可能獲得什麼，不論是有限的世界（即具有不確定的敞開的地平線的世界，對於這些地平線我們既不在現實的實踐的周圍環境中進行研究，也不在連續的無限的普遍性中，因此是無窮地進行研究），還是我們在經常變動的有限東西的進程中作爲無限遙遠的極而想到的作爲理念的無限的世界——無論如何，我，這個進行構想的人，存在著，此外我的我們也一起存在著，儘管它以想像上變換的形式改變著。從處於無限東西之中的理念的觀點看，每一個有限的周圍世界都是有限化，並且作爲這樣的東西帶有不確定性，這種不確定性是由於一種類似地平線的東西，但也是由於下面的情況，即它是對我和我們（儘管在關於被認爲的個別東西方面處於偶爾有爭論的各個有效性的樣式中）有效的世界，並且作爲這樣的東西，將可能的有懷疑的東西和可能的是假象的東西擱置起來。在這種意義上，世界是一種不停地流動的有效東西，它在我們的意識生活中具有內容與意義並且獲得一致和不一致，它爲一切以個別方式存在的東西，建立起由我們而來的具有記憶體在意義的東西，建立起共存在的有效性的現實性。我們自己的存在，對於我而言的我的存在，對於每一個人而言的他的存在，而且還有我們大家的存在，以及對於我而言的他人的存在，以及他的自在的存在和與我一起的存在——還有如同所有世間東西那樣的存在，也都是在其有效性的內容方面流動地構成的東西。

世界的歷史——作爲總是具有其過去與將來的流動的現在東西，它的有時間樣式的具體的存在——可以被理解爲對我們（就我來說）有效的世界的歷史，處於主觀時間性中的我們的世界表象的歷史，我們的世界表象按照內容和對我們的有效性是在主觀的時間性中發生的。**世界本身的歷史**，**就本身而言**，這是**在無限理念意義上的世界歷史**；彷彿是投射在無限的東西中的，被認爲透過修正而在事實上有效的世界表象的無限性中繼續著的世界的理念。因此，這當中包含無限的歷史的過去的理念，這種過去，從被規定爲全體的現在而按全部逝去了的現在被修正。那麼**處於無限之中的將來究竟是什麼意思呢**？我們眞正地遇到這樣一個問題，**如此被假定的世界本身是否可能具有意義，可能具有什麼樣的意義**。

在這種情況下，下面的情況是**佯謬的**，即我們作爲在這個世界中生活的人，作爲實在的東西屬於它這個作爲總是對我有效並且在證明中有效的世界本身，不論我們怎樣構想這個世界，不論我們在內容的改變和修正過程中將它向無限東西引至多麼遠，情況都是如此。如果我們按照純粹意識的心理學完全專心研究這種心理生活（並且純粹專心研究這種心理生活），那麼在這當中有關他人、有關存在著的世間東西的全部表象和有效性表現就顯露出來了，心理存在的領域同樣包含著世界的表象，以及它的無窮的修正，也包含世界本身這個理念，即普遍的理念，以及關於每一個個別的可能的世界的個別的理念。因此，純粹的心理學（作爲有關心靈的純粹的存在論），儘管它應該是實在世界的單純片段，卻包含著世界的存在論，正如在另一方面，世界的存在論在自身中包含著心靈的存在論一樣。

附錄二十六，附於第三部分第七十三節。[69]

歷史性的各階段。最初的歷史性。

1. 原初的世代的歷史性，即作爲人類個人世代連結的普遍聯繫之精神生活的精神生活之統一，這些人類個人在他們的各自的共同體化了的活動（所有個別的個人都參與到這些活動中）中，繼續構成作爲文化的周圍世界的統一的周圍世界（這個世界是他們的世界），一個由他們的活動而生成並繼續生成的世界；這是在雙重意義上進行的。文化－事物－周圍世界，是流傳下來的成果的世界，是以前的活動的獲得物，作爲實際文化事件的有意義的行動的流傳下來的形式。但是相關聯地，所有個人以及對於每一個個人而言，完整的個人的全部地平線，都屬於周圍世界，並且與個人的精神東西一起處於周圍世界之中，精神東西是在行爲中形成的，並且由行爲而形成的（在行爲中本質上規定爲精神的全部遺產），並且在當時的現在的行爲中繼續形成著。

這使得人的此在，以及相關聯地人的周圍世界，作爲事物的周圍世界以及個人的周圍世界，變成了歷史的東西、較低級的東西、較原始未開化的東西，或者具有貧乏的精神形態

69 本文取自手稿 KIII 9（第五十六－五十九頁），寫於一九三四年深秋。在封面上注明：一九三四年秋和一九三五年初；去維也納之前的預備性思考，滿意。

502

和不管多麼豐富的精神形態的較高級的東西的歷史的東西——它們的財富是基於繼續有效的，但是已沉澱的並且經常變化的傳統，總是在這種最廣泛的意義上是歷史的，正如人類即使是生活於低級階段的目的與勞動形式中、行爲形式中的原始民族，或生活於豐富的，分化了的高級階段的目的與勞動形式、行爲形式——在其中匯入低級的有目的的東西的多種多樣階段——中的原始民族都是傳統的一樣。

在這種最一般意義上的歷史性，總是已經在進行中了，並且現在仍在進行中，屬於人類的此在的正是一種一般的東西。正是在個人那裡的，在個人身上的統一的生成，以及作爲周圍世界在周圍世界的形態的多樣性上的統一的生成，可以被作爲「有機體」的統一來觀察。

這個整體是有意義的東西的統一，處於意義賦予和本身作爲形態的意義之中，這種形態並不是作爲人們的目的的意識被預先構想出來的，人們並不是那些曾想要成爲並且實現了這種完全的人類，或更確切地說，這個周圍世界的目的的理念承擔者。當然如果人的此在恰好本來就不是每一個個別人的每一種目的和每一種人們的聯合的每一種目的，已經在其中歷史地生成了的歷史的生活，那麼這就根本沒有意義。

2.但是另一方面：如果歷史的生活總是已經存在的，下面的情況就很可能是不可思議的，即在個人那裡，並且由個人那裡，產生一種新式的有目的的生活，這種生活不僅適應於歷史的整體，並且相關聯地，在那裡，這種新式的目的構成物被置入已經典型地起作用的目的的構成物的多樣性之中，一種新的線條被織入到文化的壁毯之中，或一種新的圖形被織入到文化圖形的多樣性之中；更確切地說，這種新的目的和獲得物將它的某種存在意義傳給所有已經存在的目的和獲得物，並且相關聯地，在有機的歷史性的進程中，從對新的目的意義有創造性的個別的個人那裡，產生一種對整個人類，對於世代的整個聯繫（歷史的統一性）的改造，逐步地創造一種具有新式文化的相關物的新的人類，這種新的文化不僅是有機的，而且從創造性的活動獲得對於個人而言的一種新的完全的意義。

哲學與歐洲文化的形成。第一階段的哲學，認識世界，認識人；這是歷史性的第二階段，以及人類的第二階段。

第三階段是哲學向現象學轉變，這種轉變具有對於處於其歷史性與功能之中的人類的科學意識，即將人類變成一種有意識地受作爲現象學的哲學引導的人類。

附錄二十七，附於第三部分第七十三節。[70]

每一種文化構成物都有其歷史性，有其已生成東西的性格，以及它與未來的關聯，而且是在與它的歷史地進行生活的，進行生產的，並進行應用的人類的關聯之中具有這些東西的。每一種文化構成物都有其目的意義，並因此有其要寄予的進行應用的人們的位置，另一方面，有其被生產的東西在這種應用中對於這種應用並非主題的意義。有的文化對於現今而言是文化財富，它是寄予今天的人的群體以及它們今天的目的生活的，因此，它是從今天出

70 本文取自手稿 KIII 9（第四十一四十二頁），寫於一九三五年夏。

發而向未來之中生活的，但是正是按照這種目的，按照人的現在具有的，在其中人成爲現在的人的興趣，而這樣做的。[71]有的文化財富是回溯到過去的人及其目的，文化的目的意義不是現在的目的意義，而是過去的人的目的意義，如曾被擁有而現在不再擁有——除非是被沒有一起進行目的樣式轉變的不正常的現代人擁有的過時的東西。

但是在特定歷史的文化中[72]我們有從事職業的人，而文化的形成物有其已知的東西，即它的意義的一個方面，只要這個方面涉及的是按職業進行生產的人，這種意義就不是應用的意義。廣闊的現在擁有按職業進行生產的人以及作爲從現在起，屬於現在的周圍環境的目的物的它的產品，這種目的物的「爲—這些人們的—『此在』」，具有對於所有那些人們能借此而做成的東西的，人們能借此在新的產品上計畫的東西的隨時可用的存在的意義，具有對於那些爲了他們的職業以及職業活動而能夠再次應用這種東西本身的，以及以通常的方式應用作爲工具等等的這類產品的，或者甚至在職業的生活以外，根據偶然的需要應用它們的人

---

71 這以更確切的分析和概念規定爲前提。文化財富是一種普遍的需要，是對許多人，對有關全體中的任何一個人而言的「財富」，這是以可能的可利用性爲前提的，這種可利用性不受其他東西干擾、不受約定或傳統上的順乎自然的東西、傳統的當爲等等，交換、買賣，以及社會道德準則，有意義地提出的和「普遍有效的」公理的干擾。

72 「特定歷史的文化」按照目的意義和成就關聯的特定歷史的文化，這些意義和關聯賦予一切成就以在作爲諸共同的現在之連續性的歷史的時間中的地位。

的隨時可用的存在意義。

每一種職業都有它的歸屬於普遍歷史性的歷史性，正如處於世代的鏈條以及外界對世代的外部影響的鏈條中的個別人的生活以及他們的計畫一樣。但是人以及它的本質生活於流動的現在，並生活於具有過去和將來這種時間樣式的時間中，這種時間由於隨同流動的現在本身一起流動而是變動的地平線，並且按照現在的各種動機，是被喚起的過去和被喚起的預期，也許是對於未來東西進行的預先示例說明的洞察。

如果一個人計畫某件事情，那麼他就透過實現各式各樣的活動而加以實施，這些活動具有相對地成功的形式或失敗的形式，然後是糾正失敗的活動的形式。最終在這裡是完成了的工作，正如它應該存在的那樣，處於其全部特殊形式中，這些特殊的形式在全部的目的形態中有其規定，有其特殊目的，沒有它們，這個整體就不能眞正有用。這些糾正很快就被忘記了（「人們拋棄了它們」），事物現在在這裡是可以現成地使用的，它對於現在的人們是現成的目的物，現成的財富，這些人處於他們的現在的目的中，對於那些利用它並能夠與它打交道的人，同時從構造而知道全部特殊形態，這些形態如果不損害其可應用性，就不可能被改變。

在文化財富的歷史發展中，這種手段也以另一種方式被繼續「改善」，這種意圖本身在更適合於目的的這種意義上變化了，目的本身分化了，變得精細了，滿足的手段合適了，取得了根據目的改變了的形態，每一個現在都有傳達給它的現成的形態，目的的變化和手段的變化的歷史被忘記了，不考慮最普遍的東西，即人們爲了目的將它產生出來，也許是在目的的修正中將它們創造出來。

在這裡發生了在並非單純繼續改變的意義上，而是在民族的統一—綜合的有目的的生活的範圍內繼續修正的意義上的歷史發展，這種有目的的生活在合目的性方面繼續得到提高，因此它是一種上升的發展，而且是作爲愈來愈豐富的目的的生活的上升發展。此外是涉及到目的與手段領域的人的本質的擴展。

這種歷史性，只要它在作爲生產的和應用的生活的職業生活中起一種特殊的作用，它就會在特殊的職業文化中起一種特殊的作用。

在科學家職業圈子中的科學——在藝術家職業圈子中的藝術——同樣地，手藝，如在裁縫的職業圈子中的裁縫業。一件工藝品就是目的本身。它雖然受到同時生活的藝術家的批判，但是這些藝術家並不是同事，他們的批評並沒有像伴隨著創作者的勞動而進行的自我批評功能那樣的有效功能，彷彿所有的藝術家都共同參與到每一個藝術家的任務中，所有的藝術家都共同對它負責，如果在它上面發現有需要改進之處，所有的人都有理由，甚至有能力，對它做相應的修改。藝術家的職業圈子絕不是透過藝術工作共同體化了的團體，以至於每一個由個人私人生產的作品，按照它本身的存在意義尚不是最終完成了的生產品，而是與藝術家的整個的全體主觀性，與作爲對完成了的東西的存在與非存在，或更確切地說，對將它的眞正存在最先展示出來的共同工作和修正共同負責的全體主觀性，相關聯的。

所有科學定理，由個別的科學家提出並作爲科學的眞理加以論證，但是，只要其他的科學家能提出相反的論據，而這些相反的論據又不能被駁倒，存在與存在的證明就只是一些主張。這就是說，個別科學家認識意願的滿足，只當他考慮到作爲現實的和可能的共同工作者的同時代的科學家的普遍的地平線，才是眞正科學上的滿足。因爲這種普遍的地平線是一種敞開的無限性，所以它只能意味著，這個當下進行工作的科學家，生動地具有一個由其他可能的共同工作的科學家構成的理念的總體的地平線，意味著他同時先驗地想到，至少是在他的方法中考慮到，其他理論主體的理念上的所有可能性，以及理念上的可能的立場，與這些個人和立場相關聯的可能的眞理與證明。他爲自己理智地獲得的有效性，必須是對每一種理論觀點的普遍的有效性，並且是與同一的認識主題有關聯的東西，它不應當是站到某種立場上的眞理，不應當是處於並非對每一個可以想到的科學上的其他人都存在的境況的前提下的境況的眞理。每一個人和每一個團體都生活於各自特殊的境況中，並且對於每一個人和每一個團體都存在境況的眞理和境況的錯誤——前科學的日常瑣事的境況眞理和境況錯誤。科學的認識通觀一切境況，並想適用於一切境況。它有這樣一種目的，即認識貫穿於一切可能境況的相對性之中的、可由每一個人在其境況中構成的客觀眞理，同時科學認識應該是允許實踐上充分地推導出對一切可能的境況都有效的相對眞理，並且賦予客觀眞理以對一切實踐都具有的重要性的認識。

與此相反：藝術品按照其範疇是就其本身而言完成了的東西。它不是材料，不應該成爲製造新藝術品的材料。每一件藝術品都是單獨地開始，並單獨地結束。藝術品並不是由藝術品製成的。每一種範疇的以及一切範疇的多種多樣的藝術品，對於其現代的民族可能「意味著」許多東西，並很可能在其中表現出一種「民族精神」的統一，但是按照其固有的存在意義，它們是，並且始終總是個別的構成物，它們不構成意義和目的的整體，這種整體彷彿是某種如同更高層次上的藝術品的東西，按照意義奠基於作為局部東西的個別東西中。

適合於藝術品的東西，當然就適合於「手藝」。

藝術品有其作為共同財富的主觀間共同的此在，在理解藝術和欣賞藝術的人民當中有其用處，而不是以特殊的原初的方式在人民的藝術家中有其用處。想要成為藝術家的藝術的藝術，是一種反常的藝術，此外對藝術的本來的應用，是透過對藝術品的深入理解受到鼓舞，獲得「藝術享受」的體驗，以及借此作為人而被提高，不是借此做成某種東西，更談不上由此創造新的藝術品了。

科學的情況則不同。每一個科學命題都是一種結束，一種已獲得的東西，但是每一個命題同時又是每一個科學家都能共同勝任的以後科學工作的材料。一個時代的全部科學命題具有固有本質的意義關聯，並因此構成作為意義統一的生動地生成著的科學的統一的材料。很顯然，這種統一的相關物就是科學家的相關物。他們是否認識自己本身，在多麼大程度上認識，倘使他們認識自己，他們只能將自己當作尚共同此在的（甚至作為可能設想的）科學家同伴的敞開的無限性的組成部分來認識，這些科學家同伴在民族的完整的整體中（以及在人類的完整的整體中，只要人類參與到科學中）構成一種透過科學——作為已生成的理論，並作為超越已生成理論的未來理論的計畫——連接起來的特殊的人類。他的職業生活在理論中，在已生成的和正在生成的學說體系中，有一種特殊的周圍世界，一種特殊的工作領域或獲得物領域；正如各種精神活動被分配到各個別的科學的個人身上一樣，同樣，在這些個人身上也存在著共同體驗的、共同思想的、計畫的、歸納的、演繹推論的、相互彼此吸收的、相互糾正的等等的交叉的意向活動。這種精神上的關聯，不僅將當代的科學家結合到一種精神上的特殊的人類上，而且這種結合貫穿到科學家世代的連續之中，在這當中，世代這個概念在這裡是一種特殊的和轉義的概念。這種對於現在與任何時候的關聯，在這裡絕不是某些揭示歷史的歷史學家的能從外部發現的事實，而是每個科學家本身都必然意識到自己是在一個由科學家同伴構成的敞開的共同體中進行研究和吸收，這個共同體處於他自己的行為與活動的地平線中，它同樣地屬於他的成就從中產生出來的有意義的東西，正如科學家共同體的地平線，作爲構成物的統一的有意義的東西的相關物，屬於這些成就本身一樣。

另外，人的生活是必然的，並且作爲具有特殊思想內涵的文化生活，是歷史的。但是科學的生活，作爲處於科學家同伴構成的地平線之中的科學家的生活，表明一種新式的歷史性。

附錄二十八，附於第三部分第七十三節。[73]

對科學的哲學之否定——反思的必要性——反思必須是歷史的——歷史是如何被需要的？

作爲科學的哲學，作爲眞正的、嚴格的，甚至是無可置疑地嚴格的科學的哲學——**這個願望實現不了了**。的確，那種曾享受過哲學成果，了解哲學各體系，於是必然稱讚哲學是文化的最高財富的人，不可能再將哲學和哲學研究棄置不顧。有些人把哲學看成偉大的藝術英才的藝術品，並且由哲學「本身」構成藝術的統一。另一些人以另外一種方式將哲學與科學對立起來，按照這種看法，哲學與我們在歷史上所熟悉的宗教處於同一層次上。使這種宗教信仰（只要它還是有生命力的信仰）作爲上帝和被神聖地啟示的眞理而成爲確定無疑的東西的，是一種形上學的超越的東西；這種超越的東西超出作爲科學認識的題材的世界，作爲世界存在的最後根據，並且作爲最後根據包含一種絕對的規範，我們就是按照這種規範安置我們人類的在世界中的存在。哲學過去以爲自己是有關存在者全體的科學。因此即使它本身在作爲有限存在者的世界，和作爲統一有限事物之無限性的原則的上帝（並且在這種情況下作

73 寫於一九三五年夏。

爲無限的超個體人格性）之間進行了劃分，它也以爲能夠科學地認識形上學原則並能根據這種原則認識世界。不管它以後怎樣以超越的東西、形上學的東西代替這個世界，不管它如何看待這種絕對東西的統一，它總是以爲科學的道路能夠通往超越的東西、絕對的東西、形上學的東西。據此，科學與宗教的結合也是可能的，如同在中世紀哲學中那樣。中世紀哲學曾主張，宗教信仰與科學理性能夠達到完全和諧。但是這個時代已經過去了，這是現在普遍流行的信念。一種強大的不斷增長的放棄科學性的哲學潮流，如同無宗教信仰的潮流一樣，正在淹沒歐洲人。

下面這種信念確實占了上風，即哲學是爲其實存而鬥爭的人的使命，而且是這樣的人的使命，他在歐洲文化的發展中將自己提高到自律，並且知道自己由於科學而處於無限性的地平線中，以及這種地平線所包含的命運的地平線中。自律的人對世界的沉思必然導致超越的東西，後者是不可認識的東西，並且是實踐上不可把握的東西。人所能做到的只是：從他所處的位置出發，從他的認識地平線和感覺地平線出發，得到某種預期，並借此爲自己形成某些信仰的道路，這些道路作爲他的世界觀，提供給他一種關於被預期、被信仰的絕對東西指導下的預期和行爲規範的個人的自明性。這種態度爲具有相似探源態度的人群也提供某種共同理解和相互促進的東西。

因此世界觀本質上是一種個人的成就，是一種個人的宗教信仰；但是由於以下情況，它與傳統信仰，與天啟教的信仰相區別，即它並沒有主張自己是無條件的、對所有人都有約束力的、能夠傳授給所有人的眞理——正如關於絕對的科學眞理是不可能的一樣，也不可能證明對所有人普遍有效的世界觀的眞理；任何這樣的主張都會意味著，借助理性的因此是科學的根據，有關絕對及其與人的關係的認識是可能的。

哲學處於危險之中，就是說，哲學的未來受到威脅；難道這還不賦予有關哲學的現代使命的問題，作爲在這個時代提出的問題，一種特殊的意義嗎？

對哲學的可能性的相信，有時是對哲學成功實現——以體系及其「學派」的形式——的相信，在幾千年中，或更確切地說，在有生命力的一再復活的哲學之反覆更新的所有時代中，都保持著，畢竟哲學的實存就在於此。但是在各種體系交替，各個學派不可能透過將各種信念統一起來的辦法聯合起來的地方，是什麼東西支持這種相信呢？在這裡確實有一種無法再隱瞞的失敗。是什麼東西支持那種以個人的–實存的方式被接受的必然使命——因爲這種使命必須被接受——的意識呢？這種意識同時被理解爲••一種由於承擔將這種使命作爲個人的必然性來實現，而完成一種超個人的必然性的，一種意向地包含在自己本身的生活使命當中的人類的使命的意識。

什麼東西能將我們拴在我們的目標之上呢？也許只有一種追求雖然美好卻只是隱約可能的目標，追求雖不肯定不可能但終究是幻想的目標——這個目標在有了數千年的經驗之後，終於開始具有了一種關於它不可能達到的非常大的歸納的或然性——的冒險精神？或者在這裡有一種關於實際可能性與必然性的自明性？這種自明性是那種從外表看是失敗，而且從整體上看實際上也是失敗的東西，作爲不完善的片面的局部的成功的，而且是在這種失敗當中的成功的自明性所具有的。

然而如果說這樣的自明性曾經是逼眞生動的，那麼在我們的時代它至少是變弱了，變得不生動了。確實，如果哲學具有統一的意義和按照這種意義是合法的必然的使命，那麼這種自明性就一定會作爲對一種儘管不完善但卻清晰的計畫的自明意識而存在，這個計畫在所有偉大體系的嘗試中都處於路途之中，至少就個別方面來說是這樣，然而在另外一些方面，批評也有其正當性。只有透過專心致志於重新恢復了生命力的傳統體系的內容，我們才能感受到這種自明性；透過對這些內容的探討與詢問，哲學使命的意義就會清楚了。

因此毫無疑問，如果我們要理解作爲哲學家的我們自己，理解哲學透過我們將會成爲什麼，我們就必須專心致志於歷史的考察。可以說在樸素的生活與活動的壓力當中（儘管是從個人的實存的深層出發）去把握我們在我們的樸素的生成當中所遇到的工作問題，和我們的同事（這些同事在生動的、傳統的相同運動當中遇到了相同的問題）討論這些問題，已經不夠了。在今天的哲學知道自己所處的危急境況中，這已經不夠了，哲學的未來受到「時代精神」強大影響的威脅，爲了確保自己的未來，哲學必須了解自己、必須承認自己。

對於在人類的和文化的範圍中負責地活動的哲學家和哲學家世代來說，從這個範圍也產生一些責任和相應的行動。在這裡的情形與危急時代的人的情形完全一樣。爲了使所接受的生活使命成爲可能，在危急的時代，人們必須暫時擱置這些使命，而去做那種將來能再次使正常生活成爲可能的事情。一般而言，效果會是這樣，即整體的生活境況發生了變化，與此相關聯，原初的生活使命也發生了變化，儘管最後它並沒有成爲完全多餘的。因此爲了找到頭緒，在任何意義上都需要思考。

我們在這裡必須想到的歷史的思考，涉及作爲哲學家的我們的實存，並且相關聯地涉及哲學的實存，而哲學的實存則是來自我們的哲學的實存。[74]情況是複雜的。每一個哲學家都從以往哲學家的「歷史中吸取某些東西」，從以前的哲學著作中「吸取某些東西」，正如他從當前的哲學環境中利用被歸於這個環境的最新流行的著作，引證新近出版的著作，並且在這裡唯一可能的就是，或多或少利用與尚在世的哲學家同行，進行個人思想交流的可能性。

哲學家「從歷史中吸取某些東西」——然而歷史並不像裝有收集來的貨物的倉庫那樣存在於那裡，關於這些貨物的存在每一個人都可能相信不是想像出來的、不是虛幻的，而是實際上可能觸摸到的，並且在其存在和如此存在方面是確定無疑的。甚至文獻本身，作爲文字事實的哲學家的著作，或有關這些著作的報告，就已經不是像眼前的隨時可以感覺到的事物那樣簡單地自身存在於那裡了。或者還可以說：這裡在它們上面作爲事物存在的，恰好不是特定的讀者理解爲哲學著作或報告的文獻，因爲對於讀者來說，像事物那樣存在著的

---

74 在這方面我們也能更簡要地，同時暫且概括地說，這裡談到的思考是那種對自身的思考的特殊情況，在那種對自身的思考中，人作爲個人，試圖對他的此在的最後意義進行思考。必須區分對自身的思考的寬窄兩種概念，純粹的對自身的思考和對作爲我的我之整個生活進行反思，以及在追溯我的意義，我的目的論本質這種確切意義上的思考。

511

東西，乃是意義的承擔者。對於他來說，情況就是這樣，但是情況立即就變成可疑的：這裡所涉及的是否眞的是文字上流傳下來的東西，或者這是虛假的東西，或者是包含有歷史眞實性核心的詩歌式的變形等等呢？這位讀者，這位在哲學上進行獨立思考的人，並沒有被對科學的歷史性的關心所推動（在所有的時代這種關心都完全被排除了）；他將那些作爲流傳下來的事實呈現給他的東西不加批判地接受下來，並且使自己受他在理論上強加的理解，受柏拉圖式的、亞里斯多德式的等等的哲學「本身」的推動。有的人抓住他那個時代的或者他個人能夠得到的文字資料的這一部分，有的人抓住另一部分，即使他譬如說甚至從柏拉圖那裡受到決定性的推動，以致後來人們把他看作柏拉圖主義者，然而由於他畢生哲學事業的繁忙，他也許從來沒有時間、可能性和興趣去研究柏拉圖的全部著作或被認爲是柏拉圖的著作，更不要說研究其他思想家的間接地與柏拉圖哲學有關的，闡明柏拉圖哲學的報告或批評了。

他作爲一個已經受過他那個時代的哲學教育的人，一個本人已經成了哲學家並且也許已經有著作出版的人而閱讀著；他當然是從他的思想立足點出發，進行閱讀和理解讀過的東西的；他按自己的方式，以對已經形成的自己的概念、方法、信念的「感知」爲基礎來統覺柏拉圖。透過這種統覺他獲得了新東西，他作爲哲學家進一步發展自己，並且還按照類似的方式解釋和吸收其他哲學家的著作，這樣他就變成了一個不同的哲學家。如果過一段時間他又閱讀柏拉圖的著作，柏拉圖就會對他呈現出一副新的面目，這個新的柏拉圖就如同他新近理解的其他作者一樣重新推動他，諸如此類。

現在在我們的時代，每一個人在其周圍世界中，在一般可支配東西的實踐領域中，就已經有一種科學的歷史學，特別是有一種科學的哲學史。或者寧可說，對過去歷史的文字的和其他的資料所做的科學的初步解釋與批判，作爲預備階段，屬於一般的歷史學本身和每一種特殊的歷史學，這個過去是我們的過去，也是屬於我們的「我們」之中的歷史學家的過去。再問一遍，這*對於在哲學上進行獨立思考的人有什麼意義*？肯定有什麼意義呢？他在對科學的歷史研究漠不關心的情況下，在他的「不符合歷史的」，不眞實的柏拉圖等的指導下，並利用這樣的柏拉圖等所進行的工作，是徒勞的嗎？

這裡所涉及的是什麼樣的「虛構」？什麼樣的歷史的解釋？哪一種是適當的，在多麼大程度上對我們有幫助？爲了澄清我們對我們的目的的模糊不清的意識，我們爲什麼必須甚至超出哲學研究的生活而繼續進行這種工作呢？

釐清我們的這種澄清意識的工作，從來沒有像在我們時代這樣有這麼大的緊迫性；哲學在幾千年的時間裡能夠透過樸素地構造理論而前進，能夠借助樸素地形成的概念提出樸素的問題，借助樸素的方法論完善、限定和探究這些問題。樸素的但本身是模糊的目標的確定性，雖然從一開始就受到懷疑論式的懷疑，但是不管懷疑論如何介入到哲學過程中並發揮推動作用，哲學的目的意識仍然繼續保持其有效性，已經取得的理論上的收穫始終具有眞正的經受住檢驗的成就的力量，儘管後來它們可能受到後繼者的批評。

讓我們說得更明確些。我當然知道，我在哲學這個名稱下，作爲我的工作的目標和領域所努力追求的是什麼。然而我卻不知道，有哪一個獨立思考的哲學家曾經滿足於他的這種

「知識」呢？有哪一個獨立思考的哲學家在其哲學研究的生涯中，「哲學」曾經不再是一種謎呢？就是說，每一個人都有關於將自己的一生奉獻給其實現的哲學這種目的意識，每一個人都有某些由定義表達的公式；但是只有二流的思想家（他們實際上不能稱爲哲學家）才滿足於自己的定義，才會用語詞—概念扼殺哲學研究的這種不確定的目的。歷史的東西就存在於那種含糊不清的「知識」之中和公式的語詞—概念之中，按照其固有的意義，它對於從事哲學研究的人來說就是精神遺產，當然從事哲學研究的人同樣也理解他透過往來、透過友好的和敵對的批評與其一起研究哲學的其他人。在進行哲學研究時，他也像以前理解哲學和進行哲學研究時那樣與自己相關聯；他並且知道，在這過程中，總是有如同他理解和運用的那樣的歷史的傳統作爲精神的沉澱物進入他心中並推動他。他的歷史圖像（有的是他自己構成的，有的是接受下來的），他「對哲學史的虛構」，過去不是，現在也不是固定不變的，這他是知道的；然而每一種「虛構」都幫助他並且能夠幫助他理解自己以及他的目的，並且在與其他人的目的之關聯中理解他自己的目的，理解他人的「虛構」，他人的目的，最後是理解普遍的東西，這種普遍的東西構成作爲統一目的的哲學「本身」，構成我們所有人實現這個目的的系統嘗試，而我們又是同時處於與過去的哲學家（正如我們曾能夠在多種意義上虛構他們一樣）的關聯之中。

附錄二十九，[75] 芬克爲《危機》繼續部分寫的提綱。

1. 心理學的懸擱之**眞正**的普遍性：

對普遍性的誤解已經闡明。因此，現在，在心理學過渡到超越論哲學之前，必須特別提到心理學的眞正的普遍的懸擱。這種懸擱不外就是將世界的有效性懸擱起來。因此，這就是再一次分析有關世界的意識，及其將作爲主題的個人意識包括在內的方式。但是，心理學家不能隨意就他在心理學上感興趣的個人的世界意識地平線的有效性普遍加括弧，相反，這裡有一種存在於對世界進行懸擱的連貫性當中的秩序。他只能從**自身**開始，從他的意識生活開始（在他將世界的有效性懸擱起來的情況下），只有從自身出發，他才能有處於眞正心理學態度中的其他人。因此，一種達到了對使心理學成爲可能的心理學的態度（眞正意義上的普遍的懸擱）之自身理解的心理學，絕不能以別的方式開始，而只能首先作爲**心理學家的心理**學而開始。人們可以隨意由任何一個人開始的這樣一種假象消失了。心理學的眞正普遍的懸擱摧毀了**所有心靈彼此分離的**假象：由心理學家那裡延伸出來的相互內在性決定心理學主題設定的過程。

75 這個附錄包括芬克於一九三六年復活節前（？）向胡塞爾提出的建議。對第四部分和第五部分，芬克注道：第四部分和第五部分的思路，是我在復活節之後提出的。

2. **心理學的悖論**：

作爲對世界意識懸擱的眞正普遍懸擱是所尋求的心理學「抽象」（作爲自然抽象的補充）被澄清的最終形態。但是，這仍然是一種「抽象」嗎？心靈是具體人的補充的（儘管是獨立的）要素嗎？這種由眞正普遍的懸擱揭示出來的「心靈」具有什麼存在意義呢？心理學是作爲與建立在**預先給定的世界基礎之上**的其他科學並列的專門科學而開始的。但是，透過闡明它所固有的方法，即透過明確實行眞正普遍的懸擱，它取消了在它理解自己的**開端時所設定的世界基礎這個前提**；它放棄了它立足於其上的基礎，它憑借自身而成爲無前提的。但是這種「無前提性」乃是心理學的悖論。意指世界的生命的「內在性」是一種什麼樣的內在性呢？它究竟屬於什麼？當心理學家工作時，他沒有世界基礎；而當他**反思**時，他就又再陷**入開始探討時的狀態**：心理學被他視爲是有關存在者確定領域的科學。「困難」就在於心理學家的工作境況和他從他的「開端」的理解的地平線出發，所重新進行的自身解釋之間的對立，在於立足於世界的基礎之上而又擺脫世界基礎的心理學的自相矛盾。

3. **悖論的消解**：

當心理學不僅透過眞正的普遍的懸擱將它開始時本身具有的對世界的意識放到括弧裡，而且特意將它變成一種分析的主題，而且是以這樣的方式，即它將所有有意指的生活的預先給定的「粗略的」分節，即行爲的意向性以及能夠很容易指出的地平線的意向性，全都歸溯到深層的進行構成的功能上時，它也就處於對有關世界的意識的基本功能的分析當中。換句話說，它不僅對有關世界的意識實行懸擱，而且它透過這種懸擱的行爲探究有關世界的意識的根本的起源。在這種情況下，有關世界的意識就絕不會再變成「難以捉摸的基礎」；心理學在其意義賦予的起源當中看出了它自己「在世界基礎上」的最初開端。由此它揚棄了它自身：它進入了超越論的現象學。

4.心理學與現象學之間關係的特徵說明（兩種「態度」的相互關聯）：

歸根到底並不存在一種能夠始終是心理學的心理學。一旦揭示意向性的方法被發現，由於「事物本身的連貫性」，分析的進程就被從預先給定的各單元向意向生活的眞正的—進行構成的深層繼續推進，因此進入到超越論的層次。心理學必然會通往超越論的哲學。

儘管如此，在心理學與現象學之間總是存在著區別，即使在經歷了從心理學到超越論哲學的路程之後。心理學並不是現象學的「單純預備階段」，即僅限於對它的開端進行反思的階段，它作爲通往現象學路程上的階段曾經是這樣的。但是即使它經歷了這段路程，即使它「進入」到現象學，兩者之間仍有區別。

兩種態度之間的相互影響：

這個問題範圍由自身統覺的問題標誌出來。整個超越論的「自身」—構成，就是將進行構成的生活置入被構成的構成物的主題的關聯之中。即使在超越論的還原之後，主觀性也並不停止將自己作爲人在周圍的人和物當中客觀化，只不過這種繼續進行著的自身構成，現在是一種被超越論地闡明的過程。

被構成的「自身客觀化」的地平線（儘管是超越論地「透明的」），規定在自身消融到現象學中**之後**的心理學的正當的問題範圍：心理學現在變成了**題材上被限定的現象學的問題領域**，但它是所有東西卻又都「歸屬於」其中的這樣一種領域（「流入」問題）。與心理學（在還原以後）的被限定於自身客觀化範圍的狹窄地平線相反，超越論哲學具有眞正的**絕對的地平線**。

本書的第四部分：

將全部科學都收回到超越論哲學的統一之中的思想。

1. 作爲被合理限定的世間問題和現象學之間的關係的例證的心理學和心理物理學或生物學。
2. 描述的自然科學（作爲「生活世界的存在論」的它們的先驗性）和理念化作用的現象學。
3. 作爲普遍相互關聯體系之統一的科學的「統一」。

形上學的現象學概念。

本書的第五部分：

哲學的永恆任務：人類的自身辯明。

人名索引

（索引頁碼爲德文原版頁碼，即本書邊碼）

十畫

十一畫

十二畫

十三畫

十四畫

十五畫以上

埃德蒙德·胡塞爾年表

Edmund Gustav Albrecht Husserl, 1859-1938

年分	記事
一八五九	出生於奧地利帝國摩拉維亞（Moravia）普羅斯尼茲（Prossnitz，今捷克普羅斯捷約夫Prostějov）的一個猶太家庭。
一八七六－一八七八	進入萊比錫大學，研讀數學、物理學、天文學和哲學。
一八七八－一八八一	進入柏林大學，研讀數學。
一八八一	進入維也納大學，研讀數學。
一八八三	獲維也納大學數學博士學位，胡塞爾的博士論文討論的是「微積分的變分理論」。
一八八四	一、父親去世。 二、聽了弗蘭茲．布倫塔諾的課，其中關於休謨、彌爾的課和倫理學、心理學及邏輯學問題的研究，對胡塞爾的哲學發展有極其重大的影響。之後，胡塞爾聽從弗蘭茲．布倫塔諾的建議，至哈勒大學。
一八八六	一、在哈勒大學，胡塞爾成為心理學家卡爾．斯圖姆夫的助理。 二、在卡爾．斯圖姆夫的指導下，撰寫第一部著作《算術哲學》（*Philosophy of Arithmetic*）。
一八八七	一、與馬爾維娜結婚。 二、以論文《論數的概念：心理學的分析》獲得哈勒大學任教資格。
一九〇〇	發表《邏輯研究》第一部分：《純粹邏輯學導引》。

年分	記事
一九〇一	一、發表《邏輯研究》第二部分：《現象學與認識論研究》。 二、九月，哥廷根大學聘胡塞爾為編外哲學教授。
一九〇六	哥廷根大學聘胡塞爾為編內教授。
一九一一	發表長文〈哲學作為嚴格的科學〉。
一九一三	與其他現象學代表人物，如馬克斯·舍勒等人一起出版並主編《哲學與現象學研究年鑑》第一輯，該刊物日後成為現象學運動的重要標誌。第一輯刊載了胡塞爾重要著作《純粹現象學與現象學哲學的觀念》第一卷。
一九一六	一、轉至弗萊堡大學任教。 二、次子沃爾夫岡於法國凡爾登戰死。
一九一七	一、長子格哈特於戰爭中受重傷。 二、母親去世。
一九一九	發表〈回憶布倫塔諾〉。
一九二三	被選為亞里斯多德科學院「通信院士」。
一九二七—一九二八	與海德格合作撰寫《大英百科全書》的「現象學」條目。
一九二八	一、海德格主編出版胡塞爾《內時間意識的現象學講座》。 二、退休。

年分	記事
一九二九	一、發表《形式的與超越論的邏輯學》。 二、收到海德格呈交的「胡塞爾七十壽辰紀念文集」。
一九三〇	發表《純粹現象學與現象學哲學的觀念》的〈後記〉。
一九三一	發表《笛卡兒式的沉思》。
一九三六	將《歐洲科學的危機與超越論的現象學》第一部分寄往布拉格，交由A.利伯特主編的貝爾格勒《哲學》雜誌發表。
一九三七	申請參加在巴黎舉行的第九屆國際哲學大會，但未得到允許。
一九三八	逝世，享壽七十九歲。

經典名著文庫 208

歐洲科學的危機與超越論的現象學

Die Krisis Der Europäischen Wißenschaften Und Die Transzendentale Phänomenologie

作　　者 —— 埃德蒙德・胡塞爾（Edmund Gustav Albrecht Husserl）
譯　　者 —— 王炳文
發 行 人 —— 楊榮川
總 經 理 —— 楊士清
總 編 輯 —— 楊秀麗
文庫策劃 —— 楊榮川
本書主編 —— 蔡宗沂
特約編輯 —— 張碧娟
封面設計 —— 姚孝慈
著者繪像 —— 莊河源
出 版 者 —— 五南圖書出版股份有限公司
地　　址：106 臺北市大安區和平東路二段 339 號 4 樓
電　　話：02-27055066（代表號）
傳　　眞：02-27066100
劃撥帳號：01068953
戶　　名：五南圖書出版股份有限公司
網　　址：https://www.wunan.com.tw
電子郵件：wunan@wunan.com.tw
法律顧問 —— 林勝安律師
出版日期 —— 2024 年 6 月初版一刷
定　　價 —— 800 元

國家圖書館出版品預行編目資料

歐洲科學的危機與超越論的現象學 / 埃德蒙德．胡塞爾 (Edmund Gustav Albrecht Husserl) 著；王炳文譯．— 初版．— 臺北市：五南圖書出版股份有限公司，2024.06
面；　公分．—（經典名著文庫；208）
譯自：Die Krisis Der Europäischen Wißenschaften Und Die Transzendentale Phänomenologie.
ISBN 978-626-393-260-9（平裝）

1.CST：現象學

147.71　　113004686